「満洲」の成立

森林の消尽と近代空間の形成

Ayumu Yasutomi
安冨 歩
Yoko Fukao
深尾葉子
【編】

名古屋大学出版会

はじめに

「満洲」に暮らしたことのある日本人は必ずと言ってよいほど、そこに沈む夕日の赤さを口にする。その夕日の赤さはしかし、戦後の「満洲」研究では無視されていった。本書に結実した我々の共同研究の動機は、比喩的に言うならば、この夕日の赤さの復元にあった。

この地域には、どのような人々の暮らしがあり、それがどのように生態環境と相互作用しており、それがどのような政治的経済的な社会関係を生み出していたのか。現場に暮らす人々が身体で感じた「満洲」らしさとはどのようなものであったのか。この「感じ」を学的手法をゆるがせにすることなく復元すること、これが我々が目指すものである。

外部から与えられた概念によって現実を歪めて認識するような歴史研究が批判されるようになって久しく、人々の関心は実証的研究に強く傾斜している。しかし個々の事実を如何に丹念に発掘し描写したところで、それは第一歩を踏み出したに過ぎない。歴史の理解に到達するためには想像力の駆使が不可欠である。事実の探究のなかから想像力を作動させる努力を続けるなかで、我々はなんとかおぼろげながらひとつの全体像に到達しえたように思う。本書の目的は、二〇世紀初頭、山海関の北東、アムール川の南、ウスリー川の西、遼河流域を中心とする地理的空間に成立した「満洲」社会の形成過程とその運動特性を、この地域の生態系との関係において明らかにすることにある。ここで「満洲」社会というのは、同時代の日本人が漠然と「満洲」と呼称していたこの地域において、漢人を中心として成立した社会のことを指す。また本書では、特に必要のある場合を除き、満洲の「 」を外す。「満洲国」に関しても同様とする。

凍りついた大地、その上を走る馬車、疾走する鉄道、馬賊出身の支配者、特産物の大豆、独自の紙幣、それらを交易する大商人、華北からの移民、馬を供給する蒙古人、巨大な廟会、深い森林、恐るべき肺ペスト、そして赤い夕日。こういったものごとは相互に強く関係しており、その接続によって近代「満洲」の全体像が生みだされている。

さらに歴史時間の軸に沿ってその向こう側をすかしてみると、そこには清朝の牧廠や狩猟のための圍場、果てしない湿地などの広がる、もうひとつの「満洲」の姿が現れる。我々が本書で復元した近代「満洲」世界は、それ以前の「満洲」の生態的多様性を利用し消耗しつつ爆発的に形成された。またその近代「満洲」は革命を越えて現在にも作用している。

本書は半世紀近く前に出版された、石田興平『満洲における植民地経済の史的展開』（ミネルヴァ書房、一九六四年）の成果の学的継承を目指している。この書物の「序」において石田は次のように述べた。

> 一般的にいう《ママ》て、植民政策ないし帝国主義的植民地活動に関する研究は多いが、植民地経済を、それ自体の再生産的循環ないし構造の史的形成並びに展開として、統一的に行った研究は、これまでは殆ど見ることがなかったように思う。この点でも、この研究が新しい問題分野を開き、新しい研究領域の開拓にいささかでも寄与出来れば幸いである。

本書が目指すところは、まさにこの石田の切り拓いた領域への貢献である。ただ我々は、その視野を経済にとどめず、生態系・社会・宗教・権力・疫病などを含めることが「再生産的循環ないし構造の史的形成並びに展開」の描写のために不可欠だと考えた。本書が、いわゆる「満洲」研究者のみならず、幅広い読者に読まれることを願っている。

目次

第II部　すべての道は県城へ

第IV部　比較の視点

序　章　バイコフに捧ぐ

深尾葉子

本書は、二〇世紀前半の中国東北部を舞台として展開された、「満洲」社会の生成と再生産の過程を、生態系との関わりを見据えつつ明らかにするものである。これまでのこの地域の近代史の研究は、日露の帝国主義的侵略と中国の国民国家形成とのせめぎ合いを主旋律としており、生態系の変容過程とそれが帯びる意味はほとんど省みられることがなかった。満洲の開拓は、東アジアに残された最後の豊かな森林を完膚なきまで崩壊させるものであり、地球規模で見ても二〇世紀前半期最大の環境破壊のひとつとみなしうる。

人類はその活動を続ける中で、地球上の森をしばしば、非循環的に消尽してきた。その時代や速度はさまざまであるが、まとまった森を短期間に消失させるのはそれほどたやすいことではない。森は、一定の技術的、社会的、経済的な条件が整った場合に、猛烈な勢いで人間活動に飲み込まれてゆく。いったんその機構が作動すると、たとえその森が形成されるのに、何百年、何千年かかったとしても、姿を消すのにわずか数年、数十年の時間があれば十分であり、しかも、そのようなプロセスで文明に取り込まれた森は、大半の場合、二度ともとの姿に還ることはない。むろん縄文時代の遺跡やインカ文明のようにかつてそこで花開いた文明が、後に姿を消し、まるでそこに人間の活動の痕跡はなかったかのように鬱蒼たる森に覆われることもある。また、日本の里山に見られるように、千年の時を超えて、人間とともに共存し、人間の活動によって持続的な利用が図られる稀有な例もある。しかし、その多くは、「一度きりの利用」によって姿を消すものであり、森の消失に伴って、そこに生きる野生動物や鳥類、虫たちも、濫獲され、また生きる場を失って姿を消す。それは不可逆的なプロセスといってもよい。殊に近代以降、その不可逆的プロセスは加速度的に進行しつつある。

本書は、このような「森が消える時」についての社会生態史的記述を行うべく、二〇世紀の前半にもっとも大規模かつ集中的に森が切り拓かれた中国東北地域、「満洲」を考察の対象とする。

G・W・スキナーによって九番目のマクロリージョンとされた中国東北地域は（Skinner 1977；斯波 一九八三）中国においては本格的な開発がもっとも遅れた「辺境」のひとつであった。二〇世紀初頭に、手付かずの原生林を多く残していた地域といえば、北は東北地区、南は海南島、西は雲南・四川・チベットの一部などであった。東北地区は、その寒冷な気候と、満洲族やモンゴル族、エベンキやオロンチョン、ナナイ（ホジェン）といった狩猟・遊牧民族の地であったこと、清代においては、満洲族の祖地として、清朝によって意図的に封禁されてきたこと、によって、他の漢民族の居住地に比べて格段に森林が残されていた地域であった。

一七世紀半ば頃から、清朝は「遼東招民開墾例」をはじめとして、漢族を旗地に招き入れ、その荘園内で農耕に従事させようと勧農植民政策をたびたび行うが、その試みは必ずしも成功したわけではなかった（石田 一九六四、一七頁）。一方、清朝のコントロールを超えた漢人の流入は康熙年間に山東などで飢饉が発生するたびに増大し、関内および山東省からの陸路・海路による漢人の流入は、一七・一八世紀を通じて増加した。これは、主として南満における、いわゆる民地の開墾をもたらした（石田 一九六四、三〇頁）。

清朝が北満に植民を促すようになった契機は、一六世紀後半からシベリアへ東進し、一七世紀前半にかけて、黒龍江から南進を進めてきたロシアに対する辺防のためであった。当時兵站への軍糧の調達という必要性から、官荘屯田が奨励されたが、康熙年間に軍糧を拠出したのは主としてホルチンやハルビン西部一帯などの草原地帯であり、北西部の大興安嶺、北部の小興安嶺、東部の長白山系は依然大森林地帯として残されていた。また、ハルビン

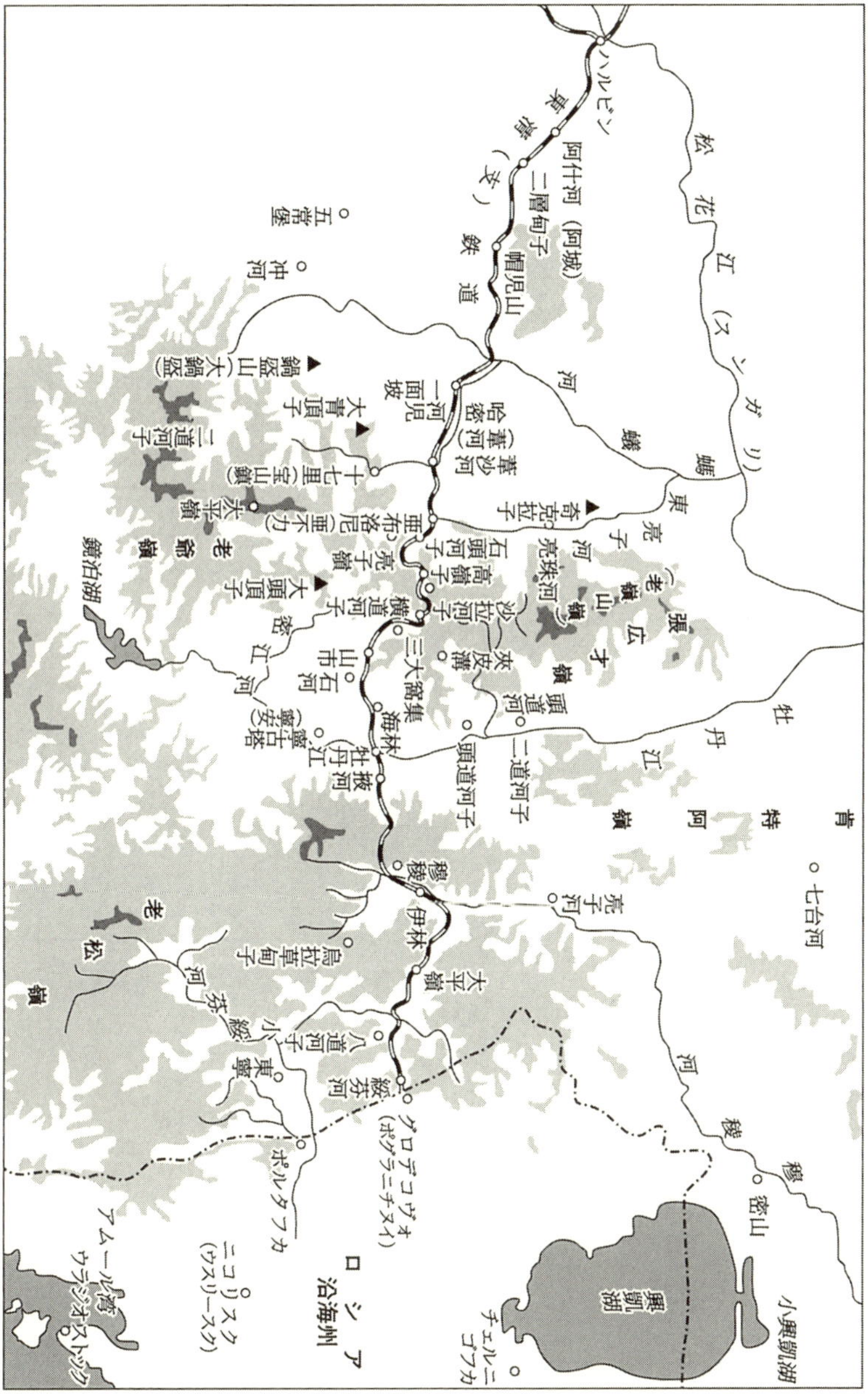

図序-1　旧満洲東部（中国黒龍江省・吉林省略図）

出典）バイコフ（1995）。

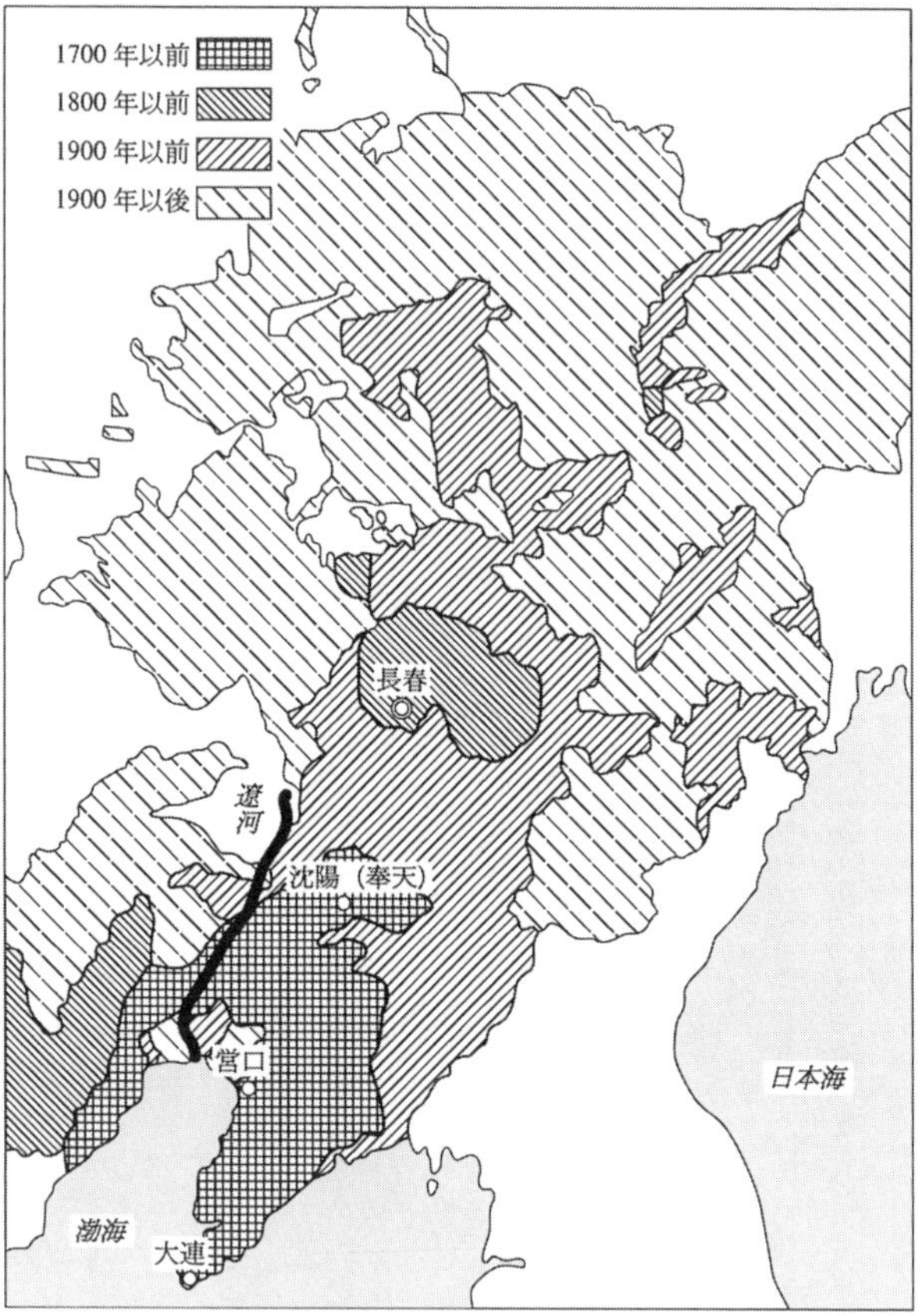

図序-2　漢人植民年代別地域図

出典）石田（1964）33 頁。

のすぐ東、東部満洲も、ウスリートラやアムールトラ、チョウセントラを王とする野生動物が生きるタイガと呼ばれる森であった。

図序-2は、年代別の漢人植民地区として、石田興平が簡略化して示したものであるが、同図を見ても二〇世紀に入るまで、漢人の入植はほとんど見られなかったことがわかる。

満洲の大森林に本格的にメスを入れたのは、他でもなくシベリアから南下を図るロシアであり、また、蝦夷の地を切り開いてさらに樺太、沿海州、満洲へと開拓の道を探る日本であった[1]。日清戦争による日本の遼東半島領有に反対したロシアが三国干渉の見返りとして満洲領内に鉄道敷設権を得るのは一八九六年のことであるが、その翌年よりロシアは、東満洲を東西に貫く東清鉄道の敷設に着手し、一九〇三年には正式に開通した。

一九〇二年に、鉄道警備隊将校として赴任し、当時ハルビンから綏芬河に到る鉄道沿線の森林を踏査し、調査したニコライ・バイコフは、その著書『樹海に生きる』の冒頭で次のように記述している。

> 二十世紀のはじめのころ、ハルビンから東、アムール川（黒龍江）から日本海沿岸までの満洲（現在の中国東北部）東部地方は、そのほとんどがあらゆる種類の広葉樹と針葉樹の鬱蒼とした森の葉で覆われていた。密林はいたるところ、幾重もの山脈で切り刻まれ、深いひだがあらゆる方向に走る。
>
> 約二十万平方キロメートルに広がるこの地方を、現地の人たちは「偉大なる森」――大樹林《ダーシュリン》と呼んでいた。
>
> （中略）
>
> 広大な密林の緑の波は、山脈、谷、渓谷、峡谷など、すべてを埋め尽くしている。この緑の海をわたってくる、いつ果てるともない響きは、遠いかなたから聞こえる潮騒をおもわせる。このことから、密林に満洲人たちはまた別の名前を与えた。「樹海」である。
>
> この密林の動物相と植物相は豊かで多彩だ。ここで特徴的な動物はまず虎、つぎにヒョウ、クロテン、キエリテン、タヌキ、ツキノワグマ、マダラジカ、ヤマネコ、満洲カモシカ（ゴーラル）、キジ、ウオミミズク、ニホンヨタカ、カワセミ、ブッポウソウ、カモ、ヒタキ、マンシュウウワバミ、スッポン、カムルチイ（タイワンドジョウ科）、ウスリーオオカミキリなど。
>
> 植物中の特色あるものは、紅松《べにまつ》、キハダ、クルミ、カエデ、トネリコ、アカシア、タラノキ、アンズ、ライラック、ブドウ、マタタビ科の蔓性落葉灌木、朝鮮ニンジン、ラン、ワラビなど。（バイコフ　一九九〇、一三～一五頁）

ウクライナのキエフの貴族の家に一八七二年に生まれたバイコフは、東清鉄道開通直前の一九〇二年に、東清鉄道東部線の鉄道警備隊の将校として満洲に赴き、ハルビンから綏芬河にいたる森の兵器管理を命ぜられた。生来動物好きであったことから、当時ふんだんに残されていた東満洲の森林地帯を歩き回り、狩猟や動植物調査を行った。この経験が、後に出版される『偉大なる王』『ざわめく密林』などの作品群の源泉となっている。一九一〇年代の東部満洲は、そのほとんどが森で覆われていたといってもよい。なかでも老爺嶺の裾野に広がる「樹海《シューハイ》」には、樹齢五百年を超えるチョウセンゴヨウ（ベニマツ、朝鮮松）の原生林が、八百平方キロに及んで残っていたという（バイコフ　一九四二）。しかし、東清鉄道敷設後、ロシア人による伐採公司が、高さ四十メートル以上、直径四メートル以上にも及ぶようなチョウセンゴヨウを次々に伐採していった。チョウセンゴヨウの木は、鉄道の枕木にも、また満洲での建設のためのさまざまな建材としても不可欠であったため、伐採の対象として最も好まれたのである。

おそらく一九四〇年頃に書かれたと思われる、『樹海に生きる』の冒頭に収録されている「樹海」は、その四十年後の状況について次のように記述している。

大森林は、各所で鉄道線路によってきり裂かれたため、すでに広大な「みどりの海」でなくなった。将来は山脈やその支脈の急傾斜だけにようやく命を保つ「みどりの湖」に姿をかえるだろう。

大森林のあちこちの伐採地に耕地が出現し、かつて猟師のまずしい掘立て小屋があった場所には、いま移住農民の集落や村が点在している。

（中略）

かつての大森林は、神秘的な奇跡や魅惑的なおとぎ話に富む王国で、山と森の霊である「偉大なる王」が支配していたところである。密林の住人たちは山脈の高い峠や頂に偶像廟をつくり、王に祈りをささげた。しかし、いまではこれらの廟も朽ちはてて、その多くは跡形もなくなってしまった。

朝焼けが広がる夜明けにも、野獣の咆哮はもう聞こえない。そのかわり、蒸気機関車のするどい汽笛、斧の打撃音、製材所の甲高いうなり声、処女地を走りまわるトラクターの騒音――これらが密林の静寂を無残にも破る。

こうして、数十年前までには美しかった大森林は姿をけしはじめ、潮騒を思わせた樹海のざわめきも鳴りをひそめなければならなかった。

バイコフの赴任当初の森の豊かさは、想像をこえるものである。一九一二年頃、バイコフは、帝政ロシア陸軍大尉で、歩兵連隊の中隊長をつとめていた。極東での中隊長の任務は、鉄道警備および森林伐採利権企業の護衛を務めるとともに、日夜兵士とともに狩りにでかけ、密林での狩猟経験を積むことで兵士を訓練する、というものであった。当時の兵舎や中隊長室には、そうして射止められたトラ、ヒョウなどの大型動物の剥製や毛皮などが、多数陳列されていたという。

ある九月の秋の日、バイコフは狩猟好きの一人の部下とともに、東清鉄道の山市という、牡丹江の一つ西の駅から、八キロほど簡易鉄道で南下し、密江渓谷に狩りにでかけた。途中は、「満洲族[2]」の小麦畑や農家が渓谷の中に点在する光景であったが、ほどなくして張広財嶺山脈に近づいた。バイコフらは満洲族の山小屋に泊めてもらい、翌朝二人は銃を手にしておのおの狩にでかけた。百歩も進まないうちに、牝キジがバタバタとんでいった。午前中の狩り

図序-3　老爺嶺峠の虎廟

出典）バイコフ（1995）。

写真序-1　獲物の山
出典）『写真集　満洲』（KK ベストセラーズ，1975）121 頁。

で、バイコフは、牡キジ四羽と牝キジ二羽をかかえて小屋にもどった。小屋にもどる直前に野生のウズラが飛び出し、それも射止めた。彼のロシア人の部下は、それよりも多く、牡キジ一〇羽、牝キジ五羽、ウズラ二羽、カモ二羽、ダイシャクシギ一羽をかかえて帰ってきたという。一休みして、午後にでかけた狩りでは、野生のノロをしとめた。いっぽう部下は、午後の三時間にキジ一八羽、ウズラ五羽、マガモ四羽、ガン一羽、シギ二羽を射止めたという。これでは、まったくの濫獲であり、極東のこのロシア人たちが、野生動物の激減に大きく寄与したことは否めない。バイコフ自身も、そのことの罪深さについてはしばしば言及している。

このあたりの水辺にはまた、渡り鳥がたくさん生息しており、翌日彼らはシホ河の湖に水鳥の狩りにでかけた。その日は、ガンを十羽、カモ三十六羽、シギ一羽、タカ一羽であった。それ以外に、別の湖面には満洲ツルが一列をなしているのを見た。彼らはこれには手をかけず、傍らの雑木林のキツネを一匹しとめた。

この地域では清朝が領有するまでは、ツングース系の狩猟民族が、狩猟と毛皮猟を生業とするほか、朝鮮人参の採取などを行っていた。さらにこの一帯、北緯四一～四四度、東経一二七～一二九度にわたる約四万平方キロが、清朝の皇帝の狩りの場所として、壕や柳の垣根で周囲を囲われ、満洲八旗軍の特別部隊によって守られた。毎年九月になると数千人の満洲八旗軍と皇帝が狩りを行う様子は壮観で、バイコフ自身、皇帝が用いた行在所の土塁のあとや、かつて八旗軍の兵士であったという老人などに出会うこともしばしばあったという。一回の狩りでトラだけ

図序-4　郎世寧（Giuseppe Castiglione 1688-1766）　哨鹿図軸　清（18世紀）
圍場の秋の巻狩りの図。
所蔵）北京，故宮博物院。

でも、二〜三十頭、その他の野獣数百頭が射止められ、爆竹や鳴子の音が鳴り響き、王族や宮廷人、大臣ほか、高位高官、外国の大使、公使までもが随行したというこの秋の行事は、絢爛で豪華なものであった。一九一一年に中華民国が成立して、この行事は廃止され、その後、狩りの場所として守られていた一帯の森が利権化されるや、わずか二十年とたたないうちに切り刻まれてしまうことになる。

森林の急激な消失には、森林火災も大きな原因の一つとなった。当時、農耕化が広がりを見せる一方で、漢化の傾向がひろまりつつあった一部の満洲族は、農閑期にはこれまでと同じように森にわけ入り、罠をしかけて鳥獣をしとめたりしていたが、必要な時以外には、樹木を伐採せず、また野獣の生息地や餌場には格別の配慮をしていた。また山火事を起こさないための細心の注意を払ってきた。これに対して、外来の漢族は、森林を開墾して耕地を拡大することに熱心で、また森林伐採利権会社による開発がきわめて粗放で暴力的なものであったため、各地で廃材や木片、おがくずなどが放置され、山火事が頻発する原因となった（バイコフ　一九九〇、一五〜一八頁）。このほかに、火災の原因としてワラビ採りのための火入れもあげられる。また、草食動物の捕食地であった小さな草むらは、次々と漢人によって耕地化されていった。紅松（ベニマツ）の原生林の消失はもっとも急激で、一九二五年頃にはわずか二十％を残すのみとなっていたようである。

軍人として、鉄道敷設とともに満洲に渡ったバイコフであったが、狩猟を愛し、動植物と魂を通い合わせる中で、森林世界の喪失に、何よりも心を痛めていたことが、一連の作品からうかがい知ることができる。満洲国時代には、それらの作品が日本語に次々と翻訳され、当時の日本の文化人や一般読書人に広く知られるようになったが、当のバイコフは、新中国成立にともない、祖国ロシアへの帰還を求められ、原稿料などの収入も途絶し、生活は困窮を極める。八十歳を超えていたバイコフとその一家は、一九五六年ついに半世紀の間生活したハルビンをあとにして、香港へ亡命し、知人や友人、世界教会協議会などの援助によってオーストラリアのビザを取得し、ブリスベンに渡る。しかし、環境の劇的な変化のなか病状が悪化し、失意のまま、この世を去った。一九五八年三月六日のことであった。

そのころの胸中を、香港で家族に口述筆記させたものが、絶筆の『回想』である。

ただ一つ言えるのは、満洲のような、あの豊かな、いまだかつて生活の苦しさをかこつものもなく、何もかも足り、それぞれが意のままに暮らし、意のままに振る舞ってきた地域が、しだいに荒廃してしまったということである。やがてはこの豊かな地から何もかも失せてしまうことであろう。若い人たちは、昔の満洲ではみなどんな暮らしをしていたのか、どんなに自由であったのかを知ることすらできなくなるであろう。ただ、全満洲を縦横に渉猟した、年老いた森の漂泊者である作家バイコフの書物を、たまさか手にする者がいて、これを読み終えたならば、北満の全民族の恵まれた生活に思いを馳せ、これを知ることができるであろう。（バイコフ　一九九五、三二四頁）

ロシア革命により、第一の故郷を離れてはるか極東の満洲へと身を移し、五十年の歳月を経て、中国革命によって再び第二の故郷を追われ、「老残の身で飢えに苦しみ、寒さに凍える生活を送ることになろうとは、夢想だにもしなかった」とするバイコフのペシミスティックな感傷がここには色濃く反映されている。とはいえ、この感情は単にバイコフ一人ではなく、密林の消失によって奪われた動植物のおびただしい数の命と、森に生きた先住狩猟民族の失われた魂を表現したものであるといえよう。バイコフとほぼ同じ時期にシホテアンリンの調査に訪れたロシア人アルセーニエフの案内役をつとめた、先住民デルスウ・ウザーラは、クロテンや人参を求めて沿海州に移り住む多数の中国人や朝鮮人やロシア人によって生きる世界を狭められていた。老いてついに自分が若い頃のようには猟ができないことを知り、アルセーニエフの勧めに応じて町の暮らしをするが、薪や水までもお金を出して買わなくてはいけない生活がどうしても理解できず、また「町では自分の欲するようにではなく、他人の欲するように生きなくてはならない」（アルセーニエフ　一九六五、二九八頁）ことを知り、再び森に向かって一人帰ってゆく。デルスウはその数週間後に、森の中で、彼の銃を奪おうとした何者かに殺されて発見された。遺体を埋葬するアルセーニエフはデルスウに「おまえは森にうまれた、そして森で生涯を終えた」と語りながら、二本の大きなシベリアマツのもとに友人を葬った。マツを目印に、墓を探しやすいようにと考えたためである。しかし、わずか二年後の一九一〇年の冬、墓を訪れようと同地を訪れたアルセーニエフは、あたりの様子がすっかり変わってしまっていて、墓を発見することすらできなかった。

停車場の近くには大きな村ができていた。ヘフツィルの前山には花崗岩の石切り場が開かれ、枕木用の森林伐採がはじまっていた。私は何度もデルスウの墓をさがしてみたが、だめだった。目印のシベリアマツは消えて、新しい道路、土堤、溝、穴ができていて、あたりはすべて新しい生活の足跡をしるしていた。(アルセーニエフ　一九六五、三〇三頁)

本書が対象とする歴史的時期は、ちょうど、デルスウ・ウザーラが死んだ頃に始まり、バイコフが満洲に滞在した五〇年とほぼ一致する。そのわずか半世紀の間に、長い歴史の中ではぐくまれてきた東北の豊かな生態系と、そこで培われた生命が姿を消し、かわりに果てしなく続く耕地、モノカルチュア化された農業、鉄道と馬車による大規模な輸送、国際社会と経済のなかに取り込まれた満洲の大地、が出現した。満洲からは、当初、数百年かけて蓄積された森林資源が伐り出され、森からはトラ、クロテン、草原からはタルバガンなどの野生動物が、毛皮や獣皮として、次々と持ち出された。開拓者は、そこから一度きりの消尽によって巨万の富を得、そのあとは、切り拓かれた大地から産出される大豆、大豆粕が鉄道を経由して大量に国外に流出した。これら一連のプロセスは、東北満洲に蓄積された有機物や生命のエネルギーが、国際経済への編入によって一方的に持ち去られた過程である。それは、「開拓」と賞賛され、「満洲経済の発展」と称されたプロセスでもあった。

いっぽう「満洲」システムが成立した後の日本人による満洲に対するイメージは次の一文に集約されている。これは、昭和五三年に国書刊行会から出版された、写真集『望郷満洲』のあとがきの一文である。

〝満洲〟――その響きは「広野と夕日のロマンに満ちた大地」という想いを与えずにはおかない。アカシヤ、杏、ライラック、つつじ等々、春から初夏にかけていっせいに咲き盛る花々、地平線を真赤に染めて沈む大きな夕陽、凍てつく寒気の中を白い息をはずませて走る馬の姿。そして、大きな自然に包まれて、一途に国家の運命と自らの将来を語り合った若き日の連帯感。――苦難の記憶は消えて、美しく楽しかった過ぎし日だけが、瞼に浮かぶ。(中略)

私たちが、『望郷満洲』の編集を進めているあいだ中、不幸な犠牲者のことも、「王道楽土、五族協和」のスローガンの下に苦しめられた民族のあったことも、一切が忘れ去られ、ただひたすら過去を美化してしまう過ちを犯しているのではないか、というためらいがつきまとった。（中略）
世界地図から満州国は消滅した。どの地図にも〝満州〟の二字は見られないし、再び甦ることもない。忌わしい傀儡国家としての烙印を押されて、歴史上に残るだけである。このことは事実である。しかし、日本の国策を信じ、国家のためと国防に赴いた多くの軍人や未来の希望を託して移住した人々にとって、満州は新天地であった。（北小路　一九七八）

満洲の「新天地」は、森と動物と先住民族の屍のうえに開かれた血塗られた大地であった。日本人のみならず、ロシア人も中国人も、その大地の上に巨大で破壊的な渦を巻き起こしつつ、その渦に巻き込まれていった。日本人の「不幸な犠牲者」が大量に出たのも、この渦の破壊性のゆえである。「王道楽土」も、「五族協和」も、「広野と夕日のロマンに満ちた大地」というイメージも、すべてはこのような破壊性を覆い隠すための欺瞞の言説であり、人々はこの言葉を胸に自己欺瞞と自己陶酔とを作り出すことで、身を投げ出していったのである。

本書はこのような集団的破壊行為が、どのような渦の連鎖によってつくりだされ、人々や自然を巻き込んで作動していったのか、そのプロセスの全体像を描き出そうとするものである。いったん作動しはじめた流れは、次の動きを連鎖的に伴い、誰にも止めることのできない巨大な渦となって、より多くの人々を巻き込んでゆく。西欧で勃興した近代が、世界各地で前近代と出会う過程で引き起こされた一連の行為の連鎖を、「満洲」という場を舞台として描き出そうというのが本書の試みである。

第Ⅰ部においては、鉄道敷設にともなって失われた森林、草原世界とその崩壊の瞬間に現れた新しい社会、その代償として人間社会が受けた衝撃――ペストの広がり――といった一連のプロセスが描かれている。第Ⅱ部においては、鉄道と馬車と大豆によって新たに作り出された「県城経済」がいかなるものであったか、それがどのように作り出されたのか、が論じられる。そのうえで、第III部ではそうした県城経済と鉄道とを基盤にして構築された新たな権力の構造を読み解く。それは、「移民社会」であった満洲に新たな社会的磁場を作り出すものであった。第IV部はそうして構築された「満洲」社会が、中国の他の地域とどのように異なっているのかを考察する。近代中国社会論においては、そのような地域間の比較の視点が意外にも希薄であった。ここでの議論は、その視点の有効性を示すことになるであろう。

これらの考察を通じて我々は、中国東北「満洲」が「近代的」空間へと変容する半世紀が、いかなる意味をもつものであったのかを、改めて問いかけ、そこから新しい歴史的視野を獲得することをもくろんでいる。

バイコフがこの世を去ってちょうど半世紀が経過した。彼が身を以って体験し、その生涯をかけて問うたのは、命や生態系の豊かさとひきかえに人間が懸命に獲得しようとした文明とはいったい何だったのか、という問いであった。それは、我々が現在、直面している問いでもある。これまで、その歴史的・政治的背景から、十分に注目されることのなかった白系ロシア人、バイコフに本書を捧げるのはそうした理由からである。

注

（1） このプロセスにおける生態系と社会の変容を明らかにしたものにウォーカー（二〇〇七）がある。

（2） ここでは、バイコフの記述にならい「満洲族」と称するが、それが旗人を指すものか、ツングース系の他の諸民族を指すものかは明らかではない。以下同様。

文献

〈日本語文献〉

アルセーニエフ　一九六五『デルスウ・ウザーラ　沿海州探検行』長谷川四郎訳、東洋文庫五五、平凡社、三一四頁。
石田興平　一九六四『満洲における植民地経済の史的展開』ミネルヴァ書房、六四〇頁。

ウォーカー、ブレット　二〇〇七『蝦夷地の征服―1590-1800―』秋月俊幸訳、北海道大学出版会、三〇二頁。

北小路健　一九七八『望郷満州』国書刊行会、二三八頁。

斯波義信　一九八三「社会と経済の環境」「文化の生態環境」『漢民族と中国社会』山川出版社、一六〇〜二六五頁。

バイコフ、ニコライ・A　一九四二『ざわめく密林』新妻二朗訳、文藝春秋社。

バイコフ、ニコライ・A　一九八九『偉大なる王（ワン）』今井龍夫訳、中公文庫、三〇六頁。

バイコフ、ニコライ・A　一九九〇『樹海に生きる』今井龍夫訳、中公文庫、二五一頁。

バイコフ、ニコライ・A　一九九五『バイコフの森―北満洲の密林物語―』中田甫訳、集英社、三五〇頁。


〈英語文献〉

Skinner, G. William 1977 *The City in Late Imperial China*, Stanford University Press, Stanford.

第Ⅰ部　密林を切り裂く鉄道

札蘭屯駅にて（『満洲グラフ』第３巻第４号（1935）より）

第1章　タイガの喪失(1)

永井リサ

はじめに

中国東北地域は、中国で最も森林被覆率が高く生態系が保全されているといえるが、それでも絶滅に瀕している、もしくは絶滅が危ぶまれている野生動物（ほ乳類、鳥類、爬虫類、両生類、魚類）の種類は、三七九種にも上っている（超　一九九九、二五頁）。

例えば、中国東北を代表する大型獣である東北虎（*Panthera tigris*）はかつて鴨緑江上流域の長白山地域から、小興安嶺、大興安嶺地域といった、中国東北の北東部から北西部地域にかけて広く棲息していた。しかしここ百年間の急激な森林資源の減少によって、大型野生獣の棲息できる環境はほとんど失われ、かつて森林に入る人々を震え上がらせた東北虎は、もはや大興安嶺の奥地でさえ見ることができなくなっており、現在では琿春と旺清地域で、わずか十頭ほどが確認されているにすぎない（超　一九九九、二五頁、六四〇頁）。

また東北虎よりさらに広範囲に棲息していた東北の豹（土豹子　*Panthera pardus Linnaeus*）は、戦前、黒龍江、吉林省はもとより、遼寧省東部（桓仁、新賓）等、東北地域のあらゆる山岳地帯で普通に見ることができた。今から約百年前の、日清、日露戦争に参加した人々の回想録には、豹や虎に遭遇した逸話が数多く残っている。

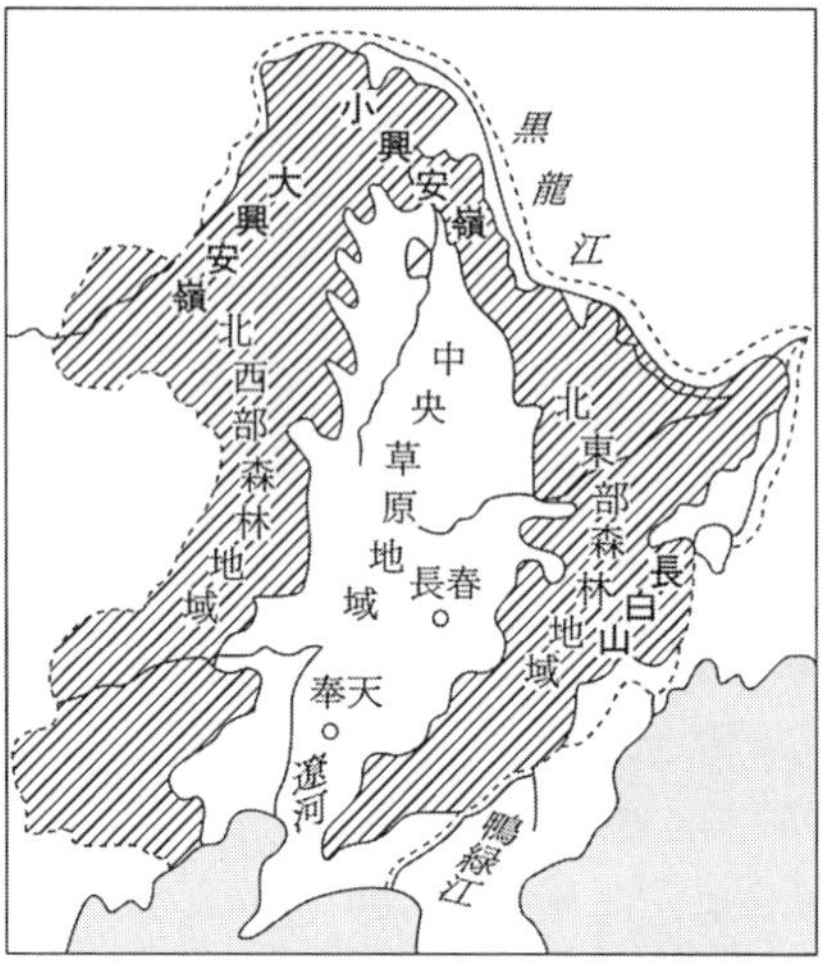

図 1-1　20 世紀初頭における満洲植生図
出典）石田（1964）33 頁。

例えば、一九〇二年に外務省と農商務省の命を受け、外務省嘱託・農商務省海外実業練習生（貿易視察員）としてロシアの満洲経営を調査するため派遣された鶴岡永太郎は、奉天将軍増祺より将校一名と兵士三名の護衛を受け、同じく外務省嘱託の庵谷些太と共に満洲各地の視察を行っていた。以下はそのときの体験談である。

> 撫順城から僅かに離れたところに木奇嶺子という峠がある。この峠は当時は大森林であった。護衛の清国兵は鶴岡・庵谷を百姓家に置き去りにして何処かへ行ってしまった。どうしたのかと思っていると、ひょっこり戻ってきた。見ると手に山人参を携えている。今では野生の人参などは全く見られないが、日露戦争直前には撫順付近の山の中でさえ見つけられていたのだ。この人参や鹿の角袋などは当時営口から上海方面へ出されて年額数千万両に上った。注目すべきことは、大森林は木奇嶺子のみならず、東辺道一帯には明治三十六年の頃迄は諸処に大森林があった。鶴岡が満洲義軍を率いて平頂山から懐仁へ出る時の如きは、直径四尺・五尺という大樹林が朽ちて倒れてごろごろして居り、馬を下りて曳かなければ通られず、しかも豹が森林から森林へと飛び回っていた。（中略）その鬱蒼たる森林だった東辺道が今や如何。禿山・禿地が多くて木を見ること稀である。（山名　一九九七、一六頁）

もうひとつ、やはり日露戦争時東辺道で馬賊等を糾合してゲリラ活動をしていた満洲義軍の話を引いてみる。

義軍が城廠を発足して懐仁方面へ向ふ途中の山々には、大木の森や枝の繁った雑木林が廣つていた。道は羊腸なる山径で、幹部一同は馬を牽いて歩いていた。すると当然馬がすくんでしまっていくら牽いても動かない。鼻息を荒くして何者かに脅えているようである。どうしたのかと思っている途端に、森林をゆるがせる山鳴りのやうな音と共に、巨大な怪獣が風のような早さで道を横断して樹間へ飛び込んだ。全くアッという間もない瞬間であったが、その怪獣には黄と黒の縞のようなものが見えた。豹だ、豹だ、と兵隊が叫んだ。後で土民にきいたところ、果して豹であった。今ではこの辺は全くの禿山であるが、三十五年前には豹の出没する森林であったのである。（山名　一九九七、三二六頁）

この二つの話が載っている山名正二の『満洲義軍』は一九四〇年頃に執筆されたものであるが、これを見ると日露戦争の一九〇四年当時、撫順近郊でさえ豊かな森林があり野生の朝鮮人参が採れ、東辺道ではまだ豹や虎などの野生動物を見かけることもできたことがわかる。しかしわずか三五年後の一九四〇年代にはこれらの地域はみな禿山になっていた。

一八世紀の人口増大により、中国のあらゆる地域で辺境開発および森林の破壊が進んだが、大部分が清朝の皇産地であった中国東北地域は、そこから上がる森林副生産物（人参、貂など）収入が重要な皇室財政の一部となっていた。清朝政府は、それらの収益を守るため、森林副生産物管理システムを設置し、そのため比較的遅くまで森林資源が保たれていた(2)。

しかも、一九世紀後半までの満洲は封禁政策（開発禁止政策）がとられ、漢族の流入や農業開発が厳しく制限されていたため、豊かな原生林も残されていた。特に柳条辺牆(3)の東北部、遼河より東側は温帯針葉広葉樹混交林地帯（長白植物区）であり、針葉樹では黄花松（カラマツ）、紅松（チョウセンマツ）、杉松（エゾマツ・トウシラベ・チョウセンモミ等の総称）、ダフリカカラマツ等、広葉樹ではヤチダモ、マンシュウクルミ、イタヤカエデ、オオナラ、

写真 1-1　落葉松（鴨緑江）
出典）鴨緑江採木公司（1915）。

マンシュウシナノキ、センノキ、ハルニレ等で構成された原生林に覆われていた。

一八六〇年の営口（牛荘）開港や同治年間における移民の流入の激増を契機として、こうした満洲の封禁政策は崩れはじめ、凌河西部では同治二年に盛京三大牧廠である盤蛇駅牧廠（大凌河牧廠の東廠）の丈放が始まり、牧地の大規模な耕地化が開始される。(4) 東部では一八七五年に大東溝で「東溝木税総局」の設置による鴨緑江森林開発が始まる。それまでは遼河や太子河で限定的にしか認められていなかった森林の伐採が、辺境防備の財源として開発されるようになるのである（徐　一九一一、巻三「森林交渉篇」二一一五～二一一六四頁）。

さらに一八九六年からのロシアによる東清（中東）鉄道の建設に伴う大規模な森林の伐採と、東清鉄道沿線におけるロシア資本家による特殊林場の形成、一九〇八年の日本と清朝の合弁による林業会社である鴨緑江採木公司の設立等によって、満洲の森林は急激に開発されてゆくこととなる。黒龍江においては満洲国の一四年間だけでも、森林四百万ヘクタール、木材約一億立方メートル、森林備蓄量三・五億立方メートルが消費された。

このような急激な森林開発により、一九世紀末の時点で遼寧・吉林でおよそ六〇％強、黒龍江においては七〇％以上あったと言われる満洲の森林被覆率は、一九四九年には遼寧省で二〇％弱、吉林で三〇％、黒龍江では三五％以下にまで低下した。約五〇年間で満洲の森林の約半分が消失したことになる（『黒龍江森林』編輯委員会　一九九

三、一頁)。

本章では、他章で述べられるような、二〇世紀初頭の満洲の急速な経済発展と表裏の関係にあるこの地域の生態的多様性を明らかにするとともに、その自然資源の消費と生態環境の劣化について述べていきたい。

一　清朝における生態保全システムとその崩壊

満洲族の前身である建州女真は元来長白山北西地域に居住し、明朝との山貨貿易（人参、貂、東珠、鹿茸等）によって大きな勢力を得た民族であった。満洲族は狩猟採集民族であったため、清朝建国後も自らの故地である満洲の自然をそのまま保全すべく奉天を中心とした南満地域（柳条辺牆）でのみ農耕を許可し、それ以外の地域では漢族の移住も耕作も厳禁された。柳条辺牆は北は開原から錦州まで遼河より西側に十辺門、遼河より東は開原から鳳凰城までに六辺門設けられていた。大雑把に区分すると、清代の満洲は柳条辺牆の内側が農耕地域、柳条辺牆の外側で遼河より西がモンゴル族の遊牧地域、東側が満洲族の森林狩猟地域として管理されていた。

遼河西部の蒙地は基本的にモンゴル王侯（ジャサク）によって治められ、清朝に家畜を貢納していた。奉天の西側の満蒙交界南部では順治初年よりトゥメト王旗の牧地の寄進を元に盛京三大牧廠が設置され、現在の彰武県全域から錦県、盤山県に及ぶ広大な敷地が清朝用の牧廠として牧畜以外の一切の開発を禁止されていた。

遼河の東側は満洲族の狩猟地として保全するため、各地に圍場が設置された(5)。代表的な圍場が、海龍地方を中心に設置された盛京圍場である。満洲皇帝はここで、八旗の軍事教練も兼ねて年に数度大規模な鹿狩りを行った。しかし生態系を壊さぬよう、一度鹿狩りを行った圍場は数年（七年～一六年）の間隔を置いてからでなければ再び狩りを行うことはできない取り決めになっていた。鹿狩りの際も個体数が減少せぬよう牝鹿や子鹿を狩るのは禁止されており、破った者は厳しく処罰された。

東辺道では圍場だけでなく、参山（人参の採取場）が多く設けられていた。これは参山制度といい、人参採集を許されるのは基本的に旗人のみであり、(6)数年に一度盛京内務府から参票が発行され、これを持つ者だけが参山に入って人参を採集することができた。朝鮮人参は陽がほとんどさしこまないような深い針葉広葉樹混交林の中でしか生育することができないため、盛京内務府はこれらの参山の環境を維持するため、採集を許可する参山が連年重複しないよう、また参票の発行を適正な水準に保つよう配慮していた（宋　一九九一、七頁）。

また圍場や参山以外にも多くの封禁地が設けられていた。代表的なのは、風水上の観点から長白山の龍脈を保護するため設けられた「永陵龍崗官山地」、清朝祭儀用の鹿の養育地である「養貢鹿官山地」、蜂蜜・貂皮等の採集地である「四合雀倫貢山」等であるが、これらの地域は全て清朝の皇産であり、これら山貨による収入は清朝における重要な皇室財源であった（南満州鉄道株式会社　一九一四、「一般民地」第四章「各項昇科地」第三節「圍場開墾地」）。

満洲北部では黒龍江将軍の下にブトハ総管とホロンバイル副都統が置かれ、ブトハ総管は打牲部、つまりこの地域の狩猟民族を管理し、ホロンバイル副都統は遊牧部を管理していた。打牲部に管理されていたオロンチョン等の狩猟民族は、特産品である人参・貂・東珠（淡水真珠）を毎年清朝へ貢納し、遊牧部が管理するモンゴル諸族からは畜産品・乳製品が貢納されていた。清朝は彼らの居住地域を保護し、彼らの伝統的な狩猟採集生活や遊牧生活を保護する政策を取っていた（吉林省档案館／吉林省少数民族古籍整理弁公室　一九九二、一〜一二頁）。

上述のように、盛京内務府は清朝の重要な財源である山貨生産を維持するため、圍場や参山などへの人の出入りを厳しく制限し、過利用せぬよう厳しい規則を設けていたが、清中期以降になると移民流入の増大による取締の困難、長年にわたる人参採取による資源の枯渇と人参不足による参票の乱発、その結果としての参山の荒廃等により、資源を維持するシステムが崩れ、皇産地域における私墾地を認めて税収を得る方向へと転換していった（宋　一九九一、七頁）。

咸豊一一年の営口の開港による満洲地域の世界経済への参入の後、同治二年には盤蛇牧場が丈放され、光緒年間に入ると東辺道の開発、鴨緑江森林の伐採の公認、盛京圍場の丈放、大凌河牧廠・養息牧牧廠の民有化が始まり、草原と森林の開発が一挙に進んだ。さらにそこへロシアの南下と日本の大陸侵略が重なり、日清・義和団・日露と度重なる戦乱時の家畜や木材の徴発、両国による森林伐採が盛んに行われ、鉄道敷設の拡張、植民都市の建設、各炭坑の開発、満洲全域の電信化等の各種工業化を背景に、満洲の生態系は二〇世紀初頭から大きく変容していくことになる。

二　満洲森林調査と森林開発　一八九五〜一九三〇年

このように、近代に入ると、清朝によって守られてきた満洲の森林を中心とする多様な生態系が、急速に崩壊していく。ここで注目したいのは、満洲における森林伐採過程がおおむね、日本・ロシア・中国の角逐のもと、科学的調査の先導によって加速していったという点である。満洲の森林伐採は、国家権力を背景としてまず調査を行って森林資源の分布を確認し、外交交渉などによって利権を設定し、それからしかるべき組織なり人物なりに事業を任せるという形をとっていた。つまり、満洲の森林消滅過程は、経済的な理由に加えて、ロシア、次いで日本の、近代科学と一体となった帝国主義的な活動と、中国側のそれへの対抗という力学が作用して生じていたのである。

日露戦争後の満洲において森林利権は、鉄道、炭鉱とともに獲得すべき重要な利権と見なされており、鴨緑江の森林利権は満鉄、撫順炭鉱と並ぶ三大利権とされていた。森林利権の獲得は国境地域も含めた広い領域の経営権を掌握することにつながるため、政治的にも重要視され、日露をはじめ各国がその利権の掌握を狙っていた。こうしたなか、日露戦争の戦勝により南満の各利権をロシアから獲得した日本は、積極的に満洲の森林経営に参入して多くの林業会社を設立する。

こうした日本資本の満洲林業への投資の背景には、日露戦争前後より実施されてきた膨大な森林調査があった。これら日本の森林調査に関しては小島麗逸氏による詳細な研究が行われており、満洲国成立以前にどのような林業調査が日本によってなされたのかが明らかにされている（小島　一九七九）[7]。しかし当時の満洲においては、日本だけでなくロシア・中国も森林調査を行っており、ロシアと中国がどのような森林調査を行い、その後どのような林業開発を行ったかについては、ほとんど検討されぬまま今日にいたっている。

以下では、日露戦争前後から満洲国成立以前の日本・ロシア・中国による森林調査と、それらの調査の結果どのような林業開発が進められていったのかを検証し、林業調査と林業開発という視点から満洲の森林の変容を捉えなおしてみたい[8]。

なお、満洲におけるロシアの植物調査は一九世紀半ばから行われているが、露領極東を中心とした調査が主であるため、満洲を中心として植物調査を行ったコマロフの植物調査からを「満洲森林調査」とすることとし、このコマロフの調査開始から満洲事変前の一八九五～一九三〇年をここでの検討対象とする。満洲国期には、林業機構の統一化を図るため強行された特殊林場の解体、林政機構の改編、木材生産・流通の改変・統制等、満洲林業史上の重要な変化が数多くあり、また林業調査上でも満洲国臨時産業調査局による農村実態調査や満洲航空株式会社・航空写真班による満洲全域の森林航空調査の実施等、専論すべき重要な問題が多々あるが、それらについては他日を期したい。

三　日本による森林調査・開発

1　農商務省による海外林業調査

日本政府による海外林業調査は明治政府によって、まず欧米の林業行政視察という形で始められた。当時の日本は北海道開発の進行等により、国内木材の供給過剰現象が起きており、これを解消するため木材を海外へ輸出することが求められていた（萩野　二〇〇二、二七五頁）。そこで注目されたのが、森林資源の枯渇により木材需要の大きかった中国への木材輸出であった。農商務省は早くから中国市場へ関心を向け、日清戦争講和後の一八九八年には清国への木材輸出を目的とした木材市場調査が行われている。表1-1は日本による満洲森林調査年表であるが、この表の（一）（二）（三）（五）（六）の調査が農商務省山林局による清国木材市場調査であり、日本からの輸出を視野に入れ、どのような木材が流通しているかを主眼に調査が行われている。その中で、（一）の杉原亀三郎による『清国林業及木材商況視察復命書』では、この時点で既に北清市場における東北木材（鴨緑江材）の優位について詳しく報告されている。これを受けて、（三）の宮島多喜郎による調査では、北清最大の木材市場である北京・天津木材市場における最大の木材供給地として鴨緑江流域の森林伐木業について、福建と並ぶ中国における二大木材生産地として取り上げ、当時鴨緑江流域の木材集散地であった大東溝を中心に、鴨緑江伐木業を詳しく紹介している。宮島技師はその復命書の中で、鴨緑江森林伐木業の利益率の高さからこの事業への日本資本の参入を提言するに至っている。この提言は、日露戦後の日本による鴨緑江森林利権獲得に繋がる重要なものであった。後年鴨緑江採木公司理事長となる村田重治の回想には、村田が宮島多喜郎に中国・韓国の森林調査を行わせていたことにより、日露戦争以前に農商務省では鴨緑江流域の森林調査報告書ができており、日露戦後の鴨緑江採木公司設立交渉時に外務省からの照会に迅速に対応できた、という逸話に続いて、次のような発言が記録されている。

表 1-1　満洲森林調査年表　1895～1930 年

	調査時期	調査者	調査地域	派遣機関	報告書の有無
1	1899～1900	杉原亀三郎	清国	農商務省	『清国林業及木材商況視察復命書』1905 年
2	1902	本多静六	シベリア・清国・朝鮮	農商務省	無
3	1902.3～1903.4	宮島多喜郎・田中喜代次	清国（華北・華中）韓国（木材需給状況調査）	農商務省	『清韓両国森林視察復命書』1903 年
4	1902	鶴岡永太郎	渾江流域へのロシアの伐木会社の森林伐採方偵察	外務省嘱託	『満洲産業調査資料（林業第4班）』1906 年
5	1902.12～1903.4	長倉純一郎	清国（上海・長江一帯）	農商務省	『清国視察復命書』1903 年
6	1904.5～	宮崎辰之允	清国（木材調査）	農商務省	『清国林業及木材商況視察復命書』1905 年
7	1904.5～	今川唯市	鴨緑江流域	無	無
8	1904.7～12	西田又二・中牟田五郎	鴨緑江上下流域	農商務省	『鴨緑江森林作業調査復命書』1905 年
9	1905.3～10	今川唯市	鴨緑江流域	陸軍参謀本部	『長白山脈林況調査復命書』1911 年
10	1905.7～11	永田正吉・西田又二・道家允之・長倉純一郎	韓国	農商務省	『韓国森林調査書』1905 年
11	1905	武田清次郎	満洲	農商務省	不明
12	1905.10～1906.1	中牟田五郎・長義連・西山忠夫・石北捨作他	満洲（利源調査）	満洲産業調査会	『満洲産業調査資料（林業）』;『満洲森林調査書』1906 年
13	1906.10～12	諸戸北郎	満洲（木材利用調査）	農商務省	不明
14	1906.9～10	川瀬善太郎	韓国	農商務省	『韓国森林調査報告』1907 年
15	1906	太田銃太郎	長白山	陸軍	不明
16	1904～	遼東兵站監部	満洲全域	遼東兵站監部	『満洲要覧　全』1906 年
17	1907	守田利遠	満洲全域	関東都督府陸軍部	『満洲地誌』上中下　1907 年
18	1907	大曽根誠二・中原佐三	長白山	陸軍	不明
19	1908～1910	橋口正美	清国・満洲	不明	不明
20	1908	堀田栄治	清国（香港・台湾含む）韓国	農商務省	『清韓両国及台湾各地市場木材商況調査書』1909 年
21	1908～1909	原田覚二	清国・シベリア	農商務省	不明
22	1908.8～9	江崎正忠他	松花江上流	王子製紙	『満洲松花江奥森林調』1907 年
23	1909.4	大田篤	長白山	韓国統監府間島出張所	統監府臨時間島派出所残務整理所『間島産業調査書』1910 年
24	1910	今川唯市	長白山	不明	不明
25	1912	中村憲兵	長白山	陸軍	不明
26	1913.7	竹内（朝鮮臨時土地調査局職員）	長白山	朝鮮臨時土地調査局	不明

27	1913.8	帆足準三（他専門家）	長白山	不明	不明
28	1914.8	土屋陸軍将校（朝鮮臨時土地調査局技師）	長白山	朝鮮臨時土地調査局	不明
29	1915	彼末徳雄	大興安嶺・長白山	鴨緑江採木公司	鴨緑江採木公司『鴨緑江森林及林業』1915年
30	1914.5〜15.7	小出房吉・宮井健吉・柳町寿男・三角英男	松花江・豆満江・牡丹江上流地域	満鉄地方課	『南満松豆牡流域森林調査書』1918年
31	1916	吉岡豪雄	白頭山	不明	『白頭山森林調査復命書』
32	1916	原鋲三郎他	東清鉄道東部沿線	王子製紙	無
33	1916.11〜17.4	池部祐吉・田中由十郎	吉林省密山県・依蘭県	農商務省	『吉林省森林調査復命書』1918年
34	1917.9〜11	彼末徳雄	嫩江上流興安嶺	大倉組	報告書有
35	1918	村井貞三他	間島北西部	吉林富寧公司	不明
36	1918	間島総領事・朝鮮総督府・東拓	間島東部琿春県方面	間島総領事・朝鮮総督府・東拓	「白頭山植物調査書」
37	1918.7	丸山佐四郎	吉林省横道河子—海林間	東拓	不明
38	1918.2〜	星直太郎・花清文・村井貞三・小川昇他	吉林省内東清鉄道沿線	王子製紙	『富寧造紙股份有限公司委託吉林省牡丹江及松花江両流域森林調査報告書』
39	1918.10〜19.3	川上与三郎他7名	松花江濛江地方	王子製紙	不明
40	1918.11〜19.3	青柳勝俊	三江省東安省	満鉄地方課	満鉄『吉林省東北部林業』1920年
41	1920〜23	満鉄	大興安嶺	満鉄地方課	不明
42	1925	鈴木賢三郎	間島	朝鮮総督府	『間島地方森林復命報告』
43	1925	草間正慶	東支鉄道東部沿線嘎呀河本流域	満鉄	『吉会鉄道沿線森林調査書』1929年
44	1926.12〜27.3	庄田作輔・薄井伝太郎・湯山貞・和田留蔵・田辺早人等	吉林会寧鉄道沿線四合川・牡丹江・嘎呀河地域	満鉄	『吉会鉄道沿線森林調査書』1929年
45	1926	山田弘之	東三省森林法調査	満鉄	満鉄『東三省森林法規類纂』1926年
46	1927	東拓	間島	東拓	東拓『間島調査報告』
47	1927	天図鉄路公司	天路鉄道沿線	天図鉄路公司	『木材生産調査書』1928年
48	1928	満鉄庶務部調査課	吉林全般	満鉄庶務部調査課	『吉林省之林業』1928年
49	1929	板倉真五	吉林省	満鉄臨時経済調査委員会	『吉林省における森林伐採に関する法律関係』昭和5年（「吉林省森林ノ企業化ニ関スル調査」の一部）

出典）王子製紙山林事業史編集委員会（1976）；外林会満蒙部会（1977）；小島麗逸（1979）；萩野敏雄（1971, 1965）；村上醸造（1943）の「主として長白山に関する年表」。

明治三九年五月満洲経営調査会が設置されたが、其顔振は委員長は児玉源太郎伯、委員は外務省で珍田捨己、山坐圓次郎、倉知鉄吉の諸氏、大蔵省で若槻礼次郎、荒井健太郎の両氏、農商務省で久米金爾氏其他逓信省にも二三名あつた様に記憶する。私も末席に列したのである。（中略）ある日会議終了後、児玉伯が牛込区薬王寺町の自邸に私を招かれて、此度の調査会の仕事は日露戦後の善後策であって、国家の大問題であるから、ご苦労ながら、大に骨を折って呉れとの激励の挨拶があった後で、君に深く感謝せなければならぬことがある。即ち農商務省が予め鴨緑江森林の調査をして置かれたのは、君の意見であるとのことを聞いたが、本来ならば参謀本部が調査しておかねばならぬのに、其事の出来て居なかったのは実に恥しい次第であると云われたのには、甚だ恐縮した次第であった。

会議の問題は、主として鉄道と森林に関することであった。私は森林問題に関しては、木材会社を設立する案を樹てて提出した所、（中略）児玉委員長が、（中略）原案に裁決された。（大日本山林会　一九三一、五二六～五一九頁）

この発言では、日露戦争後の交渉においてこの調査が利用されたことが示唆されている。その提言内容は次のようなものであった。

鴨緑江ノ伐木事業ハ既ニ前章ニ於テ述ヘタルカ如ク、明治三十五年ノ売買価格ハ約四百万両ニ達シ、内地ノ山林ニハ殆ント無限ノ富ヲ蔵シ、需要ハ亦際限ナク其利益タル清人ハ八割余、韓人ハ十六割ニ當リ、商工業實ニ見サル莫大ノ収益ナリ。本邦人ノ此事業ニ着手センカ、清韓両国人ノ共ニ日清戦勝者トシテ畏敬愛慕スル優勝者ノ位置ヲ以テ彼等ニ臨ムモノナレハ、筏ノ略奪等危機ノ程度ヲ減殺スルノミナラス人夫傭雇其他作業上ノ様々ノ便宜ヲ有シ、殊ニ其資本ハ些々零細ノ金額ヲ以テ足ルモノニシテ、即彼ノ商工業ト性質ヲ異ニシ資本ノ多寡ニ比例シテ利益ノ割合ヲ増減セサルノミナラス、小資本ヲ以テ尚能ク経営セラルル事業ナルカ故ニ、一人若クハ数人ノ合資ヲ以テ容易ニ挙行シ得ルモノナリ。（中略）之ヲ要スルニ此事業ハ（一）利益莫大ニシテ（二）元木代償ヲ要セス且人夫賃、成功払ヒノ風習アル等頗ル小資本ニテ足リ（三）本邦人ハ執業上ノ便宜ノ位置ニ在リテ（四）其ノ材木ハ北清ノ大需要者ヲ有シ（五）売買機関備ハリ売却ニ容易ナル等種々ノ便益アリテ執行シ易キカ故ニ本邦人ノ経営センコトヲ切望スルモノナリ。（農商務省山林局　一九〇三、四三一頁）

宮島技師はこの報告書の中で、鴨緑江伐木業の利益率の高さおよび日本人による投資の有利性を強調している。この調査以降、農商務省山林局による清国林業調査は鴨緑江流域を中心として韓国北部・中国東北地域へと転換してゆく。それは台湾領有からロシアの南下に伴う中国東北・韓国北部地域の緊張化への対応という日本政府の大陸政策と軌を一にするものであった。

2　日露戦争と森林調査

一九〇四年に入り日露戦争が開戦するや、軍事力を背景として占領地域を中心に大規模に森林調査が進められる。一九〇四年二月には第一軍が鴨緑江左岸の義州に至るが、これ以降軍の協力の下、実際に伐採現場へ立ち入って、森林資源調査が行われるようになった。これが表1-1の（八）（九）（一〇）（一二）（一六）（一七）（一八）の調査である。農商務省山林局の調査と並んで軍による調査が目立つ。これらは日本軍占領地域で軍の要請により行われた林業調査であり、それまでの木材市場を中心とした商況調査と異なり部分的にではあるが土地と山林の測量も行い、実際の森林蓄積量や森林成長率を推定する科学的な調査の開始となった。また表の（七）（八）（九）（一〇）の鴨緑江流域森林調査に携わった林学士らから日本政府にたいして鴨緑江森林経営事業への参入が繰り返し進言されている。次は林学博士中村弥六から軍へ提出された「鴨緑江林業に関する意見書」からの引用である。

本事業タル其特権トシテ経営ニ委所アリ、今ヤ一日ヲ待ツ可カラサル時ニ際ス。況ンヤ従来斯業ニ於テ清商ノ徒ハ暗ニ我カ利権ヲ黙認シ手ヲ束ネテ我決断如何ヲ歓望翹待シツツアリ、此好機一タヒ逸セハ恐クハ他日経営ニ難キヲ加ヘ収利モ亦減スルナキヲ係セス。

此事業ヲシテ民業ニ委セシカ、国庫ハ好財源ヲ失フノミナラス事業ニ於テ左ノ弱点ヲ有ス。

一、相当ノ巨資ヲ得ル難シ

二、姑息ノ小規模ニ止マリ易シ

三、事業金局ノ利権ヲ占得シ難シ

四、目前ノ小利ニノミ拘泥シ易シ

五、時価ノ標準ヲ破リ動モスレハ濫売ノ不利ニ陥リ易シ

六、独占ノ基礎鞏固ヲ欠キ結局清商其最多ノ利益ヲ専有セラルノミニ至ルヘシ

事業ノ年立上ニ於テ動モスレハ機ヲ失シ法ヲ誤リ大局ニ適セサルモノトナルヘシ。（外務省記録E-四-二-一-二「鴨緑江採木公司雑纂」一巻、「鴨緑江木材記事」付録　一三頁）

この中村による提言が宮島と異なる点は、宮島がただ鴨緑江伐木業への日本資本の参加を提言していたのに対し、中村は鴨緑江森林を国営事業とするべき旨を強調していることである。

また陸軍省嘱託林学士であった今川唯市も、陸軍大臣寺内正毅へ鴨緑江森林経営を政府事業にすべきという次のような意見書を送っている。

鴨緑江上流森林経営ノ如キ、又正ニ我国民ノ努力ニ俟ツヘキモノナリト雖、此ノ如キ大事業ハ到底一人一個ノ力ノ能クスヘキニアラス、縦ヘ個人ニシテ之カ為メニ大資本ヲ投スルモノアリトスルモ、個人事業ノ弊トシテ目前ノ利益ニ制セラレ終ニ森林経営ノ実ヲ没却スルノ恐レナキニアラス。故ニ此事業ハ宜シク政府自ラ之ヲ為スカ、然ラサレハ厳重ナル政府ノ保護監督ノ下ニ経営スルヲ以テ其策ヲ得タルモノト為ス。最後ノ断案ハ政府

カ此際速カニ清韓両国ニ交渉シテ長白山脈一帯森林ノ施業権ヲ獲得セシコトヲ希望シテ止マサルナリ。若シ之ニシテ目的ヲ達センカ、即チ政府ハ之ニ依テ一面満洲及韓国ニ於ケル防備上ノ施設ヲ全クシ、一面其餘剰ヲ売却シテ戦後経営ノ資源ノ幾何ヲ得ベク、実ニ一挙シテ能ク二個ノ利益ヲ収ムルモノト云フヘキカ（外務省記録E-四-二-一-二「鴨緑江採木公司関係雑纂」一巻、一九〇五年一〇月二二日発　一〇月二三日着「陸軍大臣より外務大臣へ　木材廠設置ニ関シ清、韓両国、交渉方依頼並ニ長白山森林施業権獲得ニ関スル調査員ノ意見書送付ノ件」）

今川はここで、中村と同じく鴨緑江伐木業を日本政府の国営事業とすること、伐木業を国営化することで、満韓国境のこの領域を日本管理下におき、伐木業の利益をもって満韓経営費に充てるよう進言している。実際鴨緑江木材を管理していた安東軍政署は、鴨緑江木材の木税収入により、特別会計を組み、港湾の整備や新市街の建設を進めていた。日本政府にとって日露戦争後の逼迫した財政の中からどのように満洲経営費を捻出するかは重要な問題であった。

鴨緑江森林経営を国営事業にすべきという意見を受け、政府は安東に置いていた占領下での木材行政機関である軍用木材廠の組織をもとに日清合弁の林業会社設立を進めてゆくことになる。表の（八）（九）の調査により鴨緑江上流域に経営可能な森林資源を確認した日本政府は、この調査をもとに鴨緑江採木公司設立交渉を進め、一九〇八年九月日中合弁鴨緑江採木公司が設立される。このように日露戦争に伴う占領政策の中で現地での森林資源調査が可能となったことにより、日本による森林調査は満洲のどの地域において林業経営が可能であるかという実際的な検討段階に入ってゆく。

なお、他に日露戦争時の重要な調査として満洲全域の森林調査がある。一九〇五～〇六年にかけて満洲産業調査会により満洲利源調査として、四班に分かれて日露停戦ライン以南全域を中心に森林調査が行われた（表の（一二））。この調査範囲内で経営可能な森林が確認されたのは鴨緑江上流域だけであるが、聞き取りなどによって松花江・豆満江・牡丹江上流域に大樹海があることを突き止めている（表1-1「満洲森林調査年表」を参照）。

3　民間資本による森林調査

一方この時期に大倉組や王子製紙らによる森林調査も始められている。日露戦争開戦間もない一九〇四年七月には、すでに大倉組が龍巌浦でロシアの製材工場（東亜木材株式会社）の敷地を使い軍用資材の生産を開始している。大倉組は日露戦争中から鴨緑江流域の森林に着目しており、一九一五年には安東に鴨緑江製材無限公司を設立している。大倉組は経営安定のため鴨緑江地域以外の森林利権を獲得すべく、鴨緑江採木公司技師であった彼末徳雄に依頼し一九一五年から一七年にわたり大興安嶺や松花江上流域の調査を行わせている。また、早くから鴨緑江左岸に造紙工場を操業していた王子製紙は、一九一〇年に中国側から吉林で官立造紙局を設立可能であるかどうかの打診があったことを契機として、松花江上流地域にて数度にわたる林業調査を行った。これら民間資本による吉林の松花江上流域を中心とした森林調査は、一九一七年の富寧、一八年の豊材、華森、黄川、二三年の共栄起業公司等の設立に見られる吉林における大倉・三井・王子による林業投資の基礎となるものであった。

4　満鉄・東拓による森林資源調査

一九一〇年代になると満鉄や朝鮮総督府等の植民地行政機関による森林調査が行われるようになる。日本による東北の森林経営が開始される一方で、木材輸出を目的とした農商務省による市場調査の必要性が後退し、新たな林場を獲得する方向へ調査が収斂してゆく。満鉄等により科学的な森林調査方法が導入され、林力調査や森林法の研究が開始される。

一九〇九年以降ではまず、朝鮮総督府や朝鮮臨時土地調査局等による間島や豆満江を中心とした国境地域の森林調査があげられる（表1-1の（二三）（二六）（二八）（三六）（四二））。これらは朝鮮半島における林野処分と関連して行われた調査だと思われるが、調査の結果鴨緑江上流域・豆満江上流域等においてパルプ生産に適した森林の存在が認められたため、鴨緑江上流域左岸には王子製紙をはじめとして日本国内の多くの製紙業者が工場を建設した。満鉄による調査は、一九〇五〜〇六年にかけて行われた満洲産業調査会のあとを引き継ぐもので、一九一四〜一五年にかけて、満洲利源調査では現地調査を行うことができなかった松花江・豆満江・牡丹江上流域における森林調査を行った。この調査は松花江・豆満江・牡丹江流域にまたがる濛江、樺甸、敦化、額穆、延吉、和龍、安図、撫松の八県を八つの調査区に分割し、さらに流域ごとに区画して、各々につき森林面積と針葉樹と広葉樹の混交率を算出している。そして混交率から単位面積ごとの蓄木量を、樹幹解剖を行って算出している。

この調査は、従来の目測やヒアリングによって森林蓄積量を推測していた調査に比べ格段に科学的になっており、満洲の森林調査史上画期的な調査であった。これ以降同様の調査方法を用いて吉林各地で森林資源調査が行われ（表の（三〇）（四〇）（四一）（四二）（四三）（四四）（四八））、一九二〇年代の終わりには東北最大の森林地域である吉林全域の森林資源をほぼ把握することが可能となった。この満鉄による調査をもとに大倉・王子・三井等日本企業と吉林省将軍孟恩遠との間で森林利権に関する条約が結ばれ、日本資本による林業会社が数多く設立された。そしてこの状況を受けて、満鉄ではさらに一九二〇年代以降森林法に関する調査が進められた。表の（四五）の満鉄の山田弘之による『東三省森林法規類纂』と、表の（四九）の満鉄臨時経済調査委員会による「吉林省森林ノ企業化ニ関スル調査」として行われた『吉林省における森林伐採に関する法律関係』がそれである。これらの調査により初めて林業経営を実際に行う際に必要な慣習法や税制が体系的に調査された。

このように日本の林業調査は、当初は農商務省による木材市場視察であったものが、現地での森林調査が可能になると、林分量や森林成長量等、科学的調査方法を導入した森林資源調査が実施されるようになった。そして、それらの調査をもとに林業会社が多く設立された一九二〇年代には、満鉄によって林業経営に必要な森林法の調査・研究が行われるようになった。これらの調査は満洲国成立以後も引き続き行われ、満洲国の林業行政の基礎を形成してゆく。

5　森林条約と林業会社

以上満洲における林業調査を見てきたが、これらの調査により実際どのような森林関連の条約が結ばれ、林業会社が設立されるに至ったのであろうか。

満洲における最初の国際条約としての林業条約はロシアによる東清鉄道関連の条約であった。行論の必要上、先にロシアによる林業条約について見ておこう。一八九六年、ロシアは三国干渉の結果、清とカシニー条約を締結し、その見返りとして東清鉄道を中心とする広範な利権（鉄道付属地の収用、司法および行政権、鉱山採掘権、電気通信事業等）を獲得した。このとき、森林伐採権についても直営林区（租借林区）を獲得した。

この条約にもとづいてロシアは一八九八年に黒龍江・吉林両省を横断する東清鉄道建設を開始し、一九〇一年これを完成させたが、この開通によって北満経済は世界市場と直結するにいたり、牡丹江・松花江流域の林業開発が大いに促進されるに至った。その際、枕木需要のほか、鉄道橋梁の多くが木橋であり、また機関車燃料も木材であったため、それらの建設維持に莫大な木材を必要とした。そのため東清鉄道は一九〇三年にいたって強圧的に鉄道沿線森林の租借交渉を開始した。清朝政府の抵抗を押し切り、まず資源量の少ない黒龍江省内の西部沿線の契約が締結され、三箇所の租借林区が成立したが、豊富な資源量を持つ東部線は優良区域を自国企業に与えようとする清朝の抵抗と日露戦争の勃発によって長引いた。しかし一九〇七年にはロシアはついに租借林区を獲得するにいたった。この権益は国際条約に基づいており、その後成立した日中合弁の鴨緑江採木公司の特殊権益とともに満洲林業開発に大きな位置を占めるものであった（外林会満蒙部　一九七七、九〇〜九一頁）。

中国とロシアとによって結ばれた東清鉄道に付属する林業条約を表1-2に掲げておく（（一）〜（五）、（八）、（九））。

表 1-2　満洲林業条約表

	年月日	条　約　名	締結国	その他
1	1896. 9. 8	合弁東省鉄路公司合同章程	中・露	
2	1898. 7. 6	東省鉄路公司続訂合同	中・露	＊第4款
3	1901. 7.14	改訂吉林開採煤觔合同	中・露	＊第8条
4	1902. 1.14	黒龍江開採煤觔合同	中・露	＊第8条
5	1904. 3. 6	黒龍江省東省鉄路公司訂立伐木原合同	中・露	
6	1905.12.22	日清満洲に関する条約並びに付属協定	中・日	＊附属第10条
7	1906. 7. 1	鴨渾両江軍用木植合同	中・日	
8	1907. 8.30	吉林木植合同	中・露	
9	1908. 4. 5	黒龍江鉄路公司伐木合同	中・露	
10	1908. 5.14	合弁鴨緑江採木公司章程	中・日	
11	1908. 9.11	採木公司事務章程	中・日	
12	1908. 9.11	合弁鴨緑江森林合同	中・日	
13	1908. 9.11	東辺出口本地木料税則	中・日	
14	1910. 4.20	鴨緑江採木公司関於漂流木整理規定之議定書	中・日	
15	1910. 5.10	鴨緑江採木公司事務章程第14條適用之議定書	中・日	
16	1918. 5.28	合弁華森製材公司合同	中・日	
17	1918. 8. 2	吉黒両省金鉱及森林借款合同	中・日	
18	1925. 1.22	合弁中東海林採木公司合同	中・日	

出典）王鉄崖（1982）。

　このように東清鉄道に関連して七条の森林条約が結ばれているが、ロシアはこれらの条約によって東清鉄道東部線を中心に広大な林場を形成し、北満の林業開発を急速に進めていったのである。

　一方、日本は多くの林業調査と前後してどのような森林条約を中国側と締結していたのであろうか。日本が中国側と結んだ森林条約についても表1-2を御覧いただきたい（(六)、(七)、(一〇)～(一五)）。

　ロシアは東清鉄道敷設により東清鉄道東部線を中心とした広域の森林伐採権を得たが、日本は日露戦争の戦勝により、ロシアが部分的にもっていた鴨緑江森林の伐採権をより明確な形で獲得し、満洲林業進出への重要な足掛りを得ることになった。日本が初期に締結した森林条約は全てこの鴨緑江森林に関連する条約で、民国期に入り中国側の利権回収運動が高まる中でも、この権益は国際条約に強固な基盤をもつことから、鴨緑江採木公司は、契約満期終了で解散するまで比較的安定した経営を行った。その後日本側が締結した森林条約としては、吉林省を中心としたものがある（表1-2、(一六)～(一八)）。

表 1-3　満洲林業会社一覧表

	会社名	設立年	設立地	資本主	伐採区域	資本金
1	東亜木材工業株式会社	1902	龍巌浦	ロシア	鴨緑江流域	
2	遼東木植公司	1902	通化	ロシア	渾江流域	
3	大韓特許会社	1902	義州	韓・日	鴨緑江左岸	
4	日清義盛公司	1902	京城	韓・日	鴨緑江左岸	
5	東溝木植公司	1903	大東溝	中国	鴨緑江右岸・渾江	
6	鴨緑江採木公司	1908	安東	中・日	鴨緑江右岸帽児山より二十四道溝間	300万元（北洋銀）
7	鴨緑江製材無限公司	1915	安東	日（大倉系）	製材のみ	50万元
8	富寧股份有限公司	1917	吉林	中・日（三井系）	吉林省寧安・額穆県，間島地方	100万円
9	豊材股份有限公司	1918	長春	中・日（大倉系）	吉林省濛江・樺甸県，奉天省安図県	500万円
10	華森製材公司	1918	吉林	中・日（大倉系）	吉林省濛江県	200万円
11	黄川採木有限公司	1918	吉林	中・日（三井・王子系）	吉林省額穆・敦化県	400万円
12	中東製材公司	1919	ハルビン	中・日	東清鉄道東部横道河子～山石駅沿線	50万元（大洋銀）
13	興林造紙股份公司	1922	吉林	中・日（大倉系）	吉林省敦化県	500万円
14	札免公司	1922	ハルビン	中・日・露（満鉄）	札敦河・免渡河・烏諾爾河の本・支流域	600万元
15	共榮起業公司	1923	長春	中・日（三井・大倉系）	吉敦沿線・豆満江支流・牡丹江上流他	1,000万円
16	吉林林業公司	1923	吉林	吉林省政府	吉林省樺甸県	35万元（大洋銀）
17	松江林業公司	1920年代		吉林省官商合弁	吉林省濛江・樺甸・額穆・敦化県	26万元
18	中東海林採木公司	1924	ハルビン	中・日（東拓）	吉林省寧安県海林河上流域・牡丹江支流	300万円

出典）1～5：外務省記録「鴨緑江豆満両江ノ森林伐採ニ関スル日清人ノ企業関係案件」；衣保中（1990）310頁。
6～16：帝国森林会（1932）69～85頁。

全て日中もしくは日中露合弁の林業会社に関する条約である。これらは、軍事資金を調達するために日本の林業投資を引き出すことに積極的であった吉林省将軍孟恩遠のもと、吉林省と東清鉄道東部を中心に締結された。

では実際にどのような林業会社が設立されたのか。国際条約に基づく会社および比較的規模の大きな林業会社を表1-3に挙げる。

このように（六）の鴨緑江採木公司設立以降は、満洲における最大の森林地域であった吉林省東部を中心として日本が投資を行っている。それが（八）（九）（一〇）（一一）（一三）（一五）（一六）（一七）の林業会社である。

また、一九一七年のロシア革命により、東清鉄道沿線のロシア資本による林場経営基盤が揺らぎはじめると、これを好機として日本は東清鉄道各沿線の森林利権を買収し始める。これにより東清鉄道沿線林場を営業区域として、東拓や満鉄が出資した（一四）の札免公司や（一八）の中東海林採木公司が設立されることとなる。

以上の森林条約と林業会社の設立情況をあらためて鳥瞰すると、これらの条約および会社は大きく分けて、

①鴨緑江流域森林

②吉林省東部

③東清鉄道東部線

の三つの森林地帯を対象として設定されている。日露による調査もまたこの三地域を中心に進められた。日本資本による林業開発は、鴨緑江森林→吉林省東部→東清鉄道沿線と展開しており、日本による満洲林業調査の後を追う形で進められたのである。

四　ロシアによる森林調査

1　満洲における植物調査の開始

先にもふれたように、中国と国境を接するロシアは日本よりかなり早い段階から満洲地域の森林を含めた植物調査を行っていた。一九世紀中頃からロシアの極東経営が活発化するに伴いこの方面の探検・調査が積極的に進められたが、それらの探検・調査の一環として植物採集・調査も精力的に行われたのである。

極東方面の植物調査の始まりは、一八五四年からのマクシモヴィッチ（K. I. Maximowicz）による黒龍江・ウスリー江方面の植物採集である。一八五五年デカストリ湾に上陸しニコラエフスク市周辺の研究を行ったマクシモヴィッチは、同年黒龍江を遡り植物採集を行った。五六年には同じく黒龍江沿岸の植物調査を行い、その九月には松花江河口でも植物採集を行った。さらにその後も一八六〇年に黒龍江からウスリー江にかけて植物調査を行っている。このように約五年間にわたってマクシモヴィッチは黒龍江下流域植物を採集研究し、ロシアにおける満洲植物研究の嚆矢となった。これらの調査の成果は一八五九年ペテルブルグにおいて『黒龍江地方植物誌』全九巻（*Primitiae Florae amurensis*）として公刊された（コマロフ　一九二七、一八〜二〇頁）。

このマクシモヴィッチと同時期に、マーク（R. K. Maak）も黒龍江沿岸を陸軍踏査隊とともに旅行している。マークの採集した標本はマクシモヴィッチとルプレヒによって整理研究されて発表された（コマロフ　一九二七、二〇頁；村上　一九四三、「主として長白山に関する年表」）。また一八五九年にもマークはウスリー江流域および興凱湖を訪れ調査を行った。この二回の踏査の成果はレゲルの研究を経て一八六一年に『マーク・ウスリー江流域旅行記』二巻として発表されている（コマロフ　一九二七、二一頁；村上　一九四三、「主として長白山に関する年表」）。

さらに一八五四〜五六年の間、シュレンク（L. Schrenk）により黒龍江全域にわたる植物採集が行われた。これらはマクシモヴィッチの標本と合わせて前述の『黒龍江地方植物誌』九巻の中で発表された。また一八五九〜六二年の四年間、地質学者シュミット（F. B. Schmidt）は極東における満洲植物分布区域およびその境界地域を旅行し、東部アジアのジュラ紀・第三紀時代の古生物に関する豊富な標本を採集した。これは後年ドゲールによって研究されている。このほかシュミットの同行者であった植物学者グレーン（P. Glehn）が樺太・ブレインスキィ山脈・アルグン河にて多数の植物標本を採集した。この標本はシュミットにより露国帝室地学協会西比利探検隊報告として発表されている。

一八五〇年代に行われたラッデ（G. L. Radde）の旅行も満洲植物区域内における研究である。彼は一八五七年黒龍江を下り小興安嶺の動植物の詳細な研究を行った（コマロフ　一九二七、二二頁；村上　一九四三、「主として長白山に関する年表」）。一八六八年にはプルジェワリスキィ（N. M. Przhevalsky）がウスリー地方へ赴き、ウスリー下流およびヒヨフツィル山脈方面の研究を行った。一八六四年クラポトキン（Krapotkin）とウソリツェフ（Usoltzev）の二名は汽船によって松花江を遡って吉林へ赴き、松花江沿岸植物界の消息を報告した。

ほかにこの地域を踏査したものとしては、一八六〇〜六三年の林務官ブチイシチェフ（A. T. Budishiev）による興凱湖・中露国境地域・イムペトルスカヤ湾の調査がある。また同時期にリュベンスキィ（Liubenski）による黒龍江流域の観察と、コルズン（Korzun）によるウスリー左岸の大支流イマン河の流域調査がある（コマロフ　一九二七、二六〜三二頁；村上　一九四三、「主として長白山に関する年表」）。

この一八五四年から一八六九年における露領満洲植物分布区域の調査はほとんどロシア人学者によって行われた。この第一期の調査時期はさしずめマクシモヴィッチ期と呼ぶことができよう。その後二十年間は特別な調査は行われなかったが、一八九〇年代に入るとコルジンスキィ（S. I. Korjinski）とコマロフ（V. L. Komarov）により専門的な調査が行われた。

トムスク大学植物学講座の教授であったコルジンスキィは、一八九一年三月にトムスクを出発し、シルカ河・ハバロフスク・ヒヨフツィル・トゥングスカ・ブレインスキィ山脈・黒龍江を踏査し植物調査を行った。これらの成果はコルジンスキィの論文「農業植民地としての黒龍州」として発表された。

一方、後にレニングラードの国立植物園園長となるコマロフは、黒龍鉄道建設費により、一八九五年五月より黒龍州・ブレインスキィ山脈・ブラゴヴェシチェンスク（Blagoveshchensk）市・キルマ河・ハバロフスクを調査した。しかし一八九六年に黒龍鉄道建設計画は変更され、中東鉄道の敷設となったため、黒龍鉄道予定地近辺の実地踏査は打ち切られた。これ以降コマロフは露国帝国地学協会（帝立ロシア地理学協会）の資金援助によって研究を続けた。より自由に踏査地を選定できるようになったコマロフは一八九六年五〜六月、綏芬河上三岔口へ旅行し、七月には満洲へ赴き三岔口・寧古塔・綏芬河流域・ウスリー江流域・牡丹江流域の諸地域を踏査した。その後吉林街道より西側で満洲山脈森林の研究に多くの日数を費やした。八月には拉法河・老嶺山脈・雙岔河、九月には松花江流域・吉林方面へと向かった。一八九七年には動物学者ア・エム・ヤンコフスキィが同行し、五月豆満江・会寧・茂山・豆満江支流の延面水屈松水河谷分水嶺の踏査を行い、六月豆満江および鴨緑江の分水嶺に到達、その後鴨緑江流域の踏査を続け、八月に鴨緑江・奉天・松花江・輝発江支流方面をへてロシアに戻る。この三年あまりの調査の結果が一九〇一〜〇七年に出版された『満洲植物誌』全七巻である（コマロフ　一九二七、二六〜三二頁；村上　一九四三、「主として長白山に関する年表」）。

コルジンスキィとコマロフによる研究をロシアによる満洲植物研究史の第二期とするならば、中東鉄道敷設後に鉄道を使い沿線各地で植物採集を行うようになった一九〇二年以降の研究を第三期とまとめることができよう。

第三期の研究としては次のものがある。農学者エヌ・ア・セミョーノフは一九〇二年に鉄道各沿線を旅行し、五百種以上の植物採集を行った。一九〇三年にはデ・イ・リトウィノフが鉄道沿線、奉天・ハルビン・一面坡等、特にハルビン以東を踏査し優れた標本を残した。一九〇三年にはペテルブルグ大学の学生であるペ・カ・コプロノウィチが植物園の後援により満洲旅行を行い、ハルビン・阿什河周囲で植物採集を行った。一九〇三〜〇四年にはエ・ヌ・デスラウィがハバロフスク・フッフキル・松花江・三站で採集を行い、またエフ・カ・カロはブラゴウェシチェンスク附近、特に黒龍江左岸、サハリン附近にて採集を行った（コマロフ　一九二七、一〜二頁；村上　一九四三、「主として長白山に関する年表」）。

なお、ここで、欧米人による満洲植物調査についても簡単にふれておこう。

一八五七〜五九年、イギリスのキュウ植物園採集家C・H・ウォルフォード（C. H. Wilford）による満洲植物調査が行われた。一八六〇年には台湾駐在英国領事R・スウィンホウ（R. Swinhoe）による大連の植物調査が行われ、同年医師W・ダニエル（W. Daniell）による大連における植物採集が行われた。さらにこの年、大連を占領したイギリス軍隊に同行した宣教師バーニー（Birnie）による植物採集が行われ、一八六一〜六八年には牛荘英国領事ミーダムス（Meadoms）が満洲の実用植物に関する調査を行った。一八七二年には牛荘駐在米国商務官のE・テェインター（E. Taintor）による牛荘の植物採集、一八七〇年代には奉天宣教師のD・ロス（D. Ross）が調査を行い、一八八四年には奉天宣教師J・ウェブスター（J. Webster）がこのロスと共に奉天—朝鮮国境地方への旅行を行った（村上　一九四三、「主として長白山に関する年表」）。

さらに一八八〇年代前半、牛荘英国領事館医師W・モリソン（W. Morrison）は牛荘および奉天—遼陽で研究を行って南満植物四二〇種の目録を作り、それを牛荘領事ハードナーの一八八四年度報告書附録第三編にて発表している。

一八八六年にはH・ジェームズ（H. James）が満洲大旅行を行った。五月に奉天を出発し、鴨緑江—帽児山—松花江上流域山地・吉林・白頭山山頂を踏査する。八月、吉林・松花江・伯特納・斉斉哈爾・呼蘭城・寧古塔・琿春を踏査し、この旅行で採集した五四六種の裸子植物はキュウ植物園の鑑定を経て『長白山』（*The long White Mountain*）に発表された。これは欧米人学者による満洲植物研究最大の成果である（村上　一九四三、「主として長白山に関する年表」）。

このように満洲における植物調査を見てみると、ロシアによる調査は東清鉄道敷設との関連で北満を中心に行われ、欧米、特にイギリスは営口（牛荘）に領事館を設置していたことにより南満を中心に調査を行っている。つまり、各国の権益の存在する地域を中心として植物調査も進められたのである。

2　東清鉄道沿線の林業調査と林場の設置

東清鉄道敷設前後に行われた以上のような植物調査に続き、敷設後には森林資源の利用と直結した調査が行われた。東清鉄道の敷設に伴ってロシアの獲得した租借林は、ロシア人資本家に譲渡され、東清鉄道全沿線において一五の林区・林場（東清鉄道林場三箇所、その他一二箇所）が設定された。このうち主要ロシア人企業の創業を見ると、一九〇五年のスキデルスキィ、一九〇六年のシェフチェンコ、一九〇七年のカワルスキィ・ポポフ兄弟商会がある。東部線ではスキデルスキィのウィサヘー林場をはじめとして、東清鉄道林区よりも個人林場が早く設定されたが、これら林場主の多くはハルビン・ウラジオストックに本拠地を持つ大伐出資本家であった。

これら林場の経営にあたって施行案を編成するため、一九〇九年から東清鉄道株式会社調査課は租借林地を調査する専門踏査隊を編成し、同年七月から一九一〇年秋にかけて七回の調査が行われた。第一回踏査隊は大興安嶺の林野調査を行い、第二回踏査隊も一九〇九年八月に再び大興安嶺方面を調査したが、この二回の調査では、沿線近くの森林はすでに中国人により伐採された後であり、沿線から非常に離れた地域でしか優良林を見出すことができなかった。第三回踏査隊は一九〇九年八月に東部線一面坡駅より南方の地方を踏査したが、やはり大興安嶺と同じ光景を見ることになった。同年九月に四回目の踏査隊が岔林河（ツァリンへ）流域に赴いたが、ここも大興安嶺と同じく伐採跡地を見るのみであった。これは中国当局がロシア側へこれら林場を譲渡する前に中国人伐採業者にこの地域の伐採許可を与え、伐採後の土地を東清鉄道へ譲渡したことによるものであった。この結果東清鉄道はこれら伐採後の林地と中国から提供された黒龍江省内の林地——踏査の結果、優良林と判明した黒龍江省内の大興安嶺東部綽爾（チョオル）河谷間の地と岔林河上流の地――とを交換することになった。第五回踏査隊は一九一〇年秋に海林駅附近のアゲエエフの租借林を観察し、第六回踏査隊は一面坡駅の北方および南方地方を調査し、経営に適する林地を確認した。第七回踏査隊は馬橋河および細鱗河駅附近の地を調査し、優良林を多く発見した（イワシュケエウキッチ　一九二九、三～四頁）。

その後、東清鉄道は租借した林区を本格経営するため、東清鉄道林業技師ヴ・エ・イワシュケウィッチの指揮のもと、一九一一～一四年に租借林の広範な技術的調査（測量・林分調査・林業試験地設定）を石頭河子・高嶺子地方で実施し、租借林区の施行案を編成した。これは満鉄によって吉林で行われた調査よりも早く、満洲における初めての近代的森林調査となった（萩野　一九六五、二三〇頁）。

また東清鉄道森林踏査隊と同じく一九〇九～一一年にかけてロシアの沿黒龍総督府山林局によって森林調査班が編成され、黒龍州やシベリア鉄道建設地域をはじめとして極東地域の森林の調査および森林整理が行われた（南満州鉄道株式会社　一九二七、五七～六四頁）。

それ以降の森林調査の成果としては、一九一八年の東清鉄道株式会社商業部編『北満洲』、一九二二年に東清鉄道株式会社経済調査局によって調査出版された『北満洲と東支鉄道』の中の第十章「森林及び林業」をはじめとして、一九二二年のスクウォルツォフ『満洲及露領極東の動物と植物』、一九二三年のゴルディエエフ『北満の森林と林業』、一九三〇年のスーリン『満洲における森林』、一九三〇年の東清鉄道株式会社『満洲における森林』等がある（村上　一九四三、三三五～三三六頁）。

こうして北満で行われた東清鉄道付属林を中心とした森林開発は、ロシア人による林場経営を中心に進められた。とりわけ東清鉄道東部線沿線は小興安嶺を中心として、紅松、魚鱗松、沙松、黄花松等の有用樹種に富む地域であったため、鉄道敷設とともに一挙に開発対象となっていった（萩野　二〇〇二、二七五頁）。ロシア政府はこれら地域の森林伐採権をロシア人資本家に優先的に与え、その伐採期間は二〇～九〇年の長期にわたり、鉄道沿いの

表 1-4　満洲地方別木材生産表

（単位：石）

年度	鴨緑江地方	吉林地方	間島地方	北満地方	計
1924	1,825,283	755,000	523,322	1,762,776	4,866,381
1925	1,932,667	1,094,074	565,530	1,406,170	4,998,441
1926	1,247,119	451,900	218,610	1,459,066	3,376,695
1927	1,919,934	580,366	336,240	1,048,976	3,885,516
1928	1,412,651	997,000	478,200	2,230,900	5,118,751
1929	948,916	1,042,531	370,800	1,484,724	3,846,971
1930	882,386	1,015,000	267,503	922,700	3,087,589
1931	1,458,419	983,940	320,792	505,000	3,268,151

注）北満地方とは，東清鉄道東部線，松花江下流沿岸，小興安嶺南部地区を指す。
出典）帝国森林会（1932）11～12 頁。

優良林はすべて「林場」として設定された（荻野　二〇〇二、二七頁）。

　これらロシア人は森林鉄道を敷設し本格的な森林開発にあたったが、当時の機関車は石炭を使わず薪を使っていた[9]。そのため、これら東清鉄道と森林鉄道用の薪材の伐採は非常な量に達し、また枕木も大量に必要であった。東清鉄道の一九一二年の調査によると、同鉄道全沿線で枕木のみで八七万五千本にも達したが、鉄道用の薪生産はそれらの用材生産をはるかに上回る量であった。

　当時の東清鉄道の租借林区は総面積二〇万八千ヘクタールであったが、同鉄道幹線延長は一七二八キロメートルであり、それに要する枕木は年間四三万本、同鉄道の全木材消費量（枕木・電柱・建築材・薪材）は年間約二五〇万石に達した。北満地域で生産される木材のうち、一九一三年時点では総木材生産量の約九〇％が鉄道に納入され、一九一三～二一年の九年間では北満生産財の約八五％が鉄道需要に充てられていた。

　東清鉄道東部線の林場の変遷について見ておくと、設立当初は多数の林場があり、一九一五年末の調査では二九林場を一六人の事業主（うち一二人がロシア人）が所有していたが、この後、中国人所有者の大半が脱落し、そのほとんどが前述のスキデルスキィとカワルスキィの二名の手に帰している。一九一七～一九年には林場はさらに特定の林場主、スキデルスキィ、カワルスキィ、シェフチェンコ、ポポフ兄弟商会らに集中していった。一九二四年の東部線では一〇名が一六林場を保有していたが、それは東部線森林面積の七八・六％にあたり、東清鉄道租借林区全体を含めると一万六九一五平方露里（比率は、東清鉄道五・五％、カワルスキィ一〇・四％、スキデルスキィ一九・一％、その他六五・〇％）で、上記四事業主で八三・二％を占めるという圧倒的な比率となっていた。

しかし、これらの事業主も一九一七年のロシア革命と、一九一八年のシベリア出兵による混乱により、経営基盤を根本的に揺るがされ、北満経済から転落し始めることとなる。中国側はこの機会を逃さずロシア利権回収に乗り出し、この地域の治外法権の撤廃・ハルビン市監督に続き、一九二四年の華露協定を契機として東清鉄道回収を計画し、森林利権回収のため沿線の林場整理を目的とする進出策をとった。またこの機会を捉えて日本側も積極的に東部沿線の林場獲得を図った。そのため、不況も加わり多数のロシア人企業が休廃業に追い込まれた。一九二九年頃には、カワルスキィ、ポポフ、セミョーノフ等数人の事業主がようやく林場権を確保し山份（入山税）徴収を行うのみ、という状態であった。

このようにかろうじて残存した個人林場も満洲国成立後、林業行政機構の一元化と北満における旧ロシア経済基盤の一掃を狙った満洲国政府のもとで、東清鉄道接収とともに解体されていった。

五　中国による森林調査

前述のように、清朝下の満洲では満洲族の発祥の地であるこの地を保全するために封禁政策が取られており、基本的に森林の開発は禁止されていた。とはいえ、官用木材の伐出し等のため一定の条件により伐採が許可されており、盛京戸部は採木山場を設けていた。興京に九箇所、開原に三箇所、鳳凰城に六箇所、岫巌に二箇所、遼陽に二箇所の計二二箇所で、ここで伐採する者は戸部の許可証をもらい税金を納めていた。

嘉慶・道光年間以降移民の流入とともに私伐が多くなり、清朝は一八七五年大東溝に木税総局を設置し、伐採を認めて木税を徴収する方向へと転換した（王　一九三四、一一八巻「林業」二六九〇頁）。他にも東清鉄道敷設のための鉄道用木材供給を目的として、一八九八年に黒龍江木税総局が設立された。また日露戦争直前には鴨緑江森林利権を日露の侵略から守るため、東辺道台によって一九〇三年大東溝に東溝木植公司が設立されている。

日露戦争後、日本の戦勝によりロシアの利権を引き継ぐ形で、当時満洲最大の木材生産地であった鴨緑江流域に日中合弁の鴨緑江採木公司設立を余儀なくされた中国側は、各種の利権を守るため、農林業を含めた各地の実情調査を行っている。日本側が鴨緑江森林利権を獲得する際、中国側に近代的な林学・林政が確立されておらず、日本の進んだ林業行政でこの地域を管理する必要性がある、ということが日本側の大義名分の一つとされたからである。前出の今川唯市の提言の中でも、この地域において日本側が森林経営を行うべき理由の一つとして、中国側の林業行政の不備をあげている。今川は日本が鴨緑江森林経営を行う大義名分について、「長白山森林施業権獲得ニ関スル調査員ノ意見書送付ノ件」で次のように述べている。

（前略）清韓両国ニ於ケル政綱ノ弛廃実ニ名状スベカラス其林政ノ如キモ唯名義ヲ存スルノミニシテ豪モ其実ナク民度又低劣ニシテ南清一部ノ人民ヲ除クノ外木ハ自然ニ生育シ人ハ之ヲ伐ルモノナリト云フ思想ノ外愛林保護ノ如キ未タ曾テ一度モ彼等ノ思ヒ及ハサル所ニシテ其鴨緑江上流一帯ノ森林ノ如キ亦自然ニ放置シテ自由ニ人民ノ濫伐ニ任セ何人モ之ヲ怪シマサルノミナラス年年莫大ナル冨ヲ鳥有［ママ］ニ帰シテ更ニ之ヲ意ニ介セサルニ至ラハ彼等ノ至愚実ニ洪嘆ニ堪ヘサルナリ（中略）鴨緑江上流ノ森林モ今日ニ於テ保護経営ノ策ヲ講スルニアラサレハ今後十年ヲ出ズシテ数千方里ノ美林モ其相貌ヲ変スルニ至ランカ之甚タ深惜ニ堪ヘサル所ナリ（中略）帝国カ今回ノ戦果ヲ完フシ将来清韓両国ノ民ヲ扶掖開導シテ真ニ文明ノ恩恵ニ浴セシメ共ニ平和ヲ楽マシムルモ一ニ懸テ帝国ノ責任ニアリト云ハサルベカラス（外務省記録E-四-二-一-二「鴨緑江採木公司関係雑纂」一巻、一九〇五年一〇月二二日発　一〇月二三日着「陸軍大臣より外務大臣へ　木材廠設置ニ関シ清、韓両国、交渉方依頼並ニ長白山森林施業権獲得ニ関スル調査員ノ意見書送付ノ件」）

このように清朝側に近代的な林業行政制度が確立されていないことが、日本側における森林利権奪取の理由の一つとされたため、中国側は早急に満洲の森林資源の把握と林業行政の確立を進める必要にせまられた。そのため、満洲全域で農林業に関する調査が清末から民国初期に行われた。一九一〇年には奉天勧業道により奉天森林保護章程が公布されたが、この章程の第一章の五項目全てが森林調査実施についての規定であり、各府庁州県での森林調査の実施と林簿の作成を義務付けている。またそれ以外に、日本に留学していた郭葆琳により、遼寧・吉林・黒龍江で農業全般に関する調査が行われ、一九一五年に『東三省農林墾務調査書』が出版された（関東都督府陸軍経理部　二〇〇〇、九四三〜九四四頁）。

このような情勢と関連して、一九〇七年の民政移行後に総督徐世昌のもと咨議局選挙（地方議会選挙）の準備が進められた際、選挙準備のために各地の実情調査が行われた。この調査は一九〇七〜〇八年にかけて、土地、気候、戸口、生計、教育、政治、農業、工業、商業、鉱業、交通、民事、風俗等広い範囲で調査が行われており、森林地帯では簡略ながらも農林業調査の一環として森林資源に関する調査・報告が行われている。これらの調査結果は『東三省政略』や民国期の各地方志等に見ることができる。

また一九〇六年に始まるいわゆる「間島問題」の発生により、日中による間島地方の調査が盛んに行われた。日本側の調査は統監府臨時間島派出所による『間島産業調査書』（表1-1の（二三））等であるが、中国側も間島問題に対処するため間島地方の辺境行政に関する調査報告書を作成している。一九〇七年、東三省総督徐世昌の命を受け、新軍督練処監督の呉録貞が派遣されて間島事情を報告したものとして『延吉辺務報告』がある。この中には「林産」の項目があり、長白山森林についての報告や、陸軍の守田利遠による調査報告書『満洲地誌』中の長白山森林調査（表1-1の（一七））の翻訳が載せられている。呉録貞は日本に留学し陸軍士官学校で学んだことがあり日本語を解したのである。『満洲地誌』は一九〇七年に出されたものであり、『延吉辺務報告』は一九〇七年に調査、一九〇八年に公刊されていることから、日本の調査に対する中国側の関心の強さがうかがえよう。その一例としてこの『延吉辺務報告』の中には「延吉を調査した日本人職員一覧表」がある。一九〇六年から一九〇七年にかけて間島を調査した日本人の氏名・所属・目的・調査地域等が表にされており、二年間で日本人により三六回に及ぶ間島地域の視察・調査が行われていることが知れる。そのうち農林業関連調査は農業大学講師の鳥飼幸太郎と農学士武井虎次により二回行われている。このように日露戦争以降の辺務報告の一環として国境地域を中心に森林調査が行われたのであった。その後、一九一七〜一九年にはまだ外国資本が入っていない、吉林省浜江から黒河間の森林と間島地域の森林を直営林業（森林局林場）に指定し、外国資本の進出に対する予防措置を行っている。

日露戦争による各種利権の喪失や日露による満洲分割の危機の前に、中国側でも日露に対抗するため近代的学問を導入し内政を再建する必要があった。林業行政も改革がはかられ、一九〇七年には「林業開弁規則」が公布され、林業総局を吉林に創設し、分局を土山・四合川に置いて、森林の管理や官行伐採を行った。民国期に入ると林政機構はまた改変され、一九一三年に北京中央政府財政部から森林事務を農商部に移し、林野局を設けて東三省の林務を統轄させるが、一九一五年には哈爾濱に東三省林野総局、分局を奉天・吉林・寧古塔に設け、農林部がそれを統轄し、地方林務は各省実業庁が実行することとなった。

また近代林学の導入が図られ、一九〇八年から〇九年にかけて農工商局が新設されるとともに各地の林業調査を行った。そして近代的な林学知識を導入するために日本・欧米から農学士・林学士が招聘されて農林学堂、種樹工所（植樹局）林務局等が創設され、同じく一九〇八年には安東に奉天森林学堂も設けられた。さらに民国期に入ると実業庁は各県に植樹勧導員を設けて各地の植樹を奨励した（王　一九三四、二六九一頁）。

日露戦争以降の東三省政府にとって近代的林業行政を確立し、日露戦争前後に移譲した森林の諸権利を日露から取り戻すことは重要な懸案事項であった。一九一二年、中華民国政府林政要綱一一箇条が公布され、無主の山林の国有化と「東三省国有林発放規則」第二条「森林ヲ了承セントスルモノハ中華民国人或ハ中華民国法律ニ依テ成立セル法人ニ限ル但シ国際合同（契約）ニ特別ノ規定アルモノハ満期以前仍チ継続有効ナリトス」により、他国の既往獲得分は継続有効としたが新規獲得は合弁形態以外には不可能となった。一九一四年には民国政府森林法を制定し、先の東三省国有林発放規則を改正して、国有林伐採から外国資本を排除する方針が決定された。一九二八年には東三省国有林発放規則を廃止し、国有林発放章程を公布、外国資本の林場経営を継続不可とし、外国資本に対する排除方針をさらに強化した。

しかし、このように森林利権回収が指向される一方で、軍閥割拠時であった東三省は当時張作霖と対立していた吉林将軍孟恩遠が、前述のように軍事費捻出のため日本と森林借款契約を結んだので、吉林では一九一七年に三井系の富寧股份有限公司、一九一八年に大倉系の豊材股份有限公司、同じく大倉系の華森製材公司、三井・王子系の黄川採木有限公司、一九二二年には大倉系の興林造紙股份公司が乱立するといった状況になった。しかしこれらの林業会社は、張作霖の勢力拡大とともに、海外資本の林業進出を容認しない張政権によって事業展開を大きく制約され、日本の林業権益は東三省政府の回収の対象となっていった（菅野　二〇〇三）。

このように、日露戦争前後の日本とロシアによる満洲における林業調査および調査結果を踏まえた各森林利権の獲得という事態にたいして、中国政府は自らも、地方情況調査や農林業調査の一環ではあるが林業調査を行い、各地方の森林資源を把握し、林業行政の確立と森林利権の回収に努めたのであった。

日本・ロシア・中国による林業調査の特徴を概観すると、日本は満洲国以前においては鴨緑江流域と吉林に関する調査が大半を占め、その資本の投資先も鴨緑江流域と吉林省東部にほぼ集中していた。一方ロシアは東清鉄道敷設のため北満を中心に林業調査を行っており、その林業投資も東清鉄道東部線沿いに展開していた。日露の林業進出へ対抗するために行われた中国の林業調査の特徴としては、林業を主眼においた調査というよりは、間島をはじめとした辺務との関連で調査が行われており、当時の中国側が置かれた政治状況をうかがわせる調査内容となっている。

六　鴨緑江森林開発の経緯

満洲の森林伐採は、前節までに述べたように、日本・ロシア・中国の角逐のなかで展開されていった。本節では、このなかで特に鴨緑江流域の森林伐採過程について概観する。というのも、この地域の森林は、本書第3章と密接に関連しており、近代「満洲」社会の成立に重要な意義をもっているからである。

鴨緑江流域は中朝国境にあたるため、一六二八年に後金と李朝間で結ばれた「江都会盟」により、鴨緑江右岸六十清里を緩衝地帯として両国人の立ち入りが一切禁止された。また、前述のように、長白山を水源とする鴨緑江とその流域は満洲族発祥の地であり、清初より封禁政策が取られ、四禁（農耕・森林伐採・漁業・鉱山開発の一切禁止）の地として開発が厳禁されていた。さらに、上流域は鴨緑江風水上、長白山からの龍脈が永陵龍崗山脈を通じて奉天へ流れる経路とされ、その観点からも森林が保護されていた。

しかし一方で、この地域は朝鮮人参の産地のひとつであり、清朝は期間を設け毎年採集許可地域が重複しないように配慮しながら票を発行して人参の採掘や狩猟を許可しており、こうした山貨の管理という形で森林の管理が行われていた（宋　一九九一：叢　一九八九）。しかし先にもふれたように清中期以降、山東からこの地域への移民の流入が増大し、この現状をふまえて光緒元年（一八七五）に鳳凰城へ派遣された陳本植はこの地の本格的な開発を開始することにし、馬賊を鎮圧し、流入して私墾していた移民たちを認め、耕作権を与えた。同時に通化、懐仁、寛甸、安東の四県を設置し、その上に興京庁と鳳凰庁を設置した。この功により東辺道台に任命された陳は税務行政の改革を行い、新たに木材伐採を認可することとし、大東溝に「東溝木税総局」を設置した。

このように光緒初年以降、鴨緑江木材生産に対する清朝の行政機関が整備された結果、一九世紀末には鴨緑江流域は華北一帯の木材供給地として名を馳せ、日露戦争直前の光緒二九年（一九〇三）には中国全体の木材供給量の約三割を占め、福州と並ぶ二大木材生産地へと急成長していた。そして日露戦争直前の大東溝における筏数は一万台近くに上り、山東から伐木業に従事するために来集する木把は二万から三万人とも言われた（鴨緑江採木公司　一九一九、四頁）。

このような伐木業の盛況に目をつけた日露が鴨緑江伐木業への投資・経営を開始したが、これに対抗して東辺道台袁大化は一九〇三年に「東溝木植公司」を設立し、木把の財産を守るため森林の警備や漂流木の整理、木把への資金貸付等を行った。このように二〇世紀初頭の鴨緑江流域では木税徴収機関や森林保護機構が設置され、鴨緑江伐木業に対してある一定の管理が行われていた（徐　一九二一、巻三「森林交渉編」二一一五～二一六四頁）。

しかし日露戦争前後から始まった日露による鴨緑江森林への林業投資により森林伐採は次第に加速してゆく。鴨緑江森林利権をめぐる日露の抗争は、その地理的な重要性から日露戦争勃発の原因の一つになったとも言われている。ここでその経緯を簡単に説明しておこう。

写真 1-2　管流し（鴨緑江）
出典）鴨緑江採木公司（1915）。

一九世紀末、南下政策をとるロシアではニコライ二世のもと、満洲経営を経済面のみにとどめ対朝鮮不干渉政策をとる蔵相ウィッテと、満洲・朝鮮の併合および対日戦争を想定する宮内官ベゾブラゾフらが対立しており、結局ニコライ二世の支持を得たベゾブラゾフ一派が極東経営に積極的に乗り出していった。一八九六年八月高宗がロシア領事館に避難した（露館播遷）際、ロシアと李朝は韓国森林契約を締結し、それをもとにロシアは鴨緑江森林経営に着手する。義和団事件後のロシアによる満洲占領の際には軍隊を使って鴨緑江木材の伐採・流筏を行い、一九〇二年には朝鮮族側鴨緑江岸の龍巌浦に大製材工場「東亜木材株式会社」を建設した。その工場に木材を供給するため、配下の中国人を代理として、鴨緑江最大の支流であり木材生産高の最も高かった渾江上流域の一時的な伐採許可を吉林将軍から獲得し、通化に木材伐採会社である「遼東木植公司」を設立、この地の馬賊を利用して木材の伐採・流筏を行った。

日本もこのようなロシアの動きに対抗して、一九〇二年に日朝合弁で「大韓特許会社」を設立して義州で伐採を行った。一九〇二年には鴨緑江森林伐採権を持つ清国人、韓国人を買収して日清合弁の民間会社である「日清義盛公司」をソウルに設立した。「東亜木材株式会社」「遼東木植公司」と「日清義盛公司」はこの地域で激しい木材獲得競争を繰り広げた。特に一九〇三年の夏には鴨緑江流域で洪水が発生し、多くの沿岸積上げ木材が漂流木となった。この地の漂流木は拾得者の所有に帰す習慣であったため、この漂流木獲得をめぐる各会社の争いには、当地の馬賊やロシア軍まで借り出され、「木材戦争」と呼ばれるほど激しいものであった。このような鴨緑江森林利権をめぐる激しい抗争は日露の開戦で決着がつけられることとなる（萩野　一九六五）。

日露戦争で勝った日本が戦勝によって得た森林利権に基づいて一九〇八年に日中合弁の林業会社「鴨緑江採木公司」を設立することは前述した通りであるが、この公司設立によって従来の伐木システムが変化し、森林資源は減少しているにもかかわらず、伐採量は増加の一途をたどった。

鴨緑江の木材は公司設立以前は大型の中国式筏で水送されており、水量が豊富な年でも流筏には三ヶ月以上を要するため、木材の流下はよくて一年に一度、水量が少なく条件が悪い時は二、三年かけて流筏する状態であった。また、木材は大きさに関係なく本数で税金がかけられていた。そのため、きこりはなるべく大きな木材を求めて切っていた。しかし日本がこの地域の森林利権を獲得した後、日本式筏――軽量のため上流から使用可能で三週間ほどで下流域の安東まで到着し、しかも一年に何度でも流筏可能――を導入した。さらに鴨緑江採木公司が設立されたことによって、それまでの木税システムが大幅に崩れ、公司用の木材には清朝がかけていた各種通過税が基本的に不要になったため、実際に流筏は一年に数度繰り返され、木の大小にかかわず伐採が行われるようになった。鴨緑江の森林生産量は第一次世界大戦期までは筏一万台以上を流筏し、満洲で最も木材生産額が大きかったが、一九二〇年代以降は森林資源が枯渇し、建築用材（角材）の生産が極端に減少して、樹齢が低くても使える、電柱用丸太、枕木、坑木といった小木の丸太生産や、比較的多く残っていた広葉樹を使用する家具材、枕木、坑木、馬車材の生産が主流となる。

このようにこの流域では約三十年弱で資源が枯渇してしまうわけだが、鴨緑江流域は平地が一五％以下であるため伐採後の土地を耕地として使用することは難しい。では伐採後の土地はどのように利用されたのか。次にそれを見てみよう。

前述のようにこの地域の森林は針葉広葉樹混交林であったが、針葉樹を選抜伐採した後に交替林として、ナラ類を中心とした広葉樹林が形成される。広葉樹は比重が重く水運に向かないため、これらの樹木は価値が低く伐採されずに広範囲で残存していたが、安奉線開通により直接鉄道で輸送できるようになったため、用途が多様化した。ナラ類を利用した馬車、李朝家具、木炭などの生産が盛んになったのである。またこれら用材伐採後の土地では、ナラ林を利用した野外でのサクサン養蚕業も中下流域を中心に広く行われるようになった。特に馬車材は鴨緑江産のものが最適とされ需要が高かった。またサクサンも満洲一の生産を誇り、数万トンが山東等に移出され、遠くはヨーロッパまで輸出されていた。

また上流域では主に朝鮮族が用材伐採後の土地に火をかけ、焼畑をおこなっていた。焼畑跡には煙草、藍、アヘン、高粱等が栽培され、この地方の馬賊の重要な収入源となっていた。中・上流域では伐採後の土地で新たに人参栽培や、鹿場を設置することで薬材である鹿茸の採集が行われていた。

ちなみに満洲全域でも、森林資源が減少した地域では、焼畑による山地作物（煙草、アヘン、藍）の栽培、人参栽培、養蜂、その他漢方薬材となる野生生物の人工的な飼育（鹿、熊、林蛙）が広く行われるようになった。特に旧盛京圍場地域では煙草栽培が盛んであった。黒龍江でも広大な皇産地の森林が伐採された後は、そのまま国営農場として家畜や漢方薬材を採集するための鹿、熊、虎等の野生動物の飼育が行われている。通化では従来からこの地域にあった山葡萄を人工的に畑栽培することにより戦後通化葡萄酒が大量に生産されるようになった。このように満洲における農業関係の各特産品は満洲の生態系が大きく変容する中で生じてきたものが多い。

このように鴨緑江流域の森林は、伐採により鴨緑江の岸辺から遥かに離れ、中下流域に広がるのは養蚕用のサクサン林や栗林等の疎林となり、清末に豹や熊が棲息していたことが俄には信じがたい状況となっていたのである。

おわりに

建州女真に大きな経済力を与え、清朝の重要な皇室財源であった東北三宝の人参や貂、東珠は満洲地域の豊かな森林がもたらしたものであった。しかし一九世紀後半になると清朝は木材伐採を認め、森林そのものを消費していくことになる。そしてこれが二〇世紀初頭の急速な工業化、鉄道敷設、都市建設、炭坑開発、電信化、製紙業の勃興につながってゆく。

特に東清鉄道は建設用の枕木だけで二四〇万本、毎年交換用の枕木だけで四三万本を消費した。またこの鉄道は一九二〇年代後半まで薪を燃料としていたので、そのための木材消費額も膨大な額に上った。ほかに電柱や建築用材・機関車用材としても木が使われた。さらに東清鉄道は、これらの木材を調達するための森林鉄道を保有しており、その敷設距離は東清鉄道本線に匹敵するほどであった。一九三〇年代にはこれら森林鉄道の沿線両側二五キロ範囲の森林は切り尽くされていた（『黒龍江森林』編輯委員会　一九九三、三頁）。いかに鉄道が森林によって成り立っていたかがわかる。

清代にはその比重の重さから水送できないため針葉樹の十分の一しか流通していなかった鴨緑江の広葉樹は、一九〇五年の安奉線の開通により良質の馬車用材として満洲各地に供給されるようになり、満洲の鉄道と連結した馬車輸送システムを形成した。ここで留意したいのが、馬車材に使用された広葉樹が、元来の鴨緑江流域に分布していた針葉広葉樹混交林から針葉樹だけを選伐した後に残された広葉樹をさらに伐採した後の二次林として生じた広葉樹林から生産されていたことである。満洲の馬車システムは、牧廠解体による官馬の放出と並んで、東の皇産である鴨緑江流域森林の崩壊過程で生じているのである。つまり元来の生態系が破壊され、人工的に変容した二次的な生態系から生じた馬や広葉樹が満洲の馬車輸送システムを生む、という生態系と社会の絶えざるフィードバックが近代満洲を形成していったといえるのではないだろうか。

盛京三大牧廠の丈放に示される草原の耕地化は満洲の農業生産を高めたが、同時に樹木に覆われない裸地を拡大し、砂漠化を進行させた。森林伐採は木材の代わりとなる特産物を各地に生じさせたが、山地における単一の商品栽培は土壌流出を高め、洪水を頻発させる要因となった。森林と草原を広範囲で失った満洲地域は乾燥化が進み、一九八〇年代以降度々干ばつに襲われるようになり、全体的な降水量も減少している。満洲における急激な生態環境の消費によって、辺境地域であった満洲は短期間で経済的な先進地域へ発展したが、その一方で今日の満洲は砂漠化、干ばつ、大規模な洪水の発生などの深刻な問題を抱えているのである。近百年で失った生態的多様性を今後どう取り戻してゆくか、満洲地域の経済発展を支える上で重要な課題であろう。

注

(1)　本章の一部は永井リサ「満洲における林業調査と林業開発　1895-1930」(『比較社会文化研究』第一五号、二〇〇四)を加筆修正したものである。

（2）いわゆる皇産地では盛京内務府や打牲鳥拉による山貨、すなわち人参・東珠・貂・鹿茸などの管理が行われていた。

（3）康熙一七年（一六七八）、盛京将軍安珠瑚が明の遼東辺牆を拡張して建設したもの。柳条辺牆とは、外側に壕溝を掘り巡らし、その土を以てした盛り土の上に柳条を挿植し、これを横木で結わえて辺柵となしたものである（川久保　一九九〇、四～五頁）。柳条辺牆は、清朝が構想していた満州の行政区分と考えられ、南部の農耕地帯、東北部の清朝故地である森林狩猟地帯、西北部のモンゴル人の遊牧地帯、の三地帯に東北を分けていた（川久保　一九九〇、二五～二六頁）。

（4）「丈放」とは官有地の民間への払い下げである。光緒年間にはいると大凌河牧廠の西廠や養息牧牧廠の丈放も始まり、一部地域を除いて民有化され大部分が耕地となった（李　一九九三、三六七～三六八頁）。

（5）「圍場」とは皇室の狩猟採集地として一般人の立ち入りが禁止された地域を指す。

（6）後に山東からの移民がこれを請け負うようになる（宋　一九九一、九八～一〇九頁）。

（7）他に日本による海外林業調査を取り上げた研究として、萩野敏雄（一九七一）が挙げられる。

（8）戦前における中国東北林業史に関する先行研究としては、萩野敏雄（一九六五）、王長富（一九九一）、衣保中（一九九〇）等があり、日本による東北への林業投資に関しては、金子文夫（一九八二）、塚瀬進（一九九〇）、菅野直樹（二〇〇〇）等がある。

（9）東清鉄道は一九三二年当時燃料の約半数を薪に頼っていた（荻野　二〇〇二、二七三頁）。

文献

〈日本語文献〉

江夏由樹　一九九四「近代東三省社会の変動」溝口雄三編『アジアから考える』三巻、東京大学出版会。
鴨緑江採木公司　一九一九『鴨緑江林業誌』。
王子製紙山林事業史編集委員会　一九七六『王子製紙山林事業史』。
外務省記録E-四巻二号～一巻二号「鴨緑江採木公司関係雑纂」一巻。
外林会満蒙部　一九七七『満蒙林業外史』。
金子文夫　一九八二「満州における大倉財閥」大倉財閥研究会編『大倉財閥の研究』近藤出版社。
彼末徳雄　一九四四『満洲林業外史』満洲修分館。
川久保悌郎　一九九〇「柳条辺牆管見」『東洋学報』第七一巻。
関東都督府陸軍経理部　二〇〇〇『満洲誌草稿』第一輯、クレス出版（原本一九一一年）。

菅野直樹　二〇〇〇「鴨緑江採木公司と日本の満州進出—森林資源をめぐる対外関係の変遷—」『国史学』一九二。
菅野直樹　二〇〇三「孟恩遠吉林省政権と日本」『日本歴史』六六〇。
小島麗逸　一九七九「満州森林調査史」『日本帝国主義と東アジア』アジア経済研究所。
コマロフ　一九二七『満洲植物誌』第一〜七巻、南満洲鉄道株式会社。
大日本山林会　一九三一『明治林業逸史』。
帝国森林会　一九三二『満蒙の森林及び林業』。
塚瀬進　一九九〇「日中合弁鴨緑江採木公司の分析」『アジア経済』第三一巻第一〇号。
東洋協会調査部　一九三六『満洲国水産業の現勢』東洋協会。
農商務省山林局　一九〇三『清韓両国森林視察復命書』。
農商務省山林局　一九一八『吉林省森林調査復命書』。
萩野敏雄　一九六五『朝鮮・満州・台湾林業発達史論』林野弘済会。
萩野敏雄　一九七一「戦前における海外木材資源調査について」『林業経済』二七八。
萩野敏雄　二〇〇二『日露国際林業関係史論』日本林業調査会。
ヘンリー・ヂェームズ：指田文三郎　一九四一『満洲踏査行』大江専一共訳、大陸叢書　第六巻、大阪：朝日新聞社。
南満州鉄道株式会社庶務部調査課　一九一四『満洲旧慣調査報告書』南満州鉄道株式会社。
南満洲鉄道株式会社庶務部調査課　一九二七『露領極東の林業と林況』大阪毎日新聞社。
南満洲鉄道株式会社庶務部調査課　一九二八『吉林省の林業』南満洲鉄道株式会社。
村上醸造　一九四三『満洲の森林とその自然的構成』奉天大阪屋号書店。
山名正二　一九九七『満洲義軍』（復刻版、原書一九四二年）大空社。
ヴエ・ア・イワシュケエウヰッチ　一九二九『満洲の森林』南満洲鉄道株式会社庶務部調査課訳、大阪毎日新聞社。

〈中国語文献〉

衣保中　一九九〇『東北農業近代化研究』吉林文史出版社。
王長富　一九九一『東北近代林業経済史』中国林業出版社。
王鉄崖編　一九八二『中外旧約章彙編』一・二・三、三聯書店。
王樹楠等編　一九三四『奉天通志』。
吉林省档案館／吉林省少数民族古籍整理弁公室編　一九九二『吉林貢品』天津古籍出版社。

『黒龍江森林』編輯委員会編　一九九三『黒龍江森林』中国林業出版社。
宋抵他　一九九一『清代東北人参参務』吉林文史出版社。
徐世昌編　一九一一『東三省政略』。
叢佩遠　一九八九『東北三宝経済簡史』農業出版社。
超正階主編　一九九九『中国東北地区珍稀瀕危動物志』中国林業出版社。
李澍田主編　一九九三『中国東北農業史』吉林文史出版社。

〈英語文献〉

H. E. M. James 1888 *The Long White Mountain; or A journey in Manchuria: with some account of the history, people, administration, and religion of that country*, Longmans, Green, and Co., London.

第2章　鉄道・人・集落

兼橋正人・安冨　歩

はじめに

近代満洲社会には明確な地理構造がある。その構造の大枠は大小興安嶺・長白山系と内蒙古の草原とによって三方を囲まれ、中央部に豊かな平原が広がるという地形の特徴によって与えられている。その平原部を貫通して大都市を繋ぐ幹線鉄道が走っており、これが近代満洲の社会的骨格を成している。

自然地形がこの地域の社会構造に侵し難い制約を与えていることは言うまでもないが、地形がその構造の全てを決定しているわけでもない。地形は、社会の持つ内的構造が生み出す空間パターンに外的制約を与えつつも、その内容の全てを決定することはない。

近代満洲社会に決定的影響を与えたものは言うまでもなく鉄道である。それでも、鉄道が社会的地理構造の全てを決定したのでもない。一九四五年の段階で、総延長一万二千キロ余に達し、中国本土に比して十倍程度の密度を誇った満洲の鉄道網の全てが、同じように重要だったわけではない。実際満洲では、大連と哈爾濱とを結ぶ幹線が圧倒的重要性を持っていた。このような路線ごとの重要度の違いは、鉄道そのものが決定したのではなく、社会構造を反映した結果である。このことからでも、鉄道のみが社会的地理構造の全てを決定するわけではないことがわかる。

鉄道は都市や産業の成長を促すが、都市や産業の成長もまた鉄道の発展を促す。この相互依存の円環が急速に回転しているときに、鉄道は社会の背骨となる。このような円環を欠き、運ぶべき人も物資もないようなところを通過するだけの鉄道は社会の地理構造に大きな影響を与えはしない。

以下、本章ではこの鉄道の持つ規定的役割を念頭に置きつつ、それがどのような具体的意味を有し満洲の地に作用していたかという点を、人口や都市の地理的および統計的分布を多角的に概観することで考察したい。そこに浮かび上がる満洲の社会的地理構造をおさえることが本章のテーマである。

具体的には、まず第一節で先行研究に依拠しつつ、満洲の地に敷設された鉄道について、その鉄道網の発展過程を概観する。

続いて第二節で人口動態について、華北移民の移住・定住パターンのマクロな特性を捉える。近代における関内から満洲への人口流入は、ヨーロッパからアメリカへの移動に匹敵するほど急速かつ巨大であった（Gottschang and Lary 2000）。その結果、満洲の人口は一八五〇年頃に約三百万人と言われていたものが、一九四〇年には四千万人余に達した（Chen 1970；満洲国国務院総務庁　二〇〇〇）。満洲に関する種々の人口統計が、そのような変化を教えてくれるのであるが、これらの数値はかなり大胆な推定に過ぎない。ここでは、統計自体の妥当性を検討しつつ、その空間的特質を考察し、人口分布が強く鉄道に依存している事実を確認する。

さらに第三節では、満洲の都市・集落の空間分布について考察する。人口統計の不十分さを補うべく、一九七〇年代より利用可能である衛星画像により解放後の満洲の都市集落の地理的分布を観察し、満洲と華北山東との間にどのような違いがあるか視覚的に捉えてみる。本節を通して県レベルの空間特性が、満洲に特徴的な「県城経済」（第5章参照）を色濃く反映している実態を知ることができる。

なお、本章の地理区分は満洲分省地図（国際地学協会　一九八〇）に依っている。また、人口分布図などは統計資料にあわせて、適宜表示を変更している。図ごとに詳細を載せるが、ドット分布図などソフトウェア[1]依存の表現があるので注意されたい。

一　鉄道ネットワークの形成過程

満洲の鉄道敷設過程についてはすでに膨大な研究がある。本節では特に塚瀬（一九九三）、高橋（一九九五）、財団法人満鉄会（一九八六）に依拠しながら、以下の議論に必要な限りでその建設過程を概観する。まず、高橋（一九九五）に倣って、満洲の鉄道建設過程を次の四つの時期に区分しよう。

（一）東清鉄道および北寧鉄道の創業と初期経営時代（一八九五～一九〇六年）
（二）南満洲鉄道株式会社の成立と以降の「培養線」建設の時代（一九〇七～一九二四年）
（三）中国の利権回収および自弁鉄道建設の時代（一九二五～一九三一年）
（四）「満洲国」成立と新線建設および満鉄による全満洲鉄道の一元的経営の時代（一九三二～一九四五年）

各時代に敷設された鉄道の特徴は以下のようにまとめられる。

第一期（一八九五～一九〇六年）（図2-1(1)）
日清戦争後に始まり、日露戦争後に至る第一期には、東清（支）鉄道、京奉線（北京～奉天）、安奉線（安東～奉天）の三つの路線が敷設された。
東清鉄道はロシアの支配下にあり、シベリア鉄道の一部として構築され、満洲里とウラジオストックとを接続した。さらに中間の哈爾濱で分岐して南下し、大連・旅順の租借地へと伸びている。この南下路線の長春以南は日露戦争によって日本に譲渡され、南満洲鉄道（以下、満鉄）本線（後の連京線）となる。哈爾濱・長春・大連という大都市はこの南下路線上に新たに形成された。京奉線は満洲と華北とを、安奉線は満洲と朝鮮とをそれぞれ接続した。

黒龍江省の斉斉哈爾や吉林省の吉林といった従来の政治都市は、基線鉄道沿線に位置していないことにより、それぞれ哈爾濱と長春とに中心都市の座を奪われることになる。また大連の開港により、天津条約による開港以来満

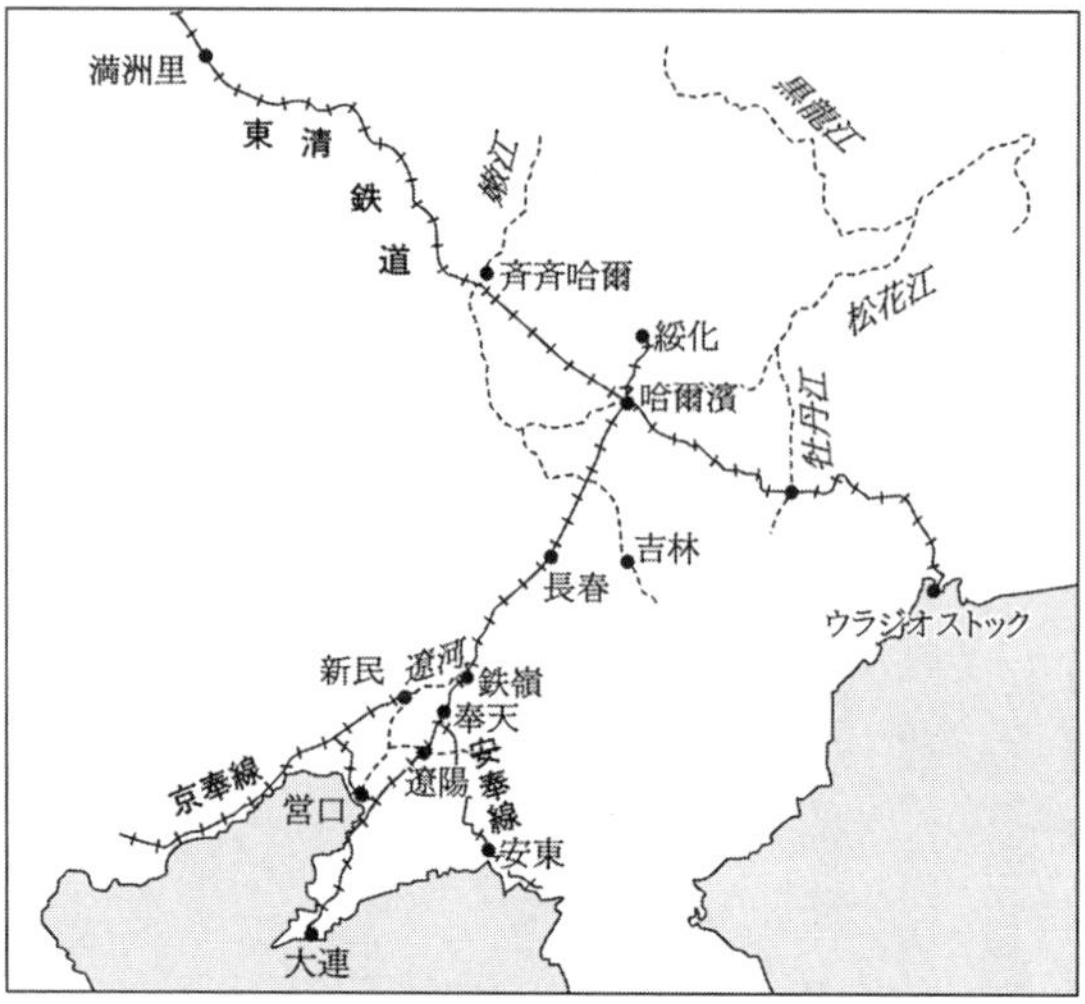

(1) 1895～1906 年

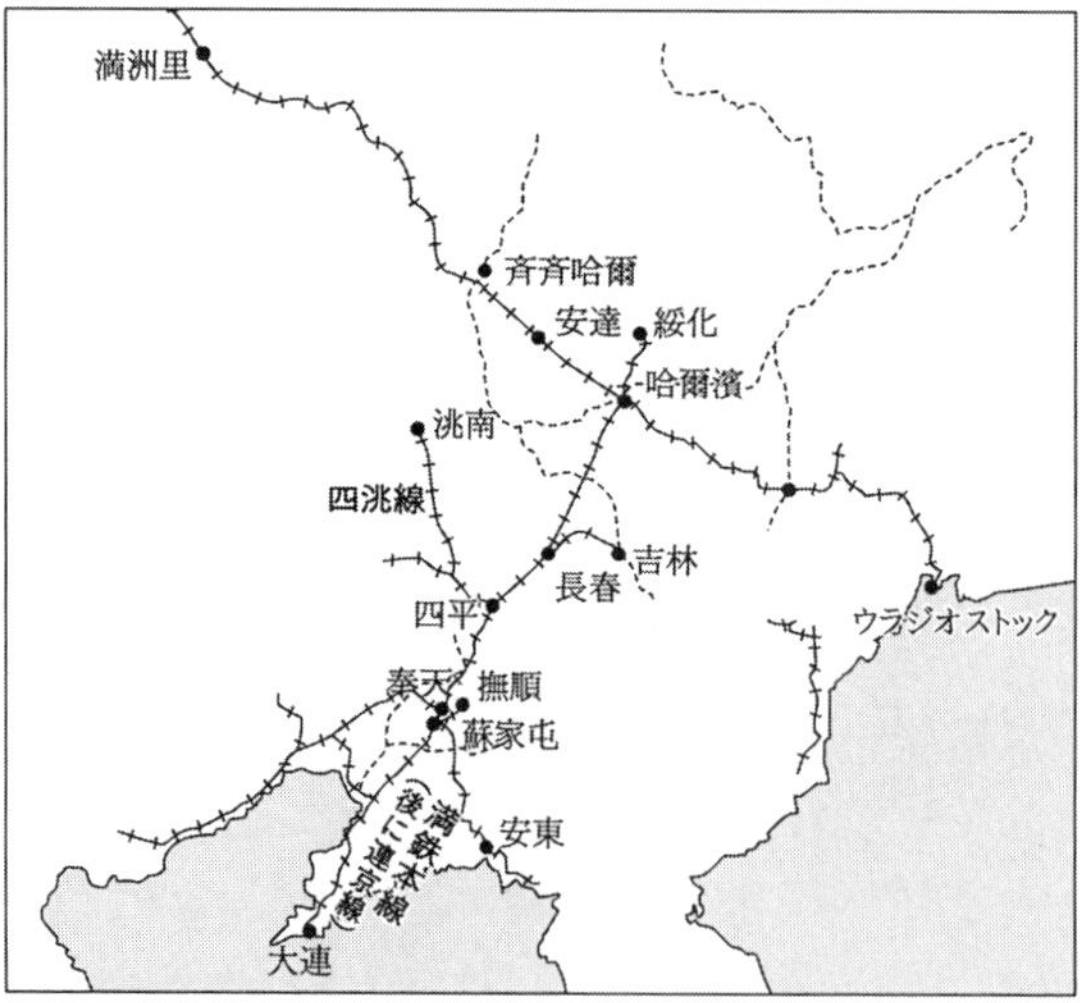

(2) 1907～1924 年

の建設過程

洲の主要港であった営口の重要性が次第に低下してゆく。つまりこの時期に、斉斉哈爾→哈爾濱、吉林→長春、営口→大連という中心地のシフトが生じ始めたのである。従来の枢軸都市のなかでは、奉天のみが鉄道網のハブとなって生き残った。

すなわち、鉄道建設を契機として、旧来の河川・道路交通システムの要所として機能していた都市に替わり、次章で見るような、鉄道と馬車とを組み合わせた陸上輸送システムで中心的役割を果たす都市が新たに発展・形成されてゆくのである。この鉄道―馬車システムが満洲開拓で重要な役割を果たし、満洲の社会的地理構造に大きく影

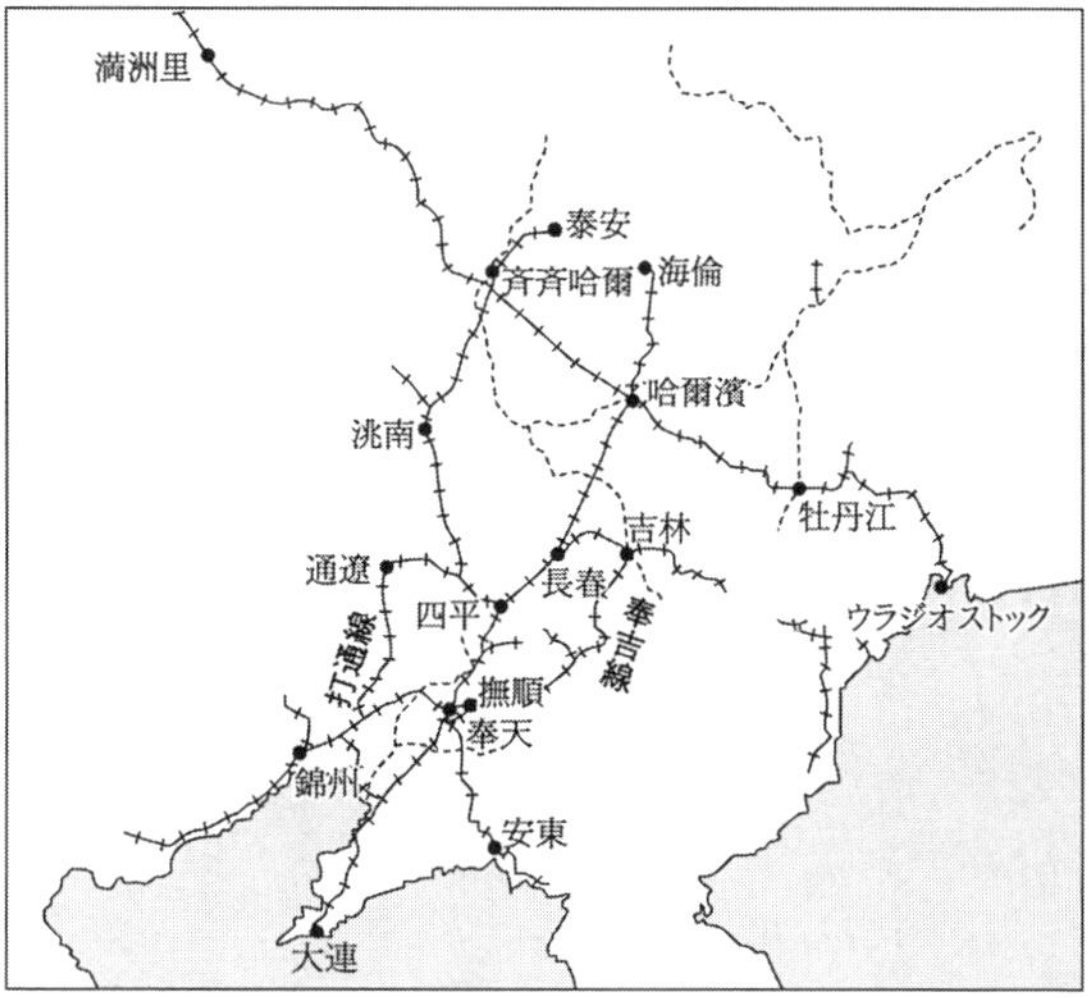

(3) 1925〜1931 年

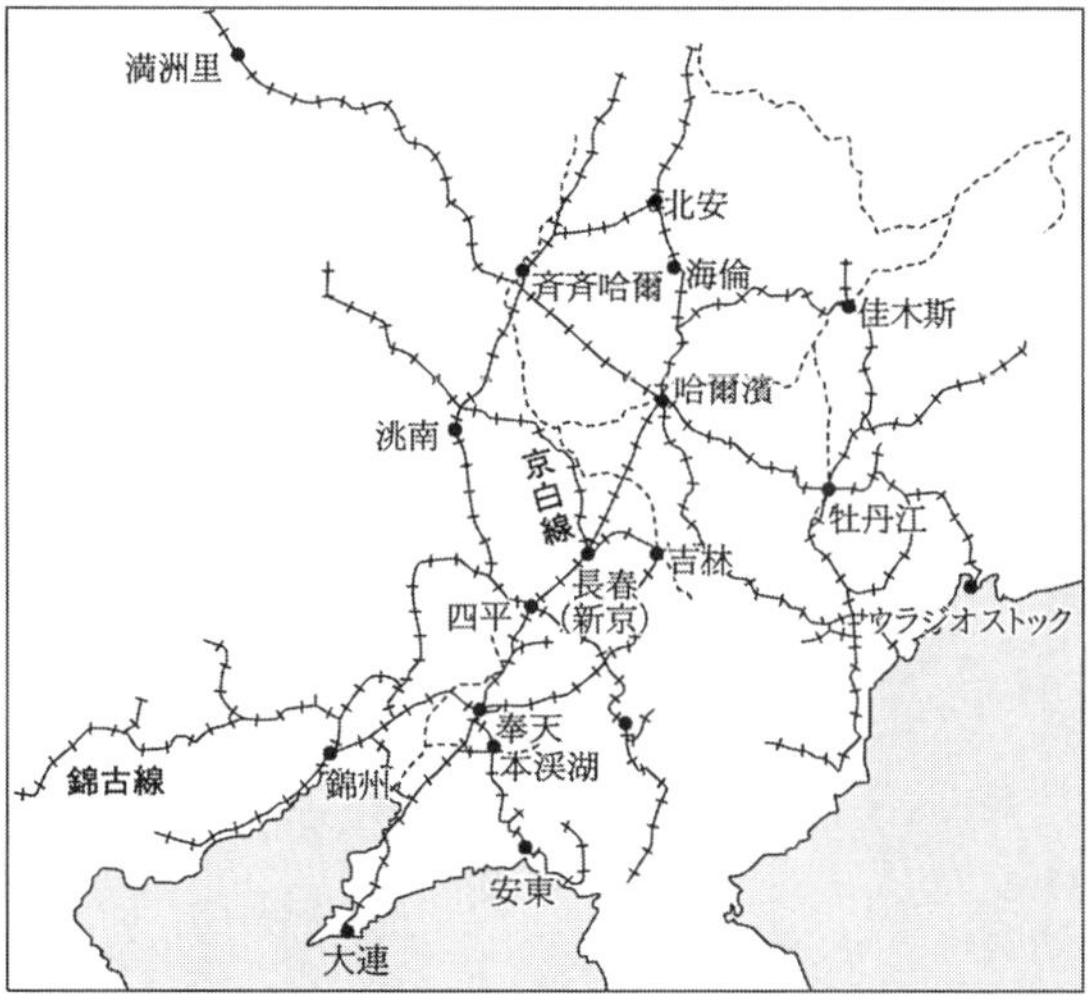

(4) 1932〜1945 年

図 2-1　鉄道

注）破線は川を示す。
出典）塚瀬（1993）より作成。

響を与えることになる。

第二期（一九〇七～一九二四年）（図2-1(2)）

第二期は南満洲鉄道の成立により始まる。満鉄は本線の複線化、そしてゲージ幅の標準軌への統一など輸送効率を高める対策を講じるとともに、撫順から大連に至る石炭輸送を目的とした撫順線（撫順～蘇家屯）などを建設した。こうした一連の対策により、満鉄既存線は他線と質の面で明確な差異を有することになる。満鉄線の優位は、ロシア革命によってその競争相手たる東清鉄道が中国側の利権回収の対象となり、大幅に弱体化したことが大きく作用している。

満鉄は、北満一帯に広がる穀倉地帯で収穫される大豆など、商品作物を大連へ流通させようとする意図の下に、いわゆる「満蒙五鉄道」の建設を企図するが、一九一〇年代には四洮線（四平～洮南）が完成したにとどまった。しかし、この路線は洮南～大連間の鉄道による直接輸送を可能にし、東部蒙古方面の後背地獲得の基線として重要な意味をもっていた。それは地域一帯の主要穀物集散地として機能していた東清鉄道の安達駅の発展をも脅かすほどであった、と言われている（高橋　一九九五、一三七～一三八頁）。洮南と安達は直線距離にして二百キロメートル以上離れているが、次章および第5章で論じるように長距離輸送可能な馬車輸送システムが存在していたこと、さらに、

冬季は農閑期に属し、農民の主なる仕事は馬車輸送業である為、少しにても有利に売却せんとして時間、距離を無視して、隊を組んで匪賊の害を恐れ乍ら特定の都市に参集する（入江　出版年不明（以降省略）、四五頁）

と言うように、より良い条件を求めて取引地に固執しない生産者の性向のゆえ、洮南は安達の脅威と成り得たのであった。

さらに、一九一二年には長春～吉林間が結ばれ、吉林省の新旧政治的中心地が鉄道で接続された。当時表2-1

のように長春は人口四万人弱（一九一一年）、吉林は七万二千人で吉林の方が都市規模は大きかった。ところが、この鉄道の建設により、吉林も交通利便性が高まり人口が増加したものの、満鉄本線沿線都市を中心とする大商店による支店経済化が進行した結果、その中心地としての機能と地位とをはっきりと長春に譲ることになった。

第三期（一九二五〜一九三一年）（図2-1(3)）

第三期になると、県城経済システムと張政権の政治体制の相互強化により中国側の力が伸長した結果、日本側と中国側との覇権争いが顕著になっていく。

中国側は、東清鉄道の利権回収を進めるとともに、満鉄の勢力削減を目指し、奉吉線（奉天〜吉林）や打通線（打虎山〜通遼）など満鉄に平行する路線の建設を相次いで行った。北満でも同様に大幅に鉄道建設が進展した。泰安や海倫まで鉄道が伸長され、穀倉地帯の作物集積機能を、東清鉄道から部分的に奪うことに成功した。また、哈爾濱を経由しない斉斉哈爾から洮南へと直接向かうルートが建設された。これにより北満穀物を満鉄路線を使用せず渤海に面する港まで運ぶことが可能になった。こうして北満での開発と集散地の再編とが同時に進められた。

第二期と異なり、この時期は満鉄線に物資を流入させる「培養線」ではなく、それを奪うための路線が建設されたのである。この政策が実際に満鉄の経営に与えた打撃は軽微であったが、日本側は中国側が強い決意をもって利権を回収しようとしている事態に強い危機感を持ち、それが関東軍によって発動された満洲事変の背景となる。

第四期（一九三二〜一九四五年）（図2-1(4)）

満洲国期になると、満洲の鉄道は満洲国政府の所有となり、それを一括して「国線」として満鉄に委託することになった。こうして満鉄は全ての鉄道をその一元的管理下に置いた。一方で満鉄は莫大な資金を日本国内で調達し、絶

表2-1　長春と吉林の人口遷移

	長　春	吉　林
1909		81,000
1911	38,000	
1912		72,000
1916	96,000	
1919		89,000
1921	104,000	
1924		106,000
1928	125,000	
1932	167,000	
1935	312,000	
1937	335,000	123,000
1941	527,000	237,000

出典）長春：塚瀬（1993）96頁，表28。
吉林：塚瀬（1993）149頁，表52。

写真 2-1　新民で鉄道に乗る人々

出典）『満洲グラフ』第2巻第4号（1934）。

え間なく新線建設・既存線複線化などの事業を推進する任務を負い、従来の植民地行政機関やコンツェルンという色彩を失って、純粋な鉄道会社へと変貌してゆく（安冨　一九九七、第四章）。

事業分野として鉄道業は満鉄の中で黒字を生み出す稼ぎ頭であったが、その内訳を見ると、「国線」の営業内容は悪く、営業キロで一割ほどの「社線」（満鉄所有路線）が貨車収入の約半分を担うなど著しくアンバランスな構造をもっていた。一九三五年に北満鉄道の買収も行われ、それまで満鉄の力が及ばなかった北安や佳木斯を繋ぐ新線建設が活発に行われた。同様に京白線（長春（新京）〜白城子）や熱河から北京へ抜ける錦古線（錦県〜古北口）など満洲全域に鉄道の影響をもたらすべく多くの路線が建設された。

しかし、こうして建設された路線には、利益をあげる経済線ばかりでなく、軍事目的の非経済線も多く含まれていた。この時期に敷設された新線は約五千キロメートルに達し、それは一九四五年時の営業キロの約半分を占めるほどであったが、営業内容には問題が多く、一九四〇年度で非経済線の割合は四六％に達した。それでも、一九三九年時点で新線は鉄道収入の半分を担うまでになった（高橋　一九九五、三九〇頁、三九四頁）。

最終的に一九四五年の満洲国解体時には鉄道網は満洲全土に張りめぐらされ、ほとんどの地域は鉄道から五〇キロメートル圏内となった。この五〇キロメートルという距離は大体冬季の平野で馬車が一日に移動できる距離に相当する（第11章も参照）。つまり、新線建設は既存都市の後背地縮小を伴いながら、大体馬車で一日二日でアクセスできる距離に集散地の再編が進むように、少なくとも結果として作用していたと看做すことができる。

二　人口のマクロ構造

このように鉄道が伸長するとともに、満洲の人口は大幅に増加した。その増加率は年四％と見積もられるなど、急激なものであった（山口　一九四四）。しかし、それを実証する人口統計は、以下に述べるように曖昧な部分が多い。

そこで、人口の地域分布を手がかりに満洲の人口構造を捉えてゆくことにしよう。まず、人口分布が鉄道と強い相関をもっていることが本節を通じて明瞭となるだろう。それは鉄道の存在自体に帰するものではなく、中心―従属路線という鉄道の構造そのものに依るところが大きいのである。

1　長期人口推計

一九〇〇年頃満洲に滞在していた宣教師J・ミラー・グラハムは、この地域の人々の出自を次のように記述している。

（満洲に暮らす――引用者）人々は、その一部は明朝期に南満に移住した中国人の末裔であるものの、大半が年ごとに定期的にやってくる人口過密な南（山東）から溢れた移民たちである。港が春はじめに開かれるやいなや数千人もの移民たちが道を埋め尽くす。彼らの多くが中年の男性である。その他家族と思われる者たちはみな山東様式の手押し車に荷物を載せているのが目につく。（Graham 1902, 一一頁）

このような移民が清朝末期から大量に押しよせた結果、満洲の人口は急激に膨張した。一九世紀末、鉄道敷設直前の満洲（東北三省）の総人口は六百万人前後であったと見積もられており、それが前述のようにわずか半世紀後

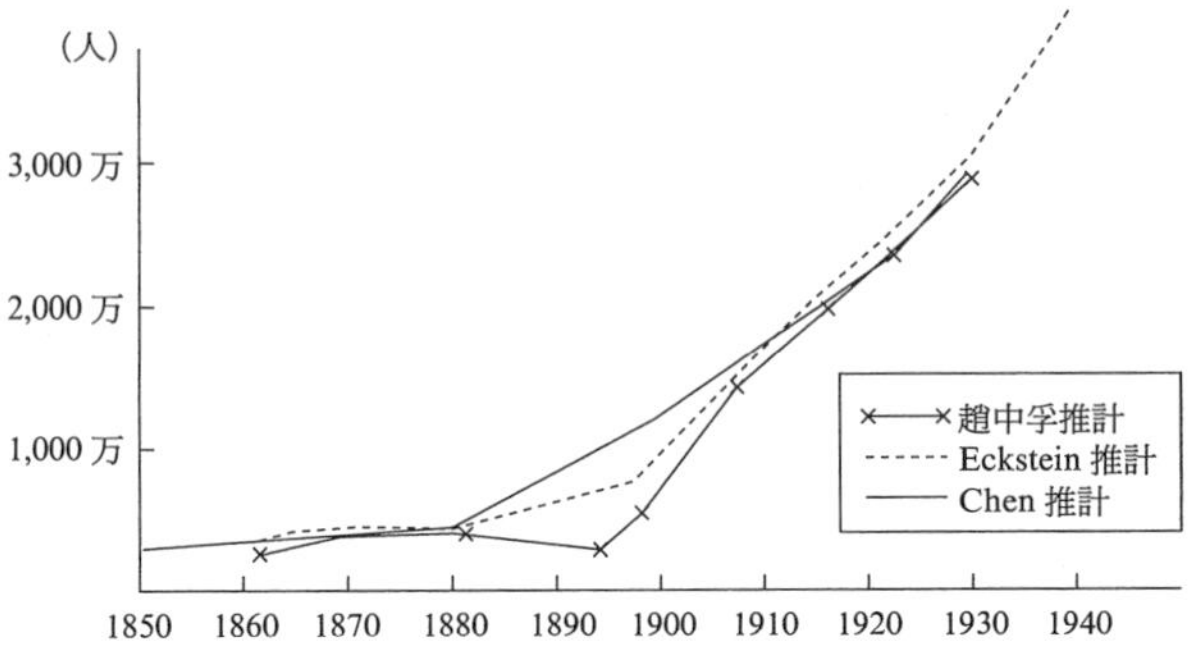

図 2-2　長期人口推計

出典）塚瀬（1993）30 頁，図 5。

の一九四〇年代には四千万人に達するという推計がある（Eckstein 1974）。

ただし、このような推計の基礎となるべき当時の統計に相当の問題があることを考慮せねばならない。例えば満洲国は、一九三五年の総人口を概ね三千五百万人と見積っていたにもかかわらず、一九四〇年の国勢調査結果では四千三百万人という報告をしている（満洲国国務院総務庁　二〇〇〇）。わずか五年の間に八百万人強の著しい増加を示しているのだが、この増分は統計に残る華北からの流入人口や自然増加では説明できず、以前の統計に大幅な誤差のあったことを認めざるを得ないのである。

例えば、図2-2で見るようにChen（1970）やEckstein（1974）による推計では、鉄道敷設後に単調な人口増加が起こっていたように見える。しかし、これらの結果には、一九三八年でも「発見増加数は全人口の三%即ち一〇七万人といふ莫大な数字に上つてゐる（山口　一九四四、八〇頁）」というように統計の不備が強く影響している点を考慮して向き合う必要がある。

そこで、実際にはその増加のペースは単調ではなく、紆余曲折を伴なうものであったと考えられる。まず、満洲の人口の社会的増加に大きな影響を与えた山東からの入満者数の推計を見てみよう。図2-3は辛亥革命後の山東から満洲への移民数を様々な資料を基にしてまとめたものである。このグラフから、山東移民の数は年ごとに大きなばらつきのあることが読み取れる。

入満者数は一九一〇年代には微増傾向にあり、その後ピークが、大きく分けて（一）一九二八年前後、（二）一九三四年、（三）一九三九〜一九四三年、の計三回あったことが読み取れる。特に第一の時期と第三の時期は入満

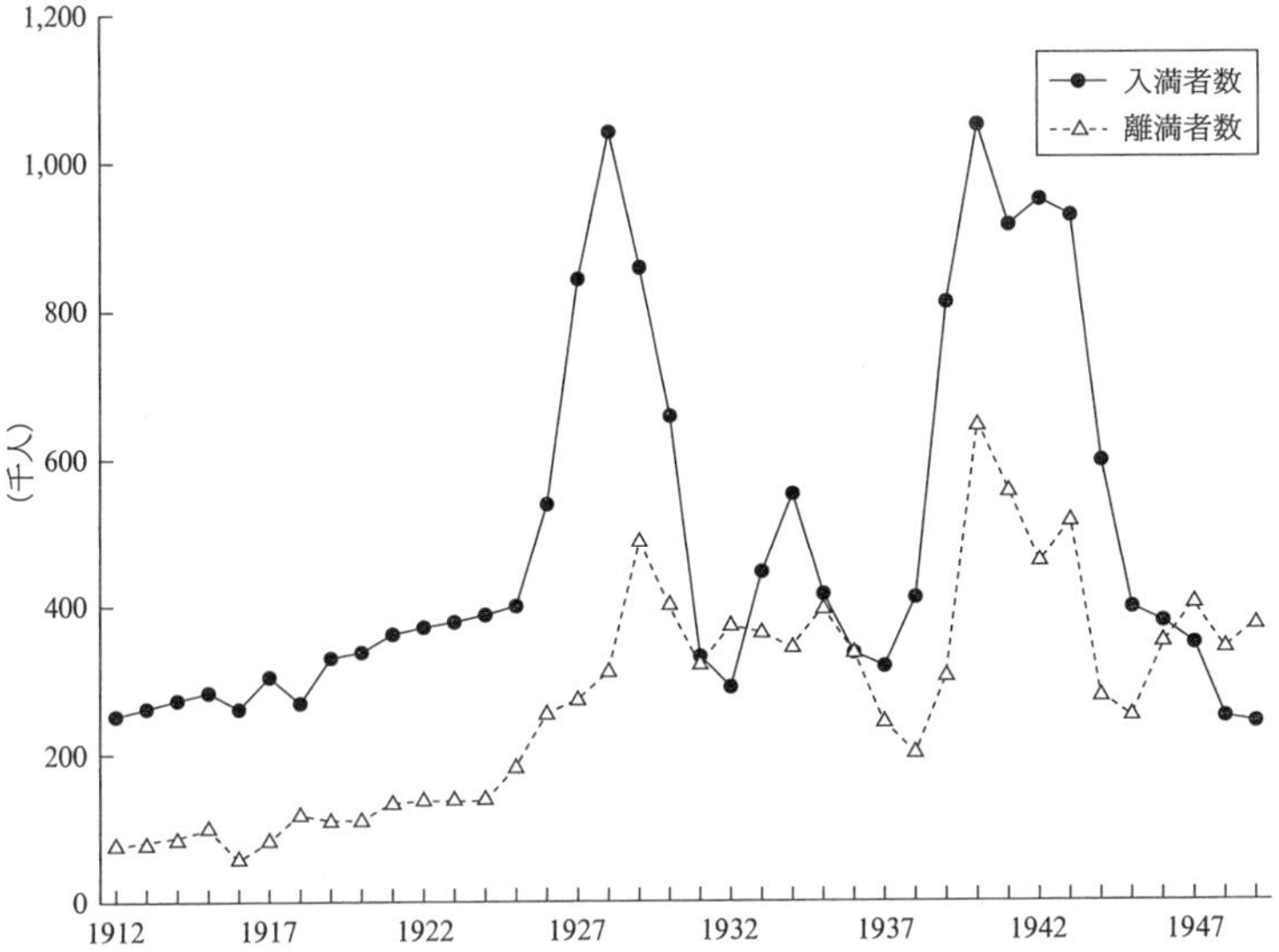

図 2-3　入満・離満者数遷移　1912〜1949 年

出典）路遇（1985）表 1 より作成。

者数が百万人を超えるほど大きなものである。他方、どの時期でも一貫してまとまった数の離満者が見られるが、これは山東からの移民には出稼ぎ労働者が多かったことの反映である。この出稼ぎは一年を単位として往復するものから、二十年以上滞在してから帰郷するものなど、その形態は多種多様であった。この点について Gottschang and Lary (2000) はヨーロッパからアメリカへの移民が、「旧世界から新世界へ」という強い決意や情熱を伴なう主観的にはヒロイックな要素を含んでいたのとは異なり、華北から満洲への移民は、行ったり来たりを繰り返す日常的な、あるいは一定年齢に達した若者の通過儀礼といった色彩を持つ、反ヒロイックなものであった、と指摘している。

さらに図2-3からは、離満者は毎年ほぼ入満者数の三割以上を数えており、一九三二年、一九三六年頃は離満者数が入満者数と同等、または上回っている実態すら見られる。この流出傾向は、一九三二年は満洲事変という社会情勢の影響が、一九三六年については満洲事変後に増加した入満者の帰郷時期が重なったことが、理由として挙げられよう。いずれにせよ、相当数の者が出稼ぎ意識で満洲に渡っていたことが理解される。

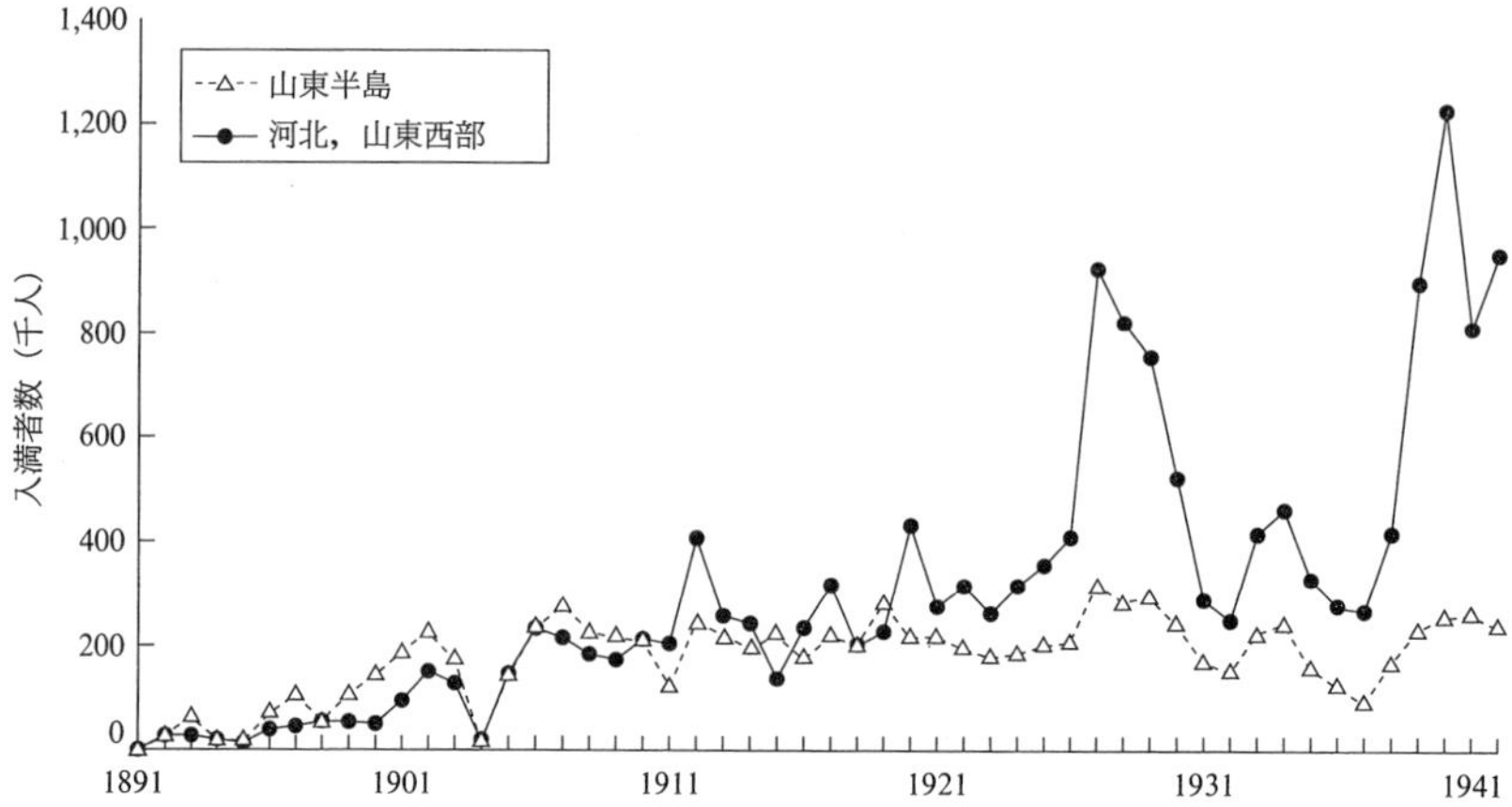

図 2-4　出身地域別移民動向

出典）Gottschang and Lary (2000) fig. 1.2.

図2‐4はGottschang and Lary (2000) による満洲移民の推計である。この図は、山東半島からの移民数は長期的に安定しており、さほどの増減を見せていないことを示している。これは、山東半島から満洲への移民という現象が、この時代の山東社会に不可欠な一部分として埋め込まれていたことを示唆する。一方、河北と山東西部とを併せた大陸部移民は、災害や戦乱あるいは新しい雇用機会の出現といった外的要因に強く反応する性格を持っていたことを示唆している。つまり、「中国本土からの移民」は一様ではなく、渤海の対岸という地理的位置にある山東半島と内陸部とでは人々の満洲に対する意識に相当の隔たりがあったのである。

このように地域的にも時期的にも様々な動態を見せる移民の統計は、推定するにもあまりに曖昧な部分が多い。

2　人口分布の空間特性

次に人口の空間的特徴を捉えてみよう。

曖昧さが残る満洲の人口統計のなかでは最も信頼できると思われる一九四〇年の国勢調査によると、人口分布は図2‐5のようになる。中央の満洲平野に沿って人口が緻密に分布していることがわかる。

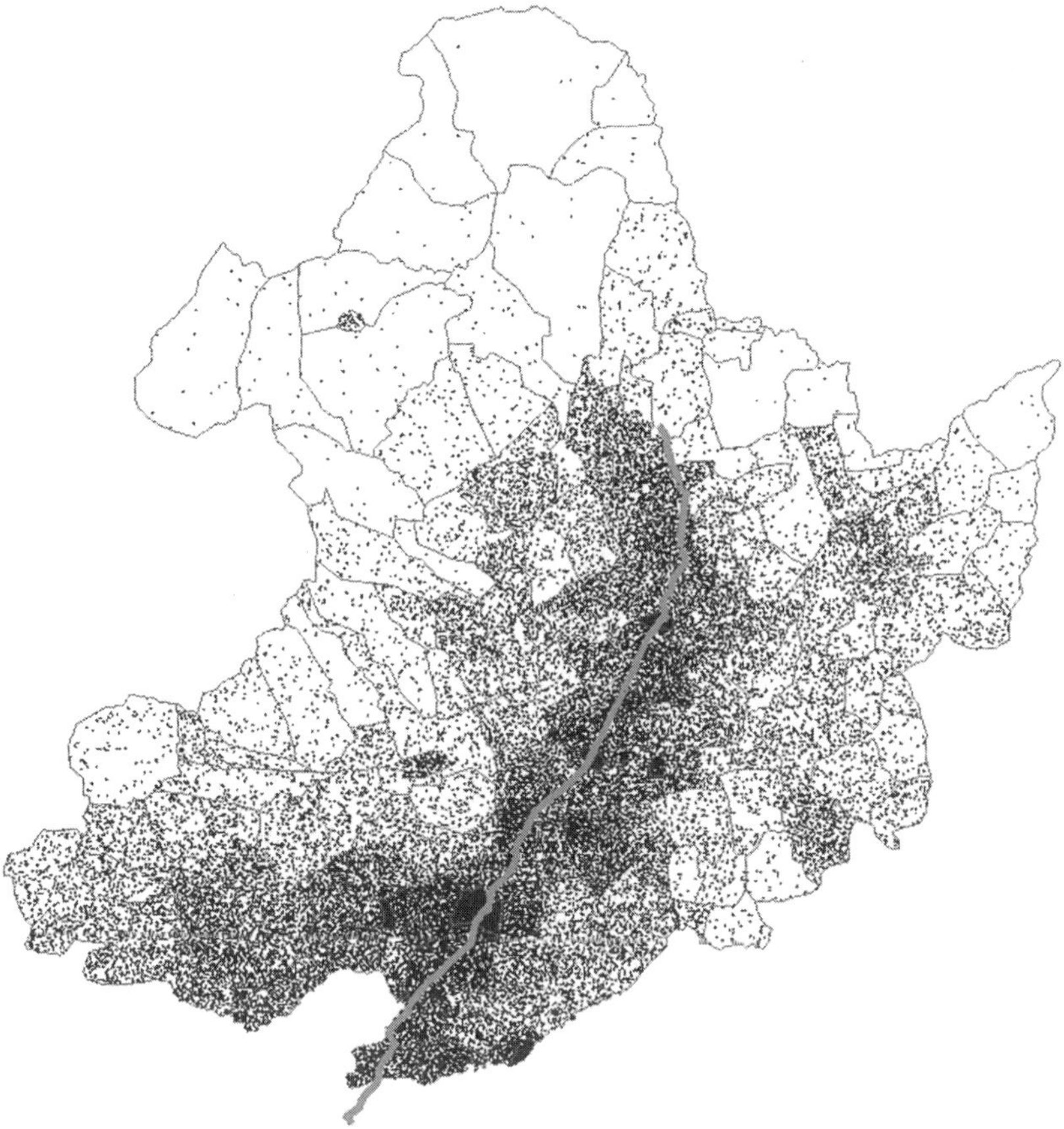

図 **2-5**　1940 年人口分布

注）1 ドット＝1,000 人。市県旗別統計に依るため，各市県旗内部のドット分布は任意である。中心の線は大連～哈爾濱間の鉄道を表す。

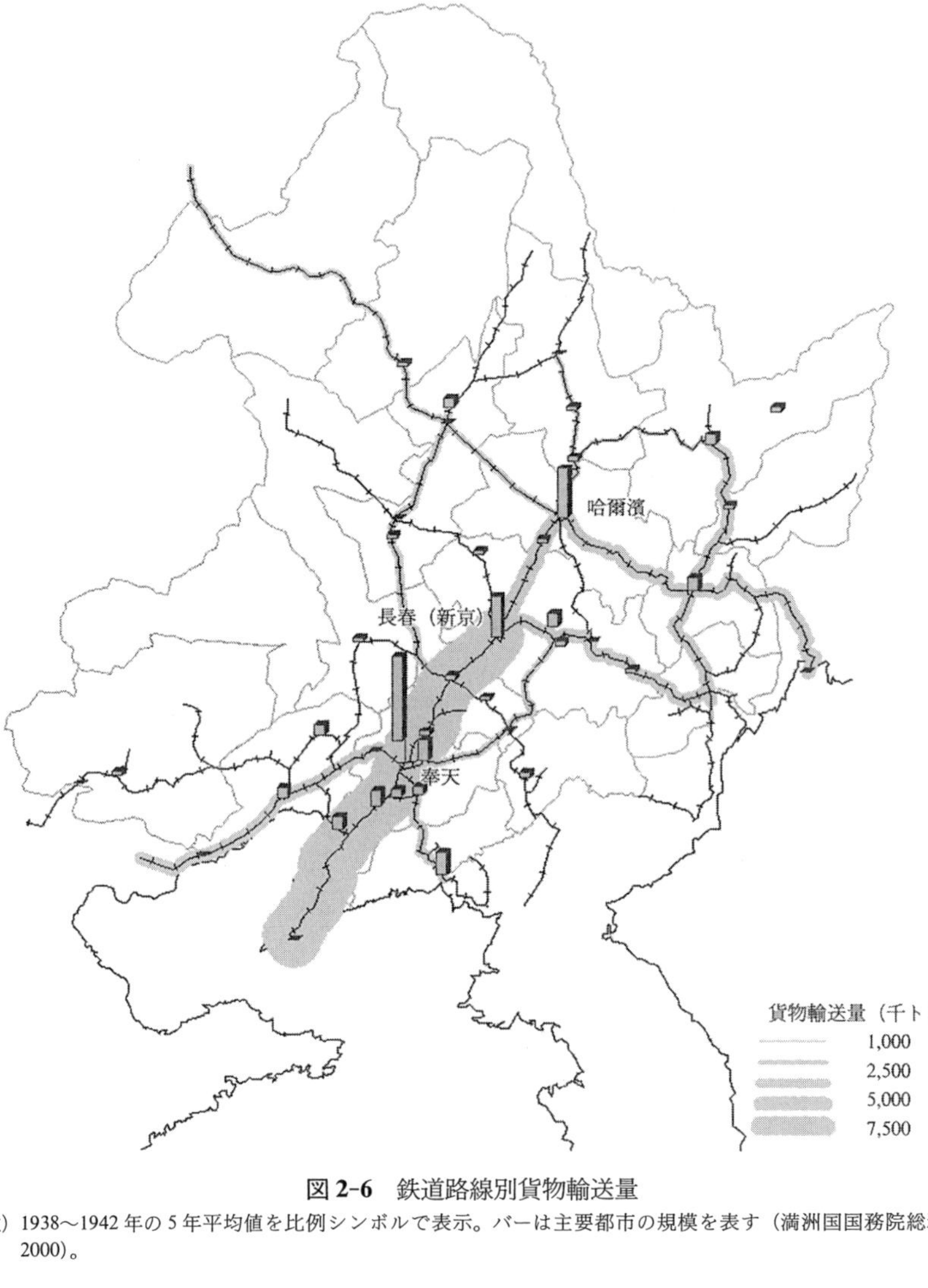

図 2-6　鉄道路線別貨物輸送量

注）1938〜1942 年の 5 年平均値を比例シンボルで表示。バーは主要都市の規模を表す（満洲国国務院総務庁 2000）。

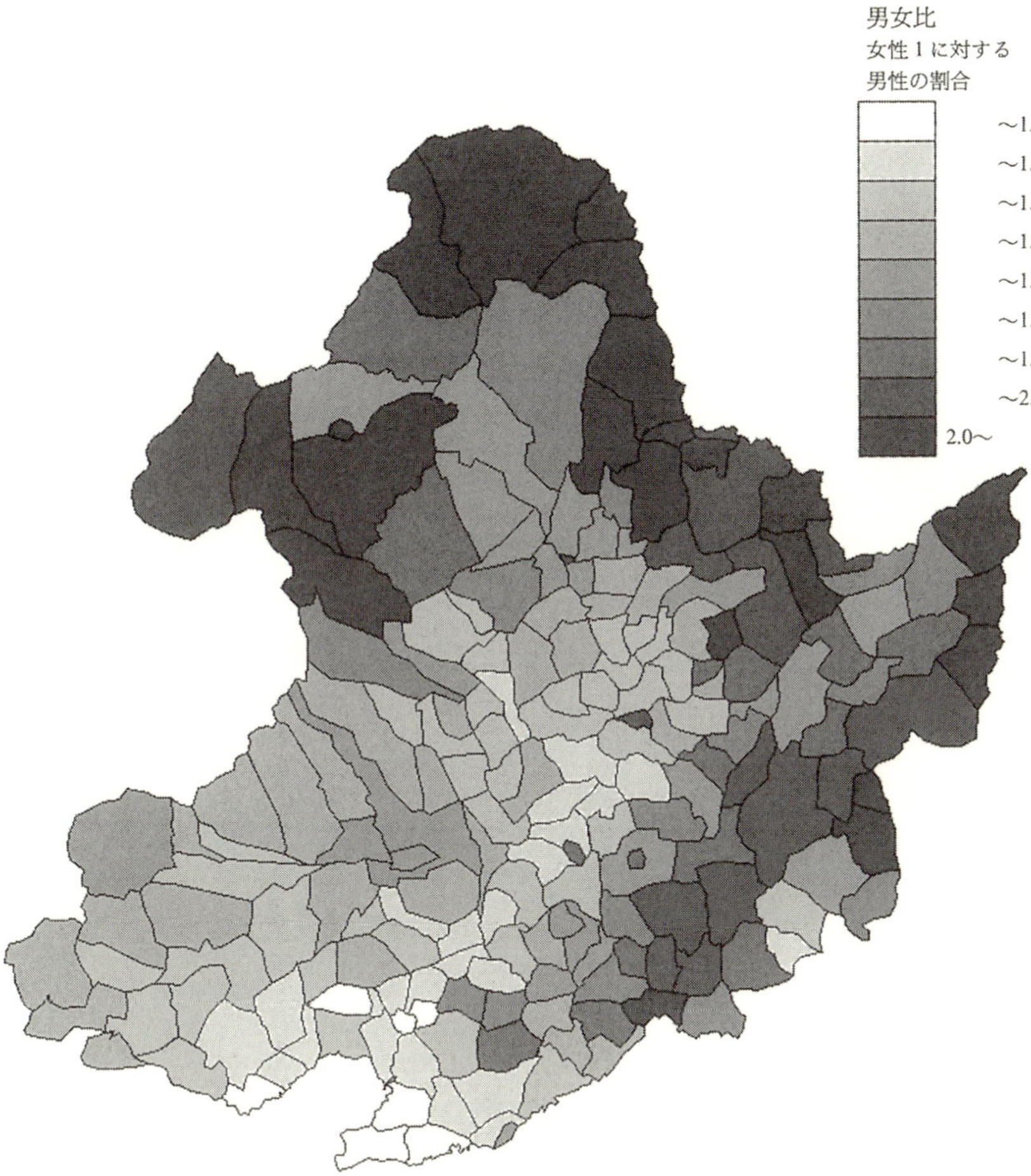
男女比
女性 1 に対する
男性の割合
~1.0
~1.1
~1.2
~1.3
~1.4
~1.5
~1.7
~2.0
2.0~

図 **2-7**　男女比率図

この分布は「そこが平野だから」という地形的特徴だけでは説明できない。なぜなら、平野の開墾容易性による人口増加は認められても、周辺地域の人口が疎になる必然性はないからである。つまり、平野であることは人口集中の必要条件でしかない。

我々はここに、哈爾濱から大連に到る南北に満洲平野を貫く鉄道（以下、満洲基幹線と呼ぶ）の強い求心性を認めなければならない。それは他の路線とこの路線との差異としても捉えることができる。前節で明らかにしたように、鉄道は常に満洲基幹線を中心に据えた伸長が行われてきた。そして大連港が世界経済との接続点としての地位を確固たるものにするとともに、満洲全土から作物がこの路線に集中した。この線が満洲の背骨として圧倒的な存在感を持っていたことは、その輸送量を比較すればただちに明らかとなる（図2-6）。この圧倒的な中心性が人口分布の大きな求心力となったことは疑い得ない。

その他男女比も同様の傾向を示す（図2-7）。男女比とは、言わば社会の成熟度を示すものである。特に沿海部のいくつかの県では男女比が対等、または女性が上回る県さえ見られる。この比率が満洲基幹線を中心として周囲に行くに従い段々と増加する様は、この線を中心に満洲開拓が進行していたことを示唆している。

このように満洲のマクロな人口構造は明確な中心線をもって形成されていたのである。

三　都市集落分布から見る経済システム

次章および第II部で論じるように、満洲では中国本土に広く見られる定期市網ではなく、県城経済が機能していた。それはつまり、県城（都市）が周辺地域の物や情報の集中する場として県内で突出した地位を得ていたことを意味する。この仮説を念頭に置きつつ、次に都市の地理的特性を見てみよう。

1　都市の発展

人口分布が鉄道に依存するのと同様、都市もまた鉄道に依存する。特に人口集中が著しい大都市は、鉄道網の結節点または図2-1で確認できる各時期の鉄道建設の端点に位置する。一九四〇年の国勢調査結果によると、五万人以上を有する全ての都市は三江省富錦街を除いて見事に鉄道沿線に立地している。ここで満洲における主要都市は鉄道と強い相関があることが改めて確認できる。

また、主要都市の人口変化を見ると、満洲基幹線のターミナル駅である長春や奉天の成長が満洲国期に特に著しいことがわかる（図2-8）。大連に至っては、一九〇〇年代より一貫して高い成長速度である。さらに、これら三都市を含む主要都市の相対的な順位関係は決して不変ではなく、大きく変動していた。一九二〇年代は哈爾濱が一位になることもあった。奉天が急激な人口増加を遂げ、唯一の百万都市となるのは、満洲国期に入ってからのことである。

次に、都市成長の地域的特徴を見てみよう。浅利得一（総務庁　一九四二）は、都市の位置と成長率とに着目し、都市集中率の時間変化、すなわち都市化率を一九三七年と一九四〇年とのデータをもって比較している。浅利は都市集中率に関して、「北及び東ほど高く、西の方が低い」と指摘し、都市化率について、たった三年間の比較であるため一般的とは言えないが、「都市集中率高き地域は依然として其の集中を続け、低き地方は続けて低く然して中南満のそれは一応安定した都市集中率を持ち集中率が高まって行くとしてもそれは僅かなものである」（総務庁　一九四一、一二頁）と言う。

この時点の都市の盛衰に関しては、かつての水運中心の交通経路上で発展し、鉄道の出現によって衰退しつつある都市のあることが注目に値する。通化省撫松県は、比較した三年間で、県人口・県城人口・都市化率、全てにおいてマイナス傾向を見せた県の一つである。この県について竹内亮が次のように述べている。

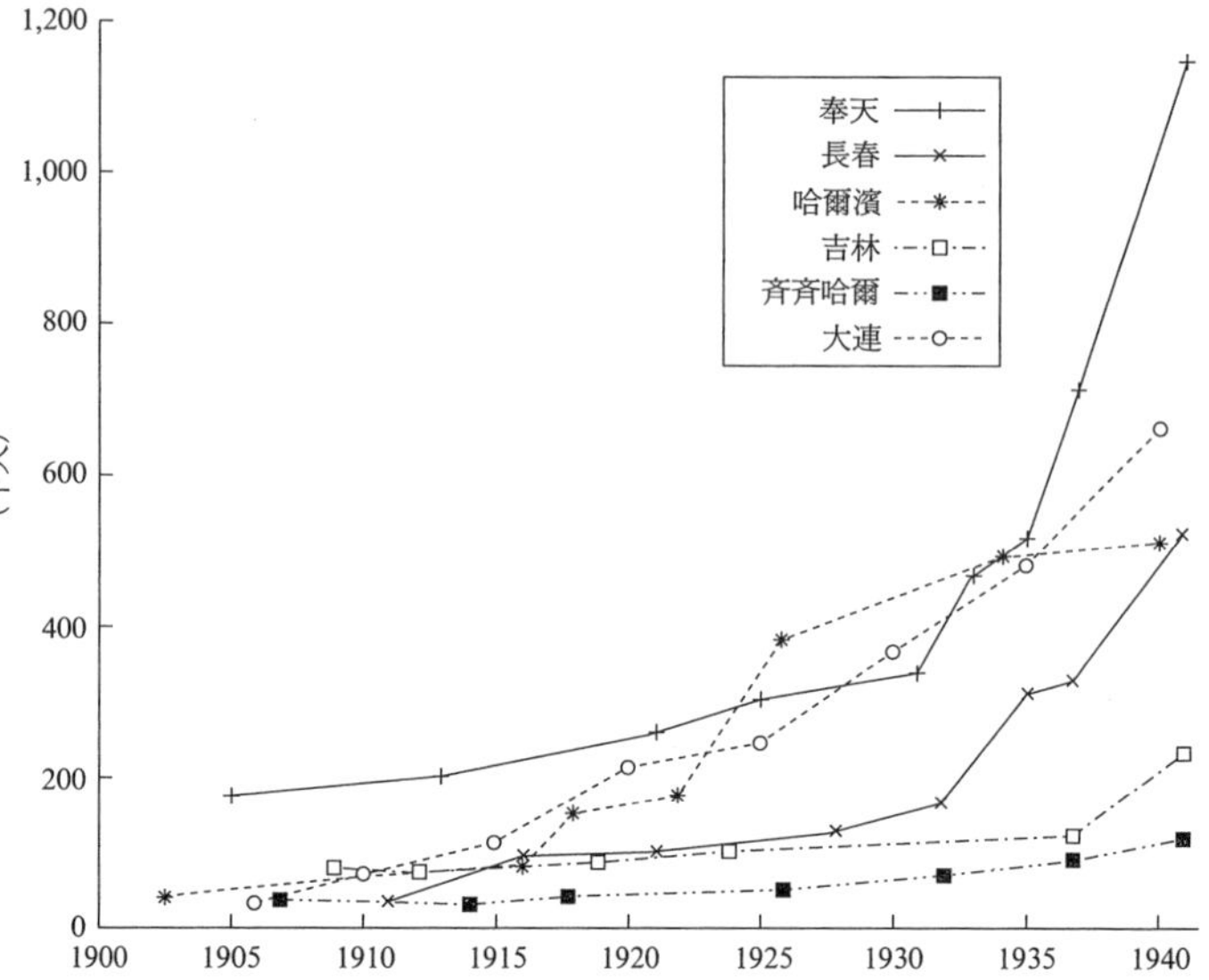

図 2-8　主要都市人口遷移

出典）塚瀬（1993）より作成。

「県城の地は松花江と松香河との会合点、四方丘陵をめぐらせる要地にあるが、現在交通極めて不便で鉄道駅のある朝陽鎮、及臨江に到るに悪路を十数時間のバスに據らねばならぬ。しかも夏期には出水のため屢屢交通杜絶することがあり、文化に恵まれざること甚しい。現在城内の商戸六三〇、城内外の農戸を合せて人口約二万三千余人である。城内は漢式切妻屋根の煉瓦造りの家屋相連り、比較的整然たる外観を有するが、撫松人参の取引を除いては産業の見るべきものなく、街況不振である。」――一九四〇年七月の実地踏査より（竹内　一九四一、七五頁）

当時撫松では、県の重要な財源として営口商人によって中国本土へ輸出されていた人参の出荷が、日中戦争の影響で著しく停滞していた。これは商品作物により成り立っている都市の盛衰が、その作物の商品性如何に強く左右されていたことを明瞭に示している。特産品の衰退は貧困→匪賊の発生→治安悪化と負の連鎖を生み出す契機となりえた。

また、奉天省新民のように、遼河水運の時代から交通の要所であった都市も、ひとたび商品の流通経路に変化が起こると、地域のハブとしての機能が他都市にとって代わられ、人口の停滞・衰退に繋がった。このような明瞭な停滞傾向を見せる都市は、比較的古い時代に都市形成が行われていた南満に多く見られた（塚瀬　一九九三、一三二頁）。

2　県城の特異性—山東との違い—

満洲の都市は、石田興平（一九六四）が半開放的経済と称した満洲経済の結節点である県城に大きな特徴があると言われている。大都市が鉄道沿線に分布しており、都市の発展事情は地域毎に大きく異なる点は確認した。では、鉄道が通っていない地域を含め、県の単位では、どのような都市性が見られるだろうか。ここでは近年利用が進んできた衛星画像[2]から満洲の集落分布の特徴を促えてみる。衛星画像は解放後に撮影されたものである点[3]に注意しつつ、満洲国地名大辞典（山崎　一九三七）の記述を参考に北から南へといくつかの県の様子を見てみよう。

北安省拝泉県（図2-9）

この地はもともと依克明安旗の遊牧地であり、開放されたのは光緒二四年（一八九八）であった。県として区画され、県公署が設置されたのは八年後の光緒三二年（一九〇六）である。土地は肥沃で、大豆・小麦をはじめとする農産物の産地であった拝泉県内には鉄道が通っていなかったため、県城東部は海倫へ、北部は克山、西部は泰安、南部は安達へ、直接鉄道沿線に商品作物を運搬する者が多く、県城の集荷機能は近隣の農村に限る小規模なものだった。しかし、県内に県城以外で集荷機能を担っていた都市はなかった。

濱江省双城県（図2-10）

哈爾濱に隣接する双城県は、県城の一極化が顕著に見られる典型的な県である。驛站でもあった双城県城は、古くから交通の要所であったが、県として設置されたのは民国二年（一九一三）である。

図2-10右（東）側に若干発達している場所があるが、これは双城県よりも歴史の古い拉林である。この拉林

の発展は、乾隆九年（一七四四）にこの地域の開拓の拠点として八旗が置かれたことに端を発する。県城の前身である双城堡が定められたのは、嘉慶二〇年（一八一五）である。このように拉林の方が古くから発展していたが、双城県城は東清鉄道開通後、県城と東清鉄道の駅とが軽便鉄道で結ばれることによって鉄道の恩恵を強く受け、拉林を凌ぐ急速な発展を遂げたのである。

また、双城堡が定められた際、屯田制による明確な区割りのもと、開墾が進められたため、大規模な人口流入を経たあとでも双城県は整然とした集落分布を示している。

吉林省徳恵県（図2-11）

この地は清朝の嘉慶以後、長春県に属していたが、一九〇九年に北境沐徳、懐恵の二郷を割いて徳恵県が設置された。徳恵県には、それ以前には見るべき都市もなく、県城が県設置と同時に新設されて初めて都市性を有した街が誕生した。

錦州省北鎮県（図2-12）

北鎮県には、康熙三年（一六六四）に既に清朝によって県（広寧県）が配置されていたが、その後錦州府に組込まれ、民国三年（一九一四）に再度、北鎮県として区分された。この地は満洲の中で県としてのまとまりが最も古く、漢代の頃まで遡れる地域である。このような歴史ある北鎮県は、近隣の鉄道駅から半日〜一日を要する鉄道の恩恵を直接受けない地域であり、それゆえ、県城が過去の政治的求心力を維持したまま、集散地として独占的な立場を維持しながら発展したと考えられる。

錦州省台安県（図2-13）

京奉線大虎山駅から東南七〇支里（三五キロメートル）に位置する台安県は、本来は遼中県下の一農村に過ぎなかったが、民国三年（一九一四）に遼中県の西南部および鎮安県（黒山県）の東南の一部を割いて県として設置された。このように鉄道敷設前から開拓されていた南満でも県城の突出性は確認できる。

図 **2-9**　北安省拝泉県：ETM＋（2001/08/11）

図 **2-10**　濱江省双城県：ETM＋（2001/08/11）

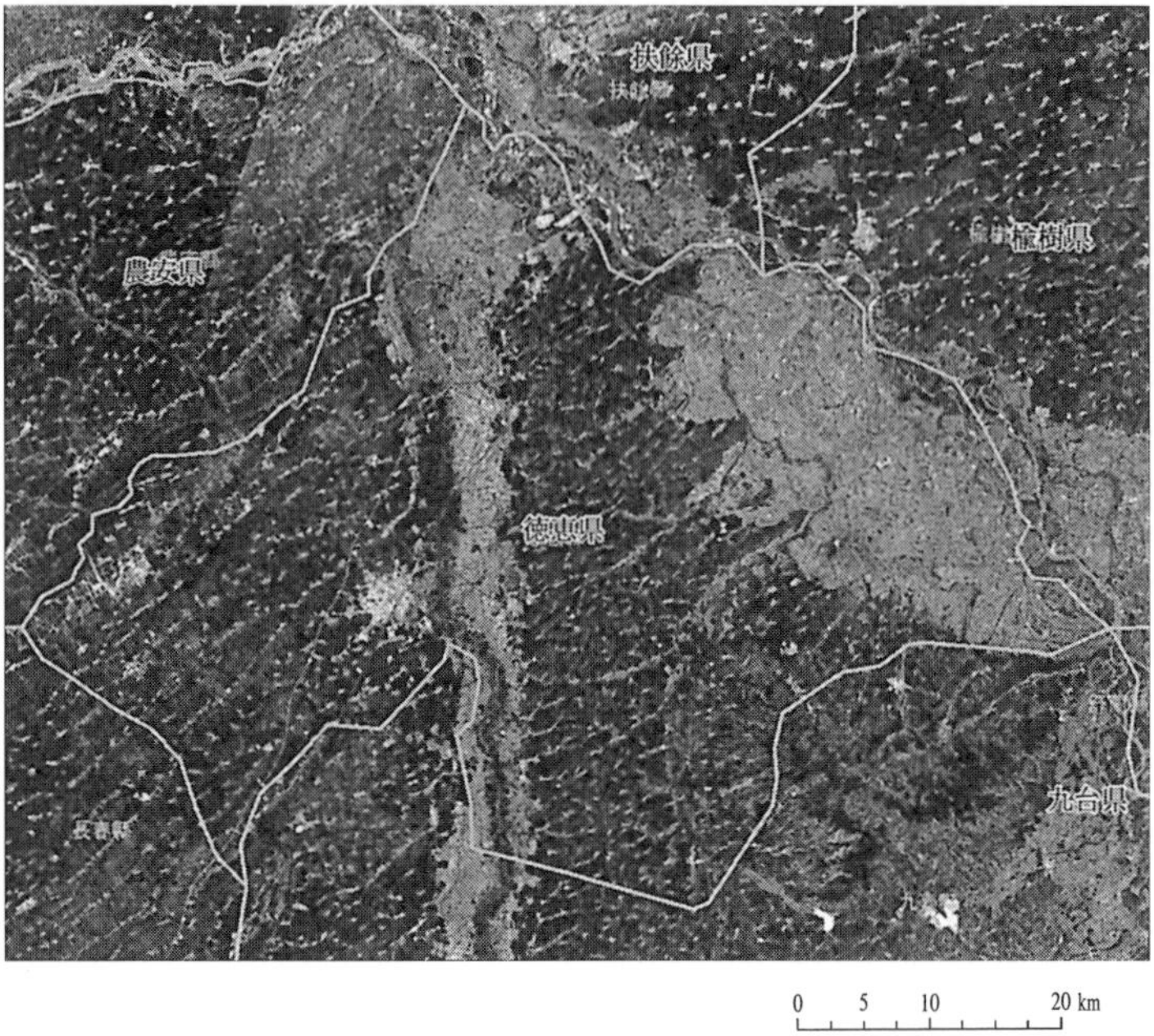

図 **2-11**　吉林省徳恵県：ETM＋（2001/08/11）

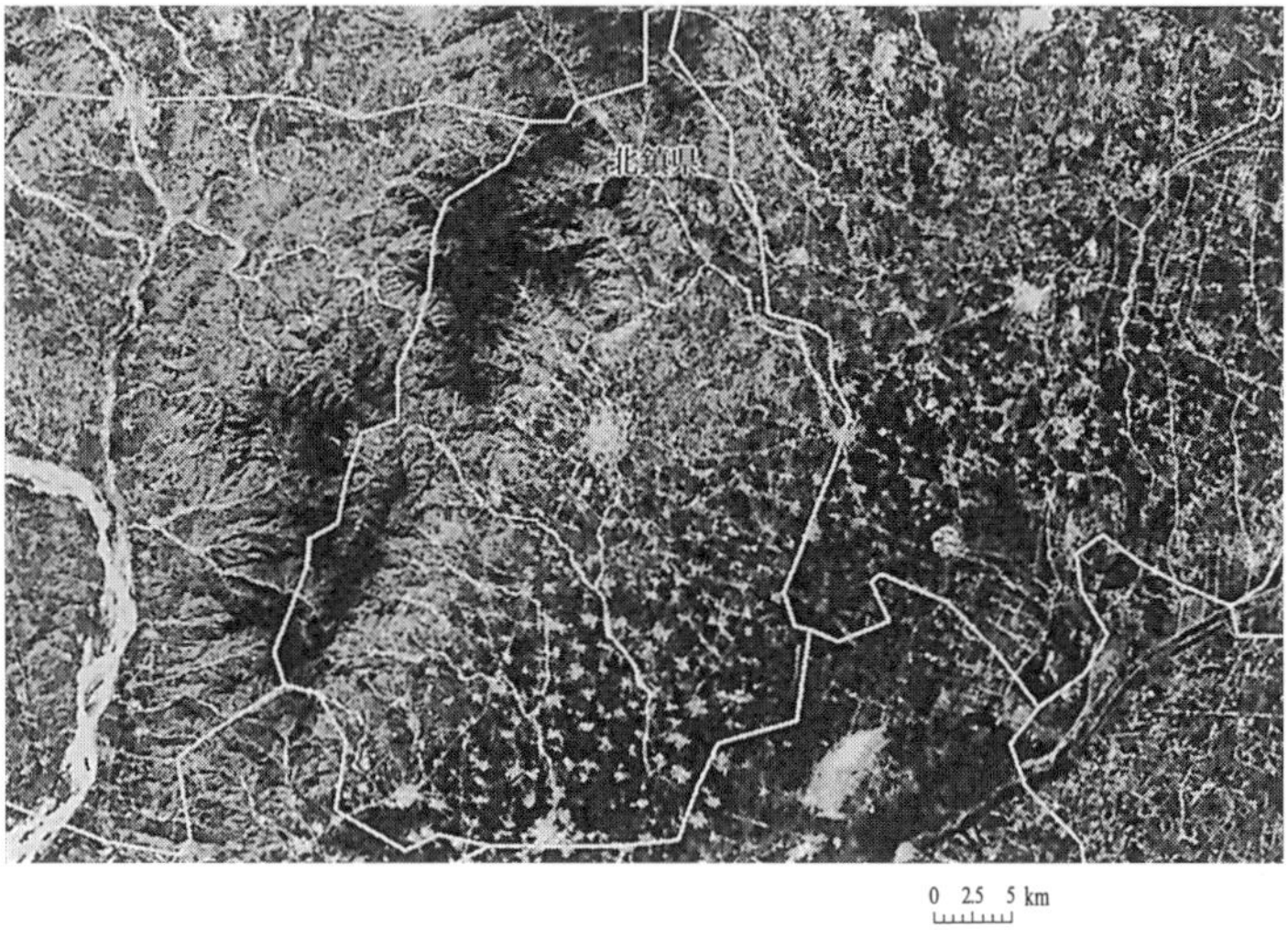

図 **2-12**　錦州省北鎮県：MSS（1975/08/18）

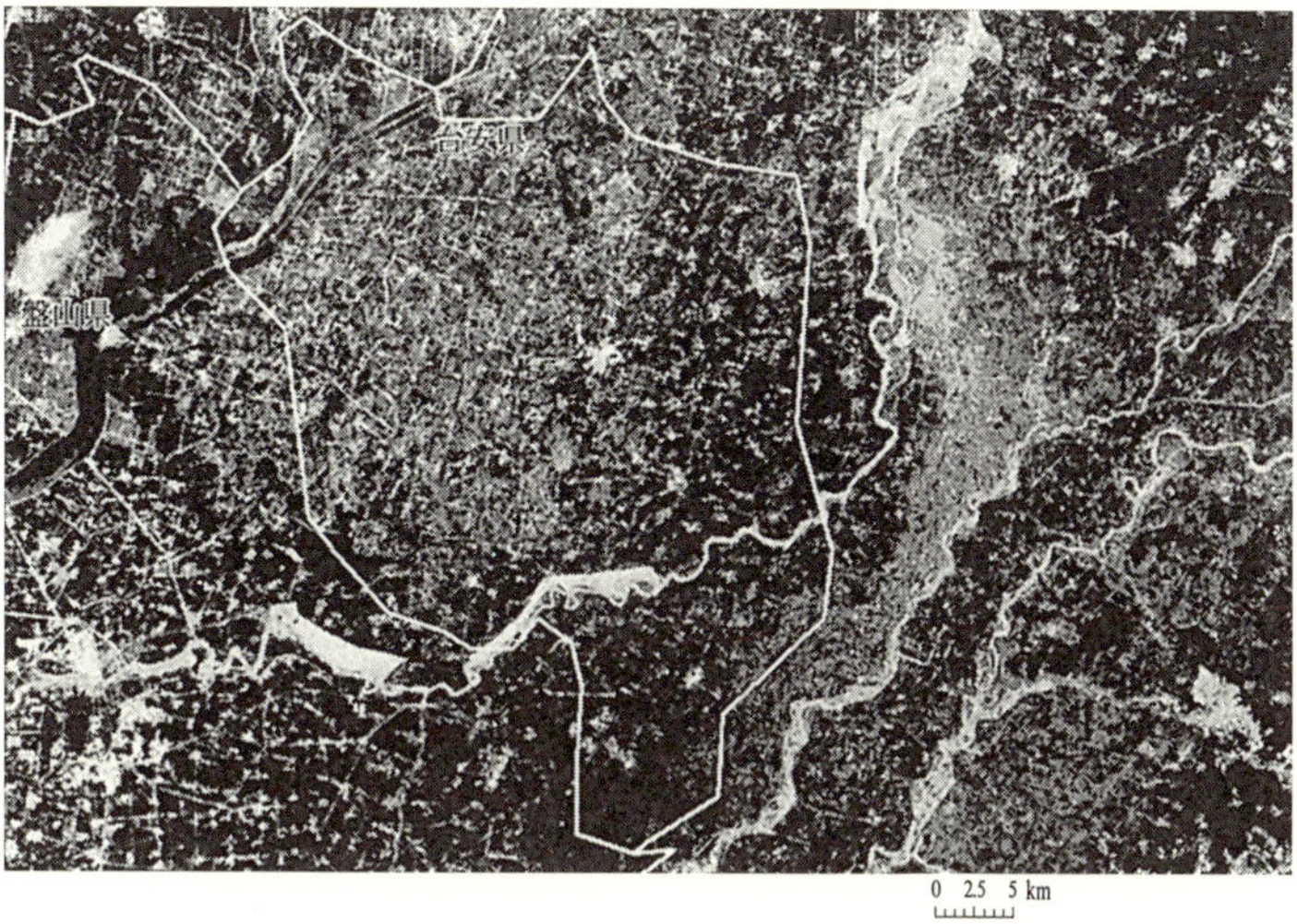

図2-13　錦州省台安県：MSS（1975/08/18）

以上の衛星画像に共通していることは、県城以外の集落がほぼ全て同じサイズで、かつ県城と規模の面で明確な差が見られるという点である。もちろん、濱江省双城県（図2-10）に見られるように、地域の歴史的経緯により、必ずしも行政区画内で県城が唯一の都市となるとは限らない。しかし、県内に存在する県城以外の都市は県城のサブシステムとして機能するような中間都市ではない。つまり、物流面で各都市はあくまで県城と独立した都市であり、階層構造を形成していないのである。

山東との比較

このような階層性欠如の対照例として、次に山東省の衛星画像を見てみよう。例えば、山東省即墨県を見てみると、図2-14のように様々な規模の集落が緻密に分布している点が満洲の県と明確に異なっている。即墨県は、県城南部の青島の影響もあり、現在は県城がかなり発展しているが、県城と最小単位集落の間に中間規模の集落（都市）がある点に注意したい。

この地域の集落分布には定期市の発達が強い影響を与えていると考えられる。最小の単位集落が約一キロメートル間隔ほどで緻密に分布している中で、より大きな集落が、より大

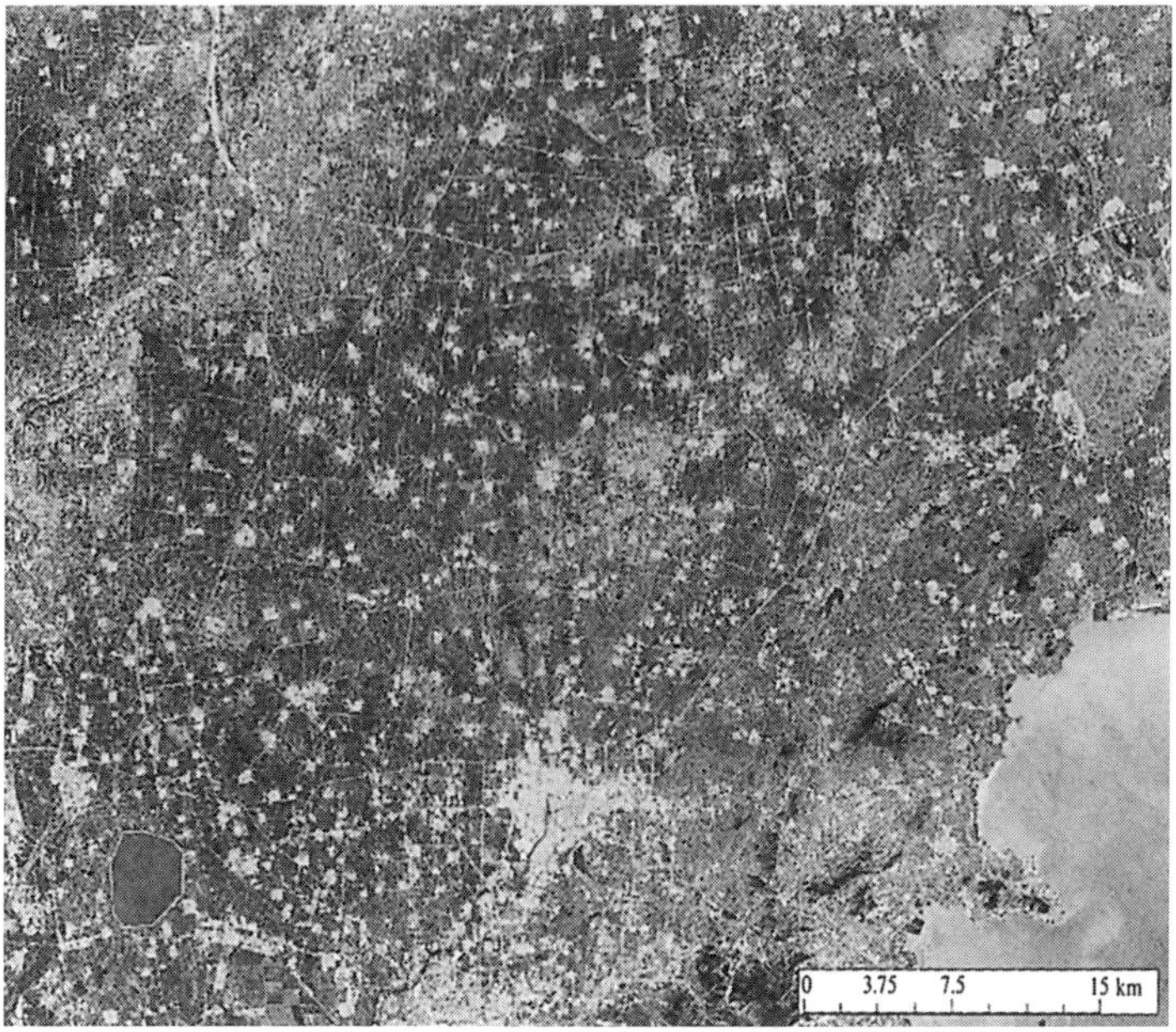

図 **2-14**　山東省即墨県：ETM＋（2000/09/16）

きな間隔で所々に位置している。こうした階層構造はスキナーの議論でも見られるように、定期市経済システムによる集落間ネットワークを背景とした地域構造の帰結であると考えられる（第12章参照）。

現在では、もはや連続的とも言えるような稠密な集落分布は、図2-15のように解放前でもその兆候が確認される。この図は地図上で確認される集落を一点として描いた近似的なものであるが、満洲のような中心線を欠いた均質な分布が見られる。この集落分布の空間的均質性は、定期市網による網状組織の原因でもあり結果でもある。定期市が発達したために集落が均一に分布するようになったとも言えるし、集落の広域的な分布により定期市網が発達したとも言える。その様子は、図2-5で見たような中心と辺境とがはっきり区別できる満洲とは著しく異なっている。このように、定期市が発達しなかった満洲と、定期市が清代末期に急増した山東とでは、明確に集落分布に差が見られるのである。

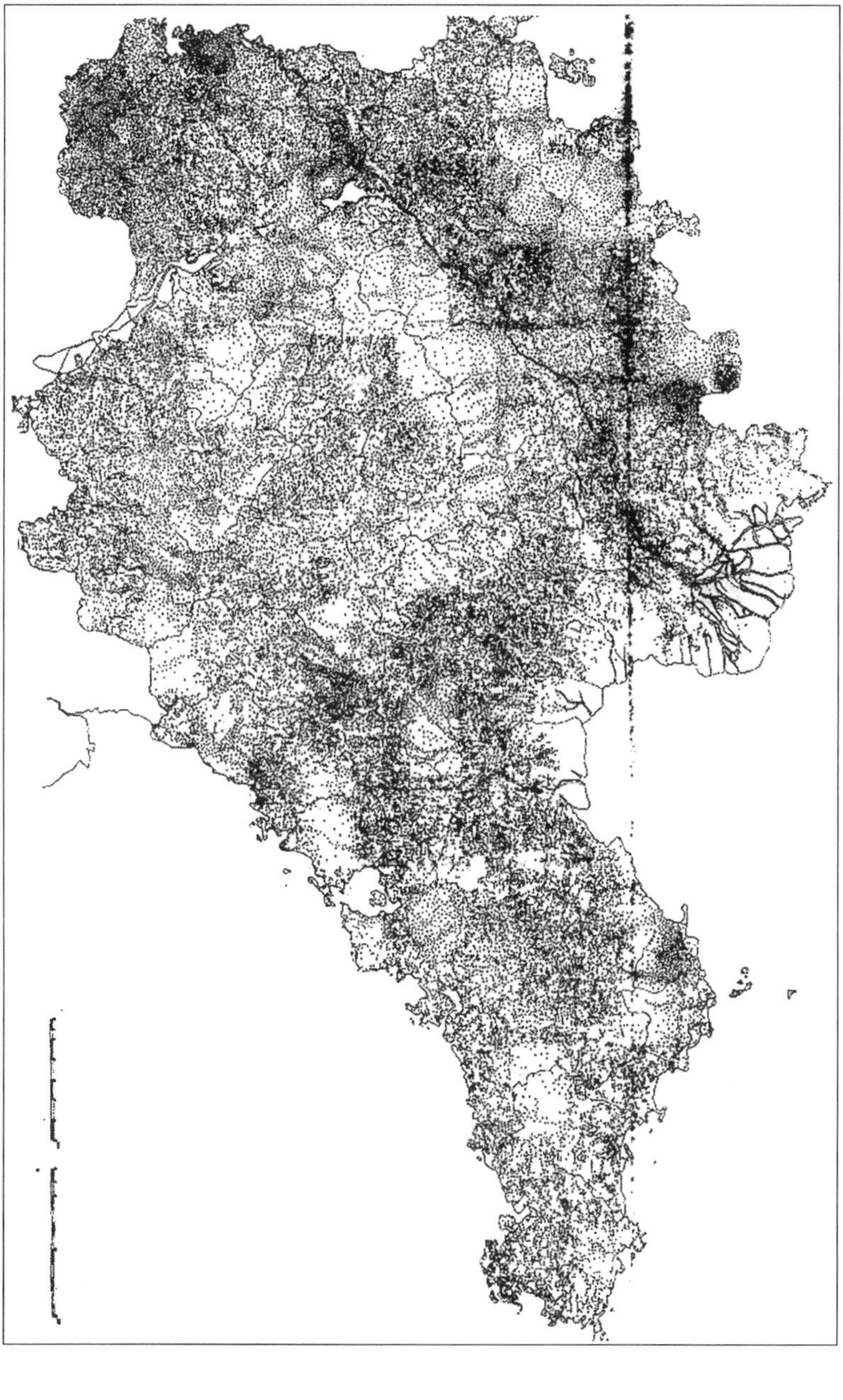

図 2-15　山東集落分布

出典）南満洲鉄道株式会社調査部（1939）付属第2図。

以上の議論で、次のことが明らかとなる。それは県城経済の特徴として挙げられる「県城が県内の独占的結節点になる」という理解は、マクロには鉄道の影響下にあったことが無視できないという点である。物流を見る限り、県城の求心力は、鉄道のそれより明らかに弱かった。それは、県城と鉄道駅とを比べて、駅の方がアクセスが容易ならば直接駅へ向かう者が多かったという事実、さらに衛星画像による比較から、県城規模の突出性は、鉄道が通っていない県でこそ顕著に見られることからも支持される。

鉄道が県を貫通している場合、その駅に都市性が付加され、県城よりも規模が大きくなる場合も多くあった。龍江省安廣県を例にとると、県内に一九三五年に鉄道が敷設されたことにより、旧来の県城以上に鉄道駅近隣が発展し、その結果、県城が鉄道駅のある場所（龍泉（安廣街））に移っている（米倉　一九三六）。

このように県城の行政的立場は鉄道の利便性に影響を受けることすらあった。つまり、県城が一極集中的な発展を遂げるのは、鉄道の直接的影響を受けなかった場合であり、満洲の地域全体では鉄道が大きく影響を与えていたのである。その意味で、石田興平が用い本書でも踏襲している「県城経済」という呼称は、不適当な面があることをあらかじめ述べておきたい。大切なことは、物流のハブが駅であれ県城であれ、そこに中心地としての機能が一極集中し、全県といった水準の範囲内を圧倒する、という点なのである。

おわりに――交通手段の変遷と地理構造の固着化

本章では漢人移民の動態と満洲の地に形成された社会的地理構造の特質とを概観してみた。満洲の空間的構造は地域全体では鉄道が、県の範囲では県城経済の特徴が色濃く反映されている点を理解できたと思う。人々の移動特性、そして交通インフラが満洲の社会的地理構造に大きな影響を与えていた点は本書の各章の論説でいっそう明らかになってゆくだろう。

満洲で人口流入・都市形成の一連のプロセスの中で中心的役割を担っていた鉄道は、水運に比べ流通量の飛躍的増大をもたらし、満洲の近代化を類稀なスピードで進行させた。気候による制約が大きい水運に比べ、一年を通して走り続けられる常時性を有する鉄道がその特長をよくあらわしたのである。

満洲全域で鉄道が輸送手段として十分機能するようになると、

鉄道に平行なる道路は次第に重要性を失ひ、これに直角なる方向の道路が発達して来た。（中略）荷馬車が地方各地の特産市場から輸出目的地たる最寄駅に大量の輸送をなす場合は必ず一定した荷馬車道路（大道）の経路が略定められ（た。）（中略）

小道とは所謂各村落より村落へ、或は村落から主要市場への穀物その他物資を輸送する道路（である。）（中略）

地方都市に集る小道と、集散地都市に集る大道があり、地方都市、集散地都市の後背地を決定す。（入江　四二〜四四頁）

というように、鉄道と平行に走る道路は淘汰され、道路に階層性ができ、交通機能の分化が進行した。

主要都市は鉄道敷設とともに発展し、長春と哈爾濱の両都市がその代表例であった。鉄道敷設前は小集落に過ぎなかった両地、しかも哈爾濱にいたっては湿地であり洪水が起こることも度々という土地柄であったが、ロシアの東清鉄道建設の中間点で、かつ資材輸送のために都合がよい河川沿いという地理的理由により建設・発展が進んだ。また、ローカル駅の一つでしかなかった長春は、日露戦争の日本軍の最終到達点がこのあたりとなり、長春以南の鉄道が日本に割譲され、南満洲鉄道のターミナルとなった、という偶然によって都市に変貌を遂げた。

しかしこの両都市に奉天を加えた三大都市は、一九四五年の鉄道ネットワークにおいてはどれも東西南北に伸びる四つの路線の接続点に過ぎない。他にも四線の接続点となっていた駅は牡丹江、白城子、梅河口、斉斉哈爾などもあったが、これらの都市は三大都市ほど成長することはなかった。結局、敷設初期に結節点であったという現実が、唯一ではないにしろ、明らかに認められる三大都市駅と他の駅との決定的な相違である。

初期に鉄道システムに組み込まれた都市が、その後の爆発的な人口流入と生産拡大の中で常に中心的存在であり続けたことは、形成過程を見た通り歴史的にも明らかである。わずか数年の鉄道敷設年差が満洲の社会的地理的構造の大枠を決めてしまったといっても過言ではない。

このように満洲の大枠の社会的地理構造が決まると同時に、県レベルでは県城や駅を有する都市の発展が顕著になり、山東の集落分布とは異なる構造が形成された。そして、満洲の特異な県城経済システムは鉄道の伸長とともに、その空間的特徴を満洲の地に埋め込んでいった。

本章では近年の集落分布からその特徴を捉えたが、現在でも県城が突出した形で姿を留めている事実は、県城経済システムが決して外部から強制的に導入されたわけではなく、地域の特性にマッチしたシステムであったことを意味していると言えよう。こうして二〇世紀前半を通して形成された満洲の社会的地理構造は華北のそれとは明確な違いをもちながら、現在でもその痕跡を留めているのである。

注

（1）ArcGIS 8を使用した。

（2）GLCF（Global Land Cover Facility）のLandsat画像より：http://glcf.umiacs.umd.edu/。図中のETM＋は（Landsat Enhanced Thematic Mapper Plus)、MSSは（Landsat Multispectral Scanner）の略である。

（3）Landsat画像は一九七〇年代から入手可能である。一九八〇年頃と二〇〇〇年前後との画像を比較し、大きな変化が無い場合は解像度の高い二〇〇〇年頃の画像を採用した。南満ではこの二十年ほどの間に大きな変化が認められるので、一九八〇年頃の画像を採用した。

文献

〈日本語文献〉

石田興平　一九六四『満洲における植民地経済の史的展開』ミネルヴァ書房。

入江久夫　出版年不明『満洲の居住形態に関する一考察』出版社不明。

国際地学協会編　一九八〇『満洲分省地図 地名総覧』国書刊行会（『満洲建国十周年記念版満洲帝国分省地図並地名総攬』（国際地学協会　昭和一七年刊）の改題複製）。

財団法人満鉄会編　一九八六『南満洲鉄道株式会社第四次十年史』龍渓書舎。

総務庁 企画処綜合立地計画室　一九四一「満洲國都市人口の増減に就いて」人口配置計畫研究、其の三。

高橋泰隆　一九九五『日本植民地鉄道史論』日本経済評論社。

竹内亮　一九四一「長白山（下）」『地理学』（古今書院）、第九巻第三号、六九～七六頁。

塚瀬進　一九九三『中国近代東北経済史研究─鉄道敷設と中国東北経済の変化─』東方書店。

満洲国国務院総務庁 臨時国勢調査事務局　二〇〇〇『外地国勢調査報告書第二輯 満洲国国務院国勢調査報告 第六冊～第一五冊』文生書院（一九四三『康徳七年 臨時国勢調査報告』の復刻版）。

南満洲鉄道株式会社調査部　一九三九「支那に於ける集落（人口）分布の研究─山東省─」満鉄調査研究資料 第九編。

安冨歩　一九九七『「満洲国」の金融』創文社。

山口平四郎　一九四四「満洲都市人口動態の地域性」『満鉄調査月報』第二四巻第一号、七三～一二四頁。

山崎惣與　一九三七『満洲国地名大辞典』満洲国地名大辞典刊行会。

米倉俊太郎　一九三六『龍江省安江県事情』満洲帝国地方事情大系、B第二〇号、満洲帝国地方事情大系刊行会。

〈中国語文献〉

路遇　一九八五「民国年間山東移民東北三省初探」『人口研究』一九八五年第六期、一一～一六頁、北京：中国人民大学出版社。

〈英語文献〉

Chen Nai-Ruenn 1970　“Labor Absorption in a Newly Settled Agricultural Region : The Case of Manchuria”, *Economic Essays*,（経済論文叢刊──国立台湾大学経済学研究所）1.

Eckstein, Alexander, Kang Chao, John C. Chang 1974　“The Economic Development of Manchuria. The Rise of a Frontier Economy”, *Journal of Economic History*, 34-1.

Gottschang, Thomas R., and Diana Lary 2000　*Swallows and Settlers : the great migration from north China to Manchuria*, Ann

Arbor : Center for Chinese Studies, The University of Michigan.
Graham, J. Miller 1902 *East of the Barrier, or, Side Lights on the Manchuria Mission*, Fleming H. Revell, New York.

第3章　凍土を駆ける馬車

永井リサ・安冨　歩

はじめに

本章では二〇世紀初頭における満洲の馬車輸送システムの成立過程を論じる。前章でもふれたように、また第II部でも論じるように、一九一〇～三〇年代の満洲には、県城や鉄道駅を中心とした独特の社会経済システムが形成されていた。このシステムの最重要の物質的基盤のひとつは、鉄道と連携する馬車輸送システムであったといって過言ではない。本章の目的はこの馬車輸送システムが如何なる条件のもとで、どのようにして形成されたか、を解明することである。

満洲に馬車輸送システムが成立するためには生態環境上の二つの重要な条件があった。ひとつは東方の長白山系の森林であり、もうひとつは西方の蒙古草原である。前者の森林からは馬車材が、後者の草原からは馬車を曳く馬が供給された。もとより、これらは「純粋な」天然資源ではない。馬車材のとれる重く堅い広葉樹は、第1章で見たように、針葉広葉樹混交林から針葉樹を選伐したあとの広葉樹をさらに伐採したあとに形成される二次林の広葉樹から得られ、一方、草原の馬はモンゴル人の放牧によって育成されたものである。しかも、両地帯とも清朝の皇産体制の下で維持されてきた点が肝要である。長白山系は盛京圍場あるいは東辺道の皇産地として、また奉天西方

写真 3-1　馬車の車軸及び車輪材料（大東溝）
オノオレカンバ，ハルニレ，ナラなどの落葉広葉樹が馬車材となる。
出典）農商務省山林局編（1903）『清韓両国森林視察復命書』。

の錦県から鄭家屯に至る広大な地域は官牧廠として管理された地域であった。

日清戦争を契機とした清朝による近代化推進と、その後の清朝そのものの崩壊により皇産体制が解体したことで、この二つの資源は漢人にアクセス可能となり、満洲開拓の場に大量に投入されてゆくことになる。この過程で決定的な役割を果したのが鉄道である。特に、哈爾濱を機軸として東西、南方向に向けて建設された東清鉄道と、朝鮮半島から長白山系を横断して奉天に至る安奉線が重要である。

馬車材として利用されるのは主としてオノオレカンバ、ハルニレ、ナラなどであり、これらは森林開発の進んだ満洲東南部と朝鮮側の鴨緑江左岸から供給される。この種の広葉樹は比重が大きく、水に沈むので水送が困難であった。そのため、河川を利用した水送による出荷には強い量的制約がかかっていた。この木材が大量に伐採され出荷されるには、この地域を横断する鉄道の建設を待たねばならなかったのである。

ここで馬車生産が行われていた地域の変化を見ると、一九一〇年ごろの馬車生産地の多くは、上述の圍場、皇産地、官牧場周辺の都市であり、馬車材供給地か馬の供給地に偏っていた。ところが一九二八年には、馬車の主要生産地は遼陽と新民という、両者の中間にある鉄道沿線都市に移行した。この時期になると車軸や車輪といった最も難しい部分をここで生産し、鉄道で部品を輸送して消費地に近いところで組み立てて供給する、という体制が形成された。こうして馬車は満洲全体に広くゆきわたっていったのである。

一方、蒙古馬の流通は次のようになっていた。馬の主要市場は、洮南、庫倫、錦州、義州といった地域にあり、とくにこうしたところで開かれるラマ廟会が重要であった。モンゴル人はここに家畜を連れてあらわれ、そこで漢人商人に商品や銀を対価として販売する。洮南、鄭家屯、長春、農安といった都市にある馬店という買付業者は、こうして入手した馬を都市周辺に放牧しておき、城内で適宜売りさばく。満洲の都市には大抵、家畜市があり、ここから背後の郷村地帯に馬が供給された。

このような森林資源と草原資源が清朝皇産体制の崩壊とともに鉄道によって結び付けられ満洲開拓の場に供給されることで、馬車輸送システムが形成されたものと考えられる。馬車の台数の経年変化を確定することは不可能に近いが、各地の県志の車店と馬車税に関する記述が、一九〇九年から現われるようになり、一九二〇年代に広く見られるようになることから、この時期に形成されたものと推定される。なお、車店とは、満洲各地に見られる旅館兼商館であり、馬車に荷物を積んだ商人はここに投宿し、荷物を店主に預け、販売先を見つけ、価格交渉などをしてもらう、というサービスを提供する機関である。同様の機構は中国本土にも見られなくはないが、馬車を停めておくスペースの有無が大きな違いである。このキャラバンサライのような機構が各地に設けられることで、長距離の馬車輸送が可能となった。

一九一〇～二〇年代は、満洲を特徴づける輸出品である満洲大豆が急成長した時代であるが、馬車輸送システムなしにはこのような輸出機構の形成はありえなかった。同時に、大豆の成長がこの輸送システムの形成を加速した。第5章で論じるように、馬車輸送システムの形成は、県城や鉄道駅を中心とした県レベルの範囲を持つ社会的経済的機構の成立に重要な役割を果たしたと推定される。同時期の張作霖政権の成立という現象も、この構造的変化の一部として理解すべきであろう（第Ⅲ部参照）。

本章は次のように構成されている。まず最初に満洲の馬車がどのようなものであり、どの程度の輸送力を持ったかを示す。次にその馬車の材料となる木材の生産と流通、馬車生産の様相とその変化を論じ、続いて馬車を曳く馬の生産と流通の過程を明らかにする。さらに馬車の台数から馬車輸送システムの成立時期を推定する作業を行い、最後の節では関連する諸問題を論じる。

なお、以下で距離・重さの単位に「清里」「斤」を用いることがある。これは原資料がそうなっているためである。通常は一斤＝五〇〇グラム、一清里＝五〇〇メートルであるが、果たして本当にそうであるかどうか、確証を得られない場合があったため、そのまま用いている。適宜、換算していただきたい。

一　満洲の馬車

1　馬車の種類および台数

満洲の馬車には「大車」「小車」「四輪車」「露式荷馬車」等、様々な種類があった。大車は満洲で最も一般に使用されていた荷馬車で、車体の大小および牽き馬の頭数によってその名称が異なっていた。一頭立てを頭号車、二頭立てを二号車、三頭立てを三号車、四頭立てを四号車という。地方によっては牽き馬の数により十套車、七套車、五套車、三套車と呼んだ。小車は一般的に轎車と呼ばれていた。乗客用の馬車であり、一人ないし二人を乗せて騾馬一頭ないし二頭に牽かせた。四輪車は別名「四軲轤」という。これは営口・遼陽のみで使用されたもので、営口の日本軍政時代、道路の改築に伴って日本式四輪車が輸入され、中国人の手によって製造されるようになったものである。露式荷馬車は南満地方では使用されず、長春以北哈爾濱を中心として多く使用されていた。その構造は日本式四輪車とほぼ同じであり、相違点は車体が一定せずその使用目的によって自由に改造できることにあった。

一方、満蒙交界地方で多く使用されたのは馬車ではなく牛車であった。その理由は東部蒙古地方は砂地が多く、重量のある大車の交通が困難な場合が多かったからである。牛車は大車と基本的構造が同じである「白色車」と、四輪の「軲轤車」の二種類があった。牛車と馬車の違いは何といってもその速度である。牛車は人間が歩く速度とそれほどかわらないが、馬車はその何倍もの速度を維持することができる。牛車は馬車と異なり朝鮮産・安奉線産木材を用いず、その地方で産するカバ（樺）、ニレ（楡）、ポプラ（楊）などを使用した。そのため軽量であり砂地でも使用可能だったのである。しかし逆に、車輪に鉄鐶を用いないため、草原や砂地以外での使用には適さなかった。積載重量は八百余斤で、夏季は一日五十清里ないし六十清里、冬季は一日六十清里ないし七十清里を走行した。他方、馬車は一頭立てで千二百斤余りを積載し、四頭では四千五百斤を積載可能であった。輸送力が落ちる夏季はその走行距離は一日五十清里余りであったが、道が凍って走りやすくなる冬季には一日百清里以上を走った。

このほかに「駱駝車」も利用された。駱駝車には二輪と四輪の二種があった。これら駱駝車は遠く山西および外蒙古より来集し、東清鉄道沿線では、ハイラル、満洲里および斉斉哈爾に多かった。駱駝の積載量は三百斤ないし四百斤、駱駝車の積載量は一千斤内外であり、一日平均七、八十清里を走行した。車体はハイラル、張家口、山西方面にて製造されていた。

以上の種々の車輌のなかで、満洲の輸送手段として最も重要なものは、農民が輸送手段として利用した「大車」である（写真3-2）。その重要性は台数に端的に現れている。一九二八年時点での満洲における馬車総数は約三五～四十万台とされており、そのうち大車はおよそ三十万台であった。人口

写真 3-2　凍結した大地を進む大豆を運ぶ馬車

出典）『写真集　満洲』（KK ベストセラーズ，1975）126 頁。

比から見ると、大都市では人口百に対し荷馬車一台、都市以外の農村ではおよそ三十人に一台の荷馬車が存在したことになる（本節の記述は、南満洲鉄道臨時経済調査会（一九二八）による）。

2　馬車の重要性

ところで、第12章で見るように、スキナーの定期市モデルでは、中国の道路事情が悪く、人々は徒歩以外の交通手段は持たない、ということが前提となっていた。また、第11章で見るように、山東などでは一般に農村間あるいは農村から市場へと荷物を運ぶために使われていた輸送用具は、せいぜいのところ帆を掛けた一輪車程度の簡単なものであった。これに対して満洲の荷馬車の輸送能力は遥かに大きく、人々の移動範囲も広かった。

例えば鉄道敷設以前、長春周辺の農民は営口まで二箇月もかかる出荷・買付旅行を行ったという記録がある。すなわち、

各地ノ農民カ冬季農業ノ閑散期ヲ利用シ自家ノ農馬ヲ用フル木製堅固ナル荷馬車ニ依リ大豆、豆粕、豆油、高梁其他雑穀ヲ積載シテ営口ニ来リ多クハ日用品ヲ購入シテ帰ル遠ク吉林長春方面ヨリ二ヶ月前後ヲ費シ昼夜兼行シテ到ルモノアリ（外務省通商局　一九九一、第二巻、三三四頁）

また、筆者の一人は、東京大学に留学していた吉林省出身の中国人研究者から次のようなエピソードを聞いた。一九六〇年代のこと、毎年、冬の終りに県を二つまたいだところにある村に住む祖父が、厳寒のなかを大車で迎えに来た。小学生だった彼はその大車に乗ってまる一日かけて祖父の家に行き、しばらく滞在して、同じ方法で帰宅した。同様の話は、関西学院大学に留学していた遼寧省出身の中国人研究者からも聞くことができた。零下二十度というような気温でも、綿入れの上着とズボンを着込み、手袋をして頭と顔を帽子で守ると、空気が乾燥していることもあり、さほど寒さを感じないでいられるのである。六〇年代の馬車は車軸が鉄でタイヤを履いていたという

写真 3-3　馬場八潮『曠野を行く』1935 年
出典）『淵上白陽と満洲写真作家協会』岩波書店，1998 年。

ので、戦前のものに較べて性能が向上していた点は差し引かねばならないとしても、満洲では冬の厳寒期に、人々が自家用の馬車でかなり長距離を移動していたことがうかがえるエピソードである。

写真3-3は馬場八潮（一九〇三〜一九七四年）の『曠野を行く』という写真である。ここに写っているのは「宣撫官」の一隊が極寒のなかを進む様子である。馬車に日の丸が掲げられているのはそのためである。編者の一人である安富は、本書に至る研究を立ち上げる上で、この写真から大きな影響を受けた。満洲の極寒のなかでも、このようなキャラバンが移動できるのだ、ということを知ったからである。

馬車は基本的に県城や鉄道駅と後背地とを接続する役割を果たしていたが、鉄道が十全な機能を果たさない場合には、それを代替することもあった。

> 荷馬車は鉄道輸送に対抗して競争をなし得るの能力を有せざると雖も、之れを善く活用するときは貧弱なる鉄道を凌駕し得べき性質を有するものである。其例証として一九二〇年頃、東支鉄道南部線に於けるが如く特産輸送中鉄道輸送によれるもの百十八万噸に対する馬車輸送は百万噸に上れりと云ふ記録を造れるを以て馬車輸送の勢力の如何に侮り難きを知ることができる。（南満洲鉄道臨時経済調査会　一九二八、五〜八頁）

これは、大豆の出荷をめぐってウラジオストックと大連とが激しく競合していた頃のことである。東清鉄道は長春以北の大豆が大連に流れないように、哈爾濱〜長春間の南行貨物に高率運賃を課した。

一方、長春北方の農民はこの措置に反発し、馬車を調達して大量の大豆を長春へと運び、東清鉄道の措置を無意味化した。この事例は満洲の馬車の輸送力が総体として鉄道に比肩しうるほどの規模であったことを示している。

二　馬車材の生産と流通

既に述べたように、馬車輸送システムが成立するためには、馬車材と馬との安定した供給が不可欠である。本節では、このうち、前者の生産・流通状況について概観する。

1　長白山森林

一般に長白山森林は落葉松、紅松を中心樹種とする「温帯針葉広葉樹混交林」であり、東北森林植物区分では「長白森林植物区系」に属する。これらの森林が広がる地域は東南沿海の湿気団の影響により、気候は温暖で雨量が多く、年平均気温が五・三～八・一度、年雨量が七九八～一二三三ミリメートル、平均気温が一〇度以上で、年積算温度は二八〇〇～三二〇〇度に達し森林成長に適した環境となっている（『遼寧森林』編集委員会　一九九〇、五八頁）。

第1章でもふれたように、長白山森林では落葉松・紅松等の針葉樹の選伐後に残った広葉樹がさらに伐採されて、蒙古櫟（クヌギ、ナラ類）を中心とする二次林が形成された。車用木材の主要供給地は、ある程度森林開発の進んだ満洲東南部と鴨緑江左岸（朝鮮側）が中心であり、このようなナラ類が多く満洲馬車材に使用されていた。つまり、

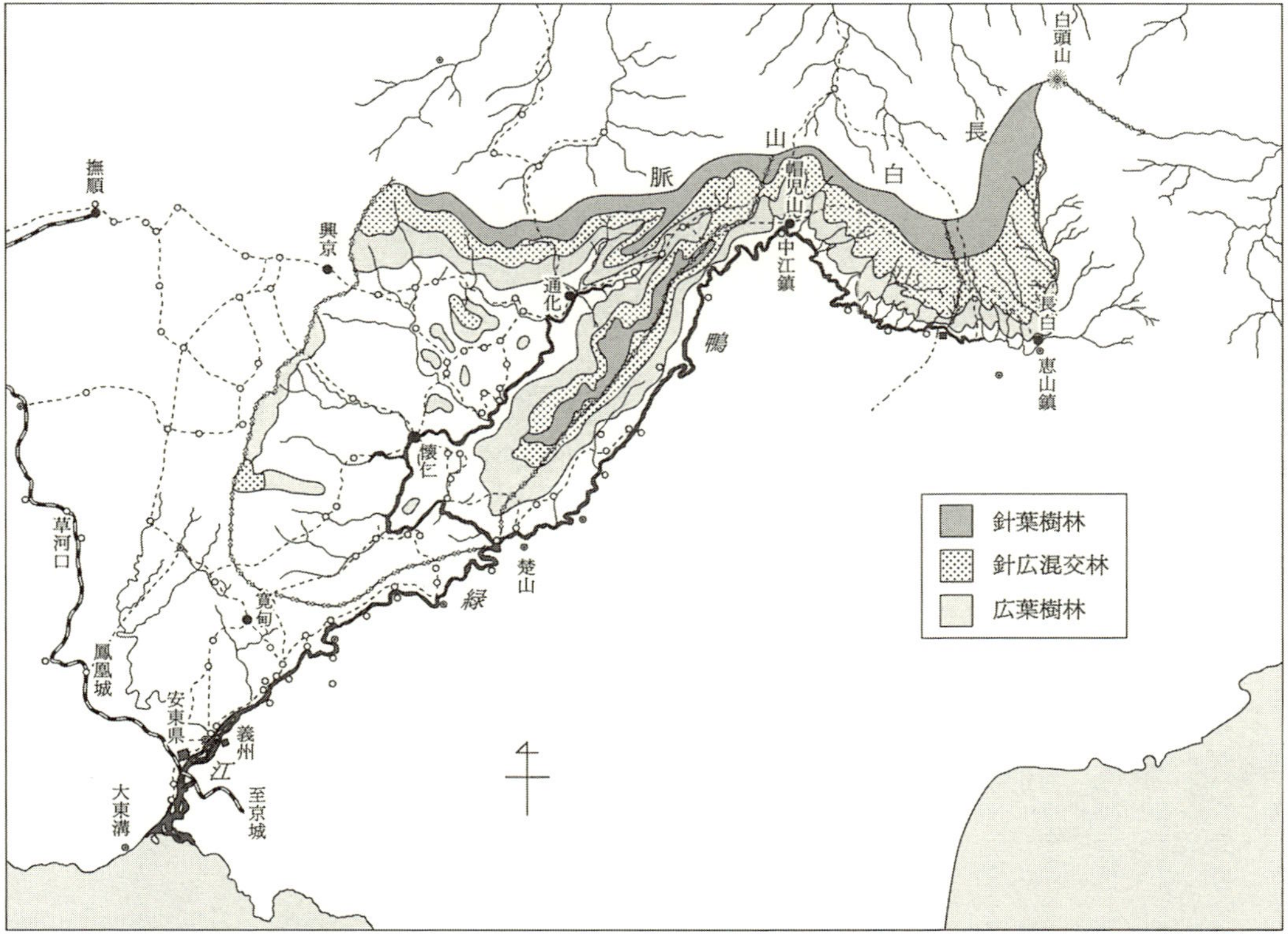

図 3-1 鴨緑江右岸森林略図

出典）鴨緑江採木公司（1915)。

針葉広葉樹混交林→（選伐）→広葉樹混交林→（伐採）→蒙古櫟林

という人為的遷移によって、馬車材となる広葉樹林が形成されたのである（周　一九九七、三二五頁）。

2　馬車の材料と生産

馬車用木材としては主に、「楚楡」と「楡」と「柞木」が用いられたが、このうちまず「楚楡」とは別名「赤楡」「檀木」とも言い、日本でいう「オノオレカンバ」「ミネバリ」「ホンアズサ」を指す。満洲の馬車材として最も需要が多く有名だったのは、この中で一番強度の高いオノオレカンバであり、主に車軸、車杠に用いられた。なかでも安奉線産がよく知られていた。「楡」は別名「楡樹」「山楡」とも言い、主に車軸とした。満洲東部のどこでも見られる木であるが、安奉線産が有名であった。「柞木」は満洲のナラ・カシワ類の総称である。日本のオオナラに相当する。蒸して乾燥させてから様々な器具・機械に用い、馬車車軸材、枕木としても多く使用された。これもまた安奉線産が有名であった。このほかに、チョウセンウチハ、シオジ、マンシュウクルミ、キハダ、ハシドイも用いられた。これらの樹木はほぼ満洲東部から南部でのみ見られた（南満洲鉄道臨時経済調査会　一九二八、五一～五四頁）。

満洲東部で伐採される馬車材は比重が大きい広葉樹であるため、水送による大量輸送は容易ではなかった。これら樹木の比重を見ると、水の比重を一〇〇として、それぞれ次のようになっている。

オノオレカンバ生木　八三
同　乾木　五一
ハルニレ生木　七七
同　乾木　四七

ナラ生木　一〇二
同　乾木　七三

比重五〇以上から水に沈み始め、比重七〇〜八〇以上だと単独での流送は不可能となる。以上の値から、こういった馬車材の水送の難しさは明らかである。オノオレカンバ、ハルニレは水送するためには最低二〜三ヶ月の乾燥期間を要し、ナラは乾燥させても単独水送は不可能であった（彼末　一九四一、二四頁）。そのため、鉄道敷設以前、木材を水送のみに頼って運搬していた頃には、広葉樹の取扱量は針葉樹の十分の一ほどであった。

日露戦争直後の一九〇六年の広葉樹水送に関する報告には次のような記述がある。

元来広葉樹材ハ市場ニ於ケル其相場、針葉樹材の約半額ナルト且ツ流材ニ当リ針葉樹材ヨリ深ク水中ニ沈降スルノ不便アルヲ以テ、之ヲ伐採スルヲ好マサルニヨリ、比較的其歩合小ナレトモ、暫次貴重樹種ノ欠乏スルニ随ヒ、広葉樹ニ於ケル利用率ハ増加スルモノト思料ス。（農商務省山林局　一九〇六、二八頁）

つまり、この段階では広葉樹材の需要は針葉樹にくらべて少なく、それゆえ価格も安かった。そのうえ水送が大変なので伐採自体が好まれなかった。このような状態で数十万輛というような数の馬車を建造するための広葉樹材が出回っていたとは考えにくい。すなわち、この時点では満洲全体に存在した馬車の台数は限られており、馬車輸送システムは形成されていなかったと推定される。

清朝末期、馬車用木材の伐採は遼河・鴨緑江水系である太子河上流域（長白山森林）で行われ、それらの木材は下流の遼陽・海城に流送され馬車が製作されていた。しかし、すでに二〇世紀初頭にはそれら車用木材の枯渇が生じており、安奉線開通以降、太子河流域に替わって安奉線沿いの広葉樹が馬車材として大量に出回るようになった。安奉線の馬車材出荷については次のような記述がある。

写真3-4　中国式筏（鴨緑江）
出典）鴨緑江採木公司（1915）。

安奉線各駅より発送する車材の数量は統計によるもの少なきも略ば推定に依る正確に近きものあり之を見るに昭和二年度安奉線産は六千二百二十五頓鴨緑江産は一万二千八百八十四頓、合計一万九千百九頓となっている。之を車体数に換算して見ると二万七千百二台となる。此外に船にて渤海、山東方面に輸送せらるるもの約二千頓内外である。（南満洲鉄道臨時経済調査会　一九二八、五四頁）

一九二八年の馬車用木材発送数を見ると次のようになっている（南満洲鉄道臨時経済調査会　一九二八、五六頁）。

朝鮮産	一〇、八六四トン
鴨緑江産	一二、八八四トン
本渓湖産	六〇〇トン
草河口産	五、二〇五トン
橋頭産	一二〇トン
安奉線其他産	二九、九七三トン

また、鉄道敷設のみならず、日本側の関与によって、次のような深刻な森林伐採が進展していた。第1章でも述べたところだが、長白山の木材は以前は大型の中国式筏（写真3-4参照）に組まれ、これは水量が豊富な年でも流筏には三ヶ月を要するため、木材の流下は一年に一度、水量が少なく条件が悪い時は二、三年かけて流筏する状態であった。また、木材は大きさに関係なく本数で税金がかけられていたため、きこりはなるべく大きな木材を求めて

切っていた。しかし日本がこの地域の森林利権を獲得した後、小さくて何度でも流筏可能な日本式筏を導入し、さらに鴨緑江採木公司が設立されたことによって、それまでの木税システムが崩れ、公司用の木材には通過税が基本的に不要になったため、流筏は一年に数度繰り返され、木の大きさにかかわず伐採が行われるようになった。実際、鴨緑江流域では一九二〇年代以降建築用材の生産は極端に減少し、比較的樹齢が若くても使える、電柱用丸太、枕木、坑木の生産が主流となる（萩野　一九六五、二五八頁）。

すなわち、清朝は森林を保護するために木材一本あたりで税金をかけていたので、樹齢の若い樹木は伐採をまぬがれていた。そのため筏も流れにくく、木材の輸送にも強い制約がかかっていた。ところが、日本側が森林利権を獲得したために、この制約が外れて樹齢の若い木材までが伐採され、しかも小さな筏を作って短期間で流されることになった。このように日本側の関与によって鉄道と河川の両面で、森林伐採が一挙に加速されることとなったのである。

三　馬車生産拠点の移動

すでに述べたように、清朝末期には太子河流域にある遼陽・海城が馬車製作の拠点であった。これは太子河上流が木材の水送に利用しうるほど水量があったためである。しかしながら、二〇世紀初頭には、次のような変化が生じていた。

遼陽より太子河上流の水運は現在交通機関としての機能は頗る不完全なるものであって水運として論ずるの価値は認められなくなったが、民国以前にあつては相当殷賑を極めた時代もあつた。現在に於ては年々夏期河水膨張し水量を増加する時期に於て遠く城廠付近より此の水運を利用して筏を流下し来り遼陽及び付近木材の需要を満たした其水量は三千余の筏で其価額は年数十万元に達している。（南満洲鉄道臨時経済調査会　一九二九、一三頁）

太子河流域は急速に伐採が進んだために、馬車材生産が減少するとともに、それを流す河川の水量が不安定となって水送もまた困難となった。こうして遼陽付近の馬車材の出廻りが悪くなり、馬車生産もまた困難になったものと推測される。

一九一二年に発行された『満洲誌附録道路誌草稿』には、馬車生産地について次のような記述があるが、ここには遼陽・海城が挙げられていない（関東都督府陸軍経理部　二〇〇一、一〇二頁）。

南満洲中最も車輛製造力に富むは、朝陽鎮、北山城子（山城鎮）、伊通州、吉林、広寧（北鎮）等にして之に亞ぐものは奉天、鉄嶺、陶鹿（西豊）、海龍城、大肚川、錦州、通化、懐仁地方とす（カッコ内の地名は引用者）

これらの地域のうち、朝陽鎮、北山城子、伊通州、吉林、陶鹿、海龍城、大肚川、通化、懐仁は馬車材生産地に近接している（後述図3-2）。これらはすべて長白山系森林地域に含まれる街である。この地域は清朝が直接管理した盛京圍場であり、圍場が丈放された後は主要な木材伐採地域となった。通化と懐仁以外の街は、古くから鴨緑江上流の支流から遼河支流を使って奉天へ木材を運ぶルート上に位置している。

広寧と錦州の二箇所は蒙地たる熱河と隣接し、家畜の供給を受け易い位置にあった。広寧のすぐ北は阜新でここは昔から蒙古族が集住している県で、現在でも「阜新蒙古族自治県」となっている。彼らは主たる放牧地と消費地とを結んで家畜を中継する役割を果たしていたものと推定される。錦州は鴨緑江木材をジャンクで天津へ運ぶルートに位置しており、北鎮はそこから遠くない。どちらも満洲で最初に建設された京奉線沿線で、東清鉄道建設以前の段階でもこの方法の木材供給を受けられた。鉄嶺は遼河の水量が豊かであった時代には奉天の外港の役割を果たしていた交通の要衝であり、ここまで木材を水送できたのかもしれない。奉天は言うまでもなく満洲最大の都市であり、ここで馬車生産が行われるのは不思議ではない。

全体として見るなら、この段階で馬車生産地は、長白山系の木材生産地か、木材水送ルート上に位置していた、と看倣すことができる。

ところが、一九二八年の『満蒙に於ける荷馬車』では、遼陽と海城の二地域が主要な馬車生産地として再度挙げられている。一九三七年の海城県志（二〇〇頁）によれば、同県では「車木舗業」が十二軒、「馬車輸送業」が一五八軒、それぞれ計上されている。ここでは車用木材として最優良品とされる安奉線産と朝鮮産の木材のみを使用し、最も製造技術を要する車軸と車輪のみを生産していた（南満洲鉄道臨時経済調査会　一九二八、六〇頁）。車輪・車軸を除く車棚（車体）は車輪・車軸ほど堅牢である必要がないため、一般に北満材を使用して製造するが、最優良品を製造する業者は車体にも安奉線産木材を使用していたのである（南満洲鉄道臨時経済調査会　一九二八、六〇頁）。

以上を総括すると、当初、馬車材生産は水量の安定していた太子河流域で行われており、その流域にある遼陽・海城で馬車生産が行われていた。ところがこの流域の森林の減少と水量の不安定化によって、馬車材の生産地が太子河流域から鴨緑江流域に移動した。日露戦後の段階では馬車の生産拠点は、馬車材供給地周辺と新たな水送ルート上にあった。ところが安奉線の開通により鉄道による木材輸送が始まると、満鉄本線沿線にあった遼陽・海城が再度、馬車生産拠点として浮上する。この二度目の生産拠点移動は、馬車材を加工して馬を繋いで馬車にしてから輸送するシステムから、重くて固く加工の難しい馬車材を鉄道で輸送し、高い技術がある地域で車軸と車輪といった主要部品を製造し、それを各地に鉄道で配送するシステムへの移行を反映しているものと推測される。(1)

四　蒙古馬の流通

本節では、主として関東都督府陸軍経理部の編纂した『満洲誌』と『東蒙古誌』に従って、日露戦争直後の時点の蒙古馬の満洲での流通過程を論じる。その後の流通過程についてはまとまった資料を見出せないでいるが、「満洲国」成立までの時期を見るならば、それほど大きな変化はなかったものと推測される。

1　蒙古馬の流通拠点

蒙古馬の満洲への流通拠点としては、満蒙接壌地域である洮南府、鄭家屯、庫倫、錦州、義州が重要である（後述図3-2）。洮南府、鄭家屯、庫倫は蒙古貿易の一環として家畜取引が盛んで、大きな馬市が春季と秋季の二回行われた地であり、錦州・義州は官馬を飼育していた旧大凌河牧廠地域である。

馬の流通を担当する中国側の商人を「馬店」と言う。馬店が多い都市としては洮南府、鄭家屯、農安、長春が挙げられる。前二者は上述のように大きな馬市の立った街であり、後二者は洮南府、鄭家屯から長春へ馬を運ぶ通過点にあたっていた。

洮南地方の家畜流通については次のような記述がある。当時の様相を克明に表現しているので、長くなるが引用する。

牛馬店　牛馬店（本地方ニハ牛店、馬店、羊店等原ト其取扱家畜ノ種類ニ依リ区別セル名称存スレトモ現今有名無実ナリ）トハ牛馬羊等ノ取引問屋ナルモ之ヲ専業トスルモノナク皆車行（車店トモイフ）トテ行路ノ車輌宿等ヲ兼営シ其経営稍見ルヘキモノアリ斯業者ハ洮南税捐徴収局ヨリ奉天財政庁ノ発給セル牙帖ト称スル営業鑑札ヲ受クヘキモノニシテ之カ受領毎ニ各店ノ資本ノ大小ニ依リ定メラレタル等級ニ応シ鑑札料トシテ銀五十両ヲ完納スヘク毎年末ニ一回宛新規ノ鑑札ヲ換領スルヲ要ス現ニ洮南県ニ於テ牛店ト称スルモノニハ義合盛以下三戸及車店ト称スルモノ天益店以下小大約四十戸アレドモ孰レモ牛馬店ニ属スルモノト見倣シ得ヘシ

跑馬店　跑馬店トハ馬街ヲ跑ルノ意ニシテ牛馬等ノ取引仲買人ヲイフ其営業鑑札タル牙帖ハ銀両四両宛ヲ完納シテ下附セラレ毎年一同之ヲ換領スルモノナリ彼等ハ斯業ニ多少ノ経験ヲ有スル者之ニ当リ其多クハ無資力者ニシテ牙帖ヲ有セスシテ密カニ斯業ヲ営ムモノ亦少ナカラス目下洮南県ニ於ケル跑馬街ハ百十余人ニシテ内牙帖ヲ有スルモノ四十九人ニ過キストイフ（関東都督府民政部庶務課　一九一七、「洮南方面調査復命書」、一四一～一四二頁）

出撥子店　出撥子店トハ本地方ニハ斯ル名称ナキモ、洮南県ノ雑貨舗中年々遠近ノ各蒙古地方ニ行商人ヲ出スモノアリテ、此ノ行商人ヲ普通出撥子ト呼フカ故ニ、斯ク称スルモノナリ。彼等ハ素ヨリ牛馬問屋タルノ公許ナキモ、前記ノ両者ハ主トシテ洮南市街ニ於ケル少額ノ取引ヲ営メルニ対シ、是ハ牛馬羊等ノ原産地ノ情況ニ精通シ、且ツ該地方ニ多数ノ家畜ヲ飼養セルモノ少カラサルヲ以テ大口ノ家畜買入ノ場合ニハ多クハ其ノ手ヲ煩ハササルヘカラストイフ、而シテ此種ノ店舗ハ其規模宏大ナルモノ多ク、目下洮南県ニハ順興号、寶和水、長勝合等ノ十数戸ノ同業者アリ。（関東都督府民政部庶務課　一九一七、一四二～一四三頁）

出撥子店取引　蒙古各地方ヨリ常ニ来市スル老客ハ、毎年一定セル取引店タル出撥子店ニ宿泊シテ、之ニ委托シテ畜産品ヲ売却シ、雑貨等ヲ仕入テ帰郷スルヲ例トスルモノニシテ、此種ノ店ハ皆雑貨業ヲ営ミ其ノ敷地内ニ数多ノ宿舎ト廣闊ナル庭トヲ有シ、之ヲ得意ナル蒙古人ノ為メニ使用セリ。出撥子店ハ此等ノ蒙古人ノ待遇ニ表面上所有手段ヲ尽シテ厚遇シ、以テ彼等ノ歓心ヲ求メツツ、其裏面ニ於テハ各種ノ方法ニ依リテ彼等ヲ愚弄シ、以テ暴利ヲ貪リツツアルナリ。例ヘハ蒙古人ニ雑貨ヲ売リ込ム時ハ、悉ク掛売ニシ之ガ決済トシテ毎年秋季畜産品ヲ受取ル時ニ当リテハ不当ナル評価ヲ以テ清算ヲ行ヒ、又其蒙古老客ガ畜産品ノ売却ヲ希望スル際ハ、出撥子店ハ市価ヲ偽リテ極メテ安価ニ之ヲ買取リ、其他各種雑貨ノ売買代金受授ノ場合ニモ或ハ数量ヲ偽リテ彼等ヲ欺罔瞞着スルノ状、到底見ルニ忍ビザルモノアルモ、蒙古人ハ彼等出撥子店ヲ信用シ甘ジテ其詭計奸策ニ翻弄セラレ敢テ不満ヲ称フル者アルナシ。又出撥子店ハ蒙古人ヨリ決済ニ際シ受取レル牛馬等ハ、之ヲ未開放地（図什業図旗下）ノ蒙古人ニ依頼シテ飼育セシムルカ、然ラザルモ斯ル店ハ概ネ該地方ニ王府ノ特許ヲ受ケテ設立セル店舗ヲ有スルヲ以テコレニ飼養セシメ、其数多額ニ上ルモノ少シトセス。故ニ多数ノ牛馬等ヲ買入ントスル時ハ、先ヅ此種ノ店舗ニ商量スルヲ可トス。其商談一度整ヘバ店舗ニテハ店員ヲ派遣シテ買手ト共ニ未開放地ノ現場ニ赴カシメ、此処ニテ牛馬等ニ就キ両者立会ノ上選択ヲ行イ、合格セルモノニハ烙印ヲ捺シテ其他ノ家畜ト区別シ之ヲ目的地マデ追到ラシムモノナリ。（関東都督府民政部庶務課　一九一七、一四四〜一四五頁）

農産物ノ取引業者ハ各地ト同ジク糧店ト称スル雑穀店ニシテ、其営業ノ種類ヨリ見ルトキハ皆車店ヲ兼営セルモノト称シ得ヘシ（関東都督府民政部庶務課　一九一七、一四九頁）

出撥子　出撥子トハ支那人ノ行商ヲ指シ蒙古人ハ是ヲ「ジャホラメイメイ」ト称ス（中略）行商ハ以前盛ニ行ハレ行商人中ニハ年々鋸利ヲ占メ来リシモノ少カラザリシカ、交通ノ便開ケ市場取引ノ発達スルト共ニ年々衰微スルノ傾向アリ。而シテ現下洮南県ニ於テ有力ナル雑貨業者ハ皆々出撥子ニテ成功セシモノノミナリトイフ（関東都督府民政部庶務課　一九一七、一五七頁）

洮南市街　糧店三十二戸（関東都督府民政部庶務課　一九一七、一五九頁）

一九三〇年代の東部蒙古地域では常時約九十万頭前後の馬が飼育されていた（南満洲鉄道鉄路総局　一九三五、五三頁）。次の数字は東部蒙古における馬の取引量を示したもので、この地域において毎年五万頭以上の馬が家畜貿易により満洲へ運ばれていたことがわかる。

洮南一五〇〇、鄭家屯一二〇〇〇、林西（記述無）、経棚五〇〇〇、烏丹城三五〇〇、小庫倫六〇〇〇、赤峰六〇〇〇、多倫諾爾七三〇〇。（農商務省農務局　一九二六、一二六頁）

多倫県八〇〇〇、貝子廟三〇〇、大板上二四一五。（南満洲鉄道鉄路総局　一九三五、一二六頁）

また別のルートとして、林西、経棚等から多倫・貝子廟へ隊商を出して馬を買い付けるルートがあった。これらの隊商は三〜五名で十〜二十輌の牛車を引き連れ各地を巡っていた。ラマ廟会が開催される時に蒙古人は家畜を引き連れて廟会に至り、上記商人と物々交換を行うか、銀を対価として受けた。長春などの馬店は、前述のように、こうして入手した大量の馬を近郊に放牧しておき、必要時に城内で売りさばいていた（南満洲鉄道鉄路総局　一九三五、一二二〜一二三頁）。

なお、満洲里・ハイラルから鉄道で馬を運ぶルートもあったが、一九一一年時点で通常の運搬費より三割高であったという（関東都督府陸軍経理部　二〇〇〇、二四四頁）。

これを要するに蒙古馬は、

多倫・貝子廟→大板・林西・経棚→鄭家屯・錦県→長春・奉天
もしくは→承徳→（関内へ）

というルートで流通していたものと考えられる。

2　官牧廠の丈放と馬の放出

瀋陽の西側の錦県一帯や現在の彰武県では、盛京三大牧廠である「養息牧牧廠」「大凌河牧廠」「盤蛇驛牧廠」が広がっていた。ここは順治の初めより清朝の官営牧場として数万頭から数十万頭の家畜を飼育していたところである。養息牧牧廠は現在の彰武県の全境に該当し、東西百五十清里、南北二百五十清里の広大な敷地を有していた。大凌河牧廠は錦県の南部大小凌河流域にあり、東西八、九十清里、南北五、六十清里にわたっており、盤蛇驛牧廠は大凌河牧廠の一部で、廣寧県の南部、盤山県の大部分に当たり、東西の広さ七、八十清里、南北も七、八十清里余りの広さを有していた。

この二つの牧廠は隣接しており、大凌河牧廠は「西廠」、盤蛇驛牧廠は「東廠」と呼ばれていた。この隣接した巨大な牧廠は家畜を飼育する上で相互補完関係にあり、一方の草が枯れたり水が涸れたりして放牧条件が悪化すると、別の牧廠に移して家畜を飼育していた。

これら牧廠の由来は、清初にこの地域の蒙古王侯である賓図王や土默特王がその領地を清朝に一部寄進し、清朝がその地を牧廠に充てたことに始まる。これら牧廠における牧長牧丁以下ほとんど蒙古人であり、彼らが官用家畜の飼育にあたっていた。

養息牧牧廠では康熙八年（一六六九）から馬群三二群（一群およそ四百〜五百頭）を定数として飼育していたが、乾隆一九年（一七五四）に馬匹を全て大凌河牧廠に移した。大凌河牧廠では約二万頭内外の馬が飼育されることになっていたが、乾隆一九年以降はおよそ三四群（一群四百頭）、およそ一万三千六百頭とされた。これらの馬数は清朝が定めた定数であり、実際にはこの定数の数倍の馬が飼育されていた。

牧廠は原野の牧場とは異なり、家畜は冬季や夜間は囲いの中で過ごす、一定の放牧範囲のある牧場地であった。盛京三大牧廠は、清朝の官馬と祭牲を牧養した(2)（李　一九九三、二八一頁）。

しかし、清中期以降の移民の流入等により牧場の耕地化が進んだため、同治二年（一八六三）まず盤蛇驛牧廠が丈放された。これにより、西廠と東廠にわかれて遊牧を成り立たせていた牧廠のシステムが崩れ、大凌河牧廠の家畜飼育・繁殖が困難になったことや、日清戦争や義和団時のロシア軍による度重なる家畜の強制徴発のせいで牧廠の維持が困難になったことにより、大凌河牧廠・養息牧牧廠も丈放されることとなった。養息牧牧廠は光緒二二年

（一八九六）、大凌河牧廠は光緒二八年（一九〇二）に丈放が開始された。

大凌河牧廠の馬群は、日清・拳匪の戦乱後、民間の馬匹が欠乏していた遼東一帯の需要に供すため、全て遼陽・海城付近で払い下げられた（南満洲鉄道調査課　一九一五、「一般民地」中巻、第四章 各項升科地、第二節 牧廠地、二〜三一頁）。これら官牧廠の解体により安奉線建設直前の遼東一帯では比較的安く馬が流通していたことになる。

五　馬車の台数から見た馬車輸送システムの形成

今のところ、満洲の大車がいつ頃から使われるようになったかを明らかにしてくれる資料はない。しかし日露戦争の際にすでに広く使用されていたことから考えても、それが長い伝統を持つことは間違いないであろう。日露戦争の際に日本軍は、日本から馬車を持ち込んだものの、満洲の気候や道路事情に合わず、たちまちのうちに故障が続出し、あわてて現地の大車を調達した。しかも、この大車に馬を繋いで操作することは日本人には難しく、その馭者の調達がさらに困難であった。事情はロシア側でも同じであったと考えられ、日露両軍のこの徴発に耐えるほどに、馬車が普及していたと考えてよい。

このとき日本軍は日本各地から徴発した内国馬一九万七一二八頭を満洲で使用したが、厳しい寒気、劣悪な道路事情等により内国馬の戦傷死や病死による減耗率は二三・七％に上り、輜重用駄馬が大量に不足した。そこで日本軍は営口等で二万二二二三頭もの馬匹を購入し使用している（大江　一九七六、四五〇頁）。

また、第一軍の兵站輸送を担った補助輸卒隊は四百人編成で百五十両の徒歩車（荷車）を使用したが、朝鮮半島における悪路泥濘のため、積載量は三分の一以下に落ち、さらに車輛の破損が夥しく、一輪卒隊の車輛数は百五十輛から五十輛以下に減少し、兵站路の至る所に車台車輛が散乱する有様であったという（大江　一九七六、五五二頁)。ところが鴨緑江を超えると状況が一変し、五、六頭立ての堅牢な大車により一挙に大量の貨物輸送が可能になった。一九〇四年五月初め鳳凰城に第一軍の兵站主地が置かれ、軍政委員が鳳凰城の商工会議所に命じて車輛徴発委員会を設置し車輛の徴発を開始すると、一ヶ月たたぬ間に千百輛以上の大車が集まった。その後鳳凰城には馬車局が設けられ馬車の徴発が続けられたが、一九〇四年五月から一〇月末までで、鳳凰城とその周辺地域である安東・寛甸・懐仁地方で徴発された大車は延べ一万五千輛にも達した(陸軍省　一九九九、第一〇巻、一一二頁)。遼陽や奉天に比べ大車がむしろ少ない鴨緑江流域でさえ一ヶ月で千百輛、六ヶ月で一万五千輛の大車が集められたことは注目に値する。

では具体的にどの程度の数の馬車が満洲では使われていたのであろうか。現時点で明らかになっている数値を次に掲げる。

・一九二八年満洲全域における馬車台数の推定値(関東軍司令部調)、二九六、九一〇台(南満洲鉄道臨時経済調査会　一九二八、五頁)。
・一九三八年満洲国国勢調査による馬車台数、四四三、六七六台(国務院総務庁臨時国政調査事務局　二〇〇二、二六六頁)。
・一九三九年満洲国国勢調査による馬車台数、四三七、一〇一台(国務院総務庁臨時国政調査事務局　二〇〇二、二六六頁)。

一九二八年の関東軍による推定値はもとよりあまり信用しうるものではない。その十年後の国勢調査による推計値はそれよりは信用しうる値であろうが、どれほど正確に調査がなされたのか定かではない。とはいえ、馬車が重要な課税対象であったことを考慮すれば、桁が違うというような誤差は考えにくい。それゆえ、一九二〇年代から三〇年代にかけて、最低でも二十万台、最大では五十万台の馬車が満洲をかけ巡っていた、と考えてよかろう。

このほかに、次のような断片的な数値がある。

・一九〇四年五月〜一一月の七ヶ月間、鳳凰城軍政書馬車局に集まった馬車数、一万五千台。(徴発対象地域は主に、鳳凰城、安東、寛甸、懐仁等)(陸軍省　一九九九、第二巻下、一一一〜二一六頁)
・一九〇七年、新民府下に一一、六二三輌。(新民府志　一九〇九)
・一九二四年、海城県下に四套大車三〇〇輌、三套大車六七〇輌、轎車一五〇輌。合計一、一二〇輌。(陸軍省　一九九九、第二巻下、一一一〜二一六頁)
・一九三九年満洲国国勢調査時の安東省の馬車台数、三四、九五八台、および通化省の馬車台数、一、七九七台。合計三六、七五五台。(国務院総務庁臨時国政調査事務局　二〇〇二、二六六頁)

これらのデータは、あまりにも断片的であるが、上記の満洲全体の値から見て、矛盾しない水準である。

また、一九二八年の『満蒙に於ける荷馬車』の第六章「荷馬車の製造及び製造価格」には次のような注目すべき記述がある。

> 満蒙に於ける荷馬車の製造業は最も有望にして殊に最近に於ては相当の繁盛を来している、之れが理由が輓近山東地方の移民が夥しく殖え之等によって北満一帯に亘り開墾するものは非常な勢いである、之等の事情によりて開拓に要する家畜と馬車の数は相伴ふて頗る増して来た、(中略)之が為め南満一帯の荷馬車製造業者は頓に増加し近来になき盛況を見るの状態である。

この文章からまず、一九一〇〜二〇年代に馬車の急増が見られたことがうかがわれる。しかも、これが山東から北満への移民の急増によるものであり、しかもその開拓を支えた馬車が南満で製造されていたことが示されている。

次に、県志の車税(馬車税)と車店(馬車店)のデータから、馬車数の動向を推測する。表3-1は各県志の車

表 3-1　車店・車税一覧表（各県志より）

県名	県志	車店・車税
樺甸	樺甸県志 1933	1 套半掛収 1 元 5 角全掛 2 元 車牌捐　民国 16　1,389,212,000。民国 17　1,392,817,500
鎮東	鎮東県志 1927	無
嫩江	黒爾根志 1900	無
依安	依安県志 1930	無
璦琿	璦琿県志 1920	＊車に関する記述有り
方正	方正県志 1919	車捐分套多寡徴収
依蘭	依蘭県志 1921	車捐　4682 吊 490 文（毎馬毎月収 10 吊） 車牌捐（毎車牌一面 月収 20 吊）
樺川	樺川県志 1928	車店 2 車牌捐　全年訂◯ 5 套車牌 3,000 枚毎枚収洋 2 元共 6,000 元
寧安	寧安県志 1924	車牌捐　全年度預算収大洋 7,000 元
双城	双城県志 1926	大車舗 12 小車舗 15
珠河	珠河県志 1929	馬車店 7 戸　基金数目 2,000 元至 800 元 車牌捐　収吉洋 5,759 元
呼蘭	呼蘭府志 1910	
安図	安図県志 1929	＊牲畜数と牲畜税はあるも車店・車捐の記述なし
通化	1934	無
長白	長白徴存録 1910	無
撫松	1930	無
輝南	輝南風土調査録 1919	車捐　本県車捐毎年徴収一次由 10 月 1 日換放至次年 9 月底止牌分 3 種 4 套馬車牌毎片収小洋 4 元 3 套馬車牌毎片収小洋 2 元轎車牌毎片収小洋 2 元　＊「車輛」の記述有り
	輝南県志 1927	車牌捐　起自宣特 2 年 4 套以下毎牌 4 元以上毎牌 2 元年収 8,196 元 3 套以下毎塊奉大洋 15 元 4 套以上毎塊奉大洋 20 元 木辦　起自民国 5 年 4 馬以上毎車 1 角 5 分 3 馬以下毎車 1 角成材　木料　4 馬以上毎車 3 角 3 馬以下毎車 2 角年収 1,724 元（木辦捐　木辦 2，3 套以下 1 角以上 1 角 5 分　木料 3 套以下 2 角　木料 4 套以上 2 角 5 分）
輯安	輯安県志 1931	車棧 20
	輯安県郷土志 1915	無
安東	安東県志 1875	無
	安東県志 1931	大車舗 4 大車店 37（1927 荷馬車 613「南満州主要都市とその背後地」）
岫巌	岫巌県志 1928	大車店 5 大車舗 2 小車舗 2（1927　車舗 5「南満」より）
桓仁	懐仁県志 1910	無
	桓仁県志 1930	馬車店 2 大車舗 2 車捐　小洋 6,111 元 5 角

荘河	荘河県志 1921	車店 1 小車店 7 大車店 4 車捐　車牌 4 套牌一片小洋 4 元 3 套者 2 元収約共小洋 5,000 元（1927 車店 4「南満」）
	1934	無
鳳城	鳳城県志 1921	糧車店 4 大車舗 3 轎車舗 2
奉天市	奉天通志 1934	糧車店 42 馬車行 11
瀋陽	盛京通志 1736	無
	瀋陽県志 1917	粮車店 37 大車舗 11 小車舗 29 轎車舗 27
鉄嶺	鉄嶺県志 1917	車牌捐 15,300 圓
	鉄嶺県続志 1934	＊鉄嶺光緒 31 年牛馬税局設置
	鉄嶺県志 1931	車店商 5 戸 車牌捐　民国 3 年始由地方収捐処経収統為地方款 4 套者征小洋 2 元 3 套者征小洋 1 元 5 角轎車征小洋 1 元 5 角　民国 18 年改征現洋 4 套者 8 元 3 套者 5 元 2 套者 3 元 1 套者 1 元。民国 3 年征小洋 18,923 元　民国 18 年征現洋 13,149 元 ＊他に「車脚会之成立」に関する記述と牲畜税数有り
遼陽	遼陽州志 1681	無
	遼陽県志 1908	無
	遼陽県志 1928	大車店 15 車舗 9 轎車舗 2 車牌捐　自清光緒 33 年実行分為三等 4 套以上大車毎牌収捐小洋 4 元 3 套以下大車毎牌収 3 元轎車毎牌収両元照　民国 14 年度共収車牌捐小洋 18,880 元 馬車捐　自民国 6 年実行分為三等四輪平車毎輛月収小洋 1 元 3 角二輪車毎輛月収 1 元馬車毎輛月収 1 元按照　民国 14 年度共収馬車捐小洋 4,015 元 6 角 ＊馬政に関する記述有り
撫順	1909	無
遼中	遼中県志 1928	無
	遼中県志 1930	車舗 2 轎車舗 8
新民	新民府志 1909	車牌捐　光緒 32 年 20,159，750 輛　光緒 33 年 15,992，640 輛　光緒 34 年 20,024，320 輛 本境車数　11,622 輛　＊他に「畜数」の項に馬数有り
	新民県志 1926	車牌捐　年収小洋 17,680 元
蓋平	蓋平県志 1682	無
	蓋平県郷土志 1920	車牌捐 7，5,000　2 套牌毎片収 2 元　4 套牌毎片収 4 元　轎車毎片収 2 元
	蓋平県志 1930	無
復	復県志略 1920	車牌捐　小洋 5,380,000
興京	興京県志 1925	糧車店 15 家大車舗 9 家轎車舗 4 家 車捐　起自前光緒 34 年収 9,350 元
	興京県志 1935	大車店 6 車舗 9 大車店 3
海城	海城県志 1909	無
	海城県志 1924	大車店 8 小車店 2。全境 4 套大車 300 輛 3 套以下大車 670 輛轎車 150 輛。毎年共収小洋 16,150 元

開原	開原県志 1857	無
	開原県志 1930	車舗 4 車牌捐（民国）6 年小洋 4 套 4,000　3 套 2,000　収約 15,098,560（民 国）16 年奉大洋 4 套 20,000　2 套 15,000　収約 72,080,000
梨樹	奉化県志 1885	無
	梨樹県志 1934	車舗 11（車両数延べ）350 輛。（四平街）車店 3（郭家店）大車舗 1
海龍	海龍県志 1913	民国元年 2 月 18 日起至 12 月底止　車捐 12,457,355
	海龍県志 1936	大車店 3（1934）大車店 4（1935）大車店 4（1936）
東豊	東豊県志 1934	車牌捐　据 19 年度共収入現大洋 14,808 元
西安	西安県志略 1911	車捐　光緒 33 年 12,956,938 元　光緒 34 年 1,465,375 元
昌図	昌図県志 1916	車牌捐 249,021
錦	錦州府志 1682	無
	錦県志 1682	無
	錦県志略 1920	4 套車毎牌収捐小銀圓 4 圓　3 套轎車毎牌収捐小銀圓 2 圓。常年収入約 9,000 圓
興城	寧遠州志 1682	無
	興城県志 1927	粮車店 7
綏中	綏中県志 1927-29	無
義	義県志 1930	無
	義県志 1931	大車舗 7 小車舗 1 脚車店 3
北鎮	広甯県郷土志 1908	無
	北鎮県志 1928	無
	北鎮県志 1933	大小車店 15
台安	台安県志 1930	車捐　4 套 8 元 3 套 5 元 2 套 3 元 1 套 1 元
彰武	彰武県志 1933	車捐　4 套 800 片 3 套 600 片　4 套毎片 8 元 3 套毎片 5 元 2 套毎片 3 元
承徳	承徳県志書 1910	毎年約収 3 万 6,7 千元。大車舗 33 戸小車舗 25 戸
扎賚特旗		
呼倫貝爾	呼倫貝爾志略 1924	（海拉爾満洲里車站運出牲畜皮毛数目表）海拉爾　馬及馬駒　5,884 匹　満洲里　馬及馬駒　1,197 匹
	呼倫貝爾 1929	近 3 年輸進呼倫貝爾之各種工芸製造物下如（中略）馬車及其附件民国 13 年 31 噸 14 年 48 噸 15 年 239 噸
双山	双山県郷土志 1914	無

店および車税に関する記述をまとめたものである。この資料から、次のような諸点を指摘することができる。

（一）車店・車税に関する記述で最も古いものは、新民の一九〇九年の記述であり、それ以前に車店・車税に関する記述は全く見られない。比較的古い記述は、新民の一九一〇年、承徳の一九一一年、海龍の一九一三年、である。新民と承徳は瀋陽までの交通の要所であり、西安と海龍は長白山森林からの車材の運送ルートかつ出材地域である。つまり、前者は馬車がよく使われていた場所であり、後者は馬車が作られていた場所である。

（二）車税は地方税収として、光緒三二、三三年（一九〇六、七年）あたりから民国初期にかけて徴収が開始されている。

（三）県志における車店・車税の記述は一九二〇～一九三〇年代が最も多く、特に車税はかなりの割合で記述がある。典型的な例として遼陽は、一六八一年と一九〇八年の地方志には、車店・車税に関する記述がないのに対して、一九二八年には大車店一五、車舗九、轎車舗二、という記載と、馬車税関連の数値が詳しく挙げられており、さらに馬政関連の記述がある。つまり一九二〇～一九三〇年代に車税は重要な地方税収であり、税収に対応するだけの馬車の存在があったといえる。

もちろん、この時期には税をかけられそうなものには全て税をかける、という傾向が強く、馬車にしても従来は非課税であったものが課税対象となったので地方志への記載が始まった可能性は排除できないが、こういった記事を全体として見るならば、本節の最初に掲げた記事の示唆するように、一九一〇～二〇年代に馬車輸送システムが急速に拡大していったと考えてよいであろう。

六　考察

図3-2は本章で述べた議論を総括するものである。左の蒙古から流れ込む矢印は馬の流入を、中央の薄いアミで囲まれた地帯は官牧廠のあった地域を示し、斜体の都市は馬の交易場である。おそらくは馬をプールする拠点となったものと推定される。長白山からの波線および破線は馬車材の流れを示し、ゴシック文字の都市は一九一一年時点で挙げられている馬車製造拠点を、下線を引いた遼陽と海城は太子河の交易地点で、かつ馬車製造拠点である。西から馬が、東から木材が流れ込み、南満洲鉄道付近で両者が出逢う様子が直観的に理解できよう。

本章で示したことのうち、本書の議論の全体と関わる二つの重要な結論がある。ひとつは、馬車それ自体は伝統的なものであっても、それが鉄道敷設や大豆の国際商品化という近代的な要素と結びつくことで、爆発的な大衆化が見られたことが、近代満洲に生じた新たな現象であった、ということである。

もうひとつは、馬車それ自体は自動車と同じように、自由な方向に移動できる輸送手段であり、コミュニケーションの結節点を生みにくいが、近代満洲においては、それが鉄道に依存して形成されたことで、樹状組織の形成維持に貢献した点である。冬の満洲では、畑であろうと川であろうと凍結していて、良好な馬車道となるのであるから、四方八方、好きな方向に移動できる。しかしこれが、鉄道と接続し、鉄道駅と後背地を接続するという機能を帯びることで、コミュニケーションを樹状化させる機構として機能した。馬車と鉄道の出会いは、その意味で量的変化と質的変化の双方を惹起し、これが県城経済システムの形成につながったと考えられる。

馬車がこのような役割の変化を帯びる背景には、第8章で見るような大豆の国際商品化がある。もちろん満洲は近代化以前から大豆の産地であり、大豆を生産するために開拓された、という側面がある。首都が北京に定められてより、南方の穀物を北方に大運河を通じて輸送する漕運システムの維持に各王朝は常に大量の資源を投入した。

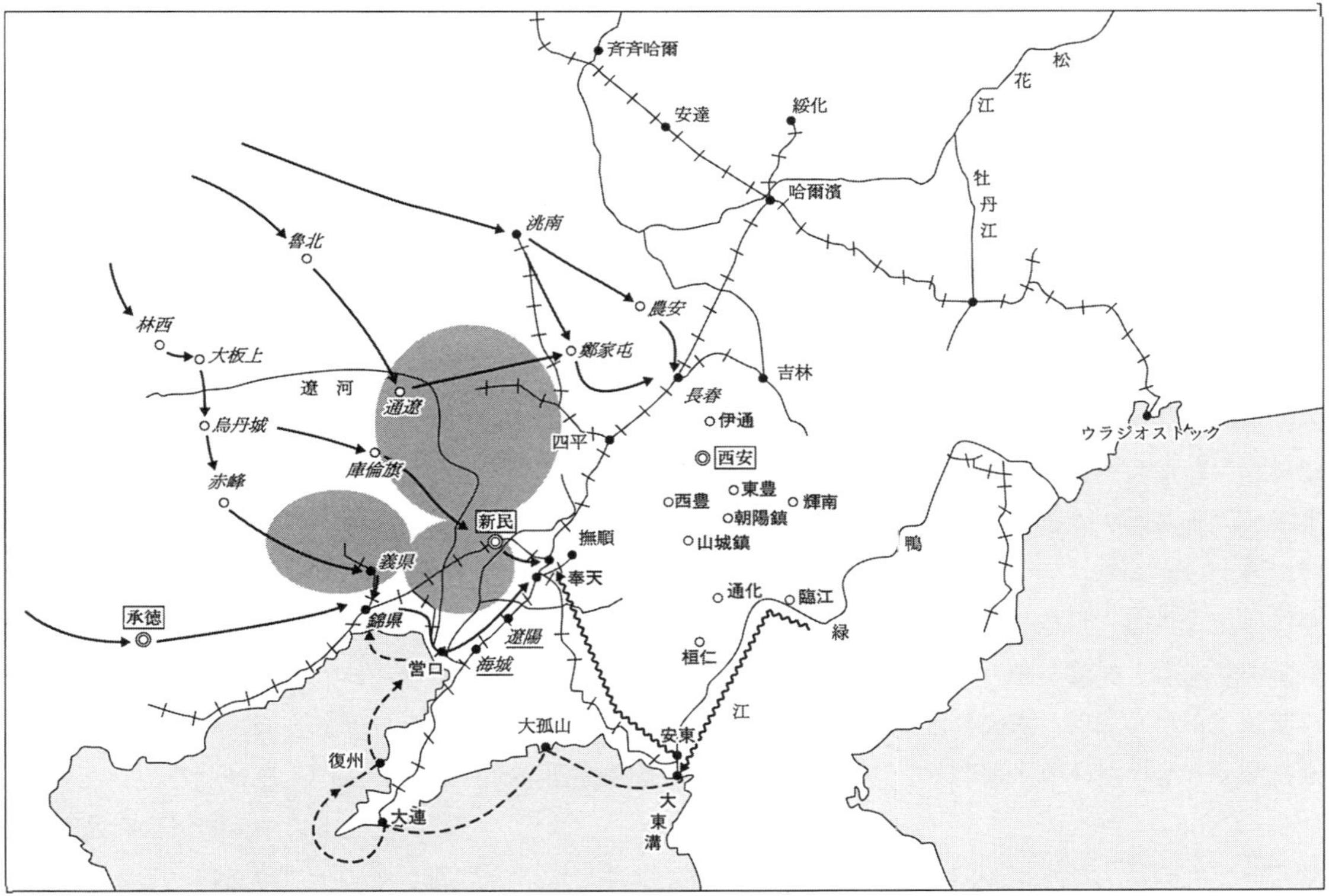

アミで囲まれた地域：官牧廠地域　黒矢印：馬の流通経路　波線矢印：馬車材陸上輸送ルート　破線矢印：馬車材海上輸送ルート（針葉樹中心）　ゴシック：1911年時の馬車生産地　下線：1928年時の馬車生産地　斜体：馬の交易地　枠囲い：県志の中で，最も早く車店・車税の記述が見られる地域

図3-2　皇産の崩壊に伴う馬車輸送システムの形成過程

このシステムは必然的に、北方から南方へ下る大量の空船を生み出すことになる。この空船に積むための荷物の代表が大豆であった。この大豆の粕が南方で肥料として砂糖畑や水田に投入されたのである。この意味で二〇世紀にはいってからの、日本やヨーロッパ向けの大豆の商品作物生産の拡大という現象もまた、大豆という伝統的作物の転用と量的な拡大に過ぎない。

しかし、ここにもまた、近代の機構と伝統的機構との違いがある。それは洋布・洋土布といった機械生産繊維製品の大量供給による大豆の調達という機構、さらにそれを円滑化する農業金融機構の出現である。満洲には、日本から「川口商人」を通じて、また上海から「南支筋」と呼ばれる商人を通じて大量の綿布・雑貨が輸入され、これが大豆と逆方向に農村に流れることで大豆が調達された。この交換を円滑にするために、特に一九二〇年代に「現銭期糧」と呼ばれる金融慣行が成立している。これは農民の資金需要期たる五～七月に収穫後の引渡し数量を確定して糧桟が大豆を先物買する手法である。この糧桟に対する特産金融は、東三省官銀号・邊業銀行・吉林永衡官銀銭号・黒龍江省官銀号といった省の発券銀行によって与えられた。こういった大規模な流通機構と農業関係金融機構の成立がなければ、満洲大豆の国際商品化はありえなかった（石田　一九六四、五七一～五七四頁、五九三頁；南満洲鉄道　一九二七、三五八～三七九頁；許　一九八四；安富　一九九七、第五章）。

そしてこのような流通金融機構と馬車輸送機構は密接に関係しているのである。その最も直接的なあらわれは、大車が夏の間、担保として糧桟に預けられる、という現象である。『満洲農民雑話』（小山　一九三九）に次のような記述がある。

この地方［通遼――引用者］の農民には大車を質入れする風習がある。（民国十年［一九二五年――引用者］に始まったと云ふ）「當大車」と呼んでいるが、農民にとつては大車は相当な財産である。春、土糞（肥料）の運搬が終わると、秋の収穫まで不要になる。この大車が毎年唯一の除草資金として通遼県城へ運ばれる。一圓出せば雨露を防ぐための大車房子にしまつてくれる。さうして三十圓から五十圓くらいの金を借りて帰るのである。(中略) かうして一時的に間に合わせた除草資金ではあるが、夏がすぎ秋がくると収穫が始まる。運搬のために大車が要る。またまた金融をせねばならないと云ふことになつて、ここに必然的に「新売糧」が行われる。損とわかつていても、こんなことには農民はなれきつているのらしい。この新売糧は糧桟との契約ばかりでなく、街の金持ちとの間にも総当行われているようだ(宿の主人は金さえあれば儲かる商売だと笑っている。)普通保証人を立てて契約し、大豆、高粱が主で、販売期の様相穀価の六割七割での石数で、たいてい話はまとまる。

そして農民は大車を出すのである。大車の利子は昔は十圓で一ヶ月一圓という高利であったが、いまは県の命令で六銭になつたという話だ。

このように大車の存在そのものが、農業金融を可能とし、それが糧桟や「街の金持ち」、すなわち本書で県城商人と呼ぶ人々と農民とを直接に結びつける役割を果たしていたのである。第5章で論じる県城中心の商品流通機構、第6章で見るような県城を中心とする貨幣流通機構と、馬車輸送システムはこのような面でも接合していた。また第7章で見るように、満洲最大の廟会たる大石橋娘々廟には多数の農民が馬車・驢馬車に乗って参拝し、迷鎮山の麓は幌馬車で埋めつくされていた。馬車の普及なしにはこの巨大廟会が成立しなかったことを考えれば、満洲の独特の廟会システムもまた、馬車と密接に関係していたのである。

このように二〇世紀初頭に満洲に成立した鉄道と馬車との相互依存システムは、現在の中国東北部の交通体系にも影響を残している。現在でも都市を少し離れると、戦前と同じ形態の大車を見ることができる。ただし、現在では鉄製でゴムタイヤを用いている。それ以上に印象的なことは、この地域では、鉄道、トラック、自動車、軽自動車、オート三輪、トラクター、馬車、手押し車などといった多種多様な交通手段が並存していることである。

たとえば鉄道が二〇世紀中には開通しなかった陝西省北部では、長距離バスや長距離トラックが道を占領しているのは当然として、一九九〇年代初頭から十数年のうちに、驢馬車→トラクター→オート三輪→軽自動車→自動車という遷移がはっきりと見られ、古い世代の交通手段は急速に姿を消していった。これは陝西省北部以外でも中国本土で広く観察されるところである。ところが経済水準で見れば、陝西省北部などより遥かに進んだ瀋陽周辺の道路上では、鉄道の充実を反映して長距離バスや長距離トラックのみならず、手押し車からベンツまで多種多様な乗り物で人々が移動する様子が見られる。このような景観は、鉄道という近代的システムの発展により、馬車という伝統的システムが成長する、という二〇世紀初頭のパターンが維持されていることを示唆している。

注

（1）なお、馬車製造所に関しては八旗の軍事基地との関係に注意する必要がある。馬車製造所の看板について次のような記述があり、両者の関係を示唆している。

車製作所　車製作所は従前第百十九図（龍の絵柄の満洲旗——引用者）の如き満洲旗の官車舗幌子を揚げていたが現在は之に代わって粗末な二輪車、四輪車又は馬車等の絵画を揚げたり、或は牛車馬車等の車輪を店頭に立てかけて置く様になった。因に以前は絵画の幌子は支那式幌馬車の製作所を示していた。（満洲事情案内所　一九四〇、二三五～二三六頁）

実際、馬車生産地として名前の挙がっている都市のうち、奉天、鉄嶺、遼陽、広寧（北鎮）、錦州は八旗の駐屯地である。八旗軍は兵站に馬車を利用したであろうから、そのために満洲の地に馬車製作の技術が定着したものと推測される。

（2）これとは別に「八旗牧廠」があり、順治初年（一六四四）八旗が駐防する所に馬廠を設置した。その設置場所と規模は次のとおりである。興京には畜舎があり、牧場の広さは三八一〇垧五分あった（一垧＝一五亩、ただし中国東北地方のみ。他地域は三～五亩）。撫順界内には右翼畜舎があり、九七〇垧五畝の牧場があった。開原の八旗兵丁等の牧廠は城外より遼河東西から朔羅阿林まであった。遼陽の八旗牧廠は四カ所あり、沙溝子、船城、単家庄、小網戸屯、後にまた有双樹子、蛤蜊河牧場が設けられていた。哈達霍羅牧廠は開原城より東墨爾根村から商家台にあった。復州界八旗牧廠は広さが一九四三六垧あった。熊岳城界内の八旗満洲、蒙古、バルガ、漢軍の牧廠地は二七五頃九〇畝あった（一頃＝六・六六七ヘクタール、一畝＝一二〇〇平方メートル）。金州界内の牧廠地は七四頃五八畝あった。岫岩界内の八旗官員兵丁の牧廠の広さは三七〇頃二〇畝。牛荘に属する新信河には馬廠が一カ所あった（李　一九九三、二八二頁）。

文献

〈日本語文献〉

石田興平　一九六四『満洲における植民地経済の史的展開』ミネルヴァ書房。
大江志乃夫　一九七六『日露戦争の軍事史的研究』岩波書店。
鴨緑江採木公司編　一九一五『鴨緑江森林及び林業』。
彼末徳雄　一九四一『満洲木材水送論』満洲木材通信社。
外務省通商局編　一九九一『満洲事情（復刻版）』大空社。（第一回 第一〜五輯（一九一一〜一九一五年）、第二回 第一〜八輯（一九二〇〜一九二四年）；全九巻）
関東都督府陸軍経理部編　二〇〇〇『満洲誌草稿』「一般誌」巻二産業、クレス出版（原本一九一一年）。
関東都督府陸軍経理部編　二〇〇一『満洲誌草稿』「道路誌　関東州誌」、クレス出版（原本一九一二年）。
関東都督府民政部庶務課　一九一七『滿蒙調査復命書』。
國務院總務廳臨時國勢調査事務局編　二〇〇二『康徳七年臨時国勢調査報告』文生書院。
小山貞知編　一九三九『満洲農村雑話』満洲評論社。
農商務省山林局　一九〇六『満洲森林調査書』。
農商務省農務局　一九二六『東部内蒙古畜産事情』。
萩野敏雄　一九六五『朝鮮・満州・台湾林業発達史論』林野弘済会。
満洲経済事情案内所編　一九三三『奉山線・錦県経済事情』満洲文化協会。
満洲事情案内所編　一九四〇『満商招牌考』。（復刻版、第一書房、一九八二年）
南満洲鉄道株式会社鉄路総局　一九三五『多倫・貝子廟並大板上廟会事情』鉄路総局。
南満洲鉄道株式会社調査課　一九一五『満洲旧慣調査報告書』第五巻。
南満洲鉄道株式会社臨時経済調査委員会編　一九二八『満蒙に於ける荷馬車』。
南満洲鉄道株式会社臨時経済調査会編　一九二九『太子河の流勢と洪水記録』。
南満洲鉄道株式会社興業部商工課　一九二七『対満貿易の現状および将来　中巻』。
許淑真　一九八四「川口華商について　1889-1936」平野健一郎編『近代日本とアジア』東京大学出版会、一〇三〜一二四頁。

安冨歩　一九九七『「満洲国」の金融』創文社。
安冨歩　二〇〇二a「定期市と県城経済――一九三〇年前後における満洲農村市場の特徴――」『アジア経済』四三巻一〇号、二～二五頁。
安冨歩　二〇〇二b「樹状組織と網状組織の運動特性の違いについて――市場構造から見た満洲――」『環』藤原書店、二〇〇二年一〇月、一〇号、一八三～一八八頁。（加筆訂正して以下に再録：藤原書店編集部編『満洲とは何だったのか』二〇〇四年）
陸軍省　一九九九『明治三十七八年戦役満州軍政史』小林英夫監修、ゆまに書房。

〈中国語文献〉

李澍田主編　一九九三『中国東北農業史』吉林文史出版社。
周以良等編　一九九七『中国東北植被地理』科学出版社。
『遼寧森林』編集委員会編　一九九〇『遼寧森林』中国林業出版社。

第4章　タルバガンとペストの流行

原山　煌

はじめに

本章では、満洲が鉄道を通じて国際社会に深く組み込まれる過程で生じたペストの大流行と、その原因となった草原の野生動物タルバガンの濫獲について論ずる。

ペストは、交通手段が飛躍的に進歩して、それまで見られなかったような頻度と速度で人間が移動できるようになったとき、あるいはまた戦争などで従来誰も立ちいったことのない地域に人間の足跡が印されるようになったり、戦乱を避ける難民が思いがけない経路で逃避するなど、さまざまな事情で人間の往来がペストの永久的な巣窟地域にかかわったときに激発する。そのような条件が整ったとき、ペストは、特定の地域において野生動物のあいだだけで流行する疫病（epizootic）から、人をも餌食にする致死の疫病（epidemic）に移行するのである。

ペストは歴史上は、モンゴル軍の遠征とそれに続く世界帝国期に、通商路「草原の道」の盛んな利用によって急速に拡散した。一三世紀の三〇年代から始まる中国の人口激減の一因は、この疫病によるものと考えられる。

二〇世紀を迎えた満洲では、国際社会での毛皮需要の爆発的増大を受けて、大規模なタルバガン捕獲ブームが起き、草原に近い辺境に住む誰もがタルバガン猟に熱狂したとさえ言われる。そのブームが起きてまもなく、一九一〇年東清鉄道の満洲里駅付近ではじめてペストの感染が確認されるや、瞬く間に鉄道を通じて、哈爾濱など各都市に広がり、猛威をふるった。

それまで一定のルールをもってモンゴル人などによって行われていたタルバガン猟が、毛皮獲得を目当てとしたロシア人、日本人そして外部から流入した漢人によって、無制限に、またペスト回避の知識などまったくないままに、無秩序に行われるようになったことでペストは発生し、それが鉄道という大規模輸送システムによって一気に満洲全体に広がり、人々を恐怖に陥れた。

以下本章では、タルバガンという動物がどういう生き物であり、タルバガン猟がどのように行われ、どのような商品価値があったのか、また、一九一〇年代から三〇年代にかけて、草原との境界地帯における現金収入源として、タルバガン猟が大規模に行われた経緯について述べる。

一　タルバガンとはどんな動物か

タルバガンとは、中央ユーラシアのステップ（草原）地帯のうち、高原性の地域に見ることのできる哺乳類齧歯目リス亜目リス科マーモット属の動物である。モンゴル、さらには中央ユーラシア地域の野生動物としては、オオカミとならんで最もよく知られた動物といえるだろう。棲息範囲は、東は大興安嶺山脈、西はウラル山脈、ザバイカルからチベット高原、カスピ海にいたる広大な地域にわたる（スクニヨフ　一九三五、一六二頁）。学名は *Marmota bobac* という（*Marmota* の別称［異名］として *Arctomys* とも）。だからボバックとも呼ばれる。

一九世紀から今世紀の初頭、中央ユーラシアを旅行したヨーロッパ世界の人たちは、このタルバガンを目撃したとき「マーモット」と呼ぶことが多かった。マーモットの仲間は、アジアの上記地域のほか、ヨーロッパのアルプス、アラスカ、北アメリカ西部などの地域に広く棲息しているから、ヨーロッパの人たちにとっては身近な存在だったからだろう。

タルバガンは、タルバガとも呼ばれ、漢字では「塔剌不花」などと音訳表記される。タバラガといわれる地域もある。いずれもモンゴル語呼称である。ダラハンと呼ばれることもあるが、それは次にいう「獺児」という漢語からきている。普通、漢語では「旱獺」「旱獺子」「獺児」、あるいは「土撥鼠」などと呼ばれる。本章では「タルバガン」の名称で文を進める。

モンゴルでは、一歳のタルバガンをムンドゥル möndöl, 二歳のをホチル qotil, 三歳のはシャル＝ハツァル sira qačar と呼び、また成長後の牡はボルヒ burki, 牝はナガイ naγai というふうに、年齢別・性別の呼称も知られており、かの地の人たちのこの動物への関心の深さを物語っている (Намнандорж 1964, p. 117; Lubsang 1980, p. 1278; Минис 1983, p. 36)。

タルバガンは、体長六十センチメートル前後、体重は秋のよく肥った状態では八キログラムにもなる。尾長十センチメートルあまり、太く平たいがっしりした体格をもつ。短い脚だが、鈍く曲がった黒い爪は非常に強くて長く、土を掘るのに最適である。前肢の第一指はまったく退化しているか、一節分をとどめるのみである。頸は短く両耳は立っており、裂けた上唇から大きな門歯をのぞかせている。毛は「淡黄褐色ニシテ毛根部ハ灰色、体側ヨリ背上ノ毛ハ『チョコレート』色ナリ。鼻端ヨリ額ニ渉リテ濃褐色」(原・中山　一九一九、二七五頁)である。

半地下生で、草、球根、塊茎などを食う。九月から四月ころまで冬眠する。冬眠の期間は地域によって異なる。冬眠からさめて、すぐ交尾する。五月には三匹から六匹くらいの子を産む。

図 4-1　タルバガン

出典）王・楊（1983）51 頁。

春から夏にかけて、タルバガンは旺盛な食欲を見せ、ただひたすら食いまくる。それは主として朝と夕方であるが、餌をとるときも巣穴から遠く離れることはない。

太陽が昇ったあと、まず最初に一匹の大きなタルバガンが穴から出てくるが、それはグループのリーダーである。その一匹は、注意深く徐々に頭をもたげ、次第に穴から現われる。安全と見ると、穴のそばの土の堆積の上にのぼり、尾と臀部で身体を支えて、後肢で直立する。そして入念に四囲の状況をチェックする。小山の堆積の上で立ち上がるのだから、かなり広く、しかも的確に周囲の状況を知ることができる。後肢のみで立つ姿勢は、あたかも人間の立ち姿のようだ。タルバガンの前世が人であったという伝承が中央ユーラシアのそこここに見られるのもうなずける。リーダーが四方を展望し、安全だと判断されると、はじめて皆がぞろぞろ出てきて、食料を探したり遊んだりする。皆が外に出たあとも、最初に出てきたリーダーはなお見張りをつづける。天敵の襲撃など、さしせまった危険が察知されると、リーダーは鋭い警告の鳴き声をあげる。すると、外に出ていた群は、あっという間に穴へと走りこむのである。一日を地上ですごしたタルバガンの群は、日没とともにふたたび穴中にはいる。

タルバガンは家族が寄り集まって大きな群をつくり、地下の巣穴に集住する。各巣穴には、三ないし五家族、個体にして一五頭ぐらいが集住することもあるという。その巣穴は、実にユニークなものである。夏用・冬用の二つの巣穴がある。冬用のものは特に大がかりで、最大の特徴は、深くて、とても長いということにある。深さは百七十センチメートル以上から四メートルをこえるものまである。機能ごとに分けられた直径五十センチメートルから一メートルたらずの広さの部屋が、地下二〜四メートルほどの深さの所に設けられている。

そうした部屋は、くねくねと縦横無尽に穿たれた、直径二十〜二五センチメートルくらいの長いトンネルによって結びあわされ、いくつかの出入口が地上に開かれている。

トンネルを掘った際にでる土砂は、その巣穴の出入り口のまわりにマウンドのように積み上げられる。タルバガンの棲息地域に行くと、このような巣穴がたくさん集まって一大集住地域（コロニー）が形成されている。居住環境がよいところではコロニーは大規模になり、巣穴は五十から数百にものぼる。見渡すかぎりタルバガンの巣穴が点在する光景が、かつては見られたのである（タルバガンの生態については、以下の文献によった。ルカーシキン　一九三七；シニトニコフ　一九五九；Лузаншарав 1960；Намнандорж 1964；ブーリエール　一九七六；Lubsang 1980；王・楊　一九八三）。

タルバガンの漢籍における記録は、「土撥鼠」なる名称がすでに唐代『本草拾遺』に見えるというし、元代の一三三〇年に著されたモンゴルの伝統的料理を多く記載した独特の料理養生書『飲膳正要』（忽思慧撰）にも「塔剌不花」の注釈として「一名土撥鼠」とある。モンゴル人が自らの歴史観、歴史叙述形式をもとに著した最初の歴史書として著名な『元朝秘史』（モンゴル秘史とも）にもタルバガンは見え、そこに添えられた漢訳はやはり土撥鼠である。この文献には、チンギス・ハン時代のモンゴルの思考方法や生活情景がよく描かれており、貴重な史料・民族誌として高い価値を持っているが、その書には、タルバガンの記事が散見されるのである。

タルバガンの存在が中央ユーラシアの人たちによく認識されていたことは、タルバガタイ、すなわち「タルバガンがいる（ところ）」という地名が点在することからも容易に想像できる。ザバイカル地域（バイカル湖の東方地域）に数か所のタルバガタイが見られるし、西方でもタルバガタイ条約の名のもとになった地が知られている。それは、新疆ウイグル自治区の西端にあるが、中国名は「塔城」、塔はもちろんタルバガタイの冒頭の音をとったものである。タルバガタイ山脈、タルバガタイ河の名も実在する。ザバイカルからモンゴル国を通って新疆にいたるこの一帯は、いずれも中央ユーラシアの高原地帯という地勢からして、タルバガンの多く見られる地域であることは、いうまでもない。

後述する事情によって、二〇世紀前半、タルバガンは濫獲の憂き目にあうのだが、それ以前の時期、タルバガンは、中央ユーラシアの山がちの草原には、なくてはならぬ点景だったのである。タルバガンが地名とされるのは、いたるところに見られるこの特徴ある動物への一種独特の親しみがあってのことだったにちがいない。

二　野に満ちるタルバガン

一九一九年から翌年にかけて、トラ河・オノン河間を通過し、その地の様子を調査したマイスキーの報告によれば、濫獲が始まるまでの時期、タルバガンはモンゴル人の間では「食用として多少」捕獲されるだけだった。タルバガンは「非常に繁殖して、全モンゴルの山野は彼らの棲息する穴にて覆われ、数百万のタルバガンは物珍しげに喚声をあげて鳴き交わし、たえず山野を震駭せしめて居った」。ときあたかも夏のさなか、焼けるような暑さにおおわれた草原では、大きな黒い蝶が花から花へと飛びかっているが、人はもちろんのことヒツジやヤギなど家畜の姿もまったく見えず、ただ肥え太った幾千とも知れないタルバガンが穴の入り口でひなたぼっこして鋭い声をはりあげて鳴きさけんでいた、と。また、マイスキーによれば、タルバガンの商品価値が広く知れわたって濫獲されるようになってからでさえ、需給状況の高下によっては、次のような事態も起こる。すなわち、そこでは「曠野到る処に多数の」タルバガンが見受けられ、「広大なる地域がタルバガンの巣となって穴にて覆われ、乗馬の通行は困難なる位であった」。マイスキーは言う。「数年間比較的平穏であった事は、タルバガンの繁殖を助長せしめた如く」であるが、それでも現地の人の言では、「其数遠く昔日に及ばず、尠くとも其半数減じた」というのだから、改めてこの動物の旺盛な繁殖能力、復原力に感心させられるし、往時の壮観とも言うべき豊穣な棲息ぶりも十分想像できる（マイスキー　一九二七、三一八〜三二〇頁）。

タルバガンは自然資源として貴重な価値を持っている。今も昔もタルバガンが在地のモンゴル人に重視されてきたのは、タルバガンが、食肉や油脂、とりわけ毛皮の原料となったからである。毛皮原料としてのタルバガン需要については、のちに詳しく述べるので、ここでは、その他の用途について見ておこう。

まず食用。古い史料にはこの動物を食用にすることが記録されている。

『元朝秘史』に見える次の記事は有名である。幼時のチンギス＝ハン、テムジンは、父を敵対する部族に毒殺されて失い、父が従えていた部民にも逃げられ、敵対部族の襲撃をこうむったりと、次から次へと過酷な運命に翻弄され、困窮の極にあった。そのとき、彼ら一家は「タルバガンやグチュグル」を殺しては食らっていた（第八九節・巻二）。グチュグルには、「野鼠」という傍訳（逐語訳）が付されている（村上　一九七〇、一〇七～一〇九頁、一四〇頁）。見すてられたテムジンら母子たちが、艱苦にあえいでいたときの描写であるが、遊牧の民にとって命の綱である畜群を奪われた者が、かろうじて生活を成りたたせうる手段の一つが、比較的簡単に行える草原の齧歯動物の狩猟だったのである。

タルバガンの調理法については、『飲膳正要』に詳しい。この書のタルバガンに関する記載は次の通りである。

　一名を土撥鼠という。味甘、無毒。野鶏瘻瘡を治す。よく煮て食べると人体によろしい。山後草沢の中に生きる。北方の人は巣穴から掘り出して捕らえ、食べる。よく肥っていても煮ると油濃くないスープになり、無味である。食べすぎると消化が悪い。微かに気を動かす。
　皮をなめしてオーバーコートや敷皮を作ると湿気をとおさず、たいへん暖かい。
　頭骨は、下あごの肉を取り除く。歯は完全なままにしておく。小児が眠らないのを治す。小児の頭のそばにこれを掛けておくと、眠らせることができる。（忽思慧　一九九三、一七三～一七四頁）

実に詳細な記述であるが、そこでは、食用、薬用、そして毛皮原料としての有用性が指摘されている。

今もモンゴルの名物料理として知られる「ボードク」は、焼けた石を利用したタルバガン料理である。一九世紀の最末期、モンゴルを訪れたラムステッドが詳しくその料理法を記録しているので、見てみよう。

　捕らえたタルバガンの首を切りおとし、皮と肉の間に指を入れ、くるりと皮を剝く。腸を切りとって、肉を適当な大きさに切る。

裏返しになった皮をもとにもどし、その中に熱した石と必要なだけの肉を入れ、先ほど切りとった腸で袋の口をしっかりと縛って待つ。毛がたやすく取れるようになると、中にある肉もすっかり蒸し焼きになっているはずだから、口を開いて脂ののった肉と濃い肉汁を賞味する。

鍋も水もない草原で、このように肉を調理して食べる。（ラムステッド　一九九二、七六頁）

次に油脂原料としてのタルバガンについて触れておこう。秋に七、八キログラムくらいにまで肥満したタルバガンには、普通二キログラムほどもの脂肪があるという。この脂肪は良質で、溶かしても決して混濁せず、厳寒期にあっても硬化することがないといわれる。また、浸透性が非常に高いので、ガラスの容器に入れておかないとしみ出してしまうほどだという。だから、皮革・革紐などの手入れに塗布される。煮た脂肪は食用となり、揚げ物などの際に用いることがある。医学用としては、チベットやモンゴルなどにおける伝統医学（いわゆる蔵医、蒙医）において、ひとしく利用する。リューマチや、火傷、さらには凍傷の薬として、また咳や肺など胸の病いにも用いるという。（Lubsang 1980, pp. 1276–1280）

三　毛皮原料としてのタルバガン

タルバガンが最も熱い注目を集めたのは、あらためていうまでもなく、毛皮獣としてであった。

前出漢文史料にも見られたように、従来もタルバガンの毛皮は生息地やその隣接地域である中国で重宝な防寒衣料として用いられていた。しかしここで述べるのは、そのような地域限定的な需要ではなく、国際的な規模でのブームについてである。劇的な需要増をもたらした背景、そしてそれが、タルバガンの棲息地に一体どのような事態を引きおこしたのかを見てみよう。

一九〇〇年代最初の十年間のはじめ、ヨーロッパ市場で、タルバガンが有望な毛皮資源としての商品価値を認められたのが、そもそものきっかけであった。高級毛皮のイミテーションとなしうること、また新開発の染色法がほどこしやすい点が評価されたのであった。テン、ミンク、カワウソなどの高級毛皮のイミテーションにすることができるというわけである（Benedict 1996, p. 156）。一九世紀末頃から、ロシア市場における大需要が始まってはいたが、世紀が変わってすぐに、さらに新たな大型需要が加わったのである。

今日においても、その毛皮は、たとえば防寒帽子として広く親しまれているように、重要視されている。毛皮は、奢侈品としての価値もさることながら、寒冷地においては必需品であることを忘れてはならない。

そうした観点から見ると、人間にとって望ましい常用の毛皮というのは、一匹（頭）あたりの（毛皮の）面積がなるべく大きいこと、同種のものが大量に、かつ効率的に確保できることであったろう。こうした条件にかなう動物として、中央ユーラシアではいかなる動物が想定されたのであろうか。ヒツジ、ヤギなどの家畜と肩をならべて、野生種としては「元皮」と呼ばれたイタチ、そしてとりわけタルバガンがこうした条件に、まさにぴったりの動物と見なされたのであった。

齧歯動物は、一般的にいえば、繁殖力は「鼠算」というよく知られた表現もあるほどであるし、環境への適応性も類例を見ないほど高い。哺乳類全種の、なんと四割近くを齧歯類が占めていることからもそれはうかがえる。だが、多種にわたる齧歯類ではあるが、毛皮獣として用いるためには、ある程度大きい体軀を備えている必要がある。同じ苦労をして捕らえるなら、大きい個体のほうが、当然実入りは多くなる。いくら個体数が多いといっても、普通の「小さな」鼠では使いものにはならないのである。中央ユーラシアには、タルバガンの他にも多くの齧歯動物が棲息する。トビネズミ、ハタリスなどはよく知られている。けれども毛皮獣としてタルバガンと比べてみるならば、ハタリスは比較的、トビネズミはずっと体型が小さい。そうなると、残ってくるのは、最大級の体軀をもつタルバガンということになる。

ここで指摘しておかなければならないのは、タルバガンの猟獲に恵まれない地では、たとえばハタリスなどの比較的小型のものも毛皮獣として狩猟されていることである。

一九二八年、「満蒙」地域で執拗に発生するペスト流行への対策の重要な課題として、南モンゴルの鄭家屯一帯で齧歯類の棲息状況調査をおこなっていた満鉄衛生研究所の倉内喜久雄は、一人の漢人がハタリス十数匹を捕獲しているのを目撃する。ハタリスは、農作物に被害を与えることから農民に嫌悪されており、捕獲がその動物の駆除につながることはもちろんであったが、くだんの農民の話によれば、肉は食用に供し、毛皮は売却するとのことであった。その話を聞いた倉内は、最寄りの都会である通遼の毛皮屋の店頭で売られている品目を調査したが、そこで多くのハタリスの毛皮を確認した。防寒用、耳覆いなどに使われていたようだという（倉内　一九三〇、六八六〜六八九頁）。だが、タルバガンを得やすい「満蒙」地域においては、それはあくまでも次善の獲物であるにとどまる。

タルバガンは、他のリス科の動物のいくつかがそうであるように群棲する。たしかにその住処は、山がちの草原地帯であり、人里遠く離れているのが常である。しかし、巣穴のまわりに掘り出した土を堆積する習性ゆえに、だいたいの見当をつけておけば、たやすく棲息地を特定できる。人跡まれな場所ではあるが、そこへ行きさえすれば、必ず集団で棲んでいる目じるしを見いだしうるというのは、ハンターにとって魅力的な条件となりうる。本来狩猟は、獲物に行きあたることができるかどうかということ自体が、最初の難問としてハンターを悩ませるのであるから、タルバガンの場合のように、あらかじめポイントが確定しうる狩猟は、準備をきちんと整えさえすれば、はなはだ高い効率を得られることになる。

こうして、中央ユーラシアの特定の地域においてのみ知られていた毛皮資源としてのタルバガンは、世界的毛皮市場の脚光を浴びることとなった。

日本の皮革業界においても、それはタルバガンの俗訛である「トラパカン」という名称のもと、「茶染めをして」、肩掛、外套の襟などに用いられていた（武本　一九六九、二九〇〜二九一頁）。

タルバガンは先にふれた『飲膳正要』も指摘しているように、毛皮獣として、時代を通じて珍重されている。保温性が良く、毛の密度が濃いことから、たとえば中国の内蒙古自治区においては、皮製帽子、皮製襟、革手袋、オーバーコートなどの製造に用いられている（烏恩　一九八七、七二頁）。モンゴル国においても、人民共和国時代の一九六四年八月二日付の新聞『ウネン』（モンゴル語で真理の意）は、ドルジゴドブ商業調達相の「タルバガン皮は貴重な富である」という次のような一文を掲載している。


モンゴルでは、この二十年あまり、毎年約百万頭のタルバガンの毛皮と多量の油を輸出し、国家・人民に必要な物資を購入している。一年間のタルバガン毛皮だけで、その見返りとして、一千万メートルの木綿、あるいは約五五〇台のソ連製高級乗用車ジルを購入できる。

一九六四年にも、百万頭あまりのタルバガンを捕獲し、その毛皮と油脂二百トンを採取する予定だ。

モンゴル国地域におけるタルバガン産地は、アルタイもの、東部もの、西部ものに大別される。モンゴル地域のアルタイ山脈西北部に産するアルタイものは、体型も大きく、黒い背中の長毛、毛氈のように濃くて柔らかい毛並みを持っており、他地域産出のものを圧して珍重されている。


この大臣の言葉のごとく、現代においても熱い視線を集めているタルバガン毛皮については、大別して春ものと秋ものとがあり、春ものを「黄獺子皮」、秋ものを「青獺子皮」と呼ぶこともある。

両者のうち、市場価値では圧倒的に秋ものが優位に立つ。秋ものの毛皮は、脱毛期を終えて、温かい冬毛を生じているからである。ふさふさして見た目も美しいだけでなく、丈夫でもあるという。その時期の柔毛（下毛）は暗色を呈しており、毛軸は明るく淡い茶色で、毛端は暗褐色である。これに比べると、春もの、つまり暖かい時期の毛皮は評価が低い。五月頃の皮は脱毛がさかんな時期で、毛が固着せず簡単に抜けおちてしまうし、夏季のそれはさらに粗であり、それよりもなによりも、温かさを確保する大切な下毛がないのが決定的なマイナス要素となるので商品価値は著しく低い。ルカーシキンがまとめたザバイカルにおける一九一三〜三四年の価格統計資料をもとに、両者の較差を比較してみると、秋もの百に対する春ものの価格較差は、最大五一・九％（一九二〇年）、最小九五・八％（一九一三年）、平均七〇・二％と、大きな開きが見られる（ルカーシキン　一九三七、六〇頁）。

こうした事情により、在地の消費だけでなく、世界市場の要請というあらたな大仕掛けの動きが生じたのである。

特に、タルバガン棲息地周辺の街では、突然の需要激増のため、異様な状況が現出した。ロシア人が、漢人が、そしてもちろんモンゴル人も、この小動物めざして殺到したのである。天災・飢饉・戦火などに追われるようにして、中国から「満蒙」地域に流れこんできた食いつめた漢人たちは、厳しい自然環境のもと苦しい農業生活を細々と営んだり、「苦力」（クーリー）の名で知られている肉体労働に従事していた。ロシア人にしても事情は似たりよったりで、そうした人たちの多くは、この情勢を見てタルバガン捕りに転向する。

狩猟によって得られる収入は、貧窮の境にいたこうした人たちの生計に明るい展望をもたらすかに見えた。タルバガン狩りは簡単な猟具ででき、熟練の専業猟師でなくても、ある程度の猟果を挙げうる技術的な容易さがあったことも、いっそう事態に拍車をかけることになる。なにしろ、「大人ばかりでなく、子供さへも従事する」手軽さなのだから。現地の人たちのみならず、春秋の農閑期には、遠く山東省や、満洲南部あたりからも、農民たちがタルバガンめざしてどっと押しよせた。男女を問わず、子供まで、まさに猫も杓子もタルバガン猟へとむかうという風景は、ここに記録されているハイラルだけではなく、代表的なタルバガン棲息地域である満洲里やジャライノールなどではもっと極端な光景が見られた。これらの地方では、微々たる給与しか支給されない軍隊から、ずっとうまい儲け口であるタルバガン狩りに転向するため、脱走者が続出、その数百五十名にものぼったという噂まで飛びかった。兵士や巡警など、社会秩序を維持すべき者までが浮き足立っているのである。特に猟期には、その日暮らしの、社会の最下層にあえぐ「苦力」などはいうに及ばず、職工、食堂、旅館などのボーイやコック、各家庭の下働きなど、定職を持つ者までもが、一時に姿を消してしまうような有様となったのである。ハラノール炭鉱は休業、ジャライノールの炭鉱では操業休止寸前にまで追い込まれるほどであった。まさにゴールドラッシュを思わせるような狂躁である。街には働いている人の姿を見かけることも少なくなり、さびれた雰囲気が感じられはじめた（志水　一九二五、五九頁）。

多くの職場で働き手が姿を消してしまったため、新たな労働力を求めるのがすこぶる困難となった。それゆえ、給料相場が暴騰するような事態にまで至ったのだった。

この、いわばタルバガン狩猟全盛期においては、一体どのような規制が設けられていたのであろうか。

タルバガン狩猟に関しては、狩猟者が個人あるいは組合（こうした組合組織をロシア人たちは、アルテル артель――ロシア語で組合の意――と呼んでいた）の名であらかじめ出猟予定地域を決め、地方官憲に出願して猟師各人が税を納付し鑑札を交付してもらわなければならない。許可を得た狩猟者は、その経営規模に応じて二十～三十名から二百～三百名の猟師を雇い入れ、十名程度を一組として各猟場に配置して捕獲させる。一人で一日に一三匹も捕らえることがあるという。捕らえたタルバガンはただちに撲殺し、その場で皮を剝ぐ。猟期中の食事、現場での生皮の処理、乾燥時の見張りなどの任にあたる者を雇うのが通例である。その毛皮は、一定の場所に設けたベースキャンプ的な役割をする本拠に集めてよく乾燥し、布袋に詰めて付近の市場に搬出するという段取りである（ルカーシキン　一九三七、六四～六七頁）。たとえば満洲里では、第一次世界大戦（一九一四～一九一八年）以前、タルバガン皮は、すべてドイツ向けに出荷されていたが、一梱五百枚とし、ところどころに防腐剤としてナフタリンを散布して圧縮、外側を麻袋包みにして鉄帯で胴締めするという形で発送していた（原・中山　一九一九、六〇四頁）。

だが一方で、当然予想できることだが、このような規制をくぐりぬける、おびただしい数の、個人あるいは集団の「もぐり」の狩猟者もいたのである。統計には把握しえないこの種の「猟師」たちが、さまざまな問題をひきおこす。

一九三四年、タルバガンの有名な棲息地ウジュムチン地方へとハイラルから狩猟に向かったロシア人、日本人、漢人は千人にも達したという。ハイラルからハンダガヤへ五、六日、そこからハロンアルシャンまで二日、そして目的地のウジュムチンまでは大体十日行程である。六、七月頃に出かけ、九、一一月頃にもどるまで草原にいつづけてタルバガン狩りをするのである。フマラボルシチェフスキーによれば、一九一〇年、ハイラルでは五千人、満洲里では一万一千人にもおよぶ人数がタルバガン猟のために通過したという（また同年満洲里には五十もの商会の出先機関があった）（ルカーシキン　一九三七、八七頁：スクニヨフ　一九三五、一六四頁）。また、エフチーヒエフによれば、ザバイカル地方においては、一九二五年には八千人をくだらない人たちがこの動物の猟にかかわった（スクニヨフ　一九三五、一六三頁）。驚くべき数字である。

ともあれ、こうした「にわかタルバガン＝ハンター」たちのなかには、それまでは日々の暮らしを維持するのがようやくというありさまだったのに、故郷へ幾ばくか送金するという余裕を得る者さえ現れるのだから、このブームはまんざら実体のない現象でもなかったのである。

罠やその他の猟具、狩猟中の日用品など、つねひごろからモンゴル人に必要な品を供給していたロシア人や漢人の商人たちは、猟具の販売で大もうけした。ただし、その地で求めうる唯一の罠であるロシア人のもたらす製品の評判はよくない。ロシア製の二重バネの罠は、バネが弱くてほとんど役に立たないので、しばしば罠猟に失敗するというのであった（アンドリュウス　一九四一、一二六頁）。

一九二三年一一月一八日、きびしい寒気のなか、張庫街道をクーロンに向かっていたヘディンは、中国方面へ向かういくつかの漢人の隊商に出会っている。隊商の帰途の時期としてはずいぶん遅いが、その隊商が「幾千匹というモルモット」毛皮をラクダに積んでいたという。これは買売家、旅蒙商などと呼ばれた行商の漢人商人たちが荒稼ぎの獲物を持ち帰る、まさにその場面である（ヘディン　一九三九、八二頁）。

タルバガンは、二〇世紀の最初期に、毛皮獣としての価値を新たに見なおされて以来、濫獲の対象となってしまった。果たしてどのくらいのタルバガンが捕らえられたのであろうか。今日まで残されている統計資料から、その実態をさぐってみよう。言うまでもなく、統計資料は、定点で、統一された集計法によって、長期間にわたって行われたものに依拠すべきである。そうでないものについては、はじめから限界性が存在することを、よく認識した上で慎重に数字を検討すべきである。

ここにあげられる統計資料は、このような原則からすると、程度の差こそあれ、それぞれ問題点を含むものである。各統計資料は、異なる政体によって、異なる立場から集計された数字であり、統計の及ぶ期間は長いものでも半世紀に満たない。それでも、おおまかな数量、だいたいの傾向、時代の推移などについての「あたり」をつけるくらいの、統計資料としての量と質は備わっているものと思われる。また、満洲国時代の税関関係者の指摘によると、一般的に言って、世界のどこでも、毛皮業者は非常に排他的であり、その技術、取引、価格などについては、厳重な秘密主義を保っているので、実情を知るのは容易ではない（手島　一九三八、三五頁）。

こうしたさまざまの限界性があることを認識しつつ、いくつかの統計図表を概観してみよう。タルバガンの大産出地は、国別にすると、ロシア（ソ連）のザバイカル地域、モンゴル（人民共和）国、そして中国（満洲国）のフルンボイル地域の三地域に分けられるであろうが、これはもちろん、ひと続きの空間的広がりである。ただ、統計資料は、それぞれの地域において、別途独立してまとめられるのが常であるので、以下の統計表も、モンゴル地域、フルンボイル地域、そしてザバイカルの順に別々に示した。

表4-1・表4-2「モンゴル人民共和国のタルバガン捕獲量I・II」は、Iはナムナンドルジの著作、IIはモンゴル人民共和国中央統計局の発表になる数字をまとめたものである。一九世紀の末にすでに一四二万匹（表4-1）

表4-1　モンゴル人民共和国のタルバガン捕獲量Ⅰ

年	枚　数
1892	1,420,000
	～
1905	1,000,000
1906	2,040,000
1907	2,984,000
1908	2,472,000
1909	2,130,000
1910	3,220,000
	～
1913	1,100,000
1914	680,000
1915	900,000
	～
1922	1,000,000
1923	1,300,000
1924	1,400,000
1925	1,401,000
1926	1,843,400
1927	2,553,400
1928	1,820,100
1929	2,257,600
1930	1,598,000
1931	782,000

出典）Намнандорж（1964）より引用作成。

表4-2　モンゴル人民共和国のタルバガン捕獲量Ⅱ

年	枚　数
1940	968,100
	～
1945	1,406,300
	～
1950	2,337,500
	～
1955	1,922,700
	～
1960*	1,034,200
1961*	1,155,900
1962*	868,400
	～
1965	1,208,800
	～
1970	1,201,000
1971	1,141,900
1972	845,400
1973	969,700

出典）ЦСУ（1971）より引用作成。＊はНамнандорж（1964）で補う。

を数えているのは、ロシア市場での需要がこの時期にはすでに始まっていたことを示している。一九〇六～一〇年までの産量は驚くべきもので、五年連続で二百万匹を上回っており、この期間だけでモンゴルでは一二八四万匹のタルバガンが捕殺されたことになる。また、一九一〇年のごときは実に三二〇万匹に達する。統計の示すかぎりにおいては、一九一四・一九一五年の両年を除いて百万匹を下ることがない。表4-2では、一九五〇年の突出した産出量が注目に値するが、その原因は定かでない。最も印象深いのは、このような濫獲にもかかわらず、現在に至るまで、大体において毎年百万匹程度の産出量が見込めるという点で、タルバガンの繁殖力がいかに旺盛であるかがはっきりとわかる。ルカーシキンは、ニキフォロフの報告では一九二七年までのモンゴルにおけるタルバガン生皮の年平均産出量は、一八〇万枚（庫倫経由分のみ）だとのべている（ルカーシキン　一九三七、五九頁）。そして同時に、濫獲以前のタルバガンの棲息状況に思いを致すとき、前述マイスキーの「全蒙古の山野は」「タルバガンの巣となって穴にて覆われ、乗馬の通行は困難」という記述が誇張でないことも十分に想像がつく。

表4-3は、フルンボイル地域のタルバガン捕獲量である。一九一〇年の肺ペスト大流行のあと、防疫対策として設置された消毒所を経由した生皮についての統計である。ただし、この消毒所の評判は必ずしも高くなく、「支那官憲では満洲里と海拉爾に消毒所を経営して居るが私としては十分とは考えられない」し、この「消毒所を標準とすればペスト菌の付着したタルバガン毛皮が輸出」されるのではないかという専門家の懸念も表明されている（岩田 一九二七、二八頁）。こうした機関での手続きを忌避する狩猟者が多くいたことは想像に難くなく、その点をふくんでこの統計表を見る必要があるだろう。フルンボイルにおいても、百万匹をこえるタルバガンが捕殺された年度があることがわかる。

表4-4は、ザバイカル地域の統計であるが、一九三〇年代には八万枚をこえることはない状況となっていた。すべての統計資料から明瞭にうかがえるのは、もちろん産出量の厖大なことであるが、年度ごとの激しい変化も実に印象的である。実際タルバガン毛皮の相場の推移は劇的である。たとえば哈爾濱市場での秋物タルバガンの一九二七年の価格は、一九一五年の一〇四二%、春ものも一九一六年比で七六〇%の高騰ぶりである(Lukashkin 1938, p. 82)。アンドリュースは、庫倫において、一九二〇年五月に一枚三〇セントだっ

表4-3 フルンボイルのタルバガン捕獲量

年	枚　数
1913	30,761
1914	177,460
	～
1921	2,013,663
1922	768,317
1923	228,783
1924	1,038,096
1925	276,740
1926	505,063
1927	292,429
1928	733,155
1929	278,306
1930	8,174
1931	15,000
1932	48,317
1933	80,000
1934	160,000

出典）東支鉄道統計集（消毒所経由生皮）ルカーシキン（1937）より引用作成。

表4-4 ザバイカルのダウリヤ草原におけるタルバガン捕獲量

年	枚　数
1908	700,000
1909	800,000
1910	2,500,000
1911	1,329,000
1912	1,332,000
1913	930,000
1914	824,000
	～
1923	20,000
1924	100,000
1925	268,000
1926	350,000
1927	62,000
1928	59,500
1929	85,000

出典）ルカーシキン（1937）より引用作成。

たタルバガン毛皮が同年一一月はじめには一ドル二五セントに高騰しているのを見て、「大都市の需要が何千マイルも離れた生産の中枢地へどれほど早く一直線に達するものか」を知って瞠目している（アンドリュウス　一九四一、一二七頁）。タルバガンの皮は、「満洲」地域のものは、日、英、米、および上海、天津などに輸出されていたが、その大部分は米国に送られていた。米国ではこれを色揚げして高級毛皮の模造品をつくっていた。ザバイカルやモンゴルなどの大量の産品は、ロシア経由でヨーロッパに輸出されていた。こうした周辺勢力圏をも含むロシア産毛皮の世界市場占有率は、取引高にして五〇％にも及んでいた。しかし、あまりの濫獲と、ロシアの第一次世界大戦参加、ひきつづいて起こったロシア革命などの政情不安、そして米国の経済不況など、大消費国の国内事情によって、その輸出は激減することになる。一九二九年一〇月二四日、ニューヨーク株式市場の大暴落に端を発する世界大恐慌の激甚な影響は、表4-3に明白である。ロシアでは、革命時には毛皮の供給が全く停止したこともあったほどで、ロシアからヨーロッパ向けの産出量が大幅に減っただけではなく、満洲から輸出されたタルバガンの毛皮についても一九二八年には八二万枚を超えていたのが、一九三一年にはわずか七万枚となった（米内山　一九三八、一五五頁）。概して、モンゴル地域では（乱高下の比較的少ない）安定した産出量を保っているが、ザバイカルやフルンボイルでは著しい消長が見られる。

四　タルバガンの暗部——ペスト媒介獣として

タルバガンの毛皮需給の消長は、人間にとっての最大の災厄のひとつペスト（*Yersinia pestis*）によっても大きく変動した。

ペストは、もともとは野生の齧歯動物の間に現れる動物間流行病 epizootic である。野生の世界に住むタルバガン、ハタリス、あるいはプレーリードッグなどの保菌動物から、より人間社会に近いノネズミ、クマネズミ、ドブネズミなどへ、――そしてなんとウサギ、イヌ、イエネコなどへも――、あるいはヒトそのものに、ノミを通じてこの細菌が感染して、やがてそれがヒトのあいだに伝染する。それが、なんらかの経路によって人間の世界に伝わり、流行病 epidemic となると、深刻な災厄をもたらすということになる。epidemic としてのペスト（ヒト＝ペスト）が出現するのである。

初発期のペストは、宿主となる動物の間において、定期的に激発する。このような場合、草地や平原では、しばしば斃死した動物の死骸が累々と横たわるという情景が見られる。タルバガンが豊猟の時にペストが流行するという説には、一定の根拠がある（満鉄衛生課　一九二八、一四九頁）。現に、モンゴルにおけるペストの呼び名は、タルバガン＝タハル（Tarbaγan taqal, 直訳では、タルバガンの伝染病）である。注意すべきは、動物間流行の段階でのペストはヒトの場合のように致死率が高くないことである。実は、後にふれるように、このことこそが、ペストの永久的な病巣地域が存在する結果を生む。

ヒト＝ペストの主要な病型は、腺ペストと肺ペストの二種である。有菌ノミに刺された部分の近くの部位にあるリンパ節が腫れあがり、直径三〜八センチメートルにも達する。この出血性化膿性炎症は、たえがたい疼痛をもたらす。やがて細菌はリンパや血液の流れによって、全身を侵し、敗血症を起こし、患者を死に至らしめる。カミュは、この伝染病の名をタイトルとする傑作において、こうした患者の病状の推移を冷厳に描いているが、そこに描かれているのは腺ペストの症状である。

もう一つの代表的症例、肺ペストは、致死率がきわめて高い。この病型は、すでにペストに感染した人の喀痰中に菌が混在し、咳や会話中の飛沫を通じて、気道感染し、細菌が肺に入って出血性気管支肺炎を起こす。人から人へと飛沫感染して行き、即座に肺ペストの新しい犠牲者が生じるということになるので、きわめて危険である。

ヒトがペストに感染するまでに関与する哺乳動物は実に約二三〇種、そしてノミは百種類を数えるという。驚くほど多岐の伝染経路を通ってくる可能性があるのだ。

ペストは、保菌動物が棲息する地域においては、ちょうど風土病のように存在しつづけている。中国北辺、モンゴル、中央アジアなどの地域では、かつてペストが流行し、保菌動物が残存しているので、なにかきっかけさえあれば、再び流行する恐れがあると考えられている。

ペストの真の恐ろしさは、パンデミック（pandemic）として立ち現れるときにきわだつ。パンデミックとは、ときに大陸をこえる規模となる地域的な拡がりばかりでなく、数世紀にもわたって存続しつづけることさえある世界的大流行を意味する。多くの医学者は、疫学的研究業績にもとづいて、世界史上三回のパンデミックが存在したという。

そのうち第三の、最も新しいパンデミックは一九世紀後半、清朝時代の中国から始まるもので、主としてアジア地域が被害を受けることになる。特にインドでは、二〇世紀前半期だけで一千万人をこえる犠牲者を出した。

本章でとりあげる中国東北部、中央ユーラシアの事例は、この大流行に属するものである。一八五〇年代に始まり、おそらくは一九五九年ごろに終わったといわれているが、一世紀に及ぶ大流行により、アフリカとアジアに限られていたペストの根拠地が新大陸にも生まれることになった。

アメリカ合衆国においては、西部の大草原地帯の齧歯動物、たとえばプレーリードッグなどの存在が、永久的なペストの巣窟を定着させることになり、ペスト発生の火種を抱え込むことになってしまった。中国で原発したペストが、大洋横断の性能を備えた大型高速汽船によって新大陸に持ちこまれたのである。

そもそも、この大流行は、一八五五年、清朝軍が雲南の奥深く「回匪」を追って進軍したことがきっかけとなった。有名な太平天国の大反乱と時期を同じくして、西北（甘粛・陝西）、新疆、雲南などでムスリムの大規模な蜂起があった。反乱が燃えさかったのが同治年間であったことから「同治回乱」とよばれるものである。雲南には元朝以来住み着いている多くのムスリムがいる。その人たちと漢族とのあいだで、ときに「械闘」（武器を持って争う）へと拡大するような抗争が折にふれて起こっていた。そんな状況のもと、鉱産の利権をめぐって燃えあがった漢回の争いは、やがて、雲南一帯に居住する少数民族をも一部まきこみながら、一八五五年から実に一八年間にもわたって雲南全体におよぶ大反乱へとエスカレートしたのであった。有名な指導者杜文秀は、明確に清朝打倒を呼号していた。事態を重視した清朝政府は、軍隊を送りこんで徹底的な弾圧を図る（神戸　一九七〇、二六七〜二六八頁）。掃討作戦のため、清軍はサルウィン河をこえたのだが、そこは、インド、中国の境界地帯で、古くからよく知られたヒマラヤ方面から続くペストの自然巣窟地帯であり、第三次パンデミックの原発地域と目される地でもあった。この地で清兵が感染してしまい、帰還した兵たちが、戦乱から逃れようとする難民とともに、各地に流行の火種をまきちらした。

爆発的な流行がおこったのは、中国南部の港湾都市にペストが達したときである。広東（広州）では、一八八四年の前半だけで十万人の死者が、そして近傍の香港にも多くの避難民が流入したこともあって十万人近くの犠牲者が出た。二つの大港湾都市には多くの外国人が居住しており、事は国際問題となった。

かくて、多くの専門家が国の別を問わず集まり、精力的な防疫活動をくりひろげた。その際、フランスのアレクサンドル＝イェルサンと北里柴三郎が、それぞれ別個にペスト菌を発見するという大きな歴史的成果もあった。

さて、これら中国南部の大港湾都市に出入りする船舶によって、ペストは中国の諸都市へ、さらには先にも述べたように、外国にも「輸出」されることになって行く。北に向かったペストは、一八九九年に牛荘、一九〇八年に唐山に入りこみ、唐山ではその年に千人にも及ぼうかという犠牲者が出た。次に述べる一九一〇年からの大流行は、北方からの感染経路が通説となっているが、それとは別に、「満蒙」地域へは一八九九年段階にはすでに山東省からペストがもちこまれていたとする、在北京フランス公使館付医官マチノンのごとき説もある（豊田　一九三五、八四頁）。二〇世紀初頭、「満蒙」地域は、北から南から、まさにペスト禍の包囲網下におかれていた観がある。

一九一〇（明治四三）年一〇月下旬、当時のロシア東清鉄道の満洲里駅付近で最初に発見されたペストは、燎原の火のような勢いでまたたく間に南下し、のちに肺ペストとなって翌年まで猖獗をきわめた。ザバイカル地方で腺ペストの流行が起こり、そこから満洲里にやってきた二人の狩人が喀血して死んだのが初発であった。発見後間なしに哈爾濱市の内部に入りこんだペストは、あらたに建設されたばかりの鉄道によって急速に周辺に広がっていった。巨視的に見れば第三次のパンデミックに属するこの大流行により、記録にとどめられた「南北満洲」関係分だけでも四万人以上の人たちが死亡した（関東都督府臨時防疫部　一九一二、「緒言」）。

ちょうどその時期は春節とあって、主として山東・直隷（河北）両省出身の出稼ぎ「苦力」や農民が里帰りのため一斉に南下した。その総数二十万人ともいわれる大移動である。その途上で発病した者が数多く、結果として東三省全域はいうに及ばず、華北各地にペストが撒布されることとなった。総じて、犠牲者のほとんどが、その日の宿さえおぼつかない中国域内から出稼ぎに来ていた貧困な階層に属する人たちであったため、統計にすくいあげられることもなく人知れず死んでいった者も多かったと想像され、実際の死亡者数は大きくこれを上回るといわれている。

一九一一（明治四四）年、東三省総理衙門所在地である奉天（現瀋陽）に委員組織の臨時防疫部が設置され、世界中から専門家を召集し、衆知を結集して肺ペスト防遏にあたることとなった。このときには、ペスト菌の発見者の一人である北里柴三郎も駆けつけ、ペスト流行にともなって広がる流言蜚語や社会不安に対抗すべく、啓蒙活動などに尽力している。

次の大流行は一九二〇年から始まった。一九二〇年夏、ザバイカル方面に起こった腺ペストが南下、八月末、満洲里近郊でロシア人少女二人が発症したのが皮切りであった。九月下旬にはハイラルでタルバガン猟師の間にペストのような症状が発生、一九名が死亡する。そして秋一〇月はじめになって、同地の毛皮工場でペストが発生したのである。一ヶ月で肺ペストに姿を変え、鉄道沿線各地に広がり、結局終息までに八千五百人以上の死者を出し

図 4-2　「満洲国」のペスト病巣地

出典）春日（1986）。

た。

　また、一九二七年からの通遼を中心とする流行では、五百人規模の犠牲者を出した。張作霖が、モンゴル人懐柔のために招いたともいわれていたパンチェン＝ラマのダルハン王府巡錫が契機であった。その一行、ならびに付きしたがう多くの信者たちにまぎれて、ペストももたらされたといわれている。その一大集団のなかには、同地へ到着する以前、すでに多くの死亡者が出ていたという（Wu 1929, pp. 283–288）。

　一九三二年、日本の傀儡国家「満洲国」が出現してからも、ペストは毎年やすむことなく襲いかかる。発生範囲は、満洲国下の五省（吉林・龍江・奉天・

熱河・興安）の二三県旗にも及んだ。そのうち患者が特に多く発生した年だけをあげても、一九三三年の約一五九六人、一九三四年の九二八人、一九三八年の六七四人、一九三九年の六三七人、一九四〇年の二五四八人、一九四一年の七〇五人、一九四二年の八七九人、一九四三年の一九六三人など、いかにその脅威が大きく、また広い地域に及んだかを十分にうかがわせる（春日　一九八六、二九〜三〇頁）。終戦の年である一九四五年にも、統計上記録はされていないが、五月から八月にかけて大流行があったとされ、八月一五日の終戦以降、新京、奉天にも侵入していた。

満洲国時代には、満洲国と満鉄が手分けして防疫にあたり、前者は農安県、後者は通遼県にそれぞれペスト調査所を開設、その下部組織として、交通の要所一一ヶ所に隔離所、そのほかの要地に九ヶ所の監視所を置いて、警戒をおこたらなかった。しかし広大な流行地域のすみずみに目を届かせることは困難で、その奮闘にもおのずから限度があった。

ヒトの動きが活発であればあるほど、また交通手段が発達すればするほど、いったん発生したペストは蔓延の勢いを増す。まして、一九一〇、一九二〇年の二つの場合は、肺ペストとなったため、ノミや媒介獣である齧歯類の動物がいなくても、感染者の移動・接触によってエスカレートするのであるからまことに恐ろしい。自由な意思をもって動きまわるヒトと、棲息地がおおむね定まっている野生動物とでは、防疫措置としてとりうる手段の面で全然事情がちがってくる。

ペストは、人が感染するまでの段階において、感染源やその経路などが、人間社会とかけ離れた場所にある伝染病なので、いつどのように現れて、どの時点で消滅したのか、明瞭でないことが多い。それゆえ、ペスト流行の一つ一つのプロセスを明確に把握するのが非常に困難であることも否めない。そうした曖昧さを残さざるをえない背景もあって、タルバガンがペストを媒介するという説には異論もある。

タルバガンに対する異論の起こりには、いささかこみいった事情があった。より正確に言うならば、タルバガン毛皮の大産地、ロシア側のお家事情である。一九一〇～一一年、東三省地域に暴威をふるった肺ペスト大流行に対して、総合的な調査をおこなうべく、万国ペスト会議（International Plague Conference）と称する国際的な防疫研究組織が設立された。前記の北里柴三郎の奉天入りもこの会議の委員としてであった。奉天で開かれたこの会議においては、古来広く信じられていたタルバガンからペストが広がりはじめるという説が大勢を占めたが、このときロシア側委員は強硬に反論を唱えつづけた。ペストがロシアのタルバガン猟師から流行しはじめたという説を、「明確ナ証明ナキヲ以テ之ヲ認ムル能ハス」と批判し、一八九八年以降「満蒙」地域には地方病として発生しているのであり、強いてタルバガンと結びつける必要はないと断じたのである。タルバガン毛皮の一大あつかい国としては、国の経済事情にかかわる切実な問題だったからであろう。そのときの調査では、確かに「明確な証明」の材料はなく、一九一一（明治四四）年四月三日から同二〇日まで、ほとんど毎日開かれたこの会議での決議（一及三部決議）は、その結果、次のような奥歯に物のはさまったようなものとなる。

一　露国医界ニテハ「タルバガン」ニ一種ノ伝染病流行シ「ペスト」ニ類似スルモ果タシテ真正「ペスト」ナリヤ未タ細菌学的証左ナシ

二　今回ノ「ペスト」カ「タルバガン」ヨリ伝染シタルモノナリヤハ確実ノ証拠ナシト雖モ「タルバガン」病カ満洲里「トランスバイカル」及北東蒙古地方ニ於ケル「ペスト」ト密接ノ関係アルモノノ如ク今回ノ肺「ペスト」モ之ニ原因シタルモノト推定シ得ヘシ

（中略）

六　齧歯動物間ニ伝染病発生ノ場合其発見ニ努ムルト共ニ速ニ之ヲ調査ニ提出セシムヘキ方法ヲ講セサルヘカラス

（中略）

八　季節ヲ見計ヒ研究員ヲ満洲里地方ニ派シ「タルバカン」捕獲隊ヲ組織スヘシ
（後略）（関東都督府臨時貿易部　一九一二、三六七〜三六八頁）

タルバガン原因説に反対しているのはロシア代表であるということ、ヒトの世界でのペスト流行にタルバガンが深く関わっていることは否定できないということ、もってまわった文面ではあるが、この二点だけは十分明確に伝わってくる。中国側のスタッフとして、研究会議において主導的役割を果たした伍連徳博士も、当初タルバガン原因説にまっこうから反対していたが、のちに事実上撤回するにいたる。

一九一〇年の夏、ザバイカル地域に起こったタルバガン＝ペストに起因する腺ペストの流行が発生し、一大肺ペスト禍へとエスカレートして行く――これが、前記決議にもかかわらず、普通に考えられていた経路であった（豊田　一九三五、四六三頁）。そうした考えにしたがえば、その年の一〇月、満洲里にやってきた中国人猟師二人が喀血して死亡したのが、把握された限りにおける初発であった。日本側のこのときの記録は、『明治四十三、四年「ペスト」流行誌』であるが、同報告書はこの決議を掲載した個所において、「従テ今次流行セシ病毒ノ起源ノ何レニアルカハ寧ロ問フヲ要セサル所ナルヘシ」と文を結んでいる。

また同書とともに、「尚能ク文筆ノ尽クス能ハサルモノアリ。百聞一見ニ如カス。乃チ本帖ヲ編纂附録スルコトナセリ」という序文を付した『明治四十三、四年南満洲「ペスト」流行誌附録写真帖』も同時刊行された。この写真帖には、防疫の最前線における遺体処理のありさまなど、凄惨な情景が数多く収録されている。この『写真帖』の冒頭の三図は、いずれも「北満地方ニ産スル『タルバガン』」と題されたB5判全頁大のタルバガンの「肖像写真」である。ペスト学の世界的権威が一堂に会して検討した結果を収録した報告書アルバムの、それも冒頭に複数葉、タルバガンの図が掲げられていることは、学者たちの見通しがいずれにあるのかを雄弁に物語っている。

一九二〇〜二一年のペスト流行に際しては、ほんの十年前の大災禍の際の貴重な経験、研究成果をふまえ、満鉄

図 4-3　タルバガン［右上：モンゴル文字。左上：漢字。右下：図像］のデザイン。左下はペスト菌。

出典）京都大学付属図書館所蔵本。

衛生課長鶴見三三博士らが「疫学的観察」として「今回知リ得タル事実ニ鑑ミ『タラバガン』ハ之ニ関係アルモノノ如シ、換言セハ『タラバガン』族間ニ於ケル本流行ハ、人類ノソレニ先タツモノト思考ス」と結論している（満鉄地方部衛生課　一九二三、五七頁）。

そればかりではない。のちに、東三省地域に続発するペスト禍に対抗すべく、東三省防疫事務総処という組織がつくられたが、そこで刊行されたNorth Manchurian Plague Prevention Service Reports（『東三省防疫事務総処報告大全書』伍連徳編）という叢書の、表紙の四隅に配置された円形のなかにデザインされているのは、漢字で「旱獺」、モンゴル字で「tarbaγa」、タルバガンの姿の絵、それにペスト菌の図である（図4-3）。専門家たちによる名指しの、念入りな、タルバガンに対する「告発」である。

こうした論議が背景にあってのことだろうが、斉斉哈爾においては、一九二一年から二五年まで、タルバガンの捕獲およびその毛皮の運搬、売買を禁じる措置がとられた。もっともこの禁令も、東支鉄道沿線にしか適用が及ばなかった。タルバガン毛皮の売買に従事する人たちは抜け目なく張家口経由で中国へ、また北モンゴルのウルガ（庫倫）を経てロシアへ送るなど、他方面へと流通経路をきりかえて対抗したので、禁止の実効はあまりあがらなかったのである（Lukashkin 1938, pp. 72–73）。

タルバガンに対する研究がそれまでほとんど見られなかったということが、こうした不明瞭さの背景にあったことも否めない。皮肉なことではあるが、タルバガンについての動物学的・疫学的研究が最も精力的におこなわれ、さまざまな知見を得ることができたのは、まさに第三次パンデミックに付随してのことだった。

特にロシアにおいては、一九一〇年の「満洲」における大流行以前から、各地でペストの流行があり、野生齧歯類の研究においては一歩抜きんでた経験を持ちあわせていた。もともと中央ユーラシア一帯の原野にはペストの散発が見られたからであり、それらの地域の大半がロシア領であったからである。(2) そのロシア（ソ連）が、タルバガンの追及に積極的でなかったことの意味は小さくない。

だが、状況は時代の推移とともに変化する。やがてソ連のペスト研究がその知見を明らかにするようになったのである。一九六五年、ソ連でＷＨＯ主催のペスト＝セミナーが行われ、その席でソ連の研究者が発表したところによると、同国内には一〇ヶ所の比較的独立したペスト病巣地域がある。その分布は、全体として、アゼルバイジャンから中国東北地方までの広い地域に及ぶが、そのうち菌保有動物としてタルバガンの役割が名指しされているのは、

①カザフスタンとキルギスの境界地域の天山山脈（ここは中国の新疆地域の病巣地と関係があろう）
②アレイ渓谷およびパミール地域
③モンゴリア、中国のダライノール北方およびシベリアの接壌地域にあるザバイカル地方

などの諸病巣地域である。タルバガンの棲息している地域のほとんどが、ペストの病巣地と目されていることにな

る（春日　一九八六、二六～二七頁）。

一九一〇年からのペスト大流行の発端は、最初タルバガンのあいだの流行病であったのが、タルバガン猟師へと伝染し、それが「ヒト＝ペスト」となる契機だったと一般にいわれている。ルカーシキンによれば、ザバイカル、モンゴル、フルンボイルなどの地域においてペストの被害を受けた者は、疫病にかかったタルバガンの生皮を剝いだか、その脂肪部分を切りとったか、あるいはその肉を食べたか、この三つのいずれかのプロセスにかかわっているという（ルカーシキン　一九三七、七一頁）。

一九一〇年からの大流行に先だって起こった症例はいくつもある。一九〇六年夏、ザバイカル地域のアボカイツユ一帯では死んだタルバガンが非常に多く見られ、在地の住人たちはそれに接触することを極度に警戒していたという。折りもおり、九月下旬、一人の健康なコサックが、死んだタルバガンの肉を食べて発症し、数日にして死亡する。この者にかかわりをもった八人が感染し、やはり死亡する（関東都督府臨時防疫部　一九一二、二九〇～二九一頁）。一九〇七年には、タルバガン猟めあてに新たに移り住んできたコサック猟師の一家が犠牲となっている。そのコサックは、病気のように見える著しく衰弱した一匹のタルバガンを捕らえてきた。彼は、この地に長く住む老人の忠告を無視して、タルバガンの毛皮を剝いだ。さすがに肉を食うことは思いとどまって、一三歳になる少女マトゥレナ＝フィリッポアに野外へ捨てに行かせる。その少女は裸足で、タルバガンの死体を携え、草をふみわけて草原に捨てにいったという。少女は左くるぶしに擦過傷を負っていた。翌日少女の左股腺が腫れはじめ、やがて顕著なペスト症状を示し、治療のため送られた満洲里の病院において、発病後一一日にして少女は死亡してしまう。このような前兆めいた出来事があり、一九一〇年からの大流行が起こるのである（関東都督府臨時防疫部　一九一二、二九一頁；ルカーシキン　一九三七、八〇～八一頁）。

五　モンゴルにおけるタルバガン狩りの知恵

先に述べた、大濫獲とも評すべき、二〇世紀に入ってからの情勢以前においては、モンゴルの牧民たちの間では、タルバガン狩猟に際しては、神話や伝承というかたちで、おのずからなる規制が行われていた。そしてそれは、疫学的観点からしても、実に適切と思われる掟となっていた。

ペストに罹ったタルバガンは、食事をとらず、鳴き声をあげず、この動物独特の後ろ脚で立つという動作もしない。また、ペストに罹ったタルバガンの眼は、乳白色を呈している（そして恐らくはそのような段階では視力を失っている）ともいわれる。ザバイカルで採集されたペストにおかされたタルバガンは、まわりの様子もよく見えないような状態で、後肢を麻痺でもしているようにひきずっていて、両眼も濁っていたという（ルカーシキン　一九三七、七一頁）。罹病した個体は、みずからの巣を離れる、あるいは同じ巣穴に棲む仲間たちが、ただちにその哀れなタルバガンを巣穴の外へと追いやってしまうといわれている。また、猟師が巣穴に近づいてきたとき、健康なタルバガンは、カチカチと二、三回、はっきり聞こえるような鋭い歯音を立てて、穴の中に姿を消すのだが、音を立てずにひっこんだり動作が鈍いのは、病気と判断するのだともいう（ラムステッド　一九九二、七六頁）。

ある個体にとどまらず、群全体の様子が普通でないと見受けられるようなときには、集団ごと疫病にかかっているケースが考えられる。そうした場合、当然のことながら、実に容易に多くの獲物を捕えられるわけであるが、ペスト罹病の危険を考慮し、あえてその場からなるべく急いで離れるべきである。つまり、生きのよいタルバガンを眼前にして銃で射殺するかぎり、そしてハンター側に最低限の常識――つまり疫病にかかったタルバガンは捕獲しないという――さえあれば、人間社会にペストの原因がもちこまれる危険性は低くおさえられるといえる。だが、生前の状態が視認できない、罠猟、毒殺、さらには、なんらかの理由ですでに死んでいるタルバガンの死屍を採取するような方法では、捕獲時におけるこうしたチェックは当然なしえない。

　モンゴルの牧民たちの間では、タルバガンの死にかたが不分明な場合が多い罠の使用をいましめあう。巣穴から燻しだしたタルバガンを回収せずに放置することを禁じた一八世紀初頭のモンゴル法令も、死亡に至る経過がわからない死体を残すのを恐れて設けられた規制であるという見方もできる。眼前にいる個体の状態を、よく確認した上でなければ狩猟に着手しない。あるいはできるだけ射殺し、その場で獲物を回収できるようにするなどの措置が必要だろうとされる（ルカーシキン　一九三七、八二〜八三頁）。また、動作の鈍いものや、警戒心の見られないもの、群から離れている個体は危険であるから、払子様の猟具を振りながら地面を這って好奇心の強いタルバガンに近づき狩猟する奇妙かつ迂遠ともいえる現地の狩猟法も、こうした状況を十分に確認できるという利点を備えている。

写真 4-1　獲物を前にしたタルバガン猟師

独特の銃架は狙いを正確にする。イヌやキツネに似せた帽子をかぶり，足もとの払子のような道具をうち振ってタルバガンの注意をひきつけて撃ち殺す。（浅枝千種氏提供。モンゴル国の絵葉書）

　モンゴルの各地に伝えられた民話に見られる、タルバガンの肉を食べる際、脇の下の部分を取りのけるならわしも、腋窩部のリンパ節が腫大する典型的なペストの病型を経験的に知っていればこそである。この点については、ラムステッドも言及しており、「モンゴル人はタルバガンのわきの下を入念に調べて、前脚の付根に、モンゴル人が『人殺し』と呼ぶ腫物が見つかったら、その獲物は決してつかわない。しかし中には卑劣漢がいて、病気のタルバガンの皮を剝ぎ、たった三カペイカの儲けのために何も知らない商人に売りつけることがある。たった一匹分の皮が、中国人やロシア人の間に死病の恐怖をまき散らすこともできる」と慨嘆している。なお、ラムステッドは、その前脚の付根の部分にあるピンク色の肉を「人殺し」と言ったかどうかは未詳だと注で特記している（ラムステッド　一九九二、七七頁）。一九二九年当時、ザバイカルのロシア人猟師は、モンゴル人のいましめの伝承をよく知っており、それに従って、タルバガンを食用とするときには腋下の腺を必ず切除していたという（ルカーシキン　一九三七、四三頁）。

致死の疫病が発生してしまった場合、その地の人たちにできる防衛手段は、それを拡散しないこと、そしてそれ以前の心がけとして、伝承などによって得た用心のための手だてをつくして、自分は決して罹病しないようにすることくらいであった。

しかし、タルバガンの動きが鈍くなって捕えやすくなり、結果として豊猟となるのは、ペストがその動物の間に蔓延しているかもしれないことを意味するので、細心の注意が必要であるといった知恵、すなわち慣習的な規制は、その地の人たちを、目の前にあるペストの危険からかなり効果的に護ったのである。

このような視点から見ると、とりわけ大きな問題となるのは、そうした長年にわたって蓄積されてきた「知恵」を知らない、外部からやってきた捕殺者である。彼らにとっては、目当てのタルバガンが病気であろうがなかろうが、そんなことは眼中にはない。現地の人からの制止を受けたとしても、聞きいれる者は稀であったろう。それは、在地のハンターたちが伝承してきた、経験則にもとづく貴重な防御手段が、事実上、絶えることを意味した。なるべく多くの毛皮を得ようと、罠で捕りまくる連中にとっては、病気で倒れたものであろうが、瀕死の状態でさまよっているものであろうが、一匹の獲物は一枚の毛皮である。むしろ手間いらずで捕らえることのできた幸運な獲物ということで、喜んで手にしたことであろう（Nathan 1967, p. 2）。

一九二三（大正一二）年以来、庫倫で唯一の私営病院を開き、現地のモンゴル人たちから深い信頼を得ていた岐阜県出身の医師児島岩太郎は、革命後もその街にいた最後の日本人となっていた。当時、すでにウランバートルと改称されていたその街から結局「脱出」した児島の証言によれば、一九二九年末以降、人民の武器携行が禁じられ、銃器によってタルバガンを捕ることさえもできなくなってしまったという（小川　一九三〇、七六頁）。すでに一九二七年から、タルバガンが「法律を以って」保護されるようになり、最大の群棲地のいくつかを全面的に禁猟区とし、猟期も八月二〇日から一ヶ月間と定め、銃猟以外の狩猟手段を禁じることになっていた（ルカーシキン　一九三七、八八頁）。したがって、一九二九年末からの武器携行の禁止措置は、タルバガン＝ハンターにとっては、それが主要な猟法であることから、大きな打撃となったのである。銃によるタルバガン狩猟者たちは、取り締まる側から見れば、銃器所持層として看過しがたい集団と認識されていたことがわかる。

しかし、防疫という観点からこの事態を見ると、やっかいな出来事が生起する危険性がずっと高まったことになる。すなわち、銃猟の可能性が閉ざされると、いきおい罠猟が一般的におこなわれざるをえない。猟師たちは、タルバガンの群棲地にたくさんの罠をしかけ、定期的に見まわり、うまく罠にかかったタルバガンがあれば、それを回収するというスタイルが日常化するわけである。見まわりの頻度は、さまざまであろうが、すべての場合が、罠にかかってジタバタしているタルバガンばかりを回収する結果となるとはかぎらない。点検時にすでに死んでいた個体も少なからずあるだろう。そうすると、それが生前、健康なタルバガンだったのか、そうでないのかわからず、最悪の場合には動物間流行の段階のペストにかかり、蹌踉として徘徊するあいだに罠におちたものもいたかもしれない。

ある程度は、外見、たとえば肥瘦の度合や毛づやなど、判断する要素はあるかもしれないが、それにはタルバガン＝ハンターとしての一定の熟練が不可欠であろう。外来のにわか猟師の場合には、狩猟技術だけでなく、その種の関連知識の面でも、おのずと限度がある。金になるタルバガンの皮、それしか目に入らない者たちにとって、在地の人たちの配慮など、関心事ではありえない。それとは知らずに、あるいは気がついていたとしてもその危険性を無視して、皮をはぎ、肉を食べ、その過程でヒトの間にペスト菌が侵入する可能性もあろう。

現地に伝承された経験則が機能しなくなれば、ヒトの側から有効にペストを防ぐ手段はもはやない。それどころか、ヒトの世界にその疫病を導きいれる仕組みが出現することになるわけである。

おわりに――タルバガンの不幸

以上見てきたとおり、タルバガンは、ヒトの社会と密接なつながりを持つ野生動物である。モンゴルの牧民によって、深刻な体験に基づく慎重な配慮のもと、自家消費的に捕殺されていた事態が一変し、一九世紀末からロシア市場で、また二〇世紀初頭からはヨーロッパ市場において、毛皮資源としての新しい価値が見出されるや、タルバガンは大濫獲の憂き目をこうむるようになった。ヒトが、タルバガンの属する（野生の）世界に深く関わってしまったため、野生の世界（だけ）において、タルバガンの間に伝えられてきた流行病（tarbayan taqal）が、ヒトの社会にも *Yersinia pestis* として伝播し、激甚な災厄が現出することになった。ヒトが生態系に不用心に関与したときに、受けるかもしれない最も手ひどいしっぺ返しをくらったというべきか。これは、ヒトと野生の区画が峻別されていれば起こらなかったともいえる事態で、その境界を踏み越えたのは常にヒトのほうであった。

「元凶」の動物は、タルバガンでなくてもよかった。*Yersinia pestis* の運び屋となる可能性そのものは実に多くの野生動物がもっているのであるが、たまたまタルバガンが比較的大きな体軀と有用な毛皮を備えており、しかも狩猟しやすい棲息形態をもっていたことが、ヒトとしっかりと結びつけられる契機となり、本章で述べたようなタルバガンに関わるさまざまな問題を生起したのであった。タルバガンとヒトとの葛藤のいきさつは、野生とヒトという二つの世界のありようを考える際の、ひとつのヒントになるかもしれない。

タルバガンによるペストの流行は鉄道の敷設が決定的な影響を与えた現象であり、これによってタルバガンの毛皮に大きな需要が発生し、多数の素人ハンターが草原へと殺到して感染者が続発した。この過程はモンゴル人がかつての苦い経験から生み出したタルバガン狩りのための知恵を踏みにじるものであった。こうして発生したペストは、鉄道経由で各地に伝播し、その上、山東を中心とする華北からの出稼ぎ労働者の帰郷に伴って、華北へと広がっていった。

さらに、ペスト対策はロシアと日本との侵略過程と密接に関連しており、原因究明のための国際会議の議論でさえ、各国の利権争いによって歪められる始末であった。本章では触れる余裕がなかったが、その活動実態について今も議論のたえない七三一部隊の主たる研究対象はペストであり、同部隊は流行時の防疫にも出動していた。以上のような意味で、タルバガンによるペストの流行は、近代「満洲」社会の成立過程と密接に関係するとともに、その特徴を明示している。

注

(1)　原文 сурок スローク。ロシア語でマーモットの意。引用箇所中に「蒙古人間にはタルバガンと称せらるるスローク」とあるので以下引用文ではタルバガンとして表記する。

(2)　たとえば、一八七七～七九年にはカスピ海沿岸のバクー、アストラハン、ボルガ下流地域などで流行を見た（春日　一九八六、二五～二六頁）。

文献

〈日本語文献〉

アンドリュウス、R・C　一九四一『蒙古高原を横切る』内山賢次訳、新日本国叢書Ⅵ、育生社弘道閣。
石原乙四郎　一九九六「モンゴルは今　ラジオウランバートル日本語放送（一九九六年八月二六日放送分記録）」『しゃがぁ』一一（付録）、二～三頁。

岩田穣　一九二七「外蒙古の肺『ペスト』を南満からのぞいて」『日本公衆保健協会雑誌』第三巻第九号、二四〜二八頁。
内蒙大蒙語研［内蒙古大学蒙古語文研究室］一九七六『蒙漢辞典』呼和浩特、内蒙古出版社。
小川繁　一九三〇『内外蒙古に対する露国の活動』東亜小冊、東亜経済調査局。
春日忠善　一九八六『日本のペスト流行史』北里メディカルニュース編集部。
関東都督府臨時防疫部　一九一二『明治四十三、四年「ペスト」流行誌』／同『明治四十三、四年南満洲「ペスト」流行誌付録写真帖』旅順、関東都督府臨時防疫部。
神戸輝夫　一九七〇「清代後期の雲南回民運動について」『東洋史研究』第二九巻第二・三号、一一八〜一四六頁。
倉内喜久雄　一九三〇「内蒙古ニ於ケル「ペスト」ノ流行ト該地ニ棲息スル齧歯類トノ関係（「ペスト」ニ関スル研究其二）」『満洲医学雑誌』第一二巻第五号、六七一〜七〇四頁。
グレッグ、C・T　一九八〇『ペストは今も生きている』和気朗訳、講談社。
忽思慧　一九九三『薬膳の原典　飲膳正要』金世琳訳、八坂書房。
ジグムド　一九九一『モンゴル医学史』ジュルンガ・竹中良二訳、農文協。
シニトニコフ、V・N　一九五九『大陸の野生動物　1（哺乳類）』山岸宏訳、法政大学出版局。
志水語　一九二五「呼倫貝爾タルバガン市況」『満蒙』大正一四―一一、五四〜六一頁。
スクニヨフ、ウェ　一九三五「極東に於けるペストとその研究法」『ソ連極東地方人種誌』露文翻訳ソ連極東及外蒙調査資料一三、大連、満鉄経済調査会、一五四〜一八〇頁。
セヴェリン、T　一九九四『チンギス・ハーンの軌跡』松田忠徳訳、三五館。
武本強　一九六九『日本の皮革―その近代化と先覚者と―』東洋経済新報社。
手島茂　一九三八「満洲国ニ輸入サルル毛皮ニ関スル調査」『北満経済月報』第二巻第五号、三四〜七一頁。
豊田太郎　一九三五『満洲の医事殊に伝染病』九大医報特別号、福岡、九州帝国大学。
原皦四郎・中山東一郎　一九一九『満蒙の皮革』（農事試験場彙報8）、満鉄農事試験場。
ブーリエール、F　一九七六『ユーラシア』波部忠重訳、タイムライフブックス。
ヘディン、S　一九三九『北京より莫斯古へ』高山洋一訳、生活社。
マイスキー　一九二七『外蒙共和国　上・下』満鉄庶務部調査課編訳、露亜経済調査叢書、大阪毎日新聞社・東京日々新聞社（И. М. Майский, *Современная Монголия*, Иркутск, 1921）。
マクニール　一九八五『疫病と世界史』佐々木昭夫訳、新潮社。

満鉄［南満洲鉄道株式会社］地方部衛生課　一九二三『防疫十年誌』。
満鉄衛生課　一九二八「昭和二年内蒙古に流行せる肺「ペスト」防疫概要」『日本公衆保健衛生協会雑誌』第四巻第四号、一四三～一五一頁。
見市雅俊　一九八九「黒死病はペストだったのか―ヨーロッパ・ペスト史研究序説―」『紀要』一三二（史学科三四）、中央大学史学科、一～一〇九頁。
村上正二　一九七〇『モンゴル秘史―チンギス・カン物語―』1、東洋文庫一六三、平凡社。
村上陽一郎　一九八三『ペスト大流行―ヨーロッパ中世の崩壊―』岩波新書二二五、岩波書店。
モーガン　一九九三『モンゴル帝国の歴史』杉山正明・大島淳子訳、角川選書二三四、角川書店。
米内山庸夫　一九三八『蒙古風土記』改造社。
ラムステッド、G　一九九二『七回の東方旅行』荒巻和子訳、中央公論社。
リュフィエ、J、スールニア、J・C　一九八八『ペストからエイズまで―人間史における疫病―』仲澤紀雄訳、国文社。
ルカーシキン　一九三七『タルバガン』哈爾浜鉄路局北満経済調査所訳、北経調査刊行書一二［未刊行の手稿よりの訳出］（A. C. Лукашкин, *Тарбаган или Забайкальский сурок*）。
ルブルク、カルピニ　一九六五『中央アジア・蒙古旅行記』護雅夫訳、東西交渉旅行記全集I、桃源社。

〈中国語文献〉

王恩博・楊贛源編　一九八三『新疆嚙歯動物志』烏魯木斉、新疆人民出版社。
烏恩　一九八七『内蒙古風情』全国各省市自治区概況叢書、北京、人民日報出版社。
袁林　一九九四『西北災荒史』蘭州、甘粛人民出版社。

〈英語文献〉

Benedict, C. 1996 *Bubonic Plague in Nineteenth Century China*, Stanford University Press.
Ch'en The Yun Chai, A Mongolian Chief's Description of the Tarabagan, *North Manchurian Plague Prevention Service Reports*, V (1925–1926), pp. 108–109, 天津（伍連徳編纂『東三省防疫事務総処報告大全集』民国一五年）
Lukashkin, A. S. 1938 "Fur Bearing Wild Animals on the Barga Steppes", *Contemporary Manchuria*, II–6, pp. 60–84.
Nathan, C. F. 1967 *Plague Prevention and Politics in Manchuria 1910–1931*, Harvard East Asian Monographs, 23, Harvard University East Asian Research Center, Harvard University Press, Cambridge.
WHO 1970 *WHO Expert Committee on Plague, Fourth Reports*, WHO Technical Series, 447, pp. 5–25.

Wu Lien-The（伍連徳）1929 "Studies upon the Plague Situation in North China", *National Medical Journal*, XV, pp. 273–306.

〈ロシア語他文献〉

Lubsang 1980 *Mongγol em-ün oyilalγa*, Öbör Mongγol-un arad-un keblel-ün qoriya.

Луузаншарав 1960 *Залуу анчдад огох зөвлөлгөө*, Улаанбаатар, Б. Н. М. А. Улсын ходоо аж ахуйн яам.

Минис, А., Түдэв, Л., Цэдэнбал-Фнлатова, А. И. 1983 *Хүүхэд залуучудын нэвтэрхий толь, I*, Улаанбаатар, Улсын Хэвлэлийн Газар.

Намнандорж 1964 *Бүгд найрамдах монгол ард улсын дархан газар, ан амьтад*, Шинжлэх ухааны академи, Улаанбаатар, Улсын Хэвлэлийн Газар.

第II部　すべての道は県城へ

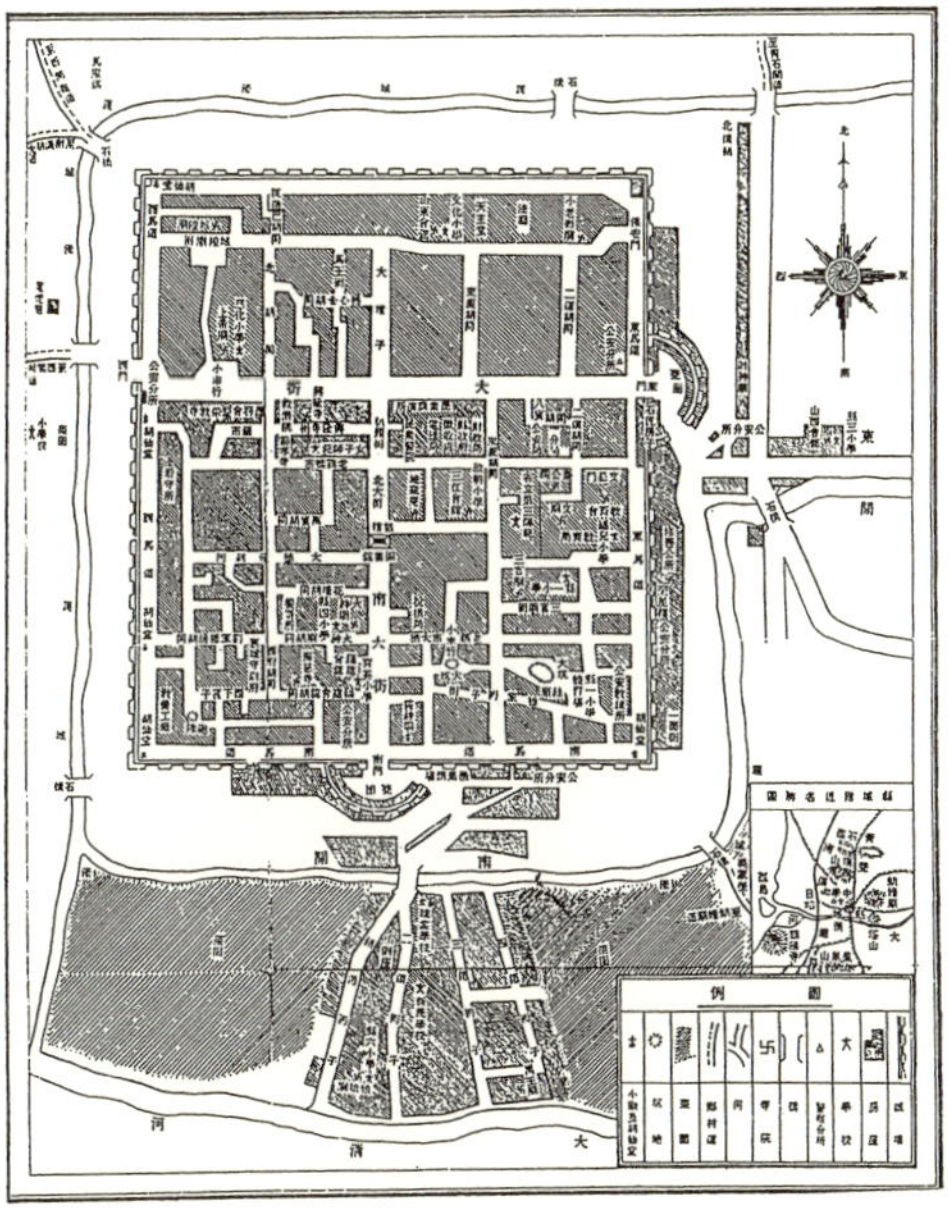

蓋平県城略図（『蓋平県志（民国十九年）』より）

第5章　県城経済

——一九三〇年前後における満洲農村市場の特徴(1)

安冨　歩

はじめに

スキナーの画期的な業績（Skinner 1964）以来、中国村落社会を理解するためには、その市場構造に注目する必要がある、ということは、広く合意されているところである。そこで本章では、近代「満洲」社会の市場構造がどのようなものであったかを考察する。その結論は、スキナー流の定期市網は「満洲」にはなかった、ということである。

スキナーは四川省におけるフィールドワークを基に、伝統中国社会において定期市が重要な経済的・社会的役割を果たしてきたことを指摘した。人々は特定の定期市に頻繁に参加し、そこで様々なコミュニケーションをとることで「原基市場圏 Standard Market Area」と呼ばれる一個の共同体を形成する、とスキナーは主張する（スキナー論文の詳細については第12章参照(2)）。

同時にスキナーは、中心地理論と呼ばれる地理学の素朴な理論を単純に援用し、定期市が六角形を描いて分布するというモデルを提唱している。このモデルの定期市には、村と直結する「原基市場」、その上のレベルの「中間市場」、さらにその上のレベルの「中心市場」という三層構造があり、それぞれの市場町はその一つ上のレベルの市場町を取り囲むように空間的に分布すると想定されている。個々の定期市は複数の上位の定期市と関係するので、コミュニケーションの重層的ネットワークが形成される。

このモデルが提唱されて以来、定期市は中国研究の最も重要なテーマであり続けている。もちろん、スキナーの議論と整合しない種々の例外が観測されているが、中国本土のほとんどの地域で定期市が重要な経済的機能を担っていたことは、ほぼ定説となっている（Eastman 1988, pp. 115-120；斯波　一九六六；中生　一九九二；石原　一九八七；姜　一九九六；Rozman 1982；龔　一九九八）。

ところが満洲については、このような視角からの研究がこれまで全く行われてこなかった。本章の第一の目的は、この研究上の空白を埋めることにある。それによって満洲では定期市が少なかったことを示し、更にその現象の歴史的含意を考察する。

本章は次のように構成されている。第一節では、資料の比較的豊富に存在する一九三〇年前後における定期市の分布を確認し、京奉線沿線と朝鮮国境の限られた地域にのみ定期市システムの見られたことを示す。第二節では満洲の定期市と中国本土のそれとの差異を検討する。第三節ではその理由を考察し、第四節では市場パターンの持つ政治的社会的意義を考察する。

以下の各節の議論により、各県において県公署の置かれている都市の機能が卓越する「県城経済」と呼ばれる流通システムが満洲では主流であり、中国本土のような定期市網の見られなかったことが明らかとなる。また、このシステムが、森林と草原の残存という生態条件に基づく荷馬車の普及、凍結による冬季の輸送コストの低下、大豆流通の季節性といった要因に依存していたことが示される。さらに、この特性によって県がひとつの政治的単位となる条件が形成され、これが張作霖・学良政権下の満洲の経済的政治的隆盛や、「満洲国」成立の契機となった可能性を指摘する。

なお本章と次章では、満洲の地方行政単位の名称等は基本的に一九三五年発行の『満洲帝国面積及人口統計』に従うこととする。これによると、公署が設置されている行政単位、すなわち、市、県、旗は全部で一九六あり、その内訳は市が三、県が一六二、旗が三一である。

一　定期市の分布

満洲国実業部臨時産業調査局によるいわゆる満洲農村実態調査は、農村の流通機構について重要な報告を残している。まず満洲国実業部臨時産業調査局（一九八九b）（以下「農産物販売事情篇」）は康徳二年の実態調査等に依拠して南満を中心として論じているが、この報告書には定期市についての言及が随所に見られる。これに対して、康徳元年度の農村実態調査に依拠して北満について論じた満洲国実業部臨時産業調査局（一九八九a）（以下「販売並に購入事情篇」）は定期市に全く言及していない。この実態調査の二つの報告書の見解をまとめると次のようになる（引用は「農産物販売事情篇」四二頁）。

（一）定期市は「遼河以西に赴くに従つて次第に其の影が濃くなつて居る」

（二）「満鉄本線に近づくに従つて其の影が薄く」なる

（三）「所謂中満、北満にあつては全然これを見ない」

（四）中北満では、取引は県城を中心として収穫後に短期間で集中的に行われる

（五）定期市はかつて南満の全域で繁栄したが、「次第に其姿が失はれんとしつゝある」

この調査には調査対象集落の選定や調査方法にかなりの制約があったことが明らかになっており（野間　一九九六）、結論をこのまま承認することはできない。[3]そこで本節では、この結論が正しいかどうか、他の資料を含めた

全体的調査によって確認する作業を行う。上記二篇以外に検討の対象とした資料は次の通りである。

- 山崎惣與『満洲国地名大辞典』、満洲国地名大辞典刊行会、一九三七年。ここに収録されている項目のうち、「市場」があると記されている市鎮。（以下『地名辞典』と略称。）
- 満洲国の県参事官によって書かれ、大同学院の刊行した『満洲国地方事情』および『満洲帝国地方事情体系』の「都邑」「商業」などの項。（以下、『地方事情』と略称。）
- 各県の『県志』の「市場」「市鎮」「市場」「商業」などの項。参照した県志を逐一注記するのは繁雑に過ぎるので省略する。宋・柳（一九九三）、国立国会図書館（一九六九）などを参照されたい。

これらの資料のうち、定期市の「有無」という点に限れば、県志が最も的確な情報を提供してくれる。しかし県志の記述は一般に簡潔で、日本語資料にいっそう詳しい定期市の様相の描写の見られることが多い。

附表5-1は、この調査の結果をまとめたものである。ここには全満一九六市県旗のうち、資料の存在する一〇〇県のみが掲げられている。「無」とあるのはその資料に定期市に関する記述のなかったことを示している。市場が実際には存在しても記述されなければ「無」になるので、「定期市のない」ことと同値ではない。

表5-1は、附表5-1に基づいて各県を定期市顕在、定期市希薄、定期市不在の三種類に分類し、これを塚瀬（一九九三）に従って鉄道沿線ごとに地区分けしたものである。ただし、この表には塚瀬（一九九三）が対象外とした熱河・興安西省という地区を加えてある。

定期市の存在がはっきりと確認できたのは、表5-1の「定期市顕在」の列に挙げられている二三県である。この種の県の分布には、

（一）京奉線沿線・熱河省・間島地方に高密度で存在する

表 5-1　定期市の分布

地　域	定期市顕在	定期市希薄	定期市不在
松花江流域			木蘭県，樺川県，饒河県，方正県，密山県，賓県，通河県，依蘭県
黒龍江流域		璦琿県	烏雲県，仏山県，遜河県，奇克県
四洮・洮昂・打通線沿線			泰来県，鎮東県，開通県，洮南県，雙遼（遼源）県，彰武県，阜新県，長嶺県
東清鉄道沿線：東部線地方			寧安県，珠河県
東清鉄道沿線：西部線地方			甘南県，克山県，嫩江県，依安県，景星県，克東県
東清鉄道沿線：哈爾浜地方		斉斉哈爾市，綏化県，海倫県，呼蘭県	巴彦県，阿城県
東清鉄道沿線：南部線地方	扶餘県，楡樹県	双城県，九台県	郭爾羅斯後旗
鴨緑江流域		臨江県，通化県	長白県，安図県，撫松県，桓仁県，寛甸県，輯安県
間島地方	延吉県，和龍県		
満鉄：安奉線沿線		鳳城県，安東県	
満鉄：本線沿線	伊通県，遼中県，蓋平県，昌図県，懐徳県	奉天市，瀋陽県，海城県，営口市，鉄嶺県，法庫県，岫巌県，梨樹県，長春県，荘河県，開原県	本渓県，遼陽県，撫順県，復県，西豊県
奉吉・吉敦線沿線	永吉県，柳河県，興京県，海龍県	東豊県，輝南県，磐石県，西安県	樺甸県
京奉線沿線	朝陽県，北鎮県，黒山県，台安県，盤山県，新民県，綏中県，義県	錦県，錦西県，興城県	
熱河・興安西省	寧城県，赤峯県	平泉県	承徳県，隆化県，林西県，扎賚特旗

出典）附表 5-1 より作成。

（二）東清鉄道南部線・満鉄本線・奉吉・吉敦線沿線に散在する

（三）東清鉄道の東西方向線から北の地域、四洮・洮昂・打通線沿線といった北満地域と、朝鮮国境の鴨緑江流域および満鉄安奉線沿線には全く存在しない

という特徴が見て取れる。

次に、明瞭には定期市が見られないが、県城に多種の市が立ち、場合によって馬市などが定期市となっている場合について考える。このタイプの定期市は郷村

写真 5-1　蓋平県　魁星楼東関黄花魚市

提供）蓋県彩色拡印中心（蓋平県最古の写真館）。

写真 5-2　蓋平県　鐘鼓楼

提供）写真 5-1 に同じ。

の定期市とは性質が違っており、主たる顧客は都市居住者である。荘（二〇〇〇、一四〇頁）ではこれを「集市」と区別して、「廟関市」あるいは「城廟市」と呼称している。表５－１で「定期市希薄」と分類されているこのタイプには三〇市県旗が含まれる。これらの県には、

（一）本当は相当数の定期市が存在するのに、県城の市のみが記録されたもの

（二）県城にのみ市の立つもの

が混在していると推定される。このタイプの分布は、（一）黒龍江流域に一県のみで、松花江流域・東清鉄道東部および西部には存在しない、（二）満鉄安奉線沿線・鴨緑江流域がともにわずか二県、（三）間島地方と四洮・洮昂・打通線沿線には存在しない、（四）満洲の背骨ともいうべき満鉄本線・東清鉄道南部線沿線・哈爾濱地方に一

七県、(五)その支線および並行線の奉吉・吉敦線沿線に四県、(六)京奉線沿線と熱河・興安西省にあわせて四県となっている。

最後に定期市についての言及のない資料しか発見できなかった県が四七県旗ある。このタイプの分布は「定期市顕在」の分布とほぼ逆になっている。すなわち、

(一)東清鉄道の東西方向線から北の地域、四洮・洮昂・打通線沿線といった北満地域だけで三〇県旗、鴨緑江流域で六県を占める

写真 5-3　蓋平県　南門裏市街

提供）写真 5-1 に同じ。

(二)満鉄本線・奉吉・吉敦線沿線は合計で六県に過ぎない

(三)京奉線沿線・間島地方・安奉線沿線には存在しない

(四)熱河・興安西省に四県旗

これほど明瞭に地域的な対照があることから、「定期市に言及していない資料しか見出せない」ことは概ね「定期市の不在」を示すものと看做してよかろう。

以上の検討を総括すると次のようになる。

(一)山海関から営口に到る京奉線沿線と間島地方には明瞭に定期市が存在する

(二)大連から哈爾濱に到る鉄道沿いと奉吉・吉敦線には定期市の散在が見られる

(三)それ以外の地域には存在しない

附図5-1は表5-1を地図上で表現したものであり、この結果を視覚的に確認することができる。

最初に掲げた「農村実態調査」報告書の定期市の分布についての見解を以上の結果と較べると、間島地方と吉林周辺の定期市の存在を無視している点と熱河の定期市を過大評価している点は不正確だが、それ以外は概ね正しい、ということになる。他方、岫巌、鉄嶺、遼陽、蓋平、開原、梨樹、錦県といった古い時代の県志の存在する場合でも稠密な定期市の分布は見られなかったので、「(五) 定期市はかつて南満の全域で繁栄したが、衰退しつつある」という見解は少なくとも積極的に支持することはできない。満洲では鉄道敷設以前から定期市は発達していなかった可能性を排除できない。

定期市網のかわりに満洲で機能していたものは、県城あるいは鉄道の駅が県全体の流通の独占的結節点となり、各地の農民がその中心地と直接に取引するという形態の機構である。石田（一九六四、二四二・二五七頁）は門馬（一九四一）などに依拠しつつこれを「県城経済」と呼称した。県城に雑貨商・糧桟・大地主などが聯号等の形態で相互に連携しつつ存在し、通常は零細な店舗商人と行商人を経由して農民と接触し、秋の収穫を担保とした金融を付ける。出荷時には農民が県城に現われて商人と取引を行う。県城は奉天・長春・哈爾濱といった大都市と移出入の交易・金融関係を持ち、この大都市は営口・大連・ウラジオなどの港湾都市と関係を持つ。この港湾都市を通じて中国本土（特に上海）および諸外国との関係が結ばれる。石田は図5-1のように、このような港湾都市―大都市―県城―農村と連なる樹状の組織の存在を主張したが、これはスキナーの重層的な網状の定期市機構とは対照的である。

表5-2は、附表5-1に記載されている県を定期市不在・希薄・顕在に分け、それぞれのグループについて面積と人口を合計し、グループごとの人口密度と県城人口比率を表示したものである。まず人口密度であるが、一九三五年のデータで定期市の「不在」が二五・一人、「希薄」が七五・四人、「顕在」が七二・七人となっている。一九四〇年の国勢調査データではそれぞれ三五・四人、八九・三人、九五・九人となっており、ほぼ同じ傾向を示して

いる。すなわち定期市の「顕在」と「希薄」は同水準の人口密度であるのに対し、「不在」の人口密度は極端に低い。人口密度が、何らかの「市」が立つかどうかと相関していることを示唆する。

一方、県城人口が県全体の人口に占める比率は、一九三五年データで定期市の「不在」が一〇・七%、「希薄」が九・八%とほぼ同水準であるのに対し、「顕在」が六・四%と低くなっている。一九四〇年のデータでは一八・一%、一六・二%、八・七%とこれも同じ傾向を示す。これは定期市の不在あるいは希薄な県では県城が唯一の都市であるのに対し、複数の定期市の見られる県では県城以外の都市があることを反映している。このような人口構造は「県城経済」の原因でもあり結果でもある。なぜなら、県城一極集中型の経済では県城に人口が集中するであろうし、また県城への人口集中は経済活動の県城への集中を促進するからである。この結果は、第2章で見た衛星写真の与えるイメージと矛盾しない。

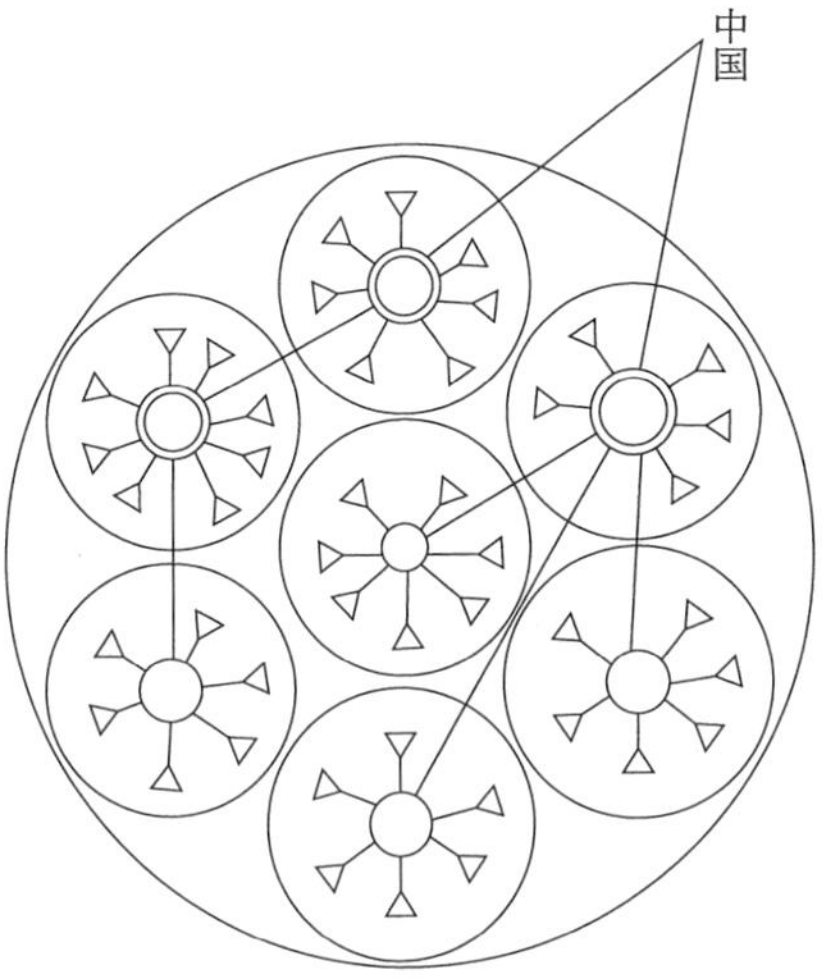

図 5-1　樹状組織

出典）石田（1964）251 頁。

表 5-2　定期市の存否と人口の関係

(1)　1935 年

定期市	県数	人口密度（km² 当り）	県城人口比率（%）
不在	43	25.1 人	10.7
希薄	26	75.4 人	9.8
顕在	21	72.7 人	6.4

出典）附表および満洲帝国国務院総務庁統計処（1935）より作成。

(2)　1940 年

定期市	県数	人口密度（km² 当り）	県城人口比率（%）
不在	47	35.4 人	18.1
希薄	26	89.3 人	16.2
顕在	22	95.9 人	8.7

出典）附表および満洲国国務院総務庁臨時国政調査事務局（1943）より作成。

注）どちらの表も奉天市，瀋陽県，斉斉哈爾市，新京特別市，長春県は加算していない。県数の違いは利用できるデータのない県を除いたため。

二　満洲の農村流通機構——スキナー・モデルとの違い

1　市場圏のサイズ

スキナー（一九六四）のモデルと四川における調査では、標準的な原基市場圏のサイズは一八村、千五百家族、七千人強、五〇平方キロ（≒3.14×4km×4km）であった。スキナーの研究のあと、何人かの研究者が中国の定期市のサイズについて、県志を用いた歴史的な実証研究を行っている（石原　一九八七；森　一九九二；姜　一九九六；Rozman 1982；龔　一九九八）。彼らの調査の結果は表5-3、表5-4、表5-5のごとくまとめられる。

これらのデータの最大の問題は、サンプル数が少なく、バラツキがあまりにも大きいことである。特に市場当りの人口・面積のバラツキは非常に大きい。にもかかわらず省レベルの平均値で見ると、いずれの推計も、人口で九〜一九千人、面積で三六〜六七平方キロに収まっている。

河北省定県には、一九三三年の『定県県志』に七八箇所、一九三三年の『定県社会概況調査』（李　一九八六）では八三箇所の定期市が記載されている。その分布は県城周辺に稀であることを除くと概ね均等であり、しかも「県城の定期市―中間規模の定期市―小規模の定期市」というきれいな三層構造を成している。別系統の二つの記録がほぼ同じ結果を示しているので、多数の定期市からなる階層的システムが形成されていたことは疑い得ない。こういった例が「典型」であって、定期市の記載の少ない県志は記録が不十分であったと看做すなら、定期市のサイズはスキナーの標準にさらに接近する可能性がある。少なくとも、かなりの数の例外を含みながらも、定県に見られるような定期市のネットワークが、相当広い範囲で存在していたことには多くの研究者の間で合意がある。

一方、前節で論じたように、満洲の定期市は「顕在」に分類される県でも分布がまばらで、個々の市場圏のサイズが大きい。階層構造を成しつつ県全体を稠密に覆うスキナー流の定期市網はほとんど観測されない。表5-6は

表5-1のなかで「定期市顕在」に分類されている県について、その市場数（M）・面積（S）・人口（P）を表示したものである。この表のS／MとP／Mはそれぞれ定期市一つ当りの面積と人口を示し、定期市のサイズを表現している。これらの値は、概ね南に行くほど小さくなる傾向があるが、京奉線沿線の諸県でも市場圏は中国本土に比して相当に大きい。

満洲各県のなかで最も市場数の多いのは柳河県である。全体としてこれほど稠密に組織立って定期市の存在する地域は満洲では珍しく、スキナーのイメージに比較的近いといえる。周辺の和龍県、延吉県も定期市が存在する。これらの県に共通する特徴は、朝鮮との国境沿いの山岳地帯にある、という点である。このあたりが朝鮮人移民の多い地域であることは注目に値する。同時代の朝鮮半島には稠密な定期市システムの存在が報告されており（朝鮮

表5-3　石原・森による定期市に関する省別数値

	市当り人口（千人）	市当り面積（km²）
山東省	9	46
河北省	16	40
江蘇省	16	36
安徽省	19	48

注）山東の市当り面積は安冨が再集計した数値。
出典）石原（1987），森（1992）。

表5-4　Rozmanによる定期市に関する省別数値

	市当り人口（千人）	市当り面積（km²）
直隷省	11	67
山東省	9	54

出典）Rozman（1982）pp. 105～107，龔（1998）312頁。

表5-5　姜による定期市に関する数値（清代河北・山東35州県）

	市数	村数	戸数（千戸）	人口（千人）
合計	875	15,883	1,491	7,938
州県				
平均	25	454	42.6	226.8
最大	90	1,620	163.7	909.4
最小	4	96	12.6	56.7
集市当り				
平均	—	18	1.7	9.1
最大	—	39	15.5	78.2
最小	—	8	0.7	3.8

出典）姜（1996）116～117頁。

表 5-6　集市圏のサイズ

県名	市数(M)	面積(S)(km²)	人口(P)(千人)	P/S(人/km²)	S/M(km²)	P/M(千人)
扶餘県	2	5,466	380	70	2,733	190
楡樹県	2	4,867	554	114	2,434	277
延吉県	5	7,201	245	36	1,440	49
和龍県	3	4,049	105	26	1,350	35
伊通県	3	4,608	356	77	1,536	118
遼中県	9	1,772	333	188	197	37
蓋平県	5	4,054	587	145	811	117
昌図県	8	3,650	537	147	456	67
懐徳県	2	3,121	303	97	1,561	151
永吉県	4	8,595	513	60	2,149	128
柳河県	16	2,652	142	54	166	9
興京県	9	5,456	289	53	606	32
海龍県	3	1,965	290	145	655	97
朝陽県	11	10,594	302	29	963	27
北鎮県	4	1,359	225	165	340	56
黒山県	6	2,154	323	150	359	59
台安県	6	1,192	207	174	199	35
盤山県	7	2,553	205	80	365	29
新民県	4	3,570	454	127	893	114
綏中県	8	2,462	236	96	308	30
義　県	9	2,902	342	118	322	38
寧城県	3	6,514	202	31	2,171	67
赤峯県	2	10,829	152	14	5,415	76
スキナー標準	—	—	—	—	50	7

注）市数は附表の各県についての最大集市数。
出典）面積・人口は満洲帝国国務院総務庁統計処（1935）。

総督府　一九二九)、その影響を受けていた可能性を示唆するからである。臨江県県城には定期市があるが、「定期開市日ハ三八日ニシテ顧客ノ大部分ハ朝鮮人ナリ」と言う（関東都督府陸軍経理部　一九一一、第二輯二一七五頁)。延吉・和龍県について見れば、間島総領事管区の人口二六万人のうち、朝鮮人が二〇万人と圧倒的多数を占める（外務省通商局　一九九一、第二回第二輯二頁)。一九四〇年になっても、延吉県四〇六千人のうち朝鮮人が二九九千人、和龍県一三八千人中一二五千人という構成になっており、事情はかわらない。ただし、柳河県は人口一八〇千人のうち二〇千人とそれほど多くはない（満洲国国務院総務庁臨時国勢調査事務局　一九四三b、一八四～一八七頁)。

この少数の例外を除くと南満洲の市場圏は、スキナーの標準に比して遥かに大きい。中国本土についての上述の諸研究の見積りと比較しても、市場当りの人口は大きく、満洲で最も市場の稠密な京奉線沿線の諸県でさえも、P／Mは二七千人～一一四千人と大きな値を示している。面積も同様に中国本土の平均値よりはるかに大きな値ばかり並んでいる。定期市が比較的顕著に存在する京奉線沿線でも、その定期市はスキナー・モデルの中心市場や中間市場のサイズであり、農民が直接アクセスするはずの原基市場のレベルを欠いていることになる。

ただし、このデータが完全ではない点を指摘しておかねばならない。この表に定期市数が三と記載されている寧城県について、満洲農村実態調査の報告書は市場に関する箇所で次のように述べている。

本県の市場関係につきて特殊な事情は県の平地地帯には調査屯の如き集市の立つ屯が一面に散在して之を中心として周囲大凡二三十支里の小屯が販売、購入のみならず農耕生産生活の全ての取引をなしてゐる事である。……この寧城平野とも称すべき老哈河の流域には次の二十二の集市の開く屯群がある。（二七八～二七九頁）

表5-6では寧城県の市場圏の平均面積と平均人口がそれぞれ二一七一平方キロと六七千人と計算されているが、市場数を二二とすれば両者はそれぞれ二九六平方キロと九千人となり、異常値というほどではない。スキナーの標準（五〇平方キロ、七千人強）に比して人口で一・三倍、面積で六倍程度となる。この資料は表5-6のデータが満洲の定期市の規模を過大に評価している可能性を示唆する。

しかしそれでも、この報告書のなかで寧城平野のこの機構が「本県の市場関係につきて特殊な事情」と表現されていることが重要である。このような機構は満洲では特殊であることを示しているからである。

2　行商人

スキナー・モデルの行商人は定期市を構成する主役であり、市から市へと廻ることになっている。行商人は、彼らの旅行日程を効率化するように市日の配置が決められるほどの重要性を持つ。とはいえ、この図式は中国本土の全ての地域に完璧にあてはまるものではなく、たとえばDuara（1988, p. 19）は華北農村慣行調査に依拠しつつ、行商人が村々を訪れることを指摘している。

満洲の行商人に関する記述はそれほど多くない。県志は全くというほど触れておらず、日本側の資料でも限られており、まとまった記述は第一節で利用した「農村実態調査」の報告書にのみ見られる。その限られた記述に従えば、満洲の行商人は屯から屯へと廻ることになっている。

たとえば南満についての「農産物販売事情篇」は、定期市の存在する遼陽県の行商人の写真を掲げ、

遼陽近傍に於ける行商人。ボタン、櫛、ピン、クリーム、白粉等の化粧品、安価な装身具から、針、糸等のこまごましたものを入れて部落から部落へと行商する。（iv頁）

というキャプションを付けている。また、同じく定期市の存在する新民県における鶏の取引形態について「殆んど庭先売買である。日用雑貨、菓子等と行商人によつて交換される場合もある」（一〇二頁）と述べている。

さらに、「定期市は全然見られない」とされる鳳城県の毛皮桟の写真のキャプションに、「行商人達が煙草や燐寸等こまごましたもので農民から物々交換によつて集めた豚毛を、この毛皮桟が買集め、毛の長さ、たてがみ等を分類し一括して奉天市場を通じて外商の手を経て外国方面及び北支方面に輸出される」（一四〇〜一四一頁）とあり、相当に重要な流通機能を持っていたことを伺わせる。

北満でも南満と同様に、「行商人達は一杆の棒に少量の商品を擔つて、屯から屯へと行商する」。彼らの取扱う商品の主力は針、糸、燐寸、鉢、椀、靴下、煙草などである。その重要な特徴は、現金売・掛売の他に物々交換も行うことである。農民から受取るものは主として豚や馬の毛、鶏や家鴨の卵である。これらは主として「針や糸、女の装身具、化粧品類或はマツチ等と交換されてゐる様である」という。これは、満洲の農民の家庭では卵が女性の

所有物とされており、行商人はその購買力を実現せしめて、女性の必需品と交換しているためである（満洲国実業部臨時産業調査局　一九八九a、四八頁、七一頁）。

もし行商人が全て屯から屯を廻るのみであれば、定期市は成り立たない。したがって行商人は定期市と無関係ではなかったはずだが、それでも県に定期市が二～三しかないような場合には、市場間を巡回するのも容易ではなかろう。現段階では満洲の定期市がどのように運営されていたかを明示する資料を発見できていないので確言はできないが、満洲の行商人は屯から屯へと売り歩くのが主流ということになろう。

3　北満

北満には一般に定期市が存在しないのであるから、スキナー理論に完全に反している。北満の流通を支えるのは輸出作物を買い付ける県城の糧桟群と、それと連携する雑貨商群であり、これを補完するのがより小さな街にある小雑貨店と屯を廻る行商人たちである。

ここでは、北満における流通機構を、樺川県の佳木斯を例にとって概観する。佳木斯は松花江沿いの街で、鉄道が敷設されたのは一九三七～四〇年にかけてと遅く、古い出荷機構が残存していた。満洲中央銀行出張員であった永島勝介による報告書（永島　一九三六）はこの鉄道敷設直前の出荷の様相を記録している。

佳木斯は東、南、西各方周囲六〇キロ以内の農村から特産物を吸収し、松花江経由で哈爾濱に出荷する機能を持つ。出荷は農家の自家用の大車によって行われる。自家用と言っても、辺境の開拓地を除くと、高価な大車を全ての農民が持っているわけではない。所有者は概ね富農・中農に限られる。大車を持たない農民は知り合いに依頼して運んでもらうことになる。佳木斯の周辺では馬車で何日もかけて出荷するようなことはない。佳木斯市中への運び込みは早朝を期して行われる。

農民から生産物を買い付けるのは「糧桟」と呼ばれる特産商である。糧桟は主として山東人の経営である。永島

（一九三六）には「主要な粮桟」として三二軒の商店が掲載されており、このうち一七軒の経理の「籍貫」が山東省となっている。糧桟の店員が路上に農民の馬車を待ち受けて価格の交渉を行う。交渉がまとまれば馬車を糧桟の院内に誘導し買取る。糧桟は「圓倉」と呼ばれる円形の簡易倉庫の並んだ広場を道路に面したところに持っており、その奥に事務所や倉庫のある建物がある。建物の後ろは川に面しており、春になって氷が解けるとそこから船に荷物を載せる。

特産物を買取った糧桟は農民に「粮票」と呼ばれる小切手を交付する。この小切手の発行者は佳木斯城内の雑貨商で、農民はこの小切手を雑貨商に提示して現金を入手する。この際、農民は雑貨商で必要なものを相当量買い付ける。平均して、現金の支払額は粮票額面の七割程度で、三割前後が雑貨商の売り上げになる。主要糧桟三二軒のうち一三軒が雑貨商を兼営しているが、これは上のような事情による。雑貨商を兼営していない糧桟も、特定の雑貨商と固定的な取引関係がある。農民は受け取った現金の一部で農具・馬具などを購入し、残りを村へ持って帰る。農民から買い付けられた特産物はそのまま春まで保管され、河川の凍結が融けるとともに、舟によって哈爾濱向けに移出される。このように北満の商品流通は強い季節性を持ち、県城を中心として集中的に行われるという特徴を持つ。門馬（一九四一、二八一頁）によれば北満の雑貨舗は一年の総売上高の七割前後を毎年九～一二月の出荷時期に売り尽すのが通例である。

もちろん、一年に一度の出荷時に一年に必要なものを全て購入できるわけではない。県城周辺の農民はその後も何度か県城を訪れるが、売却地と屯との間が相当遠距離の場合は、雑貨舗数軒～十数軒で構成される「主鎮」と呼ばれる付近の小集落で購入することが多い。県城があまりに遠い地域では、こういった「主鎮」が大規模化して蒐荷の機能を担うこともある。県城や主鎮から行商人が屯を廻り、針、糸、マッチ、簡単な装身具を供給する（門馬一九四一、二六一～二六二頁）。

先に引用した農村実態調査報告は「中満、北満はこの形態（定期市――引用者）を抜きにして一足飛びに近代的な様式を取り得た結果であらう」（満洲国実業部臨時産業調査局　一九八九b、四三頁）とするが、このシステムを「近代的」と呼ぶのは不正確である。その理由は、

（一）スキナーが重視する中間市場圏内部の輸送手段の近代化が全然見られない

（二）徒歩や大車で移動して、卵と針を物々交換する行商人の活動を近代的商業とは看做し得ない

（三）季節の影響をあまりにも強く受け過ぎている

の三点に求められる。定期市システムから固定店舗へ、という単線的発展過程を想定するのは、スキナー同様、西欧・日本型社会に特有の思い込みに過ぎない。

三　県城一極集中の理由

前節までの議論により、南満の定期市システムには、（一）原基市場のレベルが欠如しており、（二）行商人が村から村へと廻る、という特異性のあることが確認された。また、（三）中満には定期市は稀で、北満では全くといってよいほど定期市が存在しないことも示された。

本節ではこの現象の理由を考察するが、まず最初に、この特徴が「鉄道の影響」だけで説明できるものではないことを示そう。スキナーは定期市システムの存在している地域に鉄道が敷設されると、商品流通量が拡大することで定期市の数が急激に増えることを示している。スキナーの理論では、原基市場レベルの消滅という現象は、鉄道のような中心市場町間の交通機関の近代化とともに、中間市場圏内部の交通機関の近代化が達成されてはじめて生じることになっている。(4)

一九三〇年代の南満の交通事情がその段階に到達していたとは考えられない。(二)のような行商人の存在は、スキナー理論とは異なったタイプの伝統的市場システムを示唆する。また(三)の中北満の定期市の不在についても鉄道による交通の近代化だけで説明することはできない。移民が鉄道に乗ってやって来るとしても、鉄道から遠く離れたところに居住する場合には、近代的輸送手段の恩恵に浴することができない。国境付近の極端に不便な地域にも、あるいは呼蘭周辺のような人口の比較的稠密な歴史の古い地域にも、ともに定期市が見られない事実を説明するには、鉄道以外の理由を必要とする。

1　荷馬車

第3章で見たように、満洲の農村輸送の根幹を支えるのは荷馬車である。たとえば「農産物販売事情篇」は次のように述べる。

> 満洲農村にあつては大車が輸送機関としての王座を占める。農産物の運搬に於ても、土糞の運搬につて《ママ》も茎稈類の運搬にあつても總てこれが用ひられる。唯一の運輸機関であつて、欠くべからざるものである。……満洲にあつては殆んど總ての富農及び中農が、これを所持して居り、その富農の或るものは一戸で数台も所有して居る。……
>
> 通常南満にあつては経営そのものの集約化と経営面積の狭少化は大車の役畜数を減少させた結果から、先づ二頭曳き三頭曳きが普通になる。これに比して北満に於ては役畜の所有数が多くなるために、大車に附する役畜数は通常、五頭六頭となり、そうした頭数が一般的な形となる。(満洲国実業部臨時産業調査局　一九八九b、附録2)

満洲で荷馬車が農民の間に広く所有されていたことには二つの理由がある。第一は蒙古《モンゴル》との交易である。漢人農民の主として居住する満洲の平野部の西側は元来蒙古人の放牧地帯であり、清代の行政単位は蒙古の旗が多くを占めていた。漢人の入植によって牧草地が畑に変えられていったため、蒙古人は徐々に西へと移動を迫られ、行政単位も旗から県に変更されるところが増えていった。

蒙古人の主たる産業は牧畜であり、満洲の漢人農民は彼らから恒常的に牛馬の供給を受けられる立場にあった。『満洲地方誌』の奉天省の概観に「牛馬ハ多ク蒙古地方ヨリ輸入セラレ」（一六〇頁）とあり、また各県の「牧畜」の項で繰返し蒙古からの牛馬の輸入が指摘されている。蒙古地方との境界近くにあった各地の「主要物産集散状況」の記述には頻繁に蒙古への言及が見られる。たとえば法庫廳法庫門は蒙古地方への日用品の供給市場であり、かつ蒙古の産物の集散地でもある、と描写されている。洮南は新興の蒙古貿易拠点で巨大な牛馬市が形成されつつあり、一方で懐徳については、蒙古貿易が洮南等に移動して大打撃を受けた、という記述がある。また錦県錦州や義州県清河門では、蒙古人が夏季に牛馬を数百頭連れて周辺の農夫に売りに来る、とある。蒙古人の家畜供給力はかなりのものであり、日露戦争の際に両軍が競って膨大な数の家畜を需要した時でも、満洲における家畜需給関係は深刻な影響を受けなかったという（関東都督府陸軍経理部　一九一一、第一輯第二巻、一九六〜二五六頁）。

この事情のゆえに満洲の漢人農民は華北に比して容易に馬を入手することができた。表5-7は満洲と華北についての家畜数調査を比較したものであるが、満洲における馬の千人当り保有数が六六・二と華北の七倍になっていることがわかる。

荷馬車を曳くのは馬であるが、荷馬車そのものを作るには木材が必要である。満洲はこの点でも中国本土に比して有利な立

表5-7　満洲と華北の人口千人当りの家畜頭数

（単位：頭）

満洲	奉天	吉林	黒龍江	合計
牛	39.5	12.3	48.3	33.3
馬	51.0	66.9	115.7	66.2
騾馬	14.2	31.1	26.5	21.0
驢馬	24.0	13.9	12.4	19.2
華北	河北	山東	山西	合計
牛	29.2	61.9	111.9	57.4
馬	8.7	11.8	1.4	9.1
騾馬	26.6	16.1	7.3	18.7
驢馬	47.4	55.0	17.1	46.5

注）満洲は1920年代後半，華北は30年代前半のデータ。
出典）南満洲鉄道株式会社臨時経済調査委員会（1928）6〜8頁，南満洲鉄道株式会社調査部（1942）348頁，790頁。

場にあった。第1章および第3章で見たように、膨大な森林が大小興安嶺および長白山系を中心として各地に広がっており、大量の木材を伐採することができた。特に荷馬車の車軸と轅をつくるのに相応しい木材（楚楡［檀木：オノオレカンバ］と楡［ハルニレ］）が長白山系の鴨緑江太子河流域から供給された。安奉線沿線から伐採が始まったが、短期間で枯渇し始めたため、鴨緑江沿岸へと伐採地域が拡大した。ある推計によれば、一九二七年に六・三千トンが安奉線沿線から、一二・九千トンが鴨緑江沿岸から出荷された。この量は二万七千台の荷馬車に相当するという（南満洲鉄道株式会社臨時経済調査委員会　一九二八、五一〜五六頁）。

この蒙古地方からの馬の供給と、長白山系からの木材の供給により、満洲では農民が比較的容易に荷馬車を使うことができた。満洲では一般に中農以上は荷馬車を持っていたと言われ、所有していない農民もその親族や近隣の者から借りる習慣があった。また、農耕に馬を使役しない冬季は農民が盛んに副業として馬車輸送を行うため、競争によって運賃が低廉となる傾向があった（南満洲鉄道株式会社臨時経済調査委員会　一九二八）。

奉天省法庫県の県城について『地名辞典』は次のように書いている。

> 糧市の最も盛なるは冬季七月（一〇か一一の誤植——引用者）より翌年二月に至る間にして、一日の来集多きは大車二百輛に上り、普通は八十輛—百輛とす。

ここで市に参加する人間の数ではなく、大車の数を示していることに注意すべきである。南満洲でも、冬季にはかなりの数の農民が大車に乗って県城にやって来るのである。

南満において形成されていた定期市も、この馬車輸送システムを前提としていたために、一般に市場圏の面積が広かったと推測される。農民が徒歩ではなく馬車で来るのであれば、わざわざ小さな定期市を各地に設ける必要はない。

一方、行商人が村から村へと廻る理由は次のように説明できる。このようなシステムの下では女性や子供が遠くの県城に行くことは難しい。なかなか県城へやって来られない女子供を相手にした行商人が村から村へと廻るのは合理的である。また、夏季は道が荒れる上に馬が農耕に使われて、男も移動が困難になる。しかも農民の支出は冬季に集中しており、夏季に定期市を維持することはできない。このような場合には行商人が個別に屯を廻るしかないであろう。

このような地域に鉄道が敷設されて人口や物資の流通が急増した場合には、定期市を一時的に繁栄させる効果が顕在化する以前に、固定店舗を多数有する商業中心地が成立するのではなかろうか。このように考えれば、スキナーの言うような鉄道敷設の定期市促進効果が満洲で見られなかったことも説明できる。

しかも、このような馬車輸送システムが満洲に広がるためには、清朝の圍場体制の崩壊と、鉄道敷設が必要であった点に注意せねばならない。第3章でも見たように、長白山系はながらく清朝の聖地として一般人の立ち入りが強く制限されており、それゆえに豊かな森林資源が残っていた。また、蒙古旗人の管理する広大な牧場があり、そこに大量の馬が飼育されていた。圍場体制の崩壊により、この二つの資源が漢人に利用可能となり、それが鉄道の輸送力によって大量に運ばれることで、馬車輸送システムが急成長したのである。

2　凍結による輸送・貯蔵コストの低下

明代以降の中国では、公的権力はほとんど道路の整備維持に関心を示さなかった（Eastman 1988, pp. 103-107）。それゆえ道路は荒れるにまかされ、少しでも雨が降ればぬかるみになって車両の通行は著しく阻害される。スキナー理論の前提のひとつは、このような交通コストの高いところで効率的に流通を行うには定期市が相応しい、という点にある。

満洲の道路事情も本土とほぼ同様であったが、ひとつだけ重要な違いがあった。それは満洲の冬が長く厳しいということである。冬になると道路であろうと、畑であろうと、河であろうと、全てが凍結する。そうすると、馬車等による移動・輸送コストが激減する。言い換えれば、冬季の数ヶ月間は満洲の道路事情は「近代」レベルになる。

たとえば「農産物販売事情篇」は次のように述べる。

> 積載量は冬季と夏季では全く趣きを異にし、冬季はその寒冷の為に道路は堅く凍結し、どんな舗装道路にも勝る好適な状態を作り出すから、積載量も従つて大きくなる。馬一頭につき二五〇瓩見当の割合で四頭曳きにあつては略々一噸のものを運搬し得る。
>
> 夏季の泥濘期にあつては趣きは全く異なり、大車の自重が頗る大きい上に積載量が加はるので、車両を没するの態の状況は至る所に見られ、積載量は道路の如何によると言へるが、普通半減する。北満の湿地帯にあつては夏期は大車が全然用をなさず、車輪の直径の頗る大きい車体の軽い大軲車《タークルチョウ》を使用する。(満洲国実業部臨時産業調査局　一九八九b、附録2)

冬季の厳しい気候は単に道路事情を改善するだけではなく、すべての物を冷凍してしまうことから、輸送の際の物資の損傷を抑制する効果もある。たとえば、夏季に斉斉哈爾周辺で魚を捕獲しても斉斉哈爾にしか販売できないが、冬季結氷期に川の氷に穴を空けて釣られた魚は瞬時に凍結し、北はブラゴヴェシチェンスク、東は綏化、呼蘭、哈爾濱地方、南は蒙古および奉天地方にまで移出される。結氷期には数ヶ月間も腐敗の恐れがないからである(外務省通商局　一九九一、第五輯一八一頁)。

満洲の主要生産物である高粱・大豆・粟などは秋に収穫されるが、すぐに出荷しない場合には畑に積み上げられるか、簡易な倉庫に入れて保管される。冬季には気温が零下二、三十度に下がり、しかも著しく乾燥しているので、このような方法で保管しても収穫物は痛まない(満洲国実業部臨時産業調査局　一九八九b、附録1)。

このように冬季の満洲においては、農民が凍結した物資を大車に載せて遥か遠方まで任意の方向に輸送することがでた。この完全舗装・完全冷凍の馬車輸送システムに鉄道が連結したことで、中北満における一見近代的な流通システムが形成されたのではないだろうか。

3　物資流通の強い季節性

満洲の特異な農村流通機構を理解するには、もう一つの要因を考える必要がある。それは、満洲が輸出指向の強い大豆の生産に大きく依存していた事実である。農村から県城へ、県城から港湾へ、大量の大豆が一斉に出荷される。この流れは農民に現金所得を与えるが、強い現金制約の下にある彼らはこの時期に集中的に購買行動を起こす。それゆえ逆方向の綿製品等の輸移入も冬季に集中することになる。しかも上述のごとく満洲では冬季に輸送コストが激減するので、物資の流通はますます冬季に集中的に行われることになる。このような条件の下では一年間にわたって定期的に市場を開く意味は乏しくなる。

もちろん、農業を軸とした経済では常にこの種の現象が見られ、中国本土も例外ではない。河北省定県東亭鎮の家畜市は農繁期の開始の三月と農閑期の始めの七月に繁盛する。昌黎県の市場は、麦と豌豆が収穫される旧暦六月前後と、八月から年末に市が盛んとなる。ある市場の例では、繁盛する季節には三千人が集まるが、農繁期には四十余人しか集まらないこともある（李　一九九八、四四～四五頁）。

しかし満洲の物資流通の季節性はもっと極端である。物資の流通は一一～二月に集中的に行われる。それが、国際輸出作物である大豆に強く依存しているためであることを

表5-8　浦塩港輸出高

（単位：百万プード）

	全輸出品	大豆	比率(%)
1909	19	13	71
1910	24	15	66
1911	35	26	75
1912	28	19	70
1913	31	21	66
1914	29	18	61
1915	36	25	69
1916	32	19	60
1917	34	20	58
1918	16	5	34
1919	17	3	17
1920	10	2	25
1921	25	10	39
1922	37	22	59

注）1プード＝16.3080496キログラム。

出典）全露農産博覧会沿海東京事務局（1927）311～312頁。

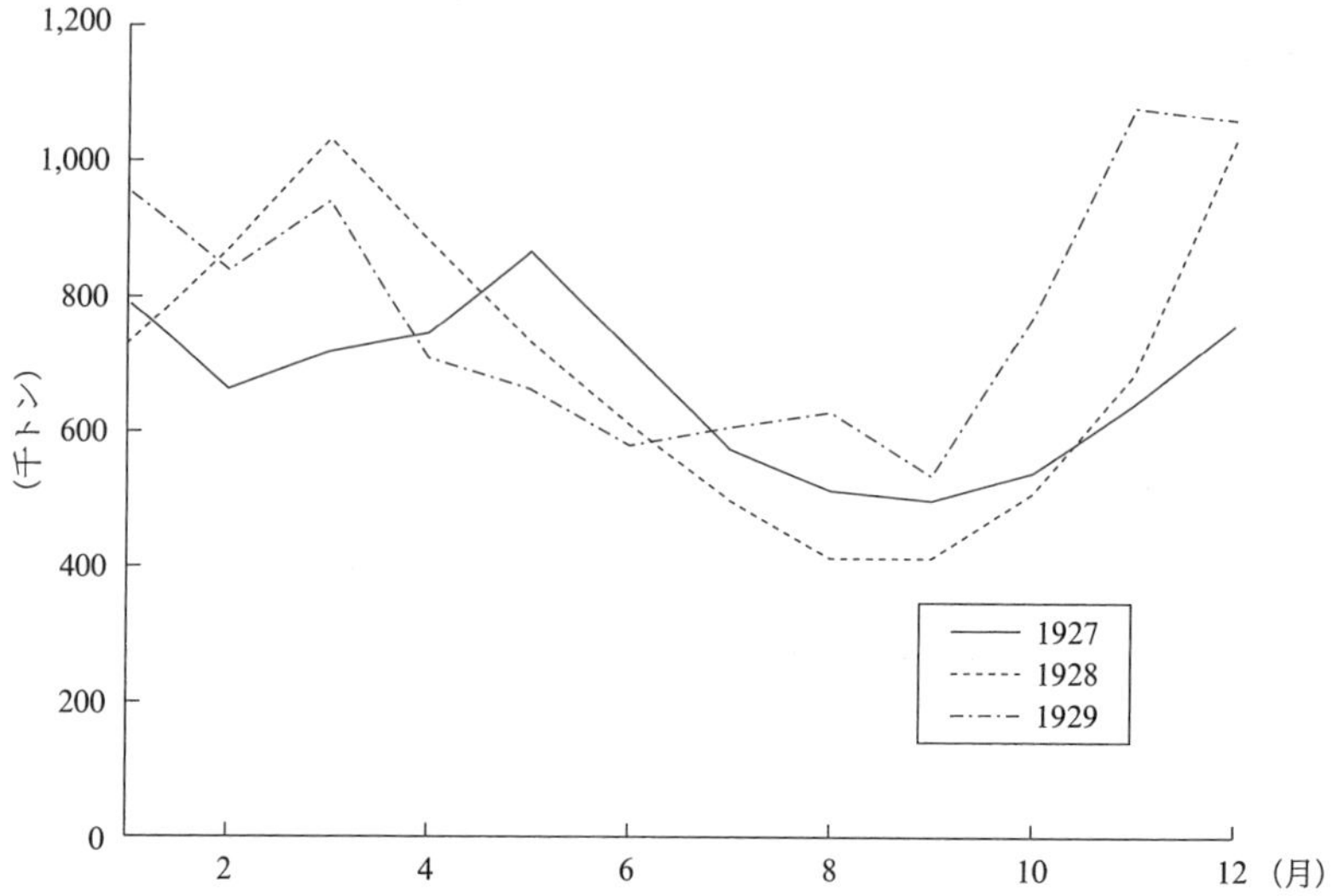

図 5-2　満鉄月別運輸成績（大連貨物到着）

出典）『大連経済年史』（大連商工会議所）昭和 3〜6 年版。

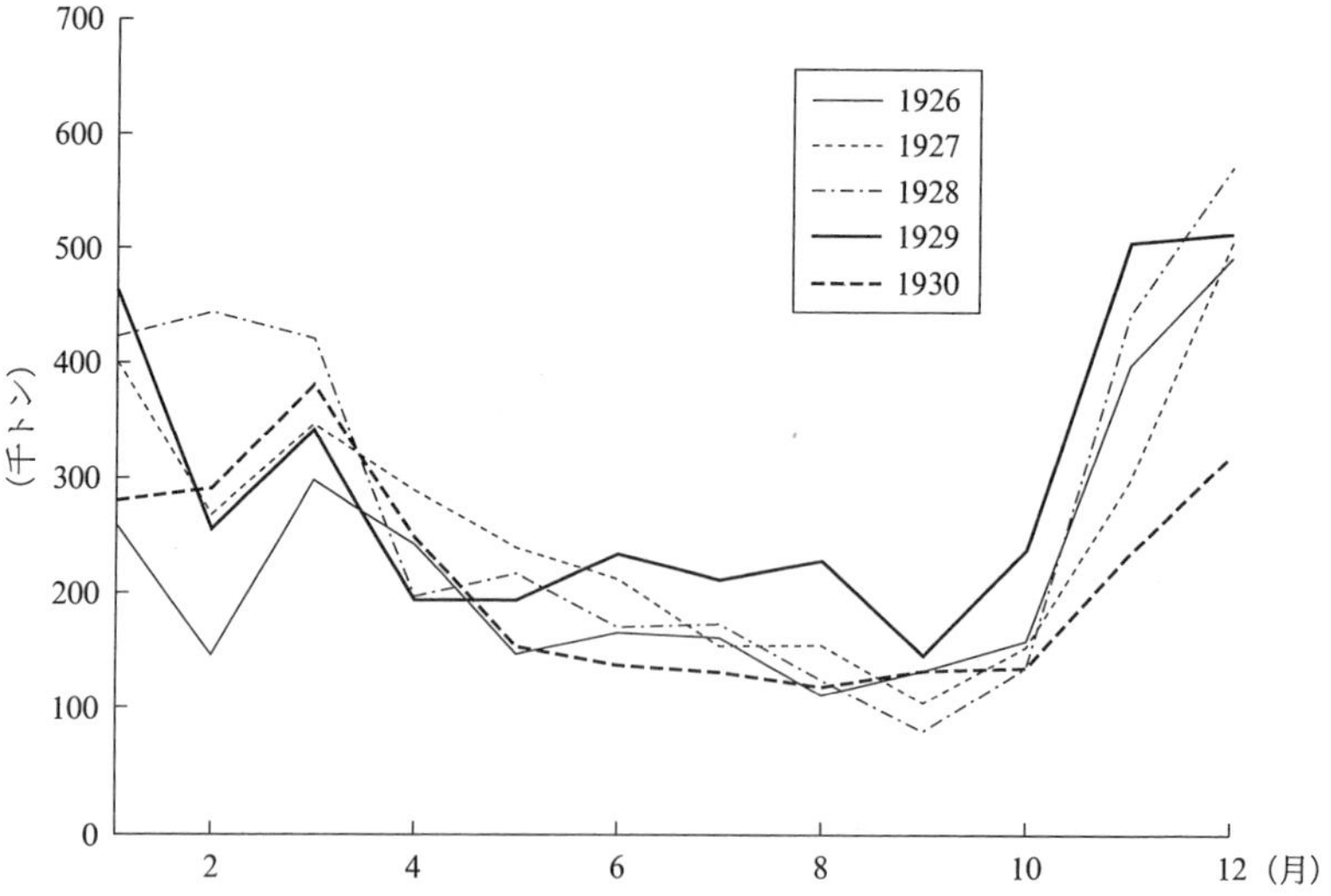

図 5-3　東清鉄道の穀物輸送統計

出典）『中東鉄路年報 1931 年版』（満鉄哈爾浜事務所）哈運資料第 9 号。

以下で確認しよう。

まず満洲経済における大豆の地位の高さを見ておこう。満洲の主要農産物作付面積に占める大豆の割合は、一九二五年二五％、一九三〇年三一％、一九三五年二六％と安定して四分の一前後を占めており、満洲国の大豆統制の導入を嫌って農民が大豆から自家消費作物への転換を行った一九三九年でも二五％を保っている（建国大学満洲経済実態調査班　一九四一、三一頁）。

流通の側面から見るとその地位の高さはさらに歴然としている。表5-8はウラジオストック港の一九〇九～二二年における輸出高に占める大豆関係商品の比率を示すが、ロシア革命直後の一八～二一年を除くと六～七割を維持している。南満洲鉄道『大連貨物年報』各年版によって大連港における総輸出品に対する大豆のシェアを計算すると、一九二〇年一〇月～二一年九月の特産年度中では六九％を占める。一九二九年一〇月～三〇年九月の特産年度では石炭輸送が急増したため大豆のシェアは相当下落するが、それでも三六％を占める。また、図5-2は南満洲鉄道の大連貨物到着を、図5-3は東清鉄道の輸送統計を示すが、このグラフは大豆の出荷パターンに従って、鉄道輸送全体が強い影響を受けていることを端的に表現している（第8章も参照）。

四　考　察

最後に、県城経済の持つ社会的・政治的意義について考察してみよう。現時点では、以下の議論は十分な証拠による支持があるとは言い難く、論理的な推察を含んでいる点を御了解いただきたい。

まず、農民が大豆という輸出作物を多く生産しており、農民と県城の大豆輸出商・雑貨輸入商との関係が強かったことに注目したい。このため満洲においては、県城と農村が中国本土ほどには断裂していなかったと推定できる。満洲事変以前の大豆急成長期においては、農民は夏季に秋の収穫を担保として県城の雑貨商から信用によって物資を調達し、収穫期には雑貨商と関係の深い糧桟に大豆を売却した。農村内部でも大車を所有する上層農民は、所有しない農民の生産物を県城に運んだり、あるいは大車を貸与するというような関係を持つ。また北満では一般に、県城に住む地主による大土地所有が見られ、地主の小作人への影響力が相対的に強かった。かくして県城の農村掌握力が強くなったと考えられる。

満洲事変の際に、官銀号が接収されて各地の金融が梗塞するという事態が発生したが、多くの県で県城商人が協力して県知事の許可を得るなどして、県独自の紙幣を大量に発行した。この紙幣の発行主体は各県の治安維持会の別動隊とでも言うべき組織であった。最終的には数十県でこのような紙幣が発行されており、一九三三～三四年に満洲中央銀行の小額紙幣・硬貨の大量発行によって代替されるまで流通を継続した。満洲事変下の治安維持会は日本側の使嗾によって形成された無力な団体ではなく、県レベルでこのような自律的活動を行う力を保持していた。日本側はこの発行には関与しておらず、事変後しばらくして各地に赴任した自治指導員・県参事官は一様にこの紙幣に驚愕しており、彼らが最初に取り組んだ重要な業務の一つはこの県流通券の整理であった。満洲事変の下で猛烈な金融梗塞に直面した際に、個々の商店が勝手に私帖を発行するのではなく、治安維持会等を構成する商人たちが県レベルでまとまって紙幣発行を行ったという事実は、満洲において県城への政治力の集中度が高かったことを示唆している（次章を参照）。

満洲の商会は「従来満洲社会ニ於テ厳然タル存在トシテ絶大ナ勢力ヲ振ツテ来タ」（満洲国実業部臨時産業調査局一九三七、一五頁）と言われ、都市行政のかなりの部分を担うなど、しばしば強い政治力を持っていた。この政治力の基盤のひとつが彼らの農民掌握力にあった可能性がある。満洲事変の際に各県で結成された治安維持会等の自治組織はこの商会を背景としていたものと見て間違いはない。

表5-2で示したように、県城人口が県全体の人口に占める比率は、定期市の「不在」あるいは「希薄」な県に

おいて高くなるという関係が見られた。人口が県城に集中しているなら、県内の政治活動もまた県城に集中した可能性が高い。これもまた県城の政治力を高める効果を持つ。これに対し、たとえば河北省定県では全人口が三九七・一千人に対し、県城は城内が一一・五千人、東西南の三関が四・〇千人の合計一五・五千人に過ぎず、その比率はわずか三・九％である。

南満洲鉄道（一九三九）によれば、一九三〇年代の山東省の人口は三千数百万人であり、人口密度は一平方キロ当り二百人を越える水準に達する。ところが人口五万人以上の都市は青島（四七万人）、済南（四四万人）、芝罘（一七万人）、威海衞（一五万人）以下の一一箇所に過ぎない（東亜研究所　一九四〇、八二頁）。一方、一九四〇年の満洲国の人口は四千三百万人であり、人口密度はわずか三三人であった。最も人口密度の高い奉天省でさえ一三八人に過ぎない。ところが奉天（一一四万人）・哈爾濱（六六万人）・新京（五五万人）をはじめとして人口五万人以上の都市が三〇箇所もある。人口密度が山東より遥かに低い満洲でより多くの都市が形成されるという現象もまた、経済力・政治力の県城への集中の原因でもあり結果でもある（満洲国国務院総務庁臨時国勢調査事務局　一九四三a、一三～五三頁）。

張作霖政権は一九一〇年代に短期間で東三省の政治権力を統一し、二〇年代には中原に打って出るが、この政治的急成長は上の県城一極集中経済がもたらす県城への政治力の集中に起因していたのではあるまいか。張政権の成長した一九一〇～二〇年代に大豆輸出が急伸したが、これは上述の県城商人と農民の関係を強化したはずである。張政権は大豆流通の最終段階を掌握し、自己の支配下銀行に紙幣を増発せしめることで大豆を買付けて輸出し、日本圓・ポンドといった外貨を獲得した。この資金で近代兵器を輸入して兵力を飛躍的に増強したが、この兵力増強は対関内の軍閥間抗争での力量拡大のみならず、張政権の東三省内部の政治的基盤を強固にすることにも貢献したであろう。軍事力拡大による域内基盤強化は、県レベルでの同政権の権威を上昇させてその支配力を高める効果も持ったはずである。この政治機構の強化と安定化により、農民が安全な自家消費作物からよりリスクの高い大豆の

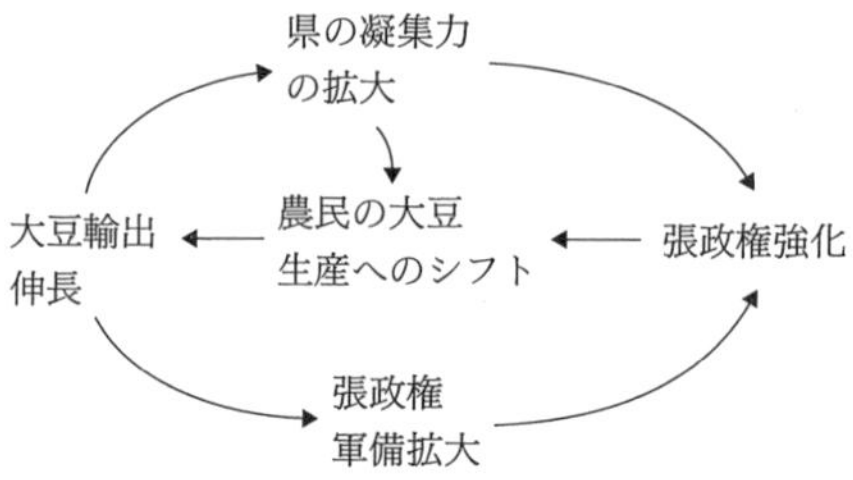

図 5-4　満洲において作動していた要因間の相互促進のループ

商品生産へシフトすれば、相互強化の円環が閉じる。この関係は図5-4のように図式化できる。この相互に促進しあうループが満洲では作動しており、東三省の大豆輸出は急伸し、同時に中国本土よりも急速な政治的・経済的統一が進行したのではなかろうか。

一九三〇年代にはいると、日本軍が満洲事変を発動し、これも短期間で満洲国建国に成功し、また幣制統一に成功した。建国後の治安維持活動も比較的順調に進展し、一九三五～三六年には満洲国は相当の安定を達成した。一九四三年以降には、政府による農村の生産物の強制的買付けが相当に成功するところまで、満洲国の農村掌握力は高まる（安冨　一九九七）。このような掌握が可能であったのは、張政権時代に県城へ政治力が相当集中していたことに由来すると考えられる。

この成功は日本軍の華北における失態と対照的である。満洲国では少数の兵力で「面」を抑えることができたのに対し、華北ではより多くの兵力を投入しながら「点と線」しか支配することができなかった。この差の原因のひとつを、華北の市場システムが分散的・ネットワーク的な定期市型であったのに対し、満洲がツリー構造の県城一極集中型であったことに求め得ないだろうか。満洲では、県城をおさえればそれより下流に位置する農村を相当程度掌握することが可能であり、それゆえゲリラの活動範囲は相当に制約された。ところが華北では、県城をおさえてもネットワークの一部を確保したに過ぎず、その下位農村はネットワークを変形させることでこれに対応し、その「場」に多数のゲリラが残存して根拠地を構成し闘争を継続し得た、と理解することができる。

満洲の冬、蒙古馬、長白山系の森林、大車、鉄道、大豆、県城経済、人口の都市偏重、県城の高い政治力、軍備拡大等々はそれぞれに寄与し合い、相互にその効力を強める関係にあった。こうして形成されたシステムは二〇世紀初頭に作動を開始した。日本やロシアの帝国主義的投資もこのシステムの重要な一部を構成していたであろうが、このシステムの運動の「原因」ではない。満洲において形成されたこのシステムは二〇世紀前半期を通じて発展を継続し、辺境が先進地域となる「奇跡」を実現したのである。

附表 5-1　満洲各県における定期市の有無

	県名	地名辞典	地方事情	県志	産調資料
1	長春	毎日 1			
2	伊通		旬一 1 旬三 2		
1	九台	旬一 1			
0	樺甸		無	1932 年無	
1	盤石	毎日 1			
2	永吉	毎日 1 旬五 1 旬三 2			
2	楡樹	毎日 1 旬三 1	県城 1 旬三 1 結氷期の集市 1		
2	扶餘	旬五 2	無		
2	懐徳	毎日 1 旬三 1		1929 年無；1934 年無	
1	斉斉哈爾市	毎日 1			
0	泰来		無		
0	景星		無		
0	甘南		無		
0	鎮東			1927 年無	
0	開通		無		
0	洮南		無		
0	克山		無		
0	克東		無		
1	綏化	毎日 1（偶数 1＋奇数 1）	県城多種市	1921 年無	
1	海倫	毎日 1			
0	嫩江		無		
0	依安			1930 年無	
1	璦琿			1920 年県城（百雑市＋牲畜市）	
0	奇克		無		
0	遜河		無		
0	烏雲		無		
0	方正			1919 年無	
0	依蘭			1920 年無	
0	樺川			1927 年無	
0	通河		無		
0	仏山		無		
0	密山		無		
0	饒河		無		
0	寧安		無	1924 年無	
0	阿城		無		
0	賓			1929 年無	

	県名	地名辞典	地方事情	県志	産調資料
1	双城			1926年県城各種市1	
0	珠河			1929年無	
1	呼蘭	毎日（銀市のみ）1	無	呼蘭府志1915年定期市ナシと明記；1930年無	
0	巴彦			呼蘭府志1915年定期市ナシと明記	
0	木蘭		無	呼蘭府志1915年定期市ナシと明記	
0	郭爾羅斯後旗		無		
2	延吉	旬二5			
2	和龍	旬二3	無		
0	安図			1910年無	
1	通化		無	1927年県城旬三＋多種市；1935年県城旬三＋多種市	
1	臨江			1935年県城に旬二2	
0	長白		無	長白徴存録1910年無	
0	撫松			1930年無	
1	輝南			風土調査録1919年無；1927年県城に旬一3	
2	柳河		月二十回16		
0	輯安			県郷土志1915年無；1930～31年無	
1	安東			1930～31年県城多種1	
1	岫巌			志略1857年無；1928年県城に柴草市の記述	
0	桓仁		無	懐仁県志1910年無；桓仁県志1930年無	
1	荘河			1921年無；1934年県城多種市	
0	寛甸		無	志略1915年無	
1	鳳城		無	毎日1県城多種市1	
1	奉天市	毎日1			
1	営口市		家畜市旬三2		
1	瀋陽			1916～17年県城毎日市多種	無
0	本渓		無		
1	鉄嶺		無	1677年県城旬一3；1917年県城多種市1；1932～34年県城多種市1	無
0	遼陽			州志1681年無；1908年無；1928年無	
0	撫順			1911年無	
2	遼中	旬三3		1930年旬五1旬三7旬二1	旬五1
2	新民	毎日1旬三1		府志1909年無；1926年毎日1旬三2不明1	毎日1
1	法庫	毎日1			無
2	蓋平			1682年無；郷土志1920年県城多種（騾馬集市のみ旬三）+旬三4；1930年毎日1（牲畜市は旬三）旬三4	旬三1
0	復			1920年無	
2	興京		無	1925年毎日9；1936年毎日7	
1	海城	毎日2（牛馬市のみ旬三1）		1909年馬市旬三1馬市不明6；1924年県城多種市1馬市不明7；1937年多種市2	

	県名	地名辞典	地方事情	県志	産調資料
1	開原	毎日 2		1684 年無；1857 年県城多種市 1；1917～18 年県城多種市 1；1929～30 年県城多種市 1	
0	西豊		無		
1	梨樹	毎日 1（偶数 1＋奇数 1）	無	奉化県志 1885 年県城毎日 1（偶数 1＋奇数 1）旬五 1 旬三 1 毎日 2；1934 年「市場」7 鎮列挙も無	
0	雙遼（遼源）		無	郷土志無	
2	海龍	毎日 3	無	1913 年無；1937 年無	
1	東豊	毎日 1	無	1931 年県城多種市 1	
1	西安	不明 1		1911 年無	
0	長嶺		無		
2	昌図	毎日 1 糧市旬三 3 牛馬市毎日？不明 1	無	府志 1910 年無；1916 年県城多種市毎日 5 旬五 1 旬三 1；1935 年無	
0	阜新			1935 年無	
1	錦			府志 1682 年無；1921 年県城多種市 1	
1	錦西		無	郷土志 1917 年県城各種市；1929 年県城菜市旬三	
1	興城		無	1927 年県城多種市	
2	綏中			1927～29 年県城多種市 1 旬五 2 旬二 5	
2	義			1931 年県城多種市 1 毎日 2 旬三 5 集期逢五排十隔 1	
2	北鎮	毎日 1 旬四 1	毎日 1 旬三 1	広寧県郷土志 1908 年無；1933 年県城各種市 1 毎逢周期 3	
2	盤山		無	1934 年旬三 7	旬三 6
2	台安		旬四 1 旬三 5	1930 年旬四 2 旬三 4	
2	黒山	旬二 1 旬三 2	旬二 1 旬三 5		
0	彰武		無	1933 年無	
2	朝陽	毎日 1		1929～30 年無；1936 年旬四 2 旬三 4 旬二 5	
0	承徳			1910 年無	
0	隆化		無	1919 年無	
2	寧城	旬三 1 旬二 2			
1	平泉	畜産市旬二 1			
2	赤峯	毎日 1 旬四 1			
0	林西		無	1931 年？無	
0	扎賚特旗		無		

出典）本章第一節の資料の解説を参照。

注）第 1 列の {0,1,2} は，0＝定期市不在；1＝定期市希薄；2＝定期市顕在をそれぞれ意味する。第 3～6 列の「旬二 3」などは「旬に二回開かれる定期市が 2 カ所ある」ことを，また「無」は「集市についての言及なし」をそれぞれ意味する。「県志」の列の年号はその年に編纂された県志類を示す。

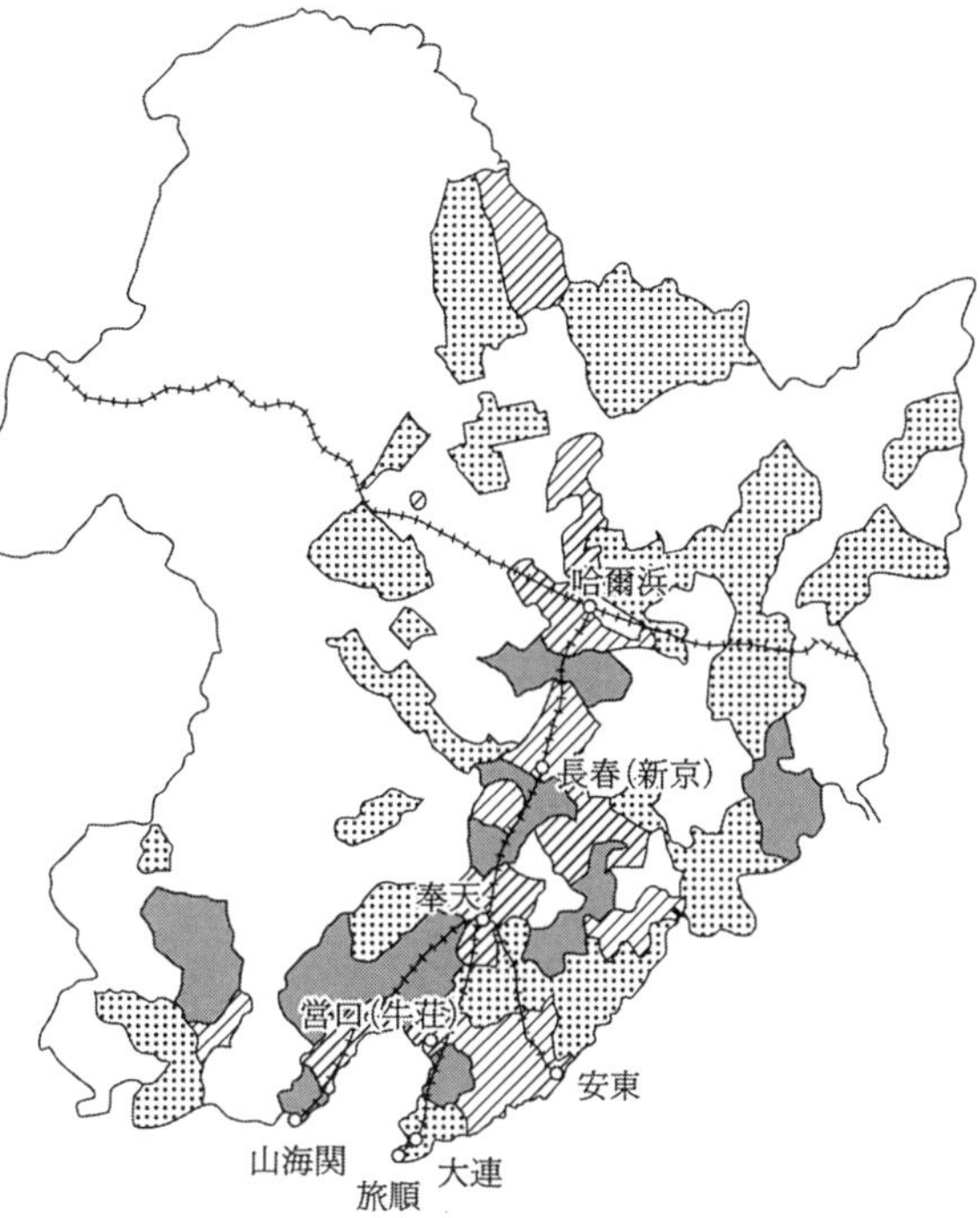

附図 5-1　満洲における定期市の分布状況

▨は定期市顕在，▨は定期市希薄，▨は定期市不在を示す。
空白の県は資料が見当たらなかった県。┼┼┼は鉄道。

注

（1）本章は安冨歩「定期市と県城経済—一九三〇年前後における満洲農村市場の特徴—」（『アジア経済』第四三巻第一〇号、二〇〇二）に加筆訂正したものである。

（2）スキナーの三本の論文を一冊の本として翻訳した今井らによる日本語版があるが、この翻訳は判読不可能なくらい悪質である。この訳本ではstandard marketを「標準市場」と訳しており、この訳語が定着傾向にあるが、明らかにこれは誤訳である。斯波（一九六六）はこれを「原基市場」としており、この方が遥かに優れているので、本章ではこれに従う。なお、中国では

「基本集市」と訳しており、これが一番素直な訳であるが、訳語をあまり増やすのも賢明ではないので、斯波に従うものとする。

（3）　塚瀬（一九九三、四五頁）の註27には、同じ資料に依拠した以下の記述がある。「東北において定期市は、漢人が居住をした歴史の古い南部にしか存在してなかった。北部は東支鉄道の敷設以後、急速に開発された地域であったので、流通機構は当初より鉄道を軸として形成されたため、定期市が生じる必要性はなかった。」この問題に着目した研究者は筆者の知る限り塚瀬のみであるが、残念ながらこれ以上の検討を行わなかった。

（4）　交通近代化による定期市の消滅という現象が実際には生じていないことについては第12章を参照。

文献

〈日本語文献〉

石田興平　一九六四『満洲における植民地経済の史的展開』ミネルヴァ書房。
石原潤　一九八七『定期市の研究―機能と構造―』名古屋大学出版会。
外務省通商局編　一九九一『満洲事情（復刻版）』大空社。（第一回 第一〜五輯（一九一一〜一九一五年）、第二回 第一〜八輯（一九二〇〜一九二四年）：全九巻）
関東軍参謀部　一九三二「満洲事変直後ニ於ケル奉天省行財政ニ関スル詳報」（関参第一七四号、一九三二年一一月：アメリカ議会図書館所蔵）。
関東都督府陸軍部編　一九〇八『東部蒙古誌 草稿』。
関東都督府陸軍部編　一九一四『東部蒙古誌補修 草稿』。
関東都督府陸軍経理部編　一九一一『満洲誌 草稿』。（復刻版、二〇〇〇〜二〇〇二年、クレス出版）
建国大学満洲経済実態調査班　一九四一「満洲大豆の研究」建国大学研究院『研究期報』第一輯。
国立国会図書館参考書誌部アジア・アフリカ課編　一九六九『中国地方志総合目録：日本主要図書館・研究所所蔵』国立国会図書館参考書誌部。
全露農産博覧会沿海東京事務局　一九二七『露領沿海地方の自然と経済』南満洲鉄道株式会社庶務部調査課編、露亜経済調査叢書、大阪毎日新聞社。
斯波義信　一九六六「G・ウィリアム・スキナー著『中国農村社会における市場・社会構造』：批評と紹介」東洋学術協会『東洋学報』第四九巻第二号、九九〜一一五頁。
朝鮮総督府　一九二九『朝鮮の市場経済』。

塚瀬進　一九九三『中国近代東北経済史研究―鉄道敷設と中国東北経済の変化―』東方書店。
東亜研究所　一九四〇『省別に見たる黄河流域地誌其ノ一（山東省）』資料丙第百十三號D（二委内一・中間報告・第八號）。
中生勝美　一九九二「華北の定期市―スキナー市場理論の再検討―」宮城学院女子大学『キリスト教文化研究所 研究年報』第二六号、八三～一二三頁。
永島勝介　一九三六『佳木斯を中心とする河下特産事情』満洲中央銀行調査部 調査資料A 第四〇号。
野間清　一九九六「『満洲』農村実態調査遺聞」井村哲郎編『満鉄調査部―関係者の証言―』アジア経済研究所、四一～六六頁。
満洲国政府大同学院編　一九三四『満洲国地方事情 概説篇』大同印書館。
満洲国実業部臨時産業調査局編　一九八九a　産調資料（四五）ノ（四）「販売並に購入事情篇」『農村実態調査報告書』第四巻、一九三七年、満洲図書。（復刻版、一九八九、龍渓書舎）
満洲国実業部臨時産業調査局編　一九八九b　産調資料（四五）ノ（一〇）「農産物販売事情篇」『農村実態調査報告書』第一〇巻、一九三七年、満洲図書。（復刻版、一九八九、龍渓書舎）
満洲国実業部臨時産業調査局編　一九三七『満洲ニ於ケル商会（増補）』。
満洲国国務院総務庁臨時国勢調査事務局　一九四三a『康徳七年 臨時国勢調査速報』。（復刻版『外地国勢調査報告書 第二輯 満洲国国務院国勢調査報告 第六冊』一九九六、文生書院）
満洲国国務院総務庁臨時国勢調査事務局　一九四三b『康徳七年 臨時国勢調査報告 第一巻 全国編』。（復刻版『外地国勢調査報告書 第二輯 満洲国国務院国勢調査報告 第六冊』一九九六、文生書院）
満洲帝国国務院総務庁統計処編纂　一九三五『満洲帝国面積及人口統計』満洲統計協会、新京。
南満洲鉄道株式会社調査課　一九〇九『満蒙交界地方経済調査資料』。
南満洲鉄道株式会社調査部　一九三九『支那に於ける聚落（人口）分布の研究―山東省―』満鉄調査研究資料 第九編。
南満洲鉄道株式会社臨時経済調査委員会編　一九二八『満蒙に於ける荷馬車』資料第一編。
南満洲鉄道株式会社調査部編　一九四二『北支那の農業と経済 下巻』。
森勝彦　一九九二「清代・民国期の山東省における中心地の展開（一）」『鹿児島経大論集』第三三巻第一号、九九～一一二頁。
門馬驍　一九四一「戦時下農村土着資本の課題とその基調」南満洲鉄道株式会社調査部編『満洲経済研究年報（昭和十六年版）』改造社、二二七～二九〇頁。
安冨歩　一九九七『「満洲国」の金融』創文社。
山崎惣與　一九三七『満洲国地名大辞典』満洲国地名大辞典刊行会。

〈中国語文献〉
李景漢　一九八六『定県社会概況調査』中国人民大学出版社、北京、一九三三年。（一九八六年、再刊）
李正華　一九九八『郷村市場与近代社会―二〇世紀前半期華北農村集市研究―』当代中国出版社、北京。
龔関　一九九八「市場交換与農村社会変遷」喬志強・行龍編『近代華北農村社会変遷』人民出版社、第六章所収。
宋抵・柳成棟編　一九九三『東北方志序跋輯録』哈爾浜工業大学出版社、哈爾浜。
姜守鵬　一九九六『明清北方市場研究』東北師範大学出版社、長春。
荘維民　二〇〇〇『近代山東市場経済的変遷』中華書局。
〈英語文献〉
Cohen, P. 1984　*Discovering History on China*, Columbia University Press, New York.（佐藤慎一訳『知の帝国主義』平凡社、一九八八年）
Duara, P. 1988　*Culture, Power, and the State*, Stanford University Press, Stanford.
Eastman, Lloyd E. 1988　*Family, Fields, and Ancestors*, Oxford University Press, Oxford.（上田信・深尾葉子訳『中国の社会』平凡社、一九九四年）
Rozman, G. 1982　*Population and Marketing Settlements in Ch'ing China*, Cambridge University Press, Cambridge.
Skinner, G. W. 1964-5　"Marketing and Social Structure in Rural China, (I)-(III)", *Journal of Asian Studies*, Vol. XXIV, No. 1, 3-43 ; No. 2, 195-228 ; No. 3, 363-399.

第6章　県流通券(1)

安冨　歩

はじめに

前章では、満洲における市場の構造を検討し、中国本土に広く見られる定期市の稠密な分布が満洲には見られないことを示した。満洲における商品流通は定期市ではなく、県城を中心として展開されていたのである。このようなシステムが形成された理由は、(一) モンゴルからの安定した家畜の供給と朝鮮国境からの広葉樹材の供給に支えられた荷馬車の広汎な使用、(二) 冬季の道路面・河川の凍結による荷馬車輸送コストの低下、(三) 大豆を中心とする流通の強い季節性、などに求められた。

荷馬車の使用によって農民の長距離移動が可能となり、県城商人との直接の売買が主流となった。この接触と鉄道輸送を結合することで、大豆モノカルチュアとも言うべき輸出志向農業が展開し、農民はより強く県城商人に依存するようになった。また物資の流通は、大豆の出荷を軸に短期間に行われ、強い季節性を帯びた。このため、一年を通じて定期市を開催して物流を処理するよりも、県城に集中して短期間で処理する方式が有利となった。県城商人と農民の直接の接触により、県城が農村を掌握する政治力が強く、県を単位とする政治的な実体が存在したと推測される。これを基盤として、張作霖・学良政権が急成長し、北京に進出して中国全土の支配を目指すことが可能になった。また、満洲事変下の日本軍はこの同じ機構を利用し、県城を占領して県城商人の協力を確保すると、全県を相当掌握できたのではないか——これが前章で提案した仮説である。

本章の目的は、この仮説が果たしてどの程度支持されるかを、満洲事変後の県レベルの経済社会状況の調査によって検証することにある。具体的対象は、「県流通券」と呼ばれる通貨である。満洲事変勃発後、主要な金融機関が活動を停止し、ほとんどすべての県の経済は著しい金融梗塞に直面した。この状況を打開すべく発行されたのが「県流通券」である(2)。

その形式は、各県の県城の有力商人が合議し、県の商会なり、臨時に組織した金融救済会などが発行主体となり、県知事の許可を得て県の紙幣として発行する、というものである。大抵の場合、実際に紙幣発行業務を取り扱うのは有力商人であった。すなわち、実質的には商人の信用を基礎として発行する「私帖」の性格を残しつつ、それに県有力者の合議と県の衙門の許可および券面の統一という権威を附したものであった。

この紙幣の注目すべき第一の点は、この「私帖」が県レベルでの権威づけを伴なっており、しかもそれが単に県知事のみならず、県城有力商人の合議に依拠していることである。第一節で見るように、一九三〇年前後の満洲では、私帖はすでにほとんど発行されなくなっており、それを短期的に復活させる際には、県有力者の合議と県知事の官許という正当化を必要としたのである。

第二は、この県流通券の発行が、日本側の意向とは独立に行われている点である。満洲事変勃発後に各地の県城に乗り込んだ県参事官は一様にこの地域通貨発行に驚愕し、その回収と処理に苦慮している。周知のごとく、「満洲国」は各地に設けられた「治安維持会」の連合体を基盤として成立したが、各地の治安維持会は日本側の指導によって設立された可能性を排除できない。それゆえこれを中国側の県単位での政治的実体の存在の証左と断定することはできない。これに対し、県流通券の発行は日本側の影響力から自由であり、しかもその主体となった有力者たちは、治安維持会のメンバーと共通している可能性が高い。少なくとも彼らは、逃亡せずに県参事官らと折衝を続けているのであり、たとえ非自発的であったとしても満洲国体制を受け入れた人々である。県流通券発行の実態を解明することで、日本側が脅迫によってであれ説得によってであれ作動させることのできた県レベルの政治的回路がどの程度形成されていたのかを推測することができる。

以下の議論により、次のことが明らかとなる。

（一）五十〜六十の県で県流通券が発行された。

（二）県流通券は多くの県で安定した流通を見せた。

（三）県流通券は県内通貨として相当の存在感を示していた。

（四）抗日「匪賊」の減少と県流通券の回収が同時期に進行している。

（五）満洲国の中国側紙幣の統一過程は、都市部中心の高額紙幣の回収、農村部中心の小額紙幣の回収、の二段階と見做すべきである。

（六）華北では県レベルでの紙幣発行は顕著ではない。

本章は次のように構成されている。まず第一節で満洲事変以前の私帖発行状況を簡単に述べる。第二節では数種類の資料を利用して満洲事変下の県流通券の実態を調査する。第三節ではこの紙幣の政治的・社会的な含意を論じる。

一　満洲事変以前の私帖

満洲は開拓当初から現銀や制銭といった金属貨幣の不足に悩まされていた。原因の第一は、公権力による制銭供

表6-1　1916年前後の遼寧省における各県の私帖発行状況

県名	商号数	発行枚数	発行金額（元）	準備金（元）	回収額（元）
懐徳	45	63,381	102,072	266,146	—
岫巌	2	237,690	482,270	40,420	—
荘河	88	379,415	553,112	294,550	—
営口	25	82,996	27,739	80,170	—
鉄嶺	248	1,491,477	391,180	766,565	138,540
遼陽	39	102,355	46,966	29,160	—
遼中	64	440,270	238,900	168,900	—
法庫	152	1,310,440	615,932	2,564,210	—
康平	25	219,022	73,909	183,400	全額回収済
蓋平	49	143,352	121,385	81,200	—
復	20	19,430	49,000	117,800	—
海城	17	81,064	40,577	73,400	—
開原	62	605,210	119,624	296,795	26,349
梨樹	31	431,970	513,841	906,500	—
昌図	104	769,003	999,215	1,582,467	—
盤山	11	292,150	55,110	99,299	—
台安	48	215,000	109,050	60,350	—
彰武	2	41,500	25,000	45,000	—

出典）中国人民銀行総行参事室（1986）853〜859頁。

給がほとんど行われなかったことである。それゆえ金属貨幣は関内から移入するしかなかったが、関内に対する貿易入超が継続するなど送金圧力があったため、その量は限られていた。その一方で満洲経済は急激に拡大し、金属貨幣の不足は慢性的となった。こうして営口の両替商の振替通貨たる過炉銀を軸とし、各地で銭荘、糧桟、雑貨商、焼鍋、油坊、製材商等の発行する手形（私帖）が貨幣として流通するシステムが形成された。有力な商店の発行する私帖は公権力に対する納税に使用しうるほどの流通力を持った（石田　一九六四、二五八〜三五一頁）。

中国人民銀行総行参事室（一九八六）には、一九一六年前後の遼寧省における私帖発行の事例が多数掲載されている。表6-1はそれをもとに各県の様相をまとめたものである。発行商店が昌図県で一〇四軒、法庫県で一五二軒、鉄嶺県で二四八軒あったという数字は、これら私帖が県の統制を受けずに、独自の信用の下に発行されていたことを示唆している。

このような私帖の自由発行状態に対して、辛亥革命前後から公権力により一定の規制をかける試みがなされていた。満洲で一般に見られた方法は、発行に際して農会または商（務）会の許可を要するものとし、財産や資本力に応じた発行上限を設けるというものである。県によっては、発行者が倒産あるいは廃業した場合には、私帖整理を商会等が担当する制度を持つ場合があった。また、一九一五年前後に様々な形で私帖の禁止令が何度か出されている。確かに私帖の発行は容易には消滅しなかったが、それでも県レベルでの統制は相当に進展していたと見られる。たとえ私帖流通が継続した県でも価値は概ね安定していたという（外務省通商局　一九一九：南満洲鉄道総務部調査課　一九一九：南満洲鉄道東亜経済調査局　一九二九：満洲国財政部　一九三六、五七頁：戴　二〇〇一、六五～一〇〇頁）。

南満洲鉄道東亜経済調査局（一九二九）には次の記述がある。

満洲当局が私帖を回収し其の発行を禁止したる以来或は其の発行を停止し或は回収せらるゝものありて現に流通するもの多からずと雖も……今尚之れが流通を見る地方多し。（八頁）

張作霖の出資に係る三畬合の発行する私帖は……其地の私帖よりも之が流通を歓迎せらるゝ次第にして、而かも禁令発布後他私帖は着々回収せられ其跡を絶つる今日前記三畬合始め、張作霖呉俊陞等の出資に係る鄭家屯遼源慶会銀号なる銭荘及び県公署公共財団等の発行私帖は回収せられざるのみならず、寧ろ続発され盛んに流通しつゝある（二〇頁）

なお、「満洲当局が私帖を回収し其の発行を禁止」した、あるいは「禁令発布」というのは、一九一七年一〇月二日の私帖禁止令のことを指す（三頁）。

この記述から、張作霖政権はその成立直後から私帖の回収を推進し、相当の成果を挙げていたことがわかる。ただし、張作霖自身の関係する銭荘と「県公署公共財団等」の発行する私帖は例外であった。表6-2は、一九二九年段階で私帖の残存していた県の状況を示すが、このうち遼源県では、「張作霖、呉俊陞と関係のある票荘遼源慶会銀号」が三十万元の小銀元私帖を発行し、その他に「糧桟、質屋、油房、雑貨舗、焼鍋、葉茶屋、材木店等の商工業者六十二軒」も私帖を発行している。長春県の場合も、吉林の木材原産地に流通が限られているが、同様の私

表 6-2　1929 年時点の満洲で私帖の流通していた県

県　名	発行地・主体	発行金額
鳳城県	鳳凰城および草河口の両地	(未回収) 100 余元
岫巌県	岫巌県共立財政団	65 万元
荘河県	荘河，青帷子，大孤山	(未回収) 100 余元
臨江県	帽児山，商務会発行（1 元以下の小額券）	5 万元
黒山県	八道濠炭礦（張作霖経営）工人便利券	約 10 万元
彰武県	哈原套街	20 万元
本渓県	煤鉄公司（日支合弁）賃金引換券	(小銀元) 1 万 6900 元
遼源県（鄭家屯）	各商工業者発行高	87 万 9620 元
営口県	大高坎三畬号発行	(大洋銀) 6 万元
輝南県	輝南鎮	(小銀元) 2 万元
柳河県	柳河鎮	(同上) 21 万 5000 元
	様子哨	(同上) 11 万 4000 元
	三原浦	(同上) 6000 元
	魚亮子	(同上) 5000 元
	五道溝	(同上) 2000 元
長春県	木材業者発行	20 万元
額穆，敦化，樺甸，舒蘭，濛江の 5 県（推定額）		11 万 857 元
吉林及地方	木材業者発行	54 万元
哈爾浜を中心とする地方近県		僅少
巴彦，望奎，呼蘭，肇東，青岡，慶城の 6 県		約 25 万元
臚濱県（満洲里）およびその付近地方		僅少
合　計	(304 万 677 元；小銀元 37 万 8900 元)	335 万 6427 元

出典）南満洲鉄道株式会社東亜経済調査局（1929）24〜26 頁。

帖を発行している。

額穆・敦化・樺甸・舒蘭・濛江の五県については、その発行主体に関する注記がないが、遼源県と同様の可能性が高い。呼蘭は「同地杏花元銭舗発行」とあり、ただ一つの商店から私帖が発行されていたことになる。

黒山県・本渓県・営口県の場合は、通常の商人の発行する私帖とは性格が異なる。八道濠炭礦と本渓湖煤鉄有限公司が、それぞれ「工人便利券」と小銀元建の「引換券」を炭鉱の労働者職員を相手に発行し、それがより広い範囲で流通した事例である。前者は「張作霖氏経営」という権力直結の機関であり、本渓湖煤鉄公司は言うまでもなく日支合弁の大企業である。営口県では、一九一一年に

「張作霖より奉天票十五万元」を出資された三畬合が「自家信用を利用し何等の手続を為さずして私帖を発行」しており、それ以外の商人の私帖発行は厳しく抑制されていた。

岫巌県・輝南県・柳河県の場合、少なくとも手続上は県レベルの権力による正当性の付与を行っている点で純粋の私帖とは見倣し得ない。岫巌県では、一九一四年に「官民有力者相集り協議の結果」、岫巌共立財政団が組織され、奉天官憲の許可を得て私帖が発行された。輝南県の場合、農会、商務会が協議のうえ県収捐処から私帖を発行している。柳河県でも県公署が私帖を発行しており、その他の発行主体である農工銀号や商務銀号も、農会や商会の関与を示唆する名称である。また、巴彦、肇東、青岡、慶城の四県の私帖の発行主体は「同地商務会」、望奎県は「同地儲蓄会」となっている（南満洲鉄道東亜経済調査局　一九二九、二四〜三二頁）。

なお、柳河県は一六箇所という多数の定期市の存在が確認されている満洲で唯一の県であり、その県で五ヶ所もの鎮で私帖の発行されている事実は注目に値する（表6-2）。第三節で見るような、定期市網の存在と県より下のレベルでの公的紙幣発行の相関が満洲でも働いていることを示すからである（前章参照）。

表6-2以外に、木蘭県でも「県幣」と呼ばれる紙幣が満洲事変以前に二回発行されている。第一回は一九一八年「地方財政困難の為め」県農商銭局から五吊、一〇吊の二種を発行し、第二回は一九二四年に「地方救済の名目に依り」一〇吊、二〇吊、四〇吊の三種で九二万吊流通していた（大同学院　一九三四a、一〇三頁）。

以下では、このように県レベルで正当性の付与がなされ、県の機関や県有力者の団体を通じて発行されている「私帖」を本来の私帖とは区別して「県流通券」と呼称することとする。現時点では流通した紙幣そのものの収集を行っていないため例外がないとは言えないが、後述する写真6-1や各種文献資料の記述や戴（二〇〇一）に掲載された券面の事例から見て、「県流通券」「救済券」等と呼称される「私帖」は券面にその名称が印刷されており、どの商店から発行される場合でも同じ版で印刷したものであったと考えられる。この点で、各商店が独自に発行する私帖に対して商会や県長の許可が与えられる場合とは、形態の面で一線を画している。

塚瀬（一九九三）、西村（一九九二）などの明らかにしたように、一九二〇年代に張作霖・学良政権の主導下に満洲の通貨統合は相当に進展しており、満洲事変直前段階では日・露系の通貨を除くと、北満の哈爾浜大洋票と官帖、南満の現大洋票にほぼ統合されていた。私帖の整理もこの過程で相当に進展しており、残存する私帖も県流通券のごとく公的権力との関係を強めていたのである。

二　満洲事変下の県流通券発行

石田（一九六四）が明らかにしたように、満洲経済の再生産機構は大豆の輸出と綿製品・雑貨の輸入を基軸として構築されており、上流の貿易港や大都市から中小都市を経由して下流の農村部に到る信用供与の連鎖がこの循環を稼働させる重要な機構をなしていた（第十章第一節参照）。満洲事変が勃発すると上流部分の金融機関が閉鎖・接収され、下流に位置する満洲各県は厳しい金融梗塞に悩まされることとなった。この困難を回避すべく各県の有力者は県流通券を発行した。

満洲国史編纂刊行会（一九七一、二一四〜二一五頁）によれば、満洲事変の際に全満六〇余県で「私帖」が発行されており、総額千二百万余圓に達した。また、満洲中央銀行（一九四二、一〇〇〜一〇一頁）は「旧時の五省」における発行金額は、旧奉天省で九、九四三千圓、旧吉林省で四、九七四千圓、旧黒龍江省で一、一四一千圓、旧熱河省で三〇千圓、旧興安省で三千圓、総計一六、〇九一千圓であった、としている。以下の議論で確認されるように、ここに言う「私帖」は本章で言う県流通券のことである。また、単位は「原幣」となっているが、これは国幣に換算しない私帖の額面の単純合計を指す。

本節では表6-3に掲げた資料に見られる県流通券についての断片的既述を統合し、その発行の事情を解明する。

表6-3　県流通券関係資料

H	関東軍参謀部によって作成された『満洲事変直後ニ於ケル奉天省行財政ニ関スル詳報』(1932年2月26日作成)。
視	大同学院による『満洲国各県視察報告』(1933年11月30日発行)。
現勢	満洲国通信社の『満洲国現勢(建国—大同二年度版)』(1933年12月31日発行)。
Z	満洲帝国税務司国税科の税務監督署員による各県税捐局の「税務行政執行ノ情況並ニ地方財政経済状態」の調査報告『地方財務機関特別調査事蹟報告書』(1933～34年)[1]。
概	満洲国の県参事官によって書かれ，大同学院の刊行した『満洲国地方事情』概説篇(1934年4月20日発行)。
各	同上書第2巻，各省篇(1934年12月15日発行)。
大	同上書の後継シリーズ『満洲帝国地方事情大系』(1935～37年発行)。
安	満鉄安東地方事務所『東辺道 寛甸輯安桓仁通化 各県経済調査報告書』1933年9月。
東	日本銀行調査局「満洲の通貨と金融 満洲出張(自昭和七年十一月三日至昭和七年十二月廿五日)報告ノ内」昭和8年4月，資料保管番号 資18-2135，「第六表 東三省官銀号各地分号造送当地流通券形情調査表」58～61ページ[2]。
各県の『県志』その他の県公署による刊行物[3]。	

注) 1)『地方財務機関特別調査事蹟報告書』は税務監督署員が満洲国各県の県公署・税捐局の徴税業務を検査し報告したものである。県財政の機構・現状，徴税項目・方法，不正の有無，個々の中国側職員の個人情報，各県の治安・産業・金融等の概況まで含む貴重な資料である。管見の限りではこれまでほとんど利用されていないので，現時点で判明している所蔵状況を掲げておく。

(1) 国会図書館(額穆県公署・蛟河税捐局，康徳元年；雙陽県公署・雙陽税捐局，康徳2年；通河県公署・通河税捐局，康徳元年；開原県公署・開原税捐局・清原税捐分局，大同2年)。

(2) 大連市図書館(克山県公署・泰安税捐局，康徳元年；明水県公署・明水税捐局，康徳2年；圍場県公署・圍場税捐局，康徳2年；通陽県公署・長嶺税捐局，康徳2年；梨樹県公署・梨樹税捐局，康徳元年；伊通県公署・伊通税捐局，康徳2年；青岡県公署・青岡税捐局，康徳2年；樺甸県公署・樺甸税捐局，康徳2年；徳恵県公署・徳恵税捐局，康徳2年；鉄嶺県公署・鉄嶺税捐局，康徳2年；撫順県公署・撫順税捐局，康徳2年；蓋平県公署・蓋平税捐局，康徳2年；本渓県公署・本渓税捐局，康徳2年；錦県公署・錦県税捐局，康徳2年；錦西県公署・錦西税捐局，康徳2年)。

(3) Library of Congress, Washington, D. C., USA(安東県公署・税捐局，康徳元年；黒山県公署・税捐局，康徳2年；阜新県公署・税捐局，康徳2年；海柳県公署・税捐局，康徳2年；克什克騰旗公署・経棚税捐局，康徳2年；永吉県公署・吉林税捐局・吉林木税税捐局，康徳2年；琿春県公署・税捐局，康徳2年；阜新県公署・税捐局，康徳2年；灤平県公署・税捐局，康徳2年；林西県公署・税捐局，康徳2年；西安県公署・税捐局，康徳2年；西豊県公署・税捐局，康徳元年；赤峯県公署・税捐局，康徳2年；雙城県公署・税捐局，康徳2年；綏化県公署・税捐局，康徳2年；東豊県公署・税捐局，康徳2年；和龍県公署・税捐局，康徳2年；磐石県公署・税捐局，康徳2年；扶餘県公署・扶餘税捐局・石城税捐局，康徳2年；平泉県公署・税捐局，康徳2年)。

2) 本資料は『アジア経済』に本章の元となる論文を投稿した際に、匿名の査読者の1人より提供された。

3) 参照した県志を逐一注記するのは繁雑にすぎるので省略する。宋・柳(1993)，国立国会図書館参考書誌部アジア・アフリカ課(1969)などを参照されたい。

以下では、表6-3に掲げた資料に言及する場合には、各項目の先頭の記号（H、視、現勢、Z、概、各、大、安、東）で略称する。

1　発行過程

附表6-1は、県流通券を発行したという記述のある県についての情報をまとめたものである。満洲の一九六市県旗のうち、県流通券およびそれに類似の紙幣を発行したという記述のあるものは五一件あった。

県流通券の発行主体は県の有力者によって設立された臨時の委員会が主である。これらは、金融維持会、金融救済会、金融委員会、地方金融臨時救済会、地方善後委員会、金融組合などと呼ばれた。これら委員会は満洲国建国の基盤となった「治安維持会」等の組織と密接な関係にあったと推測される。蓋平県では蓋平自治会が金融維持会を結成し（H　一〇三頁）、東豊県では県保安会が金融救済会を結成したことが（Z（蓋平県）六六～六七頁）、それぞれ明記されている。また、遼源県では「地方維持会」が、遼中県では「自治委員会」が発行許可を与える形で関与している（東）。具体的な発行機関は、県公署財務局、農商借款事務所、商務会、農商銭号となっている場合もあるが、洮南県の事例などの示すように、発行実務は有力商人が担当しており、彼らが主導権を握っていたと考えられる（附表6-1）。

蓋平県の場合、県内の金融状態は事変前すでに「地方治安の紊乱及人心不安並に経済界の不景気」のため「極度に困憊し」ていたところに満洲事変が突発したため、「商工業は至る処に多数の廃業者を出し、農村にありては匪賊跳梁により辛じて耕作し得る状態」に陥った。この困難を緩和する「応急的対策」として、県内「資産階級の有志の発起」により、「官憲援助の下」に、建国直後の一九三二年四月、蓋平県金融維持会を組織して十万八五〇三元の流通券を発行した（大『蓋平県事情』八四頁）。

洮南県の場合は次のようになっている。

事変直後、之等の銀行は次第に休業するに至り金融俄かに逼迫し、商況日に増し衰微するに至った為、県公署監督の下に金融組合を組織し主要商店より流通券を発行せしめて以て一時金融恐慌の危機を脱せしめ商況の維持に務めしめた。（概『洮南県事情』八三四〜八三六頁）

かたちのうえでは県公署が主導権を握っているが、県流通券を実際に発行したのは個々の主要商店である。すなわち、この県の流通券は主要商店の発行する私帖を統合して県公署や金融組合による正当性を付与したものであり、複数の商人の信用力がその基盤であることは明らかである。

東豊県の場合は複数の団体が発行主体となっている。最も早い時期に書かれた報告書である関東軍参謀部の「H」によると、県公署の下にある「東豊県財政監察委員会財政局」が県流通券を発行したが、そのうえさらに、「東豊県各商店十数戸」が「何等県政府ノ許可ナクシテ……自家用流通券ヲ乱発シツツアル」と記録している。この「自家用流通券」は「東豊県人泰当流通券」という名称であった。その後さらに以下のような事件が発生している。

（一九三一年――引用者）十二月中旬奉天省城ニ於テ東豊県ノ小額紙幣一元、五角、二角等ノ種類ヲ印刷中ノ処我憲兵隊ニ発見セラレ財政庁ハ右通報ニ基キ直チニ之ヲ処置セリ（H　一〇四〜一〇五頁）

最後の「処置セリ」が具体的にどういうことなのか、この資料からだけではわからない。

「H」と同時期の東三省官銀号による調査（「東」）と、その後一年以上経過してから書かれた大同学院による「視　九九八〜九九九頁」と税務監督署員による「Z（東豊県）六六頁」によれば、同県では一九三一年一二月に県財政局と金融救済会から流通券が発行されている。金融救済会の発行した流通券について、「Z」には「当時治安ニ任ジタル東豊県保安会ガ金融救済会ヲ組織シ地券及家屋ヲ有価証券担保トシ三十五万三千圓ノ救済証券ヲ発行

表 6-4　県流通券の担保

県・旗名	引用文献	記述
開通	概	地方税収入
	概	（金融維持会は）各発行者の不動産
洮安	視	畝捐
柳河	大	畝捐
	大	土地契照
	東	畝雑捐
桓仁	概	農民に対しては土地，商人に対しては商号
遼源	各	救済券十五万元
海龍	県志	商号十四家営業資本金及各該股東不動産
	県志	商号七家営業資本及不動産動産（朝陽鎮）
	H	地方税捐ノ収入及商会所属ノ各商店ノ資金
	Z	商務会員信用
	東	畝雑捐
東豊	視	地照房契（地券，家屋証書）
	視	民国二十年度及大同元年度の二ヶ年度の畝捐（土地税）
	Z	「地券及家屋ヲ有価証券担保トシ」
	東	畝雑捐
西安	視	地方税を基礎
錦西	各	後半期収入の畝捐
義	大	高額貨幣を積立て
盤山	概	正貨を準備
台安	概	「準備金なきため……県畝捐地数八万二千天地を担保」
彰武	視	税源
通遼	視	税源
	東	暫不兌換
樺川	視	準備金哈大洋 87000 元
鉄嶺	東	雑畝捐
興京（新賓）	東	畝捐
岫巌	東	畝雑各捐
輝南	東	暫不兌換

出典）附表 6-1 より作成。

シタリ」、「会長ハ糧桟ヲ経営スル姜ト云フ者ナリ」とある。

以上の記述を総合すると同県の事態は次のように推移したと推定される。まず県財政局が県流通券を発行した。その後、県城有力商人が別途流通券を発行しようとしたところ、日本の憲兵隊がそれに気づき、「自家用流通券」として発行を阻止しようとし、県財政局に通報した。しかし結局のところ、この流通券は「金融救済会」の発行という形で実現された。もしこの推定が正しければ、県流通券の発行には、日本の憲兵隊でも阻止しきれない必然性があったということになる。

表6-4は流通券に対して設定された担保の一覧である。このうち一三県では地方税や畝捐といった県公署の将

来の租税収入を、八県では具体的に発行を取り扱う商人あるいは県流通券を借り入れる人々の不動産を担保としている。さらには「商務会信用」や紙屑同然の「救済券」を担保とする県、あるいは「暫不兌換」という県まである。すなわち、「正貨を準備」したという盤山県と準備金哈大洋八七〇〇〇元を設定した樺川県以外は、兌換準備といいうるようなものを用意していない。以上のような心もとない担保はほんの気休めの効果しか持たない。この紙幣の流通力が商人を軸とする県内に構成された信用ネットワークに支えられていることをこの表は示している。

表6-5は流通券の発行日のリストである。県流通券の発行は事変前から既に始まっているが、一九三一年一一月～翌年一月に発行が集中しており、この期間の合計は二二県となる。また三二年の一二月に三県の発行が見られる。この時期は満洲大豆の出荷期に重なっており、季節的に発生する膨大な貨幣需要に対処するために県流通券発行の決断がなされたことを示唆する。また、冬季に貯蔵され春になって河の結氷が解けるのを待って出荷される大豆が相当量あるので、初春にも再度資金需要の発生するのが満洲の特徴である。三二年四月に三県の流通券の発行が見られるが、この初春の出荷を反映していると考えられる。

表6-5　満洲事変前後における県流通券の発行月

月	1931年	1932年
1		通化 西安 桓仁 新賓 法庫 遼中 洮南 東豊 海龍 興京
2		臨江
3		錦
4		泰来 蓋平 鉄嶺
5		泰来
6		鉄嶺
7	鉄嶺 洮南	
8	法庫	興京
9	鉄嶺 柳河	興京
10	輯安 遼源 錦西 東豊	呼蘭
11	海龍 岫巌 台安 遼源 洮安 輝南 寛甸 東豊	
12	通化 東豊 清原 海龍 泰来 開通 通遼	義 密山 木蘭

出典）附表6-1より作成。

発行過程に較べて、回収過程についての記録は限られている。数少ない記述の一つは『満洲中央銀行十年史』の次の部分である。

大同三年一月日満協力に依る兵匪の大討伐が決行せられたる機会を利用し、地方僻陬の地方に至る迄現地に臨んで一斉に私帖の回収を行ふことになつた。財政部及び本行より成る数班の私帖回収隊は旧吉林省、龍江省を手始めに、旧奉天省、熱河省等深く奥地に入り込み、幾度か死線を超ゆる冒険的行動を敢行し、地方官憲及び日本側軍隊の援助を得て、同年六月末日迄に全国に流布されていた私帖の回収を完了するに至つた。而して之に要したる資金は本行の貸付金百五十一万四千圓、発行者の賠償金百四万四千圓、合計二百五十五万八千圓に上つた。（満洲中央銀行　一九四二、一〇三頁）

表 6-6　県流通券の回収時期

県名	回収時期
依蘭	1933 年　2 月
西安	1933 年　3 月
海龍	1933 年 12 月
錦西	1933 年 12 月
義	1933 年 12 月
蓋平	1934 年　3 月
柳河	1934 年　4 月

出典）附表 6-1 より作成。

ここでは一九三四年六月末日までに県流通券が完全に回収されたことになっている。大同年間に編纂された『満洲国地方事情』と康徳年間の初期に編纂された『満洲帝国地方事情大系』の記述内容を較べると、前者では、かなりの数の県参事官が県流通券の問題に言及し、その回収に頭を痛めている様子が伺えるのに対し、後者では県流通券に触れている例が激減する。これはこの間に県流通券問題が解決したことを示唆している。資料のなかにはっきりと「回収した」という主旨の記述のある県の回収時期は表 6-6 のようになる。ここからも一九三四年六月までに回収が終了したという『満洲中央銀行十年史』の記述は支持される。

2　発行規模

表 6-7 は、県流通券の発行金額と県財政歳入額とを比較したものである。この表の財政収入は満洲事変の影響で極端に少なくなったものも含まれている。とはいえ、これら二三県のうち、県流通券発行額と財政収入の比率が、密山の二三五倍という異常値は別にしても、一〇〇%を超える県が七県、五〇〜一〇〇%の県が八県もある。ここから、各県の財政にとって県流通券の発行が死活的な重要性を持っていたことがわかる。

また、満洲事変の翌年、県流通券発行のピークである一九三二年末の満洲中央銀行の紙幣残高は継承紙幣を除く

表 6-7　県財政収入と県流通券発行額の比率

県名	財政収入(圓)	県流通券発行額(圓)	比率(%)	備考
泰来	62,938	40,000	64	財政収入は大同元年度税収のみ
開通	133,460	95,000	71	
洮南	177,018	483,000	273	財政収入は大同元年度税収のみ
密山	3,900	915,000	23,462	財政収入は元年度下半期×2
阿城	97,105	1,500	2	200吊＝1元で算出
呼蘭	188,424	100,000	53	
木蘭	159,128	96,600	61	財政収入は元年度上半期×2
安東	419,208	360,000	86	財政収入は大同2年度予算
桓仁	228,003	150,000	66	
鉄嶺	517,369	70,000	14	
興京	240,000	147,700	62	財政収入は大同2年度予算確実収入
遼源	81,730	196,972	241	財政収入は大同元年度財政収入見込み
海龍	428,711	540,000	126	流通券は3種の合計金額
東豊	295,553	598,000	202	流通券は2種の合計金額
西安	345,908	58,000	17	「視」では30万圓発行
阜新	159,156	200,000	126	財政収入は大同2年度予算
錦	506,329	238,900	47	
錦西	206,534	30,000	15	
盤山	41,238	70,000	170	財政収入は元年度下半期×2
台安	117,763	260,000	221	
黒山	168,475	110,000	65	財政収入は大同元年度実収入
彰武	229,095	20,000	9	財政収入は大同元年度実収入
通遼	259,178	150,000	58	

注）発行額は券面上の金額を，満洲中央銀行券（国幣円）に換算した。レートが不明であり，後者が判明しない場合は，券面額を一圓として計上している。
出典）県流通券発行額は附表6-1による。財政収入は各県の「Z」。

と五八〇〇万圓である。満洲中央銀行の記録した「私帖」回収額一六〇〇万圓をこれと比較すると，同行発行紙幣の三割弱に相当する。

満洲国の税務監督署員が，各県税捐局に出向いて県の財政状態を調査した資料（Z）のうち清原県，海龍県，東豊県，西安県については，県流通券の額面別の発行枚数または発行金額が記載されている。四県の発行金額総額が一，二九五千圓であるのに対し，発行総枚数は一，三〇六千枚となる。この値から一県当りの発行金額と発行枚数を算出すると，それぞれ三二四千圓，三二六千枚となる。すなわち一枚の平均額面はほぼ一圓である。また，南満洲鉄道（一九三三）には輯安・通化の二県について同様のデータが出ており、その合計は発行金額六六〇千圓に対して、発行枚数七八八千枚である。一枚当りの金額は〇・八三圓となる。これに対して満洲中央銀行は一九三二年末の段階では鋳貨を発行しておらず、また発行紙幣の内訳は一〇圓券が五・四百万枚、一圓券が三・五百万枚、五角券が二・一百万枚となっており、紙幣一枚当りの額面は五・三圓であった。一九三三年末の段階では、継承紙幣を除いて、一〇〇圓〜五角の紙幣と一角〜五厘の鋳貨を発行しているが、総額九五、〇六〇千圓に対して五二、七七六千枚で、一枚当り一・八圓となっている。

一九三三年八月末時点における三九県の県流通券発行金額が「現勢」に記載されているが、これを合計すると八、六二四千圓となる（附表）。この数値から一県平均発行額を算出すると二二一千圓である。満洲国史編纂刊行会（一九七一、二一四〜二一五頁）の言う総額一二百万余圓を六〇余県で単純に割ると一県当り二〇〇千圓前後となる。さらに満洲中央銀行の記録した「私帖」の回収総額一六、〇九一千圓を六〇県で割ると二六八千圓となる。東三省官銀号の調査（「東」）では二一県の合計が四、四四八千圓であり、一県当り二一二千圓である。満洲文化協会（一九三三、一五〇頁）も各県平均で二十万圓という数字を挙げている。いずれの計算もほぼ同様の結果をもたらすので、県流通券は数十県で発行され、一県当り二十万圓前後発行されたと見倣してよい。当時、一県の人口は二十万〜三十万であり、ひとり当り一圓前後の発行額ということになる。

3　使途

発行された県流通券の具体的な使途が判明している例は、桓仁県の地方流通債券と興京県の農商貸款所発行県流通券と木蘭県の県流通券である。桓仁県の場合、この紙幣は「一般農村金融救済ノ目的ヲ以テ金融救済会ノ名ニ依リ大同元年一月十九日ニ発行サレタモノニシテ其総額ハ二十万元」であるが、実際には五万圓が未発行であった。この紙幣の発行により創出された資金は「農村並商人カ各其ノ土地ヲ担保トシテ金融救済会ヨリ借受ケタルカ其ノ利子ハ年一割五分」であった。村々に対して一〇四・五千圓（四村×二・二千圓、一二村×二・六千圓、二〇村×三千圓、一村×四・五千圓）が融資され、「其ノ他」に三四、九五〇圓が供給されている。なお、両者の合計は一五〇千圓に一〇、五五〇圓不足するが理由は不明である（南満洲鉄道　一九三三、九四〜九五頁）。興京県の農商貸款所発行県流通券の貸付および使途は、表6-8のとおりである。この表の「各区・各村接済」の項目は、畝捐を支払えない農民に滞納分だけ貸与してこれを納めさせるという形態であり、実際には県財政にほぼ全額納入されている。木蘭県で発行された流通券九六・六千元の使途は、「県政費に当てた額は僅か二万元、其他、大豆、木材の買ひ入れ五万元、残り二万余元は使途不明の有様である」と報告されている。

これ以外に注目すべきは抗日軍の資金となったケースである。密山県では満洲国成立後に抗日軍が地方金融流通券を発行して流通させるという事態が起きている。すなわち、

> 満洲国成立後、自衛軍司令李杜は入密後密山県地方財務処に命じ、密山県地方金融流通券を発行せしめ、之を強制流通せしめ居たるものであって其の発行流通高は次の如し（総計九十一万五千元整）。自衛軍の在密中は之を哈大洋と同価値にて強制流通せしめて居たが、日本軍の入密後其の価値下落し、現在哈洋一元に対し地方票四元の率にて流通して居り県経済界に重大な影響を及ぼした。（概『密山県事情』一〇四頁）

表6-8　興京県農商貸款所発行県流通券の貸付および使途

貸付の部（千圓）	
県政府財政局	47.3
県政徴糧処	3.2
商務会	1.2
各区接済	14.1
各村接済（利子付）	11.7
支応局	10.0
合　計	87.5
消費の部（千圓）	
貸款所開弁費	0.5
貸款所経費	1.4
合　計	1.9

出典）「概」299〜302頁。

この流通券は、自衛軍が県城を支配していた期間に流通したばかりではなく、日本軍が県城を占領したあとでも、減価したとはいえ流通を継続している。このことは、県城を中心とする貨幣流通機構は、そこを占領する軍隊の武力から一定の独立性を維持していることを示す。

また、桓仁県と通化県について、

唐聚伍カ通化、桓仁二縣ヲ占據シテ遼寧救国会ヲ組織シ軍用流通債券ヲ発行シタモノテアッテ確実ナル統計ナキモ総額約八百万元ニ上ルト称セラレテ居ル。通化縣ニ流通スル金額ノミニテモ二百万元ニ上ルト謂ハレ沙尖子ノ如キ一小都邑ニテモ商務会ノ調査ニ依レハ八万二千百二十二元二角ニ上ル、従而東辺道各地ヲ合算スレハ其ノ額ノ多キコト想像ニ難クハナイ。（安　九八〜九九頁）

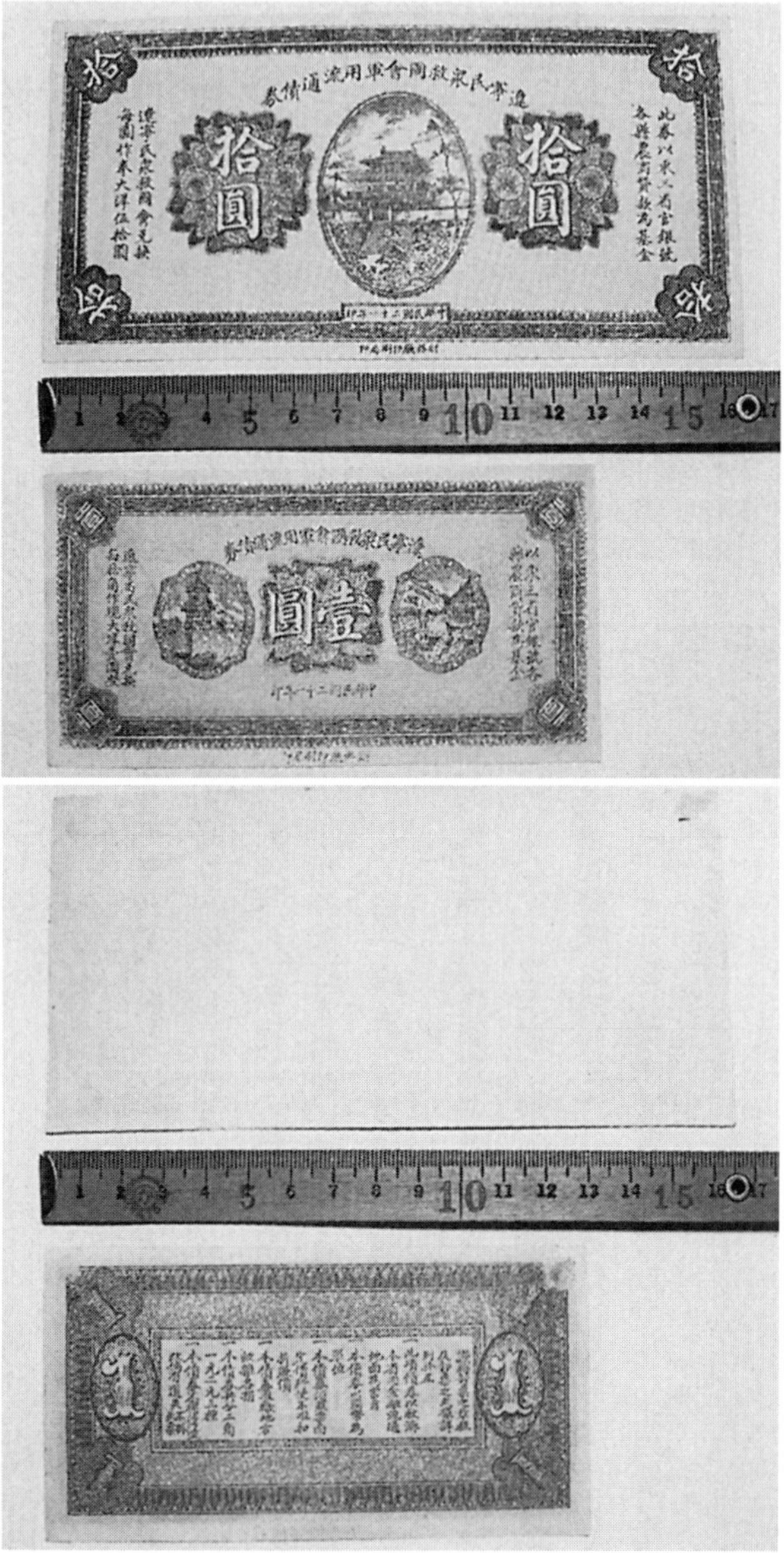

写真 6-1　遼寧民衆救国会軍用流通債券拾円および壱円券

拾円券の裏面は白紙である。唐聚伍の指導した遼寧民衆救国会が桓仁県・通化県にて発行したものと考えられる。小出新一氏旧蔵，小出章夫氏所蔵（小出新一氏は，昭和 12〜17 年に中国に派遣，同年 8 月に八幡憲兵隊，昭和 19 年 3 月にフィリピン憲兵隊勤務）

という記述がある（写真6-1）。これも密山県の場合とほぼ同じ事態である。

三　考察

本節では以上で得られた結果に基づいて、「はじめに」で述べた観点から考察を加える。論点の第一は、県城を中心とした自律的機構の存在である。満洲事変下に各県で発行された県流通券の存在は、県城商人を中核とした政治的単位の存在を示唆している。第二の論点は、県流通券が満洲中央銀行の銀行券・鋳貨に置換されてゆく過程と、満洲国の「治安恢復」の関係である。ここでは県流通券の回収、満洲中央銀行の小額紙幣・鋳貨の大量発行、関東軍の治安戦からの脱却という現象が一九三四年前後に並行して生じたことを確認する。最後に、満洲における県流通券の発行が同地域の社会構造の特殊性をどの程度反映しているのかを調べるため、華北における私帖の状況と比較する。以下それぞれの論点に一小節を割当てて論じる。

1　県城商人を中心とした県レベルの機構

本章で論じた県流通券の諸事例は、一九三〇年前後という時点の満洲において、県城商人と県の行政当局の結び付きを中心とした、県レベルでの政治的経済的まとまりがあったことを示唆する。このような県単位の機構の存在という観点からして興味深い三つの例を挙げておく。

一つは遼源県の例である。この県では、張政権の有力者たる張海鵬の後援により一九三一年の春に「県下の地方有志が相謀」って救済会を設立し、県長の許可がないままに救済券を発行した。ところが、この救済券は信用を得られず、一向に流通しなかった。一方、満洲事変勃発後の一九三一年一一月に県長の示唆に従って金融維持会および商工会が発行した県流通券は順調に流通した。しかも驚くべきことに、この県流通券は無価値に近い救済券を準備としていたのである（各『遼源県事情』一二五二〜一二五七頁）。

この奇妙な事態は次のように解釈すべきである。まず救済券の失敗は、如何に奉天政権の有力者と言えども、県城の政治力を活用せずに通貨を流通させることはできなかったことを示す。これに対して県流通券は、満洲事変による金融梗塞という危機の下で成立した県長と県城商人の協力によって発行された。この場合には、県城の実力者たちが一致して県流通券を支持しており、これが県全体として県流通券を支払手段として認知させる契機となった。こうして紙屑同然の救済券を準備としたにもかかわらず、県流通券は順調に流通した。

また、上述の密山・桓仁・通化の各県で抗日軍が県城を占領して県流通券を発行させた場合も同様に理解することができる。彼らはおそらく武力による威嚇と反満抗日の主張によって県城の有力者を説得し、県流通券を発行させたのであろう。この紙幣が日本軍の県城占領後でも減価したとはいえ流通を維持した事実は、通貨を流通させる機能が外部の権力から一定の独立性を維持していたことを示す。

さらに日本人県参事官によって県流通券が発行された例がある。錦州省盤山県は錦州作戦の際に県城を破壊され、これに対し修復費として一九三四年に奉天省より五万圓の補助がなされた。ところがこの資金が所要の金額に及ばなかったため、石丸三郎参事官は漢人の幹部と相談して県財政委員会をつくり、補助金を担保として小額紙幣七万圓を発行して県内に流通せしめ、さらに五万圓を発行して商務会に貸与し、合計一二万圓を流通させている（満洲国史編纂刊行会　一九七一、二二五頁）。

以上の事例は、県城を支配して有力者の協力を確保すれば、県全体をある程度は制御することが可能であったことを示している。一方で省レベルの有力者でも県城有力者の協力を得られなければ制御はできず、逆に、抗日軍であっても県参事官であっても県城の商人を何らかの方法で動かすことができれば、県全体を一応は制御できる。

橘撲は各地に形成された治安維持会等の自治団体の形成を、漢人社会の「自己治療」の能力のあらわれと理解した。周知のごとく、このようにして設立された自治団体が、連省自治による建国工作の基盤となり、関東軍はこれら団体の指導者を脅し賺して満洲国建国に持ってゆくことに成功したのである（橘　一九三一：山室　一九九三、七二〜七八頁）。

金融危機に直面した県有力者が金融維持会等を結成して独自の通貨を発行した事態は、橘の言う「自己治療」能力の発揮と見るに相応しい現象である。しかもその単位が県レベルであった点が重要である。既に論じたように、これら委員会は治安維持会・保安会といった組織と密接な関係にあった。このような機構が自律的に形成されていたからこそ少数の日本人が関東軍の武力を背景として乗り込んでゆくだけで、満洲国の末端行政を稼働させることができたのである。これら「自治指導員」は、漢人の自治を指導したのではなく、漢人の自治組織に指令を伝達したに過ぎない。

前章で示したように、満洲の経済機構は定期市ではなく県城を軸として構成されていた。通貨の側面から見た満洲の経済機構が県を単位とした実体を持っていたという本章の結論はこれと整合的である。張政権と満洲国が、幣制統一の推進に代表されるようなある種の近代性と中央集権性を備えていたことは、県単位の大きな組織を政権基盤とすることができたという事情と関係するのではなかろうか（これに関連する黒田明伸の「支払協同体論」については附論を参照のこと）。

2　県流通券の回収と満洲国の治安回復

一九三三年一二月の義県の県流通券の回収について「国幣小額貨の流通潤沢になるに及び僅か一個年の流通を以って完全に回収した」（大『義県事情』七二頁）という記述がある。すなわち、満洲中央銀行の小額貨幣の発行増加が、県流通券回収の要因であることを示唆している。そこで満洲中央銀行の発行した鋳貨の残高の増加額の推移を見てみよう（表6-9）。この表から、一九三四年に小額貨幣が大量発行されていることがわかる。一九三四年

表 6-9　満洲中央銀行券各年発行額増加分

種　類	1934	1935	1936	1937
1 圓券	14.7 百万圓	3.2 百万圓	9.6 百万圓	6.0 百万圓
5 角券	0.8 百万圓	△ 0.6 百万圓	1.8 百万圓	1.2 百万圓
1 角硬貨	10.7 百万圓	3.8 百万圓	0.0 百万圓	1.1 百万圓
5 分硬貨	1.5 百万圓	0.6 百万圓	0.0 百万圓	0.5 百万圓
1 分硬貨	1,259 千圓	74 千圓	132 千圓	373 千圓
5 厘硬貨	177 千圓	0 千圓	24 千圓	19 千圓

出典）満洲中央銀行（1942）284 頁。

の一角硬貨一〇・七百万圓は一億七百万枚に、一分硬貨一、二五九千圓は一億二千六百万枚にそれぞれ相当する。三五年以降にはこのような小額貨幣の大量発行はもはや行われていない。

この大量発行の時期が県流通券の回収時期と一致していることは、この時期に県城中心の通貨流通圏が満洲中央銀行を中心とする満洲国体制に吸収されていったことを示唆している。ただし、この大量発行された小額貨幣がとってかわったのは、県流通券ばかりではなく、官帖の小額面の紙幣、銅銭、銅元、銅元票等が含まれている。これら貨幣の流通を支えていたのは県流通券の場合と同じ機構であり、満洲中央銀行の小額貨幣流入がその流通領域を満洲国体制に取り込む過程であったことにかわりはない。

満洲国の幣制統一過程をめぐる研究には安藤（一九六五）の第三部IV、小林（一九七二：一九七五、五三〜六五頁）、満州中央銀行史研究会（一九八八、三九〜八三頁）、岩武（一九九〇、一六三〜二一四頁）、柴田（一九九九、四九〜五九頁、一六三〜一六八頁）、安冨（一九九七、五五〜六〇頁、九三〜一〇四頁：二〇〇二）などがある。これらの研究は、満洲国の幣制統一過程を中国側紙幣の回収と日本側紙幣の回収の二段階に分け、前者を満洲中央銀行の継承した東三省官銀号・邊業銀行・吉林省永衡官銀銭号・黒龍江省官銀号の紙幣の回収過程とほぼ同一視するという点で共通している。

しかし郷村部における紙幣の回収を軽視してはならない。県流通券の掌握していた領域への満洲国鋳貨の浸透は、満洲国体制の郷村掌握の程度を反映するものだからである。すなわち満洲中央銀行による中国系通貨の回収過程は、都市部中心の第一段階と郷村部中心の第二段階に明確に分けて理解すべきである。第一段階では満洲中央銀行の継承した四銀行の大額面紙幣を満洲中央銀行券に置換する業務や中国銀行・交通銀行の紙幣の回収が中心であり、第二段階は県流通券などの小額面紙幣の整理が主となる。金額では前者の方が圧倒的に大きいが、直接影響を受けた人間の数で比較すれば、後者の重要性は前者を凌ぐ。

周知のごとく、満洲における反満抗日運動は、関東軍の予想を遥かに越えた執拗さで継続された。いわゆる「匪賊」の数の推定値は、一九三二年六月八日付の「関東軍治安維持方針」において治安恢復の期限として設定された「昭和七年末」を過ぎた一九三三年段階でも十万人近い水準を維持している。関東軍による討伐が一定の成功を収めるには一九三四〜三五年を待たねばならなかった。関東軍が治安維持活動を満洲国軍・警察に委せ、一部地域を除いて対ソ戦を主眼とした集中配置に転換するのは一九三四年四月のことである（吉田　一九八六）。

この「治安恢復」の時期と、県流通券回収＝満洲中央銀行小額貨幣大量発行の時期がほぼ一致している点は注目に値する。県流通券が代表する県社会は、満洲国設立の基本単位の役割を果たしたとはいえ、一九三二〜三三年の段階では一定の自由度を確保しており、郷村部には抗日軍がゲリラ活動を展開し得る領域が狭いながらもまだ残っていた。ところが県流通券が満洲中央銀行の小額貨幣によって代替される段階にはいると、満洲国体制の県の掌握が強化され、それによって抗日軍の活動可能な領域は、ソ連国境の山岳地帯を除くと、ほぼ消滅してしまったものと考えられる。

既に引用した『満洲中央銀行十年史』の記述にあるごとく、同行職員は「兵匪の大討伐が決行せられたる機会」に「私帖回収隊」が「幾度か死線を超ゆる冒険的行動を敢行」して県流通券を回収した（満洲中央銀行　一九四二、一〇三頁）。ゲリラの掃討と県流通券の回収が相互促進の関係にあると認識していたからこそ、満洲国財政部と満洲中央銀行はこれほどまでに回収を急いだのであろう。

3 華北との比較

前章では、満洲で「満洲国」が成立し、華北で抗日根拠地が広汎に維持されたという事態の説明を、両地域の県城の県全体に対する掌握力の差異に求めた。満洲において県城の掌握力が、華北よりも強かったことを主張するためには、一九三〇年代において、満洲で県レベルの通貨流通機構があったことばかりではなく、華北にそれがなかったことを示さねばならない。華北の私帖流通についての資料は満洲よりもさらに少なく、現時点では限られた事例を提示することしかできない。しかしそれでも以下に見るごとく、両地域に明瞭な違いのあったことは確かである。

既に論じたように、一九一〇年代後半の満洲では、多数の県において商店の発行する私帖が広く流通していた。この私帖はしかし張作霖政権下で急速に統合整理され、一九二九年の段階では私帖の発行は例外となっていた。塚瀬（一九九三）の論じたごとく、満洲事変の直前には、南満は現大洋票と日本側の朝鮮銀行券、北満は哈大洋票と官帖という四種類の貨幣にほぼ統一されていた。

華北の様相は満洲と相当に異なる。まず山西省の状況を見てみよう。一九一〇年代前半の山西省では各県で多数の商店が種々の私帖を発行していた。太原県では県城の四〇軒ほどの商店のみならずそれ以外の集市のある市鎮でも私帖が発行されていた。一九一三年六月に県城の商会が、城外の市鎮である晋祠鎮における銭票発行を停止せしめるよう県議会に要請するという事件が生じている。晋祠鎮の側は強く抵抗し、銭票の発行は継続された。同様の騒動は一九一六年にも発生したが、銭票発行の体制はかわらなかったらしい（黒田　一九九八）。

閻錫山政権は、県と村の政治経済的機能を拡大し、自律的な「貨幣流通機構」を解体して貨幣調節機能を県、やがては省銀行に吸収する政策を推進した。また、村治運動を宣伝し、村に紙幣発行機能を持たせる試みも行っている。

一九一九年にまず貨幣単位を統一すべく、銀両・制銭の使用をやめて、銀元・銅元に統一する規則が省政府から公布された。これにより銅票の流通が本格化される。この規則と同時に、県と商会が確認した上で発券を許可された商号に銅元を受領させる規則が公布されている。一九二九年には商号の発券を禁止し、発券機能を山西省銀行に独占させる規則が出されたが、閻錫山の内戦関与に伴って生じた三二年にかけての財政インフレにより、この銀行券は受領されなくなる。同時に、私帖流通が急速に再生している（黒田　一九九八：朝鮮銀行調査課　一九三七、二六～二七頁）。

この通貨不安を解消すべく三二年に省銀行は改組を行って別種の兌換紙幣を発行し、事態を収拾した。さらに各県に設立させた県銀号と村に設立させた村信用合作社に小額紙幣を発行させるという体制に移行した。この段階でも銭荘等による私帖発行が完全に抑えられたわけではない。一九三〇年代にはいっても県より下のレベルの通貨流通機構が命脈を保っていたと考えられる（黒田　一九九八：朝鮮銀行調査課　一九三七、二六～二七頁：戴　二〇〇一、一〇〇～一二五頁）。

次に山東省を見てみよう。一九一六年一〇月に行われた調査によると、山東の銭業は非常に発達しており、全省一〇七県に対して銀銭業者は一千軒を上回り、多い県では百軒以上もある。どの店でも自由に銭票を発行しており、銀銭号にとどまらず、商店もまた発行している。銭帖の発行権は完全に商業慣習に依っており、官庁に許可を求めたりする必要はない。県別の紙幣発行商店数は七～百余軒となっている。注目すべきは福山県であり、ここでは商会によって「公議定章」が定められて共同で遵守しており、私帖の発行者は不動産を担保として商会に差し入れている。これは同県が県流通券発行の前段階にあったことを示すが、このような記述があるのはこの県に限られている（中国人民銀行総行参事室　一九八六、八五九～八六三頁：原資料『財政月刊』第一三巻、第一五四号、一九二六年一〇月）。

山東省の済南では一九一九～二二年に銭票発行が最盛期を迎え、種々の業者が次々に銭票発行業に参入した。その数は千軒を越え、銭票の印刷局ですら二五〇軒に到る程であった（黒田　一九九六）。一九二五年には張宗昌が山東紙幣整理処を設けるが、省政府紙幣の信用崩壊が生じ、逆に各種紙幣の通用を認める事態となる。法幣改革の影響により省は一九三六年に私帖の本格的回収を開始するが、これも日中戦争の勃発で頓挫する。一九四〇年前後から流通券が頻繁に発行されるが、県ばかりではなく、その下の「区」が流通券を発行する事例の多いのが山東省の特徴である（戴　二〇〇一、一五七～一九二頁；中国人民銀行総行参事室　一九八六、三一五頁）。

山東省は中国本土でも最も定期市の稠密に分布する地域であったが、この地域の流通貨幣の多様性が特に高い事実は、集市の稠密な分布によって同レベルの貨幣流通機構が維持されていたことを示している。この地域の組織は、県城一極集中型の満洲と対照的に、重層的なネットワークを成していたものと推測される。山東省に魯南、清河、膠東、魯中、濱海といった有力な抗日根拠地が形成され、東三省に満洲国が形成されたという運命の対比と、上のような市場構造・紙幣流通の対比は密接に関係していると考えられる。

最後に河北省を見る。この省でも一九一〇年代には多種多様の私帖が発行されており、この状況は一九二八年に行われた調査の段階でもほとんどかわっていない。河北省の特徴は一九三〇年代前半に多くの県で一斉に県商会発行の救済券が発行されている点である。冀県のように区が信用流通券や維持金融委員会暫時流通券を発行しているところもある。また趙県のように日中戦争勃発に伴なう一九三八年の危機的状況に対処すべく県農村委員会を組織し、県城の商店のみならず各村の商号から農村救済券を発行した事例もある（戴　二〇〇一、一二五～一四一頁）。

法幣改革の際に各県の紙幣流通状況の調査が行われているが、その段階では県流通券を使用している県と、各種私帖の流通している県にほぼ分かれている。しかしその後に行われた日本側の調査では、先の調査で「県流通券を使用する」とされている県でも私帖発行の広く見られる場合が多いので、県流通券が私帖を完全に代替したと見做すことはできない。雄県では一九三三～三六年の段階で、ある鎮の六軒の商号が流通券を発行して県内の小範囲に流通している事例があり、このレベルの貨幣流通機構が健在であることを示唆する（戴　二〇〇一、一二五～一四一頁）。

以上のことから、まず一九一〇年代には華北も満洲もほぼ同じような私帖の自由発行の状態にあったことがわかる。軍閥政権による貨幣発行権の統一政策が本格化する前の状態は一見したところそれほどかわりはない。張作霖政権下の満洲では急速に幣制統一が進展し、一九二〇年代には私帖はほぼ姿を消すに至った。しかも一九三一年の満洲事変による金融梗塞という緊急事態の下で私帖発行を再開する際にも、県単位で流通券を発行していたのである。これに対して華北では同じ日本軍の占領下にありながら、一九三〇年代後半に至っても一九一〇年代とほぼ同じ状態が継続していた。

日本軍の満洲と華北における行動は、ともに鉄道と県城を占領してその周辺のゲリラの掃討を行うというものであり、両者に本質的な違いはない。にもかかわらずその結果は大きく異なっており、満洲では「面」を支配し得たのに対し、華北では「点と線」の泥沼におちいった。本章の議論により、満洲の政治経済的機構の最小単位が県のレベルにあり、華北ではさらに下のレベルにあったことが示唆された。この違いが日本軍の運命を左右したと考えるのは、それほど不合理ではない。

附表 6-1　満洲事変後の県流通券のデータ

	調査時	発行主体	発行手続，発行状況等	発行金額			回収額		価値維持の程度
				元	備考	現勢（国幣・圓）	金額	備考	
泰来	概，1934 年 3 月	県財政局	発行 1932 年 4 月，5 月。1932 年 12 月回収。糧桟永豊源経由「巷間種々の噂を生じた」	40,000	圓		36,200		「常に四，五割方の下落」その率で回収
	視，1933 年 11 月	県財務局	発行 1931 年 12 月 1 日	40,000			39,000		
鎮東	H，1932 年 2 月 26 日					28,161			
安広	現勢，1933 年 8 月					198,000			
洮安	東，1932 年 3 月	洮安県金融維持会	発行 1931 年 11 月 1 日，「蒙辺督弁公署」の許可，償還期間「大同二年九月」，「毎月兌換奉票三天」	127,000					
	視，1933 年 11 月	金融維持会，財務局	畝捐担保。「他の諸県と同様金融維持券」を発行。「洮南県の私帖」が流通	120,000		127,410	90,000		
洮南	東，1932 年 3 月 3 日	財政局農務会他商号 14 家	発行 1931 年 7 月，1932 年 1 月，「商会設金融救済委員会請政府備案」，「毎月定期兌換」	341,000	法洋				
	H，1932 年 2 月 26 日	県財政局	「県公署監督の下に金融組合を組織し，主用商店より流通券を発行せしめ」	483,000		477,000	177,000		国幣と同様価格
	視，1933 年 11 月	「此等糧桟」（市臨時金融救済会）	督弁張海鵬の許可。「街票」と呼称。救済会に担保または保証人で発行。18 軒	300,000					
開通	概，1934 年 3 月	県公署および金融維持会によって認められた商店あるいは富豪	発行 1931 年 12 月 1 日，（公署）地方税収入を担保，（商店，富豪）発行者の不動産を担保	95,000		99,200	33,378		国幣と同様価格
醴泉	現勢，1933 年 8 月					167,100			
樺川	視，1933 年 11 月	地方金融臨時救済会	準備金哈大洋 8 万 7000 元。1933 年夏までに回収の予定も，年内は困難	300,000	哈大洋		184,000		
依蘭	視，1933 年 11 月	地方金融救済会	「無制限に兌換せらるる故に信用あり」。救済会の融資は月に 1.8%だが，「専ら商	400,000	事変前発行			20 万元（＝国幣 12 万	1 元＝吉銭 300 吊

			家に対して貸借を行ひ一般民衆はこの恩恵を受けられない」					元）が流通	
	各，1934年12月	金融救済会	「事変後反軍の強要並に反軍強要に依る物資に対する代価支払とに，金融の逼迫を来し金融救済会の発行」	670,000	圓		631,575	1933年2月	「1圓が国幣に対し6角」
呼蘭	大，1936年	県公署籌餉局	「市帖」。李子英が1932年10月，印刷させたが流通せず	100,000	毎元江銭1200吊			1933年3月	
阿城	視，1933年11月	地方財務処	「市帖」，1931年	30,000,000	吊			哈大洋1元＝1200吊で全部回収	
	概，1934年3月	地方財務処	「市帖」，1931年					吉大洋1圓＝1200吊で全部回収	
木蘭	視，1933年11月	県農商銭号（1932年10月20日設立）	発行の目的は事変並に水害後の財政状態の救済						
	大，1934年		発行1932年12月「流通券」。1933年7月に大半，残りも10月末までに完了						
	概，1934年3月	県農商銭号（1932年10月20日設立）	発行1932年12月7日，「此銭号の役員は殆んど県吏及び商，農会長で其総理として県長」，「県政費に当てた額は僅か二万元，其他，大豆，木材の買ひ入れ五万元，残り二万余元は使途不明の有様」	96,600				2～3割	江洋と同じ
密山	概，1934年3月	県地方財務処	発行1932年12月21日，自衛軍李杜が強制流通せしめた。現金を吸収して県民は他県との取引に困難	915,000					哈大洋1元＝地方票4元
安図	現勢，1933年8月					989,680			
安東	Z，1933年10月	県公署，商会	発行1928年	360,000			60,000		現小洋と同一
	県志	発行1931年							
荘河	現勢，1933年8月					30,000			
岫巌	東，1932年3月5日	岫巌県財政局	発行1931年11月，「岫巌県政府」の許可，償還期間「一年以内」，「由財政局経	65,600	法洋				

			収畝捐各畝随時収回註銷」					
	現勢，1933年8月					170,000		
寛甸	東，1932年3月2日	地方発行委員会	発行1931年11月，「各法団及県政府」の許可，償還期間「五月底期」，「由五月起毎元兌現小洋一元一角」	50,000				
	概，1934年3月	県公署，商会，農会	発行1931～32年	39,771		61,500	34,771	
	安，1933年9月		発行1931年11月1日	56,000			40,000	地方流通債権を畝捐の納入にて回収
桓仁	東，1932年3月	桓仁県金融救済会	発行1932年1月16日，「一年期間収回」，「県政府及各機関開会議決通過」，「以法価大洋兌換」	150,000				
	Z，1933年10月	金融救済会（旧県長，農・商務会長，教育局長等）	発行1932年1月16日	150,000	圓	150,000	88,255	
	安，1933年9月	金融救済会	発行1932年1月19日，農村並商人が土地を担保に借受け，年利1割5分	200,000			75,774	
	概，1934年3月	金融救済会（1932年1月設立）	「其の後唐聚伍の蹂躙に逢ひ」，「大同元年十月討伐，十月二十八日県公署開弁と共に流通票の使用を禁止」					
通化	東，1932年3月5日	通化県財政局	発行1932年1月1日，通化県政府の許可，1年で償還，「毎元以奉大洋五十元兌換」	250,000	法洋			
		商会	発行1931年12月10日，「地方行政会議表決請県政府備案」，「候地方平靖金融充足即収回」，「商号36家随時集金充分兌換（毎元奉大洋五十元）」	200,000	法洋			
	概，1934年3月	県公署債券所	流通券発行金額／総流通高＝9.7％	180,000		250,000		
	安，1933年9月	県公署	1932年1月15日，土地を担保	250,000				回収未了
		県商務会	1932年1月15日，土地を担保	130,000				回収未了

輯安	東，1932年3月	県地方発行	発行1931年10月，償還期間「一年」，「遼寧省政府」の許可，「随時酌量兌現大洋奉票50元兌一元」	120,000					
	現勢，1933年8月					130,000			
	安，1933年9月		発行1931年10月25日	130,000					
臨江	東，1932年3月	臨江商会，八道江商	発行1932年2月1日，「旧省府批准」，償還期間「俟警甲子款充足時収回」，「由両会随会時兌換」	100,000					
	現勢，1933年8月					441,895			
撫松	現勢，1933年8月					655,000			
撫順	H，1932年2月26日	金融救済会							
遼中	東，1932年3月	遼中県地方公債局	発行1932年1月1日，「民国21年7月1日」に償還，「由本県自治委員会請県政府備案」，「以奉表，法価大洋収回」	800,000	法洋				
	現勢，1933年8月					800,000			
新民	現勢，1933年8月					35,444			
蓋平	H，1932年2月26日	金融維持会	「新ニ三十万元ノ融通券ヲ発行スルコトトナレリ」						
	大，1936年	金融維持会（蓋平自治会）	維持会設立および発行1932年4月1日	108,503		118,260		1934年3月全額回収済み	
鉄嶺	東，1932年3月1日	鉄嶺商会	発行1931年7月	120,000	現洋				
		鉄嶺商会	発行1931年9月	61,000	現洋				
	概，1934年3月	県財務局	商会発行の予定を変更，1932年4月15日，1932年6月1日発行	70,000		70,000	9,480		国幣と同様価格，流通価格に変動なし
法庫	東，1932年3月1日	本県金融救済会	発行1931年8月1日，「地方議決県政府許可」，償還期間「按五季還毎期以一月為限」，「由積谷坎下在款償還」	14,000	法洋				
		本県金融救済会	発行1932年1月18日，「地方議決県署許可」，償還期間「四月一日以尽数兌	20,000					

			換」，「由財政局収入坎下兌換償還」						
	現勢，1933年8月					285,630			
康平	現勢，1933年8月					350,000			
遼源	東，1932年3月	工商公議会	発行1931年11月1日，「遼源地方維持会及各団体公決」，「毎月市週兌換一成」	45,000					
		各商号33家	発行1931年10月1日，「地方維持会各団体公決」，償還期間「因款均買各粮存因故無定期」，「以本券満週兌法洋一成」	75,170					
	各，1933年2月	金融維持会，工商公議会	1931年11月，救済券15万元を担保に，県長が金融維持会，商務会に発行させた	196,972		145,650	145,397		
	視，1993年11月		災民救済糧券，5斗券，1斗券，5升券	150,000					
		治安維持委員会	新流通券，1元，3元，5元	90,000					
西安	東，1932年3月	西安県財政局	発行1932年1月1日，「経地方行政会議議決許可」，「以収回車捐畝捐為兌換弁法」	100,000	法洋				
	Z，1933年10月；H，1932年2月26日	県公署		58,000	圓		57,493	1933年3月	
	視，1993年11月		地方税を基礎	300,000			215,000		
東豊	H，1932年2月26日	県財政監察委員会財政局	県行政会決議案により1931年10月10日発行						
		各商店十数戸	東豊県人泰当流通券「自家用流通県を乱発」						
			「十二月中旬奉天省城ニ於テ東豊県ノ小額紙幣一元，五角，二角等ノ種類ヲ印刷中ノ処我憲兵隊ニ発見セラレ財政庁ハ右通報ニ基キ直チニ之ヲ処置セリ」						
	東，1932年3月	東豊県財政局	発行1931年12月，東豊県政府の許可，「以畝捐為収回之準備」	160,000					
		東豊県地方金融救済	発行1931年12月，東豊県政府の許可，「按月兌二成」	600,000					
	Z，1933年10月	金融救済会（県保	地券および家屋を有価証券として	353,000	圓	597,840	283,000		対現大洋37%

		安会)							
		県財政監察委員会財務局	1930年度畝捐滞納金，飢饉救済金を目当てとして	244,840	圓		190,939		対現大洋45%
	視，1933年6月5日	地方金融救済会	発行1932年1月21日，地照房契（地券，家屋証書）を以て担保とし評価額100万元のもの。西安県，海龍県にも及ぶ	353,000			271,159		1元に対し国幣4角
		県公署財務局	発行1931年11月19日，1932年2月1日，畝捐（土地税）を担保，畝捐の20%を即現洋と兌換	240,850			185,090		発行当時は，1元＝奉大洋50元
海龍	東，1932年2月29日	海龍地方金融臨時維持会	発行1931年11月15日，「由発行日起六個月収回」，「海龍県政府」の許可，「以収入畝雑捐為担保財政局有款時兌換」	100,000	法洋				
		海龍商会	発行1931年12月1日，「海龍県政府」の許可，償還期間「俟銭方活動即行収回」，「無制限兌現」	20,000					
	Z，1933年10月；H，1932年2月26日	県財務局	6カ月期限の融通手形，地方税捐収入，商会所属商店の資金で保証。県財務局，発行1931年11月13日，1932年1月24日。海龍県城商会，発行1931年12月18日。朝陽鎮商会，発行1931年11月10日	100,000		100,000	75,483	1933年12月	現大洋と同一
		海龍県城商会		200,000			171,800		国幣と同一
		朝陽鎮商会		240,000			237,497		国幣と同一
	県志	県財務局	公安局長王立廷財務局長張述簽請籌発警餉擬発行流通券商務会長馬長純簽請発行臨時期条周転市面当由県長趙公駿第召集地方各法団各機関首領及士紳議決組織臨時金融維持会於二十年九月二十三日（1931年9月23日）開弁公推商会長財務局長充正副委員長主管其事按警学薪餉之需要発行地方流通券法価現洋十万元施県城商会発行流通券二十万元朝陽鎮商会発行二十四万元均先後由吉林永衡印書局印製券背面均印有布告大意謂地方金融奇緊地方為発放警学薪餉而発行併背面加蓋	100,000					
		海龍県城商会		200,000					

		朝陽鎮商会	県印以昭慎重商会者為活動市面交易商会通融兌換奉票或現洋票以資便利而防貶価嗣後陸需要発行徳元年四月奉而発行准以此券完納地方捐税併市面交易不折不扣原係不兌換性質但為行使者如有必要之需或携帯出境或匯往他処時財由	240,000				
清原	東，1932 年 3 月	清原地方財政局財政監査委員会	発行 1931 年 12 月 11 日，「清原県政府」の許可，償還期間「地方畝雑捐収入時即時兌換」，D77「由商会代弁無限兌換」	100,000				
	Z，1933 年 10 月	県公署，商会	発行 1931 年 12 月 14 日	100,000		100,000	97,000		
興京	東，1932 年 3 月（新賓県）	新賓県財政局	発行 1932 年 1 月 1 日，「由地方各団体議決諸県政府備案」，「以二十年度畝捐収入為兌換基金並支納地方畝雑各捐」	30,000				
	概，1934 年 3 月	県財務局	「臨時接済券」1932 年 1 月，「券財政局発行地方流通券」1932 年 8 月発行	147,700	流通額	147,727			額面の半額にて流通（1934 年）
		県地方農商貸款所	「県地方農商貸款所発行流通券」1932 年 9 月 1 日	77,727	圓		42,077		流通価格は昴騰，1934 年 2 月 1 日より税金として受領せず
柳河	東，1932 年 3 月	柳河地方金融維持会	発行 1931 年 9 月 30 日，「柳河県政府」の許可，償還期間「一年」，「以畝雑捐及全県地方収入担保兌換」	350,000				
	大	金融維持会	畝捐，土地契照を担保	317,573		333,700		1934 年 4 月，1 元＝大洋 15 銭で回収済み	
金川	現勢，1933 年 8 月					283,200			
輝南	東，1932 年 3 月	輝南県財政局	発行 1931 年 11 月，「輝南県政府」の許可，償還期間「俟四個月後審査時局再行収回」，「暫不兌換」	100,000	法洋				
	現勢，1933 年 8 月					106,000			
錦	東，1932 年 3 月 6 日	錦県農商借款事務所	発行 1932 年 3 月 1 日，「現正逐日兌換以完了為期」，「按法価随時兌換奉票」	178,900					

	視，1933年11月	農商借款事務所	支票	238,900		238,745	164,500		
北鎮	現勢，1933年8月					141,300			
黒山	視，1933年11月		発行1932年	110,000	圓	6,500	回収済み		
台安	概，1934年3月	県地方善後委員会	発行1931年11月10日，旧遼寧省政府の許可，畝捐を担保	260,000		269,600	73,282		1932年5月全然無価値状態に暴落
盤山	概，1934年3月		5万圓の正貨を準備	70,000	圓	140,000			正貨と同価値
興城	現勢，1933年8月					79,847			
錦西	各	県公署	発行1931年10月28日	30,000		60,000	25,000	1933年12月	
義	大	商務会	発行1932年12月1日			50,000		1933年12月，1年の流通で回収	
阜新	Z，1933年10月	県公署	畝捐で償還	200,000	圓		22,000		
彰武	視，1933年11月	金融委員会（県長，商会，農務会役員）	発行1932年	20,000	圓	20,000	3,000		国幣と同様，他県にまで流通
赤峯	Z，1933年10月	豪商または商会	「私幣発行ハ再ビ台頭スルニ至レリ」						
通遼	東，1932年3月	通遼県農商救済会	発行1931年12月，「通遼県政府」の許可，償還期間「以俟大局平定金融恢復原状再等款収回」，「暫不兌換」	170,000					
	視，1933年11月	商務会	税源	150,000		170,000			国幣と同様

出典）表6-3を参照。

附論　黒田明伸の「支払協同体」論について

黒田明伸（一九九六、二〇〇三）は、地域通貨が発行され流通する自律的な政治経済空間を「支払協同体」と呼んだ。本章のもとになった安冨・福井（二〇〇三）では、そのサブタイトルを「県城中心の支払共同体の満洲事変への対応」としていたように、満洲の県レベルの貨幣流通機構を支払協同体の一種と看做していた（なお、黒田は一貫して「協同体」という言葉を使っているが、安冨・福井（二〇〇三）では不注意にも「共同体」を使ってしまった。もちろん、意味は同じであるので、以下では「協同体」を用いる）。

しかし、現時点では満洲の機構をこのように呼称するのは不適切であると考え、本章ではこの用語を使っていない。安冨・福井（二〇〇三）で「支払共同体」と書いた部分は「貨幣流通機構」と言い換えている。ここでは、なぜこのように呼称を変更したかについて説明したい。

主たる理由は、黒田（二〇〇三）の分類から考えて、満洲の県流通券を支えた機構を支払協同体に分類するのが不適切だと考えるからである。黒田（二〇〇三、五三頁）は支払協同体の定義について次のように説明する。

ここで措定した、ある空間的まとまりにおける在庫の販売可能性を実現させるものを総括して「地域流動性」と本書では呼称している。本書において、この地域流動性が、歴史上現れたあらゆる貨幣制度の基底にあるものとみなされる。その構成内容は、商品貨幣でも、集団内の人的信用でも、また当然手交貨幣でもありうるのだが、本節の事例のように手交貨幣を独自に創造しているものを「支払協同体」と呼んでいる。

つまり、地域流動性を実現させる手段を黒田は（一）商品貨幣、（二）集団内の人的信用、（三）手交貨幣、の三つに分類した上で、最後の手交貨幣を創造するような「もの」を「支払協同体」と呼称する。

別の箇所（一七六～一七七頁）で黒田は、「伝統市場」を四つの類型に分類する。「現地通貨を創りだして流動性を保持するのが、第一のグループである。伝統中国が典型である。農村地帯の市場町では、現地商人が発行する紙製通貨が、何らの公的許可もなしに流通していた。」「第二のグループは、頻繁に信用取引を使うことで流動性を維持しようとするものである。」このグループの代表は中世の西欧である。「第三のグループは、兌換性のある貨幣とバーター取引の複合」である。これは近代初期のポーランドや現代のボリビアのように貴族・大地主・大商人が海外貿易に有効な金銀貨を蓄積する一方、小農は現金を使用せずにバーターで日用品を交換する。第四のグループはこれらの混合であり、代表は伝統インドである。

以上の引用から、黒田の「支払協同体」が、「現地商人が発行する紙製通貨が、何らの公的許可もなしに流通」するような状況を指していることは確実である。しかるに、満洲の県流通券は県城商人が公的な委員会を組織し、その上で公権力の許可を得て発行する紙幣である。これを支払協同体に分類するのは明らかに不適切である。

満洲の状況をあえて分類するなら、第一グループと第二グループの混合ということになろう。安冨・福井（二〇〇三）では、中国本土の支払協同体が黒田の言うように県よりも下の市鎮にあるのに対して、満洲では県レベルにある、ということを主たる差異と考えていた。現時点で安冨はこれを、単なるレベルの違いだけではなく、機構の違いを含むと看做すべきだと考えている。つまり、同時代の中国本土では市鎮のレベルに支払協同体があったのに対して、満洲では県のレベルに県城商人を中心として公権力とも結びついた貨幣流通機構が成立していたのである。単なるサイズの問題だけではなく、その機構上の違いも同様に重要である。

支払協同体の空間的境界性とそのサイズの問題に関して黒田は次のように言う。

財の集散の動きに注目すると、定期市はあくまで流通のさまざまな節のどこかの一つであるにすぎないのである。財の流れをみるだけでは、ことさらに外と内を画するような経済的空間性を看取することはできない。（一五一頁）

一般に銭票は県を越えて流通することはないとされたが、この太原県の例が示すように、県の下の市鎮のレベルでも独自に銭票を発行し、やはり市鎮に物資が集散する範囲でのみ流通することになっていた。県という行財政の基

> 礎となる単位でもなく、あるいは県が税役を最終的に割り当てる単位としての村でもなく、その中間にあって行財政的単位としての機能が弱い鎮が紙製通貨を共有する空間を支えていたのである。（一五三頁）

つまり黒田は、定期市に注目するだけでは経済の基本要素となる範囲が確定できない、としてスキナーの市場共同体論を批判し、「市鎮に物資の集散する範囲」を通貨をゆるやかに共有する空間的範囲としてとりだすべきだ、と主張している。

しかしこの主張は、黒田（二〇〇三）の基礎理論とも言うべき、「回路としての貨幣」という立場と不整合を起しているようにも見える。商品の販売可能性が一方向に実現されるような一方的関係が円環を描いて接続されたとき、そこを紙幣なり、信用なり、商品貨幣なりが流れてゆく、というこの視点から、「ことさらに外と内を画するような経済的空間性」が生まれる積極的理由を見いだすことはできないからである。実際、ひとつの空間を多種の通貨が機能別に流通するという事態の一般性を黒田は強調しているのであり（第三章）、その場合にこのような空間的境界性を求めるのは不適切である。このような空間的境界性は、通貨そのもののダイナミクスから生まれるのではなく、市場や権力のありかたの結果として生じると見るべきなのではないか。黒田が第一グループに分類した伝統中国社会は、本書第13章で論じるように、空間的境界性のなさ、を特徴としており、これは通貨についても貫徹しているのではなかろうか。

また、「手交貨幣を独自に創造しているもの」という黒田の「支払協同体」の定義に、不十分な点のあることにも注意せねばならない。ここに言う「もの」とは一体何なのかが不明確なのである。その概念の前提となる「地域流動性」という概念にも同じ問題がある。上に引用したごとく、「ある空間的まとまりにおける在庫の販売可能性を実現させるもの」を「地域流動性」と定義するが、この定義にも「もの」があらわれる。この場合の「もの」もまた意味がよくわからない。

しかも、この箇所の直前（五二頁）で黒田は次のように記述している。

> 計数機能を現地に限って果たす記号のような現地通貨を成り立たせているものは、官民いずれの制度でもなく、

個々の商人の債務保証能力でもなく、地域市場にストックされた商品全体の有する販売可能性にほかならない。つまり、「現地通貨を成り立たせているもの」は「地域市場にストックされた商品全体の有する販売可能性」だ、というのであるが、先の引用箇所では、現地通貨は「在庫（＝商品ストック）の販売可能性を実現させるもの」であると定義している。これは循環論法である。もちろん、安冨（二〇〇〇）で論じたように、貨幣について考察を開始すれば、必然的にこの循環論法にゆきあたるので、この循環論法そのものに問題はない。しかし、このような循環論法を明確にすることが貨幣理論の役割であるのに、黒田はその循環が見えにくくなるように論述をすすめている。この点は問題にされるべきである。

黒田は「ある財の販売可能性の高さから通貨の生成を説明するメンガーの論理」を逆転させ、「財の揺れる販売可能性を中立的に実現する手段として貨幣をとらえている」と主張するが（注一六〜一七頁）、筆者は、すべてを「回路としての貨幣」という立場から一貫して構成すべきではないかと考える。そうであるなら、「支払協同体」という概念を残存させる意義はほとんどない。「手交貨幣回路」とか「手交貨幣経路」とか呼んだ方が安全である。

さらに言うなら、「支払協同体」という概念は、黒田のいう「第二のグループ」（中世西欧型）の場合によりふさわしいかもしれない。なぜなら、そこには明確にメンバーシップと空間的境界を持った人間集団が形成されていて、人々の相互の信用のもとに支払が実現されているからである。満洲の県流通券に見られる機構は、第一グループに属する伝統中国の状態から乖離し、第二グループに接近していて、より「共同体」らしい姿を見せているように見える。この意味では、安冨・福井（二〇〇三）がこれを「県城中心の支払共同体」と呼んだことは、むしろ正当化されるのかもしれない。もちろんそのときには黒田の「支払協同体」とは違う意味である。

本章で「県流通券」の「貨幣流通機構」などという呼称を採用した理由の一半はこのような用語上の混乱を回避することにある。

注

（1）本章は安冨・福井（二〇〇三）を加筆訂正したものである。本書に安冨の単著としてこの論文を含めることを許可してくださった福井千衣氏（国立国会図書館）に感謝する。

（2）満洲文化協会（一九三三、一五〇頁）には、以下のような定義が与えられている。

「**私帖・救済券・流通券**　私帖とは官警の公認なく、個人商店等が自ら発行する紙幣であつて、多くは極めて地方的に流通する。私帖は度々法令を以て流通を禁止せられたが、矢張り各地に於て之を見る。小洋銭本位のものが多いが必ずしも一定してゐない。額面も雑多である。

昭和六年九月満洲事変以来地方の金融梗塞の結果各県に於て救済券、流通券等の名称を以て地方紙幣が発行されつゝある。其の額各県共五万元、一〇万元、二〇万元乃至五〇万元で平均二〇万元と称せられ、其の整理の前途について疑念を抱くものも少なくない。之は多くは地方商務会、県金融維持会、県公署等の公共団体の発行にかゝり、流通区域も限られ、現大洋本位のものが多い。中には全然準備なきもの、不正の存するもの等あり地方民を苦しめつゝあるものが少なくない。額面は壱角、五角、壱圓五圓、拾圓等種々あり各県一定してゐない。紙質は私帖と同様極めて粗悪で支那紙に木版手刷りのものが多い。」

文献

〈日本語文献〉

安藤彦太郎編　一九六五『満鉄』御茶の水書房。
石田興平　一九六四『満洲における植民地経済の史的展開』ミネルヴァ書房。
岩武照彦　一九九〇『近代中国通貨統一史』みすず書房。
外務省通商局　一九一九『満洲ニ於ケル通貨事情』。
関東軍参謀部　一九三二「満洲事変直後ニ於ケル奉天省行財政ニ関スル詳報」（関参第一七四号、一九三二年一一月：アメリカ議会図書館所蔵）。
黒田明伸　一九九六「二〇世紀初期太原県にみる地域経済の原基」『東洋史研究』第五四巻第四号、一〇三～一三六頁。
黒田明伸　一九九八「伝統市場の重層性と制度的枠組―中国・インド・西欧の比較―」『社会経済史学』第六四巻第一号、一一五～一三八頁。
黒田明伸　二〇〇三『貨幣システムの世界史』岩波書店。
国立国会図書館参考書誌部アジア・アフリカ課編　一九六九『中国地方志総合目録：日本主要図書館・研究所所蔵』国立国会図書館

参考書誌部。
小林英夫　一九七二「満洲金融構造の再編成過程」満州史研究会編『日本帝国主義下の満州』御茶の水書房、一一三～二一一頁。
小林英夫　一九七五『「大東亜共栄圏」の形成と崩壊』御茶の水書房。
柴田善雅　一九九九『占領地通貨金融政策の展開』日本経済評論社。
朝鮮銀行調査課　一九三七『山西省に於ける金融経済概況と金融機関の内容』朝鮮銀行。
塚瀬進　一九九三『中国近代東北経済史研究―鉄道敷設と中国東北経済の変化―』東方書店。
大同学院編　一九三三『満洲国各県視察報告』大同印書館、新京。
大同学院編　一九三四a『満洲国地方事情　概説篇』大同印書館、新京。
大同学院編　一九三四b『満洲国地方事情　各省篇』大同印書館、新京。
大同学院編　一九三五～三七『満洲帝国地方事情大系』大同印書館、新京。（全二百冊とされるが、実際に何冊出版されたかは不明）
橘樸　一九三一「王道の実践としての自治」橘樸著作集刊行委員会『橘樸著作集　全三巻』勁草書房、第二巻、六〇～六五頁、一九六六年。（初出は『満洲評論』第一巻第一五号、一九三一年）
満洲中央銀行　一九四二『満洲中央銀行十年史』満洲中央銀行、新京。
満州中央銀行史研究会　一九八八『満州中央銀行史』東洋経済新報社。
満洲国財政部　一九三六『満洲貨幣史』新京。
満洲国史編纂刊行会編　一九七一『満洲国史（各論）』満蒙同胞援護会。
満洲国通信社　一九三三『満洲国現勢（建国―大同二年度版）』（復刻版、二〇〇〇年、クレス出版）。
満洲帝国国務院総務庁統計処編纂　一九三五『満洲帝国面積及人口統計』満州統計協会、新京。
満洲帝国財政部　一九三三～三四『地方財務機関特別調査事蹟報告書』（表6-3参照）。
満洲文化協会　一九三三『満洲年鑑　昭和八年』。
南満洲鉄道株式会社　安東地方事務所　一九三三『東辺道　寛甸輯安桓仁通化　各県経済調査報告書』。
南満洲鉄道株式会社　総務部調査課　一九一九『満洲ニ於ケル支那側金融機関ト通貨』。
南満洲鉄道株式会社　東亜経済調査局　一九二九『満洲に於ける私帖』。
西村成雄　一九九二「張学良政権下の幣制改革―「現大洋票」の政治的含意―」『東洋史研究』第五〇巻第四号、五〇七～五五三頁。
日本銀行調査局　一九三三「満洲の通貨と金融　満洲出張（自昭和七年十一月三日至昭和七年十二月廿五日）報告ノ内」昭和八年四月、資料保管番号　資一八～二一三五。

安富歩　一九九七『「満洲国」の金融』創文社。
安富歩　二〇〇〇『貨幣の複雑性』創文社。
安富歩　二〇〇一「満洲における諸通貨の相互連関とその変遷」古屋哲夫・山室信一編『近代日本における東アジア問題』吉川弘文館、第十章。
安富歩・福井千衣　二〇〇三「満洲の県流通券―県城中心の支払共同体の満洲事変への対応―」『アジア経済』第四四巻第一号。
山室信一　一九九三『キメラ―満洲国の肖像―』中公新書、中央公論社。
吉田裕　一九八六「軍事支配（一）満州事変期」浅田喬二・小林英夫編『日本帝国主義の満州支配』時潮社、九三〜一六二頁。

〈中国語文献〉

中国人民銀行総行参事室編　一九八六『中華民国貨幣史資料 第一輯』。
宋抵・柳成棟編　一九九三『東北方志序跋輯録』哈爾浜工業大学出版社、哈爾浜。
戴建兵　二〇〇一『中国銭票』中華書局、北京。

〈英語文献〉

Skinner, G. W. 1964-5　"Marketing and Social Structure in Rural China, (I)-(III)", *Journal of Asian Studies*, Vol. XXIV, No. I-III.

第7章　廟に集まる神と人(1)

深尾葉子・安冨　歩

はじめに

第5章では、一九三〇年前後の満洲の流通機構を調査し、各県の流通が県城に集中する、「県城経済」と呼ばれる機構が優勢であることを確認した。これは定期市の重層構造が一般に見られた中国本土と大きく異なっている。この差異をもたらす理由として、

・蒙古地方の馬と長白山系の木材の豊富な供給ゆえに荷馬車が広く用いられたこと
・厳しい冬の寒気による凍結のため、輸送・保存コストの低いこと
・主要生産物が商品性の高い大豆であり、物資の流通に強い季節性のあること

を指摘した。

第6章は、満洲事変下の満洲各県において、県城の有力者が中心となって発行した「県流通券」と呼ばれる紙幣と、これを可能とした県の権力構造を論じた。県によっては流通券が二〜三年間にわたって安定した流通を見せているが、これはある種の自治的組織が県を単位として形成されていたことを意味する。このような紙幣が県全体で

順調に流通したという事実は、県城の有力商人を中心とする権力が県全体を覆うものであったことを示す。このような現象もまた同時期の華北にはほとんど見られず、河北省や山東省では各種商人の発行する私帖の流通が一九四〇年代に至るまで継続していた。

本章の目的は、社会的文化的側面においてどのような機構が満洲に形成されていたかを、「廟会」に注目することで考察することにある。

中国北部において廟会が、かつて重要な社会的機能を持っていたことは広く知られている。一九世紀後半に宣教師として山東に二十年以上滞在したアーサー・スミスは、中国の村落における最も目立つ建物は廟であり、中国人の団結能力は廟を設立・運営する「会」にもっとも顕著に表れると論じている（Smith 1899, p. 30, p. 141）。戦前の西北中国で広範囲に調査を行った今堀誠二は、スミスの指摘を受けて「寺廟だけが中国の全体についていえる最大公約数であり、全般的観察に適切な資料を公平に供給してくれる」（今堀　一九五三、五～六頁）と主張している。また平野義太郎も寺廟を村落の求心力の根幹と看做し、村落共同体論の基礎とした（平野　一九四三、四一頁）。平野の共同体論に対して批判的検討を加えた旗田巍もまた廟会のありかたに注目した（旗田　一九八六）。

天野（一九四〇）、山根（一九九五、七七～一〇一頁）、斯波（一九六一）、姜（一九九六、一二三～一二六頁）、李（一九九八、三一～三四頁、六七～七四頁、一二三～一二九頁）、許（一九九八、二九六～三〇二頁）、Yang（1944）などの一連の研究が明らかにしたごとく、廟会が担っていた経済的機能も無視しえない。華北では定期市と廟会の市が役割を分担する形で農村における流通機構が組織されており、廟会の宗教的側面は二次的なものとなっていた。

最近では、石田浩が地縁結合の紐帯としての廟の存在に早くから着目し、華北の農村における廟の重要性とその復活の傾向を指摘している（石田　一九八六、一四一～一四四頁）。また、ドアラ（Duara 1988, pp. 118-157；1995, pp. 162-163）は戦前の華北農村の廟会の機能を論じ、廟会をめぐる文化的相互関係の持つ政治的な意味を明らかにした。

中華人民共和国成立後に廟会は政策的な抑圧を受け、特に一九六〇年代以降は公式に開催することが不可能となった。その後、一九八〇年代になって、宗教活動ならびに民間文化活動への制約が緩和されるに及んで中国各地で復活している。著者の一人が既に明らかにしたように、陝西省北部ではコミュニケーションの重要な結節点となり、地域における政治的役割すら果たしている（深尾　一九九八）。このほかにも、福建や広東での廟の復興については、すでにフィールドワークに基づく研究が数多く出されており（三尾　一九九七；Dean 1993；廖　一九九五、七〇七～七二二頁；鄭　一九九五、五七九～五九八頁；劉　一九九五、七〇七～七二四頁）、華北や西北でも村廟や地域廟の復活のプロセスが考察の対象となっている（三谷　二〇〇〇、三一七～三四五頁；Jing 1996）。また、中国全土の主要な廟を解説した『中華廟会事典』によれば、江蘇省では村の土地廟を除く県以上のレベルの廟だけで百箇所以上、北京市で三千箇所近くの廟があるとされ、全国では数十万の数になると推計されている（陝西人民教育出版社　一九九四）。

ところが、満洲については内田（一九七〇）による一九四〇年代の調査を除くと、これまで正面から廟会の問題が論じられたことがない。この空白を埋めるべく、本章では満洲の廟会について二つの観点から論じる。

第一は、この地域で廟会が盛んであった一九二〇～三〇年代において、全体としてどのような時間的・空間的分布を持っていたかの確認である。このために当時の地方志および日本語資料に基づいて満洲全体の廟会の開催期日やその様相を調査する。なお、本章の期日の表示はすべて農暦（陰暦）である。

第二に遼寧省大石橋市迷鎮山の娘娘廟会に注目し、この廟会の様相を明らかにする。迷鎮山の廟会を対象とする理由は、（一）一九二〇～三〇年代には「全満最大」と言われる大規模な廟会であったこと、（二）複数の文献資料が得られること、（三）南満洲鉄道株式会社による記録映画が残っていること、である。特に（三）は重要であり、中国全土を見渡しても、戦前の廟会の様子が本格的な記録映画の形で残されているケースはここ以外には無いと考える。また、我々は二〇〇二年五月に迷鎮山を訪れ、現在の廟会の実態を調査したので、過去の様相との比較にも言及する。

本章は以下のように構成されている。第一節では一九二〇〜三〇年代の満洲全体の廟会の時間的空間的分布を、その期日と市場のあり方に注目しつつ論じる。第二節では主として「満洲国」時代の日本側の調査に依拠して、農村における廟会の様相を論じる。第三節では「満洲国」時代の大石橋の娘娘廟の姿を素描し、さらに一九四七年の廟の破壊から一九九二年の再建に到る過程と二〇〇二年の廟会の様相を示す。第四節では以上の議論を基に特に華北との比較を中心に考察を加える。

各節の議論により、満洲の廟会には次の特徴のあることが明らかとなる。

・満洲の各県はどこも同じ組合せの廟を持っている。
・同じ神を祀る廟はどの県でも同じ日に廟会を開く。
・娘娘廟が特に重要である。
・大石橋迷鎮山娘娘廟会のような大型の廟会があり、多数の上層農民が鉄道・馬車で集まる。
・村や屯といったレベルの廟・廟会は一般に不振である。
・農村には自家用の小廟が多数ある。
・廟会の市場機能は限られている。

これらの特徴は「県城経済」体制と深くかかわるものであり、定期市と廟会が流通を構成する華北と全く異なっている。

一　廟会の期日と市場機能

中国における廟会は純粋の宗教儀礼の場ではない。山根（一九九五、八四～八五頁）の指摘するように、廟会は宗教的祭礼を契機として成立したものではあるが、そこに市場が開催され、民衆の重要な娯楽の場となり、また人々の紐帯を形成し確認する結節点としても機能した（Yang 1944）。芝居と廟会は切り離せないほど密接な関係にあり、神に奉納される形で上演される芝居を見ることが、平素娯楽に恵まれない農民にとっては無上の楽しみとなる（山根　一九九五、九四頁）。

廟に参拝するために集まる人々を目当てとして市が開かれるが、その市場を目指して人々は廟会に集まってくる。一九三〇年代の山東省の農村市場機構について調査したヤンは、一年に一度開かれて数十万人がつめかけるある廟会に注目した。それは五皇上帝の生聖祭であると同時に、年に一度の大市でもある。廟会の大市と通常の定期市との違いは、規模と商品の種類・量であり、定期市が村と村の商品交換を担うのに対して、廟会は地域間の流通を実現すると指摘した（Yang 1944, pp. 26-27）。かくして廟会の宗教的色彩は往々にして低下し、場合によっては祭礼とは全く関係のない廟会も開かれるようになった（姜　一九九六、一二三～一二六頁；李　一九九八、三一～三四頁、六七～七四頁、一二三～一二九頁；許　一九九八、二九六～三〇二頁；山根　一九九五、八六頁）。

上述のごとくスミス、今堀、平野は廟と廟会を農村社会のひとつの中軸と看做したが、それはこのような複合的社会機能に注目してであった。しかもそれはドアラの示したように、政治的な力を動員しあるいは注入する経路の役割も果たしたのである。

また廟は単独にそれ自体として存在するのではない。深尾（一九九八）の明らかにしたように、同じ地域内にある廟は相互に参拝者を奪い合う形で競合し、またその「効験」を分けあうことで相補的な関係をも持つ。様々な神を祀り、様々の規模を持つ個々の廟は、相互に繋がりあっていて、無限に広がるネットワークをなしている。個々の廟を結節点とする人々の紐帯は、廟と廟を繋ぐネットワークによってさらに高次に接続されている。

この観点からすれば、廟会の期日の設定は重要な意味を持っている。廟会の日程が相互に重なりあわないように配分しておけば、お互いの動員力を大きくすることができる。逆に同じ神を祭る廟が同じ日に廟会を開くなら、人々がある種の「アイデンティティ」の如きものを共有する契機となる。期日設定のあり方の違いは、廟会の運営機構の形態上の差異を反映している可能性がある。

そこで本節ではまず期日の設定の仕方に注目する。また、廟を支える重要な要素である市場のあり方を調査する。

1　廟会の期日

丁・趙（一九八九）は東北の県志の「民俗」に関する記述を収録した資料集である。これを通読すると、東北ではこの資料集で「歳時民俗」と分類されている部分に廟会についての記述の集中していることがわかる。しかも興味深いことに、満洲の県志には「天斉（東岳）廟会」、「佛誕日」、「娘娘（碧霞元君）廟会」、「薬王廟会」、「関帝廟会」以外の廟会についての記述がほとんど見られない。ごくわずかの県で火神廟会（一月一五日）、観音誕辰（二月一九日）、王母蟠桃会（三月三日）、虫王廟会、青苗会（六月六日）、南関帝廟会（六月二四日）、城隍廟会（五月一〇日、二八日）などが開かれている、あるいはかつて開かれていた、という記載があるのみである。そこで廟会についての記述のある県志を選び、上記の五種類の主要廟会の日程を抜粋し、さらに廟会についての具体的な記述がある場合にはそれを備考に記入したものが表7-1である。

この表で最も注目すべきは、廟会の期日の設定がどの県でもよく似ている点である。廟会の日程は全満を通じてほぼ一定しており、たとえば娘娘廟会についての記述のある三五県のうち三四県が四月一八日に開催している。こ

表 7-1　満洲における廟会の期日 (1)

遼寧省	天斉廟会(東岳)	佛誕日	娘々廟会(碧霞元君)	薬王廟会	関帝廟会(雨節,単刀会)	備　考
奉天通志 34	3/28		4/18	4/28		
瀋陽県志 17	3/28		4/18	4/28		
新民県志 26			4/18	4/28	5/13	4/18「県城関帝廟，鎮郷娘娘廟香火会期」
遼中県志 30			4/18			4/18「眼光経母誕辰」「凡城郷有廟宇処無不有会」
遼陽県志 28	3/28	4/8	4/18	4/28	5/13	廟会の悪口。「迷信」「敗壊風俗」(65 頁)
海城県志 37	3/28	4/8	4/18	4/28	5/13	4/18「四月十八日為娘々廟（即碧霞元君廟）会期，香火極盛，婦人無子者多于此日往禱之。農工商一律放假，而耀州山会尤盛于他處。」28 日「農工商人亦有放工者。虎荘屯西山薬王廟会尤為特盛。」
台安県志 30					5/13	元旦「村鎮有土地廟者，皆往廟内送香」
桓仁県志 30			4/18			4/18「県城関帝廟，郷村娘娘廟香火会期」
桓仁県志 37			4/18			4/18「紅男緑女多赴就近之娘娘廟焚香祝禱，一般商販亦皆前往售得果品，香紙等物，俗曰赴廟会。」
昌図府志 10						「3 月 28 日与 4 月 18 日，婦女多至廟焼香祈福。」
鉄嶺県志 33	3/28	4/8	4/18	4/28		3/28「是日毎多風雨，本境無此廟，好事物嘗赴省内天斉廟」；4/18「是廟名広嗣庵」「四月 初八，十八，二十八日，城郷婦女詣廟焚香。官禁屠宰。」
開原県志 1856						
開原県志 29	3/28	4/8	4/18	4/28	5/13	
西豊県志 38	3/28	4/8	4/18	4/28	5/13	
営口県志 33			4/18	4/28		4/18「（宗教篇海雲寺）海雲寺俗名岳州廟。岳州廟岳州即耀州之転音也。寺在米眞山東南坡上距大石橋駅西南五里。…毎年旧暦四月十八日値廟会之期士女如雲。香火繁盛臨時集市亘三四里而遥亦大観也。」「（民俗篇歳時）四月十八日為耀州碧霞元君廟会，婦人無子者多于此日往禱之。百物雑陳游人如織，亘四五里。由十七日起至二十日始閉会。」(17～20 日)；28 日「医士群集合于西大廟院内討論会務」
蓋平県志 30			4/18			4/18「四月十八日邑北六十里耀州廟会，即盛京通志所載耀州也。山上旧有娘娘廟，香火極盛；山下禅院名海雲寺，毎廟会期演劇五日。先時販売物類者云集于兹，凡人民日用応需之物，無不備具，行行分列，供人采購。四方来游観物轂撃肩摩夜以継日。有周鉄溝，橋台堡，郷楽荘，鉄嶺屯，百家塞諸村会辦演秧歌，抬歌雑劇，群集山廟祝神，以祈豊年。今其地点已撥帰営口県矣，志之以略存昔日属界会場情形耳。」

安東県志 31			4/18	4/28	5/13	4/18「男女至元宝山碧霞皆焚香…。而郷間各寺廟，婦女還願者亦多。」
鳳城県志 21			4/18	4/28	5/13	4/18「県城龍鳳寺此会尤盛」; 5/13「四郷関帝廟懸灯挂彩，開門一日，屯会備猪，酒往祭（城内帰商会主辦），歓飲而還。」
阜新県志 34			4/18			
錦県志 20	3/28		4/18	4/28	6/6	3/28「東関東岳廟挙行香会」; 4/18「城内外娘娘廟会百貨雑陳食品玩具…」(17〜19日）; 4/28「東関地蔵寺，北関薬王廟会，郷村来游者接踵于途，其繁盛与娘娘会相埒。」(27〜29 日)。この県志は廟会記述が多い。2/2 龍台頭日，2/19 観音誕辰，5/28 城隍廟会（27〜29 日）其繁盛与娘娘廟薬王廟相似。
義県志 31			4/18	4/28	5/13	1/13〜14「城内大仏寺廟会，花炮雑陳，食品・玩具羅列成市。工商皆放假，游人塞途，男女往来，極一時香火之盛」; 4/18 三箇所で廟会（17〜19 日)，23 日城東細河左右斉家子，溝口子，車房，羊房，十三屯等勝会，前後五日，賑やかだったが最近は寂寞。28 日二箇所，「其繁盛与娘娘廟会相埒」(27〜29 日)。この県志も記述多し。
北鎮県志 33	3/28	4/8	4/18	4/28		
錦西県志 29	3/28	4/8	4/18	4/28	5/13	5/10 城隍廟会
興城県志 27			4/18	4/28		
綏中県志 29	3/28		4/18	4/28		3/28 東岳経誕; 4/18「郷間以海濱鉄廠屯娘娘廟会為盛。」
朝陽県志 30						「四月三八等日凡賽会処必演劇敬神，近則多有不演者。遠近男女争赴之于廟中諸神前跪拝，謂之香火会。」
吉林省						
吉林通志 1891	3/28		4/18	4/28	5/13	3/3 真武廟会，仙人堂会，三皇廟会，「城郷瞽者均往祭神，不到者罰」; 3/16 山神廟会; 6/6 虫王廟会; 6/19 観音堂会; 6/24 北山関帝廟会; 9/9 三皇廟，仙人堂; 9/17 財神誕辰。
吉林新志 34			4/18	4/28	5/13	4/28 省城北大山是日会况甚盛。
長春県志 41	3/28		4/18	4/28	5/13	
盤石県郷土志 37			4/18			
安図県志 29			4/18	4/28	5/13	4/18「県城北門外有娘娘廟，是日赴会焚香男女老幼可達二千余人。鎮郷各処有是廟者，亦于此日為会期。」; 双十節「但此挙惟城鎮行之，郷居農民多不注意。」
臨江県志 35	3/28		4/18	4/28	5/13	
輯安県志 31		4/8	4/18	4/28	5/13	
懐徳県志 29			4/18	4/28	5/13	
梨樹県志 34		4/8	4/18	4/28	5/13	4/18「昔嘗毎会演劇，今不例行矣。」
東豊県志 31		4/8	4/18	4/28		4/8「県城北郭水月宮及郷鎮各廟，多于是日為香火会期，然不及十八日盛也。」;

						4/28「城北関帝廟香火会期，遠不及十八日盛。」
黒龍江省						
呼蘭県志 20			4/8.18.28			「四月 初八，十八，二十八等日，娘娘廟廟会」
双城県志 26			4/18	4/28	5/13	「以城内西大街関帝廟（内有娘娘殿）為最熱鬧。」
珠河県志 29						「四月十八日廟会」
綏化県志 20			4/8			「四月八日為娘娘香火会」
望奎県志 19			4/18	4/28		
安達県志 36			4/8.18.28			「四月 初八，十八，二十八等日，為娘娘廟之会期」

注）奉天通志と吉林通志は省レベルなので，県志としては勘定に入れない。
出典）丁・趙（1989）。

れ以外の会期を持つ県は黒龍江省に限られ、四月八日に開催する綏化県と、四月八日、一八日、二八日と分散開催している呼蘭県と安達県だけである。井岡（一九三九、一五九頁）は「各地一定はせぬが、十八日を中心に五日間位行はれるのが普通である、唯だ、新京に近い「大屯」の娘々廟は旧四月二十八日を中心に行はれている」とする。また奥村（一九四〇、二頁）も「大体に於て、毎年旧暦四月十八日を中の日として三日乃至五日連続して行はれる。尤も地方（新京、大屯等）によつては旧暦四月八日、十八日、廿八日と「八」の日をえらんで開催するところもあるが、大体十八日頃に多く開催される」としている。

わずかな例外の存在は、廟会の会期が厳密に統制されているわけではなく、日程をずらすことが可能であることを示す。にもかかわらず各県はほぼ同じ会期を採用しているのである。日程がどの県でも同じなのは娘娘廟会だけではない。天斉廟会（三月二八日）、佛誕日（四月八日）、薬王廟会（四月二八日）、関帝廟会（五月一三日）も同様であり、丁・趙（一九八九）ではこの規則に反する会期を示す例は一例を除いては見られない。

次にこの表から満洲では娘娘廟会が最も重要であったことがわかる。廟会についての言及のある三九県のうち、実に三五県で娘娘廟会についての記載がある。これに対して薬王廟会は二六県、関帝廟会は一九県、天斉廟会は一二県、佛誕日は一〇県である。

奥村（一九四〇、一頁）はこの娘娘廟会の重要性を次のように書いている。

満洲国各地で行はれる娘娘祭の参詣者は無慮二百五、六十万人を下らない。私が今日迄調べあげた娘娘廟会の数だけでも百四箇所に上つてゐるが、恐らく満洲国全体では二百七、八十個所位はあらう。その祭の盛んな事は、満洲国が現在持つ他の色々な催しものゝ中でも断然群を抜いてゐる一大行事である。而も当日は村から部落へ、部落から農村へ、農村から大都邑へ、満洲国到る処で夫々地方的に大規模に行はれる。

表7-2は奥村（一九四〇、一八八～一九二頁）より作成した廟会の期日の一覧である。この表でも、関東州を除く満洲各地では上述の廟会の会期規則がほぼ完全に守られている。例外は佳木斯の娘娘廟が四月八日に開かれていることだけである。大石橋財神廟街の娘娘廟が三月二三日および九月九日という会期を持つが、この日付から見てこの娘娘廟は次に述べる天后廟系であろう。

この表で検討を要するのは関東州の廟会である。この地域では廟会は四月一八日の日付を持つものが五箇所（娘娘 三、天斉 一、金頂山 一）、三月二三日の日付を持つものが一五箇所（天后 三、娘娘 一二）、それ以外の日程のものが六箇所（天后 一、娘娘 五）存在する。四月一八日の娘娘廟は、その会期設定から見て上述の満洲の一般の娘娘廟会と同じ系列に属すると見做しうる。

三月二三日のものは一般の娘娘廟ではなく、「天后廟」あるいは「海神娘娘廟」と呼ばれる種類の娘娘廟と考えられる。上田（二〇〇二）の示したように、満洲においては、これらは山東系の会館内に設置されている場合が多く、山東商人との関係が強い。会期は天后の誕生日とされる三月二三日に開かれるのが普通である。

第三のグループは普蘭店の天后宮（一月一五日、七月一五日）と娘娘廟会三個所（七月一五日；二月八日；四月四日）、および貔子窩の娘娘廟会二箇所（毎月一日・一五日；六月一三日）である。このような会期のばらつきは満洲では珍しい。この地域に限り、後に見るような華北的な廟会が開かれていることになる。

郷村の廟会については節を改めて論じるが、県志のなかでも、県城以外の廟会についての記述と覚しきものがわずかながら見られる。表7-1の「備考」の欄は、娘娘廟会が各県に複数（おそらくは多数）開かれていたことを示す。しかも県城が直接支配している重要な廟のみならず、県城以外の廟もまた同じ日程を採用している。

一九二九年の安図県志には「県城の北門外に娘娘廟があり、この日は参詣する老若男女が二千人あまりに達する。各鎮郷にもこの廟があり、同じ日に廟会を開いている。」とある。県城付近の恐らくは衙門と関係する娘娘廟が最大であり、そこに「二千余人」が集まり、それ以外の「鎮郷」の廟でも同日に娘娘廟会が開かれる。同様に一九三〇年の桓仁県志には「（この日に）県城の関帝廟と郷村の娘娘廟の廟会がある」とあり、一九三七年の同県の県志には「（この日に）多くの善男善女が近くの娘娘廟に参詣し礼拝する」とある。この県では県城にある関帝廟のなかに娘娘も祀られているようであり、ここで大きな廟会があり、さらに各地の「郷村」にある廟でも同日に一

表 7-2　満洲における廟会の期日 (2)

	場　所		廟会月日
関東州	天后宮	大連恵比寿町	3/23
	娘々廟	大連沙河口	4/18 6/24
	娘々廟	大連小平島	1/15 3/23 7/7
	娘々廟	旅順王家店	4/18
	娘々廟	旅順水師営	4/18
	娘々廟	旅順山頭	3/23
	娘々廟	旅順山頭	3/23
	娘々廟	旅順方家屯	3/23 6/17
	娘々廟	旅順方家屯	3/23
	娘々廟	旅順方家屯	3/23
	天斉廟	錦州閻家楼	4/18
	娘々廟	金州大孤山	3/23
	金頂山廟	亮甲店	4/18
	天后宮	普蘭店五島	1/15 7/15
	娘々廟	普蘭店五島	7/15
	娘々廟	普蘭店長嶺子	2/8
	娘々廟	普蘭店四道河子	4/4
	天后宮	貔子窩海洋島	1/1・9・15 3/23 5/13
	娘々廟	貔子窩獏獐子島	毎月 1・15
	娘々廟	貔子窩格仙島	3/23
	娘々廟	貔子窩瓜皮島	3/23
	娘々廟	貔子窩洪子東	3/23
	娘々廟	貔子窩北山上	3/23
	娘々廟	貔子窩塞裏島屯	6/13
	娘々廟	貔子窩大嶺子屯	3/23
	天后宮	貔子窩哈仙島	3/23
安東省	天后宮	元寳山	3/23
	娘々廟	元寳山	4/18
	娘々廟	劉家河	4/18-28
	娘々廟	鳳凰城	4/18
奉天省	天后宮	奉天大北関	3/23
	天斉廟	奉天小東関辺門	3/25-29
	娘々廟	奉天大南関	4/15-18
	薬王廟	奉天大南関	4/15-5/1
	天后宮	営口	4/28
	西大廟	営口	4/28-29
	娘々廟	大石橋	4/16-20
	天后宮	大石橋小梁口	3/23
	天后宮	大石橋夾心子	3/23
	娘々廟	大石橋財神廟街	3/23 9/9
	娘々廟	劉家河	4/18-28
	娘々廟	鳳凰城	4/18
	岳陽寺	熊岳城	6/27
	娘々廟	湯崗子	4/16-18
	興盛廟	鞍山	4/6-10
	娘々廟	遼陽	4/18
	娘々廟	撫順	4/18-20
	娘々廟	鉄嶺	4/17-19
	娘々廟	四平街	4/18
	娘々廟	本渓湖	4/18
	娘々廟	梨樹	4/18
	娘々廟	鄭家屯	4/18
吉林省	娘々廟	北山	4/18
	娘々廟	大屯	4/18-20
	娘々廟	楡樹	4/18
	三母廟	扶餘	3/3
濱江省	娘々廟	呼蘭	4/16-20
牡丹江省	娘々廟	牡丹江	4/18
三江省	娘々廟	佳木斯	4/8
黒河省	東獄廟	老爺廟	4/15
北安省	娘々廟	綏化	4/16-20
興安南省	娘々廟	通遼	4/18
龍江省	娘々廟	洮南	4/17-19
	天斉廟	斉斉哈爾	3/28

注）廟会月日未詳のものは収録せず。
出典）奥村（1940）188〜192 頁。

斉に娘娘廟会が開かれる。一九二六年の新民県志にも「(この日に) 県城の関帝廟と鎮郷の娘娘廟の廟会がある」という記述がある。遼中県志 (一九三〇) では「町でも農村でも廟のあるところで (この日に) 廟会を開かないところはない」、錦県 (一九二〇) では「城内外娘娘廟会」、安東県 (一九三一年) では「男女が元宝山の娘娘に (この日に) お参りし……村々の寺廟にもお礼参りに行く婦女も多い。」となっており、これらの県も同じ状況であることを示唆する。

2　市場の機能

満洲の廟会でも華北の廟会と同様の市が立つ場合がある。第三節で見るように「満洲最大」(内田　一九七〇、三七四頁) と言われた大石橋迷鎮山の娘娘廟会には大規模な市場があった。各地の県志でも、次に引用するように、廟会の市の賑いを伝える文章が散見される (丁・趙　一九八九、一九三頁、九五頁、二〇六～二〇七頁)。

錦県志 (一九二〇)：「城内外娘娘廟会」において「百貨雜陳」と言われるような市が立つ。

桓仁県志 (一九三七)：「普通の商人たちもまた皆果物・線香などを販売しに来る」。

義県志 (一九三一)：一月一三～一四日という厳冬期に「県城内の大きな寺の廟会では爆竹などを様々に並べ、食品・玩具を陳列して市を成している。職人も商人も皆休業し、そぞろ歩く人で道は塞がり、男女往来し、参詣は極めて盛んになる。」

しかし、満洲における廟会の市場機能を過大視してはならない。その理由の第一は、満洲の地方志では「市」に関する記述のなかに廟会への言及が見られない点である。我々が確認した満洲各地の八七件の地方誌のうち、四一件に「市」についての記述があるが、廟会に関連する記述を含むものは一件もない (第5章、附表5-1参照)。これに対して山東省の地方志では、しばしば「建置」や「集市」といった部分に廟会 (山会) の場所や期日が定期市と並んで明記されている。図7-1は霑化県志（民国二四年）の該当箇所であるが、一五箇所の「市集」の期日に続いて、「会場」という項目で各地の一四箇所の「会」の期日が列挙されている。山東では廟会が重要な市場機能を果たしていたことが確認されており（山根　一九九五、七七〜一〇一頁；天野　一九四〇；許　一九九八、二九六〜三〇二頁、Yang 1944, pp. 26-27）、この県志の記載方法もそれを反映していると見做すべきである。逆に、満洲の県志に同様の記述が全く見られないという事実は、廟会の市場機能がさして重要でないことの反映であろう。

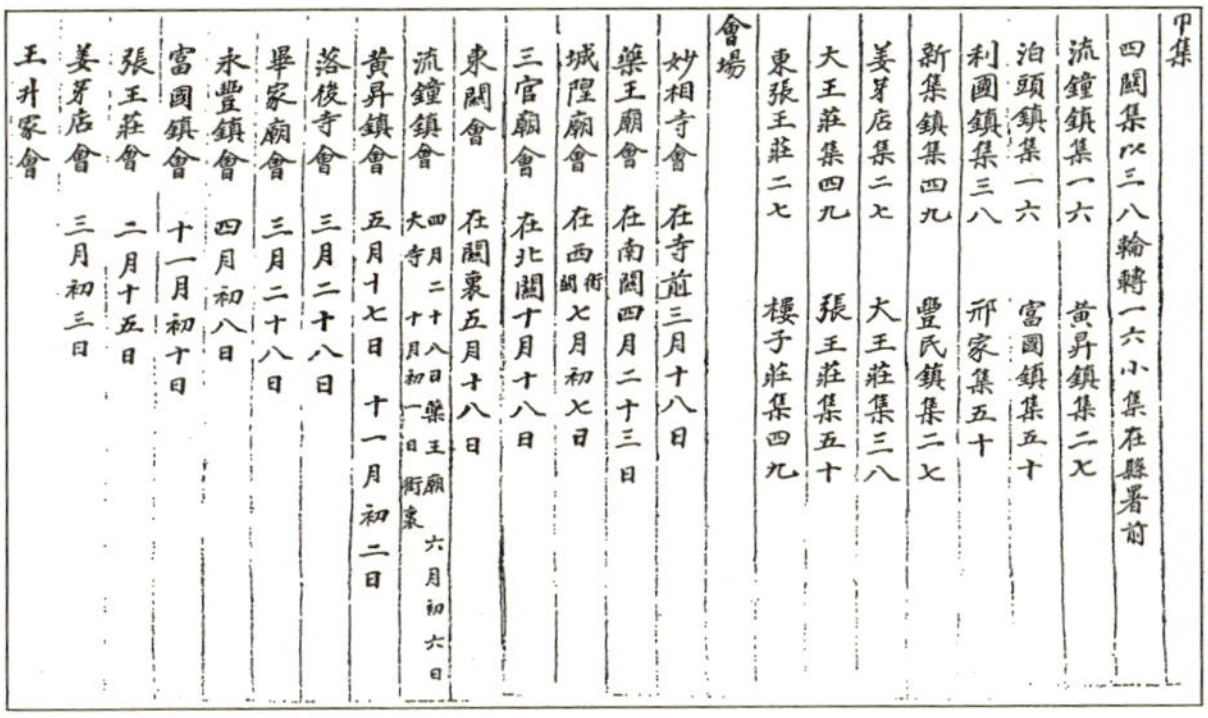

図7-1　山東省霑化県志（民国24年）巻三の「市集」と「会場」の箇所

出典）中国方志叢書 華北地方 山東省 第360号。台北 成文出版社 1976年。

表7-3　満洲の主要廟会の規模

廟名	会期	人出
熊岳城岳陽寺	6/27	「祭典当日前後三日間毎日三千人位宛の人出」
旅順蟠龍山娘娘廟会	4/18	「参集するもの約二，三万人と称せられ」
関東州金頂山廟	4/18	「参集者数千と称せられる」
営口西大廟	4/28-29	「付近から集るもの数万人と称せられ」
鞍山興盛廟	4/6-10	「祭典後五日間に約二十万と称せられる」
大石橋娘娘廟	4/16-19	「参集者十数万と称せられる」
遼陽天斉廟	3/27-29	「当日参集するもの約二万と称せられ」
安東元寶山娘娘廟	4/18	「当日は……参集者数万人と称せられ」
安東大孤山娘娘廟	3/23	「当日参集するもの約五万と称せられる」
鳳凰城娘娘廟	4/18	「当日参集するもの約八千人と称せられる」
吉林北山娘娘・薬王廟	4/28	「参詣者十万以上にのぼる」

出典）満洲経済事情案内所（1933）32頁。

第二の理由は、県内全ての娘娘廟会が同じ日に開かれるという現象である。もし門前の市が重要な商業機能を持つならば、各地で一斉に廟会を開くのは不合理である。

少なくとも県内の廟会同士は相互に会期が重ならないようにすべきである。この点は「考察」の節で詳述する。

第三の理由は廟会の参詣者数である。満洲経済事情案内所（一九三三、三二頁）に満洲の著名な廟会一九箇所がリストされているが、そのうち九箇所に参詣者数について表7-3のような記述がある。このリストの数万を越える大規模廟会はいずれも、旅順、営口、大石橋、鞍山、安東、吉林といった鉄道沿線の大都市に位置しており、一般の県城の廟会とは規模が格段に違うものと考えられる。この種の廟会を「鉄道型」と呼ぶことができよう。鉄道型以外では熊岳城岳陽寺が「祭典当日前後三日間毎日三千人位」、鳳凰城娘娘廟が「当日参集するもの約八千人」という水準になる。上にリストされているものが、有名な廟会に限られていることを考えれば、普通の県城の廟会の規模はそれ以下であった可能性が高い。第四節で見るように、この程度の人出は華北ならば郷村部でも見られる水準であり、満洲の鉄道型以外の廟会に、山東の廟会のような複雑で大規模な市場機能を想定することはできない。

以上の理由から、満洲の廟会の市場機能は、一部を除いて、それほど重要ではなかったと推定する。満洲の廟会の市場は華北と異なって、参拝客を相手に飲食物や玩具を販売する「夜店」程度が主流と考えられる。

3　小括

以上本節の議論により、山東と地理的に近く、またロシア・日本の支配下にあった関東州を除けば、一九二〇～三〇年代の時点における満洲の廟会は、次のようないくつかの特徴を持っていたことが示された。まず第一に、どの県でも同じような組合せの廟があり、しかもどの県でも同じ期日に廟会を一斉に開くこと。第二に、この廟会群の中軸に娘娘廟会があったこと。第三に、廟会の市場機能は鉄道型廟会を除くとそれほど重要ではなかったと推測されること、である。

二　郷村の廟と廟会

本節では県志に記載されるような比較的大きな廟会の背後にある郷村部における廟のあり方に注目する。なお、本節の議論は（一）一九四五年の内田智雄による調査、（二）一九三〇年代後半の農村実態調査のデータに依拠している。

1　内田智雄の調査

郷村の廟をテーマとして行われた調査は、管見の限りでは一九四五年の内田智雄による遼陽県三塊石屯における二週間の現地調査が唯一である。この調査は昭和二〇年度の文部省諸学振興委員会の助成による、高坂正顕を主班とした京都大学人文科学研究所の「満洲における道教の現状調査」の予備調査であるが、敗戦によって内田の予備調査のみで中断された。

内田は満洲の調査にはいる以前に華北の村落調査に従事しており、廟について深い知識を有していた。それゆえ内田（一九七〇）に収録されている報告のなかで、華北との違いに注目しつつ、いくつもの重要な指摘を行っている。

まず第一に内田は、「この地方の農村で華北のそれと対照されることの一つは、廟の規模が一般に極めて小さいということである」と指摘する。この地域の屯には大廟と小廟がある。大廟は普通、関帝廟であり、一屯に一つしかない。遼陽県三塊石屯周辺では大廟で行われる儀礼でさえ、毎月一日と一五日、農暦五月一三日と六月二四日（単刀会と関老爺生日）に「若干の農民が随便に線香を焚いて詣るという程度のものであって、華北農村におけるように年に一回ないし二回村廟に集まって、村の年中行事として廟会を行うというようなことはない」という（内田一九七〇、二五一頁)。

また、小廟は文字通り小さな廟宇であり、胡仙・瘟神・土地・山神・九聖・五聖・三聖などであることが多い。これらは土砂を集めて練りかためられた高さ数十センチの極めて小さな犬小屋のような廟宇である。どの屯でもこれら小廟が「あちらの山の上こちらの畑の中、あるいは路傍や後院すなわち住宅の裏庭などにも祀られているのが散見せられる」(内田　一九七〇、三二五頁)という。

この小廟について内田は特に重要な指摘をしている。それはたとえば同じ小型の胡仙廟が「少ないものでも二個三個、多いものは五、六個と、集団的に並列しているということである」(内田　一九七〇、三三一〜三三二頁)。しかも同じ場所につくられた複数の胡仙廟は全てサイズが異なっている。「六個並列しておれば六個とも、その高さと大きさを異にしていることを特色としている」(内田　一九七〇、三三二頁)。

内田はこの小廟の所有主を一つ一つ尋ねて廻り、それが村の寄附による村廟などではなく、病気を避けたり治療したりする目的で個々の家で建てたものであることを見いだした。すなわち満洲の小廟はそれぞれに所有者がある自家用の廟なのである。また、新しく建てる胡仙廟は古いものより大きくつくるという習慣があり、それは古いものより功徳効験を多くするためである、という。こうして小型の多様な大きさの胡仙廟の集団が散在するという特異な光景が形成された。しかもこれら小廟は概ね荒れ果てていて、その形状を留めないというようなものも多数見うけられる。内田は「廟といえば、村有の村廟であった華北農村の実情だけからしては、この現象は理解できないものである」としている(内田　一九七〇、三三三〜三三四頁)。

なお、一九八七年に出版された海城県志には文革期の「破四旧」運動による廟宇の破壊について「全県で彫刻彩色のある建築と大小の廟宇の破壊されたもの一三四〇〇棟」という記述がある(海城市地方志編纂委員会　一九八七、二〇八頁；聶　一九九二、二四五頁)。一九二二年におけるこの県の村(後の屯に相当)の数は七五八であり、単純に割ると一屯あたり一七棟を破壊したことになる。各屯の戸数は五十戸程度であるから、この数はあまりにも多い。もしこの数値が単なる誇張でないとすれば、「大小廟宇」の「小廟宇」が内田の報告したごとき自家用の小廟を指すと考えれば合理的に解釈できる。

第三の特徴は、諸神諸仙の合祀である。三聖祠・七聖祠・九聖祠などといった複数の神の合祀を示す名称の廟が多いばかりでなく、単独の神の名称を持つ廟でも複数の神が祀られている。たとえば単家堡子という屯の大廟は「関帝廟」であるが、その中には財神・禧神・火神・関帝・龍王・虫王・苗王が並んで祀られている。しかも大廟のみならず、「規模の極めて小さい羣小の廟に、諸神諸仙が数多く合祀」されている。小廟が自家用であることから、様々な願いに応えてくれる神を網羅しておく必要がこの合祀の原因であろう。

この現象についても内田は、「華北農村では嘗て見ないところで、これまた、華北農村と満洲特に南満農村との差異の一つであって、かつまた、華北農村と満洲のそれとの宗教的経済的、はたまた村落の発生史的な差異を物語るのではないかと思う」と述べている（内田　一九七〇、三三一頁）。

2　農村実態調査報告書

内田（一九七〇）以外に満洲の郷村廟について正面から論じた文献は管見の限りでは存在しない。しかし、いわゆる満洲国農村実態調査報告書には、簡単な言及がしばしば見受けられる。附表7-1はその言及を拾ったものである。表7-4はこのデータを基にして作成した。なお、内田（一九七〇、二九四頁）の指摘するように、行政単位として、満洲の「屯」は華北の「村」に、満洲の「村」は華北の「郷」にほぼ相当する。それゆえ華北の村廟は満洲の屯廟にあたる点に注意されたい。

この附表に収録した実態調査のうち、廟会あるいは「祭」があるかどうかの記述が二七件ある。表7-4では、このうち廟会があると看做し得るものに「○」を付したが、全部で八件にとどまる。また「村」という記号が付いているものが三件あるが、これは屯ではなくその上の村で廟会が行われているケースである。これらを除く一六件

表 7-4　1930 年代後半の満洲農村廟会の様相

村	西豊県	屯に祭なし。県城や屯外の廟会に出かける。村単位の参拝祈願（雨乞，虫害）。
	遼中県	個別にお参りも，屯としてはしない。
	海龍県	外部の廟会（4/18）に出掛ける。
	梨樹県	廟も廟会もない。
	新民県	廟会なし。近屯の廟会（4/18，4/28）に参詣。
○	蓋平県	1/15 に廟会。10 年に 4 回くらい芝居を呼ぶ。
	洮南県	参拝するが，廟会はない。
	延吉県	漢族には廟なし。隣屯の土地・山神廟に参拝。
○	楡樹県	6/6 に虫王爺廟会，豚を捧げて出金に応じて肉を按分。
	敦化県	廟会なし。4/18 に娘娘廟に盛装して参拝。
○	盤石県	豊年を感謝する高脚踊あり。
	盤山県	廟会なし。7/15，8/15，正月に各自参拝。雨乞は盛んに行う。
	黒山県	参拝のみ。
○	寧城県	娘娘廟会（1/15，4/18），虫王（7/15），6 月の雨乞に祭を行う。
○	豊寧県	娘娘廟会（4/1）は隣屯より人が集まって盛大だが，1925 年以降は芝居・高脚踊もなし。1/15 に高脚踊。雨乞をすることもある。
○	鳳城県	青苗会（6/6）で豚を捧げて祈願。青苗会帖を配って，費用を分担。
村	荘河県	1/1，1/15，2/2，7/15，10/1 に個別の参拝。3 月中旬に西方 2〜3 キロの廟で村単位の雨乞がある。
	恵徳県	廟会なし。屯外 5 キロの単城子の娘娘廟会（4/18）に屯民が半数以上参拝。
	伊通県	個別に参拝。共同祭祀なし。屯外 3 キロの大孤山娘娘廟会（4/18）に周辺から 3 日間で 2 万人の参拝者。
村	鉄嶺県	屯には祭なし。村であり。関帝（5/13，5/23），虫王（6/6），龍王（6/13），火神（6/23）。
○	九台県	関帝（4/8，4/18，4/28）に祭。
	朝陽県	旱魃のときに雨乞。
	綏中県	祭祀なし。旱魃の際に 1 戸ずつ順番に雨乞する。興城県との境界，屯から 7〜8 キロの娘娘廟会（4/18）に行く。薬王廟会（4/28）にも行く。
○	通化県	屯で娘娘廟会（4/18）あり。
	扶餘県	1/1〜15 に土地廟に参拝。
	長春県	6/6 に虫王祭。「祭らしき祭は行はれず」。
	懐徳県	廟がひとつあるが祭はない。

出典）附表 7-1。

については、廟会が行われていないと考えざるを得ない。

廟会がない屯についての具体的な記述を見ると、奉天省西豊県「本屯には土廟がある丈で別に祭もない」、奉天省梨樹県「本屯には廟がないので祭はやらない」、吉林省懐徳県「年に一度の祭もなく形ばかりの廟である」などのように祭のないことが明言されている。それ以外に、吉林省敦化県「娘々廟 老爺廟と同廟中に安置され婦女子の信仰する廟にして旧四月十八日及二十八日が祭礼日にしてその日は婦女子は盛装をして祈願に出掛ける。この日は年中最も婦女子の楽しまれる日である。……一部落挙って楽しむ事は全然ない」という事例のように、一応は祭の日が決まっているが、屯全体としての行事が行われないという場合もある。

屯内で廟会が行われず、かわりに屯民が多少離れたところにある大型の廟会に農民が参加することを明記している事例は、大型廟会と村落の関係を考える上で重要であるので、次に該当箇所を引用する。すなわち、

奉天省新民県「屯内の小廟の祭りは行はれず、近屯、則ち東高台子（四月十八日）、腰高台子（四月二十八日）の廟会に参詣す。」

吉林省恵徳県「本屯内には廟、祠、祭神等ない。たゞ甲事務所に土地神なるものを祠る極めて小さい祠がある。屯外十支里の単城子に娘々廟があるが旧暦四月十八日には本屯民は半数以上参拝する。」

吉林省伊通県「屯の西南端に小廟があり……参拝日には各人線香穀物等を供へるのみで別に共同祭祀は行はれてゐない。屯の西方三粁にある大孤山（高さ約二百米）の山頂には娘々廟があり……近隣一般民家の崇拝する事は非常なもので毎年陰暦四月十八日の祭礼には近郷の者はもとより五里六里の遠き所より参拝するものあり前後三日間を通じて二万余人に達し驚くべき賑ひを呈する。」

錦州省綏中県「屯内の祭及娯楽等は屯内に祠が一つあり、祭祠は行はれない、……娘娘廟祭は四月十八日に行はれるが、之は興城県と綏中県の境界の所、即ち十五満里位離れてゐる處に廟がある、此の祭りには本屯の半分位は参詣に行く。其の他四月二十八日には第二区萬寶山屯の薬王廟にも屯民は出掛ける。」

この場合、屯の廟会はいずれも不振であり、屯民はそれぞれに大型廟会に吸収されている。個々の屯の廟会が不振で、大型の廟会が多数の農民を吸収するという事態は、屯レベルで共同意識を希薄化するであろう。と同時に、伊通県についての記述に見られるように、「近郷の者はもとより五里六里の遠き所より参拝するものあり前後三日間を通じて二万余人」という大型廟会の存在は、広い範囲での一体感の形成に寄与する可能性がある。

また、附表7-1の記述を見ると、娘娘廟会が農村でも有力であることがわかる。娘娘に言及しているのは、熱河省寧城県・豊寧県、錦州省綏中県、吉林省敦化県・恵徳県・伊通県、通化省通化県の七件あり、そのなかには盛大な廟会が多く含まれている。

これに対し農民の生活に直結する「虫王」あるいは「虫害」に言及したケースは、一一件もある（熱河省寧城県・豊寧県、錦州省黒山県、奉天省西豊県・新民県・鉄嶺県、黒龍江省洮南県、安東省荘河県、吉林省扶餘県・長春県・楡樹県）。しかし、これらには祭礼に言及しないものが多く、また祭礼を行う場合でも小規模なものであり、娘娘廟会のような広域を対象としたものはない。

さらに、娘々廟会の日程を拾うと、敦化県「旧四月一八日及二八日」、寧城県「毎年四月一八日と正月一五日」、豊寧県「旧四月一日」、恵徳県「旧暦四月一八日」、伊通県「四月一八日」、綏中県「四月一八日」、通化県「四月一八日」となっており、このなかで農暦四月一八日に娘々廟会を行っていない例は豊寧県の四月一日だけである。これは郷村においても四月一八日ルールがかなりの程度貫徹していることを示している。

附表7-1で注意すべきは、市場の開催についての言及が全くない点である。これら調査報告書の「市場関係」の項目にも廟会の市場についての言及は見られない。本小節で論じたような全体的状況から考えて、市場が開かれるような廟会が郷村にはほとんどなかったと看做してよかろう。華北においては廟会が定期市と並ぶ重要な機能を持っていたのに対し、満洲では県城が市場機能を集中的に掌握していたため、廟会の市場機能は限定されていたものと考えられる。

3　小括

満洲における農村の廟および廟会の特徴は、次のようにまとめられる。

・屯を基盤とする廟および廟会の存在が希薄である。
・自家用の小廟が多数存在する。
・娘娘廟会を農暦四月一八日に行うという規則が農村でも浸透している。
・屯内で廟会を行わず、農民が数キロ離れた大型廟会に出掛けてしまう場合がかなりある。
・廟会の市場機能は弱い。

「考察」の節で確認するように、華北においては、村廟の活動が盛んであり、個人の小廟は見られず、同じ神でも廟会の日程が場所によってまちまちであり、廟会の市場機能が高いことが知られている。郷村の廟会の満洲の様相は、華北のそれと明確な差を示している。

三　大石橋迷鎮山の娘娘廟会

本節では満洲国時代に満洲最大と称され、資料が比較的豊富に残っている大石橋迷鎮山の娘娘廟会を取り上げ、当時の廟会の様相を考察する。この廟会は満鉄本線から営口への分岐点にあり、交通の要衝にあることで成長した典型的な鉄道型廟会である。

1　廟の概観

大石橋は元来営口から岫巌を結ぶ道路上の宿駅に過ぎなかったが、東清鉄道南部線が建設され、さらにここから営口へと伸びる営口線が敷設されてから市街が形成されるようになった（山崎　一九三七、五一六頁）。

大石橋迷鎮山（米眞山）はかつて海城県に属しており、それが蓋平県を経て、最後に営口県に移った。それゆえ営口県志（一九三三）、海城県志（一九三七）、蓋平県志（一九三〇）に迷鎮山娘娘廟会についての記述がある（表7-1備考参照）。これらの記述から、この三県の多数の住民が参拝し、五日間にわたって芝居が奉納され、「子供のない婦人」に子供を授けるのがこの廟の最大の機能であることがわかる。また「およそ人民の日用のもとめに応える物で、ならんでいないものはない」と言われるような大きなマーケットがある。

迷鎮山の娘娘廟は図7-2のごとき構造を持っている。まず「仮駅」から出発して参詣路を抜けると「十三登」と呼ばれる十三段の石段坂があり、第一層殿には神哈々二仙があり、次に「二十四登」を上る第二層殿は佛殿であり、中央に如来仏、右に観音菩薩、左に地蔵王が祀られている。さらに「十八登」を上ると「三聖宮」であり、ここに娘娘三体が祀られている。この三人の女神は中央が嫘祖元妃一姑娘娘之神位（福寿）、右が苑窳夫人二姑娘娘之神位（治眼）、左が寓氏公主三姑娘娘之神位（授児）となるように配列されている（写真7-1）。

2　芝居・儀礼・市場

廟の参拝路の入口手前に大きな芝居用の舞台が建てられている。廟会の期間中はここに奉納芝居が掛っている。記録映画で確認すると、芝居の種類は明瞭ではないが古典劇の一種が演じられている。見ている観客は舞台下の広場には千人程度しか見えないが、その背後の山の麓にいる数千人も舞台を覗いているように見える。とはいえ拡声器を用いていないため、この人々に芝居の音声が届いているかどうかは定かではない。

娘娘廟の最大の効験は子授けにある。女神に仕える女官の抱く男の子の赤ん坊の土で作った像があるが、この性器の部分を削って食べると妊娠するという伝承がある。このため「可哀想に現今では其跡形も無く、却てほじくられて穴があいて尚尻ペタから足の肉迄つみとつて居る」という事態になっていた。「授児」を願う女性は紅布を襷として胸に十文字に下げてお参りする（十字披紅）。願い通り子供ができた女性は、山の中腹の露店で土で作った一尺ほどの人形を買い、これを神に供える。映画でも十字披紅の婦人や、妊娠した女性が土人形を抱えている様子が見られる。「治眼」の神に眼病を直してもらった場合には、露店で紙や竹でできた眼鏡を買って供えるという（満洲経済事情案内所　一九三三、一一～一三頁）。

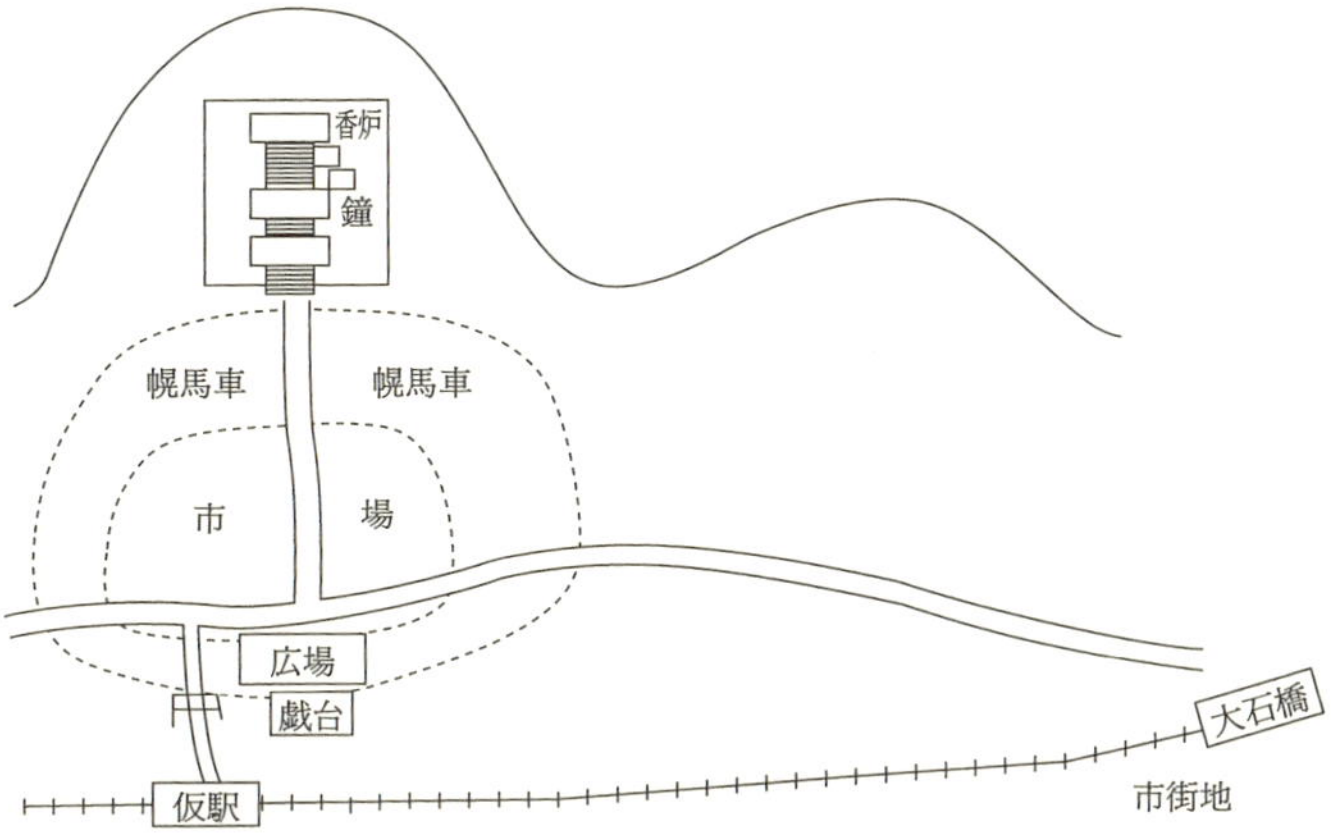

図 7-2　1940年頃の大石橋迷鎮山娘娘廟会

出典）南満洲鉄道株式会社（1940）より作成。

写真 7-1　迷鎮山の娘娘廟

出典）『南満洲写真大観』（1911；復刻版，大空社，2008）。

廟会の最も重要な日を「正日」といい、迷鎮山娘娘廟会では四月一八日である。「周鉄溝、橋台堡、郷楽荘、鉄嶺屯、百家塞」など周辺の諸村にはこの廟を支持するの「会」があり、これらの「会」は廟会正日に各々百人前後の規模の行列を組織し、様々な芸能を披露しながら練り歩く。このなかで特に重要なものが、「五大聖会」と呼ばれる「天吉聖会」（周鉄溝）、「天徳聖会」（鉄嶺屯）、「天泰聖会」（百家塞）、「天仙聖会」（郷楽荘）、「天成聖会」（虎荘屯）である。たとえば最大の行列をつくる周鉄溝の「天吉聖会」は一八の屯で構成され、八〇人の「会首」がいくつかのグループに分かれて各種の演目を取り仕切っている。正日朝八時から「天吉聖会」を先頭にしてパレードを行うことになっていた（営口市文史資料研究委員会　一九九〇、九三頁；同　一九九四、二〇九頁）。

日本側資料では正日に「随会」の行列が行われるとの記載がある。「随会」とは「御利益があって病気の全快した者同志が寄り集つて神仏に御礼に行く群のことで、いろいろの服装をしてゐる」というものである（満洲経済事情案内所　一九三三、一一～一二頁）。随会の行列の呼物は「抬桿兒」である。これは一二～一六歳くらいの男児三、四人を扮装させ、長い鉄棒の中間あたりにまず一人の子を右手に茶碗を掲げた状態で括り付け、さらに鉄棒の上部に別の子供を、下の子供の持つ茶碗の上に立つような形で括り付ける。これを数十人で担いで練り歩く。これが普通は二台出るという。この行列は、正日の一〇時頃～午後三時まで行われ、「山には登らないで神殿の正面下の戯台の前で止まる」（満洲経済事情案内所　一九三三、一三頁）。この廟会では他に、跑獅子、中幡、走馬、旱船、高脚会、小車会などの演芸が行われている（満洲経済事情案内所　一九三三、三四頁）。確証はないが、これら資料の「会」と「随会」は恐らく同じものであろう。

満鉄の記録映画（南満洲鉄道株式会社　一九四〇）でもこの行列とそれに伴う行事のうち抬桿兒、高脚会、旱船、走馬が見られる。舞台が休んでいる間に舞台前の広場に繋がる東西の道から随会の行列がはいってくる。舞台前の広場に着くと踊りの輪をつくって高脚会、旱船、走馬が行われ、その後、もういちど行列をなして山に登っている。抬桿兒は上の記述の通り二台あって、山に登らずに舞台前の道を往復している。

満洲経済事情案内所（一九三三、三四～三五頁、四〇～四一頁）は娘娘廟会の市場について比較的詳しく紹介している。この年の廟会の出店数は「一寸概算しただけでも三百軒を超えていたが、むしろ一枚、布一枚の小露店をも加算すれば実に夥しい数」であるとしている。店の種類は飲食店が最多で、続いて木材、農具、金物、菓子、玩具、装身具、文房具、帽子、靴、帯子、売薬、綿織物、小間物、其の他雑貨化粧品などである。マーケットでは「木材、農具、金物と言ったやうなものが却て、大々的に取引されるのである。そして盛んに取引されるのは三日間の祭日よりも寧ろ最終日頃から後一週間の間であ」るという。つまり、このマーケットは娘娘廟会の参拝客だけに依存しているのではなく、一定の独立した集客力を持っており、「大市」としての機能を果たしていることがうかがえる。

3　参拝

大石橋迷鎮山の娘娘廟会の最も印象的な映像は、映画でも写真でも、膨大な数の幌馬車である（写真7-2）。多数の農民が幌馬車に乗ってこの廟会に家族総出でやって来て、そこに数日宿泊する。馬車といっても映画で見る限り、驢馬がほとんどである。この地域は驢馬の方が馬よりも優勢のようである。なお、第3章でも見たように馬車（大車）の価格は一台八十～百圓程度、驢馬が一四十五～三十圓程度であり、中農以上の所有物とされる（満洲国実業部臨時産業調査局　一九三七、一二二頁、附録2：南満洲鉄道株式会社臨時経済調査委員会　一九二八：永島　一九三六）。

これ以外の交通手段は鉄道であるが、満鉄は「参拝客の便利を図り割引往復乗車券を発売し、之が運転は三等片道普通運賃と同額で臨時列車を運行し」たという（満洲経済事情案内所　一九三三、二頁）。満洲国の鉄道運賃は一九四〇年四月時点で一等一キロ五銭、二等三銭、三等一銭八厘であった。一方で、梨樹県裴家油房屯における一九三五年の一戸あたり現金年収は平均で八六・五圓、一人あたりでは一三・四圓であった。規模別では大農で一戸あ

写真 7-2　迷鎮山山麓を埋める幌馬車

出典）『写真集　満洲』（KK ベストセラーズ，1975）75 頁。

たり一二六・五圓、中農で九三・三圓、小農で八三・二圓となる（中兼 一九八一、一〇一頁）。五〇キロ強離れたところから、農民が鉄道で廟会にゆくとすれば、割引乗車券でも一圓弱もかかる。家族全員で参詣すれば、年収の数パーセントが消えることになる。平均的な農民にとって列車に乗って廟会へ行くなどということは難しかったであろう。

徒歩圏内で十万人〜三十万人という参拝者を確保することは無理であるから、相当部分が驢馬車か鉄道で来るということになる。これは娘娘廟会の参拝客の生活水準が相当に高いことを示唆する。実際、映画を見ると参拝客の身なりの良さに驚かされる。洋服を着こなした都会風の中国人の男女や、農民と覚しき女性でも、チーパオを美しく着飾っている人が多数見られる。参拝者の交通手段や服装から判断して、この廟会の参拝客は列車で来る都市民と、馬車で来る中農以上の農民を主体とするものと考える。

彼らにとって娘娘廟会はレジャーの色彩が濃厚であり、地元の農民の行う随会や種々の演芸を「見物」している。映画で見る限り、彼らが娘娘様に祈る姿にそれほどの切迫感はない。この廟会の参拝者は「顧客化」されていると言ってよいであろう。「子授け」などの「御利益」に切迫した願望を抱く信者も含まれてはいるものの、それが廟を作り上げ、運営する力に束ねられているとは言い難い。そもそも山麓の雑踏に比して、本殿の階段を登る人の数は遥かに少ない。

内田（一九七〇、三八二頁）は一九四五年に娘娘廟会に参詣しており、同様の観察をしている。すなわち、廟の下の山麓一帯には、前記のように雑多無数の露天商人が蟻のように蝟集して、人々もまたその周辺に雑踏していて、山上に登ってくるものの数はきわめてすくないが、これは、ここに蝟集する人々が、廟そのものへの信仰よりも、寧ろ山麓一帯にくりひろげられる年一回の定期市を目的としていることを物語っている。……相当数のものが山上に登ることなく、山麓だけでそのまま帰路につくもののあることは否定し得ないようである。

このように当時の満洲において、中心的役割を果たしていた大石橋の迷鎮山娘娘廟会であるが、その隆盛は漢人民衆の自発的活動のみによってもたらされたのではない。そもそも日本側の運行する南満洲鉄道の鉄道駅の付近にあるという立地上の好条件が強く作用している。さらに、臨時列車の運行・仮駅の設置・割引料金の設定といった満鉄による積極的関与のほか、満洲文化協会の宣伝や映画の上映も行われていた。先の満洲経済事情案内所による紹介には「満洲文化協会は、満洲国と相呼応して、得意の宣伝文を刷込んで赤、黄、青の三色に彩られたチラシを各駅は言わずもがな、奥地の部落までべたべた貼られる」（満洲経済事情案内所　一九三三、二頁）とあり、宣伝チラシは政府機関各所でも配布されていた。

内田の参詣した一九四五年時点ではこのような国家的色彩がさらに濃厚になる。参道には「満系の警備団員や少年少女団、それに「満洲帝国道徳会」と白布に黒く染めぬいたたすきがけの少女たちが、「献金献金」と声高く叫んで、参詣者に献金を求めている。……献金者には「撃滅英美」と印刷した紙片の佩章を渡してくれる。」芝居の幔幕の一つに「満洲鉱産株式会社」という染め抜きがあり、「満系を多数擁する同会社の奉納芝居であろう」と内田は推測する。また舞台正面上部の横幕には中央に「協和会」とある。廟宇のなかでも「第一層殿の中央入口には、一個の大きな献金箱がおかれ、それには「献金報国銃後赤誠」と墨書してあり、三、四名の僧侶が口々に「献金献金」と叫んでいて、まさに献金廟会の感がある」（内田　一九七〇、三七五～三七九頁）。

この点について、営口市の文史資料は次のように述べている。

迷鎮山娘娘廟の祭礼は、清代の統治階級の神仏崇拝に基づいて乾隆年間に始まり、その規模はますます大きくなってゆき、民国期にも絶えることはなかった。特に日本の統治時期に入ると、その活動はピークに達した。日本の統治者は廟会に強い「興味」を示し、廟会の活動に力を入れ、宗教活動を利用して、「日満親善、共栄共存」「一徳一心」といった類のスローガンをみだりに鼓吹した……。このため、廟会は民間の自発的な祭礼ではあるものの、日本側統治階級の「積極支持」を得るに至り、毎年の会期には「満洲文化協会」「協和会」「弘報処」などの機関が、あちこちに宣伝広告を貼り、参拝客や観光客を誘致しようとした。こうして、毎年の廟会には十数万から、場合によっては二十万人が参拝するようになった。（営口市文史資料研究委員会　一九九〇、九一頁）

民国期の廟会は各村会の力で組織されていた。しかし、偽満時期には、一切の準備は依然として各村会の責任によってなされていたが、廟会そのものは政府の直接管轄下にとり行われていた。宗教活動の機会を利用して、いわゆる「大東亜共栄圏」の宣伝を行おうとしていたのである。（営口市文史資料研究委員会　一九九四、二一三頁）

満洲国体制と密接な関係にあったことは当時のこの廟を理解する上で重要である。満鉄によって記録映画が作られたのも、そうした文脈からであり、同じ頃、日本で印刷されたという大石橋娘娘廟の絵葉書が広く流通していたという事実も同廟会のこのような位置づけを示すものである。とはいえ、戦局を反映して上述のような「献金廟会」化があったものの、一九四五年の段階でも廟会の芝居・随会・市場などは三〇年代とさほど変化することなく続いていた（内田　一九七〇、三七四～三八四頁）。

4　破壊と再生

この廟会が停止するのは、廟そのものが国共内戦期の一九四七年に共産党の手で徹底的に破壊されたからである。破壊の程度は中途半端ではなく、廟の建造物はすべて焼き払われ、一部はダイナマイトで爆破されたという。ただし大戯楼とよばれる芝居用舞台は十年後の一九五七年に破壊されている（班　発行年不明、三頁）。

廟の破壊から約四五年間、迷鎮山娘娘廟会は活動を停止する。廟会が中断していた間も付近の人々は、迷鎮山に密かに登りつづけ、山の斜面に水を供えたり、祈りを捧げていたという。一九八〇年代に入って宗教活動や民間文化活動に対する規制が緩和されたにもかかわらず、大石橋では廟の復興を図る動きは見られなかった。福建や陝西北部などでは、八〇年代に入るなり廟の急速な復興が見られるのに較べると、その動きは鈍かった。

一九九二年になってようやく同廟復活の動きが見られた。これは「歴史的文化遺産の修復（回復文化古跡）」が政策課題となったことに対応したものであり、大石橋市が各界に呼びかけ、娘娘廟復興に着手した。廟会は現在も郷政府が主催する形をとっており、毎年平均四〇万元といわれる廟会の収入で、その都度の廟会の支出をまかなうほか、廟の建設費の償還にあてている。行政上は宗教管理弁公室が管理するほか、金橋鎮の文物管理所の管轄下にあり、さらにその上の大石橋市文化局が管轄する。

再建された廟は、宗教的にはかつてと同様、仏教と道教の混合寺廟である。本殿のうち一殿と二殿は仏教神を、三殿には娘娘を中心とする道教神が奉られている（図7-3参照）。戦前と現在では、娘娘の効験とその並び方が異なっている。並び方が違うのは、元来の順序がわからなくなってしまったからであるらしい。廟会の運営に携わる人々に満鉄の記録映画を見せたところ、並び方が戦前と違うことに気づいて驚愕していた。

効験については、かつては「福寿、治眼、子授け」の三つがあげられていたが、現在は「福、禄、寿」とされており、子授けの機能は公には付与されていない。もちろん現在も子授けを願う人が多く願を掛けに来ているが、産児制限を行っている現在の政府が、公に子授けを効験として掲げることは憚られるのであろう。「治眼」の機能は

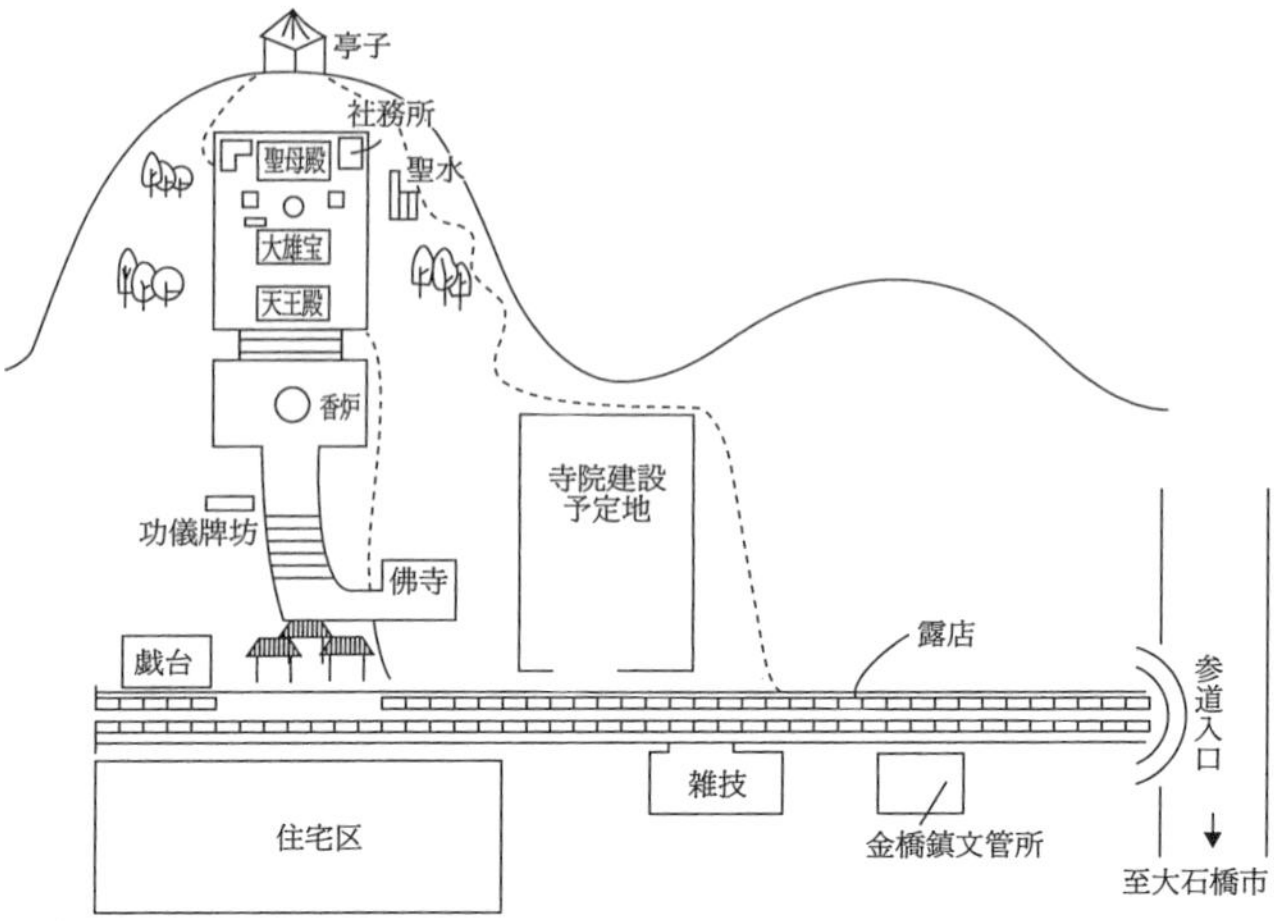

図 7-3　2002 年の大石橋迷鎮山娘娘廟会

出典）現地調査による。

目薬が容易に入手し得る現在ではそれほど重要ではなくなったのか、娘娘の傍らに置かれた小さな女神像が担っている。

日常的な宗教活動は仏教協会の派遣している僧侶と周辺に組織されている「居士」という仏教徒によって担われている。この居士は現在二千人ほどである。また、かつての「随会」に相当する娘娘廟の固定的な信徒は、現在は毎月一日と一五日に小規模なお供えを行っているが、戦前のような廟会正日の組織化された抬桿兒、高脚会、旱船、走馬などの活動は見られない。

現在の廟会の見取り図（図7-3）を戦前の見取り図（図7-2）と比較すると、基本的な社殿は復興しているものの、戯台は再建されておらず、かつて鉄道の臨時駅のあったところにつながる参道も、現在は宅地化されて、不通となっている。そのかわり、右手の大石橋市街地方向につながる道の両側に出店が多数並んでいる。衣料品、靴、日用品、飲食、装飾品、楽器、薬、占い、絵文字、香などの祭祀用品などで、この他に雑技団と芝居の上演が行われている。

廟会の運営は迷鎮山娘娘廟会指揮部が担っており、廟会期間中は、参道脇の建物内に本部を設けて管理指導にあたっている。廟会の会長は鎮政府の指名した人物で、会期の前後にわたって廟会全体の運営と統括を任されているほか、金橋鎮の鎮長も会期中は会場内で会務にあたっていた。現在会長を務めている人物は、地元で生まれ育ち、化学工場の工場長を長年務めていた男性で、必ずしも宗教心が厚い様子ではなく、いわゆる「雇われ会長」的存在であった。したがって日常的には信徒と関わりを持ってはいない。

廟会の正日は戦前と同じ四月一八日であるが、期間は戦前が正日前後の五日間であったのに対し、現在では正日とそのあとの二日間となっている。なお、営口周辺には四月一八日の迷鎮山娘娘廟会の他に、四月八日の楞厳寺、四月二八日の西大廟の廟会がそれぞれ復活しており、この一帯の人々の廟会への参拝はこの三個所に集中している。これら三廟の正日の設定は戦前と全く同じである。

二〇〇二年度には地元の小さな評劇団（白話の歌劇）が招聘されていたが、数百人程度の観衆が周りを取り囲んで観ている程度であった。市場は賑わっているが物資の流通拠点としての機能はなく、賑わいに乗じてみやげものや日用品を販売する店と、飲食店がほとんどである。また、廟会終了後一週間にわたって市が開かれていた戦前と異なり、最終日の午後には大半が店じまいする。

参拝客は、圧倒的に多いのが地元大石橋市ないし近隣の蓋州市、営口市の各地から来る人々である。まれに哈爾濱など遠方から友人と車に相乗りをして来た、という人々がいる。廟会復活後もっとも多いときで三十万人の集客があった、と地元の関係者は話しているが、現在の廟会を見る限り一日の参詣者数は数万人にとどまっている。また、戦前と同様に人出の割に山に登る人は少ない。特に境内は、入場料一〇元が徴収されるために、周辺の雑踏とは対照的に閑散としている。

5　小括

「満洲最大」と呼ばれた大石橋迷鎮山娘娘廟会の満洲国時期の有様は次のようにまとめられる。

- 参拝者の主体は都市民と裕福な農民である。
- 彼らは鉄道と馬車を利用して集まってくる。

・人々の信仰と廟の運営との分離が見られ、参拝者の圧倒的多数は、顧客化された見物客である。
・大規模な卸売機能を持つ市場が廟会から一定の独立性を持って存在している。
・満鉄や満洲国の諸機関と密接な関係の下で運営されている。

迷鎮山の娘娘廟会は、一九四七年に廟そのものを破壊され活動を停止した。その後も迷鎮山に対する個人的な信仰は継続したものの、再建の動きにまとめられることはなかった。一九九二年に地方政府主導という形態で再建され、その後も政府主導で運営されている。

四　考　察

本節では以上の議論を前提として、満洲の廟会を全体として概観し、それを華北の廟会と比較し、最後に県城経済機構との関係を考察する。

1　満洲の廟会の概観

前節までの議論を総合すると、満洲の廟と廟会の空間的階層的分布は、次のごとくなる。

(一) 鉄道沿線の巨大廟
(二) 県あるいは区をカバーする大型廟
(三) 村あるいは屯の廟
(四) 自家用の小廟

という四層構造を成していたものと考えられる。華北で主要な役割を果たしていた村（屯）の廟は、上位の大型の廟と下位の自家用小廟に挟まれて、満洲では概して不振であった。

満洲では、廟会の開催日がどこでも一定している。娘娘廟会（四月一八日）以外にも、天斉廟会（三月二八日）、佛誕日（四月八日）、薬王廟会（四月二八日）、関帝廟会（五月一三日）という主要な廟会の会期は、どこでもほぼ同じである。この期日設定の特徴は、上からの統制力が各々の廟会に強く作用していることを示唆する。これは、廟会の持つ市場機能が華北ほど重要ではないこととも関係していると考えられる。

満洲では、大石橋迷鎮山のような鉄道沿線の巨大な廟会が多数の参拝者を集める。これほど巨大なものでなくても、各地の農民は数～十キロほど離れた大型の娘娘廟会に出掛ける。こういった大型廟会に参拝する農民は、馬車や鉄道に乗って移動できる比較的裕福な層である。

これは屯の廟会から見れば、その主催者となるべき上中層の農民が、大型の廟会に単なる参詣者として吸収されてしまうことを意味する。残った下層民だけでは満足な廟会を開催することは難しく、線香や饅頭を供えるだけの簡単なものを開くか、あるいは開催を諦めざるを得ない。こうして屯の廟は低調たらざるを得ず、農民は自家用の小廟を建てることになる。

満洲の廟会の最大の特徴のひとつは娘娘廟会が最も重要であるという点である。県城においても城隍廟会や関帝廟会を凌いでおり、農村部でもその重要性はかわらない。奥村（一九四〇、一頁）の言うように「当日は村から部落へ、部落から農村へ、農村から大都邑へ、満洲国到る処で夫々地方的に大規模に行はれる」という事態が展開される。このような行事を一斉に行うという経験を繰り返すことは、満洲に住む人々にとってある種の一体感を醸成する契機となったであろう。関帝廟よりも娘娘廟が重要視されるという事態は他地域では報告されておらず、独自の地域的一体性がこれによって促進され、それが張政権の成長に代表される地域主義の基盤となった可能性がある。

2　華北との差異

第一節で見たように満洲では、各県がほぼ同じ組合せの廟会を持っており、しかもその会期の設定が全満でほぼ同じである、という特徴があった。農村の廟会は侘しいものが多く、廟会のない屯も少なくない。そのかわりに多数の小型の自家用の廟が群生していた。このような廟のあり方は河北や山東と全く異なっている。

まず河北省の例を見てみよう。表7-5は河北省二五県の県城における廟会の会期の分布を示す。ここから明らかなごとく、河北省では同じ名称の廟会であっても、県毎にそれぞれ独立した期日を持っている。また、ほとんどの県城に城隍廟会があるものの、それ以外の廟会の有無は県によって異なっており、満洲で優勢な娘娘廟会はわずか五県しか記載されていない。すなわち、各県城はそれぞれ異なった主要な廟のセットを持っており、相互に会期も独立に決めているのである。

次に表7-6を見てみよう。この表は山東省の博興県・臨淄県・済寧県の県内における廟会の期日の分布を示している。最も多い一六箇所の廟会の挙がっている博興県の期日を見ると、「一月一日→一月一五日（二箇所）→二月二日（三箇所）→二月一九日→三月一日→三月三日→三月八日→三月一五日（二箇所）→四月二八日→八月一五日→九月九日（二箇所）」という会期設定になっている。重複も見られるが、たとえば二月二日の三箇所は太安廟・観音堂・将軍塚子廟と相互に異なった神を祀っており、効験が相互に違うことを示す。またこの県には太安廟という名称の廟会が陳戸鎮と伊家郷にあるが、会期は前者が二月二日、後者が九月九日と異なっている。また同県の廟会の参詣者数を見ると、多いところでは一万人が三箇所、八千人が二箇所、六千人が三箇所、五千人が一箇所、四千人が一箇所などとなっており、県内に大規模な廟会がいくつもあることがわかる。

個々の廟会をつくりあげる人的ネットワークは、必ずしも村落などの特定のサイズや空間的社会的集団を背景にしているわけではないが、華北の場合それらが重層的、しかも自律的に廟を設立・運営していることが、上記の開催日程から伺える。廟会どうしが自律的、競合的に存在している場合、各々の廟会が参拝者をできるだけ増やそう

表 7-5　河北省 25 県の県城における廟会

廟 名	県地名	開廟期（日数）	備 考
城隍廟	粛寧城関	3/9 (4)	
	良郷県城	3/9 (4); 9/9 (4)	城内西北角
	覇県城関	3/15 (4)	
	定県東旺村	3/15 (4)	参集者 4,000 人
	束鹿城関	3/20 (4)	
	易県県城	3/28	
	任邱城関	4/1 (4); 10/28 (4)	
	新城城関	4/4 (4)	
	定興城関	4/8	
	晋県城関	5/9 (4)	
	房山県城	5/17 (4)	城内西北角
	饒陽城関	5/28 (4)	
	大城城関	7/15 (4); 9/15 (4)	
	容城城関	9/9 (4)	
	安平城関	9/9 (4)	
	深県城関	9/10 (4)	
	獻県城関	9/15 (5)	
	徐水城関	9/23 (4)	
	深澤城関	9/25 (4)	
	雄県城関	10/1 (4)	
	武強城関	10/2 (4)	
	文安城関	10/5 (4)	
	新鎮城関	10/15 (4)	
	安新城関	10/15 (4)	
老爺廟	安新城関	5/13 (4)	
	深県城関	5/13 (4)	
	粛寧城関	5/13 (4); 11/24 (4)	
	束鹿城関	5/13 (6)	
	大城城関	5/15 (4)	関帝廟・関岳廟に同じ
	容城城関	5/15 (4)	
火神廟	新鎮城関	2/15 (4)	
	河間城関	3/16 (4); 9/24 (4)	
	深澤城関	4/28 (4)	
	定興城関	5/2	
	易県県城	5/5	夏物の取引盛んなり
	雄県城関	9/1 (4)	
薬王廟	房山県城	4/10 (4)	城南東南角
	饒陽城関	4/18 (4)	
薬王廟	涿県県城	4/27 (4); 10/10 (4)	南関外
	任邱城関	5/28 (4)	
	河間城関	8/28 (4)	
	粛寧城関	9/7 (4)	
娘娘廟	涿県県城	3/28 (4)	北関外
	文安城関	4/15 (4)	
	大城城関	4/28 (4)	
	徐水城関	6/1 (4)	
	晋県城関	9/9 (8)	
柳爺廟	文安城関	3/15 (4)	
	徐水城関	3/23 (4)	
虮蜡廟	容城城関	4/18 (4)	
	新城城関	9/9 (4)	
観音廟	定興城関	2/5 (4)	
関岳廟	易県県城	9/19	羊皮・羊貨の取引盛んなり
聖姑廟	安平城関	1/15 (2); 6/6 (4); 9/16 (2)	
孫濱廟	易県県城	1/25	
大士廟	束鹿城関	12/21 (4)	南海大士を祀る
大仙寺	深県城関	3/3 (3)	
天王寺	良郷県城	5/25 (4)	城内南角
天斉廟	饒陽城関	3/28 (4)	孫悟空を祀る*
東亭廟	定県東亭鎮	1 月；9/25 (4)	参集者 5,000 人
八郎廟	大城城関	3/18 (4)	
北斉廟	定県第一区	3/21 (4)	参集者 10,000 人
薬劉廟	定県薬劉荘	3/2 (4)	参集者 4,000 人
呂祖廟	新城城関	4/15 (4)	
老君廟	覇県城関	10/5 (4)	鉄器をつくる舗子が祀る神
老母廟	饒陽城関	9/28 (4)	南海老母・南海観音を祀る
佛爺廟	河間城関	12/24 (4)	

注）* 孫悟空は「斉天」であり，普通は「天斉」=「東岳」。
出典）天野（1940）144〜148 頁。原資料は満鉄天津事務所『河北省農業調査報告』(1)(3)昭和 11（1936）年 10 月，12 月および李景漢『定県社会概況調査』民国 22（1933）年 2 月。

表 7-6　山東省各県における廟会状況表

県名	地名	廟名	開廟期(日数)	毎日の参集者(人)	集会状況
博興	東鎮関	天斉廟	1/1 (10)	6,000	演戯酬神売買
	南隅鎮	関岳廟	1/15 (6)	500	演戯酬神
	麻大泊内	青塚子廟	1/15 (6)	50	焼香酬神
	陳戸鎮	太安廟	2/2 (9)	6,000	演戯酬神売買
	西関鎮	観音堂	2/2 (9)	8,000	演戯酬神売買
	伏裏郷	将軍塚子廟	2/2 (7)	250	焼香酬神
	胡家台	胡家台廟	2/19 (3 月初まで)	10,000	演戯酬神売買
	丈佛郷	丈八佛廟	3/1 (8)	1,000	演戯酬神売買
	崇徳郷	龍花寺	3/3 (8)	10,000	焼香酬神
	興福鎮	土帝廟	3/8 (5)	8,000	演戯酬神売買
	木寨郷	南海廟	3/15 (6)	6,000	演戯酬神売買
	劉寨郷	観音廟	3/15 (6)	1,500	演戯酬神売買
	北隅鎮	薬王廟	4/28 (6-8)	10,000	演戯酬神売買
	城関	城隍廟	8/15 (6)	5,000	演戯酬神売買
	伊家郷	太安廟	9/9 (8)	4,000	演戯酬神売買
	王海鎮	菩薩廟	9/9	342	
臨淄	第二区	菩薩廟	3/11 (3)	1,000	游芸酬神売買
	城関	城隍廟	5/28 (6-7)		游芸酬神売買
	第一区	三元閣	10/15 (8)	7,000	游芸酬神売買
	第一区	南廟	3/28 (7)	6,000	游芸酬神売買
	第三区	斉陵廟	10 月	2,000	演劇売買
	第三区	孝陵廟	3/11 (5)	2,000	演劇売買
	第二区	北羊廟	3/5 (6)	2,000	演劇売買
	城関	城隍廟	5/28 (7)	12,000	演劇焼香売買
済寧		寺掘堆廟	2/24 (6)		演劇焼香売買
	王貴屯	奶奶廟	3/6 (3)；4/6		演劇焼香売買
		火神廟	1/7	数千	演劇酬神
		華佗廟	9/9	数千	演劇酬神
	魯荘	大士廟	2/19	数千	酬神売買
		爺娘廟	3/3；10/1		酬神売買

出典）天野（1940）144〜148 頁。原資料は山東省立民衆教育館『山東廟会調査』第一集　民国 22 年 8 月。

と、日程設定を上のようにずらすのは合理的である。

陝西省北部における現在の廟会の開催日程は、付近の廟と重ならないように設定される傾向があり、また会期のずれを利用して劇団の招聘などにおいて、周辺の廟会と共同して劇団を招聘するといった協力関係を持つ廟会も見られる。このように、廟会の開催日という情報は、単なる付帯情報ではなく、背後にある廟会の構成原理や社会関係を示唆する重要なメルクマールとなり得るのである。

期日が相互にずれている場合は、自主的競合的に廟が形成され運営されていることを示唆している。これに対して満洲のように期日が一定になる場合は、何らかの公権力や構成力によって、意図的人為的に廟がつくられ運営されていることを暗示する。

満洲の廟会の期日設定について、開拓の歴史が浅いために自主的な人々の繋がりが希薄であることの反映に過ぎないという解釈があり得るかもしれない。しかし同じ開拓地であっても、一七〜一八世紀の台湾では移民当初には出身地別に廟が構成され、それが徐々に在地化して地域単位の廟へと変換していったことが知られている（陳　一九八七、一一二〜一一七頁）。開拓地ならどこでも官製の廟と廟会が多いというような一般的な説明は難しく、その意味から満洲における廟会の開催日程は、この地域のネットワーク形成の特徴を示すものであると推定することができる。また、満洲の県城経済機構の下では、市場機能は県城に集中しており、廟会が市場機能を担う必要がないという事情も関与していると考えられる。

廟とは直接関係ないが、内田は満洲と華北の違いが明瞭にあらわれる例として、「分家」の表示の違いを指摘している。分家した旨を示すべく家屋に添付されている用紙を「分家単」と言う。内田は満洲の農村でただ一例の分家単を観察しただけであるが、これについて華北のものとの違いを次のように指摘している。

（一）満洲のものは華北より甚しく整然たる体裁をもっている。

（二）割り書きのところに華北では「四時和気」とか「五世其昌」などといった縁起の良いことばを選ぶが、満洲では「分家証明」と書かれている。

（三）満洲では村公署（華北では郷鎮に相当）に届け出て、その公印を分家単に得ているが、華北では村荘の長に分家の立合をしてもらって、分家単に署名してもらうことはあるが、公的機関に届けることはない。(四) 立会人の署名とともに正方形に近い形の捺印をしているが、華北では花押が通常である。(内田　一九七〇、二八九〜二九六頁)

この例は、公的権力の届く範囲が、華北より満洲においていっそう低いレベルまで到達していたことを示唆している。

満洲と華北の廟のあり方の差異を、内田は「華北農村と満洲のそれとの宗教的経済的、はたまた村落の発生史的な差異を物語るものではないかと思う」としている(内田　一九七〇、三三一頁)。内田は、満洲では胡仙などの小動物を神格化したものへの信仰が見られるが、華北には稀であることを指摘し、その違いの理由を論じた箇所で、満洲のような開拓地の信仰が、厳しい自然条件に培われたところのものであり、早く開拓された華北との差が出たものとしている(内田　一九七〇、三四〇頁)。

しかし内田は、「開拓地」であることがどのような経路で、このような差異に帰結したのかを明瞭にしてはいない。そもそも自然条件が厳しいと狐や狸を信仰するようになる、というような理由づけは合理的とは考えられない。我々は、次に述べるように、内田の指摘した差異の所以を両地域に形成されていたコミュニケーションのパターンの違い、特に県城経済機構と定期市網の違い、に求めるべきだと考える。

3　県城経済機構との関係

前章で示したように、満洲事変下において県城有力者の団体が独自の通貨(県流通券)を発行して流通を維持し得たという事実は、県城を中心として県を範囲とした政治的まとまりの存在を示唆している。満洲においてはより上位の権力が脅迫にせよ懐柔にせよ何らかの方法で動員しうる政治的実体が県という比較的大きな単位(人口二十万前後）で存在したのである。

第5章で述べたように、張作霖政権は一九一〇年代に短期間で東北の政治権力を統一し、二〇年代には中原に進出するが、この政治的急成長は上の県城一極集中経済がもたらす政治力の県城への集中と関係していると我々は考える。県城に権力が集中していれば、そこをおさえるだけで県全体を統御できることになるが、これはコミュニケーションの結節点がより低いレベルの市鎮に分散している場合よりも、遥かに統合しやすい。

華北の表7-5および表7-6と較べると不気味なほどに同期している満洲の廟会の時間的構造（表7-1、7-2）、さらに鉄道主要駅周辺の廟が巨大化して農村の廟の主たる担い手たる上中層の農民を吸収してしまう空間構造、農村において自家用の小廟が発達しているという現象、これらはともに満洲では農村地帯における人的紐帯が脆弱で、逆に公権力の末端たる県城（都市）の機能が卓越していることを示唆する。この結果は、第5および第6章で確認した県城一極集中型の政治・経済構造と整合しており、この機構が宗教・文化といった社会的側面とも相互浸透していたものと考えられる。

附表 7-1　1930 年代後半における満洲農村廟会の様相

農村実態調査一般調査報告書 康徳 3 年度	
奉天省西豊県	「屯内の祭・娯楽▼本屯には土廟がある丈で別に祭もない。県城や屯外の廟の祭りのあるとき出掛ける位である。土廟の祭は年関，五月節，七月節，八月節等に香を焚き焼残供物等をなし参拝する。其の他の雨乞ひ等の祈願をなす場合は白石村にある廟に参拝祈願をなす。豊年感謝祭や虫害に対する迷信からの祈願も同様である。之れ等の催しは白石村長が主となり行はれ，費用は富農の寄付によるのが例である」(441～442 頁)。
奉天省遼中県	「屯内の祭り，娯楽，宗教▼部落の西はづれに土地廟がある。部落民が七，八〇年前に建立せしものである。毎月一日，十五日には信仰心のある者は線香をもつて参拝する。又正月十五日間は屯民一般が参拝してお祭りする。▼若し建物の修理を行ふ様な場合には部落民の地主階級が費用を負担することになつてゐる。建物と言つても土でこしらへたものである。黄心廟，狐仙廟はない。▼……▼作物の豊作を祈り，雨乞をやり，豊年を感謝するも，害虫に対する迷信から無事を祈るために屯民が廟前にてお祭りする様なことは本屯にては一度も行はれた事はない。▼従つて地主が振舞酒や馳走する様なことはない」(785～786 頁)。
奉天省海龍県	「祭礼▼平安村の廟にて四月十八日▼太平村▼安楽村の善男善女集まりて焼香す▼之以外に臨時に雨乞豊作等の為に農民相集まりて祈ることあり▼この平安村の廟は光緒二十年▼群光道なる人付近に勧進して金を集め▼之にて廟を建て▼余つた金にて畑を買入れ（五十晌程）之を基本財産とし廟の費用はこの基本財産より年々支出す▼農民の娯楽は全くなし」(312 頁)。
奉天省梨樹県	「本屯の祭り，娯楽。▼本屯には廟がないので祭はやらない。端午節，中秋節，年関，正月等には屯民は各自馳走をして食す。廟会なし」(942 頁)。
奉天省新民県	「屯内の祭り，娯楽▼屯内には現在三ヶの小廟あり。その祭神は▼七聖祠（馬王，火神，関羽，虫王，岳王，財神，土地），五聖祠（関羽，馬王，火神，財神，土地），土地廟（山神）なり。之等の廟に参詣するのは家族の死亡せるとき，暴風の時，災害のあった時，其の他馬の疾病，流行するとき等なり。▼次に毎月一日と十五日には線香を持ち，参詣するを習慣とし居れり。▼之等屯内の小廟の祭りは行はれず，近屯，則ち東高台子（四月十八日），腰高台子（四月二十八日）の廟会に参詣す。▼求雨（雨乞）には腰高台子の廟に参詣す」(495～496 頁)。
奉天省蓋平県	「屯内の祭▼一月十五日に行はる。此の祭には時々芝居をやる事あり（十年間に四回位）▼旱魃の時の雨乞或は豊年の時の祭を時々行ふ。芝居を行ふ時は一畝に付五銭位の寄附を取る。廟の費用としては農民より徴収せぬも事ある時に臨時費として徴収す。代表者は村長とす」(325 頁)。
龍江省洮南県	「屯内の祭，娯楽▼正月の十五日間，端午節，中秋節，各家馳走して遊ぶ。正月の十五日の晩は粟糠，麻子油を黄表紙にて包み，川村の通り，庭，屋敷，墓にて炊く。▼中秋節には庭に机を出し，付に西瓜と月餅を供へ線香を立てゝ拝む……▼本屯には土地廟一ヶあり，祭祀せる神は次の如し。▼土地之神位 山神之神位 廟王之神位▼牛王之神位 龍王之神位 馬王之神位▼虫王之神位 財神之神位 五道之神位▼と記せる位牌様のもの廟の内に並立し祈りあり。▼〇廟に参るのは毎月一一十五日に参拝する。……▼屯の人が皆参拝するのは雨乞，元宵節。廟の祭りは，一月十五日 撒路燈▼四月十五日 昔から参拝している。▼八月十五日 中秋節なり。▼屯内の雨乞の場合の要する費用は土地所有面積に割当て，徴収する。▼富農が馳走する則ち高粱・小米の飯と，漬物，味噌の程度」(405 頁)。
吉林省延吉県	「四，祭神▼別に神社，廟堂などはないけれど旧正月に豊作と家内安泰をいのり，収穫も終つた十月頃には其の年の豊作を祝して屯内一同がお祭りをするが，海蘭川に近い上村な

	どは其の川縁で，山手の中間屯などは山地で各々寄り集まつて其の年の無事を祝福し豊作を喜ぶのである。……▼（中略）▼満人の場合も屯内には廟等もない。併し隣屯には土地廟，山神廟があつて正月，五月，八月の節旬に御供物を持参して参拝する」（505～506頁）。
吉林省楡樹県	「四，屯内の祭り，娯楽▼毎年陰暦六月六日に虫王爺廟会と称して屯内にて猪を一頭買ひ，廟に捧げ，後之を殺し其の後再び捧げ虫の害なき様祈る之が終つた後出金に応じて肉を按分する又正月十五日夜に龍燈と称して若者が燈を作り各戸を廻り歩く位のものなり」（456頁）。
吉林省敦化県	「屯内の祭典，娯楽▼1 祭典▼屯内には老爺廟と娘々廟は同一廟中に安置され山神は東西南北に別々に祠られて居る廟祭としては別に之を行ふ事はない。▼祭神の慣習▼老爺廟毎月一日と十五日に線香を或は供物を持って参詣し正月には一家揃って線香或は供物を持って参拝する慣習とし尚ほ病気其の他の災害のあった場合には炊香をなし供物を供へて祈禱をする。▼山の神▼専ら森林関係者の信仰する神にして一日十五日に線香及供物を供へて御祈をなし正月には老爺廟と同様森林関係者の家長或は家族の者が焼香をなし供物を供へて御祈禱をすると尚ほ山入には必ず線香を炊き供物を供へて無事安泰を祈願し山還の節は無事帰還を告げ且謝するために御参りをする。▼娘々廟▼老爺廟と同廟中に安置され婦女子の信仰する廟にして旧四月十八日及二十八日が祭礼日にしてその日は婦女子は盛装をして祈願に出掛ける。▼この日は年中最も婦女子の楽しまれる日である。▼2 娯楽▼屯内娯楽機関としては何もなく県城に出た折芝居等を見る事を唯一の楽しみとされて居るが一般農民は芝居も見ることは滅多になく県城に出る事自身が唯一の楽しみとされてゐる。▼女子供は県城に出る事等は殆どなく彼等の楽しみとされてゐる事は四月の十八日及二十八日の娘々廟の祭礼に盛装をなして参拝をなす位の事である。▼従って一部落挙って楽しむ事は全然ない」（346～347頁）。
吉林省盤石県	「屯内の祭，娯楽▼（イ）土地廟 山神，土地，五道神を祭る。▼（ロ）太平歌（高脚踊）豊年を感謝する祭。▼（ハ）雨乞 龍王廟にて行ふ。▼（ニ）農民の娯楽 県城にて芝居の一つも見物したきも先づ皆無なり。▼（ホ）慶弔に於ける贈答は食はずとも面子上之を行ふ」（504頁）。
錦州省盤山県	「4 屯内の祭▼屯内には廟がない為め祭りはないが只一つの土廟に一年に三回，七月十五日，八月十五日，正月，迷信的に参る位である。▼雨乞は屯民の死活問題で死物狂ひで行つてゐるが，此の場合富農が屯民に対し振舞酒や馳走する様なことはない」（307頁）。
錦州省黒山県	「四 屯内の祭り▼正月三日間は家には年紙を飾り各戸で祝ふ。▼元宵節 一月十五日▼端午節 五月五日▼燈節 七月十五日▼仲秋節 八月十五日▼年関 十二月三十日の夜十二時，財神を迎へる祭りだと云ひ，供物上げ爆竹をならす。▼虫節祭 六月七日 虫害のないやうと祈る日にて，饅頭を上げて祈る」（446頁）。
熱河省寧城県	「屯内の祭及娯楽▼本屯に於ける祭の内定期的に行はるゝものは娘々廟の祭事なり。之は毎年四月十八日と正月十五日の二回，正月十五日には屯内若者連中の高脚踊を行ふ。▼此外臨時的の祭事としては豊年祭はある。此は本屯地方に於て卅年間も中止の状態にある。▼雨乞いは本屯に於ては例祭にして毎年旧六月，廟内に安置する龍王を轎に入れてかつぎ出し，隣屯迄行列を行ふ。此の時は廟の前に「驢皮影」と云つて幻燈の一種を行ふ。此は高脚踊と共に本屯に於ける娯楽の唯一のものである。▼尚，農作物の害虫駆除の為，本屯の中心地に至る九神廟の「虫王爺」の祭事は七月十五日（旧）に行はる。此際も「驢皮影」を催す。▼此等祭事に要する費用は耕作地所有面積の大小により割当をなし，尚富者は此等祭事に手伝ふ者に馳走をなす。▼本屯に於ける此等祭事の代表者は「傀玉由」氏なり。▼……廟修理等の場合は寄附の形式にて支出する」（347～348頁）。
熱河省豊寧県	「屯内の祭り娯楽▼旧四月一日は屯内娘々廟の祭典で隣屯より老若男女多数集り中々盛大であるが民国十五年以来屯経済は不況続きで芝居，高脚子を催すことも出来ず以前に比し

	て淋しい。▼正月十五日には高脚踊をやり中々賑ふ。▼又雨乞することもある，又虫害甚しい時は虫王神に供物（猪肉牛肉）を献じて祈願する。▼又凶作の翌年豊作になった時，其の祈りを為した時期により次の様な供物をなす。▼四月一日 猪生（薬王神）─猪肉▼七月十五日 河生（河王神）─羊肉▼六月十三日 龍生（龍王神）─羊」（64～65 頁）。
安東省鳳城県	「四，屯内の祭り娯楽▼本屯の西寄り巍々たる鳳凰山を南方に眺め冽々たる小清泉を前に控へ，数本の老木に囲まれた古祠がある。▼その前で毎年六月六日に青苗会が開かれる。▼唐牌長は青苗会帖を各戸に配り，当日豚を祠前で屠り海紙等を焚ひて収穫の無事を祈る。此の費用は会帖の配られた農家＝主として耕作者＝が分担する。▼調査年度に於ては故障があつて行はれなかつた」（410 頁）。
安東省荘河県	「四，屯内の祭り，娯楽▼本屯の南方二満里の地点に立ち古した，二基の祠がある。▼何時の頃出来たものか詳かではないが，屯民の談によれば，于家の先人の建立に係るものらしく，其の後殆んど手入れもしてないらしく，風雨の打ち過ぐる儘に立ち古びている。▼祭神は馬，牛，虫，龍，火の各王，及び天帝，土帝，水神の八体である。この祠について行はれる行事は左の通である。▼一月一日 焼香，供饅頭，▼一月十五日焼香，供饅頭，送燈，▼二月二日 焼香，供饅頭，▼七月十五日 焼香，供饅頭，▼十月一日 焼香，▼これ等の祭りは屯全体として行ふ訳のものではなく，各人が思ひ思ひにお詣りする丈のものである。外に此の地方では山中に柞樹に混つて，石を塁んだ形許りの祠があるが，蚕場の守り神として時々，饅頭等を供へると云ふ。▼………▼雨乞は三月中旬本屯の西方数満里の鍾魁廟に於て荘東村の雨乞が行はれる，その時の費用は一戸当一角～二角で耕作者は三を徴収されたと云ふ」（368～369 頁）。
県技師見習生農村実態調査報告書 康徳 3 年度	
吉林省恵徳県	「本屯内には廟，祠，祭神等ない。たゞ甲事務所に土地神なるものを祠る極めて小さい祠がある。屯外十支里の単城子に娘々廟があるが旧暦四月十八日には本屯民は半数以上参拝する」（126 頁）。
吉林省伊通県	「宗教▼屯民は皆漢人にして仏教信者のみである。二十四戸の内十九戸は聖宗仏（観音菩薩）を祀り其他張仙（子孫反映の神）を祀るもの数戸あり又各家には仏壇を設けて祖先の霊を祀つて居る。屯の西南端に小廟があり山神，土神，龍王仙，忠王仙を合祀福利五穀豊穣の神として屯民は齋しく崇拝してゐる。小廟の参拝日は正月十五日間と普通の月は一日，十五日の二回であるが，近来は正月 1ヶ月間参拝して後参拝しないもの或は正月も五日間参拝するのみの者などが現れ信仰心が薄らいで来た傾向がある。▼参拝日には各人線香穀物等を供へるのみで別に共同祭祀は行はれてゐない。▼屯の西方三粁にある大孤山（高さ約二百米）の山頂には娘々廟があり関帝娘々を主神とし仏爺龍王財神神農等々を合祀し災厄疾病除けの神，子授けの神，成功財産の神として近隣一般民家の崇拝する事は非常なもので毎年陰暦四月十八日の祭礼には近郷の者はもとより五里六里の遠き所より参拝するものあり前後三日間を通じて二万余人に達し驚くべき賑ひを呈する。▼大孤山街の老人田雨中の話に依れば此娘々廟は乾隆帝渡満当時創立され乾隆帝末改築を行ひ，其後日露戦争の為破壊せられ長く其まゝなりしを民国十五年に至り田雨中，劉庭春，劉福庭等の発起の下に改築寄付金を募集し約二万圓の浄財を得，同年七月着工三ヶ年を費し，民国十八年七月完成を見たものであると云ふ。現在の建物がそれである。▼娘々廟の所有に属する耕作地が二十晌あり其小作料を以て僧侶一名を置き又祭典費修繕費等に当てゝゐる。大孤山街には娘々廟の外関帝廟，馬神廟，財神廟があるが何れも参拝者が次第に減じ僧侶は乞食に近い生活状態をなしてゐる」（186～187 頁）。
奉天省鉄嶺県	「屯内の祭，娯楽▼屯内の祭としては無いが，然し村として夏家樓に有る。▼ 1 関帝廟 5 月 13 日……供物 豚 1 頭，村民が祝ひ後に分配す。▼ 2 関帝誕 5 月 23 日 関帝の誕生日で，豚 1 頭供へ村民礼拝す。▼ 3 虫王 6 月 6 日 虫の発生少なく，農作物のよく出来る様虫王を祭る。▼4 龍王廟6月13日 年内に於て旱魃，水害に罹らぬ様に龍王を祭る。豚

	等の供物がある。▼5 火神廟6月23日 火の害のなき様火神を祭る。▼村祭の費用 村長以下集合して，費用は各自公平に割当てる。一同の代表者は村長で有る。▼農民の娯楽 屯内に於ては何も行はれず，高足踊等もなく普通の踊も時にはあるが稀である」(231頁)。
奉天省法庫県	言及なし。
農村実態調査報告書（県技師見習生）康徳4年度	
吉林省九台県	「祭り▼屯内の関帝廟は4月［8日，18日，28日］（陰暦）にして屯内こぞつてお祭するわけである」(157頁)。
錦州省朝陽県	「屯内の祭り娯楽▼関帝廟▼旱魃のときに雨乞をなす」(177頁)。
錦州省綏中県	「屯内の祭及娯楽等は屯内に祠が一つあり，祭祠は行はれない，これには土地廟（七聖祠）を祭つてある，大清光緒5年10月2日に設立せられたるものである，娘娘廟祭は4月18日に行はれるが，之は興城県と綏中県の境界の所，即ち15満里位離れてゐる處に廟がある，此の祭りには本屯の半分位は参詣に行く。其の他4月28日には第2区萬寶山屯の薬王廟にも屯民は出掛ける，若し旱天の場合には雨乞ひの為，土地祠の前に行つて1戸1人順次に雨乞をする，其の他の行事は無い」(225頁)。
農村実態調査報告書（県技師見習生）康徳5年度	
通化省通化県	「屯内の祭りと娯楽▼屯に於ける祭りは毎年4月18日娘々廟をお祭りする事になつてゐる，娘々廟とは娘々の神に子供なき奥様たちが子供の出来る様お祈りするのであつて此の祭りには屯民全部出て賑合ふと云ふ，其他の祭は本屯になし。娯楽は正月に賭博をやる位のものであると」(254頁)。
農村実態調査報告書（農事合作社専務董事候補者）康徳5年度	
吉林省双陽県	
農村実態調査報告書（吉林省開拓庁農林科）康徳5年度	
吉林省扶餘県	「土地廟の祭にお参りするのは正月一日から十五日迄で，其の他は人の死んだ時一日に三回参つて焼香，焼紙をなして泣く，之は死者の霊は廟に居ると云はれて居るからである。▼土地廟には次の神を祭祀してある。▼山神之位，増福財神之位，虫王之位，馬王之位，関聖帝君之位，龍王之位，火徳眞君之位，牛王之位，苗王之位，五道君之位と記せる位牌様のものを併立し，壁には龍王の図を中心に各神の形を模した図が貼られて居る。設立は民国三年七月十五日である。▼○農民の娯楽として見るべきものなし。正月が最も楽しきものである」(303～304頁)。
満洲帝国大同学院（1938，403）	
吉林省長春県	「廟と名づくべき大なるものなく至極さゝやかなる土地廟と山神廟とあり，端午節，中秋節，年関，正月に於いて是に饅頭程度の供物を供へるのみにて，祭らしき祭は行はれず。六月六日には山神廟に於て虫王祭を行ひ，農作物に害虫の生せざる様祈願するも，之も別に祭と言ふ度のものにあらず甚簡単なるものなり」。
公主嶺経済調査会（1934，126）	
吉林省懐徳県	「部落の西はづれに一つの大きな廟がある，九聖寺と言ふ。勿論廟主も居ない，……年に一度の祭もなく形ばかりの廟である」。

注）この表の出所たる満洲農村実態調査報告書の詳細については中兼（1981）の満洲農村実態調査についての解説を参照されたい。

注

（1）本章は深尾葉子・安冨歩「満洲の廟会――「満洲国」期を中心に――」（『アジア経済』第四五巻第五号、二〇〇四）を加筆訂正したものである。

文献

〈日本語文献〉

天野元之助　一九四〇「現代支那の市集と廟会」『東亜学』第二号。
井岡大輔　一九三九『随録　一簣』私家版、天津。（復刻版『意匠資料　満洲歳時考　旧題―一簣―』一九七八、村田書店、を利用）
石田興平　一九六四『満洲における植民地経済の史的展開』ミネルヴァ書房。
石田浩　一九八六「解放前の華北農村の一性格―とくに村落と廟との関連において―」『中国農村社会経済構造の研究』晃洋書房、一四一～二三八頁。
今堀誠二　一九五三『中国の社会構造―アンシャンレジームにおける「共同体」―』有斐閣。
上田貴子　二〇〇二『近代中国東北地域に於ける華人商工業資本の研究』大阪外国語大学大学院博士号請求論文、二〇〇二年一二月提出。
内田智雄　一九七〇『中国農村の家族と信仰　改訂版』清水弘文堂書房（旧版は弘文堂、一九四七）。
奥村義信　一九四〇『満洲娘娘考』満洲事情案内所。（復刻版、一九八二、第一書房）
公主嶺経済調査会　一九三四『満洲―農村の社会経済的調査―大泉眼部落調査―』満洲文化協会。
斯波義信　一九六一「宋代江南の村市と廟市」『東洋学報』第四四巻第一・二号。
聶莉莉　一九九二『劉堡―中国東北地方の宗族とその変容―』東京大学出版会。
中兼和津次　一九八一『旧満洲農村社会経済構造の分析』アジア政経学会。
永島勝介　一九三六『佳木斯を中心とする河下特産事情』満洲中央銀行調査部　調査資料A　第四〇号。
旗田巍　一九八六「廟の祭礼を中心とする華北村落の会」小林弘二編『旧中国農村再考』アジア経済研究所、一一一～一五三頁。
平野義太郎　一九四三「北支村落の基礎要素としての宗族及び村廟」『支那農村慣行調査報告書』一、東亜研究所、一～一四五頁。
深尾葉子　一九九八「中国西北部黄土高原における廟会をめぐる社会交換と自立的凝集」『国立民族学博物館研究報告』第二三巻第二号、三二一～三五七頁。
南満洲鉄道株式会社臨時経済調査委員会編　一九二八『満蒙に於ける荷馬車』資料第一編。

満洲経済事情案内所　一九三三『満洲国の娘々廟会と其市場研究』（満洲経済事情案内所報告　六）満洲文化協会。
満洲国実業部臨時産業調査局編　一九三七　産調資料（四五）ノ（一〇）「農産物販売事情篇」『農村実態調査報告書』第一〇巻、満洲図書。（復刻版、一九八九、龍渓書舎）
満洲国国務院総務庁臨時国勢調査事務局　一九四三『康徳七年 臨時国勢調査報告 第一巻 全国編』。（復刻版『外地国勢調査報告書 第二輯 満洲国国務院国勢調査報告 第六冊』一九九六、文生書院）
満洲帝国大同学院　一九三八『満洲農村の実態―中部満洲の一農村に就いて―』。
南満洲鉄道株式会社　一九四〇　記録映画『娘々廟会』、芥川光蔵監督（日本映画新社『満鉄記録映画集 第八巻』一九九八年、所収のものを利用）。
三谷孝　二〇〇〇「村の廟と民間結社」三谷孝他著『村から中国を読む』青木書店、三一七～三四五頁。
三尾裕子　一九九七「中国福建省閩南地区の王爺信仰の特質―実地調査資料の整理と分析―」『アジア・アフリカ言語文化研究』第五四号、東京外国語大学アジア・アフリカ言語文化研究所、一五一～一九三頁。
山崎惣與　一九三七『満洲国地名大辞典』満洲国地名大辞典刊行会。
山根幸夫　一九九五『明清華北定期市の研究』汲古書院。

〈中国語文献〉

班耀東　出版年不明『迷鎮山娘娘廟遺聞』大石橋修復迷鎮山文化古跡組委員会編印。
陳其南　一九八七『台湾的伝統中国社会』允晨文化実用股分有限公司、台北。
丁世良・趙放編　一九八九『中国地方志民俗資料匯編・東北巻』北京図書館出版社、北京。
海城市地方志編纂委員会　一九八七『海城県志』。
姜守鵬　一九九六『明清北方市場研究』東北師範大学出版社、長春。
李正華　一九九八『郷村集市与近代社会―二〇世紀前半期華北農村集市研究―』当代中国出版社、北京。
廖迪生　一九九五「創建新廟宇―神媒的塑造与信衆的参与―」『寺廟与民間文化研討会論文集』行政院文化建設委員会、台北。
劉志偉　一九九五「大族陰影下的民間神祭祀―沙湾的北帝崇拝―」『寺廟与民間文化研討会論文集』行政院文化建設委員会、台北。
鄭振満　一九九五「浦田江口平原的神廟祭典与社区歴史」『寺廟与民間文化研討会論文集』行政院文化建設委員会、台北。
許檀　一九九八『明清時期山東商品経済的発展』中国社会科学出版社、北京。
陝西人民教育出版社編　一九九四『中華廟会事典』陝西人民教育出版社。
営口市文史資料研究委員会　一九九〇「迷鎮山娘娘廟祭及〝五大聖会〟」（張永夫）『営口港埠面観』、営口文史資料第七輯。

営口市文史資料研究委員会　一九九四「娘娘廟会震関東」（趙炳臣口述・班耀東構成）『営口港埠面観』，営口文史資料第一〇輯。

〈英語文献〉

Dean, Kenneth 1993 *Taoist Ritual and Popular Religion in Southeastern China*, Princeton University Press, Princeton.

Duara, Prasenjit 1988 *Culture, Power, and the State—Rural North China, 1900-1942*, Stanford University Press, Stanford.

Duara, Prasenjit 1995 *Rescuing History from the Nation—Questioning Narratives of Modern China*, The University of Chicago Press, Chicago and London.

Jing, Jun 1996 *The Temple of Memories-History, Power, and Morality in a Chinese Village*, Standard University Press.

Smith, A. H. 1899 *Village Life in China*, Haskell House Publishers Ltd., New York, reprinted in 1968 (Originally published in 1899).（塩谷安夫・仙波泰雄訳『支那の村落生活』生活社，一九四一年）

Yang, Ching-kun 1944 "A North China Local Market Economy—A Summary of a Study of Periodic Markets in Chouping Hsien, Shantung", issued in cooperation with the Yenching-Yunnan Station for Sociological Research, National Yunnan University, International Secretariat, Institute of pacific relations.

第III部　新たな権力構造の創出

大豆の集積（『満洲写真帖（昭和二年版）』より）

第8章　国際商品としての満洲大豆(1)

安冨　歩

はじめに

周知のごとく、近代の満洲の歴史は大豆の国際商品化と密接に関係していた。本書の主たる対象とする時期は、満洲大豆の勃興期であり、各章の議論も、大豆と無関係ではありえない。そこで本章では、大豆をめぐる満洲とそれ以外の地域との相互関係を、できるだけ時間範囲と地理範囲を広く取って概観しておくことにしたい。

満洲大豆が重要な商品として登場するのは清代中期の乾隆期である。上海周辺の木綿を中心とする農業経営のために大運河を中軸として大量の大豆・大豆粕が満洲から上海へと輸送された。清代後期にはこれが海上輸送にかわるとともに、華南の砂糖生産に振り向けられることになった。日清戦争によりこの流れが再度変化し、大豆粕は日本の農村の水田へと向かった。日露戦争後にヨーロッパ市場が開拓され、満洲大豆は油料工業の原料に、その絞り粕が家畜飼料となる。満洲事変前を頂点として満洲大豆は凋落を開始し、共産党の政権掌握後は国際市場から切り離されたため、トウモロコシに急速にとってかわられる。また、国際的な大豆市場は、アメリカが席捲するところとなる。

本章では、まず満洲大豆の広域的流動パターンの変遷を、華中・華南、日本、ヨーロッパへの流れにそれぞれ一節を割り充てて論じる。その上でBurtis（1950）の推計に依拠しつつ世界全体の大豆貿易の動向を概観する。最後に、満洲大豆をこのような長期的・広域的視野のなかに置いた上で、本書のテーマである近代「満洲」社会の成立過程と大豆との関連について議論する。

一　満洲から華中・華南への流れ

満洲において、商品としての大豆の生産が本格化したのは清代中期のことである。加藤繁の明らかにしたように、乾隆一四年（一七四九）に、中国本土より盛京に来る商船に対して、大豆の回航を数量制限つきで聴《ゆる》しており、乾隆三七年（一七七二）にはその制限を撤廃し、税制を定めている。乾隆四〇年（一七七五）前後には大豆および大豆粕の移出が急増し、関税率や関税額が幾度も引き上げられている。これは江南地方で大豆粕を木綿の肥料として投入するための需要が爆発的に拡大したためである（加藤　一九四八）。

大豆需要の拡大は、上海周辺の郷村で大豆粕を金肥として用いるか、あるいは購入飼料として用いるような市場志向の農業経営が広範囲に成立していたことの反映である。こういった経営体は、土地を借り入れ、賃金労働者を雇用し、金肥を購入して農業を展開し、主として木綿を商品生産していた。上海周辺地域では、大豆粕は稲わらに等しいとまで言われるほど安価かつ豊富に供給され、木綿生産のための肥料として投入されることになった。上海には多くの大豆粕取引業者と搾油工場が設立された。こうして大豆は最も重要な流通商品のひとつとなった。このような清代中期以降の市場経済の隆盛が満洲の開拓と大豆生産を刺激した（足立　一九七八）。

大量の大豆の輸送は、揚子江流域から北京へと穀物を輸送する「漕運」と関係している。北京に都を置いた元朝、明朝、清朝は、江南から北京への穀物の輸送の確保のために莫大な努力を払った。その努力の多くは杭州から北京へと伸びるいわゆる大運河を維持管理することに向けられたが、時期によっては海上輸送に依存することもあった。

漕運は、表向きは公の運営する輸送システムであるが、実際には大量の私的な荷物の輸送が行われていた。この私貨登載は本来厳重に禁止され取り締まられるべきものであったが、実際には黙認されており、明代には搭載量の制限を設けた上で合法化された。清朝は漕運の運営を民間に委託する体制をとったため、清代には私貨登載が次第に大規模化した。漕船の私貨は非課税であったこともあり、乾隆の末頃には一般に北京の百貨は漕船によって運ばれるものと考えられるほどであった（星　一九五二）。

大運河を経由するにせよ、海上で輸送するにせよ、大量の穀物を積んだ膨大な数の船が南から北へと向かうことになる。漕運の船が北京で穀物をおろすと、何らかの返り荷を積む必要がある。返り荷がないと、泥や石を積んでも喫水を下げねばならない。北行貨物の主体である穀物と同様の性質の大豆と豆粕は、漕船にとって理想的な返り荷であった。

写真 8-1　倉庫内の大豆粕
出典）『満洲写真帖』（1928；復刻版，大空社，2008）。

清代中期に江南の木綿の商品生産が急拡大すると、そのために肥料として投入される大豆粕の需要も急増し、単に返り荷というばかりではなくなった。時には、大豆の南行が穀物の北行よりも重視される状態となり、北行時に積荷が不足した場合には喫水を下げるために泥土を積んでまで出港することもあった（山口　一九五八）。これほどまでに清代中期の江南の大豆粕需要は強く、莫大な量の大豆・大豆粕が南行することになった。満洲と江南が太いパイプで接続されたことで、満洲での大豆生産を目的とする華北からの移民が増加することになった。

一八五八年のアロー号戦争の結果、露・米・英・仏と清の間で結ばれた天津条約により、大豆交易と深い関係にある牛荘と登州が開かれることになった。中国側はこの条項が豆貨貿易に依存していた海運業者にとって致命的な影響があると考え、同年一二月に上海で締結された通商税則善後条約に、両口の大豆・大豆粕を禁帯品とするとの一項を加え、沙船の独占的な大豆・大豆粕輸送権を維持した。

一八六〇年に天津条約の批准をめぐる紛争によって戦闘が再開し、その結果として北京条約が締結された。この条約により外国汽船による上海―天津間の貿易が本格的に行われることになったが、豆類禁帯の条項はこの貿易にとって大きな障害になった。牛荘（営口）で大豆を積めないとなると、南行に際して船の安定のために土砂などを積まざるを得ず、北行貨物の運賃が高くなってしまう。また、満洲は恒常的に銀不足の状態にあり、南から運んだ貨物を、大豆・大豆粕のバーターで決済することが多いことも問題であった。有利な大豆交易を手中にすべく、イギリス商人を中心として大豆交易の制限の撤廃を求める運動が展開された。

イギリス側のたびかさなる要求に対して清朝は何度か拒否の態度を示したが、英国公使ウェードは、一八六二年一月に太平天国の鎮圧に協力する代償として、この条項の撤廃に成功する。後に中国側はこの条項を上海一口に限って適用するという提案を行うが、英国側は大豆貿易の利益は太平天国勦滅費に充てているのであるから、内乱鎮圧後に協議しよう、という理由で拒絶した。以降、李鴻章らの度々の奏請にもかかわらず、この政策は維持された（山口　一九五八；足立　一九七八）。

外国船の出現は大豆の流れを大きく変えることになった。満洲と上海を繋ぐ大豆の流れは清代後期になって大幅に縮小してしまい、これにかわって華南への流れが急増する。英国領事館による「光緒六年（一八八〇）牛荘貿易報告」は、清代後期において豆餅が盛んに華南地方に送られており、海岸付近の甘蔗畑の肥料になると指摘している。一八八一年の報告書には、牛荘から支出される豆餅の九分の八は汕頭に送られ、残りが上海・廈門・福州に運ばれ、いずれも台湾甘蔗園に売り渡されるという。満洲大豆粕の投入先は江南の木綿畑から、華南の砂糖畑に切り替ったのである（加藤　一九四八）。

江南に大豆粕が流れなくなった原因のひとつは、太平天国の乱にともなう人口減少による揚子江下流域の賃金上昇にあった。このため賃金労働に依存する富農経営の木綿生産の採算がとれなくなった。また、太平天国の乱の影響で田賦中心の税収が激減したことで、清朝は釐金などの新税を導入したが、江南は特に高率の釐金を課せられ、これが江南の商品流通を阻害した。さらに、漕運の崩壊と外国蒸気船による海運の発達により、満洲から華南への大豆粕の輸送コストが大幅に低下した。これらの条件が重なり、満洲大豆は上海から汕頭へと流れを変えたのである（足立　一九七八）。

二　満洲大豆と日本

日清戦争はこの流れを再度変えた。日本が大豆粕の重要な購入者として立ち現れたからである。日本の農業はそれまで、肥料を人間や家畜の糞尿、菜種油粕、沿海でとれるイワシやニシンに依存していた。こういった肥料の金肥としての流通は江戸時代にすでに広まっていた。

明治以降に魚肥の使用が急拡大するが、その主たる供給地は北海道であった。交通運輸の手段に乏しく冷凍技術のない当時、魚の消費地より遥かに遠い北海道では、イワシやニシンがいくらとれても食糧として販売することは難しかった。それゆえこれを天日で乾燥して肥料として出荷することになった。既に享保年間には北海道のニシン粕が関東深川市場にもたらされ、享和年間には有名な高田屋嘉兵衛が兵庫市場でニシン粕を販売している。江戸、大坂、名古屋、四日市、敦賀、尾道、徳島などに北海道産魚肥を中心として販売する強力な肥料商が出現し、各地に「干鰮屋」が展開した。「日本の肥料と云へば即ち魚粕と云つてもよい状況」（三井物産株式会社肥料部遠藤大三郎の手記「肥料取扱回顧史」）が永く続いたのである（平野　一九四三、六七頁、九一～九二頁、九九頁）。

満洲からの大豆粕の輸入により、日本列島内部で閉じていた有機物循環が崩れ、満洲から一方的に有機物が流れ込むようになる。満洲大豆は明治三年（一八七〇）に長崎に、翌年には神戸に、明治一四～一五年には横浜にもたらされ、一八八六年には農商務省仮試験場で豆粕の肥効試験が行われた。しかし、本格的に導入されるようになったのは日清戦争後であった。

初期の段階の大豆粕輸入取引は、漢人商人の支配するところであった。右に引用した遠藤の手記によれば、次のような状況であった。

> 私が渡満した頃は、邦商で営口に直接取引をなす同業者は一人もなく、神戸では呉錦堂、復興を始め支那商人許りが之を取扱ひ、横浜は一層遅れて廣泰、福和等の小さい支那商が兵庫積替の豆粕を精々三百枚の小口で問屋に捌いて居た位のものであつた、明治二十九年斯界の先覚者松下次郎氏が横浜へ牛荘直航船を入れたと云ふのも自ら産地仕入をやつたのではなく之等支那人の積荷を日本で買つたのに過ぎないものであつた。（平野　一九四三、一一六～一一七頁）

やがてこのルートに三井物産をはじめとする日本資本が参入する。三井物産は、明治一〇年代に北海道のニシン魚肥取引への参入を開始し、一〇年代後半には高い利益を上げた。しかし、近世以来の経験と人脈と資金力を持つ北前船商人との激しい競争に直面して二〇年代後半には不調となり、明治三一年（一八九八）にはニシン取引から撤退するとともに、満洲からの大豆粕取引への進出をはかるようになる。

表8-1　主要販売肥料消費高

（単位：千トン，（　）内は%）

	1903	1908	1912	1916	1917	1918	1919	1920	1921	1903-21 増減
大豆油粕	195 (36)	507 (44)	561 (34)	805 (46)	1,021 (51)	1,147 (52)	1,357 (48)	1,256 (51)	1,260 (49)	1,064 (12)
菜種油粕	87 (16)	100 (9)	150 (9)	124 (7)	116 (6)	107 (5)	131 (5)	101 (4)	101 (4)	14 (-12)
綿実油粕	34 (6)	28 (2)	32 (2)	49 (3)	53 (3)	66 (3)	95 (3)	74 (3)	78 (3)	43 (-3)
鰊搾粕	84 (16)	64 (6)	62 (4)	64 (4)	57 (3)	49 (2)	68 (2)	52 (2)	63 (2)	-21 (-13)
鰮搾粕	6 (1)	7 (1)	19 (1)	24 (1)	25 (1)	25 (1)	23 (1)	31 (1)	26 (1)	19 (0)
干　鰮	7 (1)	7 (1)	17 (1)	8 (0)	8 (0)	6 (0)	7 (0)	7 (0)	4 (0)	-3 (-1)
硫　安	3 (1)	68 (6)	89 (5)	44 (3)	52 (3)	53 (2)	96 (3)	151 (6)	185 (7)	182 (7)
過燐酸石灰	91 (17)	196 (17)	438 (27)	415 (24)	440 (22)	462 (21)	600 (21)	502 (20)	551 (21)	460 (4)
骨　粉	11 (2)	28 (2)	35 (2)	37 (2)	42 (2)	45 (2)	65 (2)	78 (3)	69 (3)	58 (1)
調合肥料	17 (3)	135 (12)	235 (14)	177 (10)	206 (10)	233 (11)	372 (13)	236 (9)	255 (10)	237 (7)
合　計	536 (100)	1,139 (100)	1,639 (100)	1,747 (100)	2,019 (100)	2,194 (100)	2,813 (100)	2,486 (100)	2,591 (100)	2,055 (0)

出典）南満洲鉄道哈爾浜事務所調査課（1925）15頁。

しかしこのルートにも漢人商人という強力なライバルが居たのであり、三井物産といえどもその商権を直ちに握れたわけではない。明治三〇年代前半は漢人商人との競争に苦しみ、一九八九年に営口出張員を支店に昇格させたものの翌年に出張員に格下げする始末であった。明治三五年（一九〇二）の支店長会議では山本条太郎が、営口の豆粕取引は十年以上やっているのに利益が出ていないので廃止してはどうかと発言し、これに対して神戸支店長の遠藤大三郎がもう少し様子を見て欲しいと発言するような状態であった。三井物産はこの年に怡生号という漢人商人との提携を開始しており、翌年からその効果が出て取扱高を急激に伸ばすことに成功した（中西　一九九八、第八章；塚瀬　二〇〇五）。

表8-1は、一九〇三年から一九二一年にかけての日本の金肥の消費構造を示している。この表に示した比率は重量を単純に合計して算出したものであり、肥料の成分などを考慮してい

ないためその値の意味は慎重に解釈すべきであるが、それでもこの段階で大豆粕が重要な地位を占めていたことは明らかである。

大豆粕のほとんどすべては満洲からの輸入である。その本格化が日清戦後であることを考えれば、十年足らずの間に飛躍的な増加があったと考えてよい。右端の列はこの期間の増減を示しており、数量で大豆粕が百万トンもの増加を示している。比率で見ると菜種油粕の減少一二ポイントを大豆粕が埋めている格好である。大豆粕以外では硫安と過燐酸石灰がそれぞれ一八二千トン、四六〇千トン増えている。比率で見ると両者の合計一一ポイント増が鰊搾粕の一三ポイント減に対応している。鰊搾粕は実数でも二一千トン減少していて、それを鰮搾粕一九千トン増が補っているが、魚肥全体のシェアはこの時期に急速に減少している。

表 8-2　大豆粕の対外依存度

（単位：千トン）

	総消費量(A)	輸入量 (B)	B／A (%)
1912–16 年	701	678	87
1917–21 年	1,155	1,152	100
1922–26 年	1,379	1,155	84
1927–31 年	1,190	894	83
1932–36 年	800	525	64

原註）『肥料要覧』による。
出典）吉井（1956）表 17。

日本の大豆粕の対外依存度は表8-2のごとく推移し、一九一〇～二〇年代にかけて常に高い水準を維持した。満洲大豆の出現によって日本の肥料需給構造は根底的に変化したのである。

しかし、この満洲大豆粕の地位は長くは続かなかった。表8-3は主要販売肥料の需給量の一九三五～三七年の平均を示している。この表によれば、大豆粕の消費推定額七〇二千トンに対して、過燐酸石灰が一、二五八千トン、硫安が九四九千トンに達している。それ以外にも石灰窒素が二五〇千トン、硫酸加里が一〇〇千トン、塩化加里が八九千トン、硝酸曹達が六一千トンもある。日本の金肥の消費構造は、一九二〇年代から三〇年代前半に大きな変化を遂げ、無機肥料中心となったのである。

大豆粕はその比率を下げたばかりではなく、実数としても減少している。日本の大豆粕輸入量は一九二一～二七年の平均で毎年一、一五〇千トンであったものが、一九二九～三三年平均では八〇〇千トンに減少し、一九三四

表8-3　主要販売肥料需給（1935～37年平均）

（単位：千トン）

	生産額	輸入額	移入額	輸出額	移出額	消費見込額	消費比率(%)
過燐酸石灰	1,451			29	163	1,258	26
硫　安	808	259	48	11	155	949	20
調合肥料	871			2	85	784	16
大豆粕	221	401	83	3	1	702	15
魚肥類	343	0	146	70		420	9
石灰窒素	292			1	40	250	5
棉実粕	45	73	5	4		119	2
硫酸加里	3	99		0	2	100	2
菜種粕	64	30		0	1	93	2
塩化加里	0	89		0	0	89	2
硝酸曹達		62		2		61	1
合　計	4,097	1,013	283	122	448	4,824	100

原註）1　肥料要覧による。2　消費見込額中には肥料の製造原料に供したる額を含む，従つて石灰窒素の見込額中には石灰窒素を硫安其の他に変成せる額七六,〇八〇瓲（六,二四六千円）を含み，調合肥料は他肥を原料として製造されるために重複してゐる。3　植物油粕類の生産額及び消費見込額には粉末を含まず。

出典）平野（1943）318～319頁。

表8-4　満洲大豆粕対日輸出

（単位：千トン）

特産年度	輸出高
1934	925
1935	777
1936	734
1937	612
1938	806
1939	928

原註）康徳五年前は満洲特産中央会編満洲大豆・蘇子・落花生関係資料により，康徳六年度は特産中央会速報による。

出典）満洲経済実態研究班（1941）130頁。

～三八年には五〇〇千トンにまで低下した（Burtis, 1950, p. 75）。表8-2の示すように、三〇年代前半には大豆粕の対外依存度が六割台にまで低下した。

その後、日中戦争が始まると日本での大豆粕の使用が再度増加する。硫安が火薬の原料となるため、軍需品として消費されることが多くなり、民間への出廻が減少したためである。満洲大豆粕の対日輸出高は、表8-4のように一旦減少したあと、一九三八年度から急上昇する。

満洲国は第二次世界大戦勃発直前から農産物の流通統制をはかり、市場を通じない大豆の蒐荷を目指した。当初は惨憺たる結果に終わったが、投入資金の増加、見返り物資の供給強化、行政力の行使といった手段を用いることで一九四三年度と四四年度には農産物統制に相当程度の成功をおさめる。山本（二〇〇三）の表四―一〇によれば、満洲国は一九四三

年に、

大豆　　六八六千トン
大豆油　　八千トン
大豆粕　四五六千トン

翌一九四四年には、

大豆　　八二六千トン
大豆油　　一〇千トン
大豆粕　五〇六千トン

を輸出した。これらのほとんどは対日輸出に振りむけられたものと思われる。日本の支配地域全体が食糧難に見舞われた時期であり、この満洲大豆の日本への供給は、飢餓輸出の色彩を帯びたものであった（安冨　一九九七、第六章）。

もちろん、日本人は満洲大豆を田畑に入れたばかりではなく、自分の口にも入れた。日本の大豆輸入は一九〇九〜一三年の平均で八百万ブッシェルであったものが、一九二二年には一八百万ブッシェル、一九四〇年の直前には二八百万ブッシェルにまで増加した。その後、この値は急速に減少していき、敗戦後には一旦ほぼゼロになる。第二次大戦前の段階で、大豆消費の六七％が食用に、二二％が大豆油・粕の生産用に、一一％が種子として使用されたという（Burtis, 1950, p. 75）。

満洲大豆の主たる用途は製油原料・油粕原料であるが、食用にならないわけではない。日本でも「満洲大豆中白眉種ハ特ニ豆腐原料トシテ歓迎セラレ満洲白其ノ他ノ普通品ハ豆腐、味噌、醬油及製油原料トシテ使用セラル」

（農林省農務局　一九三六）というように、食用の需要があった。しかし内地産や朝鮮産に比べて味が悪いとされていたので、日本市場への影響という意味では大豆粕に遥かに劣る。たとえば朝鮮殖産銀行調査課の『朝鮮ノ大豆』は次のように述べている。

朝鮮大豆ノ内地ニ於ケル用途ハ醬油及味噌ノ醸造用、菓子、豆腐等ノ製造原料其他主トシテ食用ニ充テラルルモノニシテ内地産大豆ト其用途ヲ同シウス此點支那及関東州産大豆ノ主トシテ製油原料トシテ需要セラルルニ比シテ大ニ異ナル所ナリ。

日本の朝鮮大豆の食用需要に応えるべく、朝鮮では域内消費分を削って日本に大豆を輸出し、その補充のために満洲から格安の大豆を輸入するということまで行われた（朝鮮殖産銀行調査課　一九二四、五一頁）。

一九一四年において、日本の満洲からの大豆輸入金額は一〇百万円であるのに対して、豆粕はその三倍程度の二六百万円である。五年後の一九一九年になると、それぞれ二一百万円と一〇〇百万円となっており、後者は前者の五倍となる。一九二八年になると大豆粕が硫安に押されて減少するので、大豆が五〇百万円、大豆粕が七三百万円と一・四倍となる（金子　一九九一、表一の一四、表四の七、表七の六）。食用大豆の日本への輸入は一九二〇年代には満洲と朝鮮がともに百数十万石と同水準で競っており、両者を合計してだいたい日本国内の生産三百万石程度と同水準であった。満洲大豆そのものの輸入は搾油原料中心であったが、それでも、低価格の満洲大豆が低所得者層の嗜好に与えた影響を無視してはならないであろう。

三　満洲大豆とヨーロッパ

満洲大豆と日本との関係が日清戦争後に本格化したのに対して、ヨーロッパとの関係は日露戦争後に始まった。満洲大豆をヨーロッパと結びつける役割を果たしたのは主としてロシアであった。ロシアの敷設した東清鉄道は北満を横断するとともに、この地を旅順と大連とに結びつけた。

最初のヨーロッパ輸出がいつ誰によって行われたかについては諸説ある。塚瀬（二〇〇五）は、ペテログラードの「巨商エス・カ・ナタンソン氏」が一九〇八年二月に英国船グレネスク号で最初の輸出を行ったのが最初である、という木谷（一九三二）の文章を引用している。

石田興平・江頭恒治らが参加した建国大学の満洲経済実態研究班の報告書は、鹽田道夫「大豆対欧輸出の先駆者に就いて」（『満洲特産月報』第四巻一号）に依拠しつつ、一九〇七年の前半にドイツ商人Wilhelm Ronderwaldが数トンの大豆を注文してリバプールのBiddy & Sons会社に無料で提供し試験的に使用させたのが満洲大豆のヨーロッパ輸出の嚆矢としている。同社は同年六月に混合飼料粕の製造に成功したので、Ronderwaldは露支銀行と十万金ポンドのクレジットを設定し、哈爾濱から最初に千二百トン、次に二千トンを取り寄せ、それぞれ一一月と一二月にウラジオストックから積み出し、最初の船は一九〇八年の一月一四日にAvonmouthに到着し、リバプールのJames Biddy & Sonsに売り渡されたという。

この報告書はまた「従来の通説」として、三井物産が一九〇八年の五月にリバプールの製油業者に対して満洲大豆百トンを送り、豆油・豆粕の試製をさせたところ、豆粕は家畜飼料として、豆油は石鹼原料として好評を博したので、同年末に一万トンの輸出を行い、その翌年にナタンソンが輸出を行ったという事例を挙げている（満洲経済実態研究班　一九四一、九～一〇頁）。

このように最初の輸出がロシア主導か日本主導かを確定するのは難しいが、重要なことはその後のヨーロッパ向け輸出が主としてウラジオストックからなされたという事実である。塚瀬（二〇〇五、表二）によれば、一九〇八年、一九〇九年の両年こそ大連とウラジオストックはそれぞれ二〇万トン台の輸出を行い、競い合う関係にあったが、それ以降の六年間の積出量の合計はそれぞれ一三七千トンと一、六二一千トンであり、ウラジオストックが大連の十倍以上を輸出している。塚瀬の指摘するように、ウラジオストックから大豆がヨーロッパに輸出され、大連・営口から日本に豆粕が輸出されるというのが、この時期の国際取引の主たる流れであった。

写真8-2　大連埠頭の蓄積大豆

出典）『南満洲写真大観』（1911；復刻版，大空社，2008）。

ロシア革命以降の混乱期になると、この情勢が変化し、大連が対ヨーロッパ大豆輸出でウラジオストックに対して優位に立つ。革命の混乱が収まるとともに、ウラジオストックは再度大連と競合を開始する（図8-1）。二〇年代を通じて東清鉄道と南満洲鉄道は大豆を奪い合って激しい競争を展開するとともに、両者は何度も会合を持ったり、協定を結んだりして、その果実を分け合う関係を維持した（南満洲鉄道哈爾賓事務所調査課　一九二五）。

大豆の満洲内部における買い付けは、常に中国側の穀物商人たる糧桟が掌握し続けた。第5章で見たように、基本的な構造は、郷村に住む大豆生産者が、馬車によって県城や鉄道駅にある糧桟に販売し、それが中小都市の糧桟に集められ、最終的に鉄道を通じて哈爾濱・奉天・大連などの大都市の糧桟に集中される。外国商人が関わるのはここから先に限られている。

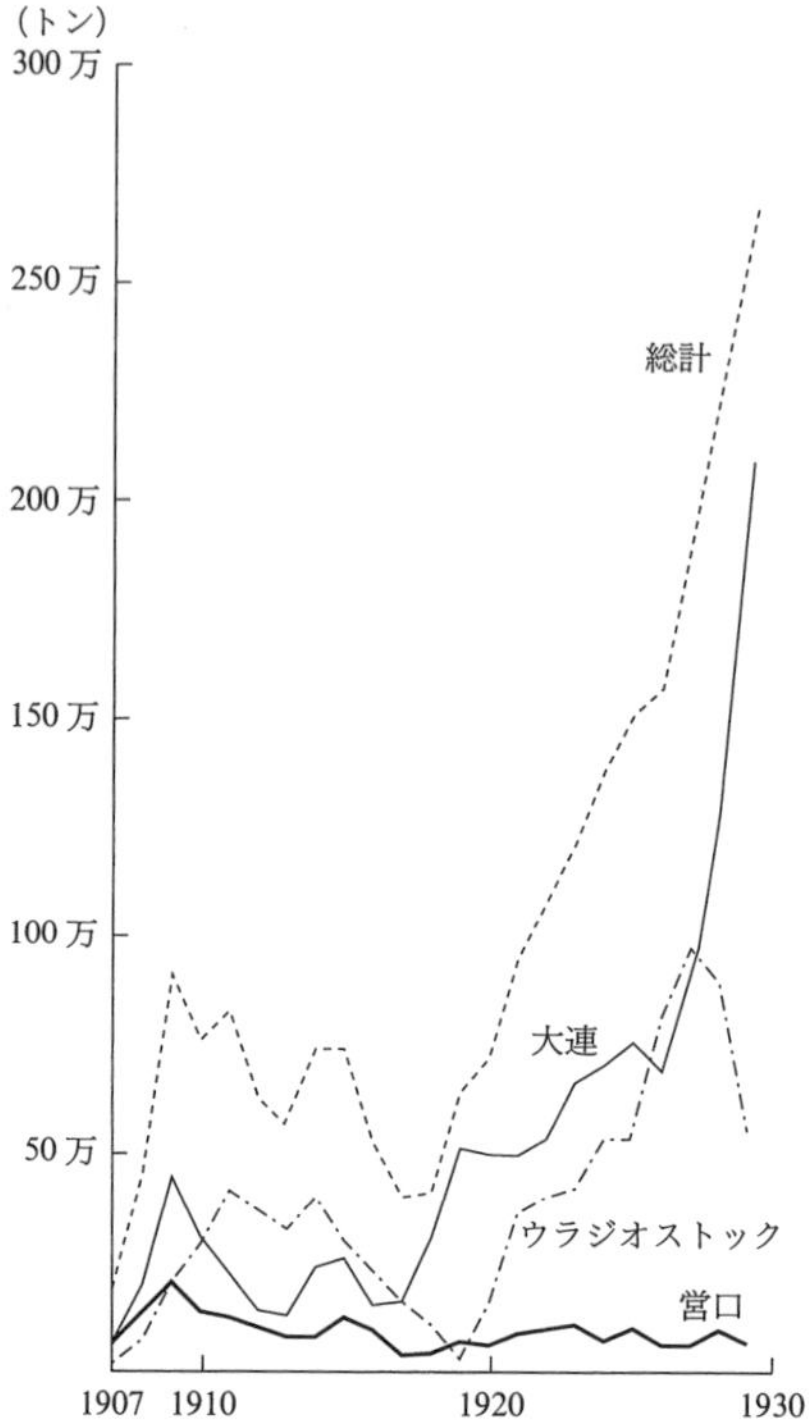

図8-1　大連，営口，ウラジオストックからの大豆輸移出動向

原註）『北支那貿易年表　昭和5年』上編（1931年）175-176頁。ウラジオストックは，以下より作成した。1907年〜08年「浦潮斯徳四十二年度貿易年報」『通商彙纂』臨時増刊1号（1911年），1909〜11年「浦潮斯徳港経由大豆の輸出」『通商公報』3号（1913年），1912〜29年『大連に於ける特産物の取引及採算』（1931年）5-6頁，53-54頁，93-94頁。

出典）塚瀬（2005）。

満洲大豆の流通を支える通貨は、石田興平（一九六四）の明らかにしたように、

（一）農民と中小糧桟を接続する通貨

（二）中小糧桟と大糧桟を接続する通貨

（三）大糧桟と輸出業者を接続する通貨

がそれぞれ異なっていた。北満から大豆を買い付けて大連から輸出する場合を考えてみよう。農民から中小糧桟が大豆を買い付ける際には、官銀号の発行する官帖という紙幣が用いられる。これを中小糧桟が大糧桟に売却する際には哈爾濱大洋票が用いられる。哈爾濱から大連に大豆が送金されるときには朝鮮銀行券（金票）が用いられ、大連取引所で輸出業者に買い取られる際には横浜正金銀行券（鈔票）が用いられる。こういった重層的貨幣構造が満

洲の通貨制度の特徴であった（安冨　一九九七、序章）。

さて、ヨーロッパにおける大豆需要の急成長の要因は、油脂加工工業と畜産の急拡大にある。前者のために大豆油が供給され、その絞り粕が家畜の飼料となる。大豆粕がそのまま輸入されないのは、満洲での搾油効率の悪さのために水分が多く残っており、輸送の際に熱帯を通過している最中に黴が生えて痛んでしまうからである。大豆油については、輸送上の問題は少ないが、ヨーロッパの搾油工場の方が、満洲の油房よりも効率が良いため、大豆そのものの輸出が主流となった。

満洲大豆の利点は、その価格の低廉なることと、その数量の多いこと、品質の一定していることである。たとえば一九三一年から三二年にかけてなされたアメリカ大豆のヨーロッパ輸出は、供給量が不十分であったこと、品質にバラツキがあったことによりさほどの伸びを見せなかった。

ヨーロッパ市場における大豆の取引そのものはロンドンで行われたが、最終消費地として最も重要な国はドイツであった。一九二七年から一九三〇年の平均でドイツは満洲大豆総輸出の三八・五％、対ヨーロッパ輸出の五七・五％を占めた。ドイツの植物性油脂原料輸入は、一九一三年から一九二八年に一・四倍に増加したが、この間に大豆は八倍に増加し、その構成比は六％から三四％へと増加した。ドイツにおける大豆油の用途は概ね、

マーガリン　三五～四〇％
サラダ油　　一五～二〇％
石鹼原料　　一五～二〇％
其他工業用　二〇％

という構成であった（南満洲鉄道地方部商工課　一九三六、二～一四、五三～五七頁）。

油脂加工工業のなかで最も重要なものはマーガリン工業である。マーガリンは一八六九年にフランスのメー

ジュ・モリエ（Mège Monriés）により、バターの代用品として開発された。オランダの「片田舎」たるオス（OS）のバター販売業者アントン・ユルゲンス（Anton Jurgens）がこの特許を購入して工場を設立し、マーガリンの製造に着手した。また、同じくオランダのファン・デン・ベルグ（Van den Berg）もマーガリン工場を設立し、両者は急成長を遂げ、ともにイギリスをはじめヨーロッパ各国に進出した。一九二七年に両社が合併し、オランダとイギリスにそれぞれ持株会社としてマーガリン・ユニ（Margarine Unie N.V.）とマーガリン・ユニオン（Margarine Union Limited）を設立した。同社は全ヨーロッパにマーガリン製造工業と石鹸などの関連事業会社を多数所有し、油脂加工工業のコンツェルンを築いた。

マーガリン工業に次ぐ植物油の需要者は石鹸工業である。石鹸は古くからあるが、商品としてこれを標準化し、包装して売り出したのはイギリスのウィリアム・リーヴァ（William Hesketh Lever）であり、一八八五年に本格的に石鹸の製造を開始した。リーヴァ・ブラザーズ社は数々の吸収合併を経て巨大化し、特にアフリカ各地に原料となる椰子やパームを調達する企業を多数所有した。第一次世界大戦中にはマーガリン生産にも着手した。

マーガリン・ユニとリーヴァ・ブラザーズの両社は、一九三〇年に合併してユニ・リーヴァとなった。これによりマーガリンと石鹸に巨大なシェアを持つ油脂加工業界最大のコンツェルンが成立した。ユニ・リーヴァは最大の油脂加工品需要国であるドイツにも多数の工場・企業を所有した。ドイツ国内の油脂加工業者は、これに対抗すべくマーゲル協定下のドイツ資本トラストと、ドイツ＝デンマーク系のハンザ・ミルを中心とする油房組合を組織した。これらに代表される油脂加工企業が満洲大豆の最大顧客であった（南満洲鉄道地方部商工課　一九三六、五三〜六一頁；金子　一九九一、三三五頁）。

油脂加工業者が使うための油を搾ったあとに残る大豆粕は家畜の飼料となった。大豆粕は価格が低い上に安全性が高く、腐りにくいため貯蔵に適し、しかも家畜の成長に必要となる多くのタンパク質を含むという優れた性質がある。また、肥料として用いるにも、大豆粕をそのまま撒くよりも、これを家畜に食べさせてから畑に入れた方がよい。というのも、タンパク質を消化させれば溶解可能な窒素化合物に変化するからである。ドイツはヨーロッパ最大の畜産国であり、一九三三年のドイツ農村の農産物販売による収入のうち、畜産品が全体の六割を占めるほどであった（南満洲鉄道地方部商工課　一九三五、二一～九頁；駒井　一九一二、八六～九九頁）。

ヨーロッパ市場における満洲大豆に対する強い需要は、一九二〇年代まで継続したが、三〇年代にはいると翳りが見えるようになる。その原因は多岐にわたるが、ひとつは自動車の発達と関係がある。輸送用自動車と農作業用のトラクターの普及が進んだため、馬匹の必要性が減退したからである。ドイツでは一九一三年には三八〇万頭いた馬が、一九三三年には三四〇万頭に減少し、フランスでも三二〇万頭から二九〇万頭に減少している。

また、鯨油の生産の急激な増加も影響が大きい。捕鯨船が大型化かつ機械化し、海上で鯨油の生産が行われるようになったことで供給量が一気に増加した。一九二〇年にはこのような捕鯨船は六隻しかなかったが、一九三〇年には三十隻以上になった。ドイツでは一九二七年に鯨油はマーガリン原料の一〇％を占めていたに過ぎなかったが、一九三〇年代半ばには四〇％を占めた。イギリスでは一九二七年に一六％であったものが、三三年には三八％に、オランダでは八％から二五％に上昇した。

さらにこの上、三〇年代には、満洲事変による混乱、それに続く松花江の氾濫、一九三四年の大凶作、土地生産力の逓減、ナチスの経済統制によるドイツの輸入制限、中国の高率関税設定、日本における窒素肥料たる硫安の急成長、アメリカ大豆の急拡大という悪条件が重なった。

しかし驚くべきことに、このような状況であったにもかかわらず、満洲大豆は油脂原料植物および飼料植物のなかの相対的優位を拡大することでヨーロッパ輸出の絶対量を維持した。表8-5に示すように、毎年大幅な出入りがあるが、三〇年代にはいってもその水準を維持している。

満洲大豆が本格的な凋落を開始するのは一九三九年九月のナチス・ドイツのポーランド侵攻による第二次世界大戦の勃発以降である。山本（二〇〇三）の表三―四によれば、その後、大豆の輸出は次のように推移する。

表8-5　満洲大豆のヨーロッパ輸出数量
（単位：百万トン）

特産年度	輸出高
1927	1.0
1928	1.5
1929	1.8
1930	1.1
1931	1.5
1932	1.5
1933	1.7
1934	1.6

出典）南満洲鉄道地方部商工課（1936）23頁。

一九三八年　二、一六五千トン
一九三九年　一、七一二千トン
一九四〇年　四五一千トン

ここに満洲大豆とヨーロッパとの結び付きは切断され、その流通範囲は東アジア圏内に縮小する。

戦時体制のなかで農業政策が混乱し、農民は大豆などの商品作物を放棄して高粱などの自家用作物に転換をすすめた。アジア太平洋戦争末期に日本への大豆供給を実現すべく満洲国政府は農村への強力な統制を開始し、巨額の資金投入に助けられつつ相当の買付けに成功するが、輸送がボトルネックとなり、充分な効果を挙げることはできなかった。共産党による政権掌握後、世界経済から完全に離脱した満洲で、大豆は急激に没落し、トウモロコシに完全にとってかわられることになる（安冨　一九九七、第六章）。

満洲大豆の没落後に独占的地位を確保したのはアメリカ大豆であった。満洲の生産が一九三〇年の一九八百万ブッシェルを頂点として、一九四二年に一一一百万ブッシェルに減少したのに対して、同時期にアメリカの生産は、一七百万ブッシェルから一八七百万ブッシェルに拡大し、両者の地位は完全に逆転している。一九六〇年には世界生産の八割をアメリカが占めるようになる。

四　世界の大豆貿易の概観

図8-2〜4は、Burtis（1950）が作成した大豆三品の純輸出入の長期データから主要な国を抽出して作成したも

のである。この表は多種多様の数字を収集して接続したもので、比較的長期にわたる全世界の大豆の流れを示す唯一のものである。しかし、以下に見るようにかなりの脱漏があると考えられるので、この値をそのまま鵜呑みにしてはならない。

まず図8-2aは第一次大戦前の大豆の流れを示す。満洲から二五・六百万ブッシェル、朝鮮から三・四百万ブッシェルが純輸出され、日本（七・九百万ブッシェル）、イギリス（八・三百万ブッシェル）、ドイツ（二・七百万ブッシェル）、デンマーク（一・三百万ブッシェル）が純輸入している。

図8-2bの示す第一次大戦後になると、満洲の輸出量が倍増しており（六八・〇百万ブッシェル）、朝鮮はほとんどかわらず（四・七百万ブッシェル）、新たにわずかながらアメリカ（一・三百万ブッシェル）が出現している。純輸入側は日本（二四・一百万ブッシェル）、ドイツ（二三・一百万ブッシェル）、デンマーク（六・七百万ブッシェル）、イギリス（四・三百万ブッシェル）となっている。輸入側の大きな変化はドイツの急速な台頭である。

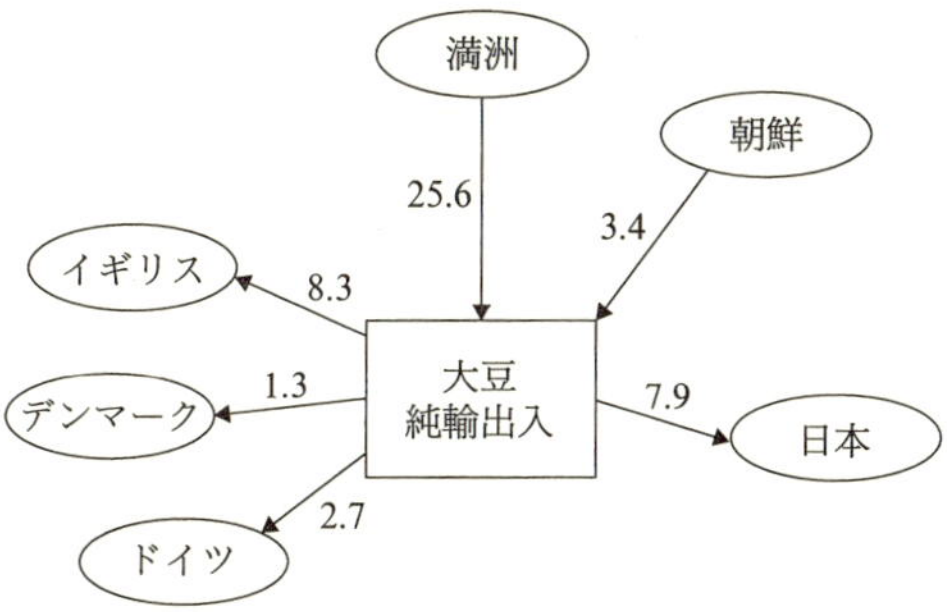

図8-2a　1900–13年平均の大豆の国際的流れ（単位：百万ブッシェル）

出典）Burtis（1950）Table 3より作成。満洲は中国の値を計上。

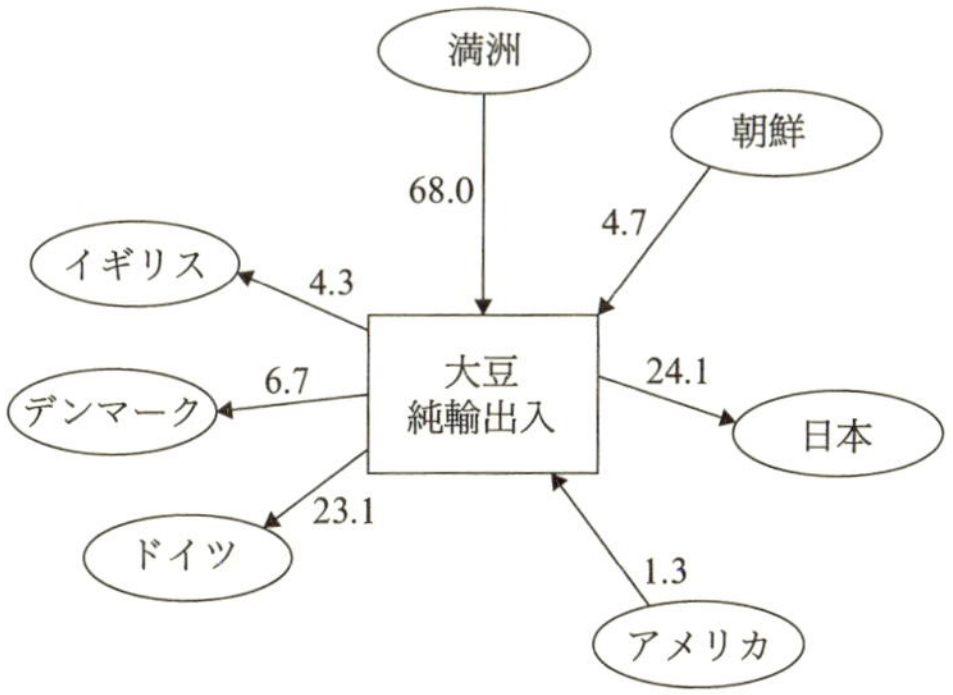

図8-2b　1922–40年平均の大豆の国際的流れ（単位：百万ブッシェル）

出典）Burtis（1950）Table 3より作成。満洲は31年までは中国の値を利用。

表8-6は一九三二〜三四年の満洲国の大豆

表 8-6　満洲国における大豆（黄豆）の国別輸出表

（単位：百万担）

	1932	1933	1934	三カ年平均	比率（%）
ドイツ	10.4	12.2	8.9	10.5	26
エジプト	7.0	8.4	11.3	8.9	22
日　本	5.2	7.1	8.0	6.8	17
ソ　連	7.5	4.0	2.5	4.7	12
中華民国	6.5	1.4	2.0	3.3	8
イギリス	1.3	1.4	3.2	2.0	5
朝　鮮	0.9	1.0	2.6	1.5	4
オランダ領インド	0.8	0.8	0.4	0.7	2
合　計	41.3	38.4	40.4	40.0	100

原註）一，本表ハ満州国外国貿易統計年報ニ拠ル。
二，一担ハ六〇・四八瓩ナリ。
出典）農林省農務局（1936）表十九より，上位八カ国のみ抽出。

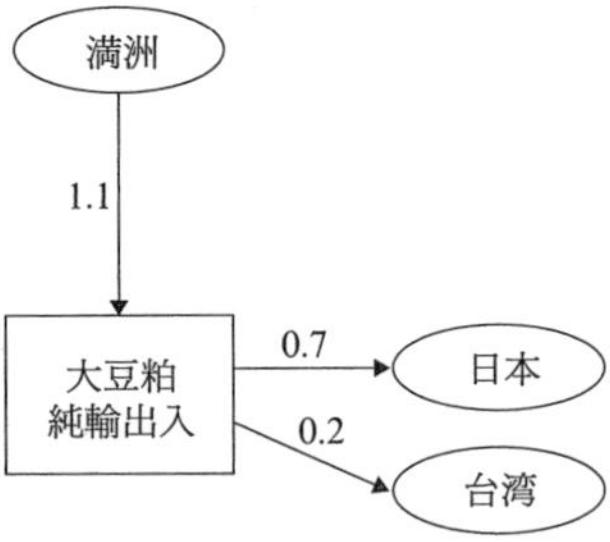

図 8-3　1929-39 年平均の大豆粕の国際的流れ（単位：百万ブッシェル）

出典）Burtis（1950）Table 5 より作成。満洲は 31 年までは中国の値を利用。

がどの国に輸出されたかを示している。この三年間の平均の国別シェアを見ると、上に述べたごとくドイツ（二六%）が最上位を占めており、日本（一七%）が三位となっている。この表の問題は第二位にエジプト（二二%）がはいっていることである。これは大豆積載船がしばしばスエズ運河の港湾都市であるポートサイドを第一目的港として航行し、そこで新たに注文を受けて最終的にヨーロッパ各地に輸出するという慣習があったためである。ソ連（一二%）が多いのも、ウラジオストック経由のヨーロッパ輸出がソ連向けと計上されている部分が多いためかもしれない。従ってこれらのうちかなりの部分をドイツを中心としたヨーロッパ向けと見なければならない（Langenberg 1929, 訳書四七、五三頁）。

Burtis の作成した表では純輸出量の方が純輸入量よりも相当に多く、次に見る大豆油ほどではないにしても、輸出されたはずの満洲大豆の行方不明の部分がかなりある。上の情報から推定するに、図8-2bには次の修正が必要である。まず、ヨーロッパへの輸出は、ポートサイド向けやウラジオストック向けがうまく掬い上げられていない可能性を考えて増額すべきである。また、中国本土への輸出が極めて少なく、これもまた統計の脱漏と見るべきではなかろうか。

図8-3は一九二九〜三九年の大豆粕の流れを示す。これによれば満洲からの輸出一・一百万ブッシェルが日本(七〇万ブッシェル)と台湾(二〇万ブッシェル)に輸出されていることになる。しかし、農林省農務局(一九三六、三ノ二)には、「大豆粕ノ主ナル輸出先ハ日本、中華民国、朝鮮ニシテ日本向輸出ハ総輸出額ノ七割ヲ占ム」とある。Burtisの表では朝鮮の純輸入は少額であり、中国本土は少量の輸出をしていることになっているが、これらもまた統計の不備を示すと見た方がよい。中華民国は満洲国の物品に対して輸入税を課しており、大豆粕には一〇%、普通の大豆油に一五%、精製油には三〇%の従価税が掛けられていた。これに対して日本側が、密貿易を奨励したことが知られており、これが統計にあらわれない輸出と関係があるかもしれない。

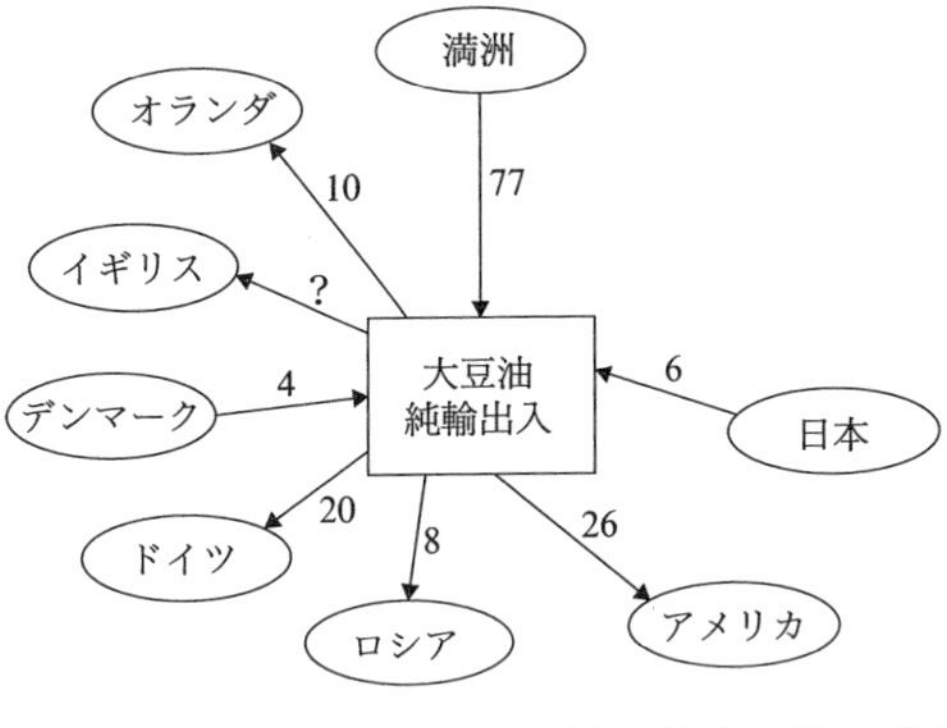

図 8-4a　1900–13 年平均の大豆油の国際的流れ(単位:百万ポンド)

出典) Burtis (1950) Table 4 より作成。満洲は中国の値を計上。

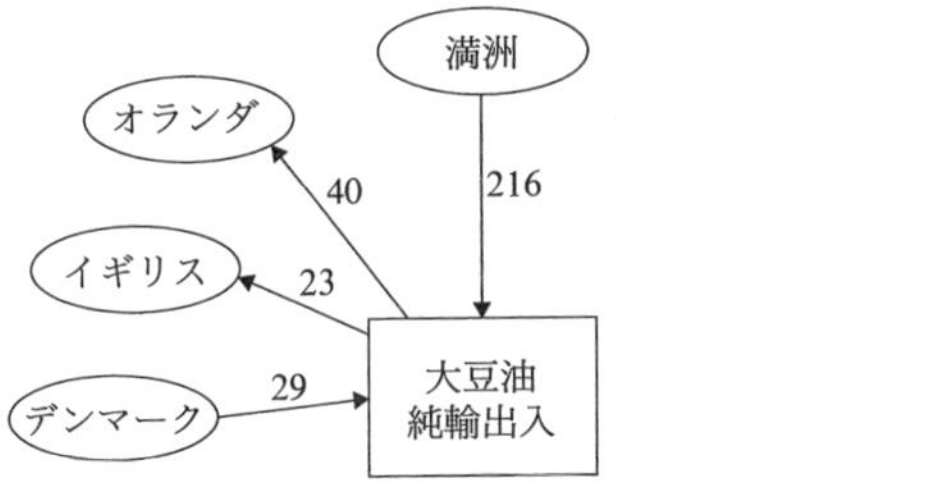

図 8-4b　1922–39 年平均の大豆油の国際的流れ(単位:百万ポンド)

出典) Burtis (1950) Table 4 より作成。満洲は 31 年までは中国の値を利用。

図8-4aは第一次大戦前の大豆油の流れを示す。一九〇〇〜一三年においては、満洲から七七百万ポンドの純輸出があり、満洲大豆から大豆粕を作っ

て飼料とすることを主たる目的とするデンマークが四百万ポンドを純輸出し、日本もまた六百万ポンドを純輸出している。これをアメリカ（二六百万ポンド）、ドイツ（二〇百万ポンド）、オランダ（一〇百万ポンド）、イギリス（データ不詳）などが吸収する構造であった。

一九二二〜三九年の流れを示す図8-4bを見ると、純輸出側は、満洲の二一六百万ポンドとデンマークの二九百万ポンドと数量が大きく増えている。この時期には日本の輸出はさほど伸びておらず、相対的地位が低下したので表示していない。

一方、吸収側はオランダ（四〇百万ポンド）、イギリス（二三百万ポンド）などが目立つだけである。アメリカは大豆の国内生産を急激に増している時期であり、三〇年代末から純輸出に転じる。ドイツも二〇年代後半から三〇年代前半には相当の純輸出を行い、それ以前の純輸入分をキャンセルしてしまったので、この図には表示されていない。

ここに表示されている純輸入の合計は純輸出の合計を遥かに下まわり、満洲から輸出されたはずの大豆油の相当部分が行方不明となっており、統計に大きな問題があることを示している。一つの可能性は既述の、スエズ運河のポートサイド向けに発送された部分がうまく掬い上げられていないことである。また中国本土に対しては、大豆粕と同様、統計に現れない大規模な輸出が行われていた可能性が高い。もしそうであればヨーロッパ向けと中国本土向けの満洲

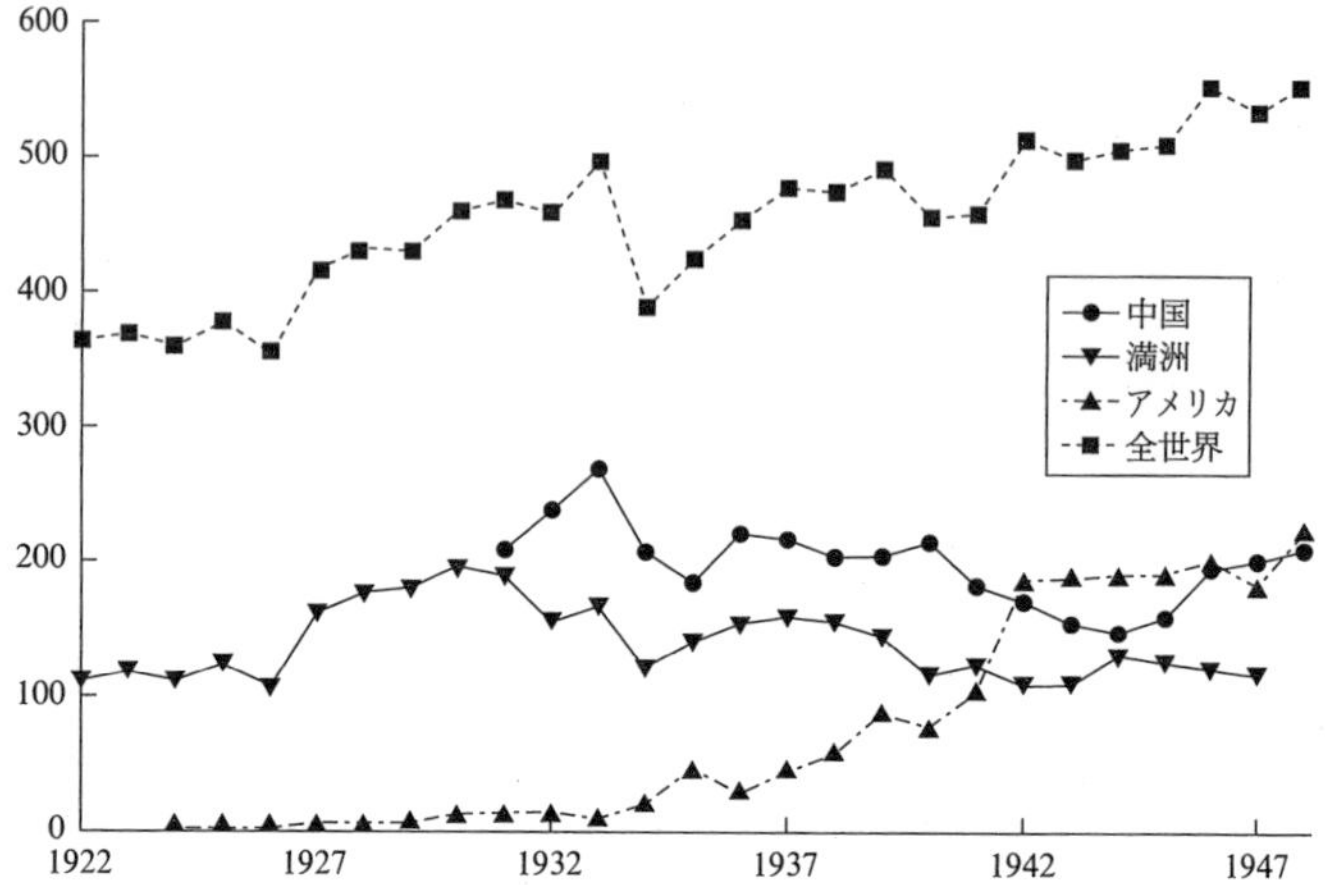

図8-5　主要国の大豆生産量（単位：百万ブッシェル）

出典）Burtis（1950）Table 2より作成。

産大豆油輸出はもっと多いことになる。農林省農務局（一九三六、三ノ二）には、「主ナル輸出先ハ独逸、中華民国及和蘭等トス尚大豆油の輸出ハ国内油房生産高ノ約三分ノ二ニ当ルト推定セラル」とあり、それが実態に近いのであろう。

図8-5はBurtis (1950) の作成した世界全体の生産高についての推計から、満洲、中国本土、アメリカ、世界全体の数値を抜き出して描いたものである。満洲の大豆輸出は相当に正確な統計があるとしても、生産量となるとかなり不正確であることは否めない。中国本土となると、いかなる統計も正確と言うことはできない。しかしそれでも、次のような傾向を見ることは許されよう。

（一）一九二〇年代末を頂点として、満洲の生産が逓減すること

（二）一九三〇年代初めの時点で満洲と中国本土の大豆生産が比較可能な規模であること

（三）一九三〇年代を通じてアメリカが急激に生産を伸ばすこと

（四）世界全体の動向がほとんどこの三地域によって決定されていること

図8-6は、一九〇七年から一九三〇年に限られるものの、満洲からの輸出数量についての現時点で最も信頼しうる推計である。豆

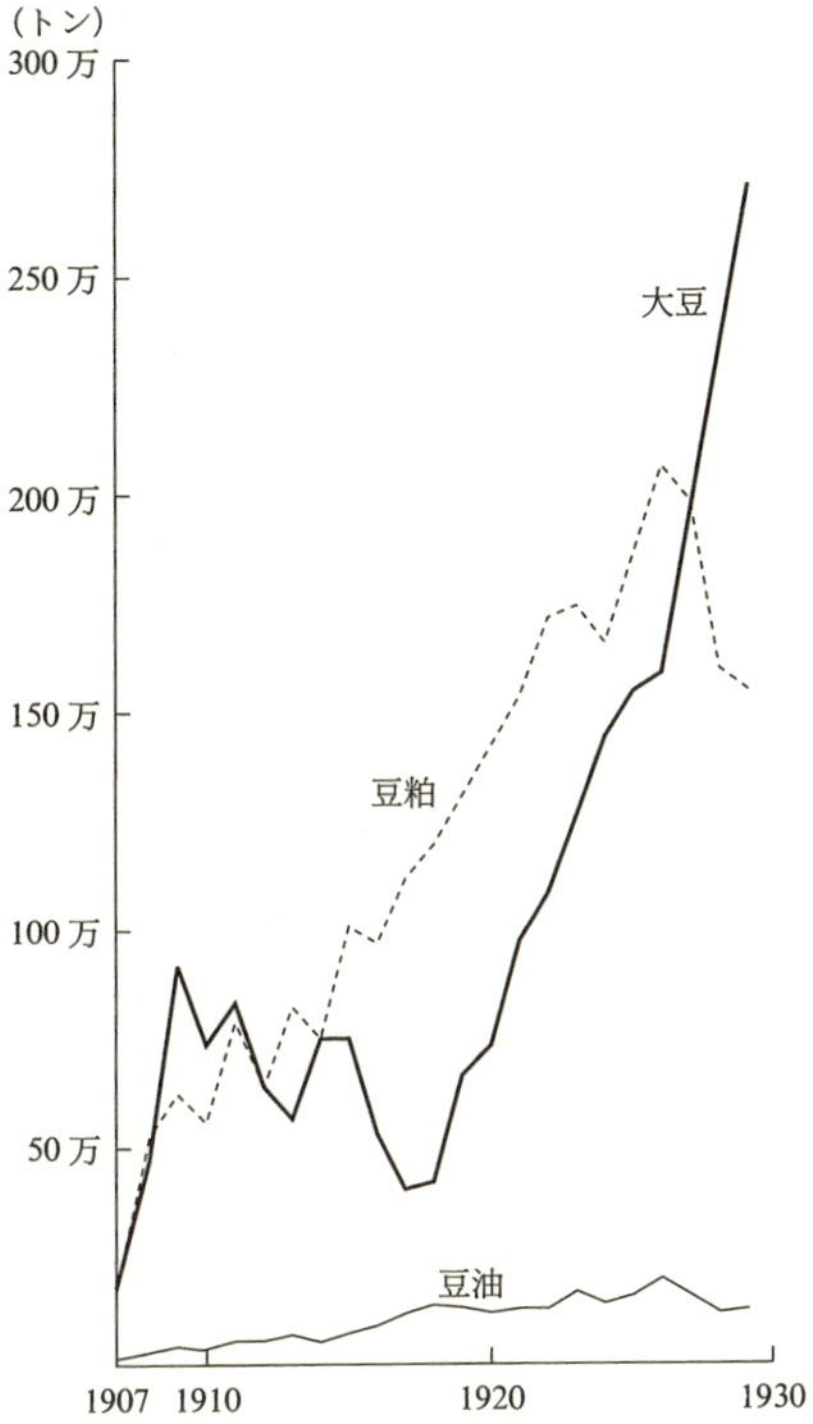

図8-6　東北産大豆三品の輸移出動向

原註）大連，営口，安東，ウラジオストックの合計である。1907〜11年の大豆は「豆類」である。

出典）図8-1に同じ。

油が少ないように見えるが、原料大豆の量はこの数倍になる。大豆粕は大豆油の副産品であるから、両者の動向がだいたい平行しているのは理にかなっている。二〇年代後半から大豆が増加して大豆粕・油が減っているのは、日本の大豆粕使用の減少と搾油工業の拡大とを反映しているのであろう。大豆油を数倍して大豆粕を足し合わせると原料大豆の数量となり、これに大豆を足し合わせたものが満洲から輸出された大豆の総量となる。その数量はほぼ絶え間なく右肩上がりに増加し続けていたことになる。近代「満洲」の成立は、この過程の社会的側面にほかならない。

五　考　察

1　満洲大豆の社会的側面

近代「満洲」社会の成立は、商品作物としての満洲大豆の成立過程でもある。まず漕運というシステムの副産物として華中の木綿の商品生産が満洲大豆と結びつけられた。この流れが華北からの移民を刺激した。アロー号戦争の結果である営口の開港と汽船による大豆の運搬の開始により、満洲大豆の流れが変化し、華南の甘蔗畑へと投入されるようになった。さらに日清戦争を契機としてこの流れは日本の水田へとかかわり、さらに日露戦争後にヨーロッパの搾油原料・家畜飼料となる太い流れができた。この流れは第二次世界大戦の勃発で途絶え、それと同時に満洲大豆も崩壊し始める。

国際商品としての満洲大豆の歴史は、日清戦争に始まり第二次世界大戦で終わる。この過程は東アジアにおける帝国日本の盛衰と見事なまでに一致する。南満洲鉄道は鉄道運賃収入の四分の三程度が利益になるという、異常な高収益率を享受しつづけたが、それを支えたものは満洲大豆の国際商品化にほかならない（安冨　一九九七、第五章)。また、日本が国内の農業生産性を急激に上昇させることに成功した一因は、満洲の大地の森林や草原を切り開いて栽培された大豆の粕を水田に投入したことにあった。

大豆は二〇世紀の初頭以来、百年にわたって急激に成長しつづけ、現在でも急速に作付面積を伸ばしている作物である。この特異な作物の生み出す全世界への影響はとてつもなく大きかった。満洲の人口爆発・森林の消滅・県城経済システムの出現・張作霖政権の成立・満洲国の出現といった諸現象も、大豆のつくりだす構造変動のなかで生じていた。

強調すべきは、このような構造変動の「原因」が大豆にあるわけではない、という点である。大豆は満洲社会にとっての純粋の外生的要因ではなかった。既に見たように、中国本土は満洲と同程度の大豆を生産していた。特に重要な生産地は山東省と江蘇省である。これらの省が大豆生産に特化して、満洲に対抗する水準の輸出をすることは、自然条件だけを考えれば不可能なことではなかった。

しかし実際には、これらの省の大豆は国際商品にならなかった。それどころか、これらの省の大豆は、県外に移出されることすら稀であった。山東省では大豆生産を行っている一〇八県のうち、五八県では県外への移出がなく、移出量が生産量の半分以上を占める県は一〇県しかなかった。江蘇省では主要な大豆生産県は五七県であるが、そのうち県内で大豆を自給できない県が一一県あり、一八県では移出余力がなかった。移出余力のある二八県のうち、生産量の半分以上を移出する県はわずか一六県であった(雷　一九八一、一九八〜一九五頁)。

山東の移民が多くを占める満洲で生産された大豆が遠くヨーロッパにまで輸出されたのに対して、山東の大豆の多くが県内で消費されたという事実から、満洲大豆の特異性はその生産量よりむしろ、その強い商品生産性にあることが確認できる。第11章で論じるように、山東ではタバコや落花生などの商品性の高い作物も栽培されていたが、それらは輸送ルートの周辺に限定されており、経済構造の全面的な変革は生じなかった。

中国本土と満洲の違いは、社会的側面に求めるのが正当であろう。鉄道・馬車・県城経済・独自の通貨金融機構・強力な政権などが大豆の商品化率の高さに貢献したことは間違いない。とはいえこういった事情の方に、満洲大豆の成長の「原因」を求めても意味がない。これらの社会的要因もまた、大豆の国際商品化によって成長したものだからである。

たとえば満洲の最初の鉄道は大豆の国際商品化以前に建設されたが、それが急速に充実したのは、大豆の生み出す利益のおかげであった。第3章で見たような馬車輸送システムは鉄道の形成によって急速に発展したが、その馬車輸送システムが大豆を鉄道に集める上で重要な役割を果たし、鉄道の発展をもたらした。

第5章で論じた「県城経済」システムは、大豆輸出を軸に形成されるとともに、農民を大豆の商品生産に傾斜させる上で大きな役割を果たした。張作霖政権の影響下にある官銀号が自ら糧桟を経営し、通貨を大量発行して大豆買い付けのための金融を支えるシステムは、大豆の生産と流通を促進した（安冨　一九九七、第一章）。逆に大豆の生産と流通の拡大が官銀号と張政権に莫大な利益をもたらしてその資金力と政治力を大幅に高めた。この結果として、次章で見るような、張政権の勢力伸張が実現した。張政権の勢力伸張は地方政治の奉天依存を高め、それが県城経済を基盤とした、一極集中型の経済機構の成立を助長したのである。また、第10章が示すような奉天商人社会の構造変化は、以上の政治的過程の帰結でもあり、またこれが張政権の支配の実効性を高めることになった。こういった変化が全体として、県城商人の郷村部への支配力の向上に貢献し、これがさらなる大豆作付・買い付け・輸出を可能とした。

このように、近代「満洲」社会を成立させた諸要因と、大豆の国際商品化は相互強化の関係にあった。こうして形成されたスパイラルが急激な構造変化と経済発展を実現し、第1章で示したように、満洲の大地を破壊したのである。一九世紀の終わりの段階で、多数の虎や豹の跋扈するような豊かな生態系を持っていたこの地は、二〇世紀の幕開けとともに急激に破壊され、どこまでも続く大豆・高粱・トウモロコシ畑に真っ赤な太陽の沈む、単調な景観の「満洲」へと転じた。この破壊の過程そのものが近代「満洲」社会の展開過程であり、そこでは大豆の輸出を軸として県城経済システムが形成され、それと相互促進的に張作霖政権を生み出す政治空間が成立したものと考えられる。

2　経済過程と政治過程との界面

本章の残りの部分では、続く二章への導入の意味を含めて、経済過程と政治過程との界面に関わる事項について若干の議論を補足しておきたい。言及するテーマは、営口の経済的機能と、奉天の政治的機能である(2)。

第9章（松重論文）が対象とする営口は、一八六〇年の天津条約にもとづいて「牛荘」の名で開港された。牛荘は営口よりも遼河の上流にある港であるが、ここは土砂のために浅くなっており、貿易港としての機能を既に失っていたためである。これは、第3章で述べた官牧廠の丈放が公式に行われるより前に、遼河周辺の環境破壊が相当程度進んでいたことを暗示している。

営口はジャンクを中心とする対中国本土貿易の中軸港であり、これは満洲国期に入っても依然としてそうであった。本章で論じたように、満洲は大豆を輸出して雑貨を輸入するという貿易構造を一貫して持っていた。しかし、日清戦争以降に日本、ついでヨーロッパへの大豆輸出が急拡大し、これは主として大連とウラジオストックとを経由した。

この輸出が拡大すればするほど、中国本土からの雑貨の輸入が拡大する構造にあったため、営口は経常的に貿易赤字を計上し続けた。このため、営口には上海への強い送金圧力が常時掛かっており、現銀が必然的に欠乏していた。この赤字部分は、大連・ウラジオからの大豆輸出で獲得した資金で決済されるが、それには営口と大連と上海とを結ぶ為替上の精妙な操作を必要とした。

この現銀不足構造のもとで、膨大な取引を実行する役割を担ったのが、「大屋子《ダーウーズ》」とよばれる貿易仲介業者と、それと連携する「銀炉」とよばれる金融業者である。中国本土・日本・欧米から営口に雑貨を運び込む貿易商は、満洲各地から来る商人に売却することになる。両者は商慣習も規模も大きく異なっており、信用の確認、売掛、延取引、金融などの業務が煩雑かつ危険であった。ここに営口に居を構える大規模な仲介業者たる大屋子の活動基盤があった。

大屋子は、文字通り大きな屋敷を構えており、各地からやってくる貿易業者・商人に宿泊施設を提供し、倉庫を設けて貨物を保管した。その上で顧客の貨物を自己の名義で売買し、貨物運搬業務を行い、税金の納入立替を行った。さらには資金を必要とするときには金融業務も展開した。こうして顧客の貨物の販売代金から各種手数料・利子を差し引いて利益を上げていた。大屋子の取り扱う輸入品は、綿糸布・雑貨・洋雑貨・茶・漢方薬・顔料をはじめとする多種多様な商品であった。

営口を通過する膨大な商品の売買を仲介するには、大きな資金が必要である。この資金を大屋子に提供したのが「銀炉」である。営口の金融決済システムの第一の条件は、既述の現銀不足であるが、それ以外に、満洲各地の商人が営口と深い関係を持っていたという条件がある。

これは、満洲が当初から中国本土との深い関係の上に経済を発展させていたことと関係する。満洲には中国本土から年々多数の移民が資金を携えて流入し、多くの生活雑貨が運び込まれ、かわりに大豆をはじめとする穀物が移出された。この対外的循環が満洲経済の主軸であり、内部的循環は相対的に弱かった。このため、満洲各地は、中国本土、後には外国との交易に強く依存する外向的性格を帯びており、それゆえ多くの物資の通過点である営口と必然的に深く結びついていたのである。

この二つの条件から営口では現銀を用いない「過炉銀」と呼ばれる口座決済通貨が発達した。これは顧客が銀炉に預けている資金の口座残高それ自体が、流通貨幣となる慣習である。たとえば蓋平の商人と鉄嶺の商人とが商品を売買したときに、その決済を営口の銀炉にある両者の口座残高を振替えることで決済する仕組みである。

中国に一般的に見られたように、銀は各地で違う品位・量目の銀錠として鋳造されたので、営口でも他地域から来た銀を「営平」に改鋳する銀炉が発達した。やがて改鋳のために銀を預けた際に銀炉の発行する預り証が、そのまま決済に利用されるようになったのが、過炉銀の発祥と考えられる。そこから銀炉の中心業務も、銀錠の改鋳から、銀錠の預かりとこれに基づく振替決済に移行し、純然たる金融機関となった。同様の制度は、錦州、長春、吉林、蓋平その他の都市でも行われていたが、営口が満洲随一の対中貿易の中心地であった関係で、過炉銀が満洲全体の決済を担うようになったものと推定される。

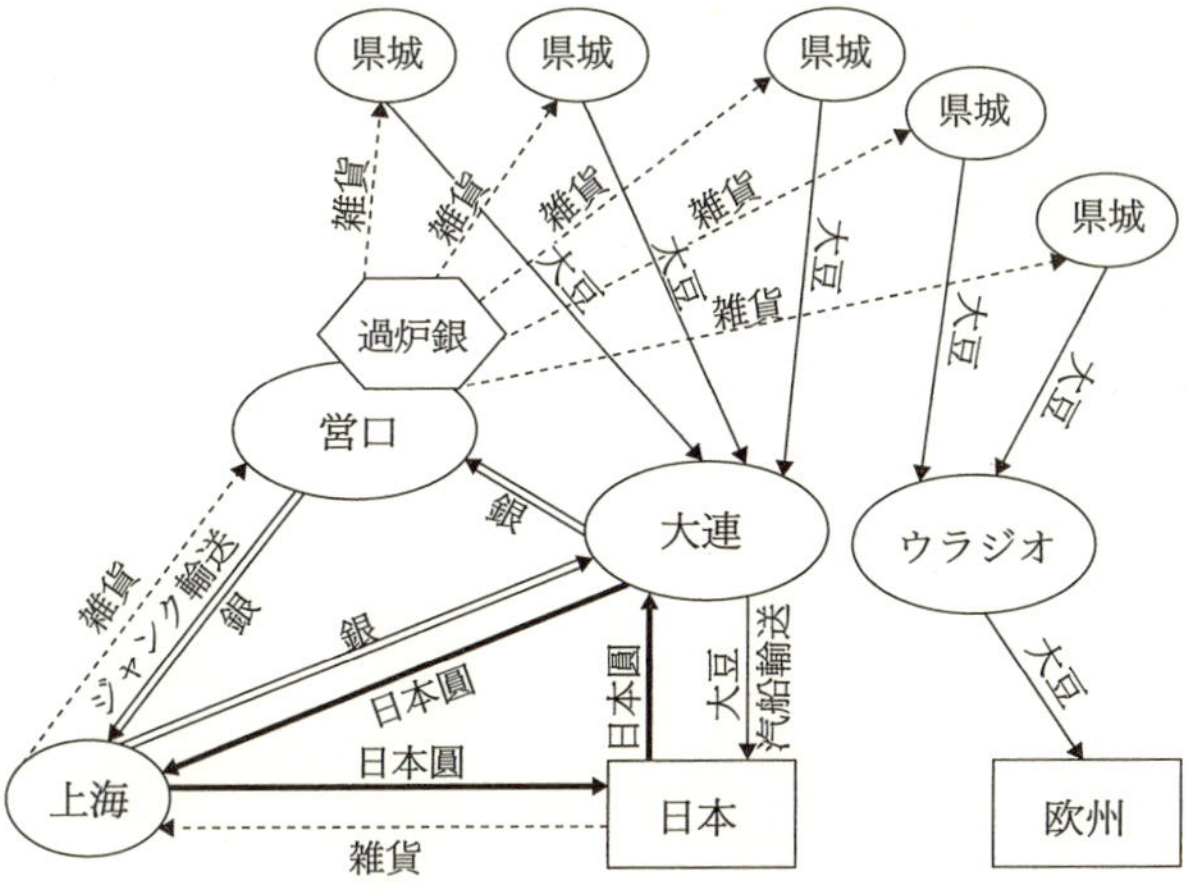

図 8-7　営口をめぐる物資・資金の流れの概念図

顧客が過炉銀の残高をいくら持っていても、銀炉から現銀を引き出すことは大きく制約されていたが、それは大きな問題とはならなかった。というのも営口では、現銀を持っていてもすぐに上海への決済資金として流出してしまう構造になっていたので、上海向けの為替資金が過炉銀の「準備」となっていたからである。過炉銀の残高で、上海向けに送金ができるなら、誰も文句は言わないのである。満洲全体が輸出によって獲得する資金を適切に操作して、上海で資金を調達する能力が、銀炉の活動を支えていたことになる。

図8-7は以上の関係の概念図である。基点を上海にとって考えてみよう。上海からは営口にジャンクで雑貨が輸出される。その雑貨は営口を通じて満洲各地の県城に送られる。農村から大豆を馬車に積んで県城に現れた農民は、大豆と引き換えに雑貨を購入して戻っていく。その大豆は鉄道経由で大連・ウラジオに送られ、そこから日本と欧州とに輸出される。

大連から輸出された大豆と引き換えに日本圓資金が得られる。問題はこの日本圓資金（実際には朝鮮銀行券資金）でどうやって大豆を購入するか、である。満洲の農民（および彼らから大豆を買い付ける県城商人）に日本圓を払っても誰も受け取らないので、これを現地で通用する通貨に交換する必要がある。このとき、重要な役割を果たすのが、営口の過炉銀である。というのも、営口は満洲各地の商人と取引があり、過炉銀資金があれば、それによって各地の商人への支払いが可能となるからである。

そこで大連の日本圓資金を営口の過炉銀資金に転換すればよいのだが、そのためには上海の銀資金を入手すればよい。というのも、営口は上海から輸入する雑貨の決済資金を必要としているからである。かくて大連の日本圓資金は、上海の銀資金と交換される。というのも、上海は日本から雑貨を輸入しており、その決済資金として日本圓を必要としているからである。

こうして大連の日本圓資金は、上海の銀資金と交換され、これが営口の過炉銀資金に転換される。上海の銀資金を入手した営口は、それで雑貨の支払いを済ませ、日本圓資金を入手した上海は、それで日本からの雑貨の支払いを済ませる。かくして上海・大連・営口を結ぶ銀の三角取引と、上海・日本・大連とを結ぶ日本圓の三角取引とが同時に回転することで、全ての支払い関係を解決することができる。おそらくはウラジオもまた同様の決済機構を持っていたはずであるが、研究が進展しておらず、はっきりしたことはわからない。

さて、図8-7を見ればわかるように、銀の三角形と日本圓の三角形とが順調に回転する限り、過炉銀は安泰である。逆に、この複雑な操作のどこかで問題が生じると、過炉銀システムはあえなく崩壊する運命にあった。

実際、営口過炉銀は、頻繁に動揺をきたした。一八九四年の日清戦争勃発、一九〇〇年の義和団事変とロシア軍の占領、一九〇四年の日露戦争勃発、一九〇七年の日露戦後恐慌の際の「東盛和」の破綻、一九一一年の辛亥革命と、数年に一度はパニックが生じた。そのたびに様々の取り決めや制度的手当てが行われたが、その構造的不安定性は解消されなかった。

一九一八年末には、営口の有力金融機関「西義順」が倒産する。その背景には、(一)第一次世界大戦の影響、(二)アメリカによる中国人船員に対する差別的政策により太平洋航路で生じた大混乱、(三)朝鮮銀行が満洲で惹起した土地バブルの崩壊、などがかかわっていたものと想像される。

この事件は、それ以前のパニックと多少様相を異にしている。というのも、この事件をきっかけとして張政権が営口における影響力を大幅に拡大し、過炉銀システムを「匯兌券」決済に置き換えていったからである。これは過炉銀の終焉の始まりであった。この終焉過程は、本書のテーマである近代「満洲」社会の成立と密接に関係している。第9章はこの過程に注目することで、県城経済システムの形成が、張政権による地方支配の確立と密接に関係することを示す。

張作霖政権の営口への介入は、三井物産を中心とした日本側への対抗という要素を含みながら実行された。具体的には営口総商会の人事への威嚇を用いた介入、その活動への許認可権の確立、軍隊を用いた省中央による現地警察制度への統制強化、という形で展開した。このような統制体制の確立により、営口の決済機構を東三省官銀号の紙幣「匯兌券」とその金融力を主軸とする形で再編することに成功している。

東三省官銀号は、奉天の主要糧桟の聯号関係にある各地の主要糧桟の店内に支店を設けるという形で、奉天省内に広く支店を展開する。これが匯兌券による奉天省通貨の統一に結実してゆく。同時期に張作霖政権は満洲全土に対して私帖の発行の禁止を発令し、それが相当の効果を持ったとされている。この事実は、営口でなされたような県城有力者への統制と張作霖体制へのとりこみが、各地の県城でも実行されたことを示唆している。その際には、警察制度の統制強化や、抵抗運動の弾圧のような暴力の使用を伴っていたものと想像される。このようにして、県城経済の形成と張作霖政権の成立とは、相互促進する関係にあったと考える。

一九一六年に成立し、一九三一年の満洲事変まで、一五年間にわたってこの地を支配した張政権は、「満洲」の成立過程の政治的側面が実体化したものと言うことができよう。張政権は、関内の諸政権に比べて、いくつかの特徴を持っている。第一に張作霖をはじめ、有力者に多数の元馬賊が含まれている点である。関内の軍閥の指導者は、科挙の合格者であったり、少なくとも、各地の武備学堂を卒業するなど、ある程度の教育を受けていた。辛亥革命後の混乱期でさえ、満洲以外では、全くの無学者が最高権力者となることは、稀であった。

第二に、張政権の地域掌握力が相対的に高かったことである。それはたとえば貨幣の側面に強く表れている。当時の中国ではどの地域でも、民間の発行する紙幣が広く流通していた。満洲も二〇世紀初頭の時点ではその通りであったが、張政権の成立後に急速に回収され、省政府系の銀行の発行する紙幣に代替されていった（第6章参照）。このような通貨統合に成功した軍閥政権は他にはない。これは、同政権の経済界への浸透ぶりにも現れている。

第三に、この政権の軍事力が相対的に高かったことである。この軍事力を背景として張作霖は、北京の政争に参入し、一九二六年には北京政府を手中に収めるほどであった。これは張作霖が日本軍によって爆殺され、息子の張学良が政権を継いだ後にも言えることであり、中原大戦の際には、張学良が蔣介石を支持したことで、一気に決着が付くほどであった。

こういった張政権の特徴は、上記のシステムの形成と、具体的にどのように関連しているのであろうか。この問題を問うための第一歩として、第10章（上田論文）は大豆流通システムの様相と、奉天経済界の勢力分布の変遷とに注目する。この章の前半部分は、満洲大豆の地方での流通過程を確認する。その上で後半で奉天の商会に対する地方政府の影響力の変遷を丹念に描き出す。

ここで上田は、二〇年代中盤の張作霖政権の絶頂期には、奉天の旧来の有力商人の独立性が急速に失われていき、それが「権力性商人」にとって替わられる過程にほかならぬことを示す。権力性商人とは上田の造語であるが、張政権に密着する形で「近代的」事業を営む経済人である。この概念の導入により、張政権の性格に新たな光が当てられることとなる。

第9章の扱う時期は一九一八〜一九二〇年であり、第10章が注目するのはその数年後の一九二四〜三一年である。前者が張政権の確立期であるのに対して、後者はその最盛期に当たる。営口と奉天と、扱う地域も異なっているが、両者を接続して見ることで、張政権のあり方と、社会経済システムの変遷との相互関係が、我々にも垣間見えるようになるであろう。本章で論じた満洲大豆の国際商品化過程もまた、この政治的過程と相互促進の関係にあったものと考える。(3)

注

(1)　本章は北海道大学のデイビッド・ウルフ教授との国際商品としての大豆の歴史に関する共同研究に負っている。より長期的な視野による議論は、ウルフ・安冨による共著論文を用意しており、そちらを参照されたい。なお、本稿脱稿後に岡部牧夫「「大豆経済」の形成と衰退」（岡部牧夫編『南満洲鉄道会社の研究』日本経済評論社、二〇〇八年、第1章所収）が出た。本章と別角度からの優れた概観である。

(2)　以下の部分は、主として石田（一九六四、第十三章）および安冨（一九九七、序章）に依拠している。

(3)　本書の校正作業を行っていた二〇〇九年五月に、山本進『環渤海交易圏の形成と変容―清末民国期華北・東北の市場構造―』が東方書店から刊行された。この本は、華北の綿製品と東北の雑穀とが交換される緩い交易圏が清末に成立しており、それが世界経済との接続の中で分断され、前者は綿花を、後者は大豆を海外に輸出するように再編されていった、という基本的視角に基づき、地方志や档案などのいわゆる漢文資料を、近代に作成された日本語の各種資料と合わせて解読したものである。その資料の博捜ぶりは注目に値し、満洲における「東銭」「京銭」などの短陌慣行や、県を越えて流通する私帖の存在など、我々の知らなかった重要な情報をいくつも提供している。

しかし山本の著作は、文献資料や先行研究の解釈と議論のし方に少なからぬ問題がある。たとえば、安冨歩や黒田明伸の著作を、歪めて解読し、不正確に取り扱っている箇所がある。具体例を挙げると、黒田は中国社会のネットワーク性を重視し、漢口などの開港場もある種の結節点に過ぎないと考える。ところが山本はその黒田の議論を自らの「開港場経済圏」の支柱として援用する。しかし黒田の主張は「経済圏」というような見方を否定するものであり、それを「経済圏」を措定する山本の主張に援用するのは矛盾である。

さらに、石田興平の業績の取り扱いには深刻な問題がある。本書で繰り返し示したように、石田は満洲の物資と貨幣の流通とに関する独創的成果を挙げた。この石田の貢献を知る者が見れば、山本の第六章の図六は、その焼き直しであることが一目瞭然である。ところが山本はこの図にも、それを巡る議論にも、石田の名前を挙げていない。これは研究者としての倫理に反する行為と言わざるを得ず、山本の議論の信憑性を大きく傷つけている。

同書には本書と関係する重要な情報が含まれているのであるが、以上のような理由でそこに含まれる情報の当否を検討する必要を感じたため、本書に無理に反映させることはしなかった。山本の著作に関する詳細な議論は、安冨が別稿を用意しているので、そちらを参照されたい。

文献

〈日本語文献〉

足立啓二　一九七八「大豆粕流通と清代の商業的農業」『東洋史研究』第三七巻第三号、三五～六三頁。
石田興平　一九六四『満洲における植民地経済の史的展開』ミネルヴァ書房。
風間秀人　一九九三『満州民族資本の研究』緑陰書房。
加藤繁　一九四八「満洲に於ける大豆豆餅生産の由来に就いて」『東洋農業経済史研究』昭和二三年五月（再録、加藤繁『支那経済史考証 下巻』東洋文庫、一九五二年、六八八～六九九頁）。
金子文夫　一九九一『対満州投資の研究』近藤出版社。
菊池一徳　一九九四『大豆産業の歩み』株式会社光琳。
木谷一彦　一九三二「大豆の上に育つた満洲の金融を語る（一）」『ダイヤモンド』第二〇巻第二七号、三三頁。
駒井徳三　一九一二『満洲大豆論』カメラ会（東北帝国大学農科大学内）。
朝鮮殖産銀行調査課　一九二四『朝鮮ノ大豆』（朝鮮商品誌 第二篇）。
塚瀬進　二〇〇五「中国東北地域における大豆取引の動向と三井物産」江夏由樹・中見立夫・西村成雄・山本有造編『近代中国東北地域史研究の新視角』山川出版社。
中西聡　一九九八『近世・近代日本の市場構造―「松前鯡」肥料取引の研究―』東京大学出版会。
農林省農務局　一九三六『大豆ニ関スル調査』。
平野茂之編　一九四三『日本肥料沿革史』「日本肥料沿革史」編纂部。
星斌夫　一九五二「清代漕運の運営について」『史学雑誌』第六五巻第一〇号、九〇七～九三三頁。
増野実　一九四二『世界の大豆と工業』河出書房。
南満洲鉄道経済調査会編　一九三五『満洲大豆工業方策』（立案調査書類第六編第十四巻）。
南満洲鉄道地方部商工課編　一九三六『欧州市場に於ける満洲大豆の地位』（永田久次郎報告、倫敦駐在員調査報告）。

南満洲鉄道哈爾賓事務所調査課　一九二五『東支鐵道貨物運賃研究』（鈴木三郎著；哈調資料第四八號）。
満洲経済実態研究班　一九四一『満洲大豆の研究』（建国大学研究院 研究期報 第一輯）、満洲帝国協和会建国大学分会出版部。
安冨歩　一九九七『「満洲国」の金融』創文社。
山口廸子　一九五八「清代の漕運と船商」『東洋史研究』第一七巻第二号、五六〜七一頁。
山本有造　二〇〇三『「満洲国」経済史研究』名古屋大学出版会。
吉井甫　一九五六「肥料をめぐる新局面」東畑精一編『日本農業発達史 第八巻』（第四章）、中央公論社、二〇三〜二七〇頁。

〈英語文献〉

Brown, Lester Russell 1995　*Who will feed China?: Wake-upcall for a small planet*, W. W. Norton, New York.（今村奈良臣訳『だれが中国を養うのか?』ダイヤモンド社、一九九五年）
Burtis, E. L. 1950　"World Soybean Production and Trade", in Markley (1950), pp. 61-108.
Markley, K. S. ed. 1950　*Soybeans and soybean products*, vol. 1, Interscience publishers, New York.
Shaw, Norman 1911　*The Soya Bean*, Tianjin, 1.
Williams, L. F. 1950　"Structure and Genetic Characteristics of the Soybean", in Markley ed. (1950), pp. 111-134.
Wolff, David 1999　*To the Harbin Station: The Liberal Alternative in Russian Manchuria, 1898-1914*, Stanford, CA.
Wolff, David 2005　"From Regional to Global: The 20th Century History of Soy as a Commodity", mimeo.

〈中国語文献〉

雷慧児　一九八一『東北的豆貨貿易（一九〇七〜一九三一年）』国立台湾師範大学歴史研究所専刊（七）。

〈その他の文献〉

Langenberg, Johannes 1929 *Die Bedeutung der Sojabohne in der Weltwirtschaft*, Pinneberg bei Hamburg: A. Beig.（近藤三雄訳『世界経済に於ける大豆の地位』南満洲鉄道調査課、一九三〇年）

第9章　営口

——張政権の地方掌握過程

松重充浩

はじめに

一九一八年一二月二七日、営口屈指の巨商西義順がその発行した過炉銀の取り付けにあい、同二九日には破綻状態となった。これを契機に、一九一九年一月六日に上海規銀一、〇〇〇両に対し二、〇二五両だった過炉銀相場は同三一日には二、五〇〇両に急落した。振替による預金通貨制度的性格を持ち、営口において各種取引の大半に使用され、あたかも通貨同様に流通していた過炉銀の急落により、同地では各種取引が停止し恐慌の様相を呈するに至った。奉天省内のみならず長春、哈爾濱、等の東北（本章における「東北」は、奉天・吉林・黒龍江の三省を指すものとする）各地と取引関係を持っていた西義順の破綻は、営口での恐慌発生のみならず「次テハ各地ニ於テモ可ナリ倒産者可有之斯テ満洲ハ一大恐慌ヲ現出ス可[1]」との予想を惹起させるものだった。しかも、西義順の大口債権者に三井物産が含まれていたため、同事件は、日中間の外交問題となる恐れもあり、事実、在奉天日本総領事赤塚正助は、一九年二月一日早くも遼瀋道道尹栄厚に対し日本側債権者の利益保護を強く求めるに至っていた。ここに、張作霖奉天省政府（以下、張奉政府と略）は、その解決に積極的に乗り出してくることとなる[2]。

筆者は[3]、かつてこの西義順破綻を、従来実証的空白となっていた張奉政府による西義順破綻への諸対応策の解明と[4]、それが当該期の張奉政府および東北地域のいかなる課題と連関するものであったのかという問題関心から検討したことがある。その結果、営口西義順破綻への張奉政府の対応策は、当該期張奉政府により展開されていた、匯兌券の地域内基軸通貨としての浸透政策にリンクし得るものであり、結果として張奉政府による域内統合を推進する方向性を持つものだったことを展望した。しかし、張奉政府による営口地域経済それ自体への対応いかんに関しては十分追究することができなかった。

以上の点をふまえて、本章では、基本的に旧稿の記述を踏襲しながら、当該期奉天省政府公文書（档案）史料を利用することで旧稿の実証的成果を若干ながら補強しつつ[5]、旧稿において残された課題の一端を埋めてゆかんとするものである。それは同時に、従来まったく明らかにされてこなかった張奉政府の地方支配の具体的展開過程の一端を詳かにしつつ、本書第5章で提示された県城経済圏と該当政治権力との相互連関いかんの検討のための素材提供を意図するものでもある。

一　西義順破綻の背景

まず、倒産前の西義順の営口経済に占める位置を確認しておく。西義順は、営口における中国商中屈指の老舗で、一八四〇年代に、同地における内外商の取引の仲介を主要業務とする大屋子として開業していた。従来の研究が明らかにしている通り、営口における輸移出入商取引の大半は大屋子の仲介の下で行われており、大屋子は輸移出入貿易を中核とした同地経済の枢要な地位を占める業種だった。西義順はこの大屋子を中核として、そのサービス業務上必要となる銀炉と油坊を兼営するとともに、これら各業種間での聯号網を拡大し、大連、蓋平、鉄嶺、長春、哈爾濱、孫家台、甜草崗、等々の二十数ヶ所に支店を開設し、その経営を順調に発展させていた。その結果、一九一八年初頭段階では、同店経理が営口商人間に絶大な権威を持つ営口総商会の会長となるとともに（表9-1）、同店傘下の聯号各店（以下、西義順および傘下聯号各店を「義字号」と総称する）中の銀炉の過炉銀発行総額は、営口全過炉銀の発行額の約五割に達するに至っていた（表9-2）。過炉銀が、営口経済の主要決算システムだった

表9-1　営口総商会幹部名簿（1917年）

姓名	年齢	原籍	屋号	職業
（会長）				
李恒春	49	山東省黄県	西義順　◎	機器油坊装卸輪船財東兼経理
（副会長）				
李元良	42	直隷省楽亭県	厚発合　△	機器油坊銀炉発貨行経理
（特別会董）				
姜興基	62	山東省蓬萊県	世昌徳	銀炉兼発貨行経理
王耀三	57	山東省黄県	西義順　◎	機器油坊装卸輪船経理
謝裕昆	50	直隷省天津県	永恵興	銀炉経理
劉紹先	40	直隷省寧河県	英発合　△	銀炉経理
（会董）				
杜錫三	48	直隷省天津県	恒義利　◎	銀炉経理
施雨亭	43	直隷省天津県	志発合　△	銀炉兼発貨行経理
杜鏡泉	45	直隷省寧河県	永同和	寧波雑貨行経理
張禄泉	56	山東省黄県	義順厚　◎	銀炉兼発貨行経理
宋春芳	70	山東省掖県	興茂福	雑貨兼発貨行経理
孫鑑堂	42	山東省蓬萊県	永茂号	銀炉兼発貨行経理
郭　渭	41	浙江省鄞県	日新昌	機器油坊兼装卸輪船経理
張友琴	47	山東省黄県	恒利徳	発行貨物兼山貨桟経理
潘達球	56	広東省南海県	東永茂	器油坊装卸輪船財東兼経理
宗潤軒	47	山東省黄県	永同慶	機器油坊経理
殷乃芳	41	山東省黄県	正祥孚	銀炉経理
張成謨	57	山東省掖県	裕発祥　△	機器油坊装卸輪船経理
楊徳馨	53	山西省太谷県	恵済号	銀炉経理
王建亭	54	山東省黄県	源成東	洋貨経理
孫端甫	55	山東省黄県	東永茂	機器油坊装卸輪船経理
盧宗昉	46	山東省蓬萊県	振昌号	装卸輪船経理
單餘臣	54	山東省黄県	興順魁	機器油坊装卸杉船経理
高永稘	43	奉天省蓋平県	日新昌	機器油坊装卸輪船経理
楊春山	51	直隷省楽亭県	興記桟	雑貨行経理
呂海琛	34	山東省掖県	公順東	寧波雑貨経理
趨煥昌	58	山東省蓬萊県	宏利厚	南貨桟経理
丁宝田	60	奉天省海城県	福有長	雑貨行経理
張福堂	38	山東省蓬萊県	同盛春	雑貨経理
張子玉	62	奉天省蓋平県	福興合	寧波雑貨経理
柳廻壽	50	山東省蓬萊県	萬順魁	茶葉行経理
郝兆勝	50	山東省蓬萊県	義順桟　◎	発貨行経理
侯永清	58	奉天省蓋平県	協盛豊	発貨行経理
徐春宴	58	山東省掖県	興茂桟	雑貨行経理
武正光	51	山西省太谷県	会通綿	銀炉経理
楊有成	47	直隷省灤県	萬興利	発貨行経理
劉科甲	64	山東省蓬萊県	永遠興	寧波雑貨経理
楊福林	63	山東省蓬萊県	興懋長	機器油坊経理
王開臣	55	山東省黄県	和泰昌	雑貨行経理
孫錡年	74	山東省蓬萊県	東益興	雑貨行経理

註）◎が義字号を，△が発字号を示す。

出典）『日本外務省記録』3. 3. 5. 5-4-1「各国商業会議所関係雑件，支那，別冊ノ部」1917年12月6日付在牛荘領事代理より外務大臣宛通公197号公信より作成。

表 9-2　営口主要銀炉別年間過炉銀発行額

（単位：両）

地方閥	店名	発行額	派別合計額
山東派	西義順	8 千万	2 億 5 千万
	義順厚	9 千万	
	恒義利	8 千万	
直隷派	厚発合	4 千万	1 億 1 千万
	英発合	3 千万	
	志発合	4 千万	
広東派	永恵興	2 千万	5 千万
	永茂号	3 千万	
営口全体		約 4 億 5 千万	

出典）『日本外務省記録』3. 4. 3. 78「奉天兌換停止問題一件（営口西義順破産ヲ含ム）」1919 年 2 月 8 日付朝鮮銀行理事より外務省政局長宛書簡より作成。

ことを勘案すれば、その最大発行者たる「義字号」銀炉の中核たる西義順は、営口金融界、さらには同地経済のまさしく中枢を占めていたと言えよう[6]。では、このように、営口経済の中枢を占め、その経営も比較的良好だった西義順が、何故、一八年末に突如取り付けにあい破綻するに至ったのであろうか。以下、その原因を検討することとしたい。

　西義順が取り付けを受ける直接的契機となったのは、同店聯号の恒義利がルーブル投機に失敗し約二百万両の欠損を出したことにあった。一九一七年一一月の所謂「ボリシェヴィキ革命」を契機とした通貨市場におけるルーブル価格の下落と混乱は、同通貨を中国側投機筋の格好の投機対象とさせた。後述する営口貿易の沈滞状況の中、恒義利は、当面の利益確保のためにルーブル投機に手を出し失敗したものと考えられるが、同店発行の過炉銀授受を拒絶しつつ、この投機失敗を「義字号」全体の経営危機を招来するものとして同店に対する取り付けを扇動し、同時に自からその中心となって取り付けを行っていたのが、厚発合を中核とする同店傘下の聯号各店（以下、厚発合および傘下聯号各店を「発字号」と総称する）だった。表9-1、表9-2が示すように「発字号」は、「義字号」に次ぐ営口経済での実力派閥を形成していたが、両者は、山東派（「義字号」）対直隷派（「発字号」）という地域派閥対立という側面を孕みつつ、営口総商会長席の獲得競争に象徴されるように営口経済の主導権をめぐって数年来の競合関係にあった。ここに、厚発合は恒義利のルーブル投機失敗を好機として、中国、交通両銀行の長春分行（以下、分行と略）からの資金援助を受けつつ、営口経済の覇権を握るべく西義順に対し取り付けを開始したのだった。一方、西義順は、一九一八年に入り哈爾濱で油坊、製粉工場を新設し多額の資金を固定化させていたために手持ちの資金を減少させて

表9-3　営口貿易額

（単位：海関両）

年次	輸移入額			輸移出額			総入超額
	汽船	戎克	小計	汽船	戎克	小計	
1910	27,931,812	8,138,639	36,070,451	25,325,776	3,959,209	29,284,985	6,785,466
11	31,491,003	10,240,906	41,731,909	26,722,737	5,948,052	32,670,789	9,061,120
12	27,952,271	6,553,057	34,505,328	22,776,065	4,710,679	27,486,744	7,018,584
13	25,737,706	5,773,293	31,510,999	24,480,087	3,835,693	28,315,780	3,195,219
14	21,350,767	6,373,203	27,723,970	16,217,549	3,437,656	19,655,205	8,068,765
15	20,355,849	6,868,165	27,224,014	20,393,833	4,043,258	24,437,091	2,786,923
16	17,621,377	5,425,804	23,047,181	14,097,490	3,458,008	17,555,498	5,491,683
17	18,231,494	6,842,355	25,073,849	10,813,877	4,470,600	15,284,477	9,789,372
18	20,737,995	8,200,713	28,938,708	9,540,896	5,876,978	15,417,874	13,520,834
19	23,474,838	8,491,703	31,966,541	18,225,449	3,801,581	22,027,030	9,939,511
20	32,293,946	9,600,592	41,894,538	13,994,544	3,886,348	17,880,892	24,013,646
21	36,607,087	8,203,086	44,810,173	20,964,288	3,925,813	24,890,101	19,920,072

出典）高森（1925）476～477・481～482頁より作成。

いた。これに加え同店は、折からの上海金融市場逼迫により同店が商品を購入していた上海各商店から未払い代金の送金要請を受けており、それに応じる上で必要な上海為替購入のためと、特産品出廻り期にあたり特産品買い入れのために通常以上に過炉銀を乱発していたことから、取り付けを支えきれず破綻やむなしに至ることとなった[7]。

では、何故、営口商民は厚発合の扇動に機敏に呼応して取り付けに走ったのであろうか。その背景には営口貿易不振に伴う過炉銀の信用低下傾向があったと考えられる。第一次世界大戦が長期化する中、海運業界は世界的な輸送船舶（汽船）の不足状況による海上輸送運賃の高騰を招いていたが、営口でもこの余波を受け、一九一五年以降、汽船貿易額が減少していた（表9-3）。この状況に追い打ちをかけていたのが、満鉄による特産品の所謂「大連中心主義」策だった。満鉄は、従来からの大豆三品貨切扱特定運賃制度や海港発着特定運賃制度に加え、一九一二年以降混合保管制度の段階的導入や大連重要物産取引所の設立により、特産品のさらなる大連への集中化を図っていた。表9-3において輸移出額の落ち込みが輸移入額のそれより激しくなっている背景にはこの「大連中心主義」策による特産品の営口出廻り量の減少があったと考えられる。しかも、このことは、営口貿易の入超を加速させることを意味していた。営口貿易の入超傾向は、過炉銀の対上海為替価格を下落に導くものだった。これは、過炉銀の主要な流通根拠の一つが上海為替を売買できることにあったことを勘案すれば、過炉銀それ自体の信用低下をもたらすものだった。とりわけ、貿易額の落ち込みと入超がそれまでのピークに達した一八年には夏以来過炉銀の対上海為替相場の低落傾向がより顕著となっていた。ここに、営口において過炉銀信用に対する強い不信、すなわち、厚発合の扇動に営口商民が機敏に呼応して西義順への取り付けに走る要因が醸成されていたと考えられよう(8)。

では張奉政府は、この西義順の破綻に端を発した営口金融の混乱に対し、いかなる意図の下、いかなる善後策を講じていったのであろうか。以下この点を検討することとしたい。

二　張奉政府による西義順負債整理策の展開

営口金融界の混乱に対する善後策は、現地地方官からの各種上申（状況報告、意見具申、請訓）に対し、張奉政府内で本案件の主管となった省長公署政務庁からの回訓を軸に進められた。

西義順の破綻と現地経済の混乱に直面した栄厚は、債権者たちの了解を取り付けつつ、破綻実態調査の遂行と西義順聯号中の優良店舗による営業維持によって当面の事態沈静化を図っていた(9)。

西義順の負債総額は約六百万両だったが（表9-4）、その資産は約五六〇万両あり、同時に哈爾濱には経営良好な製粉工場があったことから、一定の資金的梃子入れがあれば経営を再開・継続できると考えられていた。このため、日中双方の債権者において当初考えられていた整理方法は、西義順への資金的援助を行うことでその経営を維持して負債を徐々にせよ全額返却してゆく方法だった。まず、日本側は、在牛荘日本領事酒匂秀一が、一九一九年二月六日に栄厚との間で、西義順の経営維持と日本側債権者の利益保護の確認、西義順の資産・負債額調査に領事指定人を立会わせること、等を柱とする覚え書きを交換し、同一一日には三井の代表が栄厚と会談し、西義順維持を確認した。他方、中国側一般商民債権者も、彼らの利益を代表していたと考えられる営口総商会幹部が二月一四日に栄厚と会見した際に、奉天省内の中国側銀行からの借款により西義順の経営維持を図ることを求めていた。大口債権を持っていた三井はもとより、三井に比べれば個々の債権額は小さくともその経営規模からすればその債権の回収が重要だったと推察できる中国側一般商民債権者も、債権の目減りすることがないこの方法を希求していたと推察できよう。ここに、二月一八日、栄厚は、日中双方の意向を受ける形で、西義順維持に必要な資金援助を張奉政府から引き出すことを腹案に奉天に出向くこととなった[10]。

表 9-4　日中債権者別債権額

（単位：両）

国名	債権者	債権額
日本	三井物産	約 1,200,000
	東和公司	約 100,000
	その他小口日本関係	約 200,000
中国	東三省官銀号および興業銀行	約 1,100,000
	その他（約 200 名）	約 3,200,000

出典）表 9-2 に同じ。

写真 9-1　横浜正金銀行営口支店

出典）『南満洲写真大観』（1911；復刻版，大空社，2008）。

しかし、事件当初より東三省官銀号を代表とする奉天省政府系銀行の債権回収を最優先させるべきだという指示を出していた張奉政府が[11]栄厚に提示した解決策は、同政府には資金援助を行うだけの余裕がないので、代わって奉天商務総会に匯兌券（奉天票）五二〇万元（内一〇万元は五ヵ年年賦。なお、当時の匯兌券と過炉銀の交換レートは一元＝約〇・八両）で西義順の全財産を買い上げさせて、一般債権者にはその債権額の約三割五分の配当を与える形で債務整理を行うというものだった。同時に、同方針の施行徹底のために奉天省政務庁長史紀常と東三省官銀号総辨劉尚清を営口に派遣することが決定された。張奉政府案は、奉天商務総会が西義順の整理にあたるというものだったが、当時の同会に当面の四百万元さえも融資する力がないことが歴然としていたことを勘案すれば、結局、奉天商務総会は東三省官銀号等の張奉政府統制下の銀行から資金の融資を仰がねばならないことは明らかで、同案の実質は、一般債権者の債権の大半を切り捨てる一方で、張奉政府が西義順の資産を実体価格より低く買い叩くことでその差額益を同政府が独占しようとするものだった[12]。張奉政府は、現地一般債権者の利益を犠牲にして、張奉政府財政の中核機関である奉天省政府系銀行の利益確保を図っていたのである。

この張奉政府案が栄厚により営口総商会に内示されると、同会は、史紀常と劉尚清が営口に到着した一九一九年二月二五日に、日本側債権者を含む約四百名参加の下「負債全体大会」を開催し、奉天省督軍兼省長張作霖に対しあらためて西義順維持のための資金貸与を請願すると同時に、奉天商務総会に対しては西義順をその資産に見合った金額、匯兌券七百万元で買い取るように求めることを決定した。さらに、大会終了後、約三百名が、同要求の受け入れを求めて史紀常と劉尚清が滞在している遼瀋道道尹公署へデモを行い、張奉政府案に対する強い不満を表明し、同案実施は困難な状況となった。日中双方の一般債権者と張奉政府の言わば板挟みとなった栄厚は、酒勾に対して張作霖へ西義順経営維持による問題解決を図るように説得することを日本側から働きかけるよう求める一方で、営口総商会の構成員を主要委員とする「自行整理監事員」二〇名を選出して債権者自身による問題解決案の策定を行わせることとした。三月五日には、自行整理監事員による会議が開かれ、営口総商会がまず一四〇万両の資金を集めそれを西義順に貸し付け、同店の経営回復とともに段階的に負債を返還してゆく方法が決定され栄厚に稟請された。ここで問題となったのが、西義順経営維持資金の言わば「頭金」となる一四〇万両をいかに捻出するかだった。当時の過炉銀下落に伴う金融混乱状況の中、一四〇万両の資金を捻出する余裕のない中国側一般商民債権者は日本側からの資金提供を望んでいた。しかし、日本からの融資は張奉政府の強い意向の下で栄厚の厳禁するところとなっていた。他方、栄厚自身は分行からの融資を計画していたが、これも張奉政府の容れるところとならなかった。このため、結局、自行整理監事員案は実施に移すことができず、三月一〇日に自行整理監事員全員が栄厚に辞表を提出する事態となった。一方、日本側からの資金援助を求めていた中国側債権者百八十余名は、同一二日に栄厚の反対を無視して、連名で三井に対して西義順整理資金融資の請願を行うに至った。[13] これに対し、三井および酒勾は、この機会に中国側一般商民債権者の要請に添って融資を行うことは日本が「満州金融界ニ一大根底ヲ樹立スル事トナリ」[14] との観点から張奉政府の反対を押してでも朝鮮銀行からの融資を行うように日本外務省本省に上申していた。ところが、この上申を受けた日本外務省本省は、中国当局からの直接要請がない限り融資は行わない旨を回答していた。今、日本外務省本省が三井および酒勾の要請を拒むに至った具体的経緯は不明だが、当時の張奉政府の奉天省支配力を勘案して、当面の融資を行うことで同政府の反発を買うより、同政府に一定の支持を与えつつ同政府を通じて利権拡大を図る方が、安定的な利権拡張上有利と判断していたためと考えられる。[15]

この一連の過程において注目すべきことは、栄厚が、奉天省政府系銀行利益の確保を第一目標とすることの厳守を強く迫る張奉政府に対して、主に次の二点を前提に、その現地執行の困難さを粘り強く上申している点である。一つは、今回の張奉政府による奉天省政府系銀行の債権回収を最優先させる強権的行政指導のあり方が、民事不介入の原則を越えた言わば超法規的措置であり、もしそれを強制執行に踏み切ったならば、中国側一般債権者が裁判所に提訴する可能性は十分考えられ、その場合、張奉政府側の合法性を担保し難いという点だった。もう一点は、本件が前述したように法廷闘争に持ち込まれるようなことがあれば、従来から斯様な民事問題を中国側地方審判庁で係争することを忌避している三井を代表とする日本側債権者は、必ずや営口県公署により維持される「華洋訴訟裁判所」に持ち込むものと考えられるが、同裁判所は人手不足などで迅速な審理を進める現状になく、業を煮やした日本側が事実上自らの行政権を行使し得る附属地内にある優良な西義順聯合店の財産差し押さえを行う可能性が高いという点であった。[16] 以上の栄厚の上申からは、張奉政府側意向の執行困難性を提示することで、結果として現地一般債権者の利益に配慮する形での問題解決を図ろうとする意図を読み取ることが可能であろう。と同時に、栄厚が、現地商に対して、省政府から相対的に自立して現地の経済運営を成し得る主体であるとの認識を、別言すれば、現地経済の省レベル内における相対的自立性の高さの認識を持っていたことも読み取れよう。張奉政府にとっては、この相対的自立性を如何に省政府統制下で再編・統合していくのかが、重要な課題となっていたのである。

いずれにせよ、栄厚は、あらためて張奉政府の指導を仰ぐべく奉天に向かい、四月五日に張作霖と会見・協議を行った。その結果、債務整理の方法は、(1)営口有力商より資金を集めて新たに資本金四〇万両の銀炉を開設し「公益銀号」と命名する、(2)公益銀号に「西義順債務清理所」を付設し、西義順債務整理に関する事務を行う、(3)西義順の資産を全負債の七割と見積もった上で、西義順より各債権者に対し債権額の七割に当たる「信用債券」(月利息八厘)と残り三割に当たる「普通債券」(無利子)を発行し前者のみを市場に強制流通させる、(4)義字号の財産全部は公益銀号に交付保管し債券の信用とする、(5)同債券は過炉銀本位とし利子は公益銀号より支払う、(6)西義順は公益銀号の監督の下で営業を再開し、その利益は公益銀号に積み立て、債務総額の十分の一に達するごとに債券(信用債券を先に)を回収してゆくことで債務返還を行う、等を主な内容とする一五条からなる新たな解決策が布告されることとなった。同時に、同布告とは別に、酒勾と栄厚との秘密協議の決定により、三井等の日本側債権に返還優先権を与える旨の保証書が酒勾に提出された。[17] 今回の解決案は、それ以前の奉天省政府系銀行債権回収最優先の奉天省政府強権的主導の解決策に比して、日中の一般債権者の利益と問題の現地解決に配慮した内容となっていることが確認できよう。これにより、「三井ヲ始メ関係邦商ノ大部分ハ義字号破綻ニ因ル直接ノ損害ヲ殆ント全ク免レ得ル」[18] こととなった。この張奉政府案は、西義順の経営を維持させることで破綻前に同店が発行した過炉銀を債券に切り替え、表面上は中国側一般商民債権者の債権額の目減りを防ぐとともに、日本側にも日本側融資の排除と引き替えに債権償還の優先権を与えることで、日中双方の債権者に一応の満足をもって迎えられた。張奉政府が、前案から一転して日中双方の債権者に一定の配慮を示した具体的経緯は現在のところ不明であるが、前述した栄厚の上申に加えて吉林省督軍孟恩遠との対立が顕在化しつつあった当時の状況下、予想される吉林省侵攻のために、日中双方の債権者の意向に添った解決策を打ち出すことで彼等の支持を確保しておく必要と、侵攻に必要な経費捻出のために四〇〇万元に昇る臨時的支出を避ける必要があったことも重要な背景だったと考えられる。いずれにせよ、五月三日に公益銀号の董事と監察員が営口総商会の主要構成員が兼任する形で選出され、同二五日には公益銀号の正式開設となり、西義順も五月上旬より全面営業再開となって、前述の整理方法に添った同問題解決が本格的に開始されることとなった。(19)

ところが、張奉政府による孟恩遠駆逐が一応決着して旧暦九月一日の決算期を前にした一九一九年九月になると、上述した問題解決策がうまく機能していないことが明らかとなって来た。すなわち、八月一六日以前には、上海規銀千両に対し二、一八〇両を越えない水準に復帰し安定を取り戻すかに見えた過炉銀相場がそれ以降約二四九両の急落を見せ、中国側官憲により九月中旬まで相場が停止される事態に至ったのである。これは、西義順の経営が好転しない状況の下、事実上の過炉銀として強制的に市場に放出された債券が、悪貨が良貨を駆逐する形で市場に出廻ったため、かえって過炉銀に対する信用を下落させていたからだと考えられる。いずれにせよ、この状況下で、営口の日英を中心とした各国領事団が、このような過炉銀相場の下落は、条約に保証された外国商の利益を損ねるものとして張奉政府に抗議を提出する事態となった。(20)ここに張奉政府は、西義順整理に関して新たな対応を迫られることとなった。

まず、張奉政府は、このような事態を招いた責任を取らせる形で栄厚を解任し、新たに本問題に関する奉天省公署内主管部署である政務庁の長官だった史紀常を遼瀋道道尹に転出させ、より強い姿勢で事態の改善に臨む姿勢を明確にした。史紀常は、過炉銀の投機的売買を行った者を警察力を動員して摘発・処罰し強圧的に金融市場の統制を行う一方で、張奉政府との協議を重ねた上で過炉銀の維持を目的として九月一六日に「金融維持会」を開設させた。同会規則によれば、同会は営口総商会に付属し、金融市場での投機的活動の厳禁、違反者の密告の奨励等を主要な目的としていた。同会は、会長をはじめその主要構成員に営口総商会の構成員が兼任する形で就任していることから、張奉政府が営口総商会の同地での影響力に依拠しつつ過炉銀相場の安定を図ろうとして設立させたものと考えられる。しかし、過炉銀相場混乱の要因たる西義順債券を市場に放置したままでは、このような過炉銀相場安定策も充分な効果を発揮することができなかった。このため、一一月に入ると、金融維持会および営口総商会は、張奉政府に対して、金融混乱の元凶を市場に流通している西義順の債券であるとした上で、東三省官銀号等の張奉政府系銀行に西義順を接収させることで同店の全債券を張奉政府系銀行券により言わば強制回収することを請願するに至った。ここに張奉政府は、一二月上旬に東三省官銀号、興業銀行、中国・交通両銀行奉天分行に対し、西義順を接管させ、同店の債権を匯兌券で回収せしめ、西義順の整理問題に一応の決着を付けることとなった。紛糾を続けた西義順破綻問題は、張奉政府の全面的介入により終結したのである。その上で、張奉政府は、翌一九二〇年四月には、新たに、銀炉の経営および過炉銀取引の細部にわたって同政府の明確な監督下に置く「銀炉整理条例」を発布した。張奉政府は、営口過炉銀相場安定策の言わば「仕上げ」として、過炉銀発行機関たる銀炉および過炉銀取引そのものに対する指導・監督のよりいっそうの強化を図ったのである。

ここに、西義順破綻に端を発した金融混乱に対する張奉政府による一連の施策は一応終了するとともに、同条例による過炉銀発行の取り締り強化および後述する匯兌券流通額の増大により過炉銀の発行・流通額が減少するに伴いその相場も安定してゆき、一九二一年に入ると営口金融界は相対的安定を取り戻して来ることとなった(21)。

三　西義順破綻処理をめぐる張奉政府側の施策意図

以上の経緯から窺える、西義順破綻処理をめぐる張奉政府側の施策意図としては、いかなるものが想定できるであろうか。

　ここで注目すべき点は、「公益銀号」設立から「金融維持会」、「銀炉整理条例」と続くなかで、張奉政府の現地中国商に対する統制強化が着実に進展している点である。確かに過炉銀は、従前より「官憲ノ干渉若ハ官商協議ノ結果ニヨリ混乱ヲ避クルヲ例[22]」とし、官憲による統制を前提に維持される傾向があったが、その介入を保証する法的根拠は明確ではなく、第一次大戦期以前においては「市中商人ハ帳簿ヲ二重ニシテ秘密ニ相場ヲ立テ[23]」ていることに示されるように、官憲の統制からの相対的な自立性を一定程度確保していた。前述した栄厚の張奉政府案への抵抗的上申の根拠の一つもここにあった。しかし、営口の現地商による言わば自力安定化的要素を含んだ施策の破綻が露呈して以降の「金融維持会」および「銀炉整理条例」の下では、強圧的な統制が遂行され、「今回ノ制限ハ極メテ厳重ニシテ仲買人ニ於容易ニ暗行相場ヲ開始セス[24]」との状況がもたらされていた。「銀炉整理条例」はこの統制強化の流れを制度的に確保してゆくものだったと言えよう。張奉政府は、同条例の制定により、現地の在地有力者層により自治的に運営されてきた過炉銀に対する統制を、初めて合法的かつ制度的に遂行することが可能となったのである。このことは、張奉政府による一連の施策の直接的意図が、金融的混乱の収束を省政府による現地経済の統制・掌握を通じて実現することにあったことを示していよう。

　では、張奉政府をして営口経済への統制強化を必然化させる要因はいかなるものだったのであろうか。まず注目すべき点が、当該期張奉政策により精力的かつ強権的に展開されていた、奉天省財政・金融の安定化に不可欠な匯兌券流通拡大と価値の安定化の環境形成策である。

当時の張奉政府は、その主要政策課題の一つだった財政・金融安定策の柱として匯兌券を発行していた。同券の流通拡大・信用確保を図る上で、小洋票、就中、分行がそれぞれ「吉黒」「長春」と押印して発行していた小洋票（以下「吉黒・長」とする）の排除は、「各商店及銭荘等カ当該銀行（分行を指す——引用者）ヨリ該紙幣（「吉黒・長」を指す——引用者）ノ低利貸出ヲ受ケテ以テ外国貨物ヲ購入シ又日本貨幣ト取換ヘ置キテ現銀及北京ノ中交両銀行発行ノ大洋票ヲ購入スルノ具ニ供シオルガ為ニ現銀金貨北京大洋ノ高騰ヲ来タシ奉天票（匯兌券を指す——引用者）ヲシテ徒ニ低落ノ悲境ニ陥ラシメツツアル」[25]当時の事態の中で張奉政府にとって極めて重要な課題となっていた。この匯兌券の東北地域内における基軸通貨化追求政策は、輸出入商品に対して排他的に購買力を持つ通貨の供給調整を通じて財政的安定を創出せんとする所謂「官帖インフレーション」的手法をとることとなる張奉政府にとって[26]、単に地域社会の安定化による支配の正当性確保のみならず、自らの財政基盤確立においても重要な課題となるものでもあった。ここに、張奉政府は旧稿で示した諸施策を展開してゆくこととなる。

営口においても、「吉黒・長」の授受の厳禁が布告されていたし、一九一九年三月上旬に張奉政府が日本からの融資および栄厚の分行からの融資案を許可しなかったのも匯兌券の流通拡大・信用確保の上で障害となる他通貨を排除する為だったと考えられる。ところで、営口における「吉黒・長」の排除には、過炉銀の決算システムへの介入が不可避となるものだった。なぜなら、当該期の過炉銀においては、小洋票、就中、営口にあってもっとも多く流通していた「吉黒・長」が主な決算通貨として使用されており[27]、換言すれば、営口における「吉黒・長」は、同地の主要取り引きシステムだった過炉銀と癒着することで同地における流通基盤をより確固たるものとしていたからである。厚発合が取り付けにあたって分行より融資を受けていたのもこのためだった。このことは、張奉政府が営口における「吉黒・長」の排除と匯兌券の流通拡大・信用確保を図るためには、従来の商業慣行を強制的に変更させることで「吉黒・長」を過炉銀決算通貨から排除し、代わって匯兌券を決算通貨に据え置くか、あるいは、銀炉に代わって張奉政府統制下の銀行から匯兌券をもってそれまでの銀炉同様の十二分な貸し付けを営口商民に対して行うかのどちらかが必要だったことを示していよう。そして、そのどちらにおいても、過炉銀発行主体たる銀炉の活動および過炉銀システムそのものを自己の統制下に置くことが肝要な課題となるものだった。ここに、匯兌券による債券回収策と銀炉活動への統制を主眼とする「銀炉整理条例」発布が、旧稿において検討した張奉政府の匯兌券流通拡大・信用確保策の一環を構成するものだったことが確認できよう。

これに加え、金融安定の名目で銀炉を同政府の統制下に置き、過炉銀の発行額を押さえ込むことは、特産品の過炉銀取引の量の減少を生み、それが同時に匯兌券による特産品の取引の増加を生み出し、特産品に対する購買力をその信用の背景とした匯兌券の信用安定化の環境を整備することをも可能とし得るものだったと言えよう。すなわち、西義順破綻に端を発した過炉銀制度の動揺は張奉政府にとって、在地金融の安定と自らの金融基盤の確立を図るべく実行していた匯兌券流通安定化策を営口において展開し得る絶好の機会を提供するものだったのである。しかも、一九二〇年に入超がかつてないほど増大したことは（表9-3）、過炉銀の信用低下を加速することとなり、上述の張奉政府の施策を展開していく上で有利な環境を提供していたのである。西義順の破綻の処理を契機に、張奉政府の金融政策意図は結果として営口において浸透しつつあったと考えられよう。[28]

もう一つ、統制強化の必然化をもたらした要因として看過できない点は、西義順破綻後に顕在化した現地経済主体の相対的自立性が張奉政府による現地支配の正当性と実質性を骨抜きにしかねない側面を持っていたことである。張奉政府にとって、「南満洲及東蒙古ニ関スル条約」施行後、日本側との外交的緊張を回避すると同時に、現地内における様々な案件処理の主導性を排他独占的に確保しておくことは、自らの現地支配の正当性確保において極めて重要な要件となっていた。[29] この状況下で、一九一九年三月に現地の経済主体でもあった中国側債権者が三井物産と直接交渉に及んだことは、政治権力の社会的基盤を形成する現地中国人社会層にとって、自らの依拠する政治権力が張奉政府のみではなく、日本も選択肢の一つとして成立し得ることを端的に示すものであり、営口のみならず、多くの対外開埠地を抱えていた張奉政府にとってこの状況を放置しておくことは、ひいては全東北社会への支配力低下を惹起しかねない由々しき問題だったのである。

おわりに

以上述べてきたように、張奉政府は、西義順破綻に端を発する営口金融の混乱を、最終的には西義順の債券を自己の管轄下にある東三省官銀号等の省政府系銀行を通じて匯兌券によって回収するとともに、過炉銀システムそのものに対する指導・監督を強化することで収束を図った。ここで注目すべき点は、この収束策の結果、営口においてそれまで事実上の現地通貨だった過炉銀システムが後退し、奉天省レベルの地域通貨である匯兌券が現地に浸透していった点である。事実、一九二四年前後段階の営口では、過炉銀取引が減少する一方で匯兌券は「租税公課の納付雑貨雑穀の取引に信用せらるゝのみならず過炉銀帳尻の決済および諸掛の支払にも使用せられ市場に於て最も普通に流通する通貨」[30]となっていた。

では、このような状況は、当該期の中国東北地域社会と張奉政府にとっていかなる意味を持つものだったのであろうか。最後に、この点を展望して本章を終えることとしたい。

地域内通貨統合の進展

上述してきたように、西義順の破綻は、過炉銀システムを媒介手段とした対上海貿易を通じて世界市場との連関をもっていた営口経済が第一次世界大戦に伴う世界経済の変動を被る中で発生した事件だった。ここで注目すべき点は、第一次世界大戦を契機に上述したような現地通貨のより広域対応な通貨への代替状況が、代替レベルを異にしながらも中国の他の地域においても現出していた点である。[31] より具体的には、長江中下流域において政府紙幣による幣制統一化への胎動が顕在化する一方で、東北地域においては省政府系銀行券（匯兌券）による地域内通貨統合が進行する状況が生じていたのである。

このことは、第一次世界大戦による中国経済への影響のあり方に地域的差異があったことに加えて、その差異が、当該期中国における国家統合の進展をめぐる地方政局展開上の差異を生み出す背景的動因の所在の一つを示唆しているとの仮説を想起させるものともなっている。だが、本章ではこの仮説に踏み込むことはせず、以下、この全中国的な趨勢に位置づけ可能な状況をもたらした西義順破綻処理をめぐる、張奉政府の前述した支配の正当性確保以外の政策意図を検討しておくこととしたい。

張奉政府による地方支配の浸透

上述した張奉政府の金融政策の営口への浸透は、従来営口商人間において自治的に運用されてきた現地金融システムから張奉政府という公権力により統括された金融システムへの移行をもたらすものでもあった。それは同時に、張奉政府による同地社会に対する政治的支配力の浸透をもたらし得るものだった。しかもこの浸透は、営口という言わば〈点〉にとどまらず、営口を中心としたより広範な地域への浸透も間接的に保証するものでもあった。というのも、営口とその周辺地域は、営口という強い商品集散力を持つ〈点〉から放射される過炉銀システムという言わば〈線〉によって結ばれていたからである。西義順破綻による過炉銀暴落が、当初現地社会において、営口にとどまらない南部東北地域全体の信用不安を招くのではないかと憶測された所以もここにあった。張奉政府は、この過炉銀システムが持った〈線〉としての役割を匯兌券に代替化させることで、従来の過炉銀システムによって結ばれた地域全域への影響力も確保し得ることとなっていたのである。このことは、内地においては東北内流通における主要物産集散地に収税機関を設けて、大豆を主とする各種取引をめぐる間接税を、内地税収の中核に据えていた張奉政府にとって、省財政安定という意味でも重要な意義をもつものだった。

ここで問題となるのは、営口の中国人商人たちが、張奉政府による軍事・警察力を駆使した言わば暴力的な圧力を正当化しかねない、張奉政府の強権的な上述の施策と制度化・立法化を大きな抵抗もないまま受け入れていったのかはなぜかという点である。今、営口商人たちの意図を直接的に示す史料は管見の限り見当たらず、この点は今後の課題としたいが、営口の中国人商人たちが、自らの自治的諸権能の喪失と引き替えに、自らが扱う最重要な輸出商品生産地である農村の安定確保のために周辺農村地域における治安維持の保証を張奉政府側から求めていったことは十分推察することができよう。しかも、営口商人たちにとって、この農村の治安維持は、西義順破綻処理の際の日本側への資金提供要求と異なり、当時の日本側に求めることはできない内容だった。所謂「南満東蒙条約」下にあって日本側に現地社会の治安維持を求めることは、警察権力の運用により日本側の土地商租権を骨抜きにしていた中国側在地有力者層にとって、その骨抜きさえも困難にし、引いては自らの存立基盤の喪失に繋がりかねなかったからである。

一方、張奉政府が、このような期待にいかに応えていたのかは、所謂「蒙地」での治安維持活動のあり方を含めて検討する必要があるが、この点についても後日を期すこととしたい。

附論　張作霖・張学良地方政権史研究における到達点と課題

本附論では、張作霖地方政権（一九一六〜二八年）・張学良地方政権（一九二九〜三一年。以下、両政権を張政権と総称）史研究の到達点と課題を確認し、本書の張政権理解の研究史上における今日的位置づけを考察する上での一助とすることとしたい。すなわち、戦後日本において展開された張政権史研究を主要対象としつつ、その特徴を、後述する中国東北地域史の研究環境が大きく変わる一九九〇年代以前以後の時期に二分した上で検討するものである。

また、その検討に際しては、各研究領域における方法的（分析視角的）な特徴を提示することを主な課題とする。それは、本書で提示されている中国東北地域の自然・社会・経済的諸特徴に関する研究成果が、単に実証的空白を埋めるということだけではなく、その方法において画期的な意義を持っており、それがこれまでの張政権史研究に新たな貢献をなしうるものであることを確認することを意図しているからに他ならない。なお、本論で取り上げる具体的な先行研究事例及び本論末尾文献目録は、必要最小限度のものに止めていることを最初に断っておきたい。また、本附論内で取り上げた研究者の研究枠組は、当該研究発表当時のものであり、その後の研究の発展の中で従前の問題点を克服しつつ新たな展開を示している場合もあることも付言しておきたい。

1　一九九〇年代以前の張政権史研究の展開

一九九〇年代以前における張政権史研究の展開の概要に関しては、既にいくつかの検討結果が提示されている(32)。その成果をふまえるならば、一九九〇年代以前の張政権史研究は、主に次の二つの研究分野において展開していたと整理することができる。

日本植民地史研究

一つは、日本資本主義史研究あるいは日本帝国主義史研究の一環として近代中国東北地域史を分析・再構成した、所謂「日本植民地史研究」(以下、「　」略)と総称し得る研究グループによる成果である。すなわち、侵略性や暴力性を伴って展開した日本資本主義の段階性を検証する「事例」として近代中国東北地域を取り上げる中で、結果として張政権を含む中国東北地域史像を提示してきた研究分野である。この分野が、一九八〇年代後半に至る日本における近代中国東北地域に関する歴史研究の中核をなすと同時に、極めて多くの優れた実証的研究成果を蓄積して来たことには異論のないところであろう(安藤　一九六五；浅田・小林　一九八六；鈴木　一九九二；金子　一九九一；柳澤　一九九九)。

しかし、この研究分野では、塚瀬進が夙に指摘している通り(塚瀬　一九九八)、その問題設定の在り方や史料的限界から、在地社会における非日本側諸主体を、等閑視もしくは日本側の反照的存在としてのみ措定するという傾向を生み出していた。というのも、日本植民地史研究では、現地社会における日本側の圧倒的な軍事力や経済力が先験的に措定される一方で、近代中国東北地域における在地諸主体は、結果として日本側の圧倒的な軍事力や経済力の前に一方的に蹂躙・従属させられる存在か、斯様な日本側に正しく「英雄的」に反抗・抵抗する存在としてのみ措定されることとなっていたからである。このため、中国側諸主体が自らの思惑で癒着、面従腹背、相互利用、等々の様々な戦術を駆使しつつ日本側と相互連関的かつ重層的な関係を切り結ぶ形で存在するという可能性は、実証レベルでは、ほとんど提示されることはなかった。その結果、同時期の日本植民地史研究は、日本の侵略性や暴力性を明示しながらも、被侵略主体である中国東北社会それ自体の内実の追究を十分に行うことがないという限界性を強く持つものとなっていたのである。つまり、日本植民地史研究は、植民地社会研究を、現地社会との内在的連関実態の相から追究することのないまま、日本側諸主体のかかわり方がそのまま現地社会の方向性として現れるという、あたかも中国東北地域史を日本史の延長上に再構成する傾向を結果として持つこととなったのである。

以上の限界性に規定されながら再構成された張政権像の典型を、日本植民地史研究分野の一つの到達点を示す浅田・小林編（一九八六）から整理すれば、次の通りだった。すなわち、張政権は、(イ)「日本と結びつきその勢力を満州の地に拡大し」、(ロ)「満州で政治的支配力を保持しえた最大の武器はその強力な軍事力」であり、(ハ)その資金は「大豆が世界商品としてゆるぎない地位を獲得」していた満洲にあって「省を媒介に省銀行＝糧桟のラインを通じ商会をだきこむかたち」で形成された民衆支配体制を前提とした、(ニ)「外国からの借款と民衆からの収奪」にあるというものだった（浅田・小林　一九八六、二一〜二四頁）。対外的には日本に従属しつつ対内的には自らの軍事力維持・強化のため民衆からの激しい収奪を遂行するという張政権像である。張政権が、日本側の傀儡であったことと、日本側資本が大きく関わった国際商品である大豆流通との関係の中でのみ取り上げられていることが確認できよう。しかも、ここで留意すべき点は、そのような張政権像が(ハ)に関する石田（一九六四）の先駆的な研究成果を除けば、張政権それ自体を正面に据えた実証的研究から導出されたものではなく、主に日本側の同時代的観察者評もしくは、後述する「軍閥」論的枠組みを前提に形成される側面を強く持っていたことである。前述した、日本植民地史研究の問題点が、張政権像形成にさいしても端的に反映されていると言えよう。

とはいえ、そのような張政権像それ自体は、日本植民地史研究が一国史的な枠組みに自足する限りにおいて当然の帰結であったとも言えよう。日本植民地史研究にとっては、張政権は日本資本主義あるいは日本帝国主義の特質解明に資する限りにおいて取り上げられる対象でしかなく、中国側諸主体の分析・再構成は中国史プロパーの仕事であるとする、研究上の言わば棲み分け意識が働くからである。

では、一九八〇年代前半以前における中国史研究者による張政権像はいかなるものであったのであろうか。次に、この点を確認しておく。

国民国家形成（変革主体形成）史研究

一九九〇年代以前における中国史研究者による張政権像構築の中核的な方法論的特徴となっていたのが、近代中国東北地域における在地中国側資本の発達および「国家建設」過程と即応しつつ成長するところの所謂「変革主体」を基軸に歴史像を再構成するというものであった。以下、本論では、この方法的特徴をもった研究分野を「国民国家形成（変革主体形成）史研究」（以下、国民国家形成史研究と略）と呼称することとする。

国民国家形成史研究では、現地中国側社会において国民国家形成を推進したと考えられる諸事象・諸主体に対する実証的追究が積極的に行われることとなり、中国東北地域史研究の実証的水準を大きくあげることとなった。その一つの到達点が、西村（一九八四）であったことは異論のないところであろう。同書は、日本における近代中国東北地域史研究が日本植民地史研究とは相対的に独立した「中国史研究」の一環として分析し得ることを明示した、戦後日本の中国東北地域史研究における画期をなす成果だったと言えよう。

しかし、その一方で、この研究分野における分析視角は、「変革主体」や「国民国家建設」に論点が集約される傾向があり、帝国主義列強からの解放を主要な目標に掲げた中華民国さらには中華人民共和国の建国の必然に収斂する論理構造を持つこととなった。その結果、国民政府や中国共産党に象徴される「建国」主体ないしは指導勢力以外の諸主体に対する実態解明が等閑視されるという傾向を生んだ。すなわち、多民族性も含めた近代中国東北地域における多様かつ重層的な存在形態を持つ様々な諸主体それ自体を直接分析対象として、それらの相互連関・相互変容関係の結果としての現地社会の実態を再構成するという方向性が希薄となっていたのである。別言すれば、実証の主要対象が反帝民族解放運動あるいは現地民族資本の発達いかんに集中し、それ以外の諸主体に対する実証的追究が希薄となる傾向が生じたのである。

ここで留意すべき点は、そのような国民国家形成史研究の傾向が、日本植民地史研究の張政権像を実証的に補強する側面を持っていた点である。というのも、日本植民地史研究と国民国家形成史研究は、ともに、中国東北地域史の展開の基軸を同地域において展開した帝国主義的諸政策とそれらに対する抵抗諸主体との角逐の帰趨に置くという点で一致していたからである。そのような一致の下では、中国東北地域史再構成における中国側諸主体として措定される対象も共通することとなる。ここに、日本植民地史研究が実証抜きで措定した中国側諸主体を国民国家形成史研究が実証的に確認するという関係が成立することとなった。それは同時に、国民国家形成史研究における張政権像が、前述した日本植民地史研究の張政権像と同様の限界性を共有する側面を含むことを意味するものでもあった。すなわち、張政権の現地支配が現地社会の多様・重層的な諸主体といかなる具体的関係を切り結びながら展開したのかに対する実証的追究の希薄性という点である。

この傾向の下で張政権像も、その「反帝性」および「民族性」の程度如何に即して再構成されることとなった。すなわち、張政権を構成した張作霖地方政権と張学良地方政権の再構成が、中国東北地域レベルにおいて帝国主義諸勢力との競合の中で促進される国民国家形成と資本主義発達という基準から追究されることとなっていたのである。西村前掲書における「張学良政権下に推進された『経済政策』とは、もはや張作霖時代におけるような『軍閥主義的恒常的戦時体制』下のそれではなく、あきらかに、東北地域経済の資本主義的発展を前提にしつつ、かつそれが『民族主義的地域政治』に収斂される条件のもとでの展開であった」（西村　一九八四、二一七〜二一八頁）という記述は、その傾向を端的に示しているといえよう。[33] そこでは、張作霖地方政権が日本戦前期以来の「軍閥」概念範疇で捉えられる一方で、張学良地方政権を「民族主義的地域政治の端緒」（二一八頁）を形成した存在と位置づけるという、前述した基準を軸に張政権内の連続性というよりは断続性に着目する形で張政権像が提示された。[34] そして、「軍閥」と規定された張作霖地方政権の財政膨張政策に関しては、その「政治的意味、その歴史的傾向とは、『軍事行動』を中軸とした政治体制の崩潰過程にほかならない」（二五八頁）と一蹴され、そもそも、なぜ張作霖地方政権が財政的膨張政策を遂行し得たのかに関する、張作霖地方政権と現地社会との相互連関・相互変容的な関係実態に関する実証的は十分になされてこなかった。

以上述べてきた通り、一九八〇年代末に至る張政権像は、概ね前述した日本植民地史研究により提示された内容が、「反帝性」および「民族性」の部分での実証的蓄積に依拠した部分的修正を含みながらも、維持されてきたと言えよう。それは同時に、張政権それ自体の実証的追究はもちろんのこと、中国東北地域社会それ自体の内実をその多様性と重層性に留意しながら実証的に再構成し、その上で地方政権の位置づけを現地社会との相互連関・相互変容の中から追究するという視角が希薄であったことを示すものでもあった。

しかしながら、そのような張政権像は、一九九〇年代に入ると大きな変容を迫られることとなる。次の項では、一九九〇年代以降における新たな張政権像の諸相を確認しておくこととしたい。

2　一九九〇年代後半以降の張政権史研究の展開

一九九〇年代に入ると、張政権史研究をめぐる研究環境は、次の三つの面で大きな変化をみせることとなる。一つは、一九八〇年代後半から進展を始めた中国や台湾を中心とした各種档案（公文書）史料の公開に象徴される、近代東北地域をめぐる各種史料の公開・発掘の進展である。とりわけ、档案史料の公開促進は、従来、主に史料的限界から極めて困難だった張政権の政策決定過程や政策執行状況の実証的検討への道を開くことになった。二つ目は、中国東北地域におけるフィールドワークが可能になったことである。これにより、現地実態に関する知見が増すと同時に、戦前・戦中期において主に日本側において蓄積されてきた現地調査成果の検証と批判的継承が可能となった。それは、従来の張政権像形成において見逃されがちだった現地社会の多様かつ重層的な実態を研究者に改めて突きつけることとなった。もう一つが、冷戦崩壊などによる既存イデオロギーの相対化や所謂「国際（世界）化（globalization）」の進展である。これにより、中国東北地域の歴史を「国民国家形成への道」や「社会主義への道」として再構成することに固執することなく、現地社会の諸主体が持った様々な可能性それ自体と、それらのトランスナショナル的な相互連関・相互依存の在り方それ自体を追究する分析視角が言わば「市民権」を得ることとなった(35)。

このような研究環境の変化は、従来重要視されてこなかった張政権の諸側面に新たな光を当てることとなり、その実証的努力は今日に至るまで継続されていると言える。以下では、上述の研究環境の変化に伴い新たに顕在化した探究領域と、そこから導出される張政権像を確認することとしたい。その主要な探究領域としては、次の二つの領域があった(36)。

再生産構造の実態および張政権の施策意図と方向性の探究

前述した通り、国民国家形成史研究では中国側の変革主体形成に繋がる在地中国側資本の発達に関する実証的成果を生んでいたが、一九九〇年代に入ると、この成果を継承しつつ、従来は発展の阻害要因とされていた日本を代表とする外国資本との関係の実態を再吟味し、近代中国東北地域経済の実態解明を目指す研究が登場する。それらの研究の多くは、長らく十分な評価が与えられていなかった石田（一九六四）の先駆的な研究成果を再評価する形でスタートし、日本側と中国側により相互連関的に形成される現地社会経済の循環構造の総体を分析・再構成する方向で、前述した日本植民地史研究の限界点を克服し、社会経済の実態把握のレベルを上げることとなった。より具体的には、従来は封建的遺制と目されていた中国側資本の諸特徴に、日本側資本への抵抗力として機能し近代的定在と見なし得る一面が存在していることの指摘や、中国側金融の日本側金融からの相対的自立・安定性の確認、さらには日本側資本の展開が現地中国側資本に依拠せねばならない限界性を有するものだったことなどの諸状況が実証的に確認されることとなった（塚瀬一九九三；安冨　一九九七；山本　二〇〇三）。

この現地経済実態の実証的探究と並行して張政権史研究では、張政権が、そのような経済的実態といかなる関係を有するものだったのかの探究が図られていた。そこでは、張学良地方政権期のみならず張作霖地方政権期を含む張政権の各種施策における政策意図が当時の中国東北地域が直面する政治・経済的課題との関連から探究され、それらの施策が結果として中国東北地域における政治・経済・社会領域の地域内統合を促進する方向性を持つものだったことが確認されている（澁谷　二〇〇四；西村　一九九二；松重　一九九〇）。それは同時に、従来「軍閥」と称され、反動あるいは帝国主義勢力の傀儡として無能・無力視されてきた張政権が、様々な限界性とともに柔軟な施策を展開し得る自立性と能動性を保持し、現地社会の安定と発展をもたらす方向性を持ち得る存在だったことを追認し、それらが中国東北地域史展開のダイナミズムや方向性をもたらす要因の一つだったことを改めて明らかにするものでもあった。

在地諸主体の実態究明

前述した通り、新たな研究環境は、それまでの研究における変革主体にとらわれない、様々な現地主体の実態解明への道を開くこととなった。それは、主に次の二つの領域で研究成果を蓄積していくこととなる。

一つは、清朝期との連続性を中心とする現地諸事象・諸主体の歴史継承体的側面に留意して中国東北地域史を再構成していく方向を持った研究だった（江夏　2004；古市　二〇〇〇）[37]。そこでは、「将軍制」、「旗地」、「蒙地」、「旗人」等々、従来は封建的遺制と目されていた歴史継承体的諸事象が、あらためて清末の中国東北地域における財政・社会的特徴として検討され、それらが現地の政治・経済的展開に対して持った規定性と多様な形態での近代に至る持続性・定在性が実証的に指摘されてくることとなった。

こうした成果と関連しつつ、張政権史研究では、張政権の政権基盤と中国東北地域の歴史的に継承されてきた諸事象との関係についての研究が蓄積されていくこととなった。すなわち、清朝以来形成されてきた重層的土地所有権のあり方を強権的に解体・一元化し、その一元的所有者層を在地権力の社会的基盤層（以下、在地有力者層）に再編していくという清末以来の中国東北地域にあって、張政権は、在地有力者層の「南満洲及東蒙古ニ関スル条約」を契機とする土地所有に根ざす自らの利益に対する強い危機感を背景に成立し、在地有力者層を自らの主要官僚として取り込みつつ、彼らの利害を自らの政策基盤の一つに据えることとなった点が明らかにされてきている（江夏　2004；松重　一九九一）。それは同時に、張政権の展開が持った固有性を在地社会の特徴から統一的に把握することに道を開くものでもあり、従来の張政権史研究では実証的に確認されていたとは言い難かった張政権の「地方政権」たる所以を、歴史継承体としての在地社会との連関性から実証的に確認するものでもあった。

もう一つは、中国東北地域の多民族居住空間としての側面に着目した研究である。上述した新たな研究環境、なかんずく現地調査の進展は、当然、中国東北地域が、モンゴル人や満洲人などの先住民族に加えて、漢人、朝鮮人、ロシア人、日本人などの多民族居住空間だったことをあらためて確認させるものでもあった。ここに、多民族間の相互関係・変容という視角から東北地域の政治・経済・社会の展開を追究・再構成していく研究が進展していくこととなる。

この研究分野の中核を担ったのが、前述した国民国家形成史研究においては、ほとんど省みられることがなく、せいぜい国家建設における障害物もしくは変革主体からの指導をいかに受け入れたかという問題設定範疇において取り上げられるにとどまっていたモンゴル人をめぐる研究だった（ブレンサイン　二〇〇三；広川　二〇〇五；吉田　二〇〇四）[38]。そこでは、農耕モンゴル人の存在を、従来の「漢化」という分析視角ではなく、モンゴル人側の生活様式選択の相対的独自性や漢人の「農耕モンゴル人化」と呼び得る実態から再構成するなど、戦前・戦中期の日本側現地調査史料および現地再調査の成果を駆使しつつ近代中国東北地域における各民族間の相互連関と相互変容の実態追究を正面に据えた研究が蓄積されつつある。これらの成果は、戦前以来綿々と続く、近代中国東北地域史を、「無主の地」における漢人、朝鮮人、ロシア人、日本人、等々による移民・開拓史として再構成する歴史像を相対化すると同時に、張政権の地域安定・発展諸施策と称してきたものが、中国東北地域における生態系の破壊を伴いつつ、先住民族からその諸権利を剝奪・解体する側面があったことを明示するものともなっている。それは同時に、一九八〇年代に至る国民国家形成史研究が想定した中国東北地域の発展路線を相対化するとともに、中国東北地域史の展開における多様性と可能性の実態追究の必要性を改めて確認させるものともなっているのである。

3　残された課題と本書の位置づけ

以上述べてきたように、戦後日本における張政権史研究は、一九九〇年代に入ると中国東北地域における多様性と重層性の実証的実態把握を共通の問題意識としつつ[39]、従来の政権像を相対化した新たな張政権像の形成に向かうこととなった。すなわち、土地問題に象徴される、対外的契機を包摂しつつ歴史的継承的在地社会の構造に根ざした利害関係に規定され成立・展開したとする張政権像が形成されていった。そこでは、自政権の安定・強化を前提とし、地域内発展と統合をもたらす諸施策を、その障害となり得る諸主体に対する暴力的な排除や柔軟な包摂を伴いつつ遂行し得る自立性と能動性を持つ地方政権としての張政権像が確認されている。

とはいえ、上述してきた新たな張政権像には、なお多くの実証的かつ方法的課題が残されていることも事実である。最後に、今後の課題を確認すると同時に、その課題に照らした本書の張政権理解の位置づけについて述べておきたい。

張政権における統治実態に関する探究

前述した通り、一九九〇年代以降の張政権史研究では、同政権の諸施策に在地社会の利害を反映する側面のあることが確認されている。しかし、その一方で、それらの諸施策が、いかなる法制・行政制度の下で、いかなる政策決定過程を通じて裁可され、いかなる執行実態を在地諸主体との、いかなる結節により生み出していたのかという、張政権の統治実態に関する実証的蓄積は、土田（一九九七）や白（二〇〇五）の貴重な成果を除けば、極めて希薄だったと言わざるを得ない。このため、従来の研究では、張政権の「軍閥」論的な位置づけを相対化するというレベルでは一定の成果をあげながら、地方政権が地方利害を反映しそれに規定されていたという、言わば「あたりまえ」のことを確認するにとどまることともなっていた。すなわち、従来の張政権史研究では、同政権構成員の出身階層と、同政権の諸施策の内容およびそこから導出された施策意図を在地状況と対照することにより、同政権と在地社会の利害の関係性を認定する作業を行いつつも、張政権の展開の制度的前提となる法制・統治機構および、張政権の諸施策の被施策主体と考えられてきた在地諸主体と張政権の結合実態に関する実証的追究は十分なされてこなかったのである。およそ政権の政権たる所以が「統治」にあることを勘案すれば、張政権の統治実態に関する研究の蓄積不足は、張政権の特徴・独自性を考察する上で根本的な克服課題となっていると言えよう。

この研究状況は、次の点でも看過できない問題を孕んでいた。すなわち、法制的前提や行政機構をふまえた政策決定過程に関する実証的把握の欠落が、張政権を張作霖・張学良といった政権中枢指導者の恣意的な思惑が貫徹する前近代的独裁政権の典型と見なす日本戦前期以来の張政権像の温存を許す側面を持っている点である(40)。この分野における実証的空白は、近代官僚制度の下で展開する日本政府のカウンタパートたり得る地方政府が中国東北地域に存在しないという所謂「無主の地」論の背景的根拠となる認識を温存させるものであり、中国東北地域を日本側の政治的・経済的意図が一方的に貫徹し得る地域と見なし得るとする前述の日本植民地史研究の中国東北地域認識を結果として補完してしまいかねないものでもあった。張政権の統治実態の追究は、単に張政権に関する実証的研究の厚さを増すということだけではなく、本附論第二項で述べた研究上の限界を突破する上でも重要な課題となっているのである。

この課題に対して、従来は十分利用されてこなかった中国側の各種档案史料の利用が待たれることは言うまでもあるまい。各種档案史料には、政策決定過程はもちろん、執行状況に関する各種上申報告書類が含まれており、そこからは政権が前提とした法制・機構制度構造に関する多くの直接的な情報および、統治の実態に関する情報が得られうるからである。[41] また、その作業に際して、膨大な档案史料の全貌把握が短期間の個人レベルでの作業では困難であることを勘案すれば、現地研究者との協力を含めた長期的かつ集団的な档案史料の情報共有作業が必要であり、その国際的共同研究の整備も重要な課題であることも付言しておきたい。

比較の視点からの張政権における特徴・独自性の探究

前項で述べた通り、張政権の在地統治実態の追究は張政権の特徴・独自性を考察する上で不可欠な作業課題となるものだった。しかし、ここで留意すべき点は、張政権の特徴・独自性の考察が、単に張政権の在地統治実態それ自体の直接的な分析のみで事足りるというものではないという点である。およそ特徴・独自性と言うならば、張政権と同時期の他の地方政権との比較が不可欠となることは言うまでもあるまい。同時に、この作業によって、張政権の中国史あるいは東アジア史における位置づけが初めて可能となり、張政権史研究の意義を、同政権の所在地が二〇世紀東アジア史において重要な争点となった中国東北地域であったという単純な地政学的理由を越えて設定することが可能となるものである。同時代の他の地域政権との比較の視野からの研究の放置は、張政権史研究の存在理由を曖昧にするという、研究上看過できない状況をもたらすものとなっているのである。本来、張政権の統治実態の実証的蓄積と言わば比較解剖学的追究という二つの作業は、東アジア史における張政権の位置づけを行う上で連続的で相補的な作業であり並行的に遂行されていくべき課題だったと言えよう。しかし、従来の張政権史研究においては、前述した国民国家形成史研究の枠組みから張学良地方政権を中国近代史全体や当時の国際関係の中で位置づけた西村や樋口（西村　一九九六；樋口　二〇〇四）を除いて、このような視点からの研究蓄積は極めて薄かった。

このような研究上の空白が生じた背景には、中国における地域的差異に対する認識の浅さと、それに起因する地域間の比較の視座の欠如があったとも考えられる。従来の中国近代政治史研究では、「国民国家」や「社会主義国家」の成立をゴールと設定し、地方政権割拠の理由を、中央政府の国家統合能力の欠如や統一的国民市場の未成熟、あるいは帝国主義の侵略といった近代国民国家形成の諸指標から追究する作業が蓄積されてきた。しかしそこでは、それぞれの地域の自然地理的環境や民族的諸特徴が再生産構造や政治権力に与える影響に関しては十分な配慮がなされてこなかった。言い換えれば、従来の近代中国政治史研究では、中国における自然や民族の多様性を当然の前提としながらも、その自然地理的な地域環境や民族的諸特徴を組み込む形で地域の再生産構造や政治権力を再構成していく方向性が希薄だったのである。そのような分析視角からは、各地政治権力の差異は、早晩中央政府に統合される「過渡」的なものでしかなく、各地方政権の統治実態や地方政権間の差異を追究する必要性が十分喚起されないのは当然であろう。それは、張政権に関しても例外ではなかったのである。

そうした研究の偏在を中国東北地域を事例に打ち破るきっかけとなったのが、本書第5章のもととなった安冨歩の一連の論文（安冨　二〇〇二、二〇〇四）である。重複を恐れず確認すれば、安冨は中国東北地域における市場構造を、所謂「スキナー・モデル」との対照を念頭におきつつ「樹状組織」モデルとして総括し、中国東北地域社会展開の規定要因の解明を試みており、その画期性は、モデルの摘出過程において、中国東北地域社会の生態系と、それを前提として展開した諸民族の営為、さらには鉄道に象徴される近代的諸インフラを、相互連関的に組み入れながら首尾一貫して動態的に立論した点にあった。(42) これにより、中国東北地域社会像は、その独自性を、他地域との表層的差異や通時的差異にとどまらない全体的内的構造として初めて付与されることとなり、他地域の地方政権と比較する上での前提が確保されると同時に、張政権を中国史あるいは東アジア史の中で位置付けていく道が拓かれることとなったのである。その後も、安富により開示された方法的可能性をふまえた実証的研究は続けられ、その今日的到達点を示すものがまさしく本書であると言えよう。

以上の点をふまえるとき、今後の張政権史研究における重要な課題の一つは、本書が開示している、外部からの技術や資本や軍事的進入との相互連関・相互変容をふまえた中国東北地域の生態系や民族構成、歴史的連続性や、社会の固有なダイナミクス等々に照らすことで浮かび上るところの、従来の研究が等閑視して来た張政権の諸施策や構造、更には、それが包含した意図や意義を新たに「発見」し実証的に再構築していくことにあると断言しうる。その意味で本書の試みは、今後の中国東北史、満洲史研究の方向性を示す重要な視座を提供しているのである。

注

初めに、利用度の高い史料の略号を示しておく。但し、史料の年代は西暦上二桁の一九を略し下二桁のみとしたものである。

I：『盛京時報』

II：『日本外務省記録』

III：『日本外務省記録』中の三-四-三-七九「奉天兌換停止問題一件」

IV：遼寧省档案館所蔵「奉天省長公署档案：遼瀋道電為西義順負債加重籌議前後情形」（JC一〇-三六四〇）

（1）III一九年二月八日付朝鮮銀行理事より外務省政務局長宛書簡。

（2）以上の経過は、外務省通商局（一九二二）一四四頁、満蒙文化協会（一九二二）八二七頁、III一九年一月三一日発在牛荘領事より外務大臣宛電報二一号・一九年三月一五日付三井物産業務課長赤羽克巳より外務省政務局書記官岡部宛書簡・一九年四月一六日発拓殖局長より外務次官宛電報拓一三三五号。

三井は、営口で独立店舗を開設していたが、大豆、豆粕を中心とする所謂「特産品」の購入および綿布、雑貨を中心とする輸移入品の売買の大半は他の日本商同様中国商（大屋子）に委託する形で行っており、西義順および後述する厚発合内に事務所を開設していた（石田　一九六四、三〇九〜三一一頁：外務省通商局　一九二一、一〇〇〜一〇一頁）。

また、栄厚は、満洲旗人で錦州府知府、奉天清理財政監理官、奉天度支使、民政使、内務使を歴任し一九一四年より遼瀋道尹となっていたが（外務省情報部　一九二四、八三三頁）、その出身からして在地有力者の一人と見て間違いあるまい。なお、張奉政府と在地有力者とに関しては、さしあたり松重（一九九一）を参照されたい。
（3）松重（一九九二、一九九三）。
（4）従来の研究においては、西義順の倒産とそれに伴う同地での恐慌発生は、主に過炉銀が持つ特質――現銀の移動を必要としない各発行銀炉の「信用」にその基礎を置くため往々にして過剰発行に陥り、それに伴う過炉銀相場下落と決算不調による恐慌発生――の発露として論じられて来た（石田　一九六四、三四七～三五〇頁）。なお、営口の有力商店の倒産と地域的経済恐慌との関連に関しては、一九〇七年の東盛和の倒産について分析を行った倉橋（一九八一）があり、教えられるところが大きかった。なお、過炉銀の特質に関しては、さしあたり、石田（一九六四）第12・3章、小瀬（一九八九）第2章を参照されたい。また、当該期東北地域の金融・通貨状況に関しては、安冨（一九九七）序章を参照されたい。
（5）一九九〇年代以降における中国側各種档案史料の公開状況をふまえれば、張奉政府の諸施策展開の意図の解明を目指す本章にあって、遼寧省档案館所蔵各種档案に代表される中国側諸史料をふまえた検討が不可欠であることはいうまでもない。事実、筆者もⅣを閲覧する機会を持った。しかし、同档案フォルダーには、営口からの情報伝達および意見具申の電信・公信がファイルされる一方で、それと言わば対をなすべき、省政府側の訓令（主に政務局発）に関する档案が完備される形で保存されていない。この背景には、単純な資料散逸ということだけでなく、西義順破綻処理問題が、後述するように、所謂「華洋訴訟裁判所」を通じて処理するか否かといった外交案件化する状況や、その処置を廻る担掌官庁が複数にわたったことから、訓令が、政務庁以外の場所（例えば、外交档案や財政部档案）にファイルされた可能性が想定できる。このため、本来なら、本章執筆にあたって、想定される部署の档案を調査すべきところであるが、筆者の怠慢から遂行できず、新たな実証水準をふまえた新たな研究水準への道を提示することができなかった。本章の記述の大半が旧拙稿の祖述に終わった所以でもある。その意味で、本章は、地域社会の動態に対応しつつ押し出された張奉政府意志それ自体から、張奉政府の現地社会掌握過程の構造と実態を再構成するという、一九九〇年代後半から本格化した中国政治史研究の新たな水準に実証レベルで到達しているとは言い難い。このため、現地社会側諸主体との具体的連関を欠如させたまま、結果として提示された諸制度の文面から反照的に張奉政府の現地社会掌握の意図と構造を仮説的に展望するにとどまっている。誠に遺憾であるが、後日を期すこととしたい。
（6）以上の経緯は、山本（一九四二）五・四三頁、Ⅰ一九年二月八日。営口における西義順の聯号店としては、（大屋子）義順金、義順桟、義順復、義順華、義順元、（油房）義順盛、義順来、義順東、（銀炉）義順厚、恒義利があった（山本　一九四二、三二頁）。また、大屋子の業務内容および銀炉との関連については、小瀬（一九八九）四九～五〇頁を、営口商人間での営口総商会の位置付けに関しては、倉橋（一九八〇）をそれぞれ参照されたい。
（7）以上の経緯は、Ⅱ三-四-三-二-一-一「外国貨幣関係雑件、満州ニ於ケル通貨事情調査ニ関スル件」一八年七月在牛荘日本領事館調「通貨事情」、III一九年一月三一日発在牛荘領事より外務大臣宛電報二一号・一九年二月八日付朝鮮銀行理事より外務省政務局長宛書簡・一九年四月一六日発拓殖局長より外務次官宛電報拓一三三五号、I一九年四月二四日、『満州日々新聞』(以下『日々』と略)一九年三月一八日、東亜経済調査局(一九二四)二八頁、『銀行週報』通巻第五八号(一八年七月一六日)一四頁。厚発合による西義順への取り付けの扇動は、当然、過炉銀制度全体に対する危機感を誘発させ、厚発合自身への取り付けへ飛び火する危険性を持っており、事実その後、同店も取り付けを被ることとなった(I一九年三月二三日)。この為、厚発合は、自らに対する取り付けに対処するため予め分行から巨額に上る過炉銀買入資金の融資を受けていたのだった(III一九年二月八日付朝鮮銀行理事より外務省政務局長宛書簡)。

(8)　以上の経緯は、外務省通商局(一九二一)三二・四四・六六頁、II注(7)「通貨事情」、『銀行週報』通巻第八四号(一九年一月四日)一九頁。満鉄の「大連中心主義」策に関しては、金子(一九九一)一一一・一二二頁を参照されたい。また、一九一四年以降、日本により実施されていた「三線連絡運賃割引」も営口の輸移入貿易部門に打撃を与えていた。

(9)　IV一九年二月二日着営口道尹栄厚より奉天省長張作霖宛三五八号、同二月三日着営口道尹栄厚より奉天省長張作霖宛三六三号。

(10)　以上の経緯は、III一九年二月六日発在牛荘領事より外務大臣宛電報二五号・一九年四月一六日発拓殖局長より外務次官宛電報拓一三三五号別紙甲号、I一九年二月一五・一九・二六日、『日々』一九年二月一三日。なお、西義順と取り引き関係があったと考えられる上海からも、上海総商会名で張作霖、栄厚に対して西義順の経営維持を強く求める電報を送っている〔『銀行週報』通巻第八七号(一九年二月二五日)二七～二八頁〕。

(11)　IV一九年二月一日発奉天省長張作霖より遼瀋道尹栄厚宛(号数不明)、同二月四日発奉天省長張作霖より遼瀋道尹栄厚宛(号数不明)。

(12)　以上の経緯は、I一九年二月二六日、III一九年三月一二日発在牛荘領事より外務大臣宛電報四三号・一九年四月一六日発拓殖局長より外務次官宛電報拓一三三五号別紙甲号。

(13)　以上の経緯は、III一九年三月一二日発在牛荘領事より外務大臣宛電報四三号・一九年四月一六日発拓殖局長より外務次官宛電報拓一三三五号別紙甲号。I一九年二月二六日・三月九日。

(14)　III一九年三月一二日発在牛荘領事より外務大臣宛電報四三号。

(15)　以上の経緯は、III一九年三月一四日発三井東京本社取締役より三井牛荘出張所長宛電報・一九年三月一六日発在牛荘領事より外務大臣宛電報四五号、一九年四月一六日発拓殖局長より外務次官宛電報拓一三三五号別紙乙号。

(16)　IV一九年三月二六日付遼瀋道尹栄厚より奉天省公署宛公信(号数不明)、同一九年三月二八日発奉天省長張作霖より遼瀋道尹

栄厚宛（号数不明）。なお、営口の「華洋訴訟裁判所」（一九一四年三月設置、三〇年六月撤廃）に関しては、営口県公署（一九三三）六二頁を参照されたい。

(17) 以上の経緯は、Ⅲ一九年五月二日発朝鮮銀行理事より外務省通商局長宛電報内支総普一七三号。

(18) Ⅲ一九年四月二三日付在牛荘領事より外務大臣宛公七九号公信。

(19) 以上の経緯は、Ⅲ注(18)同公信、『銀行週報』通巻第九六号（一九年四月二九日）二五～二六頁、Ⅰ一九年四月一二日・五月四・二九日。

(20) 以上の経緯は、『銀行週報』通巻第一一七号（一九年九月二三日）五五頁、満蒙文化協会（一九二二）八二六頁、外務省通商局（一九二一）一〇六頁。

(21) 以上の経緯は、Ⅰ一九年九月五・一七・二八日・一〇月一二・二三日・一一月一二・一四日・一二月一一・一八・二三日、Ⅱ三-四-二-八-一二「支那経済関係雑件、牛荘ノ部」二二年二月一五日付在牛荘領事より外務大臣宛公三二号公信、満蒙文化協会（一九二二）八二八～八三三頁、高森（一九二五）一二〇頁。なお、史紀常は、江蘇省出身の挙人で遼陽州知州、奉天省政務庁長、北京粛政史、昌道道尹を歴任し、一七年五月より奉天省政務庁長に就任していた（外務省情報部　一九二四、九三九頁）。「奉人治奉」を標榜する張奉政府における要職が他省人を駆逐する形で奉天省出身の在地有力者によって占められていくなか、他省人の史紀常が要職に留まっていたことは、その有能さとともに、在地に基盤を持つ故に時として張奉政府に対し辞任する等の形で反抗的姿勢を示すことがあった在地有力者に比して、彼が同政府の意向のより忠実な反映・実行者だったことを示していると考えられよう。

また、「銀炉整理条例」全二三条の主な内容としては、(1)既存銀炉は資本金炉銀一〇万両、保証金炉銀五〇万両以上、新設銀炉は資本金炉銀二〇万両、保証金百万両以上を必要とする、(2)銀炉の他種業務の兼営は不可。但し、既存銀炉の既兼営業務のみは特許として認める、(3)銀炉は金融維持会を経て道署の営業許可証を受けること、(4)現在各銀炉発行の支払手形は、道署より期を定めて廃止し、改めて一種の営平の炉銀通用憑証を使用させる、(5)金融維持会は、各銀炉の営業を監察し、必要に応じて道署に稟請の上、帳簿を検査し、その貸し出しを制限することができる、(6)銀法を破り私利を図る等の投機的取り引きの厳禁、(7)各商店の営業は金融維持会において検査し道署に呈報して辦理する、(8)年四回の決算期中、旧暦の三・六・九月の決算に関しては銀価および加色（プレミア）額を道署が決定し、一二月の決算は旧例通り一錠に付き奉天大洋六八元五角として現銀決算を強行実行させ、加色を許さない、(9)各決算期毎に各銀炉は、貸借対照表を作成し、一通を金融維持会に提出し、同会はそれを道署に転送し審査を受けること、(10)各期決算において、各債権・債務者は双方共にその明細書を作成し金融維持会に送り道署に転送すること、(11)本処条例違反者は、道署により営業停止等の厳罰に処す、等である（満蒙文化協会（一九二二）八三一〜八三三頁）。

(22) Ⅱ注(7)「通貨事情」。

(23) 同上一一五頁。

(24) 同前一一七頁。

(25) Ⅲ一九年四月九日付在奉天総領事より外務大臣宛公一三六号公信。

(26) 「官帖インフレーション」に関しては、安冨（一九九七）二七〜二八頁を参照されたい。

(27) Ⅱ注(7)「通貨事情」。

(28) ただし、このような状況は、一九二〇年一一月に投機の失敗による経営悪化を直接的原因とした「発字号」倒産が発生していることからも、急速に進展したものではない。少額の自己資金により大きな商いを可能とする過炉銀システムの利点も大きく、その全面的破棄の課題は「満洲国」期まで持ち越されることとなる。このような状況の現出要因には、張奉政府の一連の施策のみならず「発字号」倒産を踏まえた営口商民自身が銀炉の投機的活動および過度の信用膨張を自粛するとともに、他に代置すべき金融システムがない中で匯兌券への接近を図っていたこともあるものと推察できる（無論、このことが直ちに過炉銀システムそのものの破棄を意味するものではない）が、この点の検討に関しては、当該期営口商民の具体的動向を示す新たな史料の発掘を待たねばならない。

(29) 松重（一九九二、一九九三）。

(30) 高森（一九二五）、一〇三頁。

(31) 長江中華流域を中心に顕在化しつつあった通貨統合への胎動に関しては、黒田（一九八六）。

(32) 西村（一九八四）序章・第四章第二節、柳澤（二〇〇二）。なお、一九九〇年に至る張権力を含む中国東北地域に関する歴史研究成果に関しては、金子（一九九一）付録の文献目録を参照されたい。

(33) 西村（一九八四）における「軍閥」概念規定は、「帝国主義の植民地掠奪の本質的政策を前提として……結果的には支那の近代国家への統一運動を妨碍し、封建的支配関係の支持によって労働者農民から彼等の生活を強奪」するという鈴江言一『支那革命の階級対立』（大鳳閣、一九三〇年）からの引用に依拠している（西村　一九八四、一五七〜一五八頁）。

(34) ちなみに、この分析視角は、当該期の中華人民共和国側の研究潮流とも即応するものでもあった。すなわち、日本を筆頭とする帝国主義列強（そして、それらは中国内の半封建勢力と相互依存関係にあるとされている）からの自立・解放こそが中国近現代史の主要課題とし、この課題の実現は中国共産党の指導によってのみ可能であり、一九四九年の中華人民共和国成立はその証だったとする（その意味で中国近現代史は中国共産党の展開史として再構成することが可能だとする、言わば「中国共産党史＝

中国近現代史」とでも呼び得る）歴史認識と、その分析視角が、日中双方の多くの研究者間で共有されていたと言わざるを得ない。なお、斯様な歴史認識と方法論に依拠した中国側の代表的な張政権研究の成果としては、常城主編（一九八〇）、胡玉海主編（二〇〇〇）をあげることができる。

(35)　このような研究環境の変化を背景に組織された研究会に「近現代東北アジア地域史研究会」がある。同研究会では、機関誌として『NEWS LETTER』を刊行しており（二〇〇八年一二月段階で二〇号まで刊行済み）、同誌を総覧すると、時々の近代中国東北地域史研究を含む近現代東北アジア地域史研究における史料水準や問題関心の所在を概観することができる。

(36)　無論、以下で述べる各研究動向は、個別・孤立的に展開するのではなく、相互に連関しながら進展するものであり、その意味では、一九九〇年代に入って中国東北地域史研究全体が新たな画期を迎えたとも言えよう。なお、同時期の近代中国東北地域史研究の研究整理としては、西村（二〇〇二）、上田（二〇〇三）序章第二節がある。また、当該期の研究文献目録に関しては、上田・小都（二〇〇五）を参照されたい。

(37)　清朝史と近代中国社会との連続性への注意喚起に関しては、さしあたり、杉山（二〇〇一）を参照されたい。

(38)　このような研究の先駆的位置を占めるものに、二〇世紀初頭の中央アジア・東アジアの国際政治展開における主体的アクターであるモンゴルの存在を明示した中見（中見　一九八〇）の業績がある。また、この研究領域では、朝鮮人に関する研究も実証的な成果を蓄積しつつある（李　一九九一）。そこでは、移民朝鮮人の主体的活動が、当該期当該地域における国家間の思惑から相対的に自立的に形成・展開し得る側面が指摘され、同時に斯様な活動が国際政治上の多国間関係を規定する主要なファクターとして機能していたことが確認されている。

(39)　その様な問題意識を共有する研究成果としては、江夏他（二〇〇五）がある。

(40)　一例として「奉天軍閥の領首張作霖は、みずから奉天省を直接支配すると同時に、他の二省をも間接的に支配するかたちをとっていた。人はたとえて、これを江戸時代の幕藩体制下の大名と徳川家の関係になぞらえるが、鎖国体制下の日本と外国帝国主義の間接支配の満州ではじめから条件がちがうので単純な比較は正確さを欠くが、現象的には類似した点をもつといってよいだろう」（浅田・小林　一九八六、二三〜二四頁）などをあげることができる。

(41)　と同時に、档案史料が所管行政機関別に整理・保存されている事実をふまえれば、張政権の法制的・制度的構造の把握は、膨大な史料群から当該史料を効率的に発掘する上からも不可欠な課題ともなっている。

(42)　無論、このような方法的視座それ自体がそれ以前になかったということではない。例えば、社会科学的分析と生態学的分析の統一的把握の必要性の指摘それ自体は、一九六〇年代からなされている（上山　一九九六、「マルクス史観と生態史観」）。しかし、その具体的な追究を中国東北地域全般に亘る形で遂行し、新たな中国東北地域像として動態的かつ具体的に提示し得たのは、前掲安冨論文が最初であった。安冨論文の画期性の所以でもある。

文献

〈日本語文献〉

浅田喬二・小林英夫編　一九八六『日本帝国主義の満州支配』時潮社。
安藤彦太郎編　一九六五『満鉄』御茶の水書房。
石田興平　一九六四『満洲における植民地経済の史的展開』ミネルヴァ書房。
上田貴子　二〇〇三『近代中国東北地域に於ける中国人商工業資本の研究』大阪外国語大学博士論文シリーズ Vol. 18。
上田貴子・小都晶子　二〇〇五「東北アジア近現代史関係文献目録（一九九九～二〇〇五年）」『近現代東北アジア地域史研究会 NEWS LETTER』第一七号。
上山春平　一九九六『上山春平著作集』（第二巻）法蔵館。
江夏由樹他編　二〇〇五『近代中国東北地域史研究の新視角』山川出版社。
大野太幹　二〇〇五「満鉄附属地居住華商に対する中国側税捐課税問題」『中国研究月報』第六九一号、中国研究所。
外務省情報部　一九二四『支那現代人名鑑』。
外務省通商局　一九二一『満洲事情』第二回第四輯。
金子文夫　一九九一『近代日本における対満州投資の研究』近藤出版。
倉橋正直　一九八〇「営口の公議会」『歴史学研究』第四八一号。
倉橋正直　一九八一「営口の巨商東盛和の倒産」『東洋学報』第六三巻第一・二号。
黒田明伸　一九八六「20世紀初期揚子江中下流域の貨幣流通」角山栄編『日本領事報告の研究』同文館出版。
小瀬一　一九八九「19世紀末中国開港場間流通の構造―営口を中心として―」『社会経済史学』第五四巻第五号。
澁谷由里　二〇〇四『馬賊で見る「満洲」―張作霖のあゆんだ道―』講談社。
杉山清彦　二〇〇一「大清帝国史のための覚書―セミナー『清朝社会と八旗制』をめぐって―」『満族史研究通信』第一〇号。
鈴木隆史　一九九二『日本帝国主義と満州―一九〇〇～一九四五―』（上・下）塙書房。
高森芳編　一九二五『営口の現勢』満鉄。
塚瀬進　一九九三『中国近代東北経済史研究―鉄道敷設と中国東北経済の変化―』東方書店。
塚瀬進　一九九八『満洲国―「民族協和」の実像―』吉川弘文館。

土田哲夫　一九九七「一九二九年の中ソ紛争と『地方外交』」『東京学芸大学紀要』第三部門第四八集。
東亜経済調査局　一九二四『営口の過炉銀』。
中見立夫　一九八〇「一九一三年露中宣言―中華民国の成立とモンゴル問題―」『国際政治』第六六号。
西村成雄　一九八四『中国近代東北地域史研究』法律文化社。
西村成雄　一九九二「張学良政権下の幣制改革―「現大洋票」の政治的含意―」『東洋史研究』第五〇巻第四号。
西村成雄　一九九六『張学良―日中の覇権と「満洲」―』岩波書店。
西村成雄　二〇〇二「近十年来における中国近代東北地域史研究の方法と課題」『近現代東北アジア地域史研究会NEWS LETTER』第一四号。
白栄勛　二〇〇五『東アジア政治・外交史研究―「間島協約」と裁判管轄権―』大阪経済法科大学出版部。
樋口秀実　二〇〇四「東三省政権をめぐる東アジア国際政治と楊宇霆」『史学雑誌』第一一三編第七号。
広川佐保　二〇〇五『蒙地奉上―「満州国」の土地政策―』汲古書院。
深尾葉子・安冨歩　二〇〇四「満洲の廟会―『満洲国』期を中心に―」『アジア経済』第四五巻第五号。
古市大輔　二〇〇〇「中國東北の地域形成と清朝行政―十八―十九世紀盛京における採買・倉儲政策と官僚制―」博士論文・東京大學。
ボルジギン・ブレンサイン　二〇〇三『近現代におけるモンゴル人農耕村落社会の形成』風間書房。
松重充浩　一九九〇「『保境安民』期における張作霖権力の地域統合策」『史学研究』第一八六号。
松重充浩　一九九一「張作霖による奉天省権力の掌握とその支持基盤」『史学研究』第一九二号。
松重充浩　一九九二「張作霖による在地懸案解決策と吉林省督軍孟恩遠の駆逐」横山英・曽田三郎編『中国近代化と政治的結合』渓水社。
松重充浩　一九九三「営口『西義順』の破綻」『外交史料官報』第六号。
満蒙文化協会　一九二二『満蒙全書』第五巻。
安冨歩　一九九七『「満洲国」の金融』創文社。
安冨歩　二〇〇二「定期市と県城経済―一九三〇年前後における満洲農村市場の特徴―」『アジア経済』第四三巻第一〇号。
安冨歩　二〇〇四「樹状組織と網状組織の運動特性の違いについて」『満洲とは何だったのか』藤原書店。
安冨歩・福井千衣　二〇〇三「満洲の県流通券―県城中心の支払共同体の満洲事変への対応―」『アジア経済』第四四巻第一号。
山本登　一九四二『営口土着民族資本の研究（前編）』東亜研究所。

山本有造　二〇〇三『「満洲国」経済史研究』名古屋大学出版会。
柳澤遊　一九九九『日本人の植民地経験—大連日本人商工業者の歴史—』青木書店。
柳澤遊　二〇〇二「日本帝国主義の『満州』支配史研究」田中明編著『近代日中関係史再考』日本経済評論社。
吉田順一　二〇〇四「モンゴル研究の過去と将来」『北東アジア研究』第七号。
李盛煥　一九九一『近代東アジアの政治力学』錦正社。

〈中国語文献〉

営口県公署　一九三三『営口県志：民国十九年』。
常城主編　一九八〇『張作霖』遼寧人民出版社。
胡玉海主編　二〇〇〇『奉系軍閥全書』（全六巻）遼海出版社。

〈英語文献〉

江夏由樹　2004 *Banner Legacy: The Rise of Fengtian Local Elite at the End of the Qing*, Center for Chinese Studies, the University of Michigan.

第10章　奉　天

——権力性商人と糧桟

上田貴子

はじめに

本章では、近代「満洲」社会の成立過程で、奉天経済界の変化を述べ、それが「満洲」全体の変化とどのように関連しているのかを検討する。対象時期は二〇世紀初頭（一九〇五年前後）から一九三一年までとする。つまり光緒新政が実施され、東三省地方政権によって近代化政策が実施された時期から、満洲事変によって、日本軍による軍事的制圧が始まるまでの時期である。

この時期、奉天経済界では、中心となる業種が金融業・流通業から工場制製造業へ変化した。それとともに指導者層が伝統的な商業経営者から近代的商工業経営者に換わった。伝統的商業の特徴は、人的ネットワーク、特に同郷・同業間での紐帯を重視する点である。例えば、金融業者の票荘では出資者も働く者もほとんどが山西省出身者だった。また雑貨商の一種である絲房の場合は山東省出身者によって構成されていた。このように、業種ごとに特定の地域出身者が、資本主、経営者、従業員を構成した。これらの構成員は、同郷の縁者知人などの紹介者を介した人的ネットワークによって、集められた。他方、近代的商工業は、伝統的商業が同郷の人的ネットワークを特徴とするのに対し、権力による動員を特徴とする。動員は、経営陣や従業員といった人材だけではなく、資本、原料、販売ルートも対象とした。近代的商工業の育成には政府が力を入れており、半官半民企業のために、政府の命令伝達ルートを通じた出資呼びかけや原料買上がされ、販売促進活動が行われた。また私営企業でも、政府関係者の出資や、政府系金融機関の出資をうけた。

この変化は、伝統的な商工業者から近代的な商工業者へ奉天経済界の主軸の交代であり、近代的な資本と資本家の登場でもあった。さらに注目すべきは、この背後に人的ネットワークが重視される社会から、権力による上意下達が重視される社会への変化が存在していることである。

本章ではまず、第一節で、一九二四～二五年の時点をとりあげ、消費者であり生産者である農民と、金融業、流通業、製造業との間に成立していた物流上の関係を検討する。これにより近代「満洲」社会に成立し、社会のあり方を規定していたモノの流れをモデル化する。一九二四～二五年とは、張作霖が東北三省を軍事的に掌握した後、第二次奉直戦争に勝利し、その権威が絶頂にあった時期である。つまり第一節で説明するモデルは張作霖政権の影響が最も強まる時期をとらえている。第二節では、第一節のモデルを構成する要素のうち商人層に焦点をあて、奉天経済界での変化を追い、第一節で提示したモデルと照らし合わせ、奉天経済界における変化と、「満洲」全体との変化の連関を示す。具体的な対象としては、奉天総商会の経済人の動向をとりあげる。なお商会とは、商工業者を構成員とし、商工業の発展を目的とした非営利団体である。

本論に入る前に、対象とする奉天を中心とした近代「満洲」の歴史について整理しておこう。清朝期の「満洲」は、満洲族の故地として、特別視され、盛京将軍、吉林省軍、黒龍江将軍がおかれ、将軍を地方支配の長とする軍政が敷かれた。さらに、清朝は「満洲」に対し、漢民族の入植を禁止する封禁政策を行い、開発を制限していた。奉天は、盛京将軍が衙門を構えるとともに、清朝の陪都と位置づけられ、「満洲」の政治の中心であった。

しかし、一九世紀末には、「満洲」は外国の投資の対象とされた。ロシアは日清戦争後の三国干渉のみかえりとして、鉄道敷設権を獲得し、九七年には東清鉄道（中東鉄道）会社を設立、一八九八年には哈爾濱市を建設した。

日露戦争後には日本が東清鉄道の南部線を譲りうけ、南満洲鉄道として運営した。

義和団事件後、清朝は改革の必要を自覚し、一九〇一年に変法の詔を出し、光緒新政が開始された。「満洲」で、光緒新政の実践者となったのが、〇五年に盛京将軍となった趙爾巽である。〇七年には軍政が民政に改められ、省制が布かれて奉天省、吉林省、黒龍江省が成立し、これを東三省総督が統括した。初代東三省総督となった徐世昌は引き続き改革を行った。一一年の辛亥革命時にも、政府側は革命派を押さえ、在地有力者の支持を得て、東三省

写真 10-1　奉天駅
出典)『満洲写真帖』(1928；復刻版，大空社，2008)。

写真 10-2　奉天駅前浪速通
出典)『満洲写真帖』(1928；復刻版，大空社，2008)。

総督の指導下で、中華民国に移行した。革命後、東三省総督は廃止されたが、中央から派遣された官僚が、都督として省を管轄した。

一九一五年に派遣された二代目奉天都督段芝貴は、袁世凱の意向を受けて赴任した。しかし、袁世凱帝政に対する反対運動が高まり始めると、張作霖は段芝貴の追い落としをはかり、一六年の袁世凱死後には、在地有力者の支持を集め、奉天省の政治・軍事を掌握した。そして二二年に呉佩孚との戦争（第一次奉直戦争）に敗れると、張作霖は対外戦争を控え、地域有力者が求める東三省地域内の安定を図った。この時期、張作霖政権下で民政を担当した在地出身の地方官僚である王永江が、財政改革を行い、経済力・軍事力を充実させた。二四年には第二次奉直戦争の勝利により、張作霖は中央政界に影響力を行使するようになった。この頃になると、張作霖や地域社会と日本との間に摩擦が生じはじめた。中国側の排日姿勢は日本側を刺激し、日本側も強硬姿勢をとるようになり、二八年六月には張作霖爆殺という事態に至った。張作霖の後を継いだ張学良は、はっきりと日本との間に距離を置く態度を示し、その年の一二月には従来の東北三省独立姿勢をやめて、南京国民政府と歩調をあわせることを宣言した（易幟）。この過程で日本の影響力はさらに減少したため、日本側に危機感が醸成されるなかで、三一年九月一八日に軍部による満洲事変が起こったのである。

一　「満洲」物流モデル——南満を例として

1　モデルの概要

張作霖政権の成功の背景には、軍事力を支えた経済力があった。税収など正規の収入については、清末以来の税制改革と幣制改革を引き継いだ王永江の財政管理による点が大きい。この点は澁谷による詳細な研究があるので参照されたい（澁谷　一九九七、二〇〇四）。ここでは張作霖政権の経済力を支えたもうひとつの要素、大豆流通に注目する。二〇世紀初頭の中国の貿易収支は、中国全体では輸入超過であった。だが「満洲」では輸出超過傾向にあった。この超過分が近代「満洲」の潜在的な経済力となり、これを支えたのが大豆輸出であった（西村　一九八四、一四二〜一四三頁）。

ここではこの時期の「満洲」の特産物、特に大豆と農村の日用消費財の流通網のモデル化を試みる。大豆は夏の終わりには収穫を終え、秋から冬にかけて出荷される。この際、生産者である農家から大豆を買い付けるのは、各地の糧桟とよばれる穀物問屋である。彼らは使用可能地域が限られる地域通貨を使って大豆を買い付けた。奉天省では主として奉天票が地域通貨として使用された。買い付けられた大豆は、鉄道沿線の集散地にある経営規模の大きな糧桟に買い取られた。集散地の糧桟は営口、大連、哈爾濱などの国際取引が行われる市場で輸出業者に大豆を販売する。このとき、輸出業者は大豆の代金を国際通貨で支払った。これは、金建ての金票（朝鮮銀行券）やルーブル紙幣で、国際決済に使用できるほか、異なる地域通貨を使用する中国国内の地域間決済にも使用できた。このように、大豆販売利益は最終段階では金建てで入手されるが、農村市場では、金建ての通貨は流通せず、銀本位（初期には、銅銭）に基づく地域通貨が流通していた。このため、生産地で大豆を買い付けるためには、大豆販売利益を銀本位の地域通貨に両替する必要があった。

糧桟が大豆購入のために、銀建ての地域通貨を準備するということは、金融機関側からみれば、大豆購入資金を融資することになる。地域通貨の需要は大豆の出荷に左右され、大豆出回り時期には地域通貨の需要が高く、それ以外の時期には地域通貨の需要は下がり、価値が下がる。金融機関はこの変動を利用して、利益を得ていた。(1)

農村から輸出までのカネとモノの流れは以上の通りだが、逆の流れ、輸入と農村へのモノの流れはどうだろうか。大豆を外国に売ることで「満洲」に入ってくる金建ての通貨を必要としたのは、外国製品を輸入販売していた雑貨商である。彼らは綿糸布、日用品の購入に金建て通貨（主として金票やルーブル）を用いた。このような雑貨商は、「満洲」外で生産されたものを輸移入し、小売商や支店を通じて都市部から農村部に至るまで、上は政府関係者から下は農民に至る各階層に提供した。この流通過程では、一般消費者は奉天票などの銀建ての地域通貨を使用しており、雑貨の売上は地域通貨で計上された[2]。そこで雑貨を「満洲」に買い入れる業者は、商品を販売して得た利益を、金融機関を通じて金建ての通貨に換えて、仕入れ資金とした。つまり金融機関は大豆を「満洲」外に販売したときに「満洲」に入ってきた金建て通貨を、雑貨商が商品を買い付ける際に提供することで、金建て通貨と銀建て通貨を循環させていた。

このような流通と貨幣の循環について詳細な考察を行ったのが石田興平である[3]。本章では、金融の詳細を分析することが目的ではないので、石田の研究に依拠して、「満洲」での流通を簡略化したモデルを図10－1として提示したい。

このモデルでは、特産物を農村から吸い上げ、外国へ輸出するルート、外国からの輸入品を農村の消費に提供するルート、両者をつなぐ金融業の三つの要素が基本となる。

これら各要素の動きに注目すると、「満洲」におけるモノ・カネの流れの変遷を次の四段階に分けることができる。まず第一段階は、農村からの集荷、農村への流通、農村と都市の使用貨幣の違いを調整する金融、これらがそれぞれ別の背景をもつ資本に経営されている段階である（図10－1－1）。農村からの集荷は、在地化の度合いの強い農民と同じルーツを持つ商人があたった[4]。農村への流通は、山東商人が「満洲」の外でつくられた商品を都市部へ持ち込んだ。さらに、流通の末端である農村部へは、在地化の度合いの強い商人が商品を販売した。金融業者は、「満洲」外との取引は山西票荘が為替業務を、「満洲」内でも都市ごとに違う貨幣の交換には銭荘や銀荘が両替を行っていた。成功を収めた商店は、糧桟・銭荘（銭舗）・雑貨商を同一資本下で経営する「聯号」とよばれる形態をとるものもあった（石田　一九六四、二二七～二四二頁）[5]。

第二段階は、集荷、流通、金融のうち、金融機関が政府系金融機関に置き換わる時期である（図10－1－2）。第

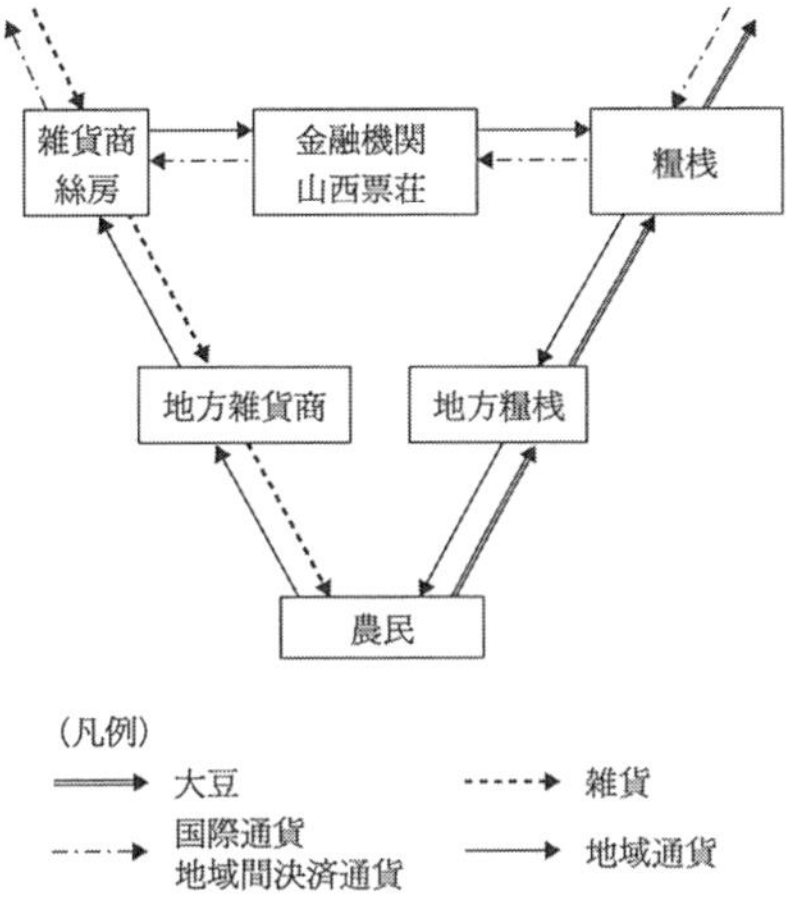

図 10-1-1　1905 年以前

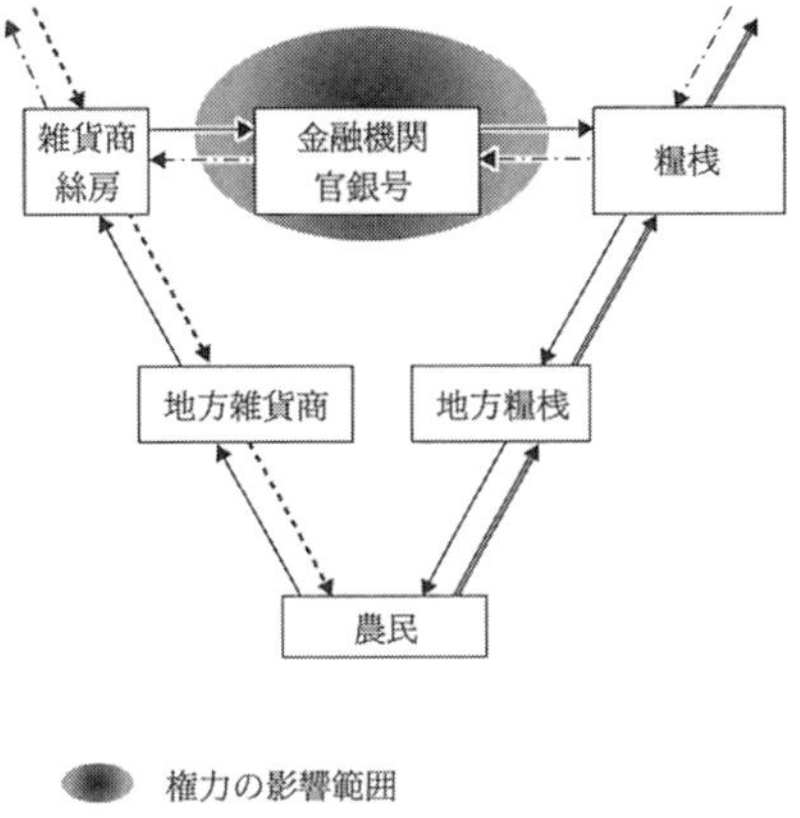

図 10-1-2　1905 年以降

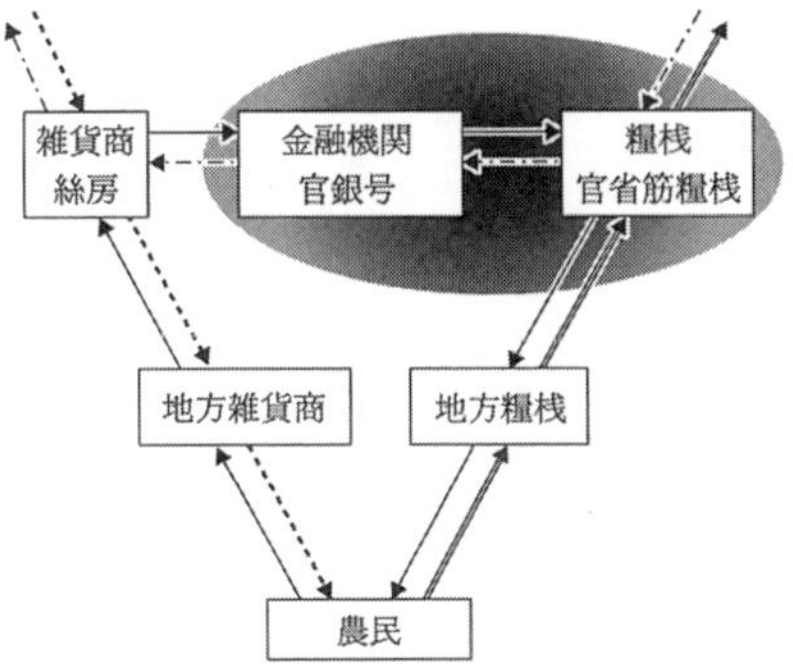

図 10-1-3　1916 年以降

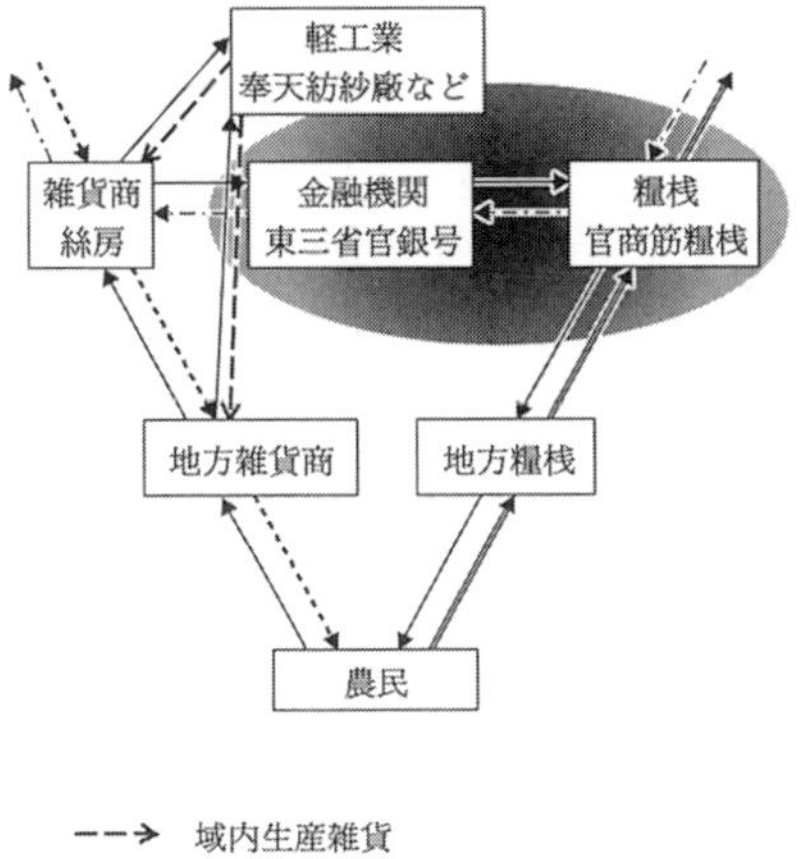

図 10-1-4　1924 年以降満洲事変以前

図 10-1　満洲における流通

一段階と第二段階の画期は、東三省官銀号の前身である奉天官銀号が一九〇五年に設立された時点である。これにより都市ごとに違った貨幣は官帖によって一定程度の統一が達成された。かわって都市ごとの貨幣の違いを調整していた両替を行う金融業者の衰退を招いた。官銀号が設立される以前、奉天の民間金融業者は、票荘一三軒、銭舗四九軒を数えた（光緒三一年の調査による）（外務省　一九〇七、二四五頁）。

票荘は山西人の寡占業種で、全国的なネットワークを持つ為替商である。この山西商人の遠距離間の為替取扱業は明代にはじまる。明代清代の大半の時期には、「満洲」で都市とよべるものは軍の駐屯地であり、駐屯地への糧食および軍備の供給は「満洲」への主な物流のひとつだった。これらの業務のなかから、為替業務も生まれ、「満洲」でも軍駐屯地を中心に山西商人が拠点を持つようになった。(6)

銭舗は票荘に比べると規模の小さい金融業者である。山西商人が経営するものが過半数を占めた。業務は、銀両の売買、預金貸付、帳簿上で取引がされる抹兑銀の売買、発行地のみで紙幣として使用される銭票（私帖）の発行である。票荘に比べると、地元の人間のための金融機関といえる。(7)

しかし一九〇五年の官銀号の設立を転機として、これら民間金融機関は衰退した。官庫の管理が官銀号へ移されたこと、銭票（私帖）の発行が禁止されたことが票荘、銭舗に影響を与えたのである（瀋陽市政府地方志編纂辦公室編　一九九二、四三六～四四〇頁）。その後の銀行や儲蓄会といった新しい金融機関の登場も、伝統的な金融機関の減少に影響を与えている。票荘はその後の史料からは姿を消し、銭舗も二四年時点で三一軒、三二年時点で一八軒と減少していった。(8)

第三段階は、政府系金融機関の影響が集荷にまで及ぶ段階である（図10-1-3）。つまり、東三省官銀号が糧桟との関係を緊密にし、官商筋とよばれる糧桟ができる段階である。時期としては開原に東三省官銀号の支店がおかれた一九一二年を起点とする。満鉄沿線に合計二七箇所の東三省官銀号支店が設置された一六年から、東三省官銀号の附帯事業である公済桟（糧桟）が開業した一八年にかけて、東三省官銀号は特産物流通に本格的に関わり始めたのだった。

第四段階は、一九二四年を起点とする（図10-1-4）。この時期の特徴は、「満洲」のカネ・モノの流れに作用する第四の要素として製造業が登場することである。その象徴的存在が張作霖政権によって創設された奉天紡紗廠である。それまでは農村への商品供給が雑貨商による「満洲」外からの輸移入に任されていた。しかし、製造業の成長によって、輸移入品のシェアを「満洲」内で製造された製品が切り崩していった。これによって流通における雑貨商の勢力は相対的に弱体化した。製造業は政府や政府関係者の出資により、免税措置などの政策的な優遇を受け、販路についても、政府関係の工場を顧客にするなどの優遇を受けていた。

以下、第二項から第四項では、このモデルにおける各役割を担った東三省官銀号（＝金融機関）、絲房（＝雑貨商）、奉天紡紗廠（＝製造業）を取り上げ、特に第四段階の成立に焦点を合わせて検討してみたい。

2　金融機関としての東三省官銀号

まず東三省官銀号についてだが、その起源は、一九〇五年一二月（光緒三一年一一月一日）付で開設された、奉天官銀号である。(9) 〇七年（光緒三三年）「満洲」の軍政が民政に移行し、東三省総督が創設されると、〇九年（宣統元年）には、名称が奉天官銀号から東三省官銀号に改められた。開設は、当時、盛京将軍であった趙爾巽による財政改革の一環として行われた。それまでは、山西票荘に官庫の管理が委託されていた。また、票荘や銭荘という民間の金融業者が発行する私帖とよばれたものが紙幣として流通していた（石田　一九六四、二六九〜二八二頁）。

東三省官銀号の主な業務は、紙幣発行などの幣制管理、融資と預金の引き受けで、後者には省や県の公金も含まれていた。名称に東三省とつくものの、東三省全体の金融を管理するには至らなかった。いわゆる奉天票と呼ばれた東三省官銀号発行の紙幣も、奉天省とそれに隣接する吉林省の一部で使用されたにとどまっていたが、地域の中央銀行としての機能を持っていた（関東庁財政部　一九二九、一六二〜一六三頁）。加えて、多くの附帯事業を有していたことも東三省官銀号の特徴である。公済当という質屋や、公済銭号という銭舗が清末に東三省官銀号の出資の下で開設された。一九一一年には万生泉という焼鍋（醸造業）を買収した。二四年に東三省銀行・興業銀行と合併すると、両銀行経営の企業も傘下におさめた。先に述べたように、奉天票の発行とその兌換は、奉天票を用いて行われる大豆売買の利益を東三省官銀号に蓄積することを可能にしていた。さらに、附帯事業である特産物問屋の経営も大豆流通による利益を東三省官銀号にもたらした。

東三省官銀号の支店は第一級から第四級に分かれていた。一九二九年の時点では第四級の支店が最も多く四四ヶ所あった。第一級の支店は長春と哈爾濱のみで、上海などの「満洲」外の主要な支店でも第二級だった。表10-1は支店の設置を年代順に並べたものである。

奉天官銀号の支店は、まず一九〇六年に安東と営口という二大開港地に設置された。次に、東三省官銀号と改められた後には、上海・天津・煙台など、東北と取引のある関内の開港地と、奉天省内の東山・東辺道・遼西・東蒙古各地域の主要都市に支店がおかれた。この段階では鉄道の影響はほとんどなく、開港地からの水運と陸運の拠点に支店がおかれている。

民国期に入って初めて、一九一二年開原、一五年公主嶺といった満鉄敷設後に発達した都市に支店がおかれはじめた。特に急増したのは一六年一一月で二六ヶ所、このうち二三ヶ所が現地の商店に寓居した。海城支店を除いてすべてが最も規模の小さい第四級の支店だった。一六年一一月とは、四月に張作霖が段芝貴を駆逐し、奉天省の実権を掌握した直後である。この時期に設置された支店は満鉄と京奉鉄道に沿って分布している。これは、鉄道駅へ馬車輸送が集中していくことと呼応している。このような支店の展開は、鉄道へと集まる特産物を買い付ける糧桟への資金供給が、本格化したことを表している。

次の急増は一九二四年の一三ヶ所で、主として吉林省・黒龍江省を中心に設立された。二四年は第二次奉直戦争をひかえた、保境安民期の最後にあたる。この段階では、奉天の影響力が吉林省・黒龍江省に東三省官銀号を設置

表 10-1　東三省官銀号支店設置一覧

西暦	年号	分号	所在地	等級	備考
1906年 3月	光緒32年 2月	安東	城内中国地	2	
6月	閏 4月	営口	東大街	2	
7月	5月	遼陽	公済當内寓	3	
1907年 10月	光緒33年 9月	彰武	豊盛當内寓	4	宣統2裁撤，民国11年復活
10月	9月	長春	北大街路東	1	
11月	10月	新民	中街路北	3	
1908年 7月	光緒34年 5月	哈爾濱	道外	1	
7月	5月	山城子	双成富	3	
8月	6月	洮南	洮南北門内	3	
8月	6月	鉄嶺	公済糧桟内寓	3	
8月	6月	昌図	公済當内寓	3	
8月	6月	上海	英租界	2	
8月	6月	天津	日租界	2	
8月	6月	錦県	城内	2	
8月	6月	通化	県街	3	
8月	6月	煙台			撤去
1909年 8月	宣統 1年 6月	北京	打磨廠	4	民国17年撤去
1910年 3月	宣統 2年 2月	遼源	大街	3	
6月	5月	山海関	東大街	3	
7月	6月	蓋平	福泰厚内寓	3	
7月	6月	綏中	天興泉内寓	4	
月不明	月不明	漢口			撤去
1912年 2月	民国 1年 2月	開原	開原駅	2	
1915年 5月	民国 4年 5月	公主嶺	朝日町	2	
12月	12月	西豊	城内東永桟内寓	3	
1916年 4月	民国 5年 4月	西安	北大街路東	4	
10月	10月	新立屯	福升東	4	
11月	11月	海城	慶余當内寓	3	
11月	11月	遼中	県城内晋升當内寓	4	
11月	11月	興京	福隆店内寓	4	
11月	11月	法庫	城内合興号内寓	4	
11月	11月	東豊	東興當内寓	4	
11月	11月	海龍	富源長内寓	4	
11月	11月	復県	公和當内寓	4	
11月	11月	荘河	徳聚豊内	4	
11月	11月	鳳城	裕慶厚内寓	4	
11月	11月	寛甸	福徳厚内寓	4	
11月	11月	本渓	張碗舗内寓	4	
11月	11月	撫順	千金塞新市街増益泉内寓	4	
11月	11月	岫岩	福慶廣内寓	4	
11月	11月	興城	輔政隆油坊内	4	
11月	11月	錦西	慶徳當内寓	4	
11月	11月	義県	寶興瑞内寓	4	
11月	11月	北鎮	権済公内寓	4	
11月	11月	黒山	福昇東内寓	4	
11月	11月	盤山	同興隆内寓	4	
11月	11月	台安	徳源増内寓	4	
11月	11月	柳河	大街	4	
11月	11月	康平	廣益恒内寓	4	
11月	11月	臨江	興和順内寓	4	

11月	11月	桓仁	慶和発内寓	4	
11月	11月	梨樹			撤去
11月	11月	懐徳			撤去
12月	12月	四平街	鉄道西天益恒内寓	3	
1917年 6月	民国 6年 6月	輝南	輝濛木業公司内寓	4	
6月	6月	留守営			撤去
6月	6月	灤県			撤去
6月	6月	楽亭			撤去
1919年 5月	民国 8年 5月	八面城	巨源益焼鍋内寓	3	
9月	9月	通遼	東街	3	
1921年 6月	民国10年 6月	昌黎			撤去
12月	12月	吉林(省城)	省城	2	
12月	12月	綏化	吉泰厚内寓	4	
12月	12月	双城	徳順興	4	
12月	12月	巴彦			撤去
12月	12月	龍口			撤去
12月	12月	黄県			撤去
1923年10月	民国12年10月	黒龍江(省城)	省城	3	
1924年 5月	民国13年 5月	輯安	天聚福内寓	4	
7月	7月	大連	敷島町	2	
7月	7月	黒河	江南街	3	
7月	7月	延吉	商埠	3	
7月	7月	瀋所ママ(瀋陽)	鼓楼南	3	総号業務増加につき匯兌事業の半分を分離，第一匯兌所とする
7月	7月	海拉爾	新街	4	
7月	7月	寧安	東大街	4	
7月	7月	呼蘭	南大街路東	4	
7月	7月	安達	大街	4	
7月	7月	郭家店	同仁桟	4	
7月	7月	范家屯	附属地	4	
7月	7月	下九台	長発糧桟	4	
月不明	月不明	長白	福豊公内寓	4	
1925年 6月	民国14年 6月	永平			撤去
6月	6月	蘆台			撤去
6月	6月	済南			撤去
6月	6月	熱河			撤去
6月	6月	赤峰			撤去
6月	6月	凌源			撤去
6月	6月	綏東			撤去
6月	6月	朝陽			撤去
6月	6月	開魯			撤去
7月	7月	開通	永盛興内寓	4	
7月	7月	双山	福盛街	4	
7月	7月	一面坡	天寶當内寓	4	
7月	7月	拝泉			撤去
1926年 4月	民国15年 4月	開原城内	増益湧	4	
1928年12月	民国17年12月	第二匯兌所	遼寧省城小西関路北	3	匯兌業務増加に伴い設立
1929年 2月	民国18年 2月	田荘台	大徳恒	4	
12月	12月	日站分号	日本站	3	
不明	不明	小河沿経理處	遼寧省城外東南隅	不明	小河沿の全施設不動産現洋約30万元

注）所在地は開業時のものと違うものもある。
出典）王（1929）より作成。

できるまでに浸透したことがわかる。二五年には熱河省を中心に、一三ヶ所の新設があるが、熱河省のものは二九年時点では撤去されている。

附帯事業としての主なものは公済栈（糧栈）である（王　一九二九）[10]。最初は一九一八年鉄嶺に開設されたが、後に本店は開原に移された[11]。公済栈をはじめとする東三省官銀号からの資金を得て経営されていた糧栈は、当時、官商筋とよばれていた。このほかに、東三省官銀号幹部が出資する糧栈や東三省官銀号幹部の親戚や友人が経営する糧栈は準官商筋糧栈と呼ばれた。準官商筋糧栈は東三省官銀号幹部の依頼によって買い付けを行うといわれた。これらの糧栈には、大豆などの特産物流通に占める日本人商人のシェアを切り崩すことが期待されていた。

官商筋糧栈や準官商筋糧栈に買い付け指示を出していたのは東三省官銀号の籌調科という部門だった。籌調科は出張員を派遣して、影響力を行使できる糧栈に買い付けを行わせた。時には官商筋や準官商筋ではない一般の糧栈に買い付け指示を出すこともあった（藤井　一九二八、一七〜二〇頁）。東三省官銀号の支店は大豆売買を行わないことが規定されていたが、東三省官銀号はこのような表に出ない形で特産物の購入に関わっていた[12]。

ここで、官商筋糧栈と東三省官銀号の関係を、開原を例にみてみよう。開原は、鉄道敷設後、附属地が急速に発展して形成された有数の特産物集散地である。開原には一九一二年二月、東三省官銀号の分号が設置された。等級は安東・営口・上海・天津などと同等の第二等級である。開原では二五年から二六年にかけて官商筋糧栈の買い付けが強化された。この時期の東三省官銀号開原支店の経理（支店長にあたる）は関善夫といい、東三省官銀号総辦の彭賢の信任が厚かった。当時の開原には官商筋の糧栈が八軒あった。経理が関善夫と交友関係にある東永茂・純慶茂・義恒達・運通達・金麗泉の五軒、公済栈、さらに公済栈経理張景春が個人的に出資している義興元、その親戚による通記号は東三省官銀号の強い影響下にあった。このほかに、張学良出資による富増祥、楊宇霆縁故者出資による圓通栈、王永江縁故者出資による信和永も準官商筋糧栈に数えられた。これら計一一店舗が開原の官商筋・準官商筋の糧栈であった。この他の一般糧栈は一八店舗となっている。これらの糧栈が扱う大豆の量を発送量から

表 10-2　開原駅大豆発送取扱量

（単位：車）

		1922	1923	1924	1925	1926	1927
官商筋	公済桟	6100	1444	3546	16774	18276	33202
	義興元	—	—	—	—	919	5265
	東永茂	67060	73669	70562	54227	44151	55082
	純慶茂	—	3346	3509	3779	1281	14410
	義恒達	9900	3441	1476	3057	5183	—
	運通達	—	—	1804	1481	14305	5847
	金麗泉	9514	12562	14676	15666	16720	51554
	通記号	—	—	—	—	—	—
	富増祥	—	—	—	—	—	494
	圓通桟	—	—	—	—	2268	198
	信和永	—	—	—	—	361	17243
	広信恒	—	—	—	—	—	2935
	合　計	92574	94462	95573	94984	103464	186230
非官商筋	恒豊乾	4158	4395	4939	12844	22146	22820
	義順号	9224	5051	6632	10393	16689	—
	慎徳成	—	—	—	2662	5046	4123
	鼎新昌	16800	2788	4658	4775	6674	—
	宝星玉	—	—	—	394	1165	—
	広永泰	11400	15710	16109	6993	5115	—
	世合公	1584	8462	1738	1251	3129	—
	同泰合	2290	—	—	—	—	—
	天祐桟	—	—	—	658	1211	—
	巨昌徳	600	1082	1710	852	1149	—
	同順祥	1425	98	1511	197	1017	1547
	益昌恒	—	—	—	—	1252	—
	天興福	—	1640	1082	—	33	—
	益順増	—	—	—	—	1715	—
	双星福	—	—	—	—	821	1482
	万和源	—	—	196	494	411	1748
	増益通	23670	3510	5486	2435	1223	—
	万聚桟	—	—	—	1511	526	4136
	合　計	71151	42736	44061	45459	69322	35856

出典）藤井（1928）69〜70 頁，75〜78 頁。

みると表10-2のようになる。二六年時点では、約三分の一強にあたる官商筋糧桟によって三分の二近くの大豆が取り扱われていた。

また一九二五年・二六年は、「満洲」全体でも東三省官銀号系糧桟が特産物売買に積極的になり始めた時期であった。例えば鉄嶺・新台子・昌図でも二六年から官商筋が買い占めを強化していると報告されている（同前、八九頁、九七頁、一〇二頁）。また東三省官銀号附帯事業の特産物取扱業者支店網も急速に広げられた。公済桟は一八年の鉄嶺での開業、一九年の開原での開業ののち店舗網の拡大は一時停止するが、二五年以降は大豆出回り期に公主嶺・四平街・山城子・海龍・西豊・洮南・遼源・法庫・通遼・新民などに臨時支店にあたる臨時分荘を設置するようになった。また二七年には哈爾濱を中心に特産物取引を行っていた東済油坊も開原・公主嶺・三岔河・張家湾・双城・烏珠河・一面坡・海林・牡丹江・寧安・安達站・満溝・小蒿子・拝泉・克山・富錦・佳木斯など北部を中心に出回り時期限定の臨時分荘を設置、東興火磨も同様に北部を中心に臨時分荘を設置するようになった（王一九二九）。

このような官商筋糧桟によって扱われた大豆の量は、張学良政権末期には総出廻り量の六〇％を越えるまでになった。満鉄の調査によると、中国東北地域全域の大豆収穫量一九三〇年で一七万五千余車（満鉄貨車一台を単位とする）のうち一〇万四千余車（約五九％）、三一年で一七万四千余車のうち一一万九千余車（約六八％）が官商筋糧桟によって集荷されていると推測される（斎藤　一九三六、八～九頁）。

3　雑貨商としての絲房

次に一九二四～二五年の雑貨輸入商について見ておきたい。都市奉天では絲房とよばれる業種が有力雑貨商として、輸入業務と「満洲」各地への販売を行っていた。彼らのほとんどは、山東出身の資本主（財東）、経営者（掌櫃）、店員からなっていた。[13] 山東人が経営する業種は、清末には人参、蜂蜜など山地特産物を扱う山貨行などもあったが、二〇年代にはみられなくなっている。[14] しかし、絲房だけは山東幇が多数派で、他の同郷集団の参入を拒んでいた。三三年の調査でも山東出身者の集まる山東会館は布商つまり絲房のみが構成員で、調査年時点で七十余の商店数を数えている（枝村　一九三三、七～八頁）。絲房全体での店舗の増加も、他の雑貨商に比べて堅実だっ

写真 10-3　奉天城内の鼓樓通

出典）『南満洲写真大観』（1911；復刻版，大空社，2008）。

た。奉天では第二次奉直戦争後の好景気に雑貨商の開業が急増した。このとき増加した雑貨商の多くは、絲房と同様の商品を扱う他の地域出身者が経営するものだった。その後、二七年の奉天票暴落による不況となると、この時期に増加した多くの雑貨商が倒産した。しかし、絲房からの倒産は少ないという結果がみられた（上田　二〇〇二）。同郷集団による特定の業種の独占は、中国の伝統的な商業形態に散見されるものであるが、山東幇と絲房の関係について事例をあげてみておきたい。

「満洲」へ流入する山東人の出身地は、山東半島北岸を中心に、内陸部にも広がっている。しかし絲房業に従事するのは、龍口港に近い招遠県、黄県、蓬萊県出身者である（表10-3）。清初順治期に、山東からの商人が絹糸を奉天に売りに来た。この絹糸は奉天に住む八旗の婦人たちが手工芸として嗜んだ刺繍用の糸として需要が高かった。商人たちは後に工房を構え、刺繍用絹糸を奉天で生産するようになった。これが絲房のはじまりである。規模拡大の過程で、絲房は自家生産品以外の販売も行うようになり、経営範囲を広げて雑貨販売業へと転換していった。民国期には規模の大きなものは中国資本の百貨店とみなされるほどに成長した（曲　一九八九、二二九〜二三〇頁）。表10-3からみると、創業数が多い時期は、清初、日清戦争後、一九二〇年代の三つである。清初のピークは、明清交代期を経た後に、奉天が清朝の特権階級である八旗の住む「満洲」一の都市となったことから、贅沢品の消費が見込まれたためである。日清戦争後には、ロシアによる東清鉄道の建設が本格化し、「満洲」は急速に開発された。日露

表 10-3　奉天絲房一覧

商号 店舗名	幇	創業年代 西暦	創業年代 資料記述	財東	掌櫃	売上 単位：万元〔現洋〕	来貨地
天合利		1730頃	約200年前	単少卿，黄県人五代目	劉敬斉65歳，黄県人，商会董事，山東同郷会会長	83	大阪・上海
天合輔		1863	同治2	天合利	王紀常46歳，黄県人	68	(天合利による)
天合東		1851-61	咸豊年間	天合利	王敏卿58歳，黄県人	65	(天合利による)
源合東		1894	光緒20	天合利	馬維厚51歳，黄県人，絲房同業公会常務委員	41	(天合利による)
洪順盛		1902	光緒28	王樹亭，黄県巨商	姜蔭蕃65歳，黄県人，奉天市商会董事および委員など	110	大阪・上海
泰和商店		1929	民国18	洪順盛	程夢挙43歳，黄県人，洪順盛の二老板，大阪・上海・天津・北京・漢口などで客商をし，経験豊富，各法団の名誉職および市商会現役董事	65	大阪・天津・上海
吉順昌		1901	光緒27	黄県林姓の慎徳堂	張子揚60歳，黄県人，吉順昌勤続40余年。中国外国の諸都市での客商として経験を有す。商業知識経験は豊富。現在奉天市商会董事	130	大阪・営口・安東・天津
吉順洪		1901	光緒27	吉順昌	張子揚60歳，黄県人，上に同じ	35	(吉順昌に同じ)
吉順隆		1908	光緒34	吉順昌	張子颺60歳，張子揚と同一人物か？	25	(吉順昌による)
吉順絲房		1914	民国3	黄県林姓の慎徳堂	王緝文55歳，黄県人	150	大阪・天津・上海
謙祥泰		1900	光緒26	鄭安素堂，黄県四大富豪の一	閻貫一56歳，黄県人，同郷会幹事を歴任	46	大阪・営口・天津・上海
謙祥源		1908	光緒34	謙祥泰	王潤亭50歳，招遠県人，商会董事，招遠県同郷会会長など	26	大阪・天津・上海
謙祥恒		1895	光緒21	鄭安素堂，謙祥泰とは兄弟で別人	遇永新61歳，黄県人	22	大阪・安東・上海
同義合	河北	1912	民国1	馮傭氏，奉天軍28師馮麟閣の子，私立馮傭大学をたてる	宋揆一53歳，河北昌黎県人	42	大阪・営口・天津・北京・上海
同義合		1919	民国8	同上	孫寿山44歳，河北冀県人	52	大阪・天津・上海
天増福		1899	光緒25	楊吉祥，奉天の富戸投資家／楊景祥／楊祝三／郭篯山	楊祝三58歳，遼陽県人，商会会董，教育会幹事	23	大阪・遼陽・大連・天津・北京
阜豊東		1902	光緒28	承蔭堂，黄県人／李献芝／田荷塘／楊永芳	田荷塘34歳，黄県人，紘絲工匠出身絲房同業公会幹事商会董事	32	大阪・営口・上海
裕泰東		1923	民国12	合資「裕」系列／李棟忱	劉子英70歳，黄県人，絲房同業公会長	23	大阪・営口・天津・上海
裕泰盛		1900	光緒26	李棟忱／李徳馨／裕新堂	李棟忱61歳，黄県原籍，奉天工業区在住，工業区に300余間そのほか不動産商業への投資で18万元ほどの資産	32	大阪・天津
興順利		1644	順治1		英春英46歳，黄県人	230	大阪・上海
興順義		1905	光緒31	単興順，黄県の富豪，商工業への投資は3代	楊敬山72歳，黄県人	31	大阪・営口・安東・天津・上海

興順西		1912	民国 1	興順利	姜作身 57 歳，黄県人	28	大阪・営口・安東・上海
同興元		1921	民国 10	天興元／興記絲房／同増利	康祝三 58 歳，黄県人	36	大阪・天津・北京・上海
福成泰		1927	民国 16	孫玉泉青島，青島でドイツ商人の買弁	鞠景騫 32 歳，黄県孫家灘人，大阪・上海・漢口で出張員	33	大阪・上海・東京
天徳成	河北	1890	光緒 16	夏恵民，河北省深県人，奉天に不動産，私立城成中学堂学董，旅奉深県同郷会副会長／徐治祥／徐懐玉	趙致中 41 歳，河北深県人	38	大阪・天津・北京・上海・濰県・周村
英利源	河北	1904	光緒 30	多鳳閣満旗籍地主	李振 49 歳，河北臨楡県人	26	営口・大連・上海
久和隆	浙江	1921	民国 10	浙江久和興／方謂生／趙殿元	方謂生 52 歳，浙江紹興県人	35	上海・杭州
和発永	浙江	1904	光緒 30	徐文，浙江紹興人，奉天紹興同郷会会長，絲房子同業公会幹事	李湘亭 44 歳，河北省武定県人	96	大阪・天津・上海
利順永		1879	光緒 5	周士珍，掖県の富豪，津京滬に投資する／姜維舟／王永和	周士珍 45 歳，山東掖県人	36	大阪・濰県・周村
裕盛東		1920	民国 9	李耕読堂／馬余慶堂／李魁元	李魁元 46 歳，黄県人，商工会董事監察人	83	大阪・天津・上海・周村
源豊東	河北	1912	民国 1	劉興泉，奉天で不動産投資／李滋然，河北撫寧県人，奉天での投資家	李滋然 55 歳，河北撫寧県人	80	上海
源豊盛	河北	1913	民国 2	李滋然，河北撫寧県人，奉天での投資家	李滋然 60 歳，河北撫寧県人，絲房同業公会の委員，撫寧同郷会会長	33	大阪・天津・上海
増益東		1924	民国 13	張益齋	聶子祥 42 歳，黄県人	85	大阪・営口・上海
徳興和		1880	光緒 6	単墨林，黄県人，投資家／福慶堂，黄県人／福昇堂／同増興／貴裕堂／宝倹堂／匯徳堂	鞠岱山 55 歳，黄県人	41	大阪・営口・大連・安東・天津・上海
徳興源		1908	光緒 34	徳興和／李献芝，黄県人／単錫九，投資家／楊全璧／鄒亜宣／劉国章	姚文九 52 歳，黄県人	92	大阪・営口・上海
恒祥源		1886	光緒 12	恒祥源，奉天雑貨商，雑貨商同業公会副会長	王潤庭 51 歳，黄県人，商会董事監察人	36	安東・上海・杭州・漢口
趙興隆		1820-50	道光年間	趙積安堂＝趙項隆は黄県四大家の一つ，東三省内 100 余軒に投資	李文中 59 歳，黄県人	100	営口・天津・上海・黄県
興隆豊		1909	宣統 1	同上	劉禄堂 49 歳，黄県人	25	大阪・安東・上海
福盛永		1879	光緒 5	康国鈞	康国鈞 58 歳，黄県人	65	天津・北京・上海
恒興長		1875	光緒 1	単六吉／王子佩，黄県人	張和廷 58 歳，黄県人	22	大阪・営口・安東・上海

興茂厚	山西	1890	光緒 16	時立山，山西太谷県人／李茂堂／楊永生	党徳 56 歳，山西大原県人	65	大阪・大連・上海
大興隆	河北	1877	光緒 3	梁化南	闞瑞堂 44 歳，河北臨楡県人	30	大連・上海
同興長	河北	1921	民国 10	陳佩芝 52 歳，河北撫寧県人	陳暁峰 46 歳，河北臨楡県人	18	北京・上海
義豊長	河北	1864	同治 3	陳盈斗，不動産投資家，小西関房産公会副会長	黎仲元 61 歳，河北撫寧県人，絲房同業公会監察員	42	営口・天津・北京・上海
福恒隆		1905	光緒 31	曲輔臣／馬雲龍／李書棠	王錫九 52 歳，黄県人	90	大連・上海・哈爾濱
福恒泰		1928	民国 17	福恒隆	王錫九 52 歳，黄県人	40	大連・安東・哈爾濱
大徳祥	河北	1916	民国 5	薛子遠 60 歳，奉天小南関人	王作仁 38 歳，臨楡県人	11	天津・上海
泰山玉	河北	1901	光緒 27	王徳山／周景義（岐），河北欒県人／楊永芳	周景義 50 歳，河北楽亭県人	65	天津・北京・上海
広泰徳		1923	民国 12	馬作孚，蓬莱県人，奉天不動産投資家	王慎五 46 歳，黄県人	52	大阪
中順恒		1914	民国 3	王照順，字錫九，黄県の富戸	曲善芝 62 歳，黄県人	32	大阪・上海
中順昌		1924	民国 13	中順恒	王仙舫 56 歳，黄県人	12	大阪・上海
増発鈺	不明	1920	民国 9	孔泉清，遼陽増発鈺の主人	徐子芹，山西省武進県人	52	大阪・天津・上海
恒祥久	不明	1929	民国 18	増発鈺	杜寿山 45 歳，河南省武安人	11	大阪・上海
徳順源		1927	民国 16	劉子元／劉作賦／王子珍／楊占元／馬青山	楊占元 42 歳，黄県人	15	天津・上海
亨利順		1923	民国 12	趙亨利 62 歳，山西省睢県	朱子銘 60 歳，山西省武安県	28	天津・北京・上海
五源商店	河北	1930	民国 19	北平五源紬緞荘	石越嶠 51 歳，河北省冀県人	20	天津・北京・上海
新順昌	不明	1929	民国 18	仁章紬緞荘，江蘇省温州県の商店全国に支店をもつ	于永堂 40 歳，黄県人	25	上海・杭州・温州
天興信		1916	民国 5	天合当，昌黎県楊占山独資の当業	王子芹 49 歳，河北昌黎県人	20	天津・北京・上海
永源徳	河北	1736-95	乾隆年間	梁善夫，河北省大名県人	王作舟 53 歳，河北省河間県人	32	大阪・天津・北京・上海
同協利		1919	民国 8	郭連山／富仲元／王洪南／孟常海／王振和／ほか股主あり計30人	王洪南 48 歳，黄県人，商会董事絲房同業会幹事	30	天津・上海
福勝公		1908	光緒 34	温仲三 59 歳，黄県人	程春山 62 歳，黄県人	21	大阪・上海

注）幇については明記のないものは山東幇である。
出典）奉天興信所（1932）により作成。

戦争後、絲房は営口、上海から買い付けを行うようになった（外務省　一九〇七、二六〇～二六一頁）。第一次大戦後には、日本に出張員を派遣して買い付けを行うことが本格化した。大戦後の好景気による製造業の発展のもと、絲房は上海・大阪・営口・天津に出張員を派遣して商品を仕入れ、二〇年代には開業数がピークを迎えた。

絲房の組織のうち、資本主は招遠県、黄県、蓬萊県の籍貫で、そこから動かないものも多かった。最も歴史をもつ絲房といわれた天合利では、創業後二百年のうちに、創業者の子孫の分家によって、分配金を受け取る権利をもつ親族が五十余りにもなったという（曲　一九八九、二三三頁）。また奉天以外にも聯号関係にある店舗があり、資本主はこれらの店舗の間を回って経営状況をチェックした。実際の店舗の経営は、掌櫃（経理ということもある）に任されており、商会での活動に参加するなど、奉天経済界で一定の役割を担っていたのはこの掌櫃たちだった。店員のリクルートは、招遠県、黄県、蓬萊県で行われ、親戚知人などの仲介者をたて、十代のうちから無給の見習い店員として働き始めた。彼らの出世コースは有給の正規店員、分配金を受け取れる経営参加資格のある店員、出張員あるいは掌櫃を経て、一つの店舗全体を管理する大掌櫃に至った。この間、だいたい三年に一度故郷に帰り、引退後は山東へ帰るものもあった（同前、二三二頁）。

奉天における絲房は、民国期には経済人の中でも重要なポジションを占めるようになった。例えば、経済界のリーダーともいうべき商会長は、一九一八年から二四年までは絲房経営陣の支持を受けた山東人の魯宗煦であった。本節では雑貨商の「満洲」外から輸移入する役割を強調したが、有力流通業者小売業者としての側面も持っていた。例えば絲房は政権関係者との取引も行っていた。二〇年代の奉天では、繁華街である中街に、その繁栄を象徴するかのように、当時としては最新式の四階建ての店舗を、吉順絲房などの有力絲房が建てた[15]。百貨店としての繁栄は三〇年代初めまで続いた。しかし、綿糸布の輸移入商としての機能は一九二〇年代の後半には下降気味になった。その理由は、一九二〇年代後半に盛んになった「満洲」での輸入代替産業の成長と、日本製品ボイコット運動のためである。輸入業者としての雑貨商衰退の局面は、奉天経済界のなかでの人事に端的にあらわれた。詳細は次節で取り上げるが、絲房に支持された商会長が失脚し、製造業を代表する人物が商会長に就任したのである。

雑貨商が勢力を弱めていったかわりに、奉天では製造業が著しい成長をみせた。

4　製造業としての奉天紡紗廠

工業製品を生産する企業は「実業振興」をスローガンとして清末民国初期からさかんに設立されていた。遼寧省档案館所蔵の奉天省公署档案の中には、多くの登記申請がみられる。業種としては、縫製工場や織布業が多く、この他にはマッチ製造業や皮革加工業、森林資源活用を目ざした事業等の起業が計画された。これら清末民国初期に設立されたもののほとんどは「満洲国」期になって行われた調査にあがっておらず、倒産したと推測される（上田二〇〇三、五九頁）。

しかし、この「実業振興」が実を結びはじめるのが一九二〇年代になってからである。表10-4は三一年時点で奉天に存在した主要な工場制製造業の一覧である。多くは東三省官銀号、辺業銀行、奉天儲蓄会といった東北地方政権の官僚と関係の深い金融機関から資金融資をうけ、同時に政府関係者自身が資本出資者となっている。このため免税などの優遇措置をうけることが多かった。業種はマッチや紡績業など、それまで輸入にたよっていた軽工業が多く、輸入代替をめざしていた。その経営者たちの多くは、二〇年代後半に盛んになる国産品販売促進運動である「国貨運動」や、日本製品ボイコット運動の中心的存在となっていった。

この奉天工業化の中心的存在として奉天紡紗廠を挙げることができる。奉天紡紗廠は半官半民の紡績織布企業で、張作霖政権から政策的な保護をうけていた。与えられた優遇は、主として出資、原料集荷、製品販路にみられた。これらの優遇のおかげで日本製品と競争しうるだけの廉価で一定レベルの製品を生産することができ、日本側商工会議所も注目していた。

奉天紡紗廠は一九一九年秋に設立が計画され、二三年一〇月に正式開業をするまでに、約四年の歳月がかけられた。この間の省議会では、奉天紡紗廠の設立目的が説明された。それによれば、国産品製造によって輸入代替を図り、外国から大量に輸入している綿糸布を減らすというものだった（奉天省公署档案　三二九四a）。奉天紡紗廠は

表 10-4　中国人資本家による主要製造業

企業名	業種	資本額	資本主	創業年
奉天紡紗工廠	製糸・織布	450万	官商合弁	1923
奉天純益繰織公司	製糸・織布	10万	東三省官銀号・張学良ほか	1918
東興紡織工廠	織布	50万	張恵霖ほか	1924
東興帆布染色公司	染色	公称50万	泰記銭号・奉天商業銀行ほか	1924
奉天八王寺啤酒公司	ビール・飲料・醤油	25万	東三省官銀号・張恵霖ほか	1920
奉天副食品醤油公司	醤油	15万	楊宇霆・常陰槐ほか	1926
博源公司	醤油	15万	奉天儲蓄会ほか	1916
恵臨火柴公司	マッチ	50万	東三省官銀号・奉天儲蓄会・張恵霖ほか	1921
基泰建築公司	建築	20万	梁士怡ほか	1929
肇新窯業公司	陶磁器・煉瓦	42万	杜重遠・張学良	1923

注）資本額は現大洋表示。
出典）奉天興信所（1932，1933），奉天市商会（1933），瀋陽市人民銀行・瀋陽市金融学会編（1992）より作成。

開業前から地域経済における工業化と輸入代替の役割が期待されていた。

資本総額は奉大洋で四、五〇〇、〇〇〇元、一株あたり一〇〇元とし、四五、〇〇〇株、からなっていた。このうち民間からの株主（商股）は一九二二年一一月に一六、六二二株（全株数の約三七％）だったものが、二七年末には二一、一二〇株（同約四七％）に増加した（表10-5参照）。

民間株主は奉天省内一円から募っていた。これを集めるために省公署は県知事へ指令を出し、県ごとにまとめて株を購入させた。また、株主総会（股東会議）召集の指令も省公署から県知事を通じて行われ、株主総会出席者の選定も県知事にまかされていた（同前　三二九四b）。このように奉天紡紗廠と株主との関係には間に省と県が入り、権力が介在していた。このため、省政府官僚を多く輩出している遼陽などが比較的高額の資本金を出していた。

これら民間株主によってまかなわれた以外の株は「官股」といわれ、省財政から出資され、当初は約六三％を占めていた。また先にみた民間株主のうちでも、約三分の一にあたる五、五〇〇株（一九二二年時点）は東三省官銀号・中国銀行・交通銀行・東三省銀行・興業銀行・奉天儲蓄会によってまかなわれ、政府の影響力が強い。

原料には、「満洲」に存在した日本系の在華紡がインド綿、アメリ

表10-5　奉天紡紗廠商股一覧

（股数：1件）

商股	1922	1928	商股	1922	1928
東三省官銀号	1000	3395	北鎮県	130	143
東三省銀行	1000	合併	盤山県	40	44
興業銀行	1000	合併	新民県	77	304
交通銀行	1000	1128	彰武県	46	60
中国銀行	1000	1128	東豊県	415	487
奉天儲蓄会	500	528	綏中県	106	116
奉天総商会		1097	懐徳県	359	408
海城県	529	575	瀋陽県	687	767
通遼県	10	12	海龍県	213	291
遼源県	66	88	鳳城県	139	266
開原県	833	1155	蓋平県	384	428
臨江県	93	96	鎮東県	3	12
寛甸県	91	100	営口県	693	779
洮南県	21	21	安東県	1203	457
西安県	220	235	安東総商会		646
台安県	68	75	荘河県	301	313
興京県	44	64	義　県	23	27
錦西県	87	95	輝南県	50	54
黒山県	58	64	長白県	20	22
興城県	147	154	昌図県	501	531
復　県	362	388	撫松県	21	23
康平県	93	101	本渓県	77	165
梨樹県	70	107	柳河県	33	57
錦　県	188	209	開通県	10	11
法庫県	128	141	突泉県		5
遼陽県	1018	1292	瞻楡県		8
遼中県	323	345	金川県		6
輯安県	78	84	清源県		2
通化県	159	177	洮安県		3
西豊県	152	167	営口個人		2
撫順県	202	355	東辺実業銀行		545
岫岩県	124	170	安東鉄路警局		4
鉄嶺県	236	341	奉天漁業商船保護局		8
桓仁県	191	239	合計	16622	21120

出典）1922年（奉天省公署档案　3294b）ただし表の合計は16622だが，档案には16623となっている。

1928年（遼寧省档案館 1990，8巻，58～59頁）

カ綿を主要な原料としていたのに対し、奉天紡紗廠は「満洲」産の綿花を使用していた。さらに在華紡よりも低価格で購入し、材料コストを抑えることに成功していた（上田　二〇〇八、九三～九五頁）。「満洲」産綿花を低価格で購入するために、奉天紡紗廠は省政府を通じて、綿産県に綿花の作付けを奨励した（奉天省公署档案　三二九三ａ）。また、作付け時期や初夏の六月ごろと集荷時期に人員を派遣し、綿花の予約購入を行っていた。予約購入の約束をした農家には他への販売を禁止し、立替金として一〇畝につき奉天票五〇元を無利子で貸し、原綿の苗ができるころにさらに五〇元を貸与した。収穫し荷を渡す時点で、市価をもとに原綿価格を決定し、原綿代金のなかから貸し出した金額を控除したものが農家に支払われた。原綿価格は荷を渡した時点での市価で決定するというものであった（『奉天経済旬報』第一巻第一九号　四～五頁、四巻一号　一六頁）[16]。また遼陽は「満洲」の中で綿花の生産量が多く品質もよい地域だったので、奉天紡紗廠の買い付け専門の出張所があった（遼寧省档案館編　一九九〇、一〇巻　八九～九二頁）。低価格で「満洲」産綿花を買い集めるために、奉天紡紗廠は省政府に積極的に働きかけ、各綿産県の行政の協力を仰いでいた。例えば、省政府を通じて綿産県に、外国商人への綿花販売を禁止するよう依頼していた[17]（奉天省公署档案　三二九六ａｂｃｄ）。また奉天紡紗廠は省政府に、原綿の「銷場税」免税も依頼している。「銷場税」とは一種の地域内関税で、消費地で物品にかけられた税金である。奉天省政府内でも、税務処は税収という面から課税を希望し、省政府内でたびたび議論が生じていた。しかし、奉天紡紗廠はかなりの期間、「銷場税」免税という優遇措置を享受していた（同前　三二九三ａｂｃｄ；『奉天経済旬報』第四巻第一一号　九～一〇頁）。

さらに、このような独占的な購入を維持するために、買い付け時期にあたる初夏から秋にかけて、銀行から原綿買い付けの融資をうけていた。一九二四年五月二七日付の奉天紡紗廠から省政府への報告では、原料綿を買い付けるために、一〇〇万元の借り入れをしたとしている[18]。さらに工場の拡張を計画しはじめる一九二八年には、営業収支にあらわれる銀行からの借り越し金の大半が、綿花買い付けにあてられていた[19]。

奉天紡紗廠製品の販路としては、奉天の小規模織布業者、靴下製造業者、タオル製造業者が綿糸を使用していた。大口の顧客としては小麦粉袋として使用する製粉業者や吉林被服廠があり先物取引が行われていた[20]。奉天では一九二〇年代になって小規模な織布業者が設立と倒産を繰り返しながら増加した。同様に靴下製造業やタオル製造業者も増加し、小規模工場での繊維製品製造業が増加した。二〇年代初期には、これらは主に日本製綿糸を原料として使用していた[21]。原料は日本人中小貿易業者および中国人の絲房・雑貨商を通じて買い入れていた。ところが、二九年段階になると、繊維製品製造業者の扱う原料の上位を奉天紡紗廠製品が占めるようになった[22]。

以上のように、金融、物流の変化、製造業成立の結果、図10-1のモデルの第四段階ができあがった（図10-1-4）。各要素の特性は、金融業が東三省官銀号という政府系金融機関であり、特産物流通も東三省官銀号の影響下にある官商筋糧桟とよばれる業者のシェアが高い。このようにみてくると、「満洲」におけるモノ・カネの動きの変遷は、政府の影響力の拡大の歴史とみることができる。

二　奉天総商会の歴史

次に本節では、前節で提示した物流の変遷と、奉天経済界の人事との関連を検討してみよう。近代の「満洲」でモノとカネの動きに政府の影響が拡大したように、奉天の経済界でも政府の影響力は強まっていった。張作霖政権の力が強まる一九二〇年代には、政府の権力を利用できる人材が奉天経済界で重要な位置を占めるようになるとともに、彼らによって政府の経済プランが実行されていくのである。本章ではこのような経済人を「権力性商人」と呼ぶこととする。

1　奉天経済界の概要

都市奉天は、遼河の支流である瀋河の北岸に位置し、遼代に設置された瀋州が直接の起源である。元代には瀋陽路とよばれた。明初には瀋陽中衛・左衛・右衛として軍事拠点がおかれ、その後の改組を経て、瀋陽中衛だけが明末まで存続した。一六二一年（天命六年）後金のヌルハチは瀋陽中衛を陥落させた後、二五年（天命一〇年）に遷都し、名前を瀋京とし、三四年（天聡八年）にはヌルハチの子ホンタイジが満洲語で隆盛を意味する「ムクデン」を都の名とした。この名は漢語では「天眷盛京」と訳され、そこからこの都は一般には「盛京」とよばれるようになった。後金は三六年（天聡一〇年、崇徳元年）大清と改称し、四四年（順治元年）には、北京に入城をはたし遷都した。北京遷都後は、盛京は陪都に位置づけられた。

清末の地方志によれば、当時の商業資本は、山西商人が最も資本規模が大きく、福建からの商人がこれに次ぎ、山東商人は経営規模の小さい零細資本とみなされていた[23]。山西商人は、資本規模の大きなものは、票荘を経営し、政府財政を預かる政商が中心的な存在だった。福建商人は海運による地域間交易に携わり、営口などの港や「満洲」における大消費地奉天に拠点を持っていた。山東商人といえば、店舗や、行商も含めた小売商が想起され、彼らの商売は農民への雑貨供給、都市民への奢侈品の販売だった。

これらは、会館の分布からも見て取れる。会館は他地域から来たものが移住先で形成した同郷組織である。もともとは中国内での旅行が頻繁になりはじめた宋代に、上京した科挙受験者が身を寄せ、宿泊などの便をうける場所だった。やがて本籍地を離れて活動する商人たち（これを客商という）もこれを利用するようになった。設置された場所も都にとどまらず、国外を含め客商のいる地に形成された。「満洲」では、地方官として赴任した官吏が会館の活動に関わることもあったが、運営の中心は商人であった。表10-6は筆者が閲覧できた地方志および、満鉄調査員による会館の調査をまとめたものである。これを見ると、山西会館は山海関から遼西を経由し奉天へ至る経路上（興城、北鎮、新民）と、遼東湾の遼河河口周辺から奉天への経路上（海城、騰鰲堡、蓋平、遼陽）に分布して

表 10-6　満洲における主な会館

地名	同郷団体	併設廟	成立年代	記載	備考
興城県	山西会館		1635（明崇禎 8）	興城県志（1927）	
北鎮県	山西会館			北鎮県志（1933）	
新民県	山西会館		1798（嘉慶 3）	新民県志（1926）	
海城県	山西会館	関岳廟	1687（康熙 21）	海城県志（1937）	
	直隷会館	三義廟	1705（康熙 44）	海城県志（1937）	
	山東黄県同郷会	天后廟	1736（乾隆 1）	海城県志（1937）	
騰鰲堡	山西会館			海城県志（1937）	
	直隷会館			海城県志（1937）	
	山東会館			海城県志（1937）	
蓋平県	三江会館	天后廟	1703（康熙 42）	蓋平県志（1930）	
	山東会館	天后廟		蓋平県志（1930）	
	山西会館	関岳廟		蓋平県志（1930）	
	福建会館	天后廟		蓋平県志（1930）	
遼陽県	山西会館		康熙乾隆期	遼陽県志（1928）	
	直隷会館	財神廟		遼陽県志（1928）	
	河南会所	娘娘廟		遼陽県志（1928）	
瀋陽県（奉天省城）	山東会館	天后廟・観音等		瀋陽県志（1916-17）枝村（1933）	
	山東同郷会			瀋陽県志（1916-17）枝村（1933）	
	山西会館			瀋陽県志（1916-17）枝村（1933）	
	江浙会館			瀋陽県志（1916-17）枝村（1933）	分かれて紹興会館ができる
	湖広会館			瀋陽県志（1916-17）枝村（1933）	
	閩江会館			瀋陽県志（1916-17）枝村（1933）	閩江旅奉同郷事務所
	安徽会館	関羽・保霊寺（鬼王）		瀋陽県志（1916-17）枝村（1933）	
	畿輔会館			瀋陽県志（1916-17）枝村（1933）	直隷会館のこと
	江西会館			枝村（1933）	
	粤東義荘			枝村（1933）	
	山東黄県同郷会			枝村（1933）	
	河北臨楡県同郷会			枝村（1933）	
	河北昌黎県同郷会			枝村（1933）	
	河北撫寧県同郷会			枝村（1933）	
	河北深県同郷会			枝村（1933）	
	山東招遠県同郷会			枝村（1933）	
岫岩県	山東会館		1840（道光 20）	岫岩県志（1928）	
	山西会館		1841（道光 21）	岫岩県志（1928）	
通化県	山東同郷会		1921（民国 10）	通化県志（1935）	
撫松県	山東同郷会			撫松県志（1930）	
	直魯難民救済収容所		1928（民国 17）	撫松県志（1930）	
永吉県	山西会館	関帝廟		永吉県志（1939）	

いる。[24] このほかに永吉に山西会館の存在が確認できる。永吉は清代に吉林将軍衙門がおかれた吉林省域の中心都市である。これら山西会館のある場所は清代の「満洲」南部の陸路と水運の要衝にあたる。山東会館も、山西会館と同様に遼河河口周辺から奉天への経路上に分布している。これは山東人の多くが海路「満洲」へ渡って来たことの反映である。このほかに山東からの伐木業者が入った遼東半島の山間部（通化、撫松）にも山東会館が分布している。また会館と同郷会が併存する奉天では、両者の間で役割に違いがあった。会館は商工業者の集まりであるのに対し、同郷会は山東から出てきたばかりの流民を収容し救済した（枝村　一九三三）。山西会館や山東会館以外には、福建会館や三江会館が存在した。これらは奉天と遼東湾に面した蓋平に分布しており、南方からの船に乗ってやってくる福建人、長江下流地域の人間の足跡と考えられる。

しかし、このような各地の商人が会館を形成し客商として「満洲」で経済活動を行うという状況は、二〇世紀になって変化した。この変化をもたらした契機が光緒新政下での趙爾巽の改革である。趙爾巽の改革は教育、財政、警察、衛生に及び（外務省　一九〇七、三三八頁）、財政改革の中心は地方税徴収制度の確立と、金融機関である奉天官銀号の設立の二本柱からなっていた。このうち、東北地方政権の中央銀行として機能した奉天官銀号（のちの東三省官銀号）の成立については前節でみた。これに加えて、奉天経済界に与えた影響の大きなものとして、商人団体の組織化がある。この過程で成立したのが、本節で焦点をあてる商会（奉天総商会）である。

奉天総商会の変遷は大きく分けて、混乱期（一九〇五～一一年）、安定期（一九一一～二四年）、変動期（一九二四～三一年）の三つに分けられる。一九〇五年に商会設立の母体となった公議会から商会への改組が行われたが、ここから始まる混乱期は、清末の諸改革に対し商人層が反発と受け入れのなかで揺れた時期である。政権側の意向を商人側が受け入れる際に衝突があり、商会長が短期的に交代し、指導層が混乱した。次の時期になると、指導層は安定した。一九一一～一七年に在地の名士である孫百斛、一九一八～二四年には山東出身の魯宗煦が長期にわたって商会長職についた。この安定期は、奉天地方政権を担当した者と商会に代表されるような在地社会との間で、相互に支持しあう関係があって初めて政権が維持された時期である[25]。変動期には張氏政権の商会への干渉が強まるとともに、南京国民政府の商会改組の影響を受けた。強力になった張作霖政権によって、今まで支える側であった商会が逆に政権の支配を受けるようになった。商会長はいずれも短期間で交替し、制度の改編も頻繁に行われた。

行論から明らかになるように、奉天総商会以前の時期が、前節で見た「満洲」におけるモノ・カネの流れの第一段階に対応し、混乱期、安定期、変動期がそれぞれ第二、三、四段階に対応する。本節ではこのうち変動期をとりあげ、前節でみたモデルの第四段階の成立を微視的に跡づけていきたい。

2　一九二四年の商会長選挙と権力性商人の台頭

ここでは、第四段階への移行を商会内部の人事から検討したい。経済界の指導者層は、混乱期には銀号などの民間金融機関の経営者が商会長や副会長に選出されていた。しかし、その後は減少し、安定期には経済界の花形業種として雑貨業が増加した。表10-7にみられる幹部は雑貨三〇人（内訳、綿房一六人、その他雑貨等販売が一四人）、金融関係九人（内訳、当業（質屋）五人、金店二人、官銀号一人、銭舗一人）、それ以外では薬舗六人である。計七一人の幹部のうち、雑貨販売業の多さは留意に値する。この雑貨業が取り扱っている商品は、綿糸布・海産物・薬品・その他雑貨で、主に上海・天津・大阪から仕入れた商品であった。雑貨業は第一次大戦後の東アジアでの軽工業の発達にともない、その市場である「満洲」への商品輸移入を扱って繁栄したのである。

しかし一九二四〜三一年の変動期の中で、彼らは商会における指導権を、新興企業経営者に奪われていった。新興企業経営者とは、第一節で取り上げた官銀号や官商筋金融機関から、資金援助を受けた権力性商人である。業種としてはマッチ、ビール、紡績業、窯業などで、これらの企業は輸入代替化を計ることを目指した。この点に、輸入により利益を蓄積してきた安定期の商会指導層である雑貨業とは利害の対立が存在していた。また、新興企業の育成は政権の殖産興業政策の一環であったため、経済界の指導者層の交代は張作霖・張学良政権の後ろ盾のもとに

表 10-7　1923 年奉天総商会職員名簿

職名	人名	商号名	業種	所在地
会　長	魯宗煦	永豊慶	油房	大西関
副会長	劉恩齋	宝源居	醬園	大西門内
	薛永来	大徳祥	絲房	小西関
董　事	楊恩道	天合利	絲房	中街
城内八街	張徳純	謙祥泰	絲房	中街
24 名	姜蔭橋	洪順盛	絲房	中街
	楊鵬徳	永和皮店	皮店	鼓楼北
	王有堂	恒発成	洋貨店	鼓楼北
	劉春田	恒興成	洋貨店	鼓楼北
	馬相九	徳順長	絲房	鼓楼南
	童撝卿	春発長	洋貨店	鼓楼南
	王岐山	関東印書館	関東印書館	鼓楼南
	羅清齋	同順祥	洋貨店	鼓楼西
	張益芳	会元公	洋貨店	鼓楼西
	李潤堂	慶元永	洋貨店	鼓楼西
	韋熙亭	大順永	綢緞荘	大西門裡
	王佐臣	信元慶	洋貨店・菸行	大西門裡
	劉喜漢		粮米舗	大西門裡
	王徳馨	益源齋		鐘楼南
	張宝鎔	増盛和	金店	鐘楼南
	李会卿	春和堂	薬舗	鐘楼南
	李錫九	天成永	雑貨舗	鐘楼東
	卜雲衢	萬生堂	薬舗	鐘楼東
	楊祝三	天増福	絲房	鐘楼東
	王敏卿	天合東	絲房	鐘楼北
	楊春華	興順利	絲房	鐘楼北
	梁鶴亭	宝和堂	薬舗	鐘楼北
董　事	李富堂	公裕東当	当業	小東関
城外八関	王化民	興隆豊	絲房	小東関
24 名	馬生山	源合東	絲房	小東関
	陳陰溥	同興徳	銀匠舗	大東関
	欒殿甲	義順徳	雑貨舗	大東関
	査子清	永増慶	粮米舗	大東関
	張吉軒	彩合居	醬園	大南関
	劉子謙	晋源当	当業	大南関
	王潤芝	永源徳	布舗	大南関
	王巨川	公興当	当業	小南関
	婁海峰	徳増永	絲房	小南関
	謝巨卿	天恒永	粮米舗	小南関
	魏俊亭	大和堂	薬舗	大西関
	羅春山	興隆徳	絲房	大西関
	張栄春	信義長	絲房	大西関
	張鳳翔	豫徳店	山貨皮張	小西関
	楊守中	広勝店	山貨皮張	小西関
	陳　訓	同興長	絲房	小西関
	李文伝	人和堂	薬舗	小北関
	劉益三	徳順祥	鉄局	小北関
	曹玉仁	公裕北当	当業	小北関
	王鴻図	恒盛東	塩店	大北関
	朱敬齋	錦徳当	当業	大北関
	呂子文	義盛焼鍋	焼鍋	大北関
参事員	何慶三	恒泰長	金店	大西関
10 名	張子揚	吉順昌	絲房	中街
	彭　賢	東三省官銀号	東三省官銀号	鐘楼北
	王維垣	福記煤局	煤局	小北関
	武明甫	咸元会	銭舗	小北関
	李福堂	老福順堂	薬舗	大南関
	武萬枝	内賓陞	鞋舗	中街
	孫雅軒	電鍍金廠	電鍍金廠	鐘楼北
	李蘊山	保権永	雑貨舗	鐘楼北
	胡慶福	徳順和	軍衣荘	鐘楼北
議事員	王鶴年	信源長	絲房	小西関
10 名	龍化南	東興和洋蠟公司	洋蠟公司	鐘楼東
	劉炳燐	徳勝和	鞍韂舗	鐘楼北
	喬盡臣	恒聚成	線貨舗	鐘楼北
	張程信	慶徳昌	雑貨舗	鐘楼北
	安華亭	同慶長	木舗	鐘楼北
	王盡臣	存議織綢公司	織綢公司	鐘楼北
	張鳴九	同合永点心舗	点心舗	鐘楼北
	王興久	慶春久	木局	鐘楼北
	康子栄	三合皮房	皮房	鐘楼北

出典）1923 年 5 月 23 日発行『東亜興信所週報』第 34 号所載（鉅鹿 1924，47～50 頁）

なされた。

　さて、安定期最後の商会長魯宗煦は、一九〇九年から総務商会の幹事職にあったが[26]、彼は任期途中に不正を告発され、商会長職を退いた。一九二四年四月七日および一三日の『盛京時報』の報道によると、商会では参事たちの求めに応じて、二三年一月から二四年一月までの収入三万余元支出四万余元の会計報告を公開した。これには約一万元の赤字があり、原因を明らかにするために、四月一一日の会議で監査を行うことが決定された。当初、魯宗煦会長の選んだメンバーによって監査委員が組織されようとしたが、章程の規定にないと異議が唱えられ、参事間での推薦によって、選ばれたメンバーが監査を行った。その結果、不正経費がみつかり、魯宗煦会長がこの責任を問われた。四月一七日、省政府に不正のリストが提出された（奉天省公署档案　三六一七b）。

さらに選挙で決定される商会幹事職以外に座辦や理事という名で役職をつくったことも批判された（同前　三六一七c）。実際は座辦は章程にないものの、民国初期の商会と工会の衝突の時点から史料にあらわれる役職で、魯宗煦の責任とは言えないものである。

この事件によって魯宗煦以下幹部四人が警察庁に拘束され、商会董事と商会長の選挙が行われた。省政府は今回の問題は会長が小資本経営者と徒党を組んで会務をほしいままにしたとして、会長の被選挙権を営業資本額五万元に、董事の被選挙権を四万元に引き上げ、選挙権は一万元以上と指示を出した（同前　三六一七c）。この規定に基づき、選挙権被選挙権の有資格者リストがつくられ、五月一九日に一六道街分会代表董事の選挙、二一日に会全体から選出する董事が選ばれ、二六日には正副会長選挙が行われた。その結果五八人の董事が選ばれ、会長には張志良が選出された（同前　三六一七d）。

この事件当時、商会内部にはいくつかの対立する勢力が存在し、牽制し合っていた。一つ目は旧商会派と旧工会派の対立である。一九一二年から二三年の一時期のみ、奉天では政府の指導のもと工会が組織されていた。工会は後に労働組合を意味する語となるが、当時は商会に比べて資本規模の小さい製造販売業者を集めた商会と類似した組織であった。その工会が組織されたことによって、商会と工会との間で、会員の争奪をめぐっての対立があったのである。両者は二三年に再び商会に一本化させられたが、その後も商会内部での派閥として存在した。二四年四月二三日の『盛京時報』には、今回の魯宗煦会長の告発も、工商合併後の両派の軋轢を原因としているという見解を載せている。さらに工会系幹事が商会系幹事との意見の不一致から魯宗煦会長を告発したとしている。

二つ目は山東幇への反感である。[27] この事件の前年、一九二三年商会選挙が終わった後で、省政府に匿名の魯宗煦告発状が送られてきた。それによれば、二三年五月の選挙で、魯宗煦当選のために代理投票や脅迫が行われた。このような不正が可能だったのは魯宗煦以外の二人の副会長とも山東幇で、商会内部が山東人に牛耳られていたためであるという。また、二二年奉直戦争時に魯宗煦は張作霖の敵である呉佩孚と同郷であることで疑惑を持たれるとの心配から精神を病んだとし、このような人物に商会を任せられない、とも指摘している（同前　三六一七e）。この告発を全面的には信じられないが、魯宗煦は先に指摘したように山東幇の一員だった。また当時の副会長薛永来も籍貫は瀋陽ではあるが、絲房を経営しており、商会幹事層に近い立場にあった。

選挙の下馬評も商会内の勢力争いを反映していた。政権との関係が強い張志良や東三省官銀号の彭賢、山東幇を代表する絲房（洪順茂・吉順昌など）が商会長の有力候補といわれていた。しかし同時に、山東幇への反感が存在することを山東幇が自覚し、商会長には就かないだろうと、『盛京時報』は伝えていた（一九二四年四月二九日）。

不正事件の処理が終わり、魯宗煦自身の負債も整理され、商会内の不正資金がそれぞれの当事者によって処理された段階で、老天合・会元豊という老舗の連名で魯宗煦の監視解除が申請され、魯宗煦は自由の身になった。

この一連のプロセスは、山東幇が商会の主流であった中で、一九二三年ごろには反感が強まり、より張作霖政権に近い立場の人物が商会長に就任することが期待され、一九二四年五月の選挙によって達成されたと解釈できる。その過程で利用されたのが旧工会系メンバーと商会主流派の反目であった。決して魯宗煦自身が省政府と対立していたわけではない。魯宗煦は、商会長であった時期の第一次奉直戦争において、商工業者から舗捐という形で一〇万元を集め張作霖に軍餉として提供している。しかしこの一〇万元の軍餉でさえも商会内で不正に捻出した資金として扱われたのであった（『盛京時報』一九二四年四月三〇日）。

魯宗煦失脚後に商会長となった張志良は、瀋陽県衙門につとめ、一九一二年には奉天督軍署の監印官に就任、その後張作霖政権において巡閲使・督軍・省長の監印官を二四年までつとめ、張作霖の秘書的役割を果たした。同時に新興企業の経営者でもあり、二一年に八王寺啤酒汽水公司、二二年に恵臨火柴公司を創業している。その財源は、一七年に張学良を名誉会長に迎えて彼が発起した奉天儲蓄会だった。儲蓄会とは、会員から集めた資金を資本とし会員にのみ資金を融資する信託預金機関であり、二三年当時月一元ずつあるいは年一元ずつの払い込みで会員資格が得られ、幅広い社会階層から資金を集めることが可能だった。また、奉天儲蓄会は他の儲蓄会とは異なり、新興企業のうち有望なものの株式を積極的に引き受けていた。そしてこの業務の枠組で張志良の八王寺啤酒汽水公司や恵臨火柴公司への資本提供がなされたのである。さらにこれらの企業以外にも肇新窯業公司や東興色染織公司、奉天紡紗廠にも資本提供をおこなっていた。また親銀行として東三省官銀号の後ろ盾を有していた（『満鉄調査時報』一九二三、三巻一〇号　一～二四頁）。

魯宗煦から張志良に商会長が代わったことはたんに商会内部での政争というだけでなく、経済界における主流が権力と結びついた新しいものに代わったことを意味する。それまでの絲房という流通業で経済力を築いてきた山東幇から、政権の権力を積極的に使い官商筋による特産物流通によって蓄積された富を使用できる者、つまり権力性商人へと指導層が変化していったことを意味しているのである。

3　張志良の商会改革

では、張志良が商会長であった時期にはどのような商会運営がなされたのだろうか。彼の任期は一九二四年五月から二六年八月までで、この間には商会内でいくつかの改革が行われた。そのうちの主なものとして次の四点があげられる。

第一に、経済部という部門を設立し、商業事情の調査を行うとともに、『奉天省城商会月刊』『省城商工名録』などの出版事業を行い、会員へ商会執行部の意図を伝えるようになった。『奉天省城商会月刊』は一九二四年一〇月に創刊され毎月三千部余りの発行部数を数えた。発行目的は商業に関する啓蒙と業種間の相互理解を深めることとうたわれている（邵　一九二五）。紙面には毎月の収支報告が掲載されたが、第五冊目には特集として会務報告が掲載された。一九二四年の改組以前に、会員から商会内部の情報が不透明だという不満が出ていたが、それにある程度こたえたものである（奉天省公署档案　三六一七a）。

第二に、分会の整理を行った。公議会以来、一六の街路ごとにあった分会を六ヶ所に改めた。さらに城外に設立された北市場と南市場に分所をつくり、城から離れた皇姑屯の分会所とあわせて分会を九ヶ所に再構成した。
第三に、一六道街分会の整理にともなって、各分会に附属した水会も整理して消防隊とし、商会直属とした。監督には工会系の李福堂が就任し、四四人の人員を雇い、自動車二台、新式水龍車（消火用ポンプ）二台、人力消火器具五台を備えた。分会の整理は商会内の地縁的な結束の分解を可能にした。水会は商会内での揉め事の際に、暴力装置として機能しがちだったが、水会を分会から切り離し商会直属にしたことで、水会は専門機能の完成度を高めた(28)。

第四は、東三省商会聯合会の創設である。一九二四年六月に、東三省内の全商会の聯合組織として東三省商会聯合会が、吉林総商会会長張松齢を代表とした各地商会長の連名で提案され、組織された（同前　三六一六a）。それまでの商会の聯合組織は省ごとの全省商会聯合会にとどまっていたが、東三省商会聯合会の会長に張志良が推されて就任したことで、奉天総商会が東三省の全商会の中で指導的立場に立つことを明確化した（同前　三六一六b）。しかしその影響力が絶対のものではなかったことに留意したい。東北の輸出入業に大きな影響力を持つ大連の商人は別個に大連華商公議会を組織しており、満鉄附属地の商人組織も華商公議会の体裁をとって、商会聯合会には入らなかった。また、哈爾濱を中心とした東清鉄道沿線商会は東三省商会聯合会に参加しつつも、二六年五月に独自に東省特別区商会聯合会を組織した（哈爾濱市档案館　一九九〇、一二四頁）。

張志良以前の商会長、特に在職時期の長かった孫百斛や魯宗煦は地域社会の代表だった。彼らと政権との関係は、互いの利害の一致を模索しながらのパートナーシップというべきものだった。これに対して、張志良以降は地方政権との密着度がより高いものへと変化した。一九二五年には張作霖の北京進出を後ろ盾に、張志良は全国商会聯合会会長にも選出されている（陳　一九九二、一四六頁）。またこれ以降、ほぼ二年ごとという、従来に比べて短期間で商会長が交替した。その際には張作霖・張学良政権の介入があったが、この介入も政権との密着度を表すものである。

張志良は一九二六年八月に奉天票暴落の責任をとって辞職した。当時張志良は全国商会聯合会会長という立場から北京に滞在していたが、張作霖によって強硬に商会長改選が行われた（『奉天商業会議所月報』一六四号　四頁）。張志良の後任に選ばれたのは丁広文という人物で、彼は公民儲蓄会会長で利達公司経理だった。利達公司は毛皮輸出や貿易仲介を行う商社だったが、経営困難に陥ってから東三省官銀号の融資をうけその附帯事業の一つとなり、取り扱い範囲を広げた（王　一九二九、二六〜二七頁；奉天興信所　一九三二、一五三頁）。

丁広文が商会長を担当した一九二七年には臨江日本領事館分館設置事件がおこった。丁広文や商会副会長の杜重遠らを中心に外交後援会が組織され、反日運動が高揚した。この反日運動はそれまで商会が対日強硬姿勢をとらなかったことに比べると、大きな方針転換となった。しかし商会指導層が、輸入代替をめざす新興企業家に代わったとはいえ、商工業者すべての利害を代表していたわけではない。奉天の商工業者の中には日本からの輸入品を扱う貿易商や日本からの綿糸を使用する零細織布業者がおり、こちらの方が日本製品と競合する近代的製造業者より会員数は多かった。また、日本からの輸入品を扱う貿易商の主要なメンバーは、山東幇が中心的役割を果たす絲房だった。彼らは商会の主導権を奪われた側だった。丁広文は、零細資本を代表する工会系の幹事から突き上げにより商会長職再選を断念したが、その背後にはこれらの事情があったのである。

4　国民政府期の改組

丁広文の再選をめぐるトラブルの後、商会は組織の大幅な改編を迫られた。一九二八年六月の張作霖死後、あとを継いだ張学良は二八年一二月二九日易幟を宣言して、国民政府に合流した。これにより、商会運営にも国民政府が決める規定にあわせる必要が生じた。しかし実際には、奉天独自の事情という口実をもとに、中央の規定から外れる部分を維持し、張学良政権の商会への指導性を失うことなく商会改組が行われた。

この時期に国民政府は、上海、漢口、広州などでみられた国民革命をめぐる商人団体間の抗争に決着をつけ、統

写真 10-4　易幟直後の 1929 年 1 月の奉天総商会
提供）朝日新聞社歴史写真アーカイブ。

制を目的とした改革を行いつつあった。一九二七年国民党二全大会での「商民運動決議案」の採択の結果、上海では左派を中心に滬商協力会が組織され、右派は商民協会準備大会を開催した。同時に旧来からの上海総商会、上海各路商界総連合会も存在し、それぞれが国民政府内での勢力争いにかかわりながら対立状態にあった。この状態に対して国民政府では一九二八年末に商人を一つの組織に統合することを目指し、商人団体を商会の名の下に再編することが試みられた。その指標とされたのが上海の全国商会聯合会事務所から提出された商会改組大綱である。最終的には新しい商会法を公布することが予定されたが、暫定的にこれをもとに改組を進めることを工商部は全国の商会に伝えてきた（奉天省公署档案　三六四四a）。

改組大綱の八条には幹事の任期満了の場合は改選を、満了でない場合は会董を特別会董として扱い不足分を補充し改組を行うことが示されていた（同前　三六四四b）。奉天総商会の場合はもともと丁広文会長の退陣により、改選を予定していたこともあり、補充選挙ではなく完全改選を行うことになった。しかし省政府へは「執行委員四九人監察委員二三人合計七二人の代表が必要になるが現行の会董は三〇人と大いに不足し、補充する人数が四二人にもなる」ことを主張して完全改選を行うと報告していた。商会改組の進捗状況は省政府を通じ、国民政府に伝えられる。したがって、このような建前が省政府に提出されたことから、前商会長をめぐる内紛を国民政府に伝えないための配慮が働いていると考えられる（同前　三六四四c）。この報告の直後に省政府は金恩祺と盧広積を派遣し、暫代執行正副会長として改組にあたるよう指示を出した（同前　三六四四d）。この指示とほぼ同時期の四月二日に前会長丁広文、前副会長劉継仲の正副会長資格を取り消すことが張学良政権の指導部にあたる政務委員会に伝えられた（同前　三六四四e）。

この改組にあたって派遣された金恩祺は恵臨火柴公司、八王寺汽水啤酒廠、奉天儲蓄会で経理などの職にあり、張志良の後継者的存在だった。商会長時代には東北火柴聯合会会長、国民外交協会会長も務め、「国貨運動」（国産品販売促進運動）および排日運動の中心的存在だった（外務省情報部　一九三七、一〇九頁）。盧広積は一九二六年まで小学校長職を中心に教育界で活躍し、張学良側近の閻宝航らとも親しい関係にあった。二六年から実業界での活動を開始し、楊宇霆らが出資した奉復印版石鉱公司経理を務めている。また一九二八年奉天総商会幹事として上海で開催された中華国貨展覧会に派遣され、上海の馮少山の知遇を得て全国商会聯合会代表に選ばれている（瀋陽商会志編纂委員会　一九九八、一九七～二〇〇頁）。盧広積も商会改組に派遣されると、外交協会副会長をつとめた。これらの経歴から、金恩祺・盧広積は政権との間にコネクションを有する人物である。彼らの経営する企業は資本主に東北政権内部の有力者を迎え、東三省官銀号や奉天儲蓄会からの融資を受けていた。また張学良周辺に集まる、張作霖らの世代よりも若い、国民政府を意識した閻宝航、王化一らとの交友を持つ点も特徴だった。このため金恩祺・盧広積による商会改組は、権力性商人に有利に商工業者を動かすという、以前からの商会運営方針と、国民政府を意識しその示す形に近づけるという二つの柱から成り立っていたと言える。

国民政府が強く意識されるようになったことは、国民政府から奉天の商会に至る命令伝達系統が確立され、逐一档案が残されるようになった点からもわかる。商会と関わる档案は、それまでは商業を管轄する省の役所（時期によって勧業道や実業庁、農鉱庁など）と省政府に提出されるにとどまっていた。しかしこの時期には、奉天総商会→農鉱庁→省政府→工商部と奉天総商会→省政府→工商部という順で上級官庁への呈文が出され、その逆の手順で上から下への指示が出された。この時期には商会内の会董の名称の異同まで上記の命令系統を使って報告された。ここから商会が行政システムの末端に組み込まれ、上意下達の枠に収められつつあったことがわかる。

ここでは具体的に金恩祺・盧広積による改組の過程を検討してみよう。両者は一九二九年四月一八日付で着任し、改組の方針に関する草案を作成している。四月三〇日に二人の名で省政府に提出された文書では、商董をすべて解職したが二人ですべて決定することはできないので、選挙により委員を選び改組準備に参加させたいと要請している（奉天省公署档案　三六四四f）。これは認められ、委員選出のための商工代表大会が六月一四日に行われた。この間に選挙方法を決め、選挙権被選挙権の資格を審査するために各商工業者の調査を行い、これらの通知をするという作業がされた。六月一四日の代表大会では各商店に入場券を一枚ずつ配布した。当日は一万人余りの参加があったと『東三省民報』は報道している（一九二九年六月一四日）。

これまでは商会の会議に出席する者は商店の代表が選ばれていたが、今回の改組から、業種ごとの商会下部組織である同業公会の中から代表を選出することになった。一四日の大会以降、一五日から七月二日にかけて各業種ごとに代表選出選挙が行われ、七月四日にはこの代表の中から委員を選出する選挙が行われた。ここでは三五人の臨時委員が選出され、七月八日から章程や細則・組織綱要について議論を行った。同時に法規・総務・金融・税務の四つの部門に各委員を分け、仕事を分担させた。八月六日には選挙各行代表暫行簡章・選挙代表須知・選挙行代表名額日期榜・各行代表姓名・選挙委員暫行簡章・委員会議暫行規則・委員会議事細則・臨時委員分組会組織綱要・分組委員姓名表を省政府に提出し、改組の進捗状況を報告している（奉天省公署档案　三六四四g）。

これを認める省政府の文書が八月一三日付で出された（同前　三六四四h）。しかし、その二日後の八月一五日には国民政府が商会法を公布し、九月になると同業公会法が公布された。このため、国民政府の商会関連法の規定と、改組したばかりの商会の実情をすりあわせる必要に迫られた。

一九二九年に行われた改組大綱に基づく改組と、同年八月一五日に公布された商会法に基づく改組の中には大きく二点の違いがあり、これへの対応のため、さらに一年半近くが改組に費やされることになった。第一に、工会と商会の分離を求める国民政府商会法に対し、奉天では商工総会という名のもとに合併した組織をつくろうとしたこと。第二は「人民団体設立程序」に基づき、国民党の各地最高党部の承認を経て商会を成立させるという規定に対し、遼寧省国民党支部が成立していないため、国民党の承認が得られないことであった。さらに県レベルの商会改組が、商会法および人民団体設立程序からずれ、改組が不徹底であること、国民政府が要求する期間内での改組が不可能であるという問題もともなっていた。改組の間、これらを争点として国民政府工商部の要求がつきつけられた。

第一の工会と商会の合併については、一九三〇年七月になって工商部からこの件に対して指示があったことが推測される。それまでは国民政府からの指示を待つ姿勢だったが、この時に農鉱庁から省に対して、商工別々に組織しなければならないとの議案が提出されている。しかし、この問題はさらに半年あまり放置された。改組が終了する三一年三月二四日の改選が近づいた三月二〇日になり、盧広積に工会部門を担当させ、同業公会のうち一〇あまりの公会を集めて工会として組織させた。だが、盧広積は商会副会長の肩書きを有したままだったし、工会事務所も商会内部におかれていた。つまり、商工分離という問題を先送りしながら、期限ぎりぎりで形のみ国民政府からの指示に従ったにすぎなかった。この結果、工会として分離されるべき部分は従来通り商会内部にとどめ置かれた。

第二の国民党支部の承認については、同党支部の東三省における成立を待たねばならなかった。易幟を実行し、国民党が指導する国民政府に合流したものの、張学良政権は国民党の活動を制限していた。国民党中央から委員が派遣されても党支部の設立は難航した。結局、一九三〇年一一月に張学良の責任のもとで紹介された人員が国民党に入党を許可されることになり、張学良政権の強い指導下で国民党支部が組織された（尾形　一九七五）。これが商会改組の完了を遅らせた。本来は商会法公布後一年の猶予期間内に改組を完了することとされていたが、三〇年八月になっても完了できなかった。農鉱庁は省政府に奉天以下の地方商会の改組状況を次のように報告している。「本省の状況を斟酌して処理しており、本庁は商会改組を催促している。商会法は去年八月一五日に公布され、商会法施行細則は一一月一三日に工商部より公布され今日に至っている。各県レベルで商会改組を報告してきたのは一〇余県にすぎない。この原因は改組を着手していない県のみならず、手続きが煩雑で遅れている所も多数ある。」農鉱庁はこの状況から、改組の延長願いを工商部に出すよう省政府に要求した（奉天省公署档案　一二〇三三 a）。この結果さらに半年の猶予が得られた。ここでいう煩雑な手続きとは国民党の承認だったが、国民政府は期間延長を妥協してでも国民党の承認という手続きを守らせたかったことがわかる。この延長期間がきれる直前の三一年一月になると、国民政府実業部（元工商部）から省政府に進捗状況についての問い合わせがなされた。一月三一日付の実業部から省政府への咨文では、①商会と工会に密接な連絡がない、②章程の多くは法にしたがわず処理されている、③各地商会改組が遅れている、④商店会員とは同業者が七を下回る場合のみ認められるとしているが守られていない、⑤中央発布の修正人民団体法案各規定（当該地の最高党部の許可指導を先に申請し、その後地方主管官庁に送って法令との整合性を問うというもの）が守られていない、の五点が指摘されている（同前　一二〇三三 b）。

結局、国民党支部の成立は間に合わず、実業部から臨機応変な対応をせよとの妥協を引き出した（同前　一二〇三三 c）。この結果、商会工会を別個に組織するという問題も国民党支部の指導をうけるという問題も回避し、一九三一年三月二四日に商工総会の全員大会を行い、執行委員・監察委員が選出され、翌二五日には執行委員の中から常務委員と商会長に相当する主席の選挙が行われた。主席には金恩祺が選出され、盧広積も常務委員に選出された（同前　一二〇三三 d）。ここで選ばれた委員と主席は四月一四日に宣誓式を行い、正式に業務を行うことになった。しかし五月の段階では実業部はこの改組が人民団体組織法案に照らして行われたものではないとし、まだ認可ができないとした（同前　一二〇三三 e）。八月になっても党の承認は得られなかったが、商会章程および委員名簿の審査が並行して行われ、九月五日に「瀋陽市商会修正章程」が承認された。これが実業庁（元農鉱庁）に伝えられたのは九月一七日だった。結局、国民政府が指定した全過程を完遂しての改組が満洲事変以前になされることはなかった。

表 10-8　1931 年商会幹事名簿

職名	人名	年齢	籍貫	商号名	業種	在経済界年数
主　席	金恩祺	37	撫順県	恵臨火柴公司	火柴公司	10
常務委員	盧広積	38	海城県	奉復印版石礦公司	印版石礦公司	6
	李福堂	57	瀋陽県	老福順堂	中薬商	30
	王桐軒	45	瀋陽県	慶泰徳	参茸商	15
	喬藎卿	52	楽亭県	恒聚成	批発雑貨商	25
執行委員	劉貫一	63	瀋陽県	聚隆和	山海雑貨商	40
	方煜恩	31	新民県	大東印刷局	印刷局	6
	王筱為	38	瀋陽県	福記煤局	煤局	20
	齋子栄	47	瀋陽県	義発和	雑貨商	25
	王恒安	44	瀋陽県	萃華新	金銀首飾商	25
	高振鐸	55	鉄嶺県	志仁堂	中薬商	30
	劉兆祥	36	瀋陽県	永和当	当商	16
	王敏卿	53	黄県	天合東	絲棉雑貨商	30
	鞏天民	30	臨楡県	世成慶	貸款商	10
	李蘊山	50	臨楡県	運象乾	皮革商	15
監察委員	馮春軒	53	瀋陽県	泰山永	糖果商	34
	高捷升	46	臨楡県	永徳厚	転運商	5
	于煥卿	36	掖県	普雲居	猪業商	17
	趙沢浦	49	瀋陽県	麗生金	鞋業商	34
	李仁芝	52	深県	仁義合	鶏菜商	22
	張海峰	40	安邱県	祥順成	煎餅磨房商	20
	郭樹藩	60	昌黎県	春和堂	中薬商	40

出典）奉天省公署档案　12033d。

このように一九二九年初頭以来の改組をみてくると、二年と八ヶ月あまりの時間が改組にかけられている。しかし改組のために商会の活動が滞っていたわけではない。この改組期間中に遼寧省商会聯合会が開催され、金恩祺の指導権が確立された。また、外交協会の活動なども行われ、暫定的な商会長にすぎないはずの金恩祺を中心とした経済界指導体制が整えられていった。この時期は改組に集中していたというよりは、国民政府「商会法」の要求を満たせないことを理由に、改組を保留してきたと言える。張学良政権および金恩祺・盧広積らの改組担当者にとっては、二九年夏時点で、地域政権に必要と思われる改組は完成していた。国民政府の商会法とのすりあわせは、達成する必要性は小さく、保留のまま一年余りを経過させ、国民政府の妥協を引き出したのである。

では、この間の改組が目指したものは何か。一九三一年三月二四日の商工総会全員大会の金恩祺や監視員として派遣された省政府代表らのスピーチの中では、常に国民政府の指導に沿って改組が行われたことが強調されている（同前　一二〇三三f）。実際には、国民政府の求めた国民党支部の指導、商会と工会を別個に組織することは守られたとは言いがたい。その一方で、同業公会を組織させ、業種ごとに商工業者を管理し、個別の商店から直接商会へ代表を送らせないとする指導は徹底された。それまでの商会幹事は資本額によって資格が制限された選挙によって選出されていた。その結果、多数の幹部が絲房経営者から選ばれることも可能であった。しかし業種ごとに代表を一、二名選出すると制限されたことで、絲房出身の幹事数は大幅に減少した。これによって、権力性商人を唯一おびやかすことができる絲房の商会内での発言力を弱め、権力性商人による商会運営をより円滑なものにすることに成功したのである（表10-8参照）。

おわりに

第二節でとりあげた奉天総商会の前身は商工業者の互助的な集まりである公議会である。公議会は光緒新政下の改革により、経済界の組織化を目的として商務会に改組され、勧業道という政府の実業を管理する部門の指導を受けるようになった。これは民間の独自性に任せていた経済に積極的に介入できるように行った組織改編だった（上田　二〇〇三）。それでも基本的には、会長職は奉天の商工業者の中から選出された幹事の互選で選ばれ、商工業者の意見が、ある程度反映された。したがって、どのような立場の人物が選出されるかは、奉天経済界でどのような業種や勢力が力を持つかを表していた。このため、幹事の選出法はたびたび政権の影響下で改められた。さらに商会長の解任や辞職さえも政権の意向が作用することもあった。

最後に本章でみた奉天経済界の動きを「満洲」全体との関係からとらえてみよう。まず、第一節で紹介したモデルにおける変遷を再度提示しておく。

基本構造の各要素は、金融機関、雑貨輸入、糧桟、製造業からなり、雑貨輸移入商と糧桟によって、都市と農村の間に連環が生じていた。雑貨輸入商は「満洲」外から綿糸布や日用品を広域決済用の通貨で購入し、これらの商品を農村部の雑貨店に販売した。農村で使用されるのは現地通貨であるため、輸入業者が商品の販売によって手にするのは現地通貨である。彼らは金融機関を通じて広域決済通貨に両替して、仕入れを行った。他方、農村の購買力は、特産物販売によって生まれた。大豆を主とする特産物は買付業者（糧桟）に販売され、農民は現地通貨で代価を得た。雑貨販売業者と特産物買付業者は同一資本の出資によること（聯号関係）が多く、貨幣が使われるよりは、掛売りがされることが多かった。とはいえ、農村では現地通貨を基準としているため、特産物買付業者は、特産物の買付のために現地通貨を必要とした。この現地通貨は、特産物を域外に販売した際に得られる広域決済通貨を金融機関を通じて、現地通貨に交換することで入手していた。

この基本構造は、本章でとりあげた時期には、大別して四段階の変化をした。第一段階は、光緒新政開始以前である（図10-1-1）。金融機関である票荘や銭荘が都市ごとに違う現地通貨間、および域外との取引に必要な銀建て決済の処理を行っていた。特産物も大豆に特化しきっていない。

第二段階は一九〇五年奉天官銀号の登場からである。この時期には、金融機関の役割は官銀号が担ったため、民間金融機関の重要度は低下した（図10-1-2）。

第三段階は張作霖が奉天での実権を握った一九一六年を画期とする。この時期には、官銀号は特産物流通に積極的に関わりはじめた。鉄道敷設と馬車輸送の発達によって、特産物が大豆に特化し、開原駅などの集散市場が発達した。官銀号はこれらの集散市場にあたる満鉄沿線に支店を開業し、大豆買付へのかかわりを強めた。これらの支店は糧桟に間借りする形で経営されたものも多く、いわゆる官商筋糧桟とよばれるものが形成されていった。第二次奉直戦争後には、東三省官銀号影響下での大豆買付拠点が奉天省域をこえて増加した（図10-1-3）。

大豆販売で蓄積された利益は一九二〇年代の軽工業に投資された。その中でも官が最も積極的に育成したのが、一九二三年に開業した官商合弁企業奉天紡紗廠である。奉天紡紗廠では、「満洲」での農村の需要に対応した大尺布のための太番手の綿糸を製造し、日本製綿糸の「満洲」におけるシェアの切り崩しを目指した。その際、奉天紡紗廠は政府機関を通じて「満洲」で生産される綿花を購入して材料費を抑え、日本製品に対抗した。また製品は各地の雑貨店を代理店として販売させた。これは雑貨輸入商が扱ってきた輸入綿糸布販売にとってかわるものだった。さらに二〇年代には奉天紡紗廠以外にも、官銀号の後ろ盾をもつ奉天儲蓄会などから資金援助をうけた軽工業が創業し、輸入品代替化がはかられた（図10-1-4）。第四段階はこれらの新興企業が軌道に乗り、雑貨輸入商の代弁者であった商会長が退陣する一九二四年からである。政治的にはこの時期に張作霖は東三省全域を影響下に置き、中原への進出を開始している。

この四つの段階は、「満洲」における物流の基本構造が、権力の影響を強くうける権力性商人に担われていく過程であった。金融業は民間金融から官銀号へ、特産物流通は一般の糧桟から官商筋糧桟へ移った。そして農村に販売される商品は、雑貨輸入商による輸入品から「満洲」での官商筋糧桟が蓄積した富を投下した新興企業製造品へと移行していった。それらの変化にともない、鉄道を幹線とし、それにアクセスする馬車輸送網が発達し、農業生産は大豆に特化していったのであった。

そして、これに対応して奉天経済界においては、第一段階には山西商人を中心とした金融業者が指導層として重要な位置をしめ、金銀市場のあった長安寺が経済センターとなっていた。第二段階になると、従来の商人の合議組織公議会は商会に改組された。当初は改組にともなう混乱があり、このなかで官銀号の成立により立場が弱くなった金融業者は経済界の指導層から退いた。この混乱は在地出身の名望家孫百斛が商会長となることで収束した。第三段階には、孫百斛のあとを引き継いだ魯宗煦が商会長を務めた。この時期には大豆流通が本格化した。同時に、第一次大戦後の東アジア製造業の急成長にともない、上海や大阪で製造された軽工業品が「満洲」に持ち込まれ、雑貨輸入商が経済界の指導層を占めた。また、大豆流通で蓄積された富をもとに、第四段階に指導層となる新興企業の創業がみられ、次の段階が準備される時期でもあった。そして第四段階にはそれぞれの企業の実績と、張作霖・張学良との関係を背景に、権力性商人である新興企業経営者が経済界における指導層となっていったのである。

注

（1）東三省官銀号を例にすると以下のようになる。大豆は九月に収穫を終わり、一〇月中旬頃から鉄道沿線に出荷される。出荷のピークは一一〜一二月で、この時期には大豆に対して支払われる地域通貨の奉天票の需要が高まり、市場では奉天票が不足しがちになる。これに対して、東三省官銀号は影響力を発揮できる糧桟を通じて奉天票で大豆を購入し、大豆を大連で売却して鈔票あるいは金票を獲得し、これを外国銀行に預金する。五〜六月ごろになると、奉天票の価格は最安値になるため、金票・鈔票を売って奉天票を回収する。大豆売買による利益と、奉天票の時期的レートの変動による利益で、東三省官銀号には毎年数百万元の利益があるといわれている（南郷　一九二六、二一六〜二一八頁）。

（2）農村では、雑貨店と糧桟が同一資本に経営される「聯号」形態をとることも多く、この場合は、農民の大豆代金によって雑貨支払いがされることもあった（石田　一九六四、二四二〜二四五頁）。

（3）清朝末期の「満洲」における農村での地域決済の流れは二二七〜二八二頁、営口に商店をあてた分析は三〇一〜三一七頁、民国期の北部「満洲」（所謂「北満」）を対象に輸出入から農村での売買までをモデル化した分析は五八五〜六一二頁参照（石田一九六四）。

（4）「満洲」全体をみた場合、商人の籍貫は、「満洲」平野部では河北省、東辺道などでは山東省を主張するものが多い。これは当該地域の農民の出身と呼応すると考えられる。このことから、穀物を産出する平野部の特産物取扱商である糧桟は河北系の商人が多く、山間部からの特産物である山貨を扱う山貨商は山東系の商人が多いと推測される（上田　二〇〇五）。

（5）河北幇であるが長春の益発号の業種展開を事例としてみることができる（賈・劉　一九八七）。

（6）山西商人は軍需品調達のみかえりに、関内での塩の販売権を手にし、やがては為替業務を行い、全国に足跡をのこした。とくに出身地山西や、北京・蘇州などの商業の発達した地域では綿布・絹織物・運輸商として活躍した（寺田　一九七二、二三三

〜二四九頁)。

(7) 山西商人のうち富森竣・咸元会・淵泉溥・義泰長・錦泉福は「満洲国」期にまで残り、合併して志城銀行を組織した(瀋陽市政府地方志編纂辦公室編　一九九二、四四七〜四四八頁)。

(8) 一九二四年時点については、奉天総商会経済部調査股編『民国十三年奉天省城商工名録』、三二年時点については奉天興信所『満洲華商名録』より数値をとった。山西商人の立場の弱体化は、山西会館における廟の祭祀にもみられ、山西会館の関帝廟が関岳廟となり、祭祀が政府によって行われるようになった。『遼陽県志』(一九二八)二巻五、一七丁、武廟の項「廟内附設山西会館泊民国三年領定典礼合祀関岳改称為武廟毎春秋二仲月上戊地方正印官率警察所長親致祭行礼」と記述がある。また同様の記述は『興城県志』(一九二七)、『岫岩県志』(一九二八)などにもみられる。

(9) 資本金は瀋平銀三〇万両、税収と民間からの出資により、開業当初は官商合弁であった。一九〇九年(宣統元年)には資本金が六〇万両に増資された。さらに民間からの資本は撤去され、完全な官による金融機関となった。瀋平銀は一両五五五・四二、純度九九・五%、奉天で流通していた寶銀。安東で使用された鎮平銀は二〇年代まで使用されたが、奉天では早い時期に使われなくなり、多くは小銀元に改鋳された(財政部　一九三六、七二〜七八頁)。対庫平銀比率は瀋平銀一〇三六・一〇両=庫平銀一〇〇〇両(瀋陽市政府地方志編纂辦公室編　一九九二、二三三頁;外務省　一九〇七、三三八〜三五四頁;関東庁財政部　一九二九、一頁)。

(10) 哈爾濱の東興火磨(製粉業)・東済油房(製油業者)も甜菜・高粱・小麦・大豆といった東三省特産物の集荷加工を行う。このうち、東興火磨と東済油房は独自の集荷ネットワークを有しており、特産物出回り期には糧桟と同様の活動も行った(王　一九二九)。

(11) 公済桟は奉天省内を中心とし、資本金一、三一二、五〇〇元に対し、一九二六年には二、九八三、二五六・六〇元、二七年には七、九五〇、四四〇・二六元、二八年には一八、二八六、八二〇・〇四元の利益をあげている(関東庁財政部　一九二九、三一八〜三一九頁)。

(12) 官商筋糧桟の資本主にあたる東三省官銀号は、投資先が負債を返せない場合の代理的営業以外は一般的な商業活動を行えないと章程で規定されている(藤井　一九二八、八頁)。

(13) 『昌図県志』には絲房を河北幇としており、奉天省城でも山東幇以外の者が絲房と称する商店を開業している例がないわけではない(『昌図県志』　一九一六、巻三　三七丁)。

(14) 『南満洲に於ける商業』(外務省　一九〇七、二四八頁)に山貨業には山東系が多いという記述がみられるが、『民国十三年奉天省城商工名録』(奉天総商会　一九二五)には山東籍の山貨業はほとんどみつからない。

(15)　西澤（一九九六、八九頁）ではこれらの建築に触れられており、写真が掲載されている。西澤はこれを中国での解釈による西洋建築風のものとして、「中華バロック」とよんでいる。

(16)　綿花買い入れ特派員は例えば一九二九年の場合は、二名一組合計四組で奉海路・奉天以北満鉄沿線・同以南・平奉沿線の四方面に派遣された（『奉天経済旬報』五巻八号　一三頁）。

(17)　日本側奉天商工会議所は、たびたび奉天紡紗廠の原綿購入について報告している。それによれば、外国人商に購入されると奉天紡紗廠の受ける影響が大きいため、原綿出回り時期に、省公署を通じ、各県知事に原綿輸出厳禁および出張員の買い占めへの助力を依頼した。これは常套手段であり、奉天紡紗廠の原綿買い付け方法は青田買いによって他の商人に侵害されることはなくなったという（『奉天経済旬報』第四巻第一三号　九～一〇頁）。

(18)　遼寧省档案館所蔵の「一九二四年五月二七日奉天紡紗廠総理孫祖昌協理韓岡芩呈」には、「原綿購入時期となり資金不足のため東三省官銀号・興業銀行から軽利で一〇〇万元借入れ、東三省官銀号六〇万元・興業銀行四〇万元（奉大洋）で一年の期限、月利息七厘」との報告がされている（奉天省公署档案　三二九六ｅ）」

(19)　一九二八年の日本側奉天商工会議所の報告として、東三省官銀号より奉大洋五〇〇万元を借款して、予約購入のための資金にあてられていたことが述べられている（『奉天経済旬報』第四巻第二号　一一～一二頁）。また同年、東三省官銀号から奉小洋一千万元を限度として随時借款可能との了解を官銀号新総辦李友蘭から許可をえた（『奉天経済旬報』四巻五号　二～三頁）との記事もある。二九年には、辺業銀行から多額の融資をうけ、例年三割程度のところの原綿の手付け金を五割近く渡す事が可能、すでに実綿一八〇万斤購入、九月末には五〇〇万斤に達し、例年の倍にあたる成績となった（『奉天経済旬報』第六巻第九号　七頁）。また東三省官銀号からは、現洋六〇万元、期間六ヶ月、月利八厘、一ヶ月おきに三回融通をうける長期融資予定で、ただし東三省官銀号規定により、奉大洋五〇元を現洋一元とする換算率で奉大洋によって交付される予定であり、一〇月一日に現洋二〇万元に相当する奉大洋一千万元の貸し出しをうけたという記事がある（『奉天経済旬報』第六巻第一一号　九頁）。

(20)　例えば、以下のような記事がある。「奉天紡紗廠製品の先物契約続々増加。吉林被服廠へ六月渡しの粗布一二〇梱、哈爾濱の綿糸布業者へ七月渡しの粗布一〇〇餘梱、その他各地よりの注文殺到、現在在庫品は四五月渡しのものさえ不足、夜勤部を開設し、増産計画、夜勤部職工は一二〇名を募集。また一昼夜の生産能力二五梱（一梱三〇疋）を目標とす。また原綿は天津にてアメリカ綿を五〇万ポンド契約購入、第一陣は最近営口に到着（『奉天経済旬報』第三巻第一〇号　七頁）」「奉天紡紗廠では最近哈爾濱の天興福製粉会社・双盛［ママ］製粉会社・ロシア諸製粉会社などより小麦粉袋用綿布の大量注文をうけ、製織を急いでいる。従来これは哈爾濱・長春の日本商人から多くは購入されていたが、今年は天興福などが数回来奉し、奉天紡紗廠にたいし数年間使用の予約注文を行うなど、日本商人にとっては打撃である。その他製粉会社も購入の意向がある模様、奉天紡紗廠は全能力をあげての作業継続の盛況にある。現在注文をうけた綿布は三八〇〇〇疋におよんでいる（『奉天経済旬報』第四巻第七号一〇頁）」。

(21)　一九二〇年の調査で奉天における専門的な織布業者は一二戸で、一二戸が使用する綿糸のほとんどが奉天駅に送られその後農村へ送られている（『満蒙経済時報』第八八号　一三～一四頁）。

(22)　『満洲経済調査彙纂』第一二輯（一九二九年一一月）掲載の調査では「当地支那側機業者の使用する綿糸、シルケット、人造絹糸等は主として奉天に於ける日本及支那側の扱商より仕入れられ、直接大阪、上海等の産地より仕入れられることは殆どない。その産地別としては大体に於て奉天紡紗廠物が大部分を占め、次は上海物で日本物は現在のところ比較的少数である。」とされている。また『満洲華商名録』（一九三二）にあがる洋襪工場（靴下工場）の来貨地には、奉天の日中綿糸商と大連営口の貿易商とともに奉天紡紗廠の名前があがっている。

(23)　奉天省城と長春の中間点に位置する平野部の昌図の地方志には「下等之小本営業不可枚挙多山東人」という山東人観が記載されている（『昌図県志』一九一六、巻三　三七丁）。

(24)　一九〇五年時点で、船店という奉天の遼河水運で機能した船舶業者は五軒中三軒が山西資本であった（外務省　一九〇七、二五六頁）。

(25)　当該時期の張作霖政権と在地社会の研究については松重（一九九〇）、松重（一九九一）、松重（一九九四）、澁谷（一九九七）等を参照のこと。

(26)　魯宗煦、棣琴ともいう。定員外生員の資格を持つ。一九一二年から日本の大倉組との合弁で経営されていた瀋陽馬車鉄道公司の経理の職につく（田辺　一九二四、一〇七頁）。また一九一四年に設立された華茂猪毛公司の経理でもある（奉天省公署档案三一三六）。一九一五年には王永江が組織した東省興利公司の股東として四万元を出資している（同前　三一四三）。一九一九年創業の永豊慶という米糧行の経営者でもあった（奉天総商会　一九二五、一七九頁）。永豊慶の業種を油房とするものもある（表10-7）。

(27)　日本側の調査では山東幇に対する姿勢として以下のような報告もされている。「先年奉直戦後ヨリ奉天ニ於テハ暗ニ山東出身者ヲ圧迫スルノ観アリ尚其後市政公所ノ創立ヲ見ルヤ益々此傾向ヲ明瞭ニシタリ現ニ奉天総商会会長魯宗煦氏（山東人ニシテ呉佩孚ト同郷ナリ）ノ如キ事ニ托シテ之ヲ検束シ近々改選ノ挙ニ出ヅルト云フ」（鉅鹿　一九二四）。

(28)　水会は商会と工会の対立時期に、抗争の実動部隊として機能していた（奉天省公署档案　一一九一八）。

文献

〈日本語文献〉

石田興平　一九六四『満洲における植民地経済の史的展開』ミネルヴァ書房。

上田貴子　二〇〇一「一九二〇年代後半期華人資本の倒産からみた奉天都市経済」『現代中国』第七五号。

上田貴子　二〇〇三『近代中国東北地域に於ける華人商工業者資本の研究』大阪外国語大学言語社会学会。

上田貴子　二〇〇八「一九二〇年代奉天紡紗廠と東北経済圏の自立性」西村成雄・田中仁編『中華民国の制度変容と東アジア地域秩序』汲古書院。

枝村栄　一九三三「奉天に於ける会館に就いて」『満鉄調査月報』第一三巻第一〇号。

尾形洋一　一九七五「易幟後の東北に於ける国民党の活動に就て」早稲田大学史学会『史観』第九一冊。

外務省　一九〇七『南満洲に於ける商業』金港堂。

外務省情報部編纂　一九三七『現代中華民国満洲帝国人名鑑』東亜同文会。

関東庁財政部　一九二九『東三省官銀号論』。

鉅鹿貫一郎　一九二四『支那ニ於ケル商会法ト商事公断処章程』遼東事情研究会。

財政部（満洲国）　一九三六『満洲貨幣史』。

斎藤征生　一九三六『事変後に於ける糧桟の変革』満鉄経済調査会。

澁谷由里　一九九七『張作霖政権の研究―「奉天文治派」からみた歴史的意義を中心に―』博士学位論文、京都大学。

澁谷由里　二〇〇四『馬賊で見る「満洲」―張作霖のあゆんだ道―』講談社。

田辺種治郎編　一九二四『東三省官紳録』東三省官紳録刊行局。

陳来幸　一九九二「中華民国初期における全国商会連合会について」『富山国際大学紀要』第二号。

寺田隆信　一九七二『山西商人の研究』東洋史研究会。

南郷龍音　一九二六『奉天票と東三省の金融』南満洲鉄道庶務部調査課。

西澤泰彦　一九九六『図説「満洲」都市物語　ハルビン・大連・瀋陽・長春』河出書房新社。

西村成雄　一九八四『中国近代東北地域史研究』法律文化社。

藤井諒　一九二八『満洲特産界に於ける官商の活躍』南満洲鉄道庶務部調査課。

奉天興信所　一九三二『満洲華商名録』（第一回）。

奉天興信所　一九三三『満洲華商名録』（第二回）。

松重充浩　一九九〇「『保境安民』期における張作霖権力の地域統合策」『史学研究』第一八六号。
松重充浩　一九九一「張作霖による奉天省権力の掌握とその支持基盤」『史学研究』第一九二号。
松重充浩　一九九四「奉天における市政導入とその政策意図について」今永清二編著『アジアの地域と社会』勁草書房。

〈中国語文献〉

奉天市商会　一九三三『商業彙編』。
奉天総商会経済部調査股編（奉天総商会と略す）一九二五『民国十三年奉天省城商工名録』。
哈爾濱市档案館　一九九〇『哈爾濱経済資料文集』第一輯、一二四頁。
賈濤・劉益旺　一九八七「京東劉家与長春益発合」『吉林文史資料』第一五輯。
遼寧省档案館編　一九九〇『奉系軍閥档案史料彙編』第八巻、第一〇巻、江蘇古籍出版社・香港地平出版社。
曲天乙　一九八九「老天合興衰記」『遼寧文史資料第二六輯：遼寧工商』。
上田貴子　二〇〇五「山東幇于東北的情況」蒋恵民編『丁氏故宅研究文集』華文出版社。
邵伸　一九二五「総商会月刊的使命」奉天総商会『奉天省城商会月刊』第五期。
瀋陽商会志編纂委員会　一九九八『瀋陽商会志』白山出版社。
瀋陽市人民銀行・瀋陽市金融学会編　一九九二『瀋陽金融志』。
瀋陽市政府地方志編纂辦公室編　一九九二『瀋陽市志』第一〇巻、瀋陽出版社。
王元澂　一九二九「東三省官銀号之沿革」『東三省官銀号経済月刊』第一号。

〈地方志〉

『昌図県志』一九一六。『新民県志』一九二六。『興城県志』一九二七。『遼陽県志』一九二八。『岫岩県志』一九二八。『蓋平県志』一九三〇。『撫松県志』一九三〇。『北鎮県志』一九三三。『通化県志』一九三五。『海城県志』一九三七。『永吉県志』一九三九。

〈遼寧省档案館所蔵档案〉

ＪＣ一〇奉天省公署档案（一つの案巻番号の档案に複数の文書を引用した場合はａｂｃ……というように下位分類した）
案巻番号三一三六「周作孚設立華茂猪毛公司請立案」
案巻番号三一四三「王永江等為興辦実業組織東三省興利公司」
案巻番号三二九三「奉天紡紗廠呈請採購穣綿請免関税並■設道義直接廠内以利運輸」
ａ「一九二一年一一月二〇日奉天紡紗廠総理佟兆元協理林成秀呈」
ｂ「一九二一年一一月三〇日奉天紡紗廠総理佟兆元協理林成秀呈」

c「一九二一年一二月二七日税務督辦孫寶綺呈」
d「一九二二年一月六日奉天省政府訓令」
案巻番号三二九四「関于創設奉天紡紗廠各件」
a「議決建議籌設紡紗廠一案之理由辦法」
b「奉天紡紗廠選挙商股董事監察員暨協理簡章」
案巻番号三二九六「奉天紡紗廠商股営業損益清冊及修建事項」
a「一九二三年六月一一日奉天紡紗廠総理孫祖昌・協理韓岡芩呈」
b「一九二三年六月一九日省公署指令奉天紡紗廠・訓令単開各県」
c「一九二三年六月三〇日北鎮県知事呈」
d「一九二三年六月三〇日義県知事呈」
e「一九二四年五月二七日奉天紡紗廠総理孫祖昌協理韓岡芩呈」
案巻番号三六一六「張松鶴等擬設東三省商会聯合会」
a「一九二四年六月一六日奉天総商会呈奉天省長公署」
b「一九二四年九月二四日奉天省長公署咨東三省保安総指令部」
案巻番号三六一七「奉天省城総商会章程」
a「一九二二年一二月永年西薬房李秉辰稟省政府」
b「一九二四年四月一七日工務系副会長薛永来・参事李福堂呈省政府」
c「一九二四年四月一七日省政府指令薛李・訓令省会警察庁高等検察庁商会実業庁警務處」
d「一九二四年六月五日奉天総商会呈」
e「一九二三年五月匿名郵呈」
案巻番号三六四四「遼寧全省商会聯会及興城県商委会常務委員清冊」
a「一九二九年一月一一日工商部咨省政府」
b「商会改組大綱」
c「一九二九年三月二三日総商会呈省政府」
d「一九二九年三月二八日省政府指令農鉱庁」
e「一九二九年四月二日省政府呈政務委員会」

f「一九二九年四月三〇日暫代執行正副会長金恩祺盧広積呈省政府」
g「一九二九年八月六日総商会呈省政府」
h「一九二九年八月一三日省政府指令総商会」

案巻番号一二〇三三「省城商会改組附送章冊」
a「一九三〇年八月九日農鉱庁呈省政府」
b「一九三一年一月三一日実業部咨省政府」
c「一九三一年二月二八日省政府指令農鉱庁」
d「瀋陽市商会職員履歴表」
e「一九三一年五月一四日実業部咨省政府」
f「開会選挙記録」

案巻番号一一九一八「奉天工務総会呈請工商界分」
「一九一三年九月四日奉天工務総会呈」

〈定期刊行物記事〉

奉天商業会議所・奉天商工会議所（一九二八年七月より）。

『満蒙経済時報』第八八号「奉天に於ける支那側紡織業調査」（一九二〇年二月）。

『奉天商業会議所月報』第一六四号「奉天票惨落の経緯」（一九二六年八月）。

『奉天経済旬報』第一巻第一九号（一九二七年六月五日）；第三巻第一〇号（一九二八年四月五日）；第四巻第一号（一九二八年七月五日）；第四巻第二号（一九二八年七月一五日）；第四巻第五号（一九二八年八月一五日）；第四巻第七号（一九二八年九月五日）；第四巻第一一号（一九二八年一〇月一五日）；第四巻第一三号（一九二八年一一月五日）；第五巻第八号（一九二九年三月一五日）；第六巻第九号（一九二九年九月二五日）；第六巻第一一号（一九二九年一〇月一五日）。

『満洲経済調査彙纂』第一二輯（一九二九年一一月）。

南満洲鉄道庶務部調査課『満鉄調査時報』第三巻第一〇号（一九二三年一〇月）。

〈新聞〉

『盛京時報』一九二四年四月七日；一九二四年四月一三日；一九二四年四月二三日；一九二四年四月二九日；一九二四年四月三〇日。

『東三省民報』一九二九年六月一四日。

第IV部　比較の視点

山東移民の渡来（『満洲写真帖（昭和二年版）』より）

第11章　山東の小農世界(1)

深尾葉子

はじめに

これまで本書では、満洲では鉄道と馬車との組み合わせを主軸として樹状の流通経路が形成され、それが満洲の平野部を覆いつくしており、そのために中国近代において他の地域では見られない満洲独自の社会的運動特性が生みだされた、と主張してきた。これを受けて本章では、比較の視座を提供すべく、渤海湾をはさんで対峙する山東の社会について考察する。

その結論は、商品性の高い農産物の生産や流通のパターンに関する限り、満洲と山東とは全く異なった様相を呈していた、ということである。それは、自然的な条件や外国資本の掌握の程度などといった外的条件によるよりむしろ、定期市網を基礎として形成される重層的で細分化された商品流通ネットワークの特性と密接に関係しているものと考えられる。

本書第2章・第10章などで述べられているように、山東は一九世紀後半から、満洲移民の主要な送り出し地であった。満洲では鉄道の開設にともない陸路を経由した華北の他の地域の移民が増加し、大豆が国際商品として大量に輸出されるに至って、流通の主要な担い手も、山東商人から、河北省各地などから陸路で東北に入った人々へととってかわられることとなった。

山東においても、同時期に鉄道敷設とそれに伴う商人の入れ替えが起こったが、綿花、落花生、葉タバコ、といった多様な品目が産出され、それぞれに独自の買い付けルートが構築されていくという展開を見せた。そのなかで、旧来の市場ネットワークが温存されたまま、広域流通の経路に接続した。

満洲では鉄道と馬車とにより、広域的で、県城を中心とした経済システムが構築されたのに対し、山東では、旧来の市場ネットワークとそれを支える荷車などの輸送手段、農作物ごとの小商人が重層的に共存する地域システムが出現した。つまり、大量輸送を可能とする広域的な流通システムの接続が、旧来の流通システムに置き換わるのではなく、旧来のシステムを温存させたまま、上乗せして共存するというパターンが見られるのである。安冨が提示した樹状組織／網状組織という対立概念を用いて表現すれば、網状組織の上に鉄道や港湾といった新しい樹状の流通経路が接続するという接木が行われたのである。この点は、鉄道の出現によって馬車輸送システムが劇的に拡大して、一貫した樹状構造ができ上がった満洲と本質的に異なっている。

本章では、鉄道が敷設される以前の山東の地域空間、人や物資の流通を支える市場機構について概観した上で、鉄道による再編過程を論ずる。その際、鉄道ともっとも密接に関わって新たに導入された商品作物たる葉タバコを事例として採り上げる。続いて、他の作物の産地分布も、買い付け商人ネットワークの重層的な構造とかかわっていることを概観し、さらに日用雑貨などの消費物資がどのように流通していたかを考察する。こうした検討を通じて、山東においては鉄道敷設後も地域的零細商人による商業ネットワークが存続し、それが地域社会の構造や分布に影響を与えていたことを明らかにする。一見したところ迂回するかに見えるこの議論により、山東における市場社会構造がどのような運動特性をもっているかを明らかにしうるであろう。

葉タバコの作付けは、プランテーションではなく小農経営により、契約栽培ではなく自由取引によって行われ、鉄道駅周辺にまたたくまに広がり、山東省の主要な農産物の一つとなるが、しかしその分布域は、広域化せず、鉄道駅周辺地域にとどまった。

これは、山東においては葉タバコのみに見られる現象ではなかった。本章では詳細に考察できないが、葉タバコより少し早くに導入された落花生や綿花も、それぞれに集中的な普及域を見せ、中心的産地はほとんど重ならない。これに対して満洲では、どの作物の分布域もほとんど相違はなく、一部の米作地帯を除いて、大豆・高粱・トウモロコシ・粟という同じ組み合わせを持つ農業構造が全面化していたことがうかがえる。

山東のパッチワーク状の作物分布の形成は、それぞれ生育に適する気候や土壌が異なるためだ、という説明も可能であろう。しかしそれは、山東にのみ注目した場合に成り立つ議論であり、満洲を視野に入れれば成り立たなくなる。満洲でも農業条件の微妙な差異に応じて作付けを変えたほうが、効率的なはずであるのに、実際には「大豆モノカルチュア」とさえ呼ばれるような一様な作物分布が実現した。

また、国際市場との結びつきの程度が山東では低く、満洲では高いため、このような違いが生じた、という説明も考えられる。しかし山東においても、BATはじめ数多くの外国商社や企業が鉄道を通じて入り込み、農民との直接的な関係の構築を試みている。にも拘わらず、満洲大豆のように、単一作物が広域化する、という展開は見られなかった。これに対して満洲では、外国資本は貿易港での買い付けが主たる活動であって、域内流通は概ね漢人商人の手中にあったにも拘わらず、大豆栽培は全域化した。結局のところ、この問題を理解するには、地域内の諸要因と国際的契機との織り成す、複雑な相互連関を考慮せざるを得ない。

実際のところ、山東では作物ごとに、その産物を扱うことに特化した小商人のネットワークが張りめぐらされ、独自の集散地に運び込まれるという農産物の集散機構が維持された。この機構の作動が本質的に重要であったと筆者は考える。

一　山東の郷村市場

中国郷村にあまねく定期市が分布し、そのことが人々の生活世界の構築に、多大な影響をもたらしていることは、中国郷村研究者にとっては、共通の了解事項となっている。特にスキナーが、中国郷村社会の基本構造として、市場圏を分析の枠組みとして提示してからは、定期市は中国郷村社会論の基礎に常に組み込まれるようになったといってもよい（次章参照）。

定期市のもたらす社会的役割は、娯楽作用、人々の面会頻度によるコミュニティ形成作用と多様である。本章で主として着眼するのは、人々が身近に市場《いちば》と接する中で形成する、市場に敏感な行動、判断の基準、功利性と打算性などである。

少なくとも過去数百年の「中国伝統社会」においては、生活の至近距離に競争的取引が存在し、人々はそれとのインターフェイスを構築しつつ人間関係を築いてきた。このような「中国伝統社会」は、固有の意味での「市場社会」であったといってよい。

現代中国の郷村について深尾・安冨（二〇〇三）は、ギアツの交渉と常連化という概念にヒントを得て、中国黄土高原の郷村における、互酬性と競争性が混在し随時スイッチされるメカニズムをダイナミカルな機構として描こうと試みた（本章第13章も参照）。歴史研究においては岸本（一九九七、一九九九）が、穀物の価格や相場に対する鋭敏な反応を示す行為者としての生産者農民や商人、さらには、独自の経済観に支えられて政策決定を行う為政者たちに注目し、明清期に展開する中国固有の「市場社会」を当時の人々の目線に立って明らかにしようとした。また黒田（一九九四、二〇〇三）は、中国が歴史的に多層的な貨幣システムを発展させ、貨幣の流通が社会の隅々にまで浸透していたこと、それにより、日常世界に小額貨幣が大量に行き渡っていた状況のもとでは、自給自足的な農民や農村といったものは、歴史上かなり早い段階で姿を消していることを指摘する。そして、農民と呼ばれる人々が、基本的な再生産を行う中でさえ、何らかの形で貨幣と関わりをもっていたこと、「自然」に密着した再生産行為だと考えられている農業や牧畜が、他者に販売するという商品生産として行われていたことに注目し、これらの人々は農民というよりも、一定の農地や山地を利用して、部分的に農業生産を行う零細経営者と呼ぶのが適切であろうとする。

このような中国郷村零細経営者の行動戦略は次のように整理することができる。

(一)　郷村部に住む人々が日常的に市場《いちば》に接することにより、日常行動の中に貨幣的功利性が形成、再生産され、経営の方向づけを決定する重要な要因となっている。

(二)　ここで言う貨幣的功利性は、必ずしも拡大再生産や資本主義的発展を導くものではなく、安全確保や、生存機会の拡大等を埋め込んだ戦略体系である。

(三)　この戦略体系の中に、商品作物生産や移民の排出も動機づけられており、その内的な関連性、方向づけの理解なくして、発展の方向性や可能性を論じることはできない。

このような経営主体としての郷村部に暮らす人々を総称する言葉としては本来であれば「郷民」がふさわしく、郷民が農業経営をおこなっている場合を「農民」と呼称するのが適当である。しかし、「郷民」という言葉はなじみがなく、また「郷民」とて郷村に固定的に暮らしているわけではないことから、以下では「農民」を以って郷民の意味とする。

ところで、二〇世紀初頭の山東郷村地域における市場のありようについて、マーティン・ヤンは自身の出身村である膠州湾沿いの村の様子を次のように描いている。

Taitou は県城とマーケットタウン、そして Taitou 周辺の村々をつなぐネットワークと深い関わりをもっている。あるマーケットタウンが及ぶ範囲は、コミュニケーションおよび交通の手段、地域の自然環境の障壁等によって決定されている。他のマーケットタウンの範囲と重なる部分もある一方、どこにも属さない中間帯も存在する。明確な区分線というものは存在しないが、全体として見れば、どのマーケットもはっきりとした認識できる領域をもち、特定の村の人々を主要な顧客としてもち、また逆に特定の村の人々から、村のマーケットであると考えられている。(Yang 1945, p. 190)

また、C・K・ヤンの一九三〇年代における趨平県での調査にも、村から二・五キロないし五キロ以内の範囲に必ず一つ以上の集市が存在し、農民の基本的な生活需要を満たすサービスを行っている、とある。この時期になると、輸入品や工業製品、機械織りの布などの消費物資がマーケットを通じて郷村部に広く流通する。農民は日常的に必要な雑貨や、農耕に必要な種子、農具、肥料などをマーケットタウンで購入し、自己の生産物を販売する。マーケットタウンにはおよそ三つの種類があり、原基市場、中間市場、中心市場と呼び分けられる。

これらの区分概念は、スキナーの研究の重要な根拠となっている。しかし、両者の区分は同じではなく、ヤンの原基市場は、スキナーの小市場に、中間市場が原基市場にそれぞれ対応する規模であると思われる(Yang 1944, p. 6)。

ヤンの区分によれば原基市場で販売されるものは、野菜や乾物、タバコなど日常の必需品に限られており、ゆえに農民に「菜市」と呼ばれることもある。少しでも耐久性のある財は中間市場にゆだねられ、マッチや箸、調味料や砂糖、石鹸なども中間市場の雑貨商によって供給される。それより上位の市場では、肥料やタマゴ、燃料などが売られ、様々なサービスも提供される。機械織りおよび手織りの布は中間市場と中心市場ともに売られるが、手織り布の店の数は圧倒的に中心市場に多い。また蚊帳や古着、手作り布靴、織機や木材、種子、養蚕のための工具、おもちゃ、凧、見世物や芸能などは、中心市場にのみ存在するが、占い師や散髪屋、靴修理、染物屋、両替商、家畜市などは中心市場、中間市場ともに存在する。手作りの靴、手織りの布などといった農民の手工業製品は、より高次の市場で流通しやすい傾向があり、それは都市民や非農業従事者がそういった商品を購入していたことを示している。賭博場は中間市場にのみ存在し、中心市場にも原基市場にも存在しない。賭博場は政治的な管理から逃れる意味と同時に、農村の人々の溜まり場として機能していたことから、中間市場が、適合したサイズであったことを示唆している。ちなみに、原基市場は半径二キロから三キロを、中間市場とは三キロから六キロ、中心市場は六キロから十キロ強をサービス範囲とするものである（Yang 1944, p. 14）。

麺など簡易な食事を提供する露天はもっとも小規模なマーケットにも一つ二つ並んでいるが、中心市場では二百店舗にも及ぶ。村にはたいてい雑貨商が存在するが、主たる活動は村落内の常設店舗ではなく五日ごとに開かれる市においてであり（Yang 1944, p. 7）、商人は定期市を巡回して休みなく営業する。先の趨平県における十の市場の調査では、販売される商品の六〇％弱が周囲二五キロ以内の産物で、五〇キロから一五〇キロで生産されるものは一〇％強、逆に三〇〇キロ以遠の物産が二五％を占める。一九二〇年頃、三〇〇キロ以遠の地域からの物産は、「青島・上海から来るマッチ、タバコ、洋紗、洋布及び他の機製品、日本から来る洋紗・布疋・洋鉄・鉄器及び一部の日用品あり、河南の清化県より来る竹器・本省の曲阜より来る蓆子・濰県より来る布疋。上海より来る文具・安徽及び浙江より来る茶葉・江蘇より来る錫箔・元表及び国外より来る一小部分の牲口等がある」（楊　一九二三）とあるように、輸入品も多く流通していた。

このように、山東各地で郷村の生活世界の至近距離に定期市が存在し、重層的に生活世界を取り巻いていたことは、人々の経済活動や情報伝達など多方面にわたり影響を及ぼしていた。生活世界の近傍に常にどこかで市が立ち、それに対して購買者ないしは販売者としてアクセスが可能であること、市において様々な社会機能が営まれており、地域内の情報だけでなく、外部の市況や出来事についても、情報を伝える場となっていたこと。これらは、作付け作物を決定したり、出稼ぎ先を決めたりする重要な手がかりとなっており、市に対応して農業経営を行うためのノウハウを獲得する重要な場ともなっていたと考えられる。

二　鉄道敷設とその影響

写真 11-1　帆に風を受けて１日何十キロもの輸送を可能にする一輪車

出典)『山東出兵記念写真帖』(青島みやげ館, 1928, 日文研所蔵)。

一九世紀後半の山東では一八六二年の芝罘（後の煙台）開港をきっかけとして、半島中腹の中心地、周村、濰県などの商人が、それまでの膠州湾とのつながりを捨て徐々に芝罘との関わりを強め、それに黄県や掖県の商人がつながって、新たな商業ルートが形成された。しかしこれは、内陸輸送の主たる手段が「小車」と呼ばれる手押し車（一輪車、写真11-1参照）であったこと、主要な幹線道路がしばしばぬかるんで通行が困難であったこと、などにより広範囲に影響を与えるに至らなかった（China: the Maritime Customs 1892-1901, 一巻, p. 84)。その後一八九八年の青島開港と、一九〇四年の膠済鉄道開通により、山東の経済構造は一転した。それまで一時的に芝罘との結びつきを強めていた濰県などの商人が再び膠州湾との関係を強化しはじめた。さらに一九一二年になると、運河南北に津浦鉄道（天津—上海間）が開通し、これまで鉄道の影響を受けていなかった大運河および黄河周辺の地域が新たに鉄道の影響下に

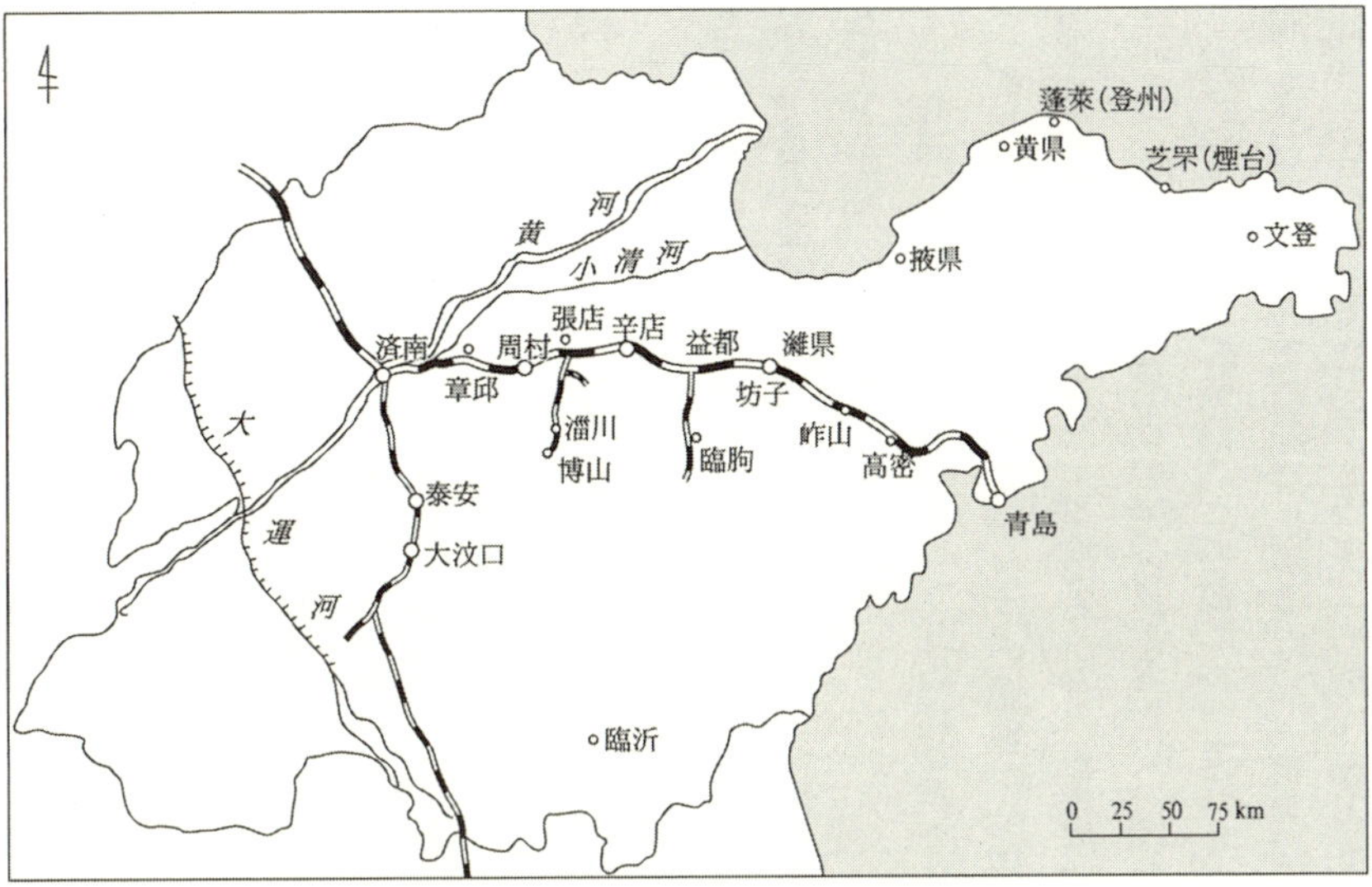

図 11-1　山東省の主要河川と鉄道，港

とりこまれるようになった（図11-1参照）。内陸の商業中心地である済南は、それまで大運河および小清河とよばれる水路、山東半島と河南省を結ぶ陸路などの結節点として繁栄していたが、青島開港ののち、ここにも対外商業拠点となる商埠が開設され[2]、ドイツ、イギリス、ロシア、アメリカなどの洋行、ならびに開治、永昌、佛昌といった華商が進出した。その結果、青島を通じて入った商品の約半分はこの済南を通じて各地に輸送されたといわれている（山上 一九三五、四頁）。

こうして、一輪車、ロバ、民船などによって創り上げられていた既往の商業ネットワークに、鉄道という新たな輸送経路が接続することになる。それは、内陸の大運河、小清河を幹線とした流通体系から、開港場の港湾と鉄道に接続した新たな流通体系への変化を意味するものであり、それらの変化にともなって、商人の移動、運河の衰退、水路への人々の関与の低下などの一連の変化が引き起こされた（Pomeranz 1993）。

しかしながら農村部における影響の及ぶ範囲については、交通手段が零細で、しかも輸送速度が遅いため、鉄道駅周辺にとどまっていた（外務省 一九一四）。鉄道の影響範囲の拡大は、その後、新しい農作物への作付け転換と連動して進行することとなる。最も早く取り入れられた作物は、落花生や麦わらとその加工品、生糸などであった。落花生は一八六〇年にアメリカ人宣教師によって栽培が始められたが、一九〇八年ドイツ商人が青島から落花生の輸出を始めるにいたって本格的に栽培面積が伸び始める（China : the Maritime Customs 1912-21, Kiaochow p. 217）、山東中部南部一帯に広がって、二〇世紀初頭に山東における最大の輸出農産品となった。「麦稈真田」と呼ばれていた麦わらとその加工品についても、一八七〇年頃、上海に拠点を持つイギリス人商人ないしはフランス人宣教師の手によって山東に紹介された。その後山東各地で、冬季に少しでも時間があると、老若男女、少壮の区別なく空き地を利用して麦わらを編む姿が見られるようになった（天野　一九三六、二二八頁）。この麦わら加工品の収買には「緶販」と呼ばれる専門商人が各地を回って買い付けるとともに、どのような製品が輸出向けに需要があるかを伝えていたという。

また、鉄道敷設の結果、沿線地区ではそれまで自家製の土布を着用していた人々が一九一三年頃には、海外から輸入された糸で織り始め、次いで輸入された布地が流行するようになった（陳　一九四一、一一四頁）。さらに、それまで自ら油房で搾油したり、あるいは油料作物を持ち込んで交換したりしていた燈火用の油が、急速に輸入のケロシンに取って代わられたという。

一九三二年に南開大学によって行われた調査によれば、当時の農家は基本的に零細な小農経営であり、耕地十畝（一畝は約二四〇平方メートル）以下の農家が全体の六五％をしめ、そのうちの半数以上が六畝以下であった。当時の生産力では、一戸当たり平均五・五人の農家で二〇畝の農地を耕してようやく生計を維持しうると考えられていたことから、必要な農地の半分にも満たない農家が大半を占めていた（王　一九三四）。

膠済線沿線の益都県の二つの村において行われた一九四〇年代初期の調査報告書においても、過去三、四十年の間に急速に農家の現金経済化が進行し、農業生産ならびに日常生活において現金の獲得なしには再生産が困難となったとある（渡邊　一九四二、一六頁）。膠済鉄道沿線では、マッチ、綿布、石油、藍など低廉な日用品が鉄道敷設以降大量に県城および付近の集市に出回るようになり、農家の貨幣獲得要求を増大させた。また、鉄道駅のある県では、鉄道敷設から間もない一九一二年から一三年の一年間に、同駅を通じて地域に持ち込まれた輸入品が百二十品目に及んでいたと同地の商工会議所が見積もっている（陳　一九四一、一五頁）。

中国郷村社会が二〇世紀に入り、急速に貨幣化したという言説は、鉄道や近代の影響を過大に評価し、それ以前の、ことに明清交替期以降の貨幣経済の浸透を過少に評価する傾向があるが、鉄道の敷設がそれ以前とは異なる商品の流入を招き、貨幣経済化が別のレベルで進行したことは確かである。

三　葉タバコ栽培の普及と山東市場社会構造

1　葉タバコ栽培の普及過程

こうした一連の変化に加え、より大きなインパクトを与えたのが、葉タバコ栽培の導入であった。山東に葉タバコ栽培を最初に持ち込んだのは、British American Tobacco Company（英米トラスト、略称ＢＡＴ）と呼ばれる当時世界最大とも言われた煙草製造販売会社であった。同社は一九〇二年にロンドンで成立し、いち早く中国に目をつけ、同年上海に同名の別会社を設立し、翌一九〇三年には同地に紙巻タバコ製造工場を設立した(3)。その際、同社は関連諸会社の製造販売権などを次々と獲得し、中国において原料調達から製造販売にいたる過程を掌握しようと試みた。当初原料葉の収買は一九〇五年に設立された大英煙公司（British Cigarette Company）が事実上行っていたが、当時中国で栽培されていたタバコは退化が進んでおり、葉巻タバコの原料には使えても、紙巻タバコの原料としては不向きなものが多かった。そのため当初は原料をアメリカから輸入するなどといった対応策がとられていたが、コストが高く中国国内での生産が待ち望まれていた。

一方、一九一〇年頃から山東半島の先端部の文登県で栽培実験が行われていたが、海洋風で失敗し、一九一三年に濰県で再度試作が試みられた。同地は鉄道駅周辺であること、タバコ葉の乾燥に必要な石炭が安価に入手できること、土壌が適していること、農家に余剰労働力が豊富に存在すること、などが好条件として挙げられ、栽培候補地として選ばれたものである（服部　一九四三、四八〜四九頁）。

当初は地元の中国人名義で一定の土地を借り受け、その後、同中国人の紹介で坊子の雑貨商田俊川という人物に経営を請け負わせ、三人の外国人技術者の指導の下に、初めて本格的な葉タバコの栽培が行われた。田と会社側はその際、次のような契約を結んでいた。

（一）試作担当者は請け負った土地すべてに米国種葉タバコを栽培すること。
（二）試作地における生産葉はＢＡＴが適当と考える価格で購入されること。
（三）試作担当者は一定の借地料をＢＡＴに支払うこと。
（四）試作に要する労賃その他の諸経費は試作担当者自身が負担すること。

このように、試作は請け負い商人による契約栽培という形をとって行われた。その結果、技術的には成功したものの、ほとんどが雇用労働力を用いて行われたために工賃がかさんで、二年間の試作期間で利益らしいものはほとんど出なかったと、田は回顧している（服部　一九四三、一〇二頁）。こうして、同地での葉タバコ栽培は雇用労働力を用いる大規模な農場としてではなく、労働コストが顕在化しない小農経営における作付け導入という形で普及させるという方向が定まった。

技術普及にあたってＢＡＴは自社の技術員を常時現地に派遣して生産者との直接接触を試みたが、これは初期コストの高い葉タバコ栽培を定着させるにあたって、人々の不安を取り除き、ＢＡＴは生産葉を必ず買い付けてくれるという信頼感を持たせるために最も効果的な方法であったと、当初現地で普及員をつとめたフォルクナーは語っている（服部　一九四三、五六頁）。

普及員が現地で活動するにあたっては、先の請負人の田俊川が通訳兼案内役をつとめ、しばしば活動先で宿泊する際の農家の手配なども行った。こうした活動は普及当初には重要な役割を果たしたが、一九一八年頃には、外国人技術者の活動のみでは支えられなくなり、栽培技術、乾燥技術を習得した農民が技術者として、各地に有給で招かれるようになった。

また、同じ時期に田が、農民に葉タバコ栽培ならびに乾燥のための資金貸与を始めたほか、石炭商、肥料商による掛売りも始められた。こうした中国人商人の活動は葉タバコ生産の普及に重要な意味を持っており、英米トラストと栽培農家の橋渡し役として機能した。彼らはもともと濰県などで雑貨商などを営んでいた商人で、後に直接英米トラストの収買場で働いたり技術普及に努めたりしたものは「華帳坊」と呼ばれた。こうした商人の活動もあって徐々に資金に乏しい零細な農家が葉タバコ作に着手する条件が整っていった。

さらに普及開始後二年ほど経った一九一五年頃、山東省全域で大規模な蝗害と旱魃が起こり、他の作物の販売に多大な打撃があり、これが葉タバコ栽培の促進要因となった。すなわち、

　その年の夏の降雨少なく、一般作物の作況は良好ではなかったが、更に秋の収穫前には蝗害が発生し、食糧農産物は大減収をきたした。が、独り葉煙草のみは、蝗害を蒙ることがなかった。而も尚当時は前述のように**B. A. T.** が宣伝的意味を含めた買付け値段で葉煙草収買を行なっていたので、この年の葉煙草農家の懐工合は一般農家のそれに比べて遥かに良好であった。斯かることが一般農民の米葉に対する関心を相当高めるに至ったことは勿論である。（服部　一九四三、七二頁）

さらに、一九一五年にアメリカで中国人船員の排除を目指す船員法が制定され、太平洋横断航路に就航する汽船会社が著しい打撃をうけ、同航路からの汽船の撤退が相次いだ。そのため、アメリカからの葉タバコ原料輸入が困

難となった。これらの事情などが重なって、山東の葉タバコ産地形成に拍車をかけることとなった。こうして葉タバコは栽培開始後七年目には、東は青島より百四〇キロ離れた岞山駅に始まり百二〇キロ西の辛店駅までの間の、沿線の北側一〇キロ、南側二〇キロの地域に広がった。

注意すべきは、葉タバコ栽培が普及している地域が、鉄道駅周辺に限られていることである。その理由は（一）鉄道駅付近に設けられた収買場において直接鑑定にもとづいて収買がなされていること、（二）一定距離以上では技術上の普及工作も行き届かず、農民が葉タバコ栽培に触れる機会が少なかったこと、（三）乾燥用に必要な石炭が手に入りにくかったこと、などであると考えられる。また、農村と鉄道駅をむすぶ輸送工具が手押し車などに限られていたため、生産葉の搬出のコストが割に合わなかったことも作付け範囲が局地的なものとなった重要な理由の一つである。

当初、収買には坊子での請け負い地であるドイツ病院跡の敷地が利用されていたが、上記の理由で、一九一五年になると山東で現地生産されるタバコの需要が急速に高まり、買い付け価格が高騰し、それにつれて生産量が急増した。その結果、これまでの収買場ではさばききれなくなり、ＢＡＴは二〇里堡に二万坪の用地を買い上げて、建坪千二百坪の倉庫三棟を含む、収買場、機械室、宿舎、事務所、付属学校、木工場、鉄鋼場などが建てられた。このうち、付属学校とは、葉タバコ生産農家の子弟に開放され、華帳房田によって経営されていたものである（服部一九四三、二六頁）。こうした施設や建物が建てられたことが、農民のＢＡＴへの信頼感を高め、生産拡大につながったという。

この収買場が機能しはじめた一九一八年頃には、千棟単位の乾燥室が出現するほど葉タバコ栽培が普及していた（鞍田　一九四二、一〇四頁）。さらにこの時期になると、華商や日本系のタバコ会社も現地に参入し、熾烈な収買競争が展開されるようになった。始めに坊子在住の日本人が坊子に収買場を設け、その後、民族資本の南洋兄弟煙公司や中裕公司、山東煙公司が相次いで収買場を設立した（China: the Maritime Customs 1912-21, p. 218）。一九二〇年には神戸鈴木商店の経営による瑞業煙公司（後の米星煙草株式会社）が設立され、広大な収買場と再乾燥工場を建てた。また、青島在住の日本人が県に再乾燥場を設立したほか、群小の収買業者が次々と参入した。

2　葉タバコ生産と小農経営

こうして、一九二〇年頃までに山東における葉タバコ生産の基礎が築かれたわけであるが、その生産の普及のありようには次のような特徴があった。

まず、収買を行う企業で比較的規模の大きいものはいずれも、進出にあたって当初農場を借り上げ直接栽培の方法を試みたことである。しかしながら、直営農場によるタバコ生産は、先にも述べたように、雇用労働コストがかかること、小農経営を基盤とする山東農村の実情にあわないこと、などの理由から、いずれも数年以内に放棄されることとなる。タバコが地力収奪作物であり連作を嫌うこと、水や労働力を集約的に使用すること、なども農家での栽培の導入が部分的となった理由であるが、農家が経営主体を維持しつつ商品作物としてとり入れる形態が優位を有したことも重要な要因であった。しかも、生産者である農家は、販売先の決定、作付け量の決定、他作物との比較における栽培コストの計算等において、「合理的」あるいは打算的な行動をとり続けた。

契約栽培の失敗

直接栽培に失敗した収買業者が次に行ったことは、「炉屋票」の発行であった。「炉屋票」とは当初BATが収買する葉タバコが、自社の配布した種子から栽培したものであることを保証するために、種子配布の際に乾燥用施設「炉屋」ごとの登録証として発行したもので、実際には混雑を極める収買場の入場整理券のような意味を持っていた。

収買場の混雑については、「大正六年頃から葉煙草生産額は急激に増加し、収買所には売り手が身動きも出来ぬ位殺到するようになった」（服部　一九四三、一三九頁）とあり、身元のはっきりとした生産農民から順序良く買い付けることが目論まれていた。また、BATは中間商人が介在することを好ましく思っておらず、農民の直接把握のためにも、この「炉屋票」を機能させようとした。

しかし、一九一七年頃を境に鉄道駅周辺に大小各社の収買場が林立し始めるようになると、「炉屋票」を持つ農民がより値段の高い収買場に売りにゆく現象が多々見られるようになった。また、収買側も一定の収買量を確保するために、「炉屋票」を持たない農民や中間商人からの買い付けも重視せざるを得ない状況となり、「炉屋票」発行による農民とのいわば契約栽培方式は、程なくして意味をなさなくなった。いわば生産者である農民の市場選択行動により、双方にとってより安定的に見える契約栽培が定着しなかったのである。

競争的かつ独占的な買い付け市場形成

BATの積極的な普及と他の競争会社の参入により順調な伸びを見せ、また第一次世界大戦後の好景気にも支えられて一九二〇年代当初には急激な展開が予想された山東の葉タバコ生産であったが、一九二一年には景気の反動による諸物価の下落により作付面積は前年の三分の一近くまで下がった。

さらに一九二五年になると上海に端を発した排外運動が急速に広がり、山東にもそれが及ぶと農民のなかから、作付けを手控えたり中止したりする者が現れ、結果として一時回復していた作付け面積は再度半減することとなった。この時期は軍閥張宗昌のもと軍事費捻出のために種々の名目で税が徴収され（堀内　一九二六）、それまで葉タバコ栽培農民に課されていた炉税（乾燥室一室に課する税金）も一九二六年には増加して二倍以上となった。この時期葉タバコに替わって栽培されていたのは、肥料代など生産コストの安い綿花などであった。(4) この時期はまた排外運動の高まりと民族資本支持から、南洋兄弟煙草会社をはじめとする中国系収買会社にとって有利な展開となっていた。「この時期BATは、買付けに支障をきたしただけでなく、製品の販売においても著しい打撃をうけ、工場の生産停止や自社製品の匿名での販売などを余儀なくされていた」（服部　一九四三）。

こうして栽培地全体の退潮を招いていたが、一九二八年になると、排外思想も収束を見せ、同年五月の済南事変以来、日本軍の影響の下、軍閥による高率課税が撤廃されるに至って、栽培面積は再び拡大に向かう（関　一九三八、五頁）。すなわち、

山東米葉の市価を左右する一大勢力を有するに二十里堡英米トラストは昨年の排英運動梢梢下火となり製品の売行きまた良好なるに見て本年は大々的に収買を行はん計画を立て既に二箇所の買付け場を開放して全産額百五十萬貫を一年に買収せんと意気込みを示せり。（藤田　一九二八）

となり一九二八年には作付け面積も前年度の二倍以上に増大した。さらに翌年銀価暴落のため米国からの葉タバコ輸入が手控えられ山東産葉の需要が高まったこと（島田　一九四二、四〜五頁）、また一九三〇年には関税自主権獲得されて輸入葉タバコに高率の課税が加えられたことなどにより、作付けは急速に拡大した。翌年には銀価の回漲や恐慌波及により幾分相場は下落したが、他作物に比べその影響は格段に少なく、作付け面積はさらに拡大に向かった。また、この時期多くの中国系商社が敗退し、BATおよび日系の煙草会社の独占状態へと移行した。BATのみで約六割、日本系のタバコ会社が約三割を買い付けていた（西田　一九三四）。こうして日中戦争が本格化する一九三七年まで、西部地区を中心に産地の急速な拡大が見られた。

BATは、産地形成の主導的役割を果たしただけでなく、排外主義が席巻した一九二〇年代半ばを除いて、常に圧倒的に農民の信頼を得ていた。その中で、有効に機能したのは、契約栽培による農家の確保ではなく、他社との競争において、優位な価格設定や厳正な秤量を保つことであった。葉タバコは栽培技術、乾燥技術によってその収買価格が大きく異なる。例えば一九二七年の百ポンド当りタバコの相場価格は一等で六三元なのに対し、九等では九元であり、六倍もの開きがあった。このため農民はできるだけ綿密な等級と厳正な評定で生産葉を買い上げてもらうことを切望していた。上記の請負人田俊川は「新顔の鑑定人の間に顔の古い鑑定人が交わって之等が同時に鑑定を行う場合には、農民はこの新顔の鑑定人の許に葉煙草を提出してその格付けを受けることを希望しない。新顔

の鑑定人によれば直ちに鑑定して貰える場合でも、農民は彼より信用が置けると考えられる顔の古い鑑定人の前に列をなして立ち並び、新顔の前には殆どが集まらぬごとき状態は屢目撃されたのである」と述べている（鞍田 一九四二、一四～一五頁）。ＢＡＴもその事情を十分に理解し、自社の収買場の鑑定人にはよく訓練された英米人を高給で雇って毎年上海から派遣し、常に再教育を施して、その水準の維持に努めたとある。こうした選りすぐりの専属鑑定人を持つＢＡＴに他社は立ちうちできなかった。ＢＡＴのタバコ生産のコストの過半が原料葉の買い付けにあることも、鑑定人の水準の維持に意を用いた理由であるが、それ以上に農民の信用獲得、それによる収買量の確保のために鑑定人のよしあしが重要な意味をもっていたことの現れであるという（鞍田 一九四二、一三六頁）。これに対し日本商社などは、臨時または常雇いの中国人を雇用していたという。しかも、ＢＡＴは価格と秤量の厳正さを徹底して追及したのに対し、日系および華商系は、「交渉の余地が残されたもの」と考えており、状況や相手に応じて裁量部分を残していた。これが逆に、農民の信用を失わせる要因となった。

このほか、ＢＡＴは農民の持ち込んだ葉タバコを全量収買することを約束していたが、それが他社および他作物に比してＢＡＴの収買を農民が望んだことの理由の一つとなっていた。このことはＢＡＴが経営規模の大きさゆえに実現しえたもので、他社は毎年一定の収買量を定め、一定量に達したら早々に引き上げていたのに対し、ＢＡＴは毎年最後まで残って生産葉を買い付けた。この違いは、日本商社などの買い付けた葉タバコは日本内地専売局、朝鮮専売局、「満洲」の東亜煙草会社および満洲煙草会社のみであり、しかも日本内地および朝鮮半島における葉タバコ生産の豊凶を補う役割を持っていたため、特定の等級を特定の量に限って収買するという構造によるものであった（鞍田 一九四二、一二頁）。

農民がＢＡＴへの販売を強く希望していたことは、一九三七年の日中全面戦争開始後日本の収買会社が買い付けに苦慮したことからもうかがえる。一九三七年は、収買場の破壊、鉄道輸送の途絶、といった事態に直面し、葉タバコの収買は翌年までほぼ停止状態となり、翌三八年二月上旬、日本軍保護下に日本専売局の依頼のもと、日本人収買会社による買い付けが再開されるまで、まったく買い上げられることがなかった。農民は腐敗の懸念もある葉タバコを抱えて困りはてていたが、日本系タバコ会社が収買しようとしても、少しでもＢＡＴの収買再開の噂が産地に流れると、いっせいに販売を手控えるといった現象が続いた。当時の山東省陸軍特務機関が本国に向けて送った、山東における葉タバコ買い付け事情に関する報告に次のような記述が見られる。

本年は煙草作柄の不良なると共に出回りの少なき原因には英米トラストの買付けに対する農民の期待もまた看過すべからざる重要問題なり。多年に亘る英米トラストの扶植せる勢力は巧みに農民の心理を掌握し一朝にして之を払拭し能はさるものあり、忌憚なき農民の意見は未だに英米トラストを渇仰し本年もその買付け開始を待望しつつあり今後の対農民工作上大いに研究を要すべき命題なりとす。（山東省陸軍特務機関　一九四〇）

こうして、日本軍の葉タバコ収買統制下、産地における収買に躍起になりつつも収買の進まない日本系企業に比して、開戦後青島においてのみ収買を再開したＢＡＴに対しては、数百キロの道のりを農民が自己の生産葉を積んで一輪車で青島まで運び込むという光景すら見られたという。こうした状況は一九四〇年代まで数年間続いた（服部　一九四三、一八六～七頁）。

こうした中、日本系の米星煙草の小泉清次という人物が農民に葉タバコ買い付けに関する意識調査を行っているが、それによれば、農民の日本系商社に対する見解は次のようなものであった（鞍田　一九四二、一三～一四頁）。

（一）収買設備が不完全で、収買手続きや鑑定も敏速でない。

（二）収買価格は常にＢＡＴが建て、他者は常にそれに追随しているため、日本商社への販売はきわめて不安である。しかも葉タバコの品位別に割高、割安の差がはなはだしく、それに一貫性がないから一層不安になる。

（三）収買価格は等級別よりも、品質相当な極めて小刻みな付値を希望する。
（四）検斤に就いては一層厳格なることを希望する(5)。

実は、農民は他作物や出稼ぎで得られる収入などを考慮して毎年作付面積を決定することから、ＢＡＴも買い上げ価格を一定以下に下げることができなかった。農民が作付けの決定権をもっており、全体として相場が下落すると次年度の農民の作付け量が減少するという反応は、毎年の買い上げ価格を下支えする重要な意味をもっていたのである。

いずれにせよ、農民にとっては、交渉の余地のある華商よりも厳正な価格設定と秤量を行うＢＡＴの方が信頼がおけると解釈されていた。こうした農民の判断や行動基準は、外国資本と対峙することによって得られたものではなく、それ以前の生活の近傍に存在するマーケットとの普段のやりとりのなかで、構築されていたものであるといえよう。山東における葉タバコ栽培は、そうした農民の現金獲得戦略に裏打ちされて広がったものであるし、産地形成後も常に他の綿花や落花生などの商品作物や満洲への出稼ぎなどといった他の選択肢との比較の下に、毎年栽培量の決定がなされていた。

四　産地の分布とその社会経済要因

山東全域に網の目のように張りめぐらされた農村市場ネットワークは、鉄道敷設後、取り扱い商品や商人の動きなどにおいてさまざまな変化を蒙ってきた。葉タバコなどの鉄道を通じて喚起された新作物の導入によって、鉄道の影響の及ぶ範囲は拡大したが、それでもなお満洲のように面として全体に広がるのではなく、鉄道沿線二十キロの範囲に帯状に広がることとなった。

これは葉タバコが、種子の栽培、乾燥などいずれにおいても技術の習得を必要とするものであり、また乾燥用の石炭購入、肥料など事前に投下するコストが高いなどといった栽培と販売に由来する特性によるともいえるが、何よりも満洲とは異なり鉄道駅と周辺の農村部を結ぶ大型の輸送手段や輸送経路がなく、接続されているのがあくまで手押し車、一輪車であったことが最大の理由であろう。

同様の技術であっても、第3章で見た「大車」と呼ばれる荷馬車などが利用可能であれば、石炭を鉄道駅や炭鉱から輸送することも可能であるし、大豆粕などの肥料も然りである。また技術の習得や乾燥葉の販売なども、農民が「大車」でしばしば遠方から鉄道駅に通うことが可能であれば、十分に遠方にも広がりうるであろう。

季節的な資金の貸与についても同様である。満洲では「大車」を担保に季節的な資金貸与が可能であったのに対し、山東では零細な小農民への貸与は旧来の定期市のマーケットタウンにしばしば顔を出すことのできる範囲に限られる傾向があった。旧来の市場システムの中で、農民は日ごろ現金で売り買いはせずにマーケットタウンの雑貨屋などの掛売りで日用品を購入することが多く、支払いは年末か、清明節、端午節、中秋節などの大きな節日に行われた（Yang 1944, p. 192）。こうした掛売りの条件となるのは、市場圏内の村々の農民で、日頃市日にしばしば顔を見せ、顔見知りとなっている範囲がほとんどであった。葉タバコ栽培が導入された地域では、石炭や大豆粕を売る商人が葉タバコ栽培地域で活動し、葉タバコの収買時期になると乾燥葉タバコの収買を代行して、鉄道駅付近の収買場に持ち込む役割を果たすこともしばしばであった。同時に春に貸与した代金と相殺したり、収買場付近で掛売りをして、現金を手にした農民から収買と同時に返却をうけ、同時に雑貨などを販売するといった商いを行っていた。このほか県城などには質屋があり、これは面会範囲でなくとも質入によって現金の貸与を行っていた。

このように資金流通を支える社会的側面や、交通手段といった要因が普及地域を決定する一つの重要な要因となったと考えられる。

1　中心地の移動と生活圏の変化

鉄道の敷設で生じた変化のひとつとして、マーケットタウンが鉄道駅付近に付け変わる、または移動したうえで常設化するといった事例が、鉄道駅付近で見られた。一つの例として済南近郊の章邱県はかつて東関・南関・西関・北関と四つの定期市を有していた（図11-2参照）が、鉄道の敷設後、マーケットは鉄道駅のある明水鎮に移動し、旧章邱県城は綉恵と呼ばれる一市鎮となった。また、移動後の章邱は旧来の市日に大集市が開かれる以外、ほぼ毎日市が立つようになったという（深尾　一九九〇b）。これは駅周辺十五キロの地点で見られた変化であり、あくまで鉄道駅周辺に限られていた。

また、葉タバコ生産地域においては、収買場周辺が生活物資入手の重要な拠点となるという変化が見られた。益都県の葉タバコ栽培地域の村、小田家荘の調査では次のような記述が見られる。

小田家荘から益都站迄約二十支里（約十キロ――引用者注）、現在はトラックの通過可能な道路ができている。村と村外の経済的関係では、勿論、益都站が最も重要であって、益都県城との関係は比較的少ない。煙草の販売、搬出、その他必要物資、石炭、豆餅、日用品等の購入は多く車站の町で行なわれる。（渡邊　一九四二、九二頁）

これは、同村が葉タバコ栽培導入後、鉄道駅でかつ収買所もある益都站との関わりを強めている様子を表すものである。かつての定期市はわずかに日用品の購入と余剰食料の販売などに利用されるのみで、葉タバコ生産に必要な肥料、石炭の購入、食糧の購入も鉄道駅へ移行した。すなわち、

現在までのところ、煙草の販売は悉く益都站にある葉煙草収買所で販売される。石炭大豆粕もまた益都站に在る商品から購入する。食糧は矢張り車站の糧店で購入することが多い。極僅かに、県城東関又は孟家爐に立つ

集市で行れ［ママ］、食糧に余裕ある農家で之を販売する場合は多く集市で行なわれる。其他農民の日用品は集市で求めることが多いが特殊なものは車站がその供給地である。（渡邊　一九四二、九五頁）

このようにして、新作物である葉タバコを通じて、収買場および鉄道駅との関係が深まると、従来関わりの深かった他の定期市や県城とのつながりが徐々に薄れてゆく傾向が見られたことが記されている。[6] これは綿花や落花生が花行による庭先販売や、付近の定期市で販売が主流であった（天野　一九三六、一五六～一五九頁）のとは対照的で、物資の流通から金融の流れをも空間的に変化させるものであった。天野はこの時期、葉タバコの買い付けに始まり、綿花の買い付けも徐々に旧来の市日を無視して行われるようになっていることを重要な変化であると指摘している（天野　一九三六、一五八頁）。こうして収買場のある駅付近が、葉タバコ生産の買い付け時期になると、賑やかな中心地としての機能を帯びる様子は、次のように描写されている。

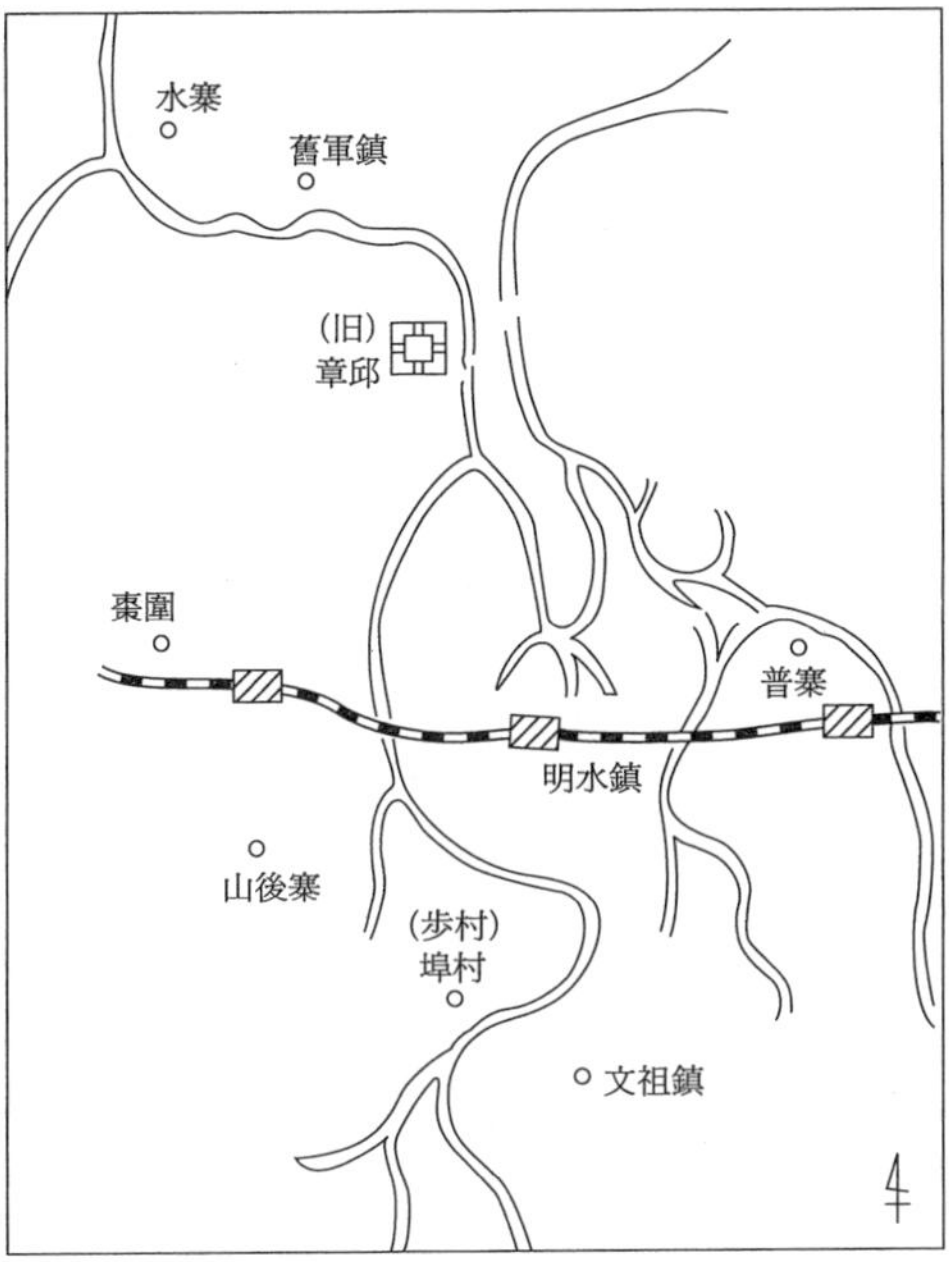

図 11-2　定期市の分布

出典）『章邱県郷土志』光緒 33 年 章邱県地輿図より作成。

十月以降、各々の煙草買付け業者が次々とここにやってきて、場所を設けて葉タバコを買いつける。その結果、どの駅の付近にも賑やかな市が立ったような光景となる。そこここに各葉タバコ公司の商標を掲げた旗がはためき、赤や緑や白や黒、長いものや四角いものなど、色とりどりで本当に美しい。路傍には臨時の商店が立ち並び、陶器やプリントの布などが売られている。拡声器からは大音量で音声が流され、数多くの農民たちをひきつけ、中には驚きの表情を隠せずにぼんやりするものもいる。（徐　一九四〇）

ここでは、鉄道開通だけでは十分な中心地としての機能を持ち得なかった鉄道駅周辺が、葉タバコ栽培の普及と、それが鉄道駅周辺で直接的、集中的に買い付けられるという特殊な条件下で、新たに中心地としての吸引力を持つに至った様子がうかがえる。また、一九三〇年代になり、農家における葉タバコ栽培面積の割合が増大すると、自給用の食糧をも買い付けて葉タバコ生産に従事する者も少なからず現れた。天野は「綿花・煙草・落花生産地の農家が、ほとんど皆その食糧を自給せず、満洲あるいは内蒙古自治区の食糧（アワ）などが鉄道や船舶で山東市場に送り込まれていた事実を、私はわすれることができない」（天野　一九七九、二二九頁）と記述している。葉タバコは地力収奪型でローテーションを必要とするため、綿花のように耕地面積の八割を占めるというようなことはなく、面積割合で見ると二〜三割にとどまっていたが、葉タバコ栽培が労働集約的であること、現金収入が増大することなどから、自己の食糧部分をも商品化する農家も現れたのであろう。いずれにせよ、春の肥料や種子の掛売りに始まり、秋の石炭の購入、販売時の現金獲得とそれによる生産コストの精算、生活雑貨等の購入は、山東農村に新たなリズムを生み出すものとなった。満洲ではむしろ、大豆を主軸とする生産構造が全体を覆っていたのであるが、山東ではそれは鉄道周辺に限定された。その違いを生み出した大きな原因が、すでに指摘したように、両者の輸送手段とそれに随伴する市場構造の違いであったというのが本章の主張である。

2　零細且つ重層的な輸送手段

本章ですでに何度か言及したように、山東の農村集市をむすぶ主要な交通手段は、徒歩で天秤棒を担ぐ方法、小車と呼ばれる大八車、牛やロバなどに引かせる大車、などであり、小車には風力を追い風として利用するために、帆がつけられていることもあった。農村には「推車的」と呼ばれる零細な農民が数多くいて、運送業を営むが、一日の移動距離はせいぜい数十キロで、運搬量も一輌につきせいぜい百キロ強といったところである。家畜および家畜の牽く「大車」の走行距離と運搬量は表11-1の通りである。

こうした陸路輸送を補い、広域輸送を担っていたのは、山東においても水運であった。水運は、半島部においては、あらゆる小さな入り江を結ぶ形で、外部との輸送経路となり、内陸部においては、半島部に注ぐ幾つかの河川、黄河、大運河、小清河などが、それぞれ輸送経路となっていた。黄河本流および支流をはじめ、多くの水路は泥の堆積によって河床が上がっており、また河口部とその沿海付近も大量の土砂が運び込まれて遠浅となっていることから、通常の汽船のような船舶の航行は当時としても困難であった。したがって、唯一航行可能であったのは、民船と呼ばれる小型ジャンクであったが（図11-3参照）、これは実際に陸路輸送が困難な華北一帯や山東の物資を集散する上で重要な役割を担っていた（上坂　一九四九、八七頁）。江南ならずとも、山東や河北において水運が重要な役割を担っていたことは見落とすことができない。鉄道や公路が整備されるにつれて、こうした水路や河川の航行のための維持努力がなされなくなり、水運が徐々に廃れていった（Pomerantz 1993）。現在の華北からは想像することすら困難であるが、一九四〇年代までの華北は、多くの水路やため池、湖があり、水量も豊富で、水上輸送が重要な

表 11-1　家畜及び大車の走行距離と運搬量

大車などによる牽引能力			
種類	一日の行程（km）	積載量（トン）	道路の状況
牛三頭	40	1.5	平坦良好
ロバ三頭	50	1.5	平坦良好
ロバ二頭	60	1	平坦良好
ラバ二頭	50	1	山地帯
馬一頭ラバ一頭	75	1	平坦路
家畜による積載能力			
種類	一日の行程（km）	積載量（kg）	道路の状況
ラバ	50	120～180	平坦道路
ロバ（大）	35	70～100	平坦道路
ロバ（小）	35	50	平坦道路
馬	50	100～150	平坦道路
ラバ	40	120	山地帯
ロバ（大）	35	70	山地帯
ロバ（小）	35	35	山地帯

出典）天野（1936）134～136頁。

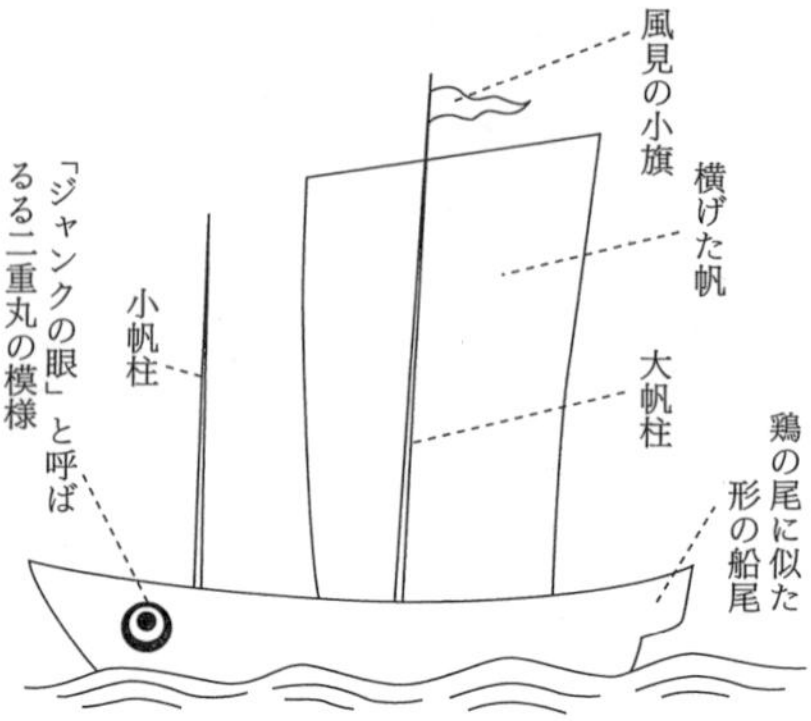

図 11-3　大運河をはじめ華北の水路などで活躍した民船（ジャンク）

出典）上坂（1949）18 頁。

役割を担っていた。わずか半世紀の間に生じた地表水の枯渇や地下水位の低下といった一連の変化は、華北一帯の生態系の変化を示すものとして重要な意味を持つ。

一九三〇年代には、山東に敷設された公路は総延長五千キロに達し、各地域を結ぶ長距離バスも三百台以上走っていたのであるが、山東省内の運搬物は重量貨物が多いこと、商人が運搬速度よりも、運送料が安いことを主に輸送手段を選ぶ、といった理由から、公路における車の利用は僅かな地位を占めるのみで、大半は畜力や、大車、小車、そして水運によって担われていた。その結果、舗装された道路にも、また雨が降ればぬかるみとなり、乾燥が続けば土ぼこりの舞い上がるかつての土路にも、おびただしい数の馬、牛車、一輪車、輸送用家畜の往来が見られた（天野　一九三六、一三四頁）。こうした零細運搬業はまた、鉄道や公路が整備された後も山東小農の重要な副収入の獲得手段として、生活に密着した重要な交通手段であり続けたのである。いやそれどころか、鉄道の駅と駅を結ぶ二点間の輸送ですら、地域内で流通する貨物は天秤棒や、馬やロバの背を利用して数日かけて運ばれていた。すなわち山東では、葉タバコなど主として鉄道を用いて運び出されてゆく商品作物が沿線に普及していた一方で、旧来の市場ネットワークと輸送機構に根ざした物資の流通と人々の生業は廃れることなく並存し、しかも農民にとっては、製品の販売も、零細な運搬業も、「販子」と呼ばれる小商人も皆、重要な現金獲得手段として存在していたのである。

ここで、一九四〇年代の鉄道駅からそう遠くない定期市の開かれる村の様子を事例として紹介しよう（西山　一九四一）。膠済鉄道上の駅、益都から約六キロの地点にある五里堡は、同地の西南部に広がる石灰質および礫土の山間部に産する山菓を平野部や地域外へと流通させる山菓市が立つことで有名で、清代から官許の義集として名を馳せていた。五里堡の市は五日おきに、一-六ないし四-九の日に立つが、秋になると、特産の胡桃や山楂、棗、干柿などが出荷され、四、五百人の販売者が山菓を持って販売に来るという。生果は地域内流通が多いが、益都から濰県につらなる平野部に産する桃、梨、杏などが多い。その市に山菓が運び込まれる様子は次の通りである。

市は冬なら朝五時又は六時から始まり三時間位で終る。二十支里位の所からは夜を徹して農民が山菓を運んで来る。其れは天秤（扁担）で担いで来るか、麻袋、布口袋に容れて畜背を借りて運ぶか、框子、婁に容れて手に提げて来るか等である。（西山　一九四二、一一頁）

こうして近隣からは、農民が自ら山菓を運び入れるが、少し遠く博山県や臨朐、濰県などからは、農民ではなく「販子」と呼ばれる小商人がやはり天秤棒か馬背で運んでくる。彼らは数日かけて五里堡にやってきて、前の晩は五里堡の旅館に宿泊する。調査員が博山より梨を運んできた「販子」に聞いた所では、二十キロずつ梨の入った篭を天秤棒でぶら下げて担ぎ、約五十キロの道を途中二泊してきたという。この博山というのは、膠済鉄道から南にのびる支線が通っており石炭が主として出荷されているが、この例を見てもわかるように近距離間の物資の輸送には、鉄道は使われていない。

一方、この山菓の買い方になるのも、やはり「小販子」と呼ばれる農村の小商人である。五里堡の村の中にも四、五十戸の「販子」がいるが、益都県城や寿光、濱県などから買い付けにくる「販子」も少なくない。普通「販子」は自ら定期市で山菓を買い、「推車的」を雇って、これを県城や鉄道駅の「土桟」に売る。この「土桟」は購入した山菓を済南、青島などから来た「大販子」に売却する。この「土桟」の介在は不可欠で、「販子」が青島などから来た「大販子」に「土桟」を経由せずして販売することはないという。

村には二十戸の「推車的」がおり、山菓の運搬を業として生活している。普通一度の運搬で五十キロの袋を四袋ほど積み、シーズンには一日に一往復か二往復するという。

五里堡の集市（定期市）はこのほかに、繭市、菜市、豚市、雑貨市及び短工市などが開かれる。五里堡周辺は地下水位が低いため、野菜は生産されず、二十人ほどの農民が天秤で運びこんだ人参やネギなどが売られていたという。またその隣では豚が五十頭ほど売られており、山間部の農民が購入して帰る。繭市は旧暦の五月から山菓市と同じ場所に立ち、山間部の農家が繭を売りに来る。短工市は、旧暦の五月から一〇月まで、春小麦の収穫と高粱の収穫時期の農業労働力として、農具持参でやってくる。多い時には百人くらいの短工が、遠くは博山、臨朐などから来て、市の傍の廟内か旅社で夜を明かして、雇用の機会を待つ。ちなみに、この村には奉天へ労働者として出稼ぎに行っている者が八名いる。

この五里堡の事例は、数多くの山東の定期市が持つ特徴を現しているといえるので次にその特徴を列記する。

（一）山東の場合、山地や平野部といったこまかく入り組んだ生態系の差異をもとに、物資の交換が行われ、それを背景とした市場網が確立している。

（二）鉄道や公路が開通した後も、網の目のように形成された市場ネットワークはほとんど変化を蒙ることなく存続し、むしろ増加の傾向すら見せている。

（三）そうした市場ネットワークを支えているのは零細な輸送手段や零細な商人、それを束ねてより遠方の市場へと媒介する輸送ルートと中間商人といった階層性のある構造である。

（四）階層性のある市場構造は常に農民の生活世界をとりまき、農民に農外労働や農外収入の機会を提供する場として作用している。

葉タバコ栽培地域のように鉄道敷設により鉄道駅周辺への商人の再編、中心地の変更が起こった事例はむしろ例外で、多くの地域は、この五里堡のように、旧来のマーケット構造と輸送システムを維持しつつ、物流と分業と貨幣経済を営んでいた。鉄道による変化は、むしろ作物対応別ともいえる範囲ネットワークによって受け渡されている。

五　商品作物の分布域の違い

ここで、今一度全体をふり返って、山東と東北の比較を行いたい。

図11-4-a～fは山東省における主要農産物の生産地域を地図上に書き込んだものである。黒点の一つが五万斤(約二五トン)とあり、調査方法は明記されていないが、主として県レベルのデータを用いて、地域的にドットしたものである。興味深いのは、上で考察した葉タバコと、綿花、落花生の主要産地がほとんど重なりあうことなく補完的な地域を構成していることである。図11-4-a～cから、三つの作物の産地を重ねると図11-5のようになる。

葉タバコについては、鉄道駅周辺の収買所を中心として、生産者がみずから持ち運べる範囲、ないしは商人が零細な輸送工具を用いて運送できる範囲に限られている。

綿花については、その販売経路は図11-6のようになっている。まず、農民は庭先で「販子」と呼ばれる買い付け商人に売却するか、大きな風呂敷に包んで近隣の定期市に持ち込み、市に買い付けにきている「販子」に売る。農民から買い付けたり直接綿花の納付を受けた地主の多くは、地方市場ないし済南などの中央市場に直接持ち込む。農民から買い付けた「販子」は家畜や「小車」と呼ばれる手押し車で軋綿し、麻袋につめこんで地方市場に持ち込んで、「花行」と呼ばれる綿花買い付け問屋や洋行筋の収買所に売り渡す。こうした収買所は季節的なもので、綿花の収穫が始まる七月頃から一二月頃まで看板をかけて営業するが、営業期間中は市日などは関係なく収買が行

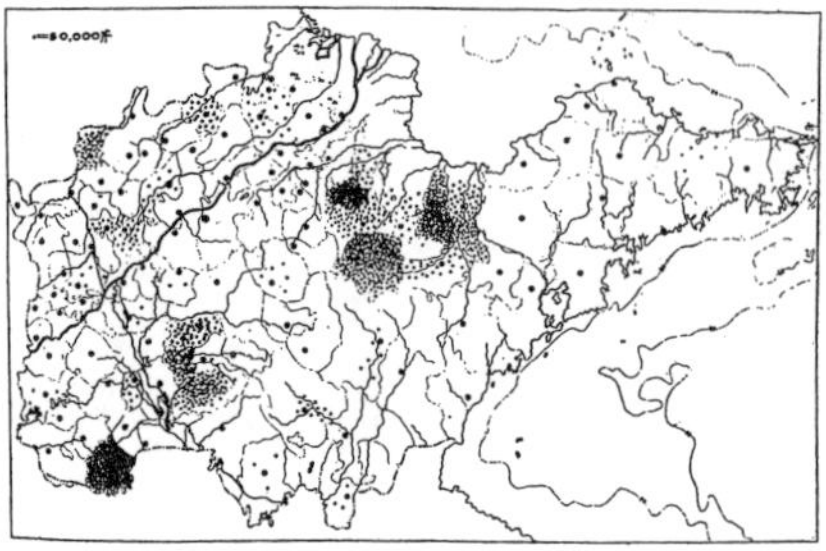

図 11-4a　葉タバコ

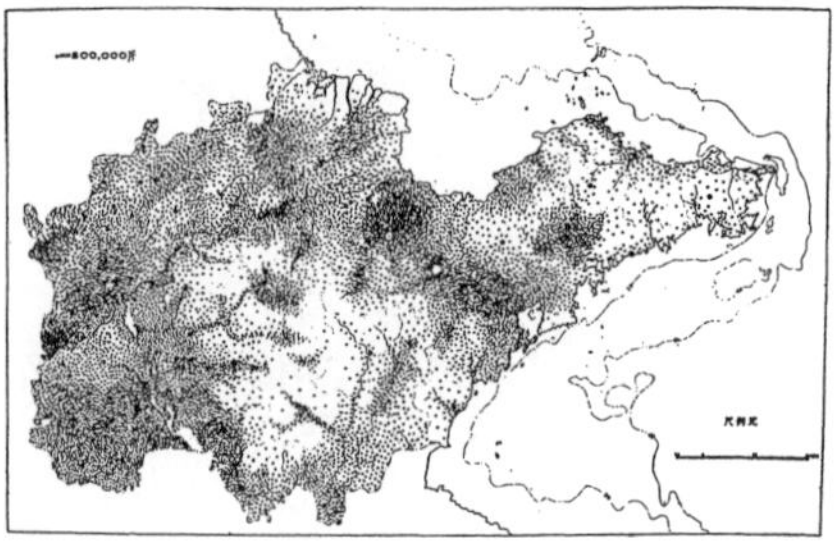

図 11-4d　大豆

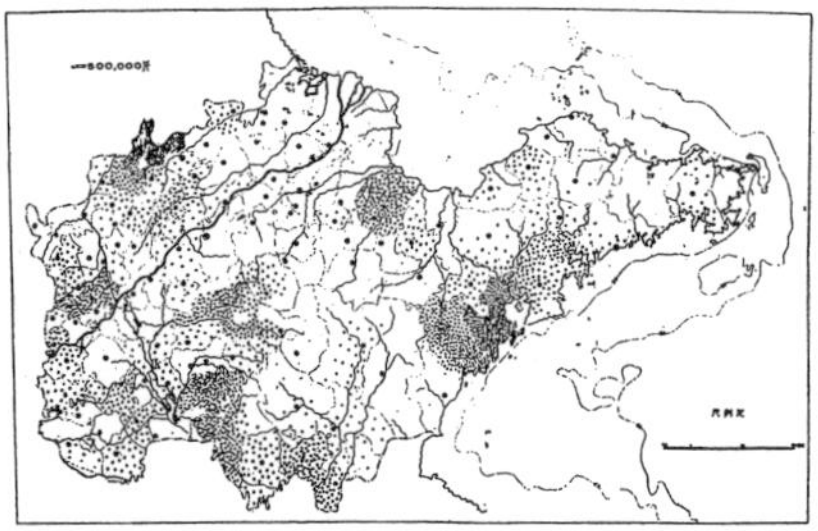

図 11-4b　綿花

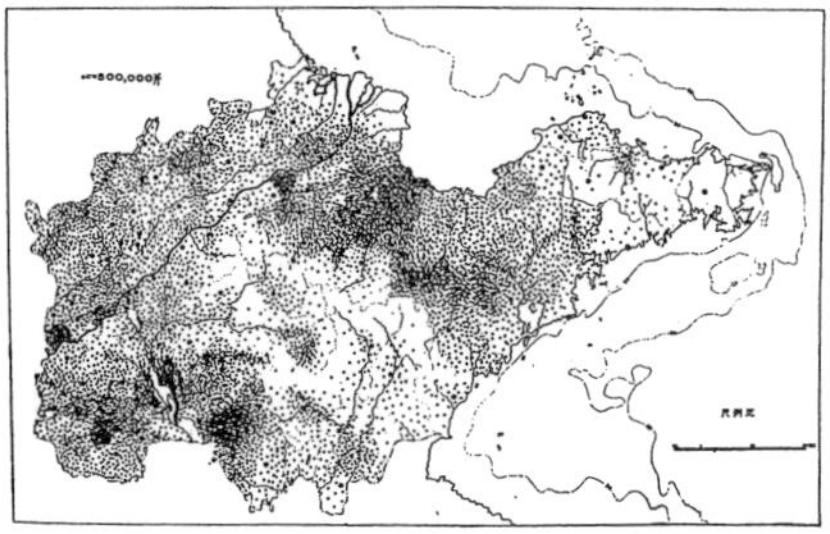

図 11-4e　高粱

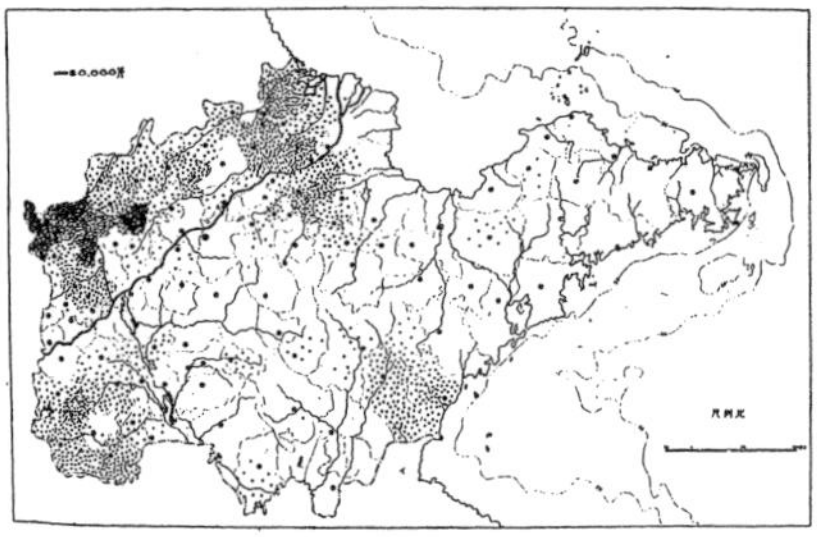

図 11-4c　落花生

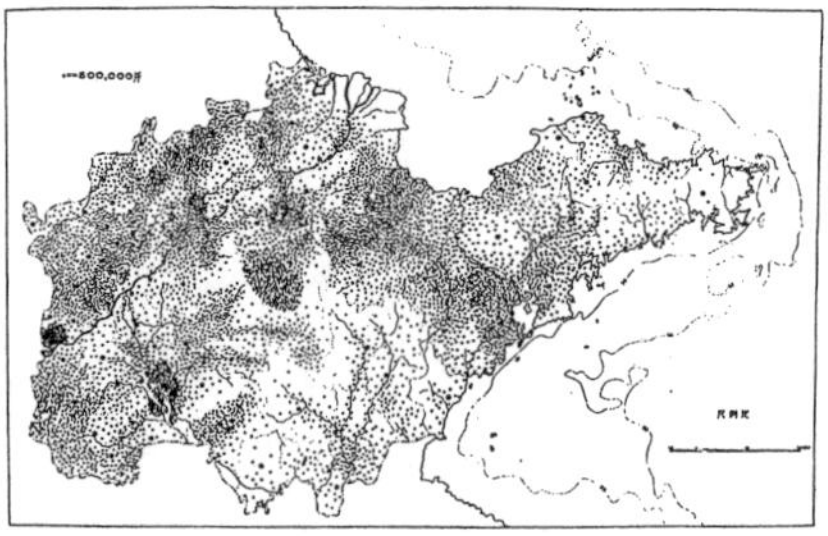

図 11-4f　小米

図 11-4　山東省の農産物

出典）東亜研究所（1940）附図。

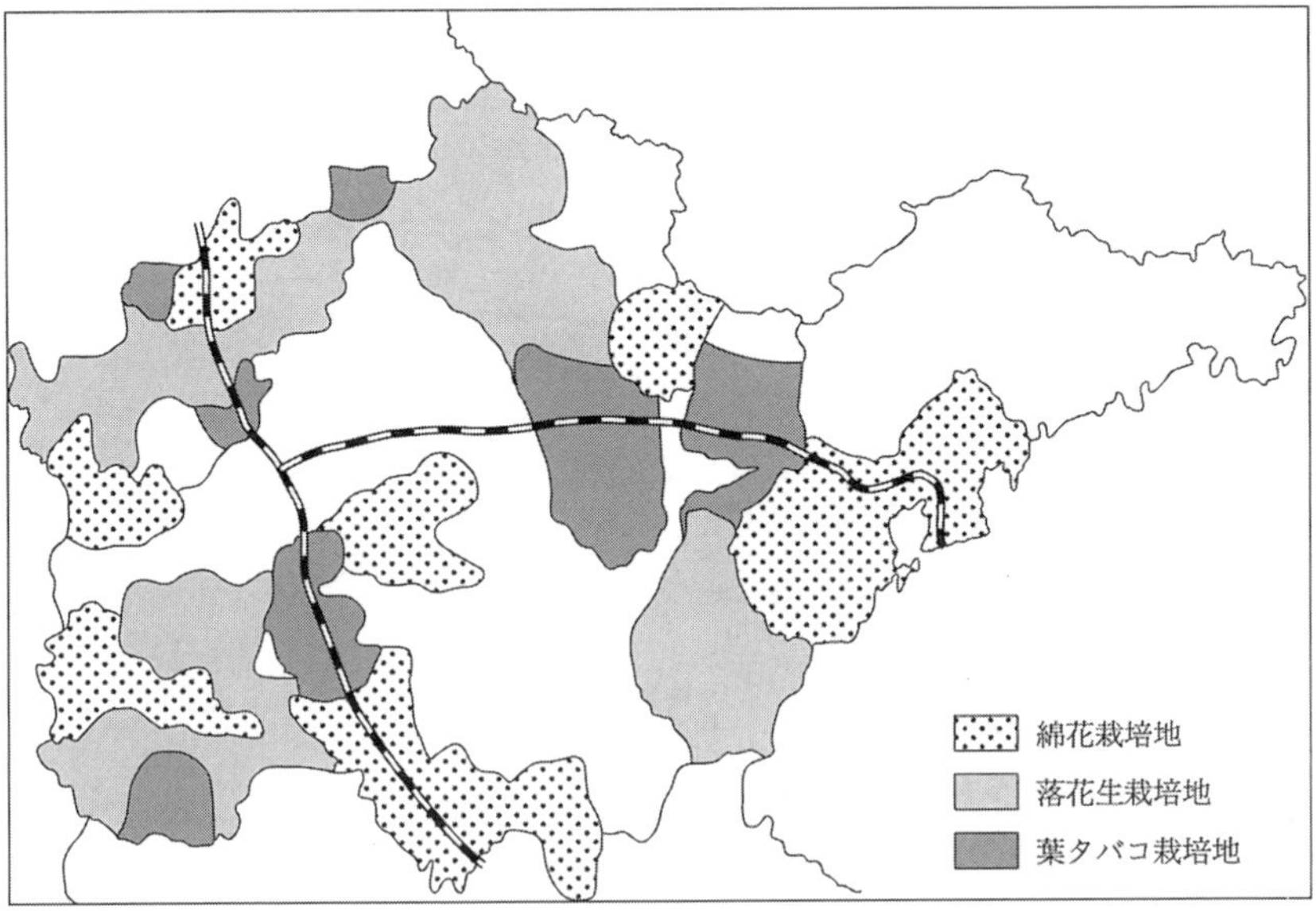

図 11-5　パッチワーク状に分布する主要な商品作物生産地

出典）東亜研究所（1940）附図 1〜20 頁より作成。

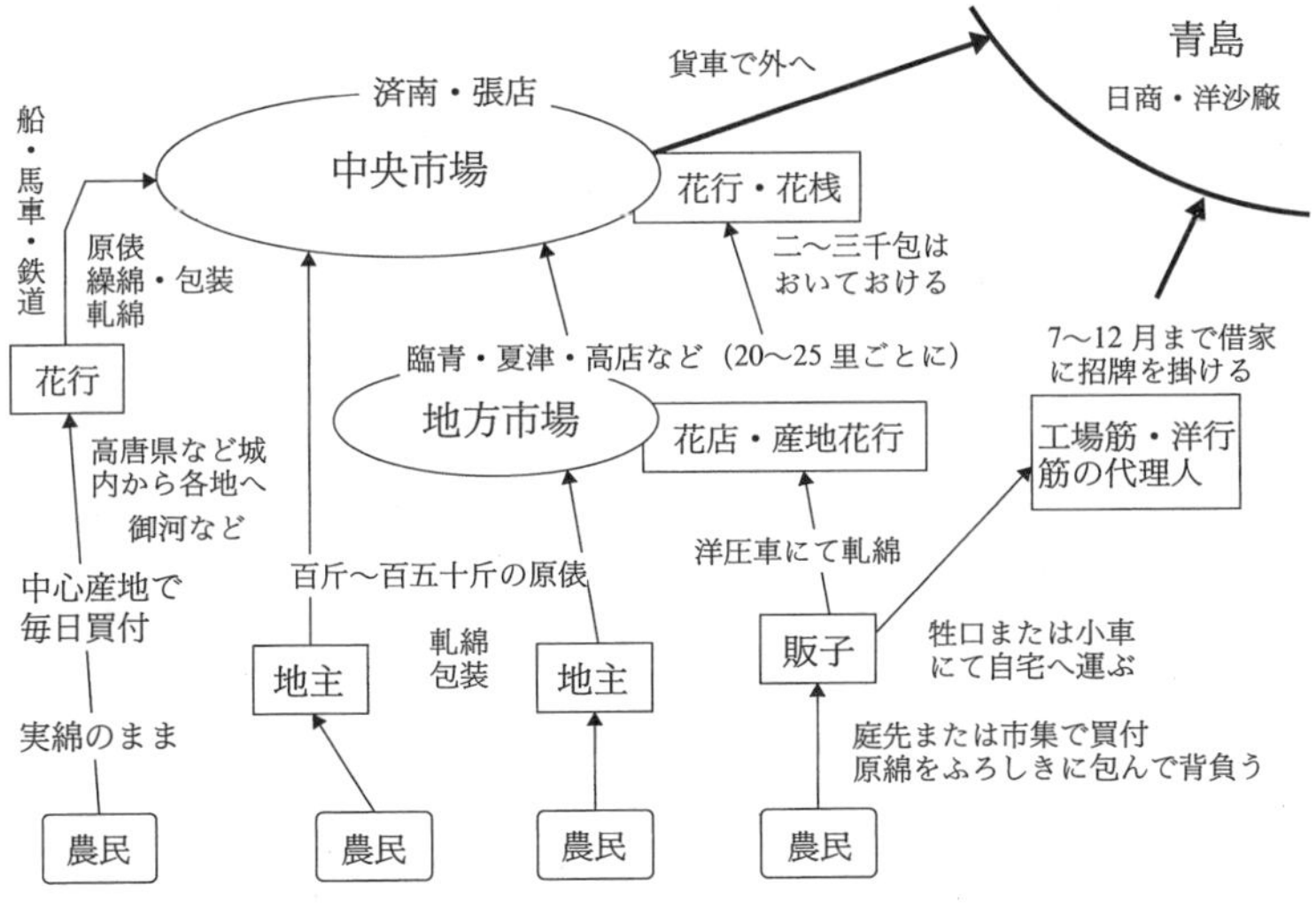

図 11-6　綿花の流通経路

出典）天野（1936）164 頁より作成。

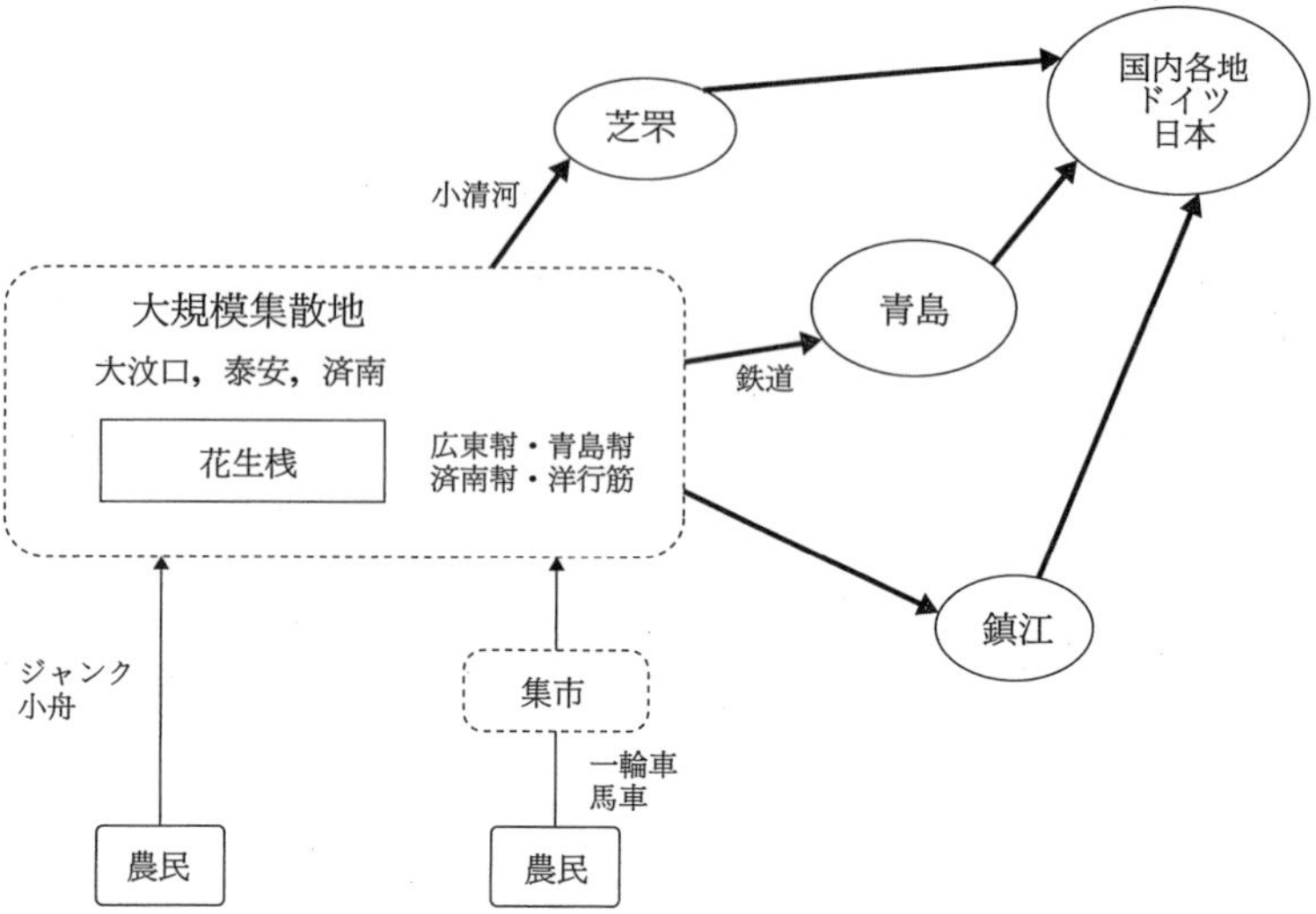

図 11-7　落花生の流通経路

われる。また済南などの中央市場へは鉄道を用いて運び込まれる。綿花農家の多くは、綿花一毛作となり、食糧を購入するケースも見られたが、主たる供給地が青島であるものの、天津や上海への販売も可能であったことから、市場全体としては、一定の価格を維持していたとされる（天野　一九三六、一六一頁）。

落花生は大半が青島より欧米など海外に向けて輸出されるが、その産地は膠済鉄道沿線にはほとんど分布せず、主として運河流域や黄河流域、津浦線沿線に集中する。山東省は中国最大の産地であり、青島港の取り扱い貨物の三割は落花生であったといわれるほど重要な産品である（華北事情案内所　一九三九、二七頁）。各地で買い付けられたものは、民船、汽船、鉄道などで済南、大汶口、泰安などに集散し、その後青島に運送される。農民は収穫した落花生を一輪車または馬車に積んで定期市で売却したり、ジャンクや小船で市場に持ち込む（図11-7参照）。明らかに山東の落花生の産地は、葉タバコ、綿花の作付けが行き渡らない地域に分布しており、その流通にも水運が多く用いられる。これは落花生の普及が鉄道敷設以前であったことも関係していると思われる。

天野は、三つの産品の生産地域が単一の商品作物に特化する傾向があるとして、普及を行った外国企業が生産者に強力に働きかけ、農民を掌握するさまざまな手段を行使したためである、としている。この説明は誤りではないが、不十分である。葉タバコについて詳細に論じたように、英米トラストは、圧倒的な力によって農民に働きかけ、掌握し、葉タバコ作付けを強制したのではない。さまざまの試行錯誤の果てに、中国人商人との密接な協力関係のなかで、農民に受け入れられるマネジメントを行ったために掌握に成功したのである。普及を行った外国企業の働きかけは不可欠の契機ではあるが、十分条件を与えるものではない。小農の行動様式、社会状況、現地商人の戦略、などと相互作用しながら、適切なマネジメントに成功したことで、英米トラストは葉タバコ生産地を拡大させることができた。

しかし、山東の商品作物のパッチワーク性は明らかである。これは満洲における大豆生産の普及と好対照をなすもので、山東における鉄道の影響が沿線に集中し、面としての広がりを持ちにくかったのに対し、満洲では、輸出向け大豆の生産が全域に広がり、しかも県城を介して鉄道駅周辺の糧桟に集中して買い付けられる、という特徴を持っていた。また自家用作物以外は大豆生産に特化していたために、多元的な流通経路が同時に平行して存在する可能性が排除された。さらに一年を通じて大豆の収穫期にすべての現金決済が集中するため、金融面でも、農家の消費物資の購入もすべて、一元化される傾向を持っていた。満洲にも当然、山間部と平野部、草原といった生態的差異は存在するが、その分布は広域的であり、微細な生態的差異を基に交易を成立させるという歴史的背景が希薄であった。

一方、山東では、気候も満洲に比べて温暖で、春小麦をはじめとして、異なる季節に異なるさまざまな産物が出回る生態的条件を有しているうえ、それらを地域間で交換するための市場ネットワークが清代には隅々にまで形成されていた。しかもそれらは、中間の経記人や牙行などを介在して、きわめて零細な小商人から大商人へと細かく分業化された商業ネットワークを経て受け渡され、また運搬業もそれに付随して、零細なものを経て集約されるシステムができ上がっていた。興味深いことに、山東における大豆生産の分布（図11-4-d）は、高粱（図11-4-e）とほとんど重なる。これは山東の大豆が高粱と同様に自家消費と域内流通に供じられていたことを示唆している。

こうした、重層性、多元性を保ちえた山東の商業的ネットワーク構造は、近代満洲のそれと大きく異なる特徴を有するものであり、このことが近代的鉄道や道路網の整備後も、網の目状に広がるマーケット構造が廃れることなく継続した理由の一つであると考えられる。

注

（1）本章は筆者がかつて大阪市立大学大学院東洋史研究科に提出した修士論文の一部をもとに、加筆したものである。当時資料収集・論文作成にあたっては現・首都大学東京の奥村哲教授に多大な御教示をいただいた。また指導教官であった森田明教授に多くの示唆を与えていただいた。ここに記して感謝の意を表する。

（2）これは当時「自開商埠地」と呼ばれ済南のほかに濰県、周村などにも相次いで開かれて外資の進出を促した。

（3）この過程は深尾（一九九〇ａ）を参照。

（4）Cotton seems to have gradually taken the place of tobacco, and its cultivation is likely to extend, as tobacco-planting requires a greater outlay in the farm of imported artificial fertilizers, has to bear heavier taxation, and is more susceptible than cotton to climatic conditions. (China：the Maritime Customs 1922-31, p. 444)

（5）実はＢＡＴのこうした収買方法はこれまで、外国資本の搾取的側面であるとして半封建半植民地化の過程とされて糾弾されてきた内容であった。その代表的なものが陳（一九四一）である。半封建半植民地の図式的理解は、中国封建社会の搾取と束縛が解けないまま中国農村は二〇世紀に入り、諸外国による半植民地的支配を受け、二重の支配のもとにさらされた、というものである。それは当時の政治的課題、つまり反封建、反植民地というイデオロギーに沿って展開された論理であって、必ずしも事実を反映したものであったとは言いがたい。陳の論証の重要な部分をなすＢＡＴと在地商人による農民の搾取という議論は、実は「支配」という概念を強調するために、当時の中国農村の重要な性格を見落とし、あるいは意図的に過小評価する結果となっている。

　陳がＢＡＴの搾取性の証左としている（一）一方的な価格決定、（二）有無をいわさぬ収買、はいずれも農民自身がむしろ歓迎しているものであった。しかも、山東葉タバコが、小規模ではありながら、経営の主体性を維持しつづける小農経営によって生産を担われていたこと、その生産農民の把握は、何らかの経済外的な強制力をもっては実現しえず、結果としてきわめて合理的な農民把握の手法をBATがとらざるをえなかったこと、これらはすべて、当時の山東農村の農家が独立性、打算性、功利性を維持した経済行動をとっていた結果であり、むしろ同地域社会の特徴を反映したものである。

（6）「そして本村の経済は、孟家爐の集市と車站との間においてその大半の関係を終るのであって、煙草に依って経済が変動する以前に深い関係があったと言われる、県城・東関及び他の寿光県や益都県下の他村等との関係は今日は殆ど意味を失って来つつあるのである」（渡邊　一九四二、九五頁）。

文献

〈日本語文献〉

天野元之介　一九三六『山東省経済調査資料』第三輯、南満洲鉄道株式会社編。
天野元之介　一九七九『中国農業の地域的展開』龍渓書舎。
上坂酉三　一九四九『中国交易機構の研究』早稲田大学出版部。
王薬雨　一九三四「山東農民離村的一個検討」『大公報』五月二三日。
外務省　一九一四「最近十年間に於ける膠州湾の発展」四月一日『通商報告』第一〇三号。
華北事情案内所　一九三九『山東省事情』北支事情解説パンフレット（第三輯）。
岸本美緒　一九九七『清代中国の物価と経済変動』研文出版。
岸本美緒　一九九九『明清交替と江南社会』東京大学出版会。
鞍田純　一九四二『山東黄色葉煙草の生産並に収買機構の発展』国立北京大学農村経済研究所編。
黒田明伸　一九九四『中華帝国の構造と世界経済』名古屋大学出版会。
黒田明伸　二〇〇三『貨幣システムの世界史—〈非対称性〉を読む—』岩波書店。
山東省陸軍特務機関　一九四〇『山東省葉煙草収買情報』第二号、一一月三〇日、外務省、外交資料館所蔵。
島田明房　一九四二『事変前に於ける山東葉煙草事情』興亜院（青島出張所）編。
徐永綏　一九四〇「山東東部の葉煙草取引」『中国農村問題』太平洋問題調査会。
関弘　一九三八『膠済沿線に於ける黄色葉煙草生産状況調査』満鉄・北支事務局調査室編。
陳翰笙　一九四一『産業資本と支那農民』清水博訳、東亜叢書、生活社。
東亜研究所　一九四〇『山東省に於ける農作物地域の研究』東亜研究所第二調査委員会内地委員会第一部会。

東京朝日新聞　一九一五「太平洋汽船会社の太平洋航路廃止と其影響（其七）」八月二一日号。
西田研一　一九三四『外交文書資料』在濟南日本領事館報告、一〇月四日。
西山武一　一九四二『山東の一集市鎮の社会的構造』国立北京大学農村経済研究所編。
服部満江　一九四三『英米トラストの葉煙草収集工作』華北総合調査研究所編。
深尾葉子　一九九〇a「山東葉煙草栽培地域と『英米トラスト』の経営戦略—一九一〇〜三〇年代における商品作物生産の一形態—」『社会経済史学』第五六巻第五号。
深尾葉子　一九九〇b「中国農村社会と集市研究—一九一〇〜三〇年代の山東を中心に—」『台湾史研究』第八号、森田明博士還暦記念論文集、台湾史研究会。
深尾葉子・安冨歩　二〇〇三「中国陝西省北部農村の人間関係形成機構—〈相夥〉と〈雇〉—」『東洋文化研究所紀要』第一四四冊。
藤田栄介　一九二八『外交文書資料』在青島日本帝国領事館報告、一〇月三日。
堀内孝　一九二六『外交文書資料』在坊子日本領事館報告、一一月一一日。
山上金男　一九三五『山東省経済調査資料第一輯—山東商業経済の発展とその破局的機構—』南満洲鉄道株式会社経済調査会編。
渡邊兵力　一九四二『山東省膠濟沿線地方農村の一研究—益都県杜家荘及小田家荘調査—』国立北京大学附設農村経済研究所編。

〈中国語文献〉

楊慶堃　一九三三「市集現象所表現的農村自給自足問題」『大公報』七月一九日。

〈英語文献〉

China : the Maritime Customs 1892–1901, Decennial reports, on the trade, navigation, industries, etc., of the ports open to foreign commerce in China, and on the condition and development of the treaty port provinces.
China : the Maritime Customs 1912–21, Decennial reports, on the trade, navigation, industries, etc., of the ports open to foreign commerce in China, and on the condition and development of the treaty port provinces.
China : the Maritime Customs 1922–31, Decennial reports, on the trade, navigation, industries, etc., of the ports open to foreign commerce in China, and on the condition and development of the treaty port provinces.
Pomeranz, Kenneth 1993　*The making of a hinterland : state, society, and economy in inland North China, 1853–1937*, University of California Press, Berkeley.
Skinner, G. William 1973　*Marketing and Social Structure in Rural China*, Association For Asian Studies, Inc.
Yang, Ching-kun 1944　*A North China Local Market Economy, A Summary of a Study of Periodic Markets in Chowping Hsien*,

Shantung Institute of Pacific Relations, New York.
Yang, Martin 1945 *A Chinese Village-Taitou Shantung Province*, Columbia University Press, New York.

第12章　スキナー定期市論の再検討

安冨　歩

はじめに

本書第II部の各章では、二〇世紀初頭の満洲に形成された市場流通機構が、中国本土のそれと大きくことなっていることを示した。本章ではこれと対照する目的で、中国の定期市についての代表的参照基準であるG・W・スキナーのモデルについて考察を加える。このモデルは、スキナー自身のフィールドである四川省の成都周辺の事情に強く影響されているものの、中国村落社会を理解するための重要な枠組とみなされている。それゆえ、この考察によって我々の主張点をより明確にしうるというメリットがある。

スキナーの定期市についての三本の論文（Skinner 1964）は一九六〇年代の中国学に根本的な影響を与えた。スキナー論文の意義は、中国においては、定期市がコミュニケーションの結節点になっており、そこを中心として、村よりも一段階大きな市場圏という単位で、基礎的な共同体がある、という主張を展開した点にある。

ところが、これほど重要な論文でありながら、その理論的な側面は真剣に論じられることなく今日に至っている。特に、一般には（おそらくはスキナー自身も含めて）、定期市の紡ぎだす空間構造が、中心地理論に代表されるような均衡化に基づいた静学的機構によって形成されると考えられているが、それがスキナー自身の論理と矛盾している点が問題である。筆者は、この静学理論的なファサード《見せかけ》を取り外し、より動的な理論装置、特にアラン・チューリングの動学的不安定性によるパターン形成の理論に置き換えることで、スキナー理論はより一貫したものになると考えている。

そこで本章ではまず、スキナーのモデルをできるだけ簡潔に紹介し、さらにその理論的諸問題を摘出し、その解決の方向を提案する。本章は次のように構成されている。まず第一節でスキナー・モデルを解説し、第二節では中心地理論とスキナー理論の違いを論じるとともに、チューリング・パターンの理論を解説する。最後の議論の節では、近代化の影響と地域性について、スキナー理論の限界を示し、その拡張の方向を探る。なお、本章でスキナーの三部作に言及する場合には、(Part I, pp. 3–5) などと表記する。

一　スキナーの伝統中国の農村市場モデル

スキナーのモデルは主として、「近代化」以前の中国村落の社会と経済を対象とする。スキナーは一九四九～五〇年に四川省でフィールドワークを行っており、そこでの観察や調査を基盤とし、さらに他地域の資料を考察することで、このモデルを構想した。本節ではまず、スキナーの提案したモデルをできるだけ簡潔に紹介する。

スキナーは平地と山地について二種類のモデルを提案している。この差異はそれぞれの地域の交通費用や農業生産性に起因している。こういった条件の違いが、コミュニケーションの空間的形態の違いに反映するというアイディアは、本書の主題と密接に関係している (Part II, p. 198)。

スキナーはこの二種類のモデルを峻別するとともに、両者を並行して議論しており、これが彼の論文を非常に読みにくいものにしている。そこで本節では、スキナーの二つのモデルのうち、平地のモデル (Model B) にまずは意識を集中する。パラメータの違いが形態の違いにどう反映するか、という問題は別に小節を立てて論じることとする。

1　定期市の階層性

スキナーの議論は、中国「農村」地帯（rural area）の地理的最小社会単位を「村 village」に求める。この最小単位の地理的側面よりも社会的側面を強調する際には「村落共同体 village community」と呼ぶ。村の大きさや性格は中国全土にわたってそれほど大きな差はない。個々の村のサイズは Part I, p. 34 の Table 1 に示されている標準とされるケースで八三家族、三八九人、面積二・八平方キロという数値が想定されている（一八村で千五百家族、七千人強、五〇平方キロという値から逆算したもの(1)）。

重要な点は、村には通常「市場」はない、という事実である。あるとしても「小市場 minor market」と呼ばれるもので、そこでは村人同士の物資の交換が行われるのみであり、生活必需品を恒常的に購入することも、なんらかのサービスの提供を受けることも、外来品を購入することもできない。なお、「小市場」という言葉は小市場の存在する村を指すこともある。このような村は、流通という側面から言うと、独立した最小単位とみなすことはできない。村はそれ自身を再生産するための重要な機能を外部から獲得しているからである。

四川省などには、「村」も「小市場」もない地域がある。そこでは広い平地にぽつりぽつりと家々が散在しており、家の集積としての村はない。しかしながらそこにも「土地廟 earth-god shrine」があり、各々の家はどこの廟に属しているかを認識しており、それに従ったグループが形成されている。これは「散村 dispersed village」とでも言うべきものである。この種の地域では小市場のかわりに「幺店 small shops」という小さな商店の集まりを観測することができる。

スキナーのモデルは、障害物のない完全な平面上に、このようなサイズの村が相互に等距離で並んでいると想定する。この場合、三つの村を頂点とする正三角形が二次元空間を埋め尽くすことになる。このような平面上に、スキナーは「市場町 market town」を中心とする階層的な市場構造を想定する。農村市場には三つの階層がある。スキナーはこれらを、下から順に「原基市場 standard market」「中間市場 intermediate market」「中心市場 central-market」と呼ぶ。

原基市場はその名のとおり、市場機構全体の基礎となる最下層の市場で、村に住む農民が日常的に利用する。小市場や幺店は原基市場の原初形態と見なすことができる。原基市場の位置する原基市場町の規模は、一九三四年の四川の例では五〇～二七九軒であった。原基市場のすぐ上の階層に位置する市場が中間市場である。中間市場町の規模は三六〇～九〇〇軒程度である。中心市場は交通の要衝にあり、重要な卸売の機能を果たす。外来の商品はここから下層の市場に卸され、下層市場から上ってきた生産物はここに集中してから他の中心市場やより高次の「都市中心地 urban centers」に送られる。中心市場を擁する町を中心市場町と呼ぶ。中心市場町には純粋に経済的機能のみを担うものと政治的機能をも担うものがある。伝統中国では県・府・鎮の衙門があって城壁の廻らされている場所を「城市」とする。中心市場以上のレベルでは一般に両者は一致する。中心市場町の規模は二六五〇軒程度である。

2　定期市とその開催日

伝統中国の農村市場は、通常定期市の形態をとる。定期市を巡回するのは商品とともに移動する行商人（peddler）だけではない。職人（artisan）や修理屋（repairmen）もその仕事道具を持って移動する。市場が常設ではない理由は、一箇所にとどまって商店を開いても、そこにアクセスしうる農民の数とその購買力では営業を維持するのが難しいからである。スキナーは、ある事業を維持するに必要な最小規模の顧客数があり、その閾値を越える顧客を確保しなければならない、と仮定する。伝統中国では交通が不便であり、農民の移動可能範囲は限られているので、商人が複数の定期市を巡回することでようやくこの閾値を超えられる。

行商人がいくつかの市場を安定して巡回しうるように、近接した定期市は開催日を相互にうまく調整してある。市が常設ではなく定期であることは、ひとつの市場にしか参加しない生産者兼販売者にも有利である。開催日を販売活動に、開催日以外を生産活動に充てることができるからである。

消費者にとって、市が定期であることは欲しい財やサービスを獲得するために必要な移動距離の節約になるという意味がある。伝統中国の農民は貧しく、倹約道徳を持ち、家計の消費水準は必要最小限度に張りついていた。各家計は毎日市場に買物に行く必要はなく、それゆえ常設市場を維持するためには膨大な数の家計が必要であった。常設市場をつくると、その範囲内の家計は買物のために長い距離を移動する必要があるが、定期市であれば様々な場所に設立することができるので、移動距離の大幅な節約になる。

では、どのような場合に常設市場機構が成立し、どのような場合に定期市機構が成立するのであろうか。スキナーは、交通の発達程度が決定的に重要な役割を果たすと考える。地理学では「距離摩擦 friction of distance」と呼ぶ。距離摩擦が小さければ常設市場機構が成立し、大きければ定期市になるというのである。

市場の周期は所によって異なる。ジャワ Java では五日周期、イングランドでは七日周期、江戸期の日本では一〇日周期（陰暦依存）である。中国では旬（十干）と十二支に依拠した周期が主流であった。これも基本的に陰暦の月ベースであるから、定期市は定義上、厳密な意味では不定期にならざるを得ない。

旬周期の場合を考えてみよう。中国では旬に二度開催されるのが基本であり（1-6、2-7、3-8、4-9、5-10）、それ以外では旬に三度が多い（1-4-7、2-5-8、3-6-9、4-7-10；1-5-8、2-6-9、3-7-10；1-4-8、2-5-9、3-6-10）。周期が一日の定期市も存在しうる。つまり、毎日開かれる定期市である。毎日やっていると言っても、大抵の場合は朝の二、三時間しか開かれないので常設市場ではない。昼や夕方であることも希にはある。一日に二回開かれる定期市さえある。

3　空間的経済的システムとしての市場構造

空間が一様であると仮定すると、各市場町の影響範囲は、市場を中心とする円を描くことになる。このような円盤で空間を埋め尽くそうとすると、円盤相互に重なり合う部分ができる。重複が最も少なくなるように配置した場合に、各重複部分の真ん中を境界として設定すれば、それぞれの市場の機能が覆う範囲は六角形となる。

スキナーによる四川のフィールドワークでは、農民は「自分の市場」を認識しており、少なくとも理念型としては、市場圏への所属は排他的である。すなわち、それぞれの村は排他的にひとつの原基市場に属している。それは、後に論じる新村形成過程が市場町に強く依存する形で推進されることと関連がある（Part I, p. 18）。

村が等間隔で配置されている一様の空間を考えると、原基市場圏と中間市場圏は図12-1（Part I, p. 19, Figure 1）のごときパターンを描く。ひとつの原基市場に含まれる村の数は六、一八、三六……などが可能であるが、中国では概ね一八となる。原基市場圏のなかには市場町から発する六本の道が形成される。

原基市場で活躍する商人のほとんどは行商人（itinerants）であるが、最小限の固定店舗もある。茶館（tea houses）、酒家（wine houses）、食堂（eating places）といった社会的に重要な意味のある施設のほか、油房（oil-shops）、お香と蠟燭を売る店（incense and candle shops）、さらには織機（looms）、釘針、箒、石鹼、煙草とマッチを売る店などがある。この他にも原基市場には相当数の職人、鍛冶屋、棺桶屋、大工、儀礼用紙人形職人（makers of paper effigy for religious burning）がいる。また、粉挽き屋や鍛冶屋といった周辺の生産物を加工する作業場がある。

原基市場の最重要の機能は、農民が自らの生産物をその必要とするものと交換することにある。農民の必要とするものには各種のサービスが含まれている。それゆえ、農具の砥屋、家畜の去勢師、医術師、「歯の技工師」、巫師、占師、床屋、種々の芸人、ときには代書屋といった職業の人々に対する需要がある。こういったサービスはもちろん、個々の農民にとって常時必要なわけではないが、必要のある場合には原基市場を訪れる。原基市場は、限られているとはいえ金融の機能も持っており、馴染の客への掛売り、さらには市場の日にやって来る農民への現金の貸出が行われる。農民間の頼母子講（the rotating credit societies of the peasant）の会合は市場町の茶館で開かれる。地主が小作料を徴収する事務所を構える場合もある。原基市場には土地を持たない苦力がおり、かさばる荷物の運搬に従事する。彼らは村道を荷車で行き来し、あるひとつの市場圏を仕事範囲とするので、空間—経済的システムとしての原基市場構造の一要素を成している。原基市場の活動は定期市の開催周期を中心とする周期性を持っている。市場開催日以外の日にも商業活動の行われている点に注意する必要がある。開催日に結ばれた契約が翌日以降に実行されることが多いからである。

市場の階層性の特徴は下位の市場が複数の上位市場と関係することである。原基市場は複数の中間市場と関係を結ぶ。図 12-1 のモデル B の場合が中国の市場構造の基本で、このときには原基市場は中間市場圏の境界線の頂点に位置している。つまりひとつの原基市場は三つの中間市場と同等に関係する。これは原基市場が排他的で各々の村が唯一の原基市場圏に属していたのと対照的である。

原基市場の開催日は中間市場の開催日となるべくぶつからないように設定され、隣の原基市

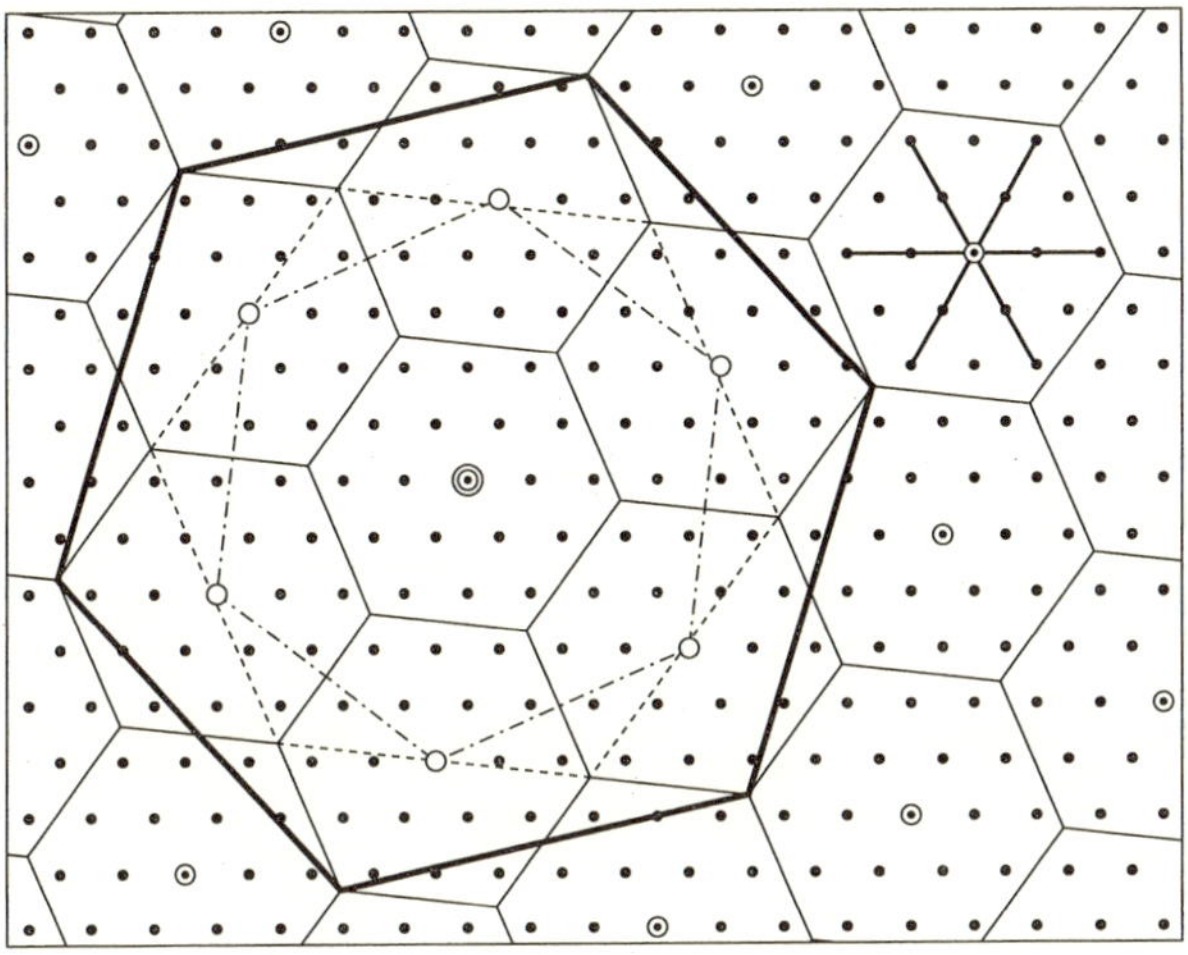

- 村
- ○ 原基市場町
- ◎ 中間市場町
- ⊙ その他の状態の市場町

—— 原基市場圏の境界
理論的可能性 ｝中間市場圏の境界
- - - - モデル A
-·-·- モデル B

図 12-1　市場圏パターン

出典）Skinner（1964）Part I, p. 19.

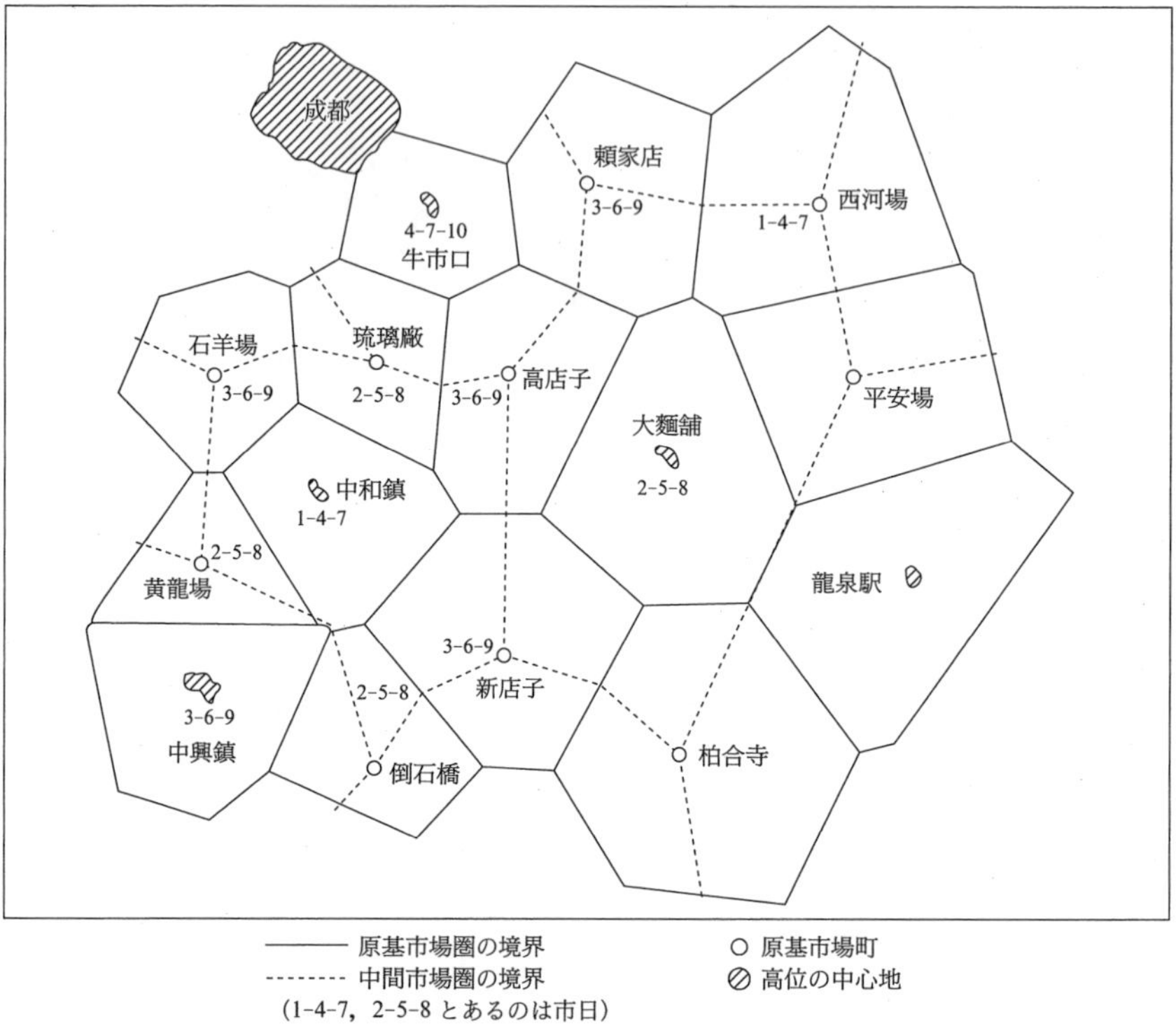

図 12-2　中和鎮

出典）Skinner（1964）Part I, p. 26.

場の日取りとの調整は相対的に軽視される。新しい原基市場が開設される場合の日程の決め方がこれを端的に示している。たとえば図12-2（Part I, p. 28, Figure 3.2）の中和鎮（Chung-Ho-Chen）が1-4-7の日程なので、その周辺の六つの原基市場は3-6-9か2-5-8の日程であり、3-6-9の日程を持つ原基市場である高店子（Kao-Tien-Tżu）の依存する三つの中間市場の日程は1-4-7、4-7-10（牛市口）、2-5-8（大麵舗）である。しかしその隣の頼家店（Lai-Chia-Tien）は3-6-9と高店子と同じ日程になっている。

農民はしかし中間市場には滅多に行かない。中間市場に頻繁に行くのは郷紳である。彼らは書物や筆硯紙などを買う必要がある。しかしそれ以上に中間市場と原基市場の日程の調整は地方商人にとって死活的に重要である。彼らの基盤は中間市場にあり、そこで商品を仕入れて原基市場に運んでゆくからである。図12-2の中和鎮を根拠とする商人を例にとれば、陰暦の一日に中和鎮で仕入れをして、以下、

中和鎮(1)⇓黄龍場(2)⇓石羊場(3)⇓**中和鎮**(4)⇓琉璃廠(5)⇓高店子(6)⇓**中和鎮**(7)⇓倒石橋(8)⇓新店子(9)⇓**中和鎮**で休息(10)⇓(1)に戻る

と巡回することで効率的に商売ができる。このためには中間市場と原基市場の日程の重複しないことが絶対に必要である。より高次の市場でも、まれに巡回商人が観測されるが、極めて特殊化していたり、市場間の鞘取業務に特化するなど、その比率は中間市場に比して遥かに低くなる。

商品は中心市場―中間市場―原基市場という三層構造を通じて流れるが、下流への流れは次のようになる。

外部⇓中心市場（＋中心市場内生産物－中心市場内消費物）⇓中間市場（＋中間市場内生産物－中間市場内消費物）⇓原基市場

上流への流れはこれの逆である。天野（一九五三）は河北と山東の研究で行商人が双方向の商品と金融を取り扱っていることを発見した。

スキナー・モデルの農村市場の階層構造は、下位の市場が複数の上位の市場と関係するという特徴があるが、これに対して行政機構はどの段階を見ても、下部組織が上部組織に排他的に従属するという樹状の構成を持つ。この意味で両者は常に矛盾する可能性を含む。しかし、伝統的社会の市場は、近代の水準から見ればその商品流量も少なく、その矛盾は顕在化しない。山根（一九六〇）は山東市場の研究で、少なくとも清朝の下では中間市場の運営に政府が関与しているのに対し、原基市場では自主管理が行われているとした。樹状組織を持つ官僚機構と、網状

組織を持つ市場機構は、当然ながら全く異なったダイナミクスを持っており、そのすり合わせの部分が問題になる。県城は県知事とそれを支える地元有力者がインターフェイスを構築して、その任に当たる場所ということになる。

4　社会システムとしての市場構造

原基市場は単なる経済機構ではなく、共同体の単位でもあるとスキナーは主張する。原基市場に対応する共同体を「原基市場共同体 the standard marketing *community*」と呼称する。農民の住む最小の共同体は、個々の小さな村ではなくこの原基市場共同体であるというのがスキナー理論の重要な主張点である。

その面積は人口密度と概ね負の相関関係にある（Part I, p. 34, Table 1）。市場あたりの人口は人口密度の特に低いところで低く、密度の増加にともなって急増してから安定し、人口密度の特に高いところでは再度減少する。再度の減少は市場の成熟・分裂パターンと関係がある。平均的な原基市場共同体は一八村千五百家族を含むと考えればよい。

一九四九〜五〇年にスキナーの調べた高店子を中心とする原基市場共同体には約二千五百家族がおり、彼の住んでいた家の主人である林氏はそのほとんどの家の主人を知っており、その家族のことも相当把握していた。郷紳(local élite）は地域の人々をさらによく知っている。五〇歳の農民は平均して三千回程度は原基市場に出掛けており、千回以上は茶館で一時間ほどお喋りをした計算になり、この程度の知識を持つのは難しくはない。これに対し、近くの村であっても、別の原基市場共同体に属する村の人のことはほとんど知らない。

原基市場共同体は共同体内で頼母子講が形成されたり、あるいは嫁のやりとりをその内部で行うことで強化される。また哥老会とよばれる一種の秘密結社もこれを単位に形成され、高店子では清（clear）と泥（muddy）のふたつの結社があり、ほとんど全ての家はどちらかに属していた。これらは原基市場で開かれる種々の市をシェアするかたちで取り仕切っていた。もっとも、地域によっては市場の運営を村が輪番で行うところもある。またより高次の市場では公権力が仕切る場合が多い。

寺廟や祭も共同体の結束を形成する機構となる。これらは原基市場の内部で徴収した資金や寄付で運営される。運営もまた共同体の有力者が中心となる。高店子の祭では冥界の官僚である東岳の御輿が共同体の幹線道路を通って市場圏の境界にある四箇所の幺店のある村を訪れるという儀礼が行われており、その領域を確認する機能を果たしていた。職業組合・娯楽・度量衡・民間伝承・方言なども原基市場を単位とする例が多く見られる。

より高次の市場圏についての社会的な側面はわかりにくい。しかし例えば高店子において、(1)ある大きな宗族が、南東の中間市場町に廟を持つ宗族の分家と考えられている、(2)「到忠儒院」という慈善団体は南西の中間市場町の廟に属する、(3)秘密結社が北西の中間市場町の結社と関係がある、というように、社会的にも複数の中間市場町と連結する。

市場の階層性は階級と関係するが、郷紳は原基市場と中間市場の両方の結社に属することがある。その役割を農民と官僚の間のバッファーと考えることができる。中間市場は士大夫（the gentlemanly élite）と地元の商人が出会う場所でもある。中心市場町になると純経済的機能のみを果たしていることは希で、通常は政治的中心地でもあり、官僚エリートが介在するようになる。

5　定期市の階層構造形成

スキナーの論文の第二部は、無住の二次元空間に村と市場町が形成されて発展してゆくプロセスを扱う。最初の段階は図12-3-1（Part II, p. 197, Figure 5.1）である。最初の段階では、市場町を中心として周辺の六つの村を単位とする市場圏が等間隔で形成される。それぞれの村と市場町を直線の道路が結んでいる。市場圏内部の村が成長すると最初の六村の人口が許容量を超えてしまって分裂し、外周に一二の娘村が形成される。同時に道路が外周の村

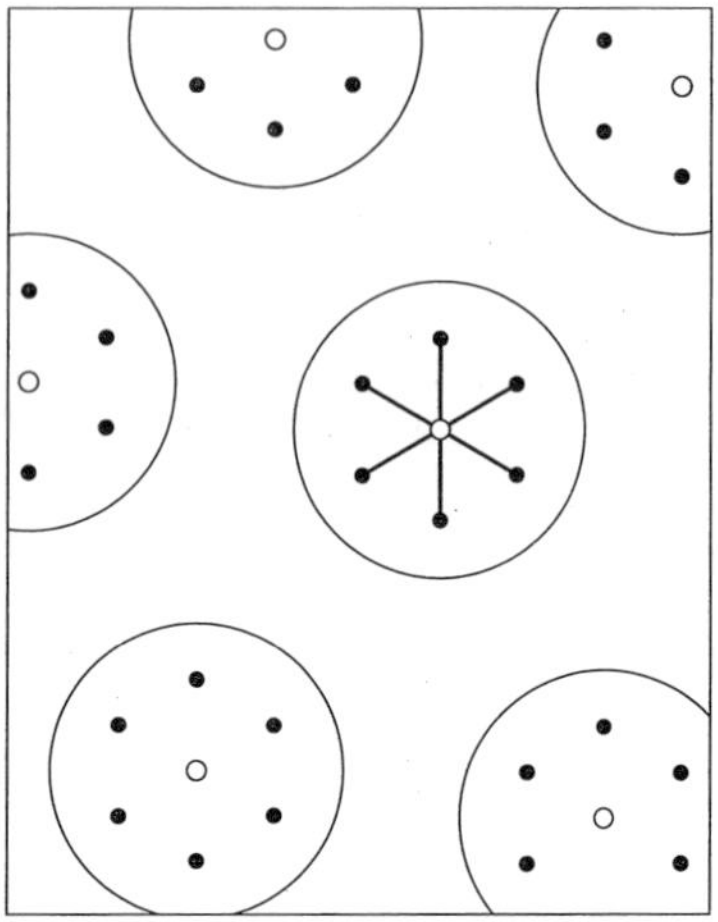

図 12-3-1　スキナーの市場の発展過程の第一段階：入植が始まるところ

黒丸：村。白丸：原基市場町。集落を結ぶ線：元来の道路系。
出典）Skinner（1964）.

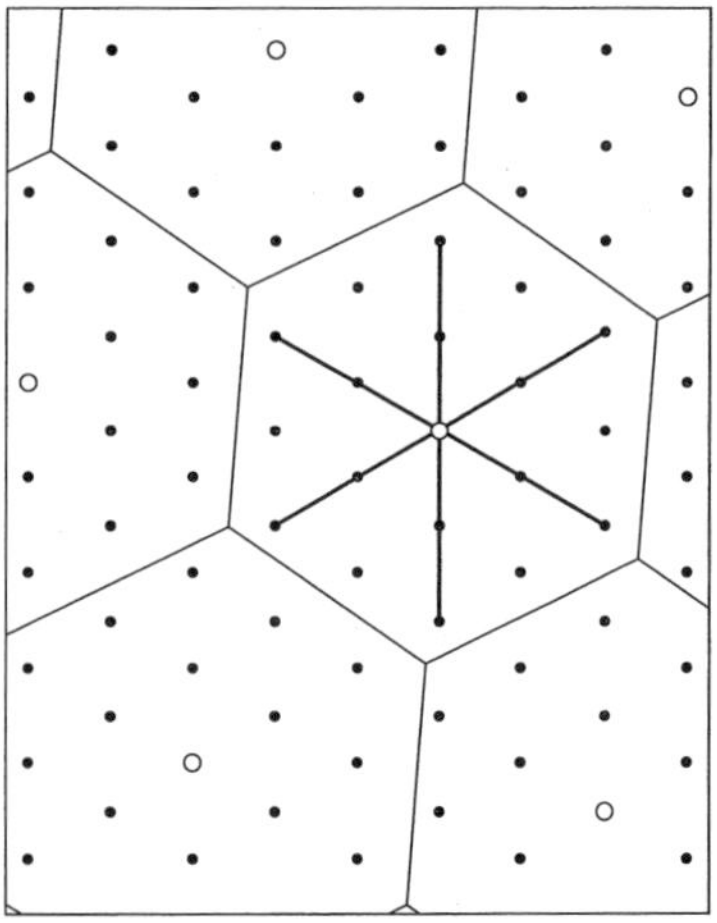

図 12-3-2　第二段階：原基市場圏の飽和

実線の六角形：原基市場圏。
出典）Skinner（1964）.

に届くように延長される。その段階で市場圏同士が接触することになり、お互いの境界が接触して変形し図12－3－2（Part II, p. 197, Figure 5.2）のような六角形になる。この段階では市場の階層性はなく、同等の原基市場が等間隔で存在しているだけである。また、人口増加にともなう流通量の拡大に対して、市場はそのサイズを拡大することでのみ対応する。

さらに村の人口が増加すると最初の六村が再度分裂し、市場町と六村の間に六つの娘村が形成される（図12－3－3、モデルB、以下同（Part II, p. 198, Figure 5.3 Model B)）。さらに発展が継続すると図12－3－4（Part II, p. 200, Figure 5.4 Model B）のように、最初の六村の中間地点に新たな村が形成され、一つの市場圏に三〇の村が含まれる事態となる。この時点で新たに六本の道路が形成されるとともに、旧来の六本の道はより太くなり、市場町と市場町を結ぶ街道が形成される。この段階に達すると、市場は市日を増加させる形で流通量の増加に対応するようになる。

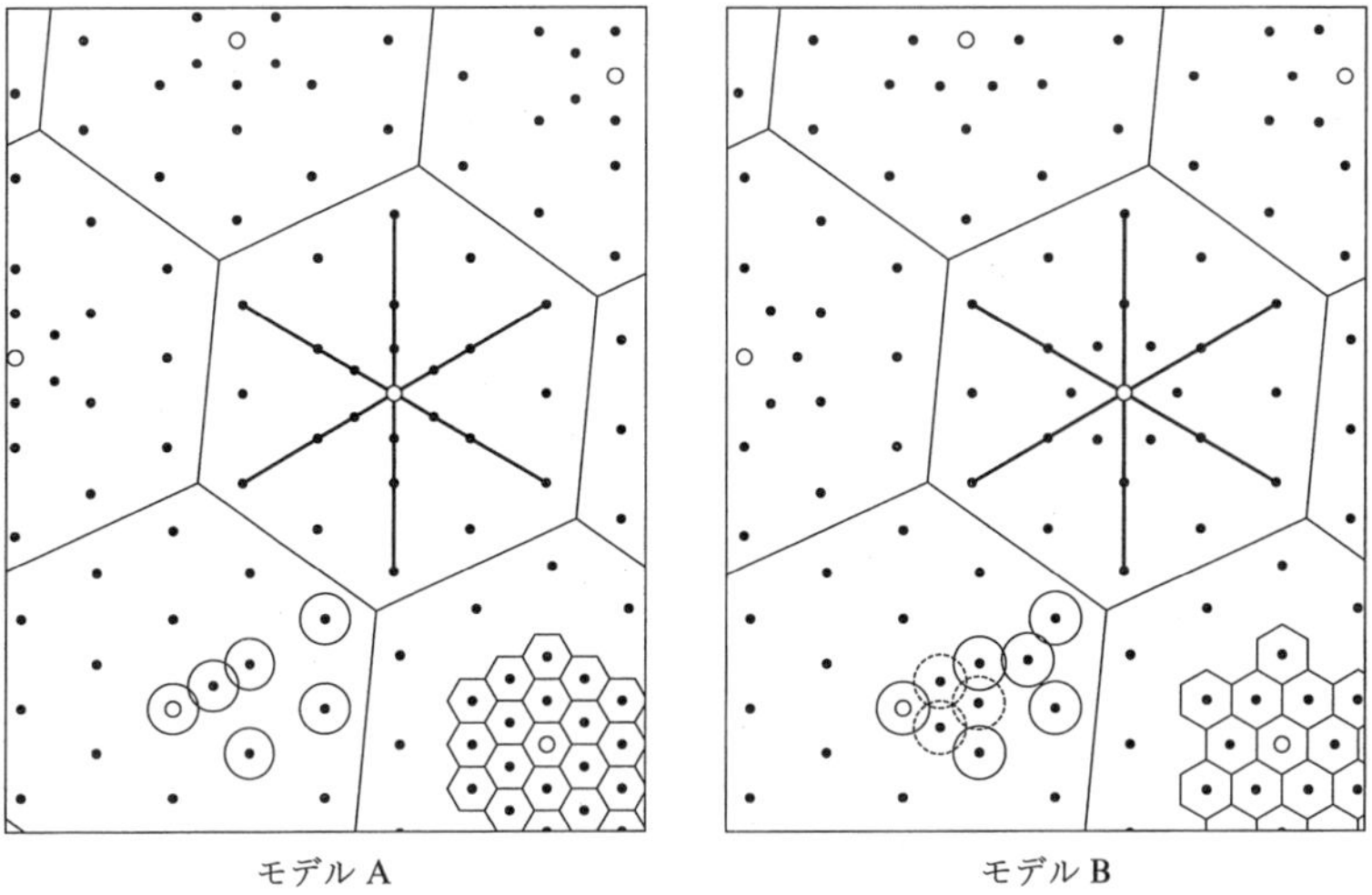

図 12-3-3　第三段階：飽和後の村の発展

出典）Skinner (1964).

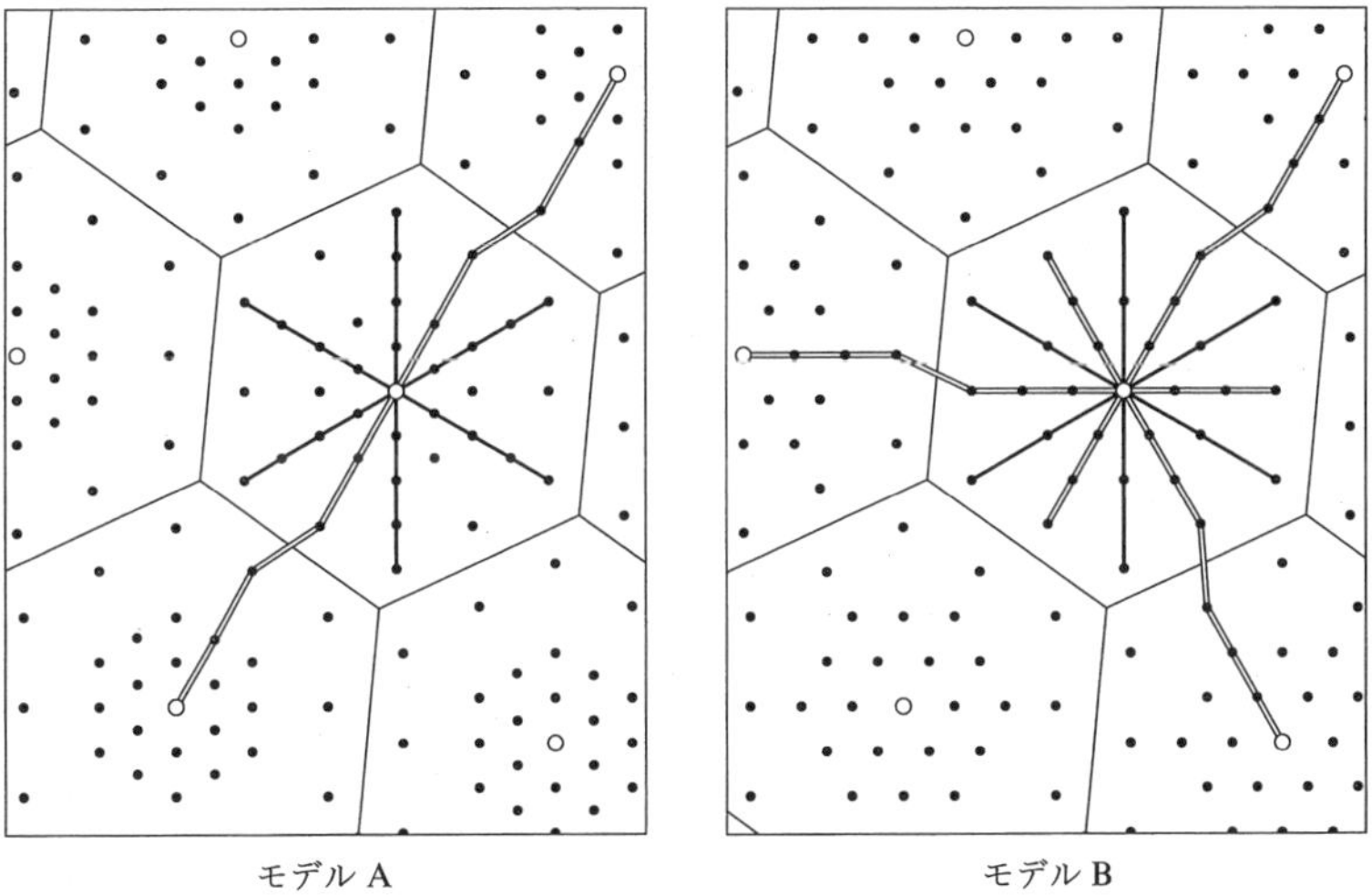

図 12-3-4　第四段階：道路の発展

実線：元来の道路系とそこから派生した街道。二重線：第二の街道系。
出典）Skinner (1964).

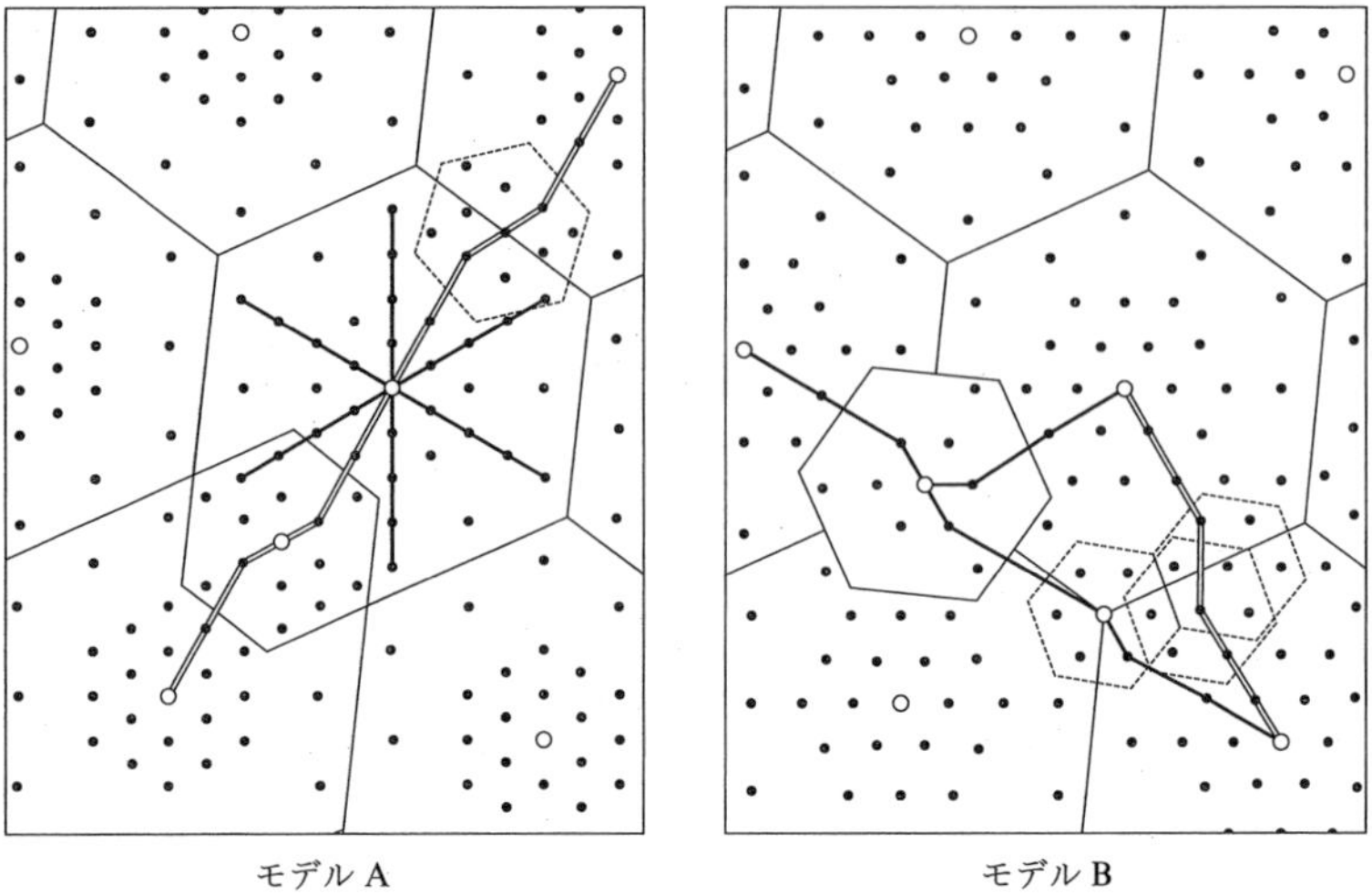

図 12-3-5　第五段階：中間市場層の形成による飽和からの離脱

破線六角形：小市場圏。
出典）Skinner（1964）.

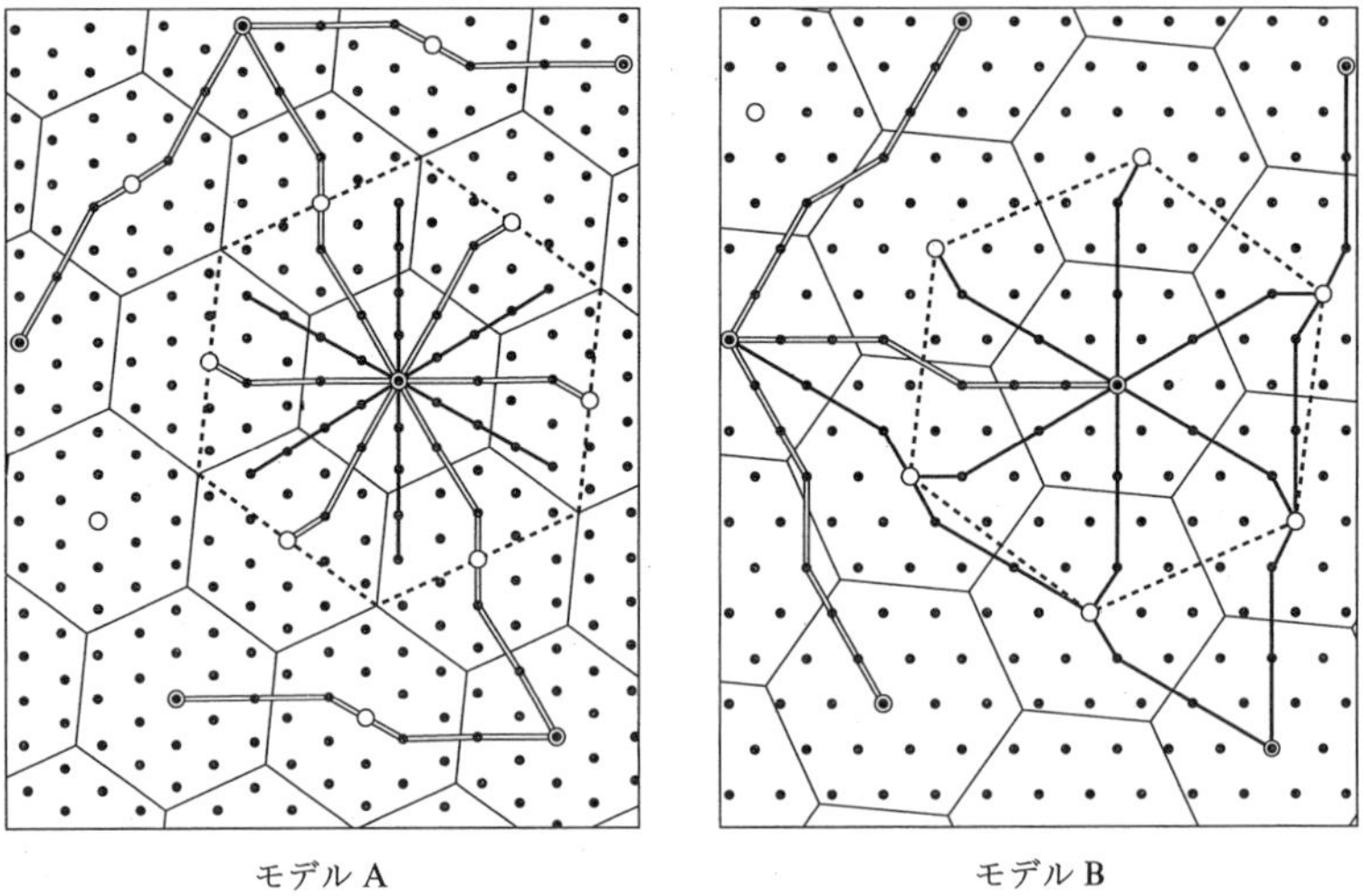

図 12-3-6　中間市場の飽和

⊙：高次の市場町。太破線六角形：中間市場圏。
出典）Skinner（1964）.

そこから発展は新たな段階にはいる（図12-3-5（Part II, p. 201, Figure 5.5 Model B)）。さらに人口が稠密になると、市場圏の六角形の六つの頂点に位置する地点に小市場（minor markets；Part II, p. 201）が生まれる。この小市場の周辺の三村の間に新たな村が三つ形成され、ここを中心とした新市場圏が六村を以って形成される。この六村の周辺に空白地帯を埋めるようにしてあらたに一二村が形成され、一つの市場町と一八村からなる原基市場圏へと成長する。

こうして旧来の市場圏の六つの頂点のすべてに新しい原基市場圏が形成され、図12-3-6（Part II, p. 203, Figure 5.6 Model B）のような状態に至る。このとき、旧来の市場町は、新しい原基市場に卸売りサービスを提供するという新しい機能を獲得する。それに伴って、原基市場機能中心の「小」の日のほかに、卸売り機能を伴う「大」の日が加えられて、市日が増加する。

この機能の出現によって市場同士の対称性が破れ、原基市場と中間市場という下位のレベルと上位のレベルが形成される。この新しい機能の発生が、スキナー理論の根幹というべきものであるが、後に見るように、スキナー自身はその重要性と問題点を理解していない可能性が高い。

6　近代化の影響

スキナーの論文は、近代化にともなって伝統的な定期市システムが一時的に繁栄する、と主張する。近代化の影響についての議論では、原基市場、中間市場、中心市場のほかに、都市（city）という概念が導入される。ここでは汽船の停泊する大きな港や鉄道の駅が設けられる町、たとえば寧浦のような都市が想定されている。

第一段階では、都市間を接続する汽船の定期航路や鉄道が整備される。具体的には、漢口と南京あるいは、厦門と汕頭を結ぶ定期航路が開かれたり、南京―上海間や青島―済南間の鉄道が敷設されるという事態である。この事態の与える影響についてスキナーはC・K・ヤンの次の証言を引用する。

鉄道の敷設と近代産業の衝撃が、町の状況と地域全体の経済組織を急速に変化させつつある。……しかし、このような事態の変化のなかでも、定期市システムは今も健在である。（Yang 1944, p. 6）

この事態をスキナーは「ある種の逆説（something of a paradox）」と表現する。

この逆説はしかし、それほど不思議な現象ではない。というのも、都市への輸送手段の近代化によってここを経由する流通量は大幅に増加する。しかし、都市の後背地では、伝統的な定期市システム以外にそれを処理する機構はない。それゆえ、近代化の第一段階では定期市が繁栄を示す。このような事態をスキナーは「偽の近代化（False modernization）」と呼ぶ（Part II, p. 217）。

第二段階では都市の内部に機械化交通手段が導入される。この交通網は都市から外へと徐々に延びてゆき、やがて中心市場町に到達する。この段階でもまだ、中心市場以下の三層の農村市場システムが構造的影響を受けることはない。第三段階では都市を中心とする交通網が中心市場町と中間市場町に到達する。この段階ではついに、都市周辺の原基市場が消滅し始める。さらに道路網が成熟して、中心・中間市場町を相互に結ぶ経路に機械化交通手段が導入されると、さらに外側の原基市場が消滅する。

原基市場の消滅は、農民が中間市場町に直接依存する機会が増加することによる。かつては外部からの移入品にほとんど依存していなかった農民が、流通量の拡大にともなって移入品依存を開始すると、原基市場より上位の中間市場に出没する頻度が増える。農民の生産物が地域内で流通するばかりではなく、外部に移出されるようになると、より上位の市場ではより高価で販売することができるので、この面でも中間市場への依存が増える。このような農民のアクセスが常態化すると、中間市場町では常設店舗が増加し、やがては近代的な交易センター（modern trading centers）へと変態する。

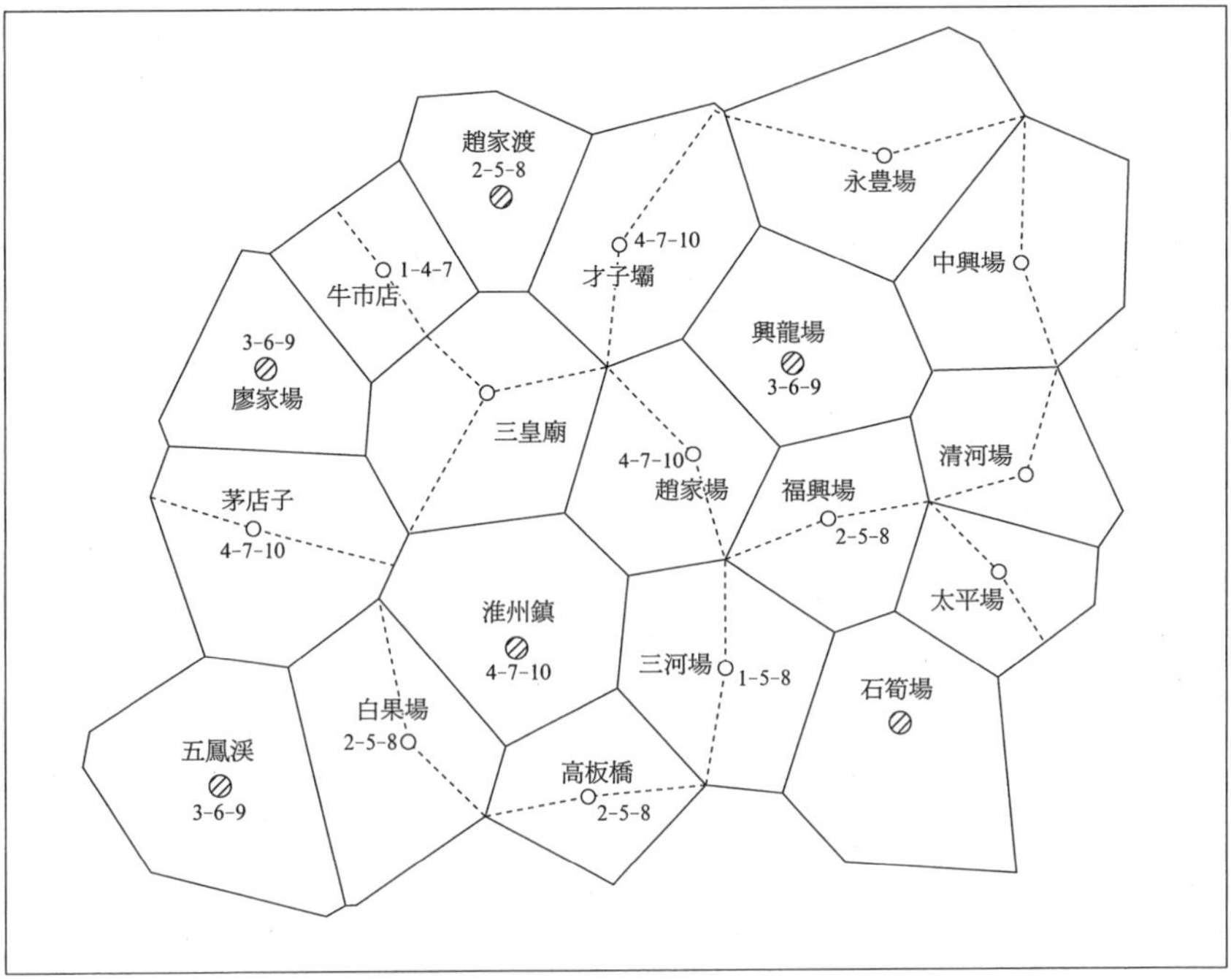

——— 原基市場圏の境界　○ 原基市場町
- - - - 中間市場圏の境界　⊘ 高位の中心地
(1-4-7，2-5-8 とあるのは市日)

図 12-4　山地型モデル

7　山地のモデル

スキナーの理論の重要な特徴は、その地域の交通コストの水準によって、市場の分布パターンが非連続的に変化するという機構を持つ点である。すなわち、交通コストがある水準より低ければ平地モデル（モデルB）が適用され、それより高ければ山地モデル（モデルA）が適用される。両者は排他的であり、徐々に変化するのではなく、どこかの水準で、市場の形成過程や分布のパターンが大きくかわる。

山地のモデルと平地のモデルとの違いはまず図12-1にあらわされている。すなわち、原基市場のレベルと中間市場の関係に顕著な差がある。平地モデル（モデルB）では中間市場圏の六角形の頂点に原基市場が位置するが、山地モデル（モデルA）では各辺の中点に原基市場が位置する。

交通コストというパラメータが連続的に変化しても、市場構造のあり方という観点からすれば、それがある水準以下では平地型になり、ある水準以上では山地型になる、とスキナーは考えているものと解釈される。このような非連続的な変化を物理学では「相転移」と呼ぶ。

山地型モデルの具体例は図12-4（Part II, p. 22, Figure 2.2）で示されている。この図では定期市が三五キロから九〇キロの間隔で位置しており、平地モデルの実例の二五キロと比べると、市場間の距離がはるかに長いことに注意すべきである。

発展パターンも平地と山地では異なる。スキナーは山地型の発展パターンとして、上に述べた平地モデルとは異なる経路、すなわち図12-3の3〜6のモデルAのような展開を想定している（Part II, Figure 5.3A, 5.4A, 5.5A, 5.6A）。しかし、このような発展の途中経過となると、さまざまの可能性が考えられる。特に、新村の形成順序や、道路の建設などについてはほかにも理論的可能性がある。またスキナー自身、AとBの混合したパターンの可能性を論じている（Part I, p. 29）。それゆえ、このパターンそのものに重要な意味を見出す必要はない。重要なことは、上述のように、連続的なパラメータの変化によって、構造上の離散的な変化が生じるという着想である。

二　中心地理論的ファサードの問題点

本節では、スキナー理論の中心地理論的ファサードの問題点を論じる。まず最初に中心地理論を簡単に説明し、次にそれがスキナー理論のどこに問題を惹起しているかを論じる。最後に、中心地理論にかわる理論的枠組として採用すべきだと筆者の考えるチューリング・パターンを説明する。

1　ロッシュとクリスタラーの中心地理論

ここでは、ロッシュとクリスタラーの中心地理論を、スキナー理論の理解に必要な限りで説明する。この解説は主として杉浦（一九八九）に依っている。

まず、スキナーに強い影響を与えたクリスタラーの理論から考える。モデルの仮定は多岐にわたるが、ここでは次の四つが重要である。

（一）多種多様な商品がある。
（二）それぞれの商品が湧き出す井戸がある。
（三）それぞれの井戸から商品の到達する範囲は、個々の商品の流通コストに依存する。
（四）消費者は空間上に一様に分布している。

この仮定の上で、ある商品の湧き出す「井戸」を考えよう。そこから湧き出した商品は、液体が流れ出すように周囲に広がってゆき、消費者の手元に届くと蒸発する。液体の到達範囲はその粘性に依存するように、輸送コストに従って商品の到達範囲が決まるものとする。

ある輸送コストの商品について考える。その到達しうる範囲を井戸を中心とする円で示そう。この円がお互いに重なる部分がなるべく少なくなるように井戸を配置して、空間を埋めつくすようにしよう。そうすると、井戸を重心とした六角形で空間を埋めつくすことができる。

別の輸送コストの商品について、同様の手続を考える。より輸送コストの低い商品なら、一つの井戸でより遠くまで覆うことができるので、同じ面積をより少ない井戸で覆うことができる。つまり、かさばる商品はたくさんの井戸を必要とし、軽い商品は少ない井戸で済ませることができる。

輸送コストの違う商品が多数あって、それぞれに相応しい井戸を掘るとしよう。たとえば、ここに七キロの到達範囲を持つ商品と、六キロの商品があって、それぞれ独立に最適化した六角形を配置すると両者の井戸はほとんど重ならない。それゆえ、あちこちにどちらか一種類の商品だけをとりだす井戸を掘らねばならなくなる。井戸のコストが低ければこれでも良いが、高いならこれでは逆に不効率である。

そこでクリスタラー理論はここで暗黙のうちに強い仮定を置く。ある到達範囲の商品を特権化するのである。たとえば到達範囲が$36/\sqrt{3}$キロ（＝約二一キロ）の商品を基準とし、この商品に相応しい六角形で空間を埋めつくす。それぞれの六角形の中心、すなわち井戸のある地点をBとしよう。Bの井戸同士の距離はいずれも三六キロになる。この井戸の配置が他の商品の井戸についても基準とされる。

これよりも到達範囲の短い商品については図12-5（杉浦　一九八九、図2・6）のように、たとえばB_0、B_1、B_2といった三個所のBの井戸から等距離にあるK_2と表示された場所にレベルKの井戸を掘る。このKのレベルの井戸は互いに約二一キロ離れており、一二～約二一キロまでの到達範囲の商品を供給することができる。もちろん、Bの井戸はKの役割も兼ねている。一二キロ未満の商品については、図12-6（杉浦　一九八九、図2・7）のように、B_0、K_4、K_5と等距離のAと記された場所にKよりもさらに下位のレベルの井戸を掘る。Aの井戸同士の距離は一二キロになる。

逆に$36/\sqrt{3}$キロよりも到達範囲の長い商品については、Bの井戸が三六キロ未満の商品の供給を担う。図12-5に見られるように、三六キロ以上の商品は、B_0の井戸が周囲の六つのB_1からB_6の井戸に商品を供給できることがわかる。そのため、B_0の井戸はもう一つ上の井戸Gに昇格する。

このような手続を繰り返して市場の階層構造を創り出すのがクリスタラーの手法である。そこでは上位の階層の井戸は、下位の階層の井戸の機能を全て包含している。また、ある階層の井戸は、上位の階層の三つの井戸と等距離にある。とはいえ、スキナー・モデルと違って、井戸同士の相互作用がないので、「一つの市場は上位の三つの市場と関係する」と言うことはできない。

このクリスターの手続の最大の問題は、最初に到達範囲36／$\sqrt{3}$キロの商品に対応する井戸を特権化して、それ以外の井戸をここを基準として決める点にある。この井戸を基準とする理由はどこにもない。それゆえ、どの商品に対応する井戸を基準とするかで、市場の階層構造のあり方がかわってくる。消費者行動の合理性を仮定して、最適化原理を導入しているのに、多数の均衡状態があることはよく認識すべきである。中心地理論は、経済学とよく似た理論装置を持っているにもかかわらず、均衡の唯一性を論じないが、それは最初からその可能性がないからである。

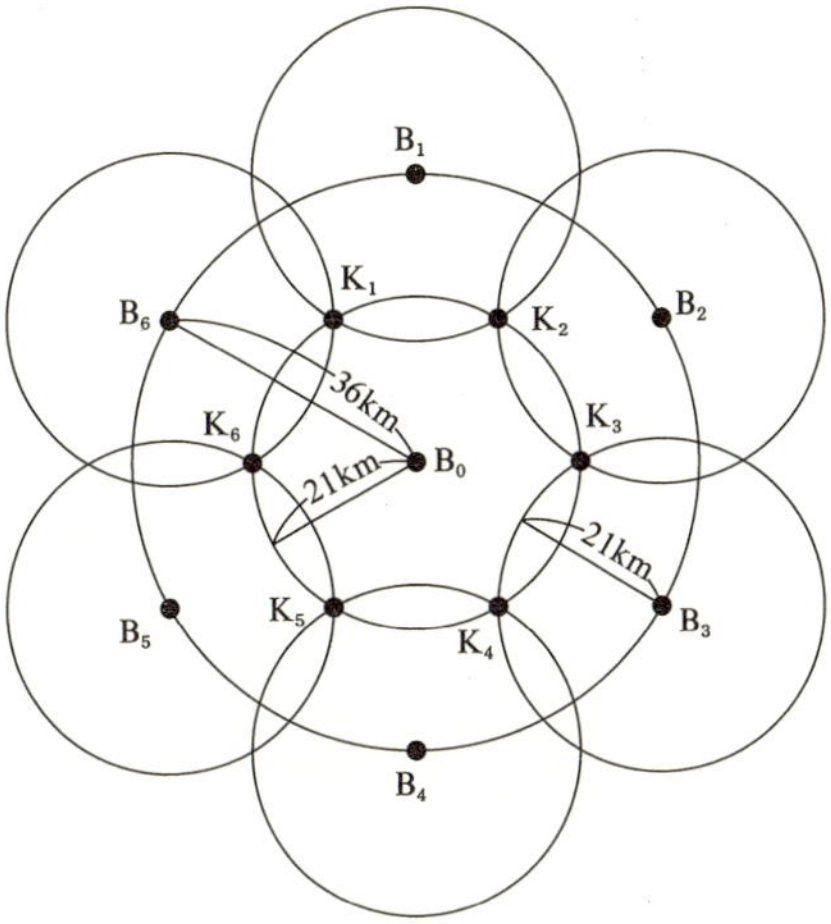

図 12-5　井戸まわりの図(1)

出典）杉浦（1989）。

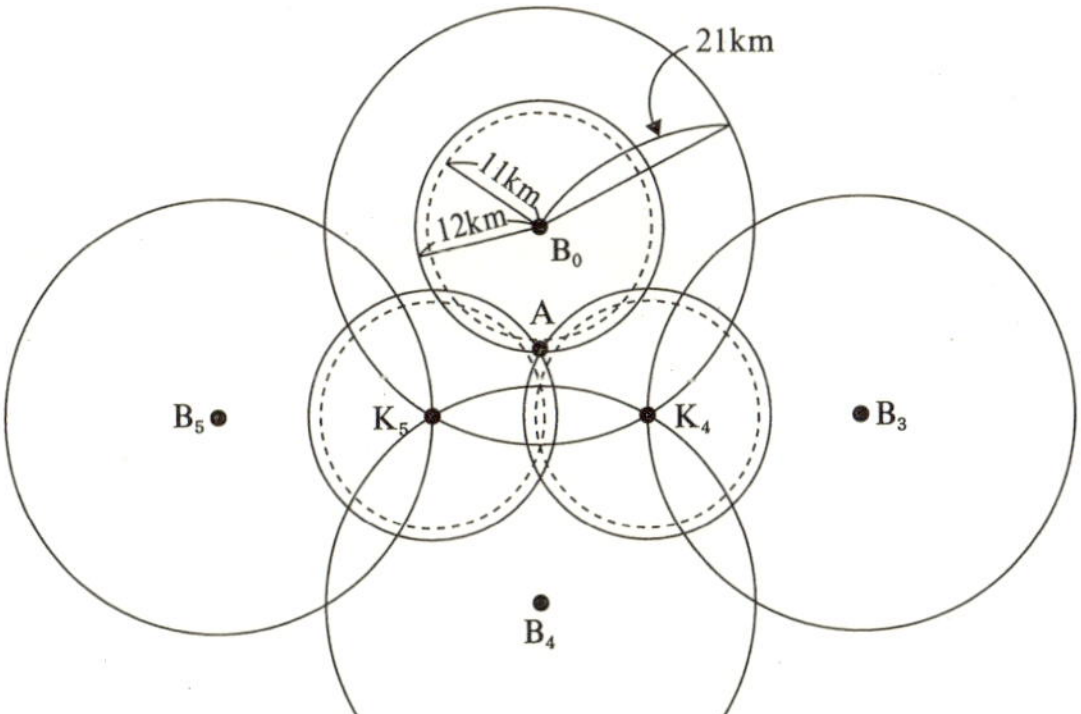

図 12-6　井戸まわりの図(2)

出典）杉浦（1989）。

クリスタラーの理論には、別の設定も可能である。たとえば、最初の特権化されたBの階層の井戸から下の階層に移る際に、三つのBから等距離にある場所ではなく、二つのBの中間に井戸を掘るという選択ができる。クリスタラーは三つのBから等距離の場合を「市場原理」と呼び、二つのBから等距離の場合を「交通原理」と呼ぶ。なぜかというと、後者の場合には中心地が一直線に並ぶように配置されるので、中心地を結ぶ交通路を効率的に形成しうるからである。これはスキナーの山地のモデルに対応する。

交通原理の場合の上位の階層の形成は次のようになる。市場原理の場合には、到達範囲が三六キロの商品のところで上位の階層Gに移行し、その市場間距離は$36\times\sqrt{3}$（＝約六二キロ）であった。交通原理の場合にはこれを72／$\sqrt{3}$（＝約四二キロ）のところまで階層Bが担当する。そして上の階層は市場間距離が七二キロとなる。

中心地の階層間の関係を見ると、市場原理では個々の市場が三つの上位の市場と等距離にあるので、ひとつの上位市場圏の境界上に乗る下位六つの市場のうち六／三＝二がその市場圏に属することになる。中心にある市場とあわせれば、一つの上位市場圏に三つの市場があると看做し得る。これに対して交通原理では、一つの市場は二つの上位市場と等距離にあるので、六／二＝三と中心の市場をあわせて四つの下位の市場圏に重なることになる。

一つの市場圏に重なる下位市場の数は、三個（市場原理）、四個（交通原理）以外にも、七個、九個、一二個、一三個、一六個、一九個、二一個……が可能である。これらそれぞれについて、内的に矛盾しない市場構造を考えることができる。この恣意性もクリスタラー理論の弱点と言えなくもない。

これに対して、ロッシュの中心地理論は、個々の財やサービスごとに、どの原理になるかがそれぞれ決まるものとしている。原理の違うもの同士を重ねあわせることで、階層構造を創り出すのである。この場合、商品ごとの到達範囲は一定と考えられている。

具体的な階層構造の作り方は次の通りである。まず空間のある一点をとり、そこを中心にして市場原理（下位が三個の場合）で六角形を埋める。次に同じ到達範囲を前提にした交通原理（四個）の六角形で空間を埋める。以下、七個、九個、一二個……と重ねてゆくのである。このとき、いずれの層についても、ある同じ商品流通コストを適用する。そうすると、ある種の階層性が得られる。ただし、クリスタラーでは上位の階層の井戸が下位の階層の井戸の機能を全て兼ねているのに対して、ロッシュの場合は、ある中心地が商品一と五を供給するのに対して、別の中心地は二と四と六を供給する、というような関係になっている。つまり、上位・下位という関係は明瞭ではない。

ロッシュの議論では、どの商品の流通コストも同じという仮定が置かれている。この仮定を外せば、それぞれの原理についてクリスタラー型の商品流通コストに従った階層構造が形成され、それがさらに原理の違いに従った階層構造をなす、という多重階層が得られる。この一般的なクリスタラー＝ロッシュ・モデルはイメージするのがむずかしいくらい錯綜している。

この二つの理論の共通点は、多種類の商品を仮定し、その特性に起因する市場圏形成パターンの違いに依拠して、中心地の階層性を導いている点である。つまり、もしすべての商品が一種類の流通特性しか持たないのであれば、市場は階層性を持たないことになる。一方、次に見るように、スキナー理論では商品ごとの流通コストの違いも、階層形成原理の違いも考慮しない。にもかかわらず階層構造が出現する。これがスキナー・モデルと中心地理論との重大な差異である。

2　スキナーの理論と中心地理論の差異

スキナーの理論は、一般に、ロッシュやクリスタラーの提唱した中心地理論の一種であると考えられている。スキナー自身も確実にそのように考えている（Part I, p. 5）。

ところが、これらの理論とスキナーの理論には根本的な違いがある。重要な差異は、スキナーが商品の流通特性の差異を無視している、という点にある。前小節で説明したように、均衡論に依拠する中心地理論では、商品ごとの流通コストの差や階層形成原理の差異がなければ、市場の階層性は説明できない。にもかかわらず商品の多様性を無視するスキナー理論でも市場は階層をなす。スキナーの理論では、発生過程というダイナミクスを導入することで、商品の多様性なしで階層構造を実現する。

この意味でスキナー理論は、ロッシュやクリスタラーを始祖とする均衡論的な中心地理論と本質的に異なっており、動学的な理論構成をとっている。彼の理論はむしろ、アラン・チューリングの提唱した動学的不安定性に依拠したパターン形成理論（チューリング・パターン）の一種とみなすべきである。ただし、チューリング・パターン理論の分野では、現時点では、階層性を実現する論理が十分には解明されていない。この点は将来の数理科学の発展の方向を示唆している点で重要である。本小節ではこのような論点について考察する。

商品の流通コストの無視

スキナーが商品の流通コストの違いを無視する理由は、市から市へと巡る行商人の果たす役割を重視する点にある。既述のごとく、行商人は定期市が開催される日程にあわせて一定の順路を決めて巡回している。すると、商人の移動距離は市日の設定に制約されることになる。それゆえ、取り扱う商品の輸送コストが多少違ったとしても、それが到達範囲に与える影響は小さくなってしまう。

今ここに、単位重量あたりの価値の低い商品を扱う商人Aと、価値の高い商品を扱う商人Bがいるとしよう。両者の取り扱う商品の金額が相等しいとすると、前者は後者に比べて大量の商品を扱わねばならない。両者はともに同じ中間市場町を根城としているものとしよう。ある日、AとBが同じ時刻に徒歩で根城を出発し、その日に開催される原基市場に向かって移動を開始したとしよう。市場町に到着する時刻は、嵩張る荷物を運んでいるAの方が遅くなるのは当然である。それでも、早く到着したBがそこでの活動を早く切り上げて、別の市場町に行くことはありえない。というのも、その日には隣接する市場町では市が開かれていないからである。それゆえ、結局のところ、早く着いたBも、遅く着いたAも、翌朝に相並んでその日に市の開催される別の原基市場町に向かって移動せざるを得ない。すなわち、商品の移動速度は結局のところ同じになってしまうのである。

また、スキナーは市場町の機能のなかでサービスの提供を重視する。既に論じたように、農民は農具の砥屋、家畜の去勢師、医術師、「歯の技工師」、巫師、占師、床屋、種々の芸人、代書屋などの提供するサービスを必要としており、定期市を巡回する人々のなかにはさまざまのサービス提供者を含んでいる。彼らの提供するサービスの移動速度は、彼ら自身の移動速度そのものである。

以上のような事情から、たとえ商品間に流通係数の違いがあったとしても、実際の流通速度は構造的に決定されている商人の定期市巡回速度に規定される。そのため、商品流通コストの違いが市場のあり方にあたえる影響は無視しうる程度となる。それゆえ、クリスタラーが市場の階層形成に際して用いた商品の流通速度の違いという概念をスキナー・モデルに当てはめることはできないのである。また、ロッシュのような商品ごとの市場形成原理の違いという装置は、スキナーにはそもそもない。

発生論的な階層構造形成

上に述べたように、スキナーのモデルでは商品の流通特性の差異が無視されている。にもかかわらず、スキナーのモデルには市場の階層性がある。商品の流通コストや階層形成原理のかわりに導入されたのは、市場構造の発生論的なダイナミクスである。この点こそはスキナーの最大の独創である。

既に説明したように、スキナー・モデルでは、新しい村が作られて人口が増加すると、従来の市場と市場の中間に新しい市場が形成される。力学系の観点から見た場合のスキナーの新しさは、このような分裂と再編が起きた場合に、従来からある市場が、新興市場への「卸売」という新しい機能を獲得し、「中間市場」という一つ上の階層に押し上げられる、というダイナミクスを導入した点にある。

この場合、具体的に起きることを考えると次のようになる。まず、最初の段階で、原基市場圏しかない、という事態をスキナーは想定している。このとき、行商人はいずれかの原基市場を根城として、周辺の原基市場を巡回しているが、行商人の根城が集中するような市場はない。すなわち、すべての市場は同等であり、対称性がある（図12-3-2）。

ところが、人口が増えると新しい市場の出現が見られる。このとき、行商人同士がお互いに競争関係にあるなら、同じ市場を根城として周辺の市場を回るという戦略は不都合となるはずである。もし行商人が相互になるべくぶつかりあわないように巡回ルートを最適化しているとすれば、従来の市場町に拘泥する必要はなく、競争相手のいない市場町に引越すべきである。このような最適化行為が実現されるなら、市場圏の再編にともなって、旧来の市場から新興市場への行商人の根城の引越しが生じて、どの市場町にも同数の行商人が根城を持つようになる。すべての市場は同等となり、対称性が恢復される。

つまり、中心地理論が立脚する最適化原理に依拠するなら、人口増加によって、市場町の増殖が起きたとしても、同等の原基市場だけが高密度で広がる階層性のない状態が回復される。一方、スキナーは、新しい機能をもった階層の出現を想定する。

スキナー理論と中心地理論の間には、この理論上の重大な違いがある。にもかかわらずスキナー自身は、この「新しい機能と階層性の出現」という理論的新機軸を、わずか一パラグラフで次のように簡単に説明してしまう。

一方、旧来の市場は新たに出現した原基市場に対して中枢機能（central service）を果たすようになって、新しい原基市場の従う中間市場、あるいはさらに上位の市場となる。図12-3-6の示すように、どちらのモデルでも十分に成熟して、再びある種の安定均衡状態（a state of stable equilibrium）に到達する。(2)

上述のように、このような事態は中心地理論的最適化原理と両立しない。この「新しい機能の生成ダイナミクス」という複雑な問題についての上の記述はあまりにも不十分であり、後に見るようにスキナーの議論には多くの欠点がある。

しかしそれでも、最適化と商品の多様性に依拠する静学的な中心地理論に対して、ダイナミクスによって内生的に階層構造を作り出すという考え方を提出したという点で、スキナー・モデルの意義は大きい。スキナー本人がその意義に気づいていないとしても、そうである。

発生論的な階層構造形成の問題点

スキナー・モデルは中心地理論と異なり、発生論的な階層構造形成の論理を提出している。しかし、スキナー・モデルは不十分であり、大きな理論的欠点がある。それは、階層構造を発生させるような機構を内部に含めていないことである。つまり、スキナーのオリジナルのモデルのままでは、階層はうまく形成されない。次にこの点を確認しよう。

原基市場のみが稠密に分布している図12-3-2の段階から考えよう。人口増加が臨界点を超えて、市場の分裂が起きた場合、すでに論じたように、最適化原理に従えば、行商人の根城の再配置が起きて、結局、同等な原基市場がより稠密に分布することになり、市場の階層化は生じない。

ところがスキナーはそのような行商人の根城の再配置を仮定しない。そのかわり、行商人が以前の根城をそのまま維持し、かわりに巡回ルートだけを変更して、新興原基市場を含めた新しい巡回ルートをつくる、と暗黙のうちに考えている。この場合、旧来の原基市場はどこでもそこを根城とする行商人を抱えているが、新興の原基市場にはそこを根城とする行商人がいない、という非対称性が生まれる。これが新しい「卸売」という機能の出現である。

スキナーの理論的欠点は、さらにもう一段下の階層が出現したときに明らかになる。中間市場と原基市場の二層しかない世界を考えてみよう。このとき行商人はすべて中間市場を根城として、周辺の原基市場を巡回している。やがて人口がさらに増加して、さらに下のレベルの市場が出現したとしよう。このとき、元来の中間市場を根城としていた行商人は、先ほどのスキナーの暗黙の仮定に従うなら、どこにも引越すべきではない。逆に、中心地理論の仮定を受け入れるなら、新しい事態に対応して、相互の競争作用を小さくすべく、新興市場に引越すべきである。

行商人相互の競争を最小化するという戦略を採用してしまうと、行商人は相互に均等に分布すべきなので、すべての市場に均等に行商人が住むように引越の波が起きるはずであり、それが完了すると、最初の原基市場しかない一層の世界が恢復されてしまう。

逆に、スキナーが中間市場の出現する場面で暗黙に仮定したように、新しく市場ができても行商人は引越さない、と仮定するなら、二層の状態から三層への発展が起きたとしても、行商人は引越さない。そうすると、三層構造ができたばあい、中心市場にのみ行商人が住み、中間市場や原基市場には誰も根城を構えないようになってしまう。そうすると、結局、中間市場と原基市場の違いがなくなるので、三層にならず、原基市場が分裂するだけで、二層のままとなる。

スキナーが考えたように、中心市場や中間市場にはそこを根城とする行商人がいるが、原基市場にはそのような根城がない、という事態を生じさせるには、行商人について複雑な行動原理を仮定する必要がある。階層の形成という問題は、スキナーが考えたほど単純な問題ではないことが、おわかりいただけたであろう。

3　チューリング・パターン

イギリスの物理学者アラン・チューリングは一九五二年に、生物の形態形成を説明するために、化学的不安定性に基づいた一般的な理論を提唱した。この理論は、チューリング・パターンと後に呼ばれるようになり、その後、非平衡状態での構造形成理論として一般化され、散逸構造論という分野が形成されるに至った。

今ここに、二種類の化学物質からなる化学反応系があるとしよう。その二種類の化学物質が、大きなシャーレのような平面に均等に広がっている状態を初期状態としよう。この二種類の化学物質（XとYとする）は、互いに次のような相互作用を持っているとする。

（一）XはXとYの増加を促進する

（二）YはXの増加を抑える

また、XとYの「粘り気」に違いがあり、XよりもYの方がさらさらしていて、速く拡散（移動）するとしよう。

さて、この二種類の物質をできるだけ均等にシャーレの上に塗る。しかし、どんなに精密にXとYをシャーレの上に塗ったとしても、どうしてもわずかながら疎密が出る。ある場所で、XがYよりもほんの少しだけ多くなったとする。すると、Xが多いのでYは増加する。ところがYの方がXよりも速く拡散するので、この場所からYはXよりも速く流れ出してしまう。するとこの場所ではXはYに対して相対的に多くなるので、Xばかりが増加することになる。逆に、そこから少し離れたところでは、Yが盛んに流入してくるので、Xは抑制されてYが優勢となる（図12-7）（Turing 1953）。

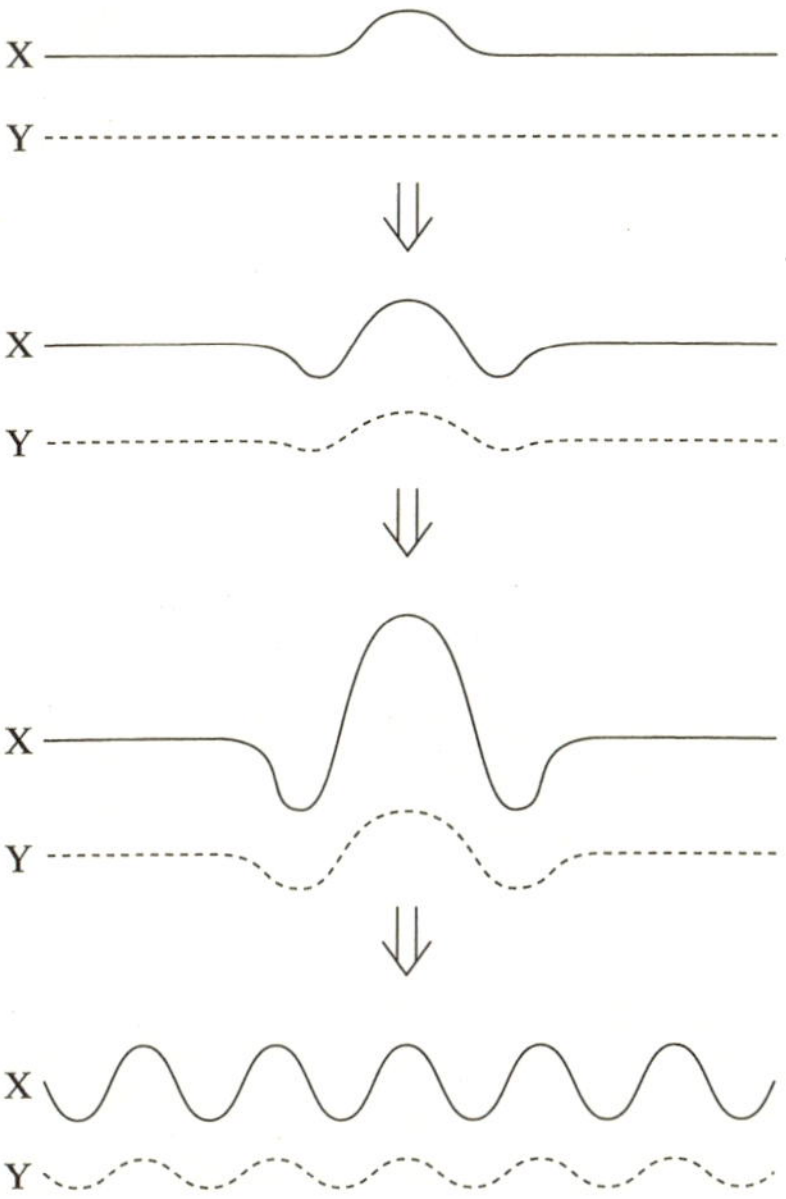

図 12-7　チューリング・パターンの模式図

最初にXがYより少しでも多い所があると，次の段階でXもYも増えるが，Yの方が速く拡散するので，元の地点はいつまでもXの方が多い。その周辺では，YがXより速く流入するので，Xは少なくなり，Yもそれほどではないものの，減少する。こうして，自律的に凸凹ができて，このくり返しで，最後に全体的な模様ができる。

これを繰り返すことで、もともと一様であったところに、XとYの濃淡の縞々模様ができ上がる。シャーレのような二次元の平面でこのようなダイナミクスが作動すると、さまざまの空間パターンを作り出す。当然ながらスキナーが想定するような六角形のパターンも広く見られるところである。

このようなパターンを形成する要素は、別に化学成分である必要はない。この理論を人間社会に適用することも十分に可能である。その場合には人間の「行為」を変数として用いるのが好都合である。たとえば「交換行為」「生産行為」という二つの行為を考える。その二つの行為がある地点に共存すると、次のような関係を持つとする。

(一)「生産」は「生産」と「交換」の生成を促進する

(二)「交換」は「生産」の生成を抑える

つまり、ある地点で生産行為がさかんに行われると生産と交換のための素材たる生産物の濃度が上昇するので、その地点での生産と交換の増加をもたらす。しかし、ある地点で交換行為が活発に行われるようになると、その地点は交換に特化するようになって生産が排除される、という関係である。

そしてさらに「生産」の拡散係数は、「交換」の拡散係数より遅いとしよう。つまり、ある地点の生産活動の増加が周辺に伝播する速度よりも、交換活動の増加が伝播する速度の方が速いということである。これは一般に生産活動が土地や工場や機械といった生産要素を交換活動よりも多く必要とするという事情を考えればもっともらしい仮定である。このように想定すれば、上の化学反応の場合と等価であり、交換と生産の疎密が自律的に形成される。

このような疎密のパターンは、単に定常的であるばかりではなく、周期的に運動するような時空パターンを持つ場合もあることが知られている。つまり、交換の頻繁に行われる地点が周期的に変動する場合もある。このような場合は定期市が形成される場合に対応していると看做すこともできる。

また、これまでは十分に研究されていないが、多数の変数が複雑に相互作用するシステムでは、階層構造が形成されるという見通しが得られている。人間の行為を単純に「生産」と「交換」に分類するのではなく、行為1、行為2、……行為Nと分類する方が実際に近く、その場合の相互作用は複雑たらざるを得ないので、人間行動のパターンが複雑な階層性を持つことに不思議はない。このようなモデルを探究すれば、スキナーのモデルにより相応しい数理モデルを構築することは十分に可能と予想される。

三　考　察

本節ではスキナー・モデルの上記以外の問題点と、その拡張の方向を考察する。ここで論じるのは、近代化の影響が定期市網に対して与える影響についてのスキナーの予測、スキナーが軽視した市場機構の地域性という二つの問題である。

近代化の影響

スキナーの理論の一つの問題点は、交通のレベルが上昇すれば、中国でも定期市が消滅し、やがてはアメリカ風の商業中心地に移行するであろう、とスキナーが予想したことである。

現在までの中国社会の変遷を見る限り、この予想は外れていると看做さざるを得ない。たとえば山東省の膠東半島の蓬莢県では、アスファルト道路が稠密に敷設されており、蓬莢の郊外に位置する大遅家村では村長兼書記が蓬莢県城に家を持って毎日バスで村に通勤してくるほどに交通が整備されている。スキナーの予想に従えば、この水準まで交通が整備されれば、農民は県城クラスの商業中心地に通うようになり、定期市は消滅するはずである。ところが実際には、蓬莢県では膨大な数の定期市が開催されており、大遅家村でも十日に一度の定期市が開かれている。これは陝西省米脂県の楊家溝村でも同様であり、この村から米脂県城までのアスファルト道路が敷設されており、たくさんの自動車がこの道路を毎日往復しているが、近くの郷政府所在地で開かれる定期市は健在である。このような事例は中国各地にいくらでも見出すことができる。

この事実は、定期市というシステムがスキナーが考えるように交通の便不便という理由だけで形成されているのではないことを示唆している。むしろこのシステムは中国社会のある特性に依存しており、それは交通の係数とは独立な何かである。この問題は網野善彦の提唱した「無縁」の原理と関係すると考えられる。この点については次章で初歩的な考察を加える。

地域性

スキナー理論のもう一つの重要な問題点は、地域性に対する配慮の不足という問題である。たとえば中生（一九九二）が論じたように、また筆者がフィールドワークで確認したように、現在の山東省の定期市では、人々は単に買物に来ているだけであって、長々とお喋りすることがないばかりか、定期市で会う人の多くはよく知らない人であり、お互いに挨拶することもない。また、旬の単位で開催される定期市のほかに、年の単位で開催される〈会〉という名称で呼ばれることの多い大市が重要であることも考慮されねばならない。たとえば上述の山東省蓬萊県では、旬単位の〈集市〉と年単位の〈会〉が組み合わされる形の定期市網が現在でも見られる。また本書の第II部で詳細に論じたように、満洲で形成される市場パターンは、スキナー・モデルの予想とまったく異なっている。

このような事実は、スキナーの農村市場モデルが、四川省の成都周辺ではそのまま通用するかもしれないが、他の地域ではさまざまの保留条件が必要であることを示す。つまり、中国農村市場の一般モデルとしてスキナー・モデルを採用することはできないのである。必要なことは、四川の階層的〈集市〉網、山東の〈集市〉と〈会〉を組みあわせた機構、満洲の県城経済というさまざまの現象形態をさらに上のレベルで統一するメタモデルの構築である。このモデルが提唱されれば、スキナーが望んだような中国農村市場機構の一般モデルが得られることになろう。

附論　「農村」という言葉のもたらす認識障害について

有名なスキナーの定期市論文の英語のタイトルは“Marketing and Social Structure in Rural China”である。この論文の“Rural China”という部分は一般に日本語では「中国農村」と訳される。しかしruralという言葉をそのまま訳せば、「田舎」である。この違いを無視することはできない。

「田舎」と「農村」とは違う。農村という言葉には、「町と区別される場で、そこでは基本的に農業が行われている」という意味が含まれている。「田舎」という言葉には、それが「町」と区別される場であるという以上の意味はない。田舎で行われている産業が林業であれ、漁業であれ、商業であれ、何でもかまわない。それが町でなければ田舎である。

「都市／農村」という対立概念は、日常の日本語では使われない。「私は都市に住んでいます」とか「息子は都市に出ました」という人はいない。この場合「都会」という言葉が使用される。この言葉の対立概念は「農村」ではなく「田舎」である。日常の日本語では「都会／田舎」という対立概念が支配的であると言ってよかろう。

この対立概念が学術用語として用いられない理由は何であろうか。おそらくは「都会／田舎」の対立が前者を価値の高いものと看做す差別が感じられるからであろう。イギリス語ではruralに価値の低いものというイメージはない。むしろ人々が本来暮らすべき場所という価値が与えられている。それゆえ学術的にも忌避されることはない。

日本語にはこの対立以外に、「町／村」という組合せがある。これには価値判断はそれほど含まれていない。にもかかわらず、この対立が学術用語として採用されなかったのは不思議であるが、おそらくは「町村制」によって行政概念となってしまったため、それとの区分が必要となったからではあるまいか。

「田舎」という言葉を「農村」と言い換えたのは、「田舎」の主たる産業が農業である、という思い込みに由来するのであろう。ついでにその地に住む人々を「百姓」と呼ぶのもまた差別的であると考えて「農民」と呼ぶ。

このような言い換えが孕む問題を執拗に考察したのが網野善彦である。網野はその背景に「移動・漂泊から定住・定着へ」「自給自足の自然経済から商品貨幣経済へ」という誤った図式があると指摘し、「百姓」を「農民」と、また「村」を「農村」と看做すことを強く批判する。この思い込みが日本社会に対する見方を制約してしまうからである（網野　一九九七）。

網野はまた「町／村」という対立自体をも疑問視している。「惣」と呼ばれる組織が町と村の両方に見られたことを指摘し、「村落と都市はどこで区別したらよいかという問題」を提起し、「都市は村落のあり方を背景にしており、中世後期の両者を比べても、さきにみたように、共通した特徴の量的な差とみられる点も少なくない」と指摘する（網野　一九九六、三四四〜三五〇頁）。

「農村」「農民」という言葉の惹起する認識障害は、中国社会を論じる場合にも同様に働く。現在では中国でも「都市／農村」という対立が設けられており、「農村」に住む人間は「農民」と呼ばれる。

中国語の場合はおそらくは都市籍・農村籍という制度のゆえ、日常用語もまたこのように構成されている。しかし、周知のごとく、中国の「農民」を単純に農業に従事する人々と見ることはできない。

たとえば黒田明伸の明らかにしたように、一九〇〇年前後に山西省太原周辺に居住した挙人劉大鵬の残した日記によれば、彼の家は総勢一六人がいたが、一〇畝ほどの小さな土地の経営を、家庭教師収入や炭礦への経営参加によって補う、という家計構造を持っていた。同地域の農家家計についての日本側による実態調査では、大半の家計が苦力や雇農として雇われるとともに、短期的に労働力を雇用し、かつ土地を他人に貸しつける、といった収入の構造を持っていた。黒田はこれを総じて「つまり、農家、というより農地経営もしている家族経営といった方がよい」としている（黒田　一九九六）。

著者がフィールドワークを行っている中国陝西省米脂県は国家級の貧困県に指定されているような地域である。しかし、そこに住む「農民」の主たる「収入源」は何かといえば、「出稼ぎ（打工）」である可能性が高い。二十代〜四十代の男性はことごとく、と言ってよいほど出稼ぎに出ている。聴きとり調査によれば、それは近代化のはるか以前から、文革期を中心とする例外的時期を除いて、続いている現象である。もちろん、自分たちの食糧の相当部分を自給しており、その重要性は疑うべくもないが、彼らの自給する食糧の現金換算額は低く、出稼ぎによって得られる「収入」の方が多くなる可能性が高いのである。

農業以外にほとんど産業がない典型的な「農村」であるこの地域でさえこの状態であるから、農業以外の何らかの産業へのアクセスが可能な地域では、さらに多様な所得形成の方法がとられている。その経営的判断は、日本語の「農民」「農家」という言葉でイメージされるものとは程遠い。

それゆえ、本書では「農村」「農民」という言葉をなるべく避け、「村落」あるいは「郷村」と「村人」という言葉をつかっている。しかし、それを几帳面に適用することはしていない。読みにくくなるからである。本書で「農村」「農民」という言葉を使用する場合には、「郷村」「村人」というニュアンスで使っていることをご理解いただきたい。

なお、念のため付け加えれば、中国に関して「郷」は「きょう」と読む。「郷村」は「きょうそん」であり、「郷紳」は「きょうしん」である。「故郷」は「こきょう」であって、これを「こごう」と読む人はいない。ところが最近では「郷鎮企業」を「ごうちんきぎょう」と読む悪い習慣が広まっている。おそらくは、七〇年代に中国史に無知な人類学者か経済学者が中国経済を論じ始めた際に、日本史の「郷村（ごうそん）」という概念と混同して「ごうちん」などと読んだのであろう。最近では中国研究者までが「ごうちんきぎょう」と言うばかりか、「郷紳」を「ごうしん」と呼んだりする。根絶されるべき誤った読み方である。

注

（1）もちろん、現実の中国の村を見ると、その大きさは地域や時期ごとに相当のばらつきを示す。スキナーは別の論文で、前近代中国の大都市の規模がべき分布を示すと主張しており、もしこれが末端の村にまで適用しうるなら、平均的なサイズという概念が成り立たなくなる。同じサイズの村が満遍なく形成されるという想定自体、問題がないわけではないことに注意すべきである。

（2）原文は以下のとおり。Meanwhile, the original markets begin to assume central service functions for the newly emerging standard markets ; that is, they become intermediate or still higher-level markets to which the new standard markets are oriented. Figure 5.6 shows both models fully fleshed out, once again in a state of stable equilibrium.(Part II, p. 202)

文献

〈日本語文献〉

天野元之介 一九五三「農村の縣市市場」「農村市場の交易」『中国農業の諸問題』六九〜一七四頁、技報堂。

網野善彦 一九九六『[増補] 無縁・公界・楽―日本中世の自由と平和―』平凡社ライブラリー。

網野善彦 一九九七『日本社会の歴史(上中下)』岩波新書。

黒田明伸 一九九六「二〇世紀初期太原県にみる地域経済の原基」『東洋史研究』第五四巻第四号、一〇三〜一三六頁。

中生勝美 一九九二「華北の定期市―スキナー市場理論の再検討―」宮城学院女子大学『キリスト教文化研究所 研究年報』第二六号、八三〜一二三頁。

斯波義信 一九六六「G・ウイリアム・スキナー著『中国農村社会における市場・社会構造』:批評と紹介」東洋学術協会『東洋学報』第四九巻第二号、九九〜一一五頁。

杉浦芳夫 一九八九『立地と空間的行動』古今書院。

山根幸夫 一九六〇「明清時代河北における定期市」『史論』第八号。

〈英語文献〉

Duara, Prasenjit 1988 *Culture, Power, and the State : Rural North China, 1900–1942*, Stanford University Press, Stanford.

Skinner, G. William 1964 "Marketing and Social Structure in Rural China, (I)-(III)", *Journal of Asian Studies*, Vol. XXIV, No. I–III, 1964–5.(今井清一、中村哲夫、原田良雄訳『中国農村の市場・社会構造』法律文化社、一九七九年)

Turing, Alan 1953 "The chemical basis of morphogenesis", *Philosophical Transaction of the Royal Society* (part B), Vol. 237, pp. 37–72.

Yang Ch'ing-k'un (C. K. Yang) 1944 *A North China Local Market Economy*, Institute of Pacific Relations, New York.

第13章　中国農村社会論の再検討(1)

深尾葉子・安冨　歩

はじめに

中国社会を研究する者、いや中国社会と何らかの接触を持つ者は、中国社会の二つの顔の差異に悩まされてきた。その一つは、個々人が競争的で功利的で打算的という側面であり、もう一つが、人間関係中心的で、しがらみや上下関係、親子関係などによって個人の行動が強く制約を受けるという側面である。この両者がなぜ共存しうるのかという謎は、日本の中国研究者の間で長期にわたって議論の対象となってきた。

戦前には、華北一帯で村落調査を行った日本の法学者・社会学者が、中国に村落共同体が存在するか否かをめぐって、いわゆる「共同体論争」を繰り広げた。戒能通孝は、中国北方に共同体は存在せず、バラバラの個人の集合体にすぎない、とするいわゆる「中国村落アパート論」を主張し、平野義太郎はそれに真っ向から対抗し、共同体の存在を強く主張した。旗田巍は両者の論点をそれぞれ整理しながら、ミクロな共同関係が、清末民国の社会状況のなか、国家建設を目指す権力との関係を通じて、村という成員と境界を持ったまとまりへと編成されてゆくプロセスを論じた（「農村」という言葉そのものの惹起する認識障害については第12章附論を参照）。

その後、主として明清期の社会経済史研究の領域においては、いわゆる近代以前の「伝統中国」が流動性に富む社会であったこと、一見強固に見える社会関係や秩序が、個々人がそれぞれに形成するつながりを背景として作り上げられていることが明らかにされた。中国社会における凝集性は、流動性の高まりや危険性の回避といった何らかの外部条件に対応する形で逆説的に立ち現れる。これは中国社会に対する中国社会研究者で共有されたイメージであるといってよい。

岸本美緒の明清史研究はこの方向のひとつの到達点を示す。岸本はその主張を次のように端的に表現している。

> 郷紳勢力に限らず、旧中国において自治的な機能を果たしていたとされる宗族・村落・ギルドなどの社会団体をみるとき注意すべきことは、商品経済の発展に伴って「共同体」が解体し、個人の自立、市民社会の成立へと向かうという西欧社会の発展の通説的図式を基準として中国の社会団体を歴史的に定位しようとする試みはしばしば失敗するということである。これら団体は、往々にして、社会的流動性の高さ、競争の激しさと生活の不安定さによって特色づけられる地域においてこそ強力な結束と活発な活動を示す。（中略）ともあれ、郷紳勢力や宗族などの社会団体の力がいかに強力にみえようとも、その背後に見いだされるのは、殻のように閉鎖的な自治的団体の集合によって構成される社会ではなく、むしろバラバラの個人が活発に交渉し競争する流動的な社会なのだ、ということをここでは指摘しておきたい。（岸本　二〇〇四、四二一〜四二三頁）

このような認識は、共同体と市場に関して今に至るまで半ば暗黙裡に共有されているテーゼを問い直す重要な意味を持っている。それは、近代化以前には共同体が社会と経済の根幹を成しており、それが市場商品経済の発展のなかで崩壊していき、その最終的結果として資本主義経済が成立した、という見方である。ここでは市場と共同体が鋭い二項対立の関係に置かれる。

言うまでもなく、このような枠組の代表はマルクスの「商品交換は、共同体の果てるところで、共同体が他の共同体またはその成員と接触する点で始まる」という考え方である。戦後日本においては大塚久雄の『共同体の基礎理論』がマルクスの思想を単純化した（俗流的な）形で広く流通させた。経済人類学の始祖とされるカール・ポラニーは、経済と社会の関係を考えるための重要な視座を提供したが、そのポラニーでさえ近代資本主義経済を特権化する見方を捨てておらず、一九世紀以前の市場経済を「社会に埋め込まれていた」と看做す。特に経済の基本パターンを「互酬、再分配、交換」としてとらえる有名な主張は、共同体／市場の二項対立をはっきりと維持している。

しかしインド研究者の小谷汪之の明らかにしたように、マルクスを起源とし、大塚久雄に代表されるような共同体像は、かならずしも実証的な実態認識に裏打ちされたものではなく、むしろ近代資本主義社会を抽象化した像を事前に措定し、それが持つ価値を逆転させた陰画として描かれたものに過ぎない（小谷　一九八二）。

中国やインドといった社会で長い伝統のなかで構成されてきた市場と共同性の組み合せについての研究は、このような枠組を乗り越える上で、重要な足掛かりを提供するものである。同時に、こういった社会を理解するためには、この枠組を単に棄却するのではなく、理論的に明確に乗り越える必要がある。

フランスの歴史家フェルナン・ブローデルによれば、資本主義と市場経済は同義ではなく、前者は後者の存在の上に、一定の特権的階層の存在や国家的保護政策といった非経済要因と結びついて成長したものである、という。ブローデルは市場を共同体と対立するものと見ず、社会経済を、日常生活・市場・資本主義という三層が相互依存するシステムとして理解する枠組を提供している（第一節参照）。

人類学者のクリフォード・ギアツは、モロッコのバーザールの研究において、市場における交換が、社会関係を形成するというダイナミクスを提示した。ギアツ自身の議論は、十分なモデルを構成するに至っていないが、市場取引をめぐって本質的に敵対的な関係に置かれている市場参加者が、市場における取引行為を繰り返すことにより、徐々に顧客関係を形成し、より安全で安定的な取引を達成してゆく、という重要かつ当たり前の観点を提供している。

中国研究では、前章で見たG・W・スキナーによる四川の市場共同体に関する研究があるが、それは実は同じ理論的可能性を示唆するものである。つまりスキナーは、共同体／市場の二項対立図式では、共同体の外部と考えられていた市場の只中に、コミュニティの存立の場を設定し、その後の中国社会論に大きな影響を与えた。その論拠となった市場における取引・面会・情報交換といった行為が、基層社会の人間関係形成の基礎となりうる、という指摘は上述の論点と重ね合わせると新たな理論的意味を帯びてくる。開放性を持つ中国の村落社会で、共同体的な社会関係の形成の場を求めると、市場という場にゆきあたった、というスキナーのフィールドワークに依拠した考察では、共同体／市場の二項対立が完全に棄却されている。

深尾・安冨（二〇〇三）では、現代の中国内陸部の黄土高原の谷間にある一村落をフィールドとして、村落の内部に貨幣的市場的関係が浸透していることにより、村人同士が本質的に敵対的で競争的な立場に置かれておりながら、その緊張関係を前提としつつ、自己の再生産と安定性を獲得するために、関係を形成してゆくメカニズムに注目する、という作業を行った。この村ではきわめて合理打算的な貨幣的関係と、共同体的で互助的な労働交換システムが、隣り合わせに共存し、人々がその両面を見事に使い分けている。労働の相互提供という点で言えば、前者が〈雇〉とよばれる金銭による労働力のやりとりであり、後者が〈相夥〉とよばれる無償の労働提供である。農作業や家普請などの現場では、この〈雇〉と〈相夥〉が矛盾なく共存し、それは労働を提供する側と必要とする人の人間関係の濃淡によって、常に適切に処理されている。しかも、無償労働でやってきたつもりの人が、関係の濃淡にふさわしい範囲を超えて労働を提供した場合、〈雇〉の相場より低い金額を受けとる、という〈雇〉と〈相夥〉の中間パターンも見られた。村落の中で、共同体の基礎単位を探そうと、互助労働のありかを調べると、たちまちのうちに複雑に張りめぐらされた人間関係のネットワークの中に迷い込んでしまう。しかもそれは、経済合理的な取引関係と常に隣り合わせなのである。このような場合に、唯一可能な観察方法は、村民どうしがどのようにそれをスイッチし、操作しているのか、どのように関係の濃淡を見極めているのか、という動的な作動プロセスを明らかにすることだけである（第二節参照）。

このような研究が示していることは、市場関係も共同体関係も何か空間的な領域性を維持して構造化されるのではなく、両者とも微分的に人間関係の網の目の中に立ち現れうる、という新しい認識の枠組の必要性である。実のところ、商品交換を通じて形成される人間関係が市場経済の基礎となっているということは、たとえば現在の日本経済を見ても当たり前といえば当たり前のことなのである。純粋に人的紐帯を排除した商品交換など、この世には存在しないといってもよい。逆にそういった打算と無縁な共同体的紐帯も存在しない。

中国村落社会についての戦前の共同体論争の延長線上には、中国社会の結合のダイナミクスを明らかにするばかりではなく、社会科学一般が一九世紀以来、本格的に問い直すことなく暗黙裡に継承してきた市場と共同体をめぐる理論を問い直すための、重要な鍵が潜んでいるのである。ここでは理論的関係を重視しつつ、この問題を再検討する。

本章は以下のように構成されている。まず最初に「共同体／市場」を二項対立させる代表的な枠組みを概観し、その問題点を明らかにする。次に共同体と市場を混合させるようなタイプの議論を取り上げ、代替的な枠組みを構想する。その上で中国村落論の系譜を概観し、その議論を再構成する。最後に、本書のテーマである近代「満洲」社会の形成を論じる。

一　共同体／市場の二項対立

本節では第二節以降の準備として、共同体と市場を相対立するものとみなす立場を批判的に検討する。具体的には、カール・マルクス、大塚久雄、カール・ポランニーの三人の重要な論者の議論をとりあげる。彼らの理論に含まれる共同体と市場の二項対立図式が、中国村落論に長期にわたってさまざまの影響を与え、参照枠となるとともに、足かせともなってきたと考えるからである。

1　マルクスの共同体論の二項対立

マルクスの資本制以前の生産様式に関する議論こそは、共同体と市場の二項対立を最も典型的に表現し、かつ、最も深い影響を与えたものと言うことができよう。そこで本章の最初にマルクスの「資本制生産に先行する諸形態」（Marx 1952）に主として依拠し、その議論を概観する。

この論文でマルクスは、人間社会の発展段階を、群居動物としての「自然的」段階と、原始的蓄積を経てそこから脱却する段階に大きく分ける。共同体という概念は、前者の段階についてのみ該当する概念であり、そこでは人間が共同体的紐帯に守られ、また取り込まれている。この共同体は、生産力の発展に伴う商品交換の展開、さらにそれを通じた市場の拡大によって突き崩され、最終的に原始的蓄積の過程で人間が暴力的に共同体の紐帯と生産手段から引き離される。こうして共同体の制約から解き放たれ、かつ生産手段を保有しない、という二重の意味で自由な労働者が生み出され、資本制生産に基づく社会が成立する。

「自然的」社会形態を代表するものとしてマルクスは、アジア的形態、古典古代的形態、スラヴ的形態、ゲルマン的形態、の四つの形態を提示する。ホブズボーム（一九六四）によればマルクスはこの四つの形態を、これらにさらに先行する原始共同体から移行する形態として、相互に並列的とみなしており、発展段階として直列に並ぶものとは見ていない（ホブズボーム　一九六四、訳書三五頁）。

アジア的形態は、成員の排他性と空間的境界性を明白に持つ小共同体を基礎としており、それらをさらに上の段階で統合するものとして、専制政府が成立する。上位のレベルの専制政府の成立と解体が繰り返されながら、このシステムが強い安定性を持っていたのは、モジュールとなる自給自足的な閉じた小共同体が強固であったからだとされる。ここでは個人は共同体のなかに完全に埋没しており、その人格は共同体と不可分のものとなっている。この場合、明らかに個人はいずれかの小共同体にのみ属しており、一人の人間が複数の共同体に属することはありえない。また、空間的にもこの共同体の境界は明白であり、ある土地はいずれかの小共同体にのみ属している。

これと対極に位置付けられるゲルマン的形態では、小共同体を構成する各個人の独立性がはるかに高いものと想定される。個々の家族小共同体がある種の自律性を達成しており、個人同士の紐帯はゆるく、そこに形成される共同体は集会に参加することで形成される間歇的で契約的なものにすぎない。土地もまた共同体が直接共有するのではなく、個人の所有する土地と、共同体に所属する共有地に対する個人の使用権が優先する。このゲルマン的形態は明らかにアジア的形態に比べて、その共同体的紐帯ははるかに弱い。

Marx (1952) における議論では、このような共同体のメンバーシップがどれほど排他的であるのか、という点は明確に述べられていない。しかしそれでも、共同体の「成員」あるいは共同体の「土地」という概念の用法を見る限り、このゆるい共同体であっても、共同体のメンバーシップと空間的境界性が不明確であるという事態は想定されていない。すなわち、共同体に属する成員と土地は、ある時点をとってみれば明白に定義されているものと暗黙に想定されている。

スラブ的形態はアジア的形態に類似しており、古典古代的形態は、アジア的形態とゲルマン的形態の中間に位置付けられているので、結局のところマルクスは、共同体の成員の排他性と、空間的境界の明確性を、この段階の共同体一般の性質と考えていたと見てよかろう。

商品交換と共同体の関係については、『資本論』の次の文章が頻繁に引用される。

> 商品交換は、共同体の果てるところで、共同体が他の共同体またはその成員と接触する点で始まる。しかし、物がひとたび対外的共同生活で商品になれば、それは反作用的に内部的共同生活でも商品になる。(中略) 交

換の不断の繰り返しは、交換を一つの規則的な社会的過程にする。したがって、時がたつにつれて、労働生産物の少なくとも一部分は、はじめから交換を目的として生産されなければならなくなる。（マルクス　一九六八、一一八頁）

この箇所はマルクスが共同体と商品交換を対立するものとみなし、また後者が前者を破壊するものと認識していたことを示す。すなわち、商品交換の構造化された市場と、人的紐帯の構造化された共同体とは、明確な二項対立の関係に置かれている。

2　大塚久雄の二項対立と小谷汪之の批判

戦後日本の共同体観に非常に強い影響を与えた大塚久雄の議論は、マルクスの議論を、マックス・ウェーバーの議論と接合しつつ、大幅に簡略化し、かつ単純に図式化するものであった。この結果、大塚の議論では、共同体の成員の排他性と空間的境界性、および商品交換と共同体の二項対立はさらに明瞭となっている（大塚　二〇〇〇）。たとえば大塚は次のように主張する。

再生産構造としての「共同体」は、決して、資本主義社会の基礎を形づくる「商品流通」のように全社会的な規模における単一の構成として現れるものではありえない（いわゆる集団性！）。むしろ、あたかもその昔エピクロスが構想した諸社会のように、もろもろの「共同体」が大なり小なり諸部分の単位として、そして全社会はそれらの集合体として現れるのである。別の表現をもってすれば、一つ一つの「共同体」がそれぞれ多かれ少なかれ独立した「局地的小宇宙」**le microcosme localisé**（マルクス）をなしつつ（中略）、全社会はそうしたあまたの小宇宙の連結体として構成されることになるのである。（大塚　二〇〇〇、五五頁）

そこで、まず、物質的基盤をなす「土地」が外部に対して排他的に独占（＝封鎖）され、それにもとづく「共同体」成員諸個人の生活の維持がなににもまさる必要事として優先することになる。こうして内と外とがはっきり区別される。（大塚　二〇〇〇、五五頁）

このような成員の排他性と空間的境界性は、アジア的共同体であろうと、ゲルマン的共同体であろうと、資本制生産に先行する如何なる社会でも共通することが明確に主張されている。またマルクスと異なり、これら社会形態の間に、生産力の高さに応じ、アジア的→古典古代的→ゲルマン的という発展段階を単純かつ無根拠に想定している点も、大塚の議論の特徴である。

そしてまた、市場を通じた商品交換が、このような共同体を破壊するものであることを、マルクス以上に強く主張する。

「ゲルマン的」中世においては（中略）、個々の手工業者たちがしだいに私的独立性を獲得して（中略）、「村落」共同体の基盤の上に、その内部から真の小ブルジョア的（したがってブルジョア的）商品＝貨幣経済を展開することによって、ついに「共同体」一般を終局的に揚棄する（資本の原始的蓄積過程！）にいたるであろう。（大塚　二〇〇〇、一五七頁）

マルクスは原始的蓄積過程を純粋の経済過程とは見ておらず、暴力的な共同体的紐帯の破壊を必要としていたが、大塚はこれをより単純に商品経済の破壊作用で十分だとしている。

大塚の議論の問題点は、小谷（一九八二）によって徹底的に批判された。小谷は上の箇所を引用した上で、「ここには、前近代社会と近代社会とを対極的なものとして措定する考え方、すなわち前近代社会は一般に何らかの共同体的関係を基礎にもつのに対して、そのような共同体的関係を最終的に解体し、商品交換関係を基礎とするようになった社会が近代社会であるとする考え方がみられる」（小谷　一九八二、二〇六～二〇七頁）と指摘する。

大塚の「共同体」は、一九世紀ヨーロッパ近代思想のドグマをそのまま反映しており、「近代社会」の反対概念として理念的かつ価値選択的に構成されたものにほかならない。つまり、「近代社会」の固有の要素のうち、価値が高いとみなされたものすべてを反転させて、理念的に構成された虚像が「共同体」なのである。これを破壊して、「近代社会」を出現させるものとして、商品交換および市場が導入される。それゆえ市場と共同体は排他的なものとして措定される。

小谷はまた、大塚が依拠するマルクスやマックス＝ウェーバー、さらに、ウェーバーが依拠した資料・先行研究を検討し、大塚の議論が、それらの論考の持つ近代に対する批判的視線すら脱落させたものであることを立証した。たとえば晩年のマルクスは「事実誤認にもとづく原始共同体論」をささえとして、インドにおけるイギリスの政策を「文化破壊行為」として批判する射程を獲得していたのに対して、大塚は後進諸国の伝統的社会機構を、工業化と近代化を阻む乗り越えるべき桎梏としか見ない。ウェーバーは、「私的なもの」（特にその基盤としての私的土地所有）と「共同体的なもの」（その基盤としての共同体的土地所有）との相克として、さらには前者による後者の克服として近代文明をとらえる、という一九世紀的な歴史認識にきわめて懐疑的であったのに対して、大塚はこのような歴史認識に、人類史的普遍性を承認してしまう。小谷は大塚の共同体論をこのように批判した上で、強固な自我を確立した者同士によって形成される「近代社会」とそこにおける人間疎外状況、それに対して個が全体性のなかに位置づけられ束縛されるとともに、個と個の協力の場として形成される「共同体」、という対立図式そのものを相対化することで、歴史認識の全体性と思想性を回復させる必要を主張する（小谷　一九八二、一一四～一一五頁、一九一～一九二頁、二〇九頁）。

3　カール・ポラニーの二項対立とフェルナン・ブローデルの批判

経済人類学の創始者であるカール・ポラニーは、市場経済を相対化する視座を構築する上で大きな貢献をなした。特に経済の基本パターンとして提唱した「互酬・再分配・交換」の構想は広範な影響を与えている。しかし、市場と共同体の関係についてみるならば、ポラニーが、マルクスや大塚と同様の二項対立を共有している点は注意しなければならない。

ポラニーは、実体的意味の経済を、次のように定義する。

> 手短に言うと、経済の実体的意味は、自然と同胞に依存せずには人間が生活できないという明白な事実に由来する。人間は自分自身と自然環境との制度化された相互作用のおかげで生きてゆける。この過程が経済であり、それは人間の物質的欲求を満たす手段を与える。とはいえ「物質的欲求」という言葉が、満たすべき欲求が食糧や住居といった肉体的必要物に限られることを意味すると考えてはならない。如何にこういう物が人間の生存に不可欠であるとしても、かくのごとき限定は経済の範囲を不合理なまでに狭めてしまう。物質的なのは欲求ではなく手段である。ある有用な対象物が飢餓を逃れるために求められようが、教育、軍事、宗教といった目的のために必要とされようが、それは関係がない。欲求を満たすために物質的対象が必要である限り、それは経済的である。経済的という言葉は「物質的欲求を満足する過程に関係する」という意味にほかならない。人間の生活を研究することは、語の実体的意味における経済の研究であり、本書を通じて経済的という言葉はこの意味で使われる。(Polanyi 1977, p. 20)

このような意味での経済は、「制度化された過程」である。ここに言う「過程」とは、物質的な要素の場所の移動か、占有の移動によって実現される。「制度化」されているというのは、このような過程がそのままでは「人間の移動と人間でないものの移動の単なるつづり合わせ」にしかすぎず、安定性と統一性を確保できないからである。

このような過程が構造として安定して再生産されるためには、社会的な意味と機能とを与えられる必要がある(Polanyi 1957, 訳書　一九七五、二六六～二六八頁)。

この意味の経済を成り立たせている過程の主要なパターンとして、ポラニーは、互酬・再分配・交換を挙げる。それらは具体的に次のような意味である。

互酬とは対称的な集団間の相対する点のあいだの移動をさす。再分配は、中央に向かい、そしてまたそこから出る占有の移動を表す。交換は、ここでは、市場システムのもとでの「手」のあいだに発生する可逆的な移動のことをいう。そこで、互酬は対称的に配置された集団構成が背後にあることを前提する。再分配は何らかの程度の中心性が集団のなかに存在することに依存する。交換が統合を生み出すためには、価格決定市場というシステムを必要とする。異なる統合形態がそれぞれ一定の制度的な支持を前提することは明白である。(Polanyi 1957, 訳書　一九七五、二六九頁)

互酬は成員が相互に対称的に配置されている社会に、再分配は強い中心性を持つ社会にそれぞれ対応するのに対して、交換が全面的に展開するには、自動調節機構を持つ価格決定市場というシステムが前提となる。

ここまでのポラニーの議論は、経済というものを、社会との関連で考えるための視座を与えてくれる独創的な貢献である。しかしこの「互酬・再分配・交換」という三分類には、共同体と市場とを二項対立させるあの図式がひそんでいる。すなわちポラニーは、「互酬」と「再分配」を共同体にふさわしいものとみなし、「交換」、とくに価格が変動しうるような交換を、共同体的紐帯を破壊するもの、と考える。「変動価格での交換は、明白な対立関係を含む当事者間の態度によってはじめて得られる利得を目標とする。この種の交換につきまとう対立の要素は、たとえどんなに薄められていても、拭い去ることはできない。成員の団結の源泉を守ろうとする共同体であれば、食物のように肉体の生存に致命的にかかわり、したがって強い不安を引き起こしうることがらに関して、潜在的な敵対意識が発達することを許すことはできない」(Polanyi 1957, 訳書　一九七五、二七五頁)。

この枠組からポラニーは、一九世紀ヨーロッパにおける市場経済の展開以前の社会一般について、交換よりも互酬・再分配が支配的であり、経済が社会に埋め込まれていた、と主張する。市場経済の全面的展開により、両者の関係は一気に逆転し、社会が経済に埋め込まれるという事態が生じたというのである。「社会関係のなかに埋めこまれていた経済システムにかわって、今度は社会関係が経済システムのなかに埋めこまれてしまったのである」(Polanyi 1947, 訳書　一九七五、四九頁)。

フランスの歴史学者フェルナン・ブローデルは、このようなポラニーの考えを次のように強く批判する。

不幸なことは、この理論が、いくつかの異質な探求の上に打ちたてられた上述の区別に、全面的にもとづいている(何らかの根拠があるとしてのことだが)ということである。なるほど十九世紀の「大転換」についての議論の中に(十七・十八世紀のひじょうに多様化した商業体制ではなく)ポトラッチやクラを持ち込むことを、禁じるものはない。しかし、それはヴィクトリア女王の時代のイギリスにおける結婚のしきたりに関して、レヴィ＝ストロースの血族関係に関する説明を援用するようなものなのである。実のところ、歴史の具体的で多様な現実に触れその上でそこから出発する試みは全くなされなかったのである。……近年においては、社会学者と経済学者、今日では人類学者が、不幸にも、われわれを彼らのほとんど完全な歴史に対する無理解に慣れさせてしまった。彼らの仕事はそうすることでそれだけたやすくなったのである。(Braudel 1979, 訳書第二巻一、二八〇頁)

ブローデルは、ポラニーと違って「自動調節機構を持つ市場」という概念を拒否し、このような市場は頭で考え出された代物に過ぎないとする。交換という方法は人間の歴史と同じくらい古く、必然的に市場を通じた交換も同じくらい古く、かつ普遍的である。ブローデルは、価格が広範囲にわたって一致した動きを見せるときには、広汎な市場経済が存在するとみなす。たとえば、一三世紀にはヨーロッパ全域で価格の一致した変動が見られる。しかも、一九世紀以降の市場システムでさえ、自動調節機構を持つ統合された単層のものではなく、複雑な階層性と構造を持つ。市場経済は現代においてさえ、経済の全域を覆ってはいない。その下には膨大な自給自足部門があり、その上には資本主義と国家権力がある。社会に埋め込まれた経済から、経済に埋め込まれた社会への大転換という見方は、あまりにも事態を単純化している上に、実際の歴史過程を無視している、とブローデルは主張する(Braudel 1979, 訳書第二巻一、二七八〜二八四頁)。

この立場からすれば、「互酬・再分配・交換」という単純な枠組みによって経済と社会のあり方を規定することには、大きな無理がある。特に市場経済の展開による共同体の破壊、という対立図式が問題であり、市場と共同体は長期にわたって相互に依存しあい、共生してきた可能性が高いのである。

4　二項対立の相対化の必要

本節で概観した「共同体／市場」二項対立論は、近代社会と資本制経済と市場経済をほぼ等価なものとみなし、それを抽象化したものを想定し、そのそれぞれの性質を反転させたものとして「共同体」を構成する。そして今度はそのように措定された共同体が解体する過程として原始的蓄積を導入し、それとともに近代が始まった、とみなす。このような想定は、「前近代」から市場性を排除するとともに、「近代」から共同性を排除するという圧力を生み出す。しかし小谷の指摘するようにこのような二項対立はあまりにも作為的である。人間社会にとって市場的なるものと共同体的なるものは二律背反ではなく、永い共存の歴史を持つことを考えれば、この対立を相対化する思考の枠組みが不可欠である。

本節の残りの部分では、このような思考の枠組の転換の必要性を確認するために、大塚的枠組が如何に深く現代の論者の思索を制約しているか、その事例を示しておこう。ここでは、経済学者の金子勝と倫理学者の大庭健という二人の優れた論者を取り上げる。彼らはともに、広い学的視野を以て個人主義的な市場の絶対性を徹底的に批判する独自の思索を展開した。

しかし、その彼らにして、ここで論じた二項対立を疑うことがない。彼らは大塚史学そのままの共同体観を前提として議論を展開している。金子勝『市場』（一九九九、iii頁）は冒頭で次のように述べる。

近代社会あるいはそこに生きる近代的人間は分裂に直面することになった。近代以降、全ての人間が、自立性への要求と共同性への要求という分裂した要求を抱えるようになったからだ。近代社会以前は、家族を含む共同体の規制や慣行が生活の大部分を縛っていたが、共同体に縛りつける基盤となっていた土地や労働力に所有権が持ち込まれ、市場が共同体を侵食してゆくと、人々は徐々に共同体から切り離されてゆく。

大庭健『所有という神話──市場経済の倫理学──』（二〇〇四、一〇～一一頁）も同様である。

商品生産が主流となる前は、経済は、司法・教育・宗教といった活動と未分化であった。……諸種の活動は、すべて共同体（ムラ）の長老たちの指導のもとで、ひとびとが分担し協力しあって遂行されていた。……各人において、共同体の成員であることの意味が低下してくると同時に、市場の荒々しい値動きは、共同体の絆をも容赦なく寸断する。……ものの生産・分配が「市場経済」として自律化していくプロセスとは、右のようにして共同体が衰退・解体していく過程であった。

金子と大庭はそれぞれ深い思索によって、個人主義的所有とそれに立脚する市場を正当化する論理が、「強い個人という仮定」あるいは「ミニ領主としてのデカルト的自我」に基づいた神話であることを明らかにし、市場主義を批判する強固な視点を確保した。しかし、大塚的な共同体／市場の二項対立を守っている限り、そこには共同性と自立性に引き裂かれた「近代的個人」以外のものを見出すことはできない。金子が同書の結論部分で「近代的人間の分裂は絶え間なく拡大している」として、「この社会は確実に暗くなっている」とおののくのも（金子　一九九九、一〇〇頁）、また大庭が「本論は、陰々滅々とした泥沼に向かうことを余儀なくされている」と諦観するのも（大庭　二〇〇四、一六五頁）、このためである。このような絶望の上に将来を切り開く思索を展開することは難しい。

もちろん、共同性と市場性が相矛盾する性質を持つことは確かであろう。所有という神話の暴走が危険なこともまた確かなところである。しかし広くユーラシア大陸を見渡すなら、はるか昔から市場と共同体は共存し混在している。人間関係から独立な抽象的マーケットは幻想であり、実在するのは人間関係の織り成すバーザールである、と言うことも可能である。「引き裂かれた近代的個人」の上に将来を展望することが困難である以上、ブローデルの言うように「歴史の具体的で多様な現実に触れその上でそこから出発する試み」こそが喫緊の作業である。そこで次節以降ではこのような作業の第一歩として、共同体と市場の混合理論を概観することにしよう。

二　共同体と市場の混合理論

前節に見たような共同体と市場の二項対立図式の特徴は、「近代社会」というものを純粋概念として措定し、その裏返しとして「共同体」を構成するという思考法にある。この場合、「近代社会」はしばしば「資本主義経済」あるいは「自動調節機構市場」にも置換される。このような対立図式を克服する最も素直な方法は、共同体と市場を混合させたような社会理論を構成することである。そこで本節ではそのような理論の例として、モロッコのバーザールについてのギアツの理論、中国四川省の定期市についてのスキナーの理論、中国陝西省農村についての深尾・安冨の理論を概観する。

1　ギアツのバーザール論

クリフォード・ギアツのモロッコのスーク（バーザール）についての有名な論文は、市場／共同体の二項対立を相対化する上で特に重要である（Geertz 1979）。ギアツは、バーザールにおいては、敵対的であるはずの交換を廻る交渉のなかから、共同性を生み出すような人間関係が生まれ、それが全体としてある種の秩序を創りだす、という議論を展開した。

ギアツはまずスークにやって来る人々を「スーワーク suwwaq（市場参加者）」として把握する必要を主張する。その意図は、個々の市場参加者が担う具体的な役割以前に、そこに参加してコミュニケーションを行っているというその基礎的役割を重視するからである。目的が何であれ、ただの散歩であっても、とにかくスークという場に出現して「歩き廻る wander about」人々の総体が、市場そのものの再生産されるための場を形成することになる。これらの人々が相互に取り結ぶ「関係 partnership, relationship」の「入り組んだ intricate」構造物の上で、情報と物資の「やりとり exchange」が行われる。しかもこのようなやりとりの背後で人々は、さわがしいまでのお喋りを繰り広げる。ギアツはこれを「おしゃべりな群集 talkative mob」と概念化した。このような噂の渦を背景として形成される人間関係の動的なネットワークの総体がスークそのものである。

また、ミクロレベルで見ると、人と人との個々の相互作用には「交渉 bargaining」と「常連化 clientelization」という二つの層がある。交渉とは「情報探索 information search」の具体的に行われる過程である。この交渉の場面で相対《あいたい》する人々は、たとえば売り手と買い手という非対称な立場にあり、商品の価格・数量・品質をめぐる情報交換と折衝を繰り返す。この場合、両者は本質的に敵対的な関係である。

一方でこのような交渉を繰り返すうちに両者の間に常連化の起きる場合がある。こうして両者の関係が強化されると、この関係を通じて交渉という情報探索過程が展開されることになる。つまり「常連化」は「関係をつくる行為」であり、「交渉」は「関係を実効化する行為」なのである。常連化と交渉は一方がもう一方に従い、しかも他方の変化を惹起するという次のような円環の関係にある。

交渉 ⇄ 常連化

ギアツ自身は明確に指摘していないが、この二つの層のタイムスケールが大きく異なる点が注意に値する。すなわち交渉というのはその場限りのやりとりであり、秒か分のオーダーである。ところが常連関係は場合によっては何十年と続くものであり、常連化の層の継続時間は交渉の層よりも遥かに長い。脳の学習過程になぞらえるなら、交渉の層はニューロンの発火に、常連化の層はニューロン同士の結合の強さの調整過程に相当する。

モロッコのスークには、様々な出身地・文化・習慣・宗教・職業を持つ多様な人々が多様な行為を通じて関与しているが、それぞれの市場参加者が個人的に常連関係を構成し、そのように構成されたネットワークの構造化されたものとしてスークが成立している。このため、多様性が道理に叶った形で編成され、安定的な形をとることが可能となる。つまり、各人がそれぞれに自分用のインターフェイスさえ構築できれば、スークの他のメンバーがどう行動していようと、一応はスークの運動に参画しうるのである。このような柔軟性が、スーワークの多様性を維持する機構であると考えられる。

このような人々の繋がりのありかたは、構成員と共有すべきルールが厳格に定義されている組織と比較すれば、その特徴が明らかになる。たとえば先進国の取引所を考えてみよう。そこでは誰が会員であるかが明確に定義されており、共有すべき売買の方法は条文によってこれまた明確に定義されている。その上で人々は「自由」に取引する。バーザールでは構成員が誰かはっきりせず、取引の方法は個々人の構築したインターフェイスごとに異なっている。前者にくらべて後者は短期的取引効率こそ低いかもしれないが、柔軟性や多様性は遥かに高い。

このギアツのバーザール論で展開された、「交換のための交渉」と「顧客関係の形成」の相互作用は、「共同体における贈与」と「社会関係の形成」の間の相互作用と類似した構造を持っている。たとえばサーリンズは次のように言う。

> 物質的な流れと社会的関係は相互促進的に接合されている。ある特定の社会関係は、財の所与の運動を強制するが、ある特定のやり取りは——「同じ様に」——ある適当な社会的関係を示唆する。仲良しが贈与につながり、贈与が仲良しを生む。(Sahlins 1972, p. 186)

つまり、

贈与 ⇄ 社会関係

という円環が、贈与の機能を表現する。

ギアツの観察したバーザールでも葬儀や婚礼などの儀礼を通じて、贈与と社会関係の相互作用が見られている。ギアツは、職業別かつ宗教別に形成される zawia と呼ばれる相互援助組織の活動の一環として、葬儀や祭に言及している。ところが、残念なことに、こういった共同体的活動が、商売をめぐる敵対的交渉とどのように関連しているのかという議論は行われていない。

マルクス的な共同体と市場の対立図式を前提とすると、ギアツの円環と、贈与の円環が両立することはできないはずである。つまり、もし贈与が人と人との関係をつくり出し、それが共同体を形成する基礎となるなら、その「共同体が果てるところ」では、そのような円環関係も消滅する。市場で展開される交換は、沈黙交易に代表されるように、人間関係から自由な、その場限りのやりとりであるはずである。現実にそうでないにしても、市場交換は非人格性を促進するような力を持たねばならない。

この観点からすれば、ギアツの議論の暗黙の含意は、「共同体が果てるところ」にあるはずの交換の場たるバーザールで、このような関係形成の円環関係が見られる、という主張である。つまり、市場で見られる敵対的な交換を含意する。

のための交渉と、共同体を構成する贈与のための行為が、ともに人間関係と相互作用するなかでなされていること

2　スキナーの市場圏共同体論

本書で何度も取りあげているスキナーの農村市場論は、この観点からすれば、市場と共同体という、相互に排除しあうはずのものを、一致させるという新機軸であったことになる。[2]

スキナーの農村市場論では、市場町こそがコミュニケーションの結節点であり、人間関係を形成するための行為が最も濃密に展開される場所となる。交渉、交換、支払という、人間関係を不安定化させるはずの行為が主として行われる場所で、どうして逆の性質を持つ、共同体を作りあげるタイプのコミュニケーションが可能となるのであろうか。

実はこの点についてスキナーはほとんど何も言っていない。スキナーが挙げる論拠は、市場が開かれると人々は用がなくてもとにかく集まってきて、お互いに顔見知りになり、茶館などで延々とお喋りをつづけ、市場圏内のすべての家の事情についての情報交換がなされる、という点だけである。マルクス以来の伝統的な「市場／共同体」の対立図式からすれば、スキナーが（ギアツと共に）何の疑問も抱かずに、このような議論を展開しているのは不思議でさえある。ひとつの理由は彼らが講座派理論にも大塚史学にも汚染されていないからであろう。マルクス自身の議論はそれほど単純ではなく、この対立関係はそれほど明瞭ではない。

共同体と市場を対立させる伝統的な枠組に真っ向から対立するはずのこの論理を、ギアツとスキナーがいとも簡単に展開した最大の理由は、おそらくは彼らが見た現実の様相があまりにも雄弁だったからであろう。つまり、モロッコのバーザールや四川の定期市では、観察者が共同体的行為と市場的行為の対立など忘れてしまうくらいに、両者がスムーズに連結しているからではなかろうか。というのも、我々もまた黄土高原の農村におけるフィールド

ワークで、同じような連結性を見出したからである。

3　黄土高原の村のモデル

我々は黄土高原の村（陝西省楡林市米脂県楊家溝村）を舞台としたフィールドワークに依拠し、ギアツのモデルを拡張した議論を展開した（深尾・安冨　二〇〇三）。そこで論じた直接のテーマは、無償労働供与〈相夥〉と有償労働供与〈雇〉がどのように村のなかで共存しているか、という問題であった。〈相夥〉は労働の贈与であり、〈雇〉は労働と現金の交換である。この村では、両者の労働供与方式が矛盾せずに並存するばかりか、その中間的な形態まで確認されている。

中間的な形態とは次のようなものである。ある人物が家屋を建設した際に、別の人物が手伝いに来た。彼は結局、二〇日間にわたって、毎日手伝いに来た。施工主はこの日数の無償労働提供は両者の〈関係〉から考えて不適切だと考え、二〇日分の賃金の三六〇元の提供を提案したところ、手伝いに来た人はしばらく考えてから、そのうち二百元だけとって帰ったのである。

また、注目すべきは人々の噂のあり方である。たとえばある人がどこかの家族が家屋を建築する現場で〈雇〉の形で労働提供したとしよう。すると、その人がもらった賃金のほか、その家で出た食事の内容やタバコの銘柄までが、克明に噂されることになる。ところが何らかの経済的やりとりが、密接な〈関係〉の人同士で行われた場合には、そこでのやりとりの内容は、噂の対象にはならない。

具体的な事例で言うと、調査に行った我々が、滞在している家の女性につくってもらった布靴を履いて村のなかを歩き廻ると、頻繁に値段を聞かれるが、それに正面から返事をせずに「〈関係〉だから」と返事すると、それ以上詮策されることがない。つまり、〈関係〉の内部のやりとりについて、外部の者が噂することはない。

このような戦略的な労働供給方式の決定を整合的に理解するために、我々は図13-1のようなモデルを提案した。

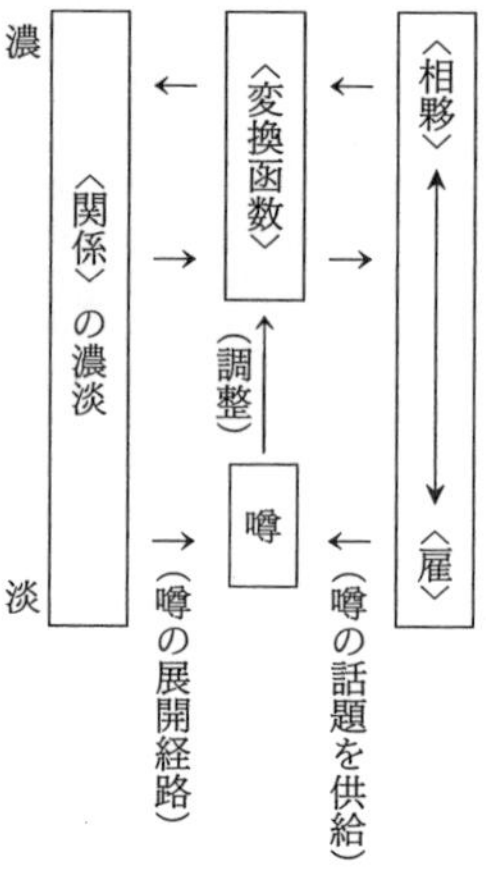

図 13-1　「〈相夥〉／〈雇〉」と「〈関係〉」と「噂」の図式

この図は以下のように読む。まず、ある労働提供の場面で両者は、双方の〈関係〉の濃淡を考慮して、どのような労働提供様式が相応しいか、〈相夥〉か、〈雇〉か、その中間か、を判断する。そして具体的に労働が提供されると、その結果が今度は両者の〈関係〉の濃淡に書き込まれる。この場合、〈関係〉は遅いタイムスケールの層に属し、〈相夥〉と〈雇〉は早いタイムスケールの層に属す。噂は、〈関係〉のありようと、労働提供方式を繋ぐ変換式を常時調節しておくための役割を果たす。人々の行為は、常にこの噂のなかでの評価に晒されるのである。

重要なことは、一方から他方への無償労働供与は、それが〈関係〉への書き込みという機能を果たした段階で作動を終えるという点である。つまり、無償労働供与を受けとった側が、それを「負い目」とすることはない、ということである。

たとえば、AとBという二人の人物がいて、両者の〈関係〉が密接であり、AがBに大量の労働を無償供与したという実績があったとしよう。このとき、今度はAが労働を必要とする事態が生じたときに、もしもBが何らかの事情で労働を提供できなかったとしたら、どうなるであろうか。この質問に対してある村人は、次のように答えた。そのような場合には、BはAに気まずかったり、恥ずかしかったりはするが、それが〈関係〉のありように深刻な影響を与えない限り、それで何もない。つまり、Bは両者の〈関係〉からすれば、当然、手伝いに行かねばならないのに、行けないのが気まずく、恥ずかしいのである。「負い目」があるからそれを払拭せねばならないのではない。

興味深いことに、もしAとBの〈関係〉が悪くなったらどうなるのか、という我々の質問に対して、その時は、

BのAに対する「負い目」が発生する、とその村人は答えた。BはAに相応の日数の労働提供義務を負い、もしも自分で行くのが嫌であれば、誰か別の人を雇ってAのところで働いてもらわねばならない。両者の〈関係〉が悪くなった場合には、両者の過去のやりとりが読み出され、相殺されない部分が市場的な債権債務関係として再構成される。つまり、〈関係〉という長期記憶システムが作動しなくなった場合には、短期の市場的世界に記憶が読み出され、債権債務関係が生じるのである。(3)

このように、贈与と交換を両端に持つような行動様式を考えて、それが「関係」と相互作用する、というモデルを考えれば、共同体的行動と市場的行動が並存していても、何も困ることはない。実際、楊家溝村で人々は、〈相夥〉と〈雇〉を戦略的に切り替えて行動している。ミクロレベルの構造をこのように構想してはじめて、ギアツやスキナーのモデルを整合的に理解しうる。

市場と共同体の二項対立、というテーゼとの関係から見れば、ギアツとスキナーと我々の議論は次のように整理することができる。

（一）ギアツは市場の敵対的な交渉の中に共同体的紐帯の形成を見いだす。
（二）スキナーは市場圏に共同体を見いだす。
（三）深尾・安冨は村落という「共同体」のただなかに市場性を見いだす。

上記三点は、市場と共同体の二項対立という根強い認識の枠組みを相対化する上で、共通する理論的意味を持っている。これらの論考の共通点は、共同性と市場性を併せ持った形で、関係が構築される点に注目している点である。

三　中国村落論の系譜

中国社会は、共同体と市場が二律背反ではないということの意味を考察するうえで、格好のフィールドである。これまで主として歴史学や村落社会論で議論されてきたことは、実はこのような問題を、作動する動的メカニズムに注目することなく、共同関係を表す動詞や、共同作業を行う社会的単位の名詞、といったものを探し続けることで解決しようという、無理のある試みであったと言うことができる。このような方法的欠陥のゆえに、理論的停滞があったのではないか。その背後には、共同体の外に市場が展開するというマルクス以来の思い込みが、否定されることなく、また正面から吟味されることもなく、暗黙に横たわっていた。本節では前節までの考察を受けて、この点に注目しつつ、中国村落共同体論争に端を発する議論の流れを整理する。

旗田（一九七三、第三章）の整理によれば、戦前の中国村落の実態調査を中心とするフィールドワークによって、中国には、日本人のイメージするような共同体としての村落のないことが明らかとなった。この観察をめぐり、戒能通孝に代表される「中国村落にはそもそも共同体などない」という立場と、平野義太郎に代表されるような「よく見えなくとも共同体はある」という立場の間に論争がなされた。(4)

旗田自身は、近代という時代が要求する村への財政的負担や政治的動員を通じて、従来は明確ではなかった「村」という機構がどのように社会の基礎的単位として形成されてゆくかを論じた。旗田が見いだしたものは、作物の見張りを担当するならず者たちの縄張という文化的資源であった。この見張り料を農民から徴収する機構であった「青苗会」が、権力の側から税金などの徴収機関として位置づけられることで、ならず者たちの縄張が、「村」という行政単位の境界として編成されていった。そこに、自律的に形成されていた共同体を見いだすことはできないのである。(5)

奥村（二〇〇三：二〇〇四、二八五〜二九七頁）が指摘するように、この論争は、戦後に出された旗田、村松祐次、福武直の研究によって、個人間の共同的行動はあっても、「共同体などない」という方向で結着がついたと見てよい。一九七〇年代以降の内山（二〇〇三）や石田（一九八六）といった研究が、共同体があるという議論を蒸し返したが、奥村はその試みが失敗であったと厳しく批判した。

しかし、村落を単位とする「自然村」というような共同体がないとすれば、農民同士の間に見られるさまざまな共同性をどう理解すべきなのか、という問題が残る。以下では中国村落社会についての主要な議論をこの観点から整理してみたい。

この文脈から、まずスキナーの議論を解釈すれば、村落には共同体は見られないが、市場圏というより広い範囲で見れば共同体がある、という主張だと見ることができる。少なくとも、中国史研究者にはそのように受け止められてきた。この場合の共同体は当然のことながら、市場と対立する概念ではない。

しかし、市場圏にしても、それだけを中国社会の基礎的共同体とみなすことのできないことは、既に明らかとなっている。たとえばスキナー自身、市場共同体の概念の正当性を主張する文脈のなかではあるが、後に次のように書いている。

> 村落を越えた地方組織は非常に複雑な問題である。過去十年に発表された研究から、原基市場機構の内的構造が、私の一九六四年の論文が最初に示唆したよりも、もっと多彩で興味深いものであることが明らかとなった。村落と原基市場共同体の間のレベルは、高次の宗族・灌漑組合・青苗会・（約、社、郷といった様々の）政治的儀礼的組織・寺廟の運営団体、などによって構造化されている。こういったものの大半ではなくとも多くは、多目的の連帯であり、複数の組織原理を持つ。（Skinner 1977, p. 721n）

つまり、中国村落社会は、独自の組織原理を持つ多様な機構が共存するという重層性をその特徴とするのであって、スキナーが当初予想したような排他的メンバーシップを持つ市場共同体はない。

このような多様性と重層性を取り扱うために、ドアラ（Duara 1988）は「文化的経路 cultural nexus」という概念を提出した。この概念は、人々を繋ぎあわせる種々の機構の総称である。ドアラは旗田と同様に、「国家建設 state building」のための政治的・財政的要求が村落に向けられるなかで、さまざまの文化的経路が動員され、それが村落を再編成してゆく過程を論じている。文化的経路とは具体的には市場、血縁、宗教、水利組合といった階層性を持つ組織のほかに、親分・子分関係なども含まれる。このような文化的経路が権力によって国家建設のために利用されたということは、それ以前に既に、人々の相互関係の形成のなかで構造化されて機能していたことを含意する。つまり、人々はこのような文化的経路に捉えられるとともに、それを利用して自らのインターフェイスを構築していたのである。

ドアラの議論で注目すべきは、さまざまのレベルの文化的経路の相互作用を問題にしている点である。たとえば、定期市に現れて家畜を売買する農民は、自分の村の手配師を選ぶ傾向にあるという例をドアラは挙げる。これは市場をめぐる文化的経路と、村のそれとが、相互促進の関係にあるということを示している。

上田（一九八六）は「回路」と「磁力」という比喩的表現を用いて、村に対する外部からの政治的、経済的働きかけが、村落内外に潜在的に構築されている回路を通じて流通し、状況に応じてさまざまな社会的チャネルや文化的リソースを活性化させる様子を提示しようとした。この視点は、それまでともすれば硬直的であった共同体モデルや、「圏」のモデル、あるいは「宗族」などが、所与の凝集力として扱われる静態的なモデルの欠陥を乗りこえるものとして、主として日本の研究者に新鮮な視野を与えた。上述の内山や奥村の著作でも、上田のアイディアは積極的に評価されている。

しかしながら、上田の議論は、さまざまな回路が状況に応じて活性化するという選択性、可変性を取り上げた点で、動的な側面が取り入れられたとはいえ、回路そのものは静的で堅い水道管のようである。さらに残念なことは、上田はこの論文においても、また後の論考においても、この回路イメージを具体的にモデルとして完成させる作業も、実証的な裏付けをとる作業も行っていない。結局のところ、印象を提示するにとどまり、「理論」と呼べるものとして展開しなかった。

中国社会における社会関係構築の選択性と多重性に関する指摘は岸本（二〇〇四）にも見ることができる。岸本はこれを「人倫関係の網」と呼ぶ。たとえば血縁関係のなかで、家族全員の直系尊属たる家長は、その時点で親から子へと受けつがれてゆく生命の流れのなかで、その全体を体現していることになり、家族の人格は家長に包摂されている。しかし同時に家長の人格も既に死去した祖先に包摂され、その生命の流れの命ずるところに逆らうことは家長にもできない。「王土王民」という思想もまた人倫関係の網の一例として理解される。事実上、私的に所有される土地や奴婢は、理念上「王」に属しており、それらを所有する主人ですら王民の一人に過ぎず、彼らもまた「王」に所有される対象に過ぎない。岸本の「人倫関係の網」は、それが（一）開放性を持つこと、（二）重層性を持つこと、の二点で、文化的経路と類似している。

岸本（二〇〇四）は本章の議論と密接に関係する重要な次の三つの点を指摘する。

留意すべきは、中国において人を規制する人倫の網は、無限に開放的に広がっており、排他的な所有主体としての「共同体」や「専制君主」を想定することもまたできない、ということである。（三一頁）

中国において個人を縛る人倫道徳の強さが目を引くと同時に、共同体や国家の規制が実質的には微弱な自由度の高い社会とも見えるのは、人倫の網のこうした開放性に由来するものといえよう。（三一～三二頁）

普遍的に広がる開放的な人倫関係のなかで定義づけられる中国の「人」にとって、所有の世界と切り離されたアジールとしての「自由」の空間が存在しえないことも確かである。（四二頁）

つまり、個々人のあいだの関係が社会を織りなす基礎となっており、基層での排他的共同体の介在を持たない。同時に、人々を重層的な網の目の結節点に置き、その結節点として機能すべく個人を人倫道徳によって縛る、という抑圧性を持つことで、社会は純粋に人間関係だけに基礎を置くことによって生じる不安定性を回避する。この場合、人々は排他的共同体からは自由であるが、排他的共同体がそもそも存在しない以上、そこから抜け出して「無縁」になる、という選択肢を持たないことになる。

これら幾つかの議論の提示する中国社会における人間への拘束と開放性のイメージは、異論を挟む余地はないように思われる。しかしそれが、共同体論を越える社会モデルとして十分に認知され、共通認識として構築されているかというと、必ずしもそうとはいえない。その原因はこのような動的な関係を描くための視野、ツールが、欠如していたことによるのではないか。

日本中世史の巨人ともいうべき網野善彦の「無縁」論は、この意味で重要な論点を含んでいる（網野　一九九六）。「無縁」とは「有縁」の対概念であり、両者は常に不可分に生成する。「有縁」とは、主従関係、親族関係等々の世俗的な縁の総称であり、これが明確に組織化されたものの代表が国家である。これに対して「無縁」とは、このような世俗権力の介入からの自由、交通の自由、私的隷属の自由、貸借関係からの自由、世俗の争い・戦争にかかわらない平和、集団を構成する人々同士の平等、などを希求する人々の思いと、それを基にして成立する秩序原理のことである。このような無縁への思いを体系的・組織的に思想化したものが宗教である。このような無縁の実現されている場を「アジール」という。

注意すべきは、アジールが無縁のありかたのひとつの現れに過ぎない、という点である。無縁は、縁切寺・駈込寺・無縁所・公界所・自治都市・一揆・惣・山林・市・宿・墓所・湊・家屋敷など、さまざまの場面でさまざまの形態で現れる。無縁は、きわめて多様な形態をとりつつ、人民生活のあらゆる部分に細かく浸透しており、子供時代の遊戯から、埋葬され墓場に入るまで、人間の一生は無縁の働きとともにあるとさえ言える。

一三五三年の安芸国沼田市庭に潜在する「無縁」の原理について、網野は次のような注目すべき議論を展開している。

ただ、市庭の「無縁」の場としての特質は、当然ながら、ここでは戦国期と比べて、まだ潜在的であって鮮明ではない。（中略）それはなにより、この時期の市庭そのものが、すでに住人は現れているとはいえ、まだ定期的な市日に多くの人々の集る場であり、なお永続的な集住地―町―になり切っていなかったことによる。（網野　一九九六、一三五頁）

ここで網野は、間歇的に開かれる定期市の立つ場が、やがて永続的な集住地である「町」へと発展する、というプロセスを当然のものとして前提し、「町」に発展することでアジールとしての性質が完成するものとみなしている。しかし、周知のごとく、このような発展プロセスは中国では当然のものではない。スキナーの論じたように、定期市が発展すると、周辺に新しい定期市が立って、市の空間的密度が上がるのが発展の基本的形態である。網野の「無縁」論に従うなら、これは、中国社会における「無縁」の原理の発露のあり方が、日本社会と異なっていることを示唆している。すなわち、定期市が常設市として固定化し、そこに強固なアジールが日常的に出現することを、中国社会は許容しない。

同じことは中国の墓地についてもいえる。我々がフィールドワークを行っている陝西省北部にはまとまった墓場がない。亡くなった人が埋められるのは、山の頂上にあるそれぞれの親戚の墓地である。そこに一緒に埋められる人の数は数人～十数人程度であり、一～数本の風水樹が植えられているばかりである。その景観は周辺の農地とそれほど変わるものではなく、幽霊が出そうな気配もない。当然、ある年数が過ぎて墓を見る子孫がいなくなれば忘れられ、やがて農地としてリサイクルされる。県城に居住する人々も、亡くなったら出身の村で葬式を行い、家族とともに葬られるのが普通であるので、県城周辺にも大きな墓地は成立しない。

これに対して日本ではいくつかの集落の死者が全て葬られる「郷墓（惣墓）」が広い範囲で見られる。詳細な調査のある奈良県山辺郡都祁村吐山のドサカ墓地には石塔だけで六一七基があり、判明するうちで最も古い年号は一六四一年である。その近くのセノコダニ墓地には二三一基で、最古のものは一五六一年、ムシロデン墓地では一五五基、最古のものは一六六一年である。もちろん石塔の他に多数の木製塔婆や墓誌がある。山村でこの規模であり、奈良盆地ではたとえば中山念仏寺墓地には九千基あまりの石塔が立つ（白石・村木　二〇〇四、一九～三五頁、一四八頁）。墓地の歴史の古さは、墓地が農地にリサイクルされることの稀であることを示している。もちろん、墓地は幽霊が頻繁に出現する場所である。

網野の指摘によれば、死者はこの世と縁が切れており「無縁」である。その死者が集まる場たる墓所は往々にして無縁所となる。無縁所は無縁の人々の居住する場となり、アジール化する。たとえば戦国時代の京の「無縁所」たる阿弥陀寺は、墓所であり市場であった（網野　一九九六、一四五～一五六頁）。逆に陝北のように死者をあちこちに小分けして葬り、適当な時期にリサイクルするなら、そこがアジール化することもない。これは日本で市場が往々にして固定化するのに対し、中国では定期市として常に間歇的・分散的に設定されるという事情と対応した現象なのではあるまいか。

アジールが忌避されるとはいえ、これは中国社会に無縁の作動がない、ということを意味するのではない。有縁のあるところ常に無縁がある以上、このようなことはありえない。無縁がまとまったアジールとして空間的に実現することが少ないだけであって、無縁はむしろ微分化されて全ての人間関係に現れるというべきである。人倫の網によって普遍的に捉えられていると同時に、人間関係を自分で切ったりつないだりできるという自由を持つ、という中国社会のあり方は、このように理解することができよう。

前節で解説したように、深尾・安冨（二〇〇三）はこうした中国村落社会をめぐる理論的停滞ともいえる状況を打開するべく、動的モデルの構築を試み、次のような点を明らかにした。陝西省北部の村では、農民たちはそれぞれの張り巡らす相互関係こそが基層社会の基礎的要素であり、そのなかで農民は、短期的タイムスケールの市場的行為と、相互関係に書き込む機能を持つ長期的タイムスケールの互助的行為を、戦略的に使い分けている。土地などの有限な資源をめぐって争うという意味では村の住民は互いに敵対的関係に置かれており、その上、人々に互助的な行為を強制するような共同体的枠組も希薄である。そのような状態であるにもかかわらず、単純な無秩序が支配するわけではない。個別的な相互関係の形成のほかに、秩序形成上で重要な役割を果たすのが「噂」という機構である。人々のかわす行為は不断に噂の材料を提供し、それが人々の相互関係のネットワーク上を流れてゆく。このなかで人々の行為は吟味され、評価され、そうすることで人々の関係形成のための材料を提供すると同時に、より一般的な意味の行動規範を創り出す。陝北の村とはこのような世界である。

この相互関係はしかし、無前提に純粋の相互関係として張られるのではない点に注意すべきである。岸本の指摘の通り、各個人は少なくとも家族というつながりのなかに最初から捉えられている。戒能（一九四三、一三九頁）は家族の同居ですら「一つの下宿屋、アパートに過ぎない」とまで極言したが、これが言い過ぎであることは論をまたない。

個人が純粋に構築する相互関係の束のほかに、このようなある程度硬い基礎を持つ機構が存在するということは、個人が完全に自由に振舞うのではなく、このような経路を通じた抑圧と扶助のなかで活動していることを示す。ドアラが挙げたような、市場、血縁、宗教、水利組合といった文化的経路が、我々が提案したような戦略的行動の相互作用のなかからどのように形成され、それがどのように個人の行動を制御して自らを再生産させるのか。これこそが今後論じられるべき問題であろう。

四　考察──市場と共同体の混合理論から見た近代「満洲」社会

ここでは、本章の議論を前提として、本書のテーマである近代「満洲」社会を簡単に論じることとする。最初に検討すべきは、この地域で形成された県城経済システムの意味である。県城に流通拠点が集中し、村落地帯の定期市が希薄という現象は、スキナー的な市場共同体が成立する根拠を奪うことになる。逆に、特に国際商品たる大豆を通じた県城商人と農民との直接的関係の形成は、県城を中心としたより広域の政治経済的なまとまりをつくり出す。満洲事変後に簇生した県流通券は、そのようなまとまりの反映であった（第5、6章）。

また、廟会についても同様のことが言える。屯といったレベルでの廟会活動の希薄さと、個人所有の小廟の群生、さらにそれと対極に位置する鉄道型の巨大廟会の成立という諸現象は、廟会という代表的な文化的経路が満洲では希薄であったことを示す。しかも、県城の廟会はどの県でも同じセットで構成され、その期日も同じという特異な形態を持つ（第7章）。

また、満洲という地域が、いわゆる「匪賊」の特に多い地域であったことはよく知られている。匪賊の頭目であった張作霖のごとき人物が東三省全体の権力者の座についたという事態が示すように、匪賊という現象は満洲では一般的であった。このような現象もまた、農民が頼るべき人間関係が希薄であり、ひとたび窮地に陥れば匪賊となるしかない、という状況を示唆している。さらに、自衛と治安維持のために、農民による武装集団が組織され、それが匪賊と見分けがつかないという事態もその背後にある（Billingsley, 1988）。こういった現象もまた、中国社会を秩序づける人倫の網や文化的経路の希薄さの反映と考えることができる。

このような社会が秩序化される過程では、暴力に裏打ちされた政治権力が重要な役割を果たしたことが十分に予想される。それが近代化イデオロギーと結びつくことで、急速な秩序形成を果たしたのではなかろうか。ドアラは民国期の中国について、中国の国家建設運動は、伝統的な文化的経路を破壊しておきながら、それに代替する経路を構築しえなかった、と指摘した。これに対して満洲においては、もともとの文化的経路の希薄さと、鉄道と馬車に依存した広域コミュニケーション網の形成により、「国家建設」が比較的順調に進展したと解釈することができる。

注

（1）本章は、深尾・安冨（二〇〇三、二〇〇五）、安冨（二〇〇五、二〇〇六第五章）を再構成したものである。
（2）スキナーの共同体論については前章を参照のこと。
（3）このことから、「贈与」と「負い目」に関する人類学の古典的議論に疑問を挟む余地のあることがわかる。贈与を受けた側が負い目を感じ、それを払拭するために返礼をする、というあの議論である。これでは贈与がそのまま短期的債権債務関係を構成していることになる。贈与の主たる機能が人間関係という長期的な層への書き込み操作であるとすれば、その関係形成の結果、相手方に贈与をすべき状況が生じたので、贈与を行うと解釈しなければならない。「負い目」はあくまで短期の層の概念とすべきである。
（4）平野の共同体論については、武藤（二〇〇三）を参照。
（5）内山の看青についての最近の研究（内山　二〇〇三）は、このような歴史的文脈を無視し、かつての看青小屋と現在のそれが同じ形をしているからといって「連続性」の証拠とする。しかし村が行政単位となってその地理的境界も明確に区切られている現在の看青は、旗田の観察したような社会的機能を持たない。それゆえ、その写真をいくら収集しても、骨董趣味程度の意味しかない。

文献

〈日本語文献〉

網野善彦　一九九六『〔増補〕無縁・公界・楽―日本中世の自由と平和―』平凡社ライブラリー。
石田浩　一九八六『中国農村社会経済構造の研究』晃洋書房。
上田信　一九八六「村に作用する磁力について（上・下）」『中国研究月報』第四〇巻第一・二号。
内山雅生　二〇〇三『現代中国農村と「共同体」―転換期中国華北農村における社会構造と農民―』御茶の水書房。

大塚久雄　二〇〇〇『共同体の基礎理論』岩波現代文庫（単行本初版は一九五五年）。

大庭健　二〇〇四『所有という神話―市場経済の倫理学―』岩波書店。

奥村哲　二〇〇三「民国期中国の農村社会の変容」『歴史学研究』第七七九号、一八～二四頁。

奥村哲　二〇〇四『中国の資本主義と社会主義』桜井書店。

戒能通孝　一九四三『法律社會學の諸問題』日本評論社。

金子勝　一九九九『市場』岩波書店。

岸本美緒　二〇〇四「土地を売ること、人を売ること」三浦徹・岸本美緒・関本照夫編『比較史のアジア　所有・契約・市場・公正』東京大学出版会、二一～四五頁。

小谷汪之　一九八二『共同体と近代』青木書店。

白石太一郎・村木二郎編　二〇〇四『大和における中・近世墓地の調査』国立歴史民俗博物館研究報告、第一一一集。

旗田巍　一九七三『中国村落と共同体理論』岩波書店。

深尾葉子・安冨歩　二〇〇三「中国陝西省北部農村の人間関係形成機構―〈相夥〉と〈雇〉―」『東洋文化研究所紀要』第一四四冊、三五八（七五）～三二九（一一四）頁。

深尾葉子・安冨歩　二〇〇五「市場と共同体―中国農村社会論再考―」『世界史の研究』第五八一号、山川出版社、五三～五七頁。

マルクス、カール　一九六八『資本論　第一巻　第一分冊』マルクス＝エンゲルス全集刊行委員会訳、大月書店。

武藤秀太郎　二〇〇三「平野義太郎の大アジア主義論―中国華北農村慣行調査と家族観の変容―」『アジア研究』第四九巻第四号、四四～五九頁。

安冨歩　二〇〇五「マーケットからバーザールへ」『経済論叢』京都大学経済学会、第一七六巻第三号、三六四～三八三頁。

安冨歩　二〇〇六『複雑さを生きる』岩波書店。

〈英語文献〉

Billingsley, Philip Richard 1988 *Bandits in Republican China*, Stanford University Press, Stanford.（山田潤訳『匪賊―近代中国の辺境と中央―』筑摩書房、一九九四年）

Duara, Prasenjit 1988 *Culture, Power, and the State : Rural North China, 1900–1942*, Stanford University Press, Stanford.

Freedman, Maurice 1958 *Lineage Organization in Southeastern China ; A Chinese phase in social anthropology*, University of London, Athlone Press, London.（M・フリードマン著、末成道男・西澤治彦・小熊誠訳『東南中国の宗族組織』弘文堂、一九九一年）

Geertz, C. 1979 "Suq : The Bazaar Economy in Sefrou", in Geertz, C., Geertz, H. and Rosen, L., *it Meaning and Order in Moroccan Society : Three Essays in Cultural Analysis*, pp. 123-264, Cambridge University Press, New York.

Hobsbawm, E. J. 1964 *An Introduction by E. J. Hobsbaum to KARL MARX Pre-Capitalist Economic Formations*, Lawrence & Wishart, London.（市川泰治郎訳『共同体の経済構造 マルクス『資本制に先行する諸形態』の研究序説』未来社、一九六九年）

Polanyi, Karl 1947 "Our Obsolete Market Mentality", *Commentary*, Vol. 3, Feb.（平野健一郎訳「時代遅れの市場志向」玉野井芳郎他編訳『経済の文明史』日本経済新聞社、一九七五年）

Polanyi, Karl 1957 "The Economy as Instituted Process", in K. Polanyi, C. M. Arensberg and H. W. Pearson, eds., *Trade and Market in the Early Empires*, The Free Press, Glencoe.（石井博訳「制度化された過程としての経済」玉野井芳郎他編訳『経済の文明史』日本経済新聞社、一九七五年）

Polanyi, Karl 1977 *The Livelihood of Man*, edited by Pearson, Harry W., Academic Press, New York.

Sahlins, Marshall 1972 *Stone Age Economics*, Aldine de Gruyter, NewYork.

Skinner, G. W. ed. 1977 *The City in Late Imperial China*, Stanford University Press, Stanford.

〈その他の文献〉

Braudel, Fernand 1979 *Civilasation Matérielle, Économie et Capitalisme, XVe-XVIIIe Siècle, tome 1-3, Lesstructures du quotidien*, Librairie Armand Colin, Paris.（村上光彦訳『物質文明・経済・資本主義 15-18世紀、I、日常性の構造 1、2』みすず書房、一九八五年。山本淳一訳『物質文明・経済・資本主義 15-18世紀、II、交換のはたらき 1、2』みすず書房、一九八六、一九八八年。村上光彦訳『物質文明・経済・資本主義 15-18世紀、III、世界時間 1、2』みすず書房、一九九五、一九九九年）

Marx, K. 1952 *Formen, die der kapitalistischen Produktion vorhergehen*, Dietz Verlag, Berlin.（小島恒久訳「資本制生産に先行する諸形態」マルクス・エンゲルス選集第四巻、新潮社、一九五七年）

終章　森林の消尽と近代空間の形成(1)

――樹状組織の出現

安冨　歩

はじめに

本章では、これまでの各章の議論に依拠しつつ、近代満洲社会の成立過程を総括するとともに、満洲社会の持つコミュニケーションの形態上の特徴を、山東のそれと比較しながら考察する。二〇世紀前半期における満洲の住民の大半は華北から移住した漢人であり、特に山東省からの移民がその主流をなす。それゆえ、山東と満洲との比較は、両者のシステム上の差異を明らかにする上で有効であると考えられる。

筆者は、山東の社会のコミュニケーションのパターンが「網状組織」、満洲が「樹状組織」とでも呼ぶべき形態上の特徴を持つ、と考えている。以下では、この両者の相違がいかなる理由で生成し、その運動特性の差異がどのような歴史的意味を持ったかを考察する。ここで見逃してはならないことは、近代満洲社会の成立する背景に、清朝の皇産として守られてきた森林と馬とがあったという点である。それが日露の建設し運営した鉄道によって急速に消尽されることで、中国本土とは全く異なる交通システムが成立した。これがこの地域に独特の社会機構を生み出したと考えられる。

一　人口と市場機構

まずはじめに、満洲の人口密度と都市分布を山東と比較するところからはじめよう。一九三〇年代の山東省の人口は三千数百万人であり、人口密度は一平方キロ当り二百人を越える水準に達する（南満洲鉄道　一九三九）。一方、「満洲国」からいわゆる蒙地たる興安四省と熱河省を除外した地域の人口は、一九四〇年の国勢調査によれば三六五五万人であり、山東省とほぼ同水準となる。広大な満洲に山東省と同水準の人口しかいないのであるから、人口密度は遥かに低い四七人であり、山東省の四分の一程度に過ぎなかった。

ところが一方、都市の大きさという観点からすると、満洲の方により大きな都市が分布している。山東省において人口五万人以上の都市は、青島（四七万人）・済南（四四万人）・芝罘（一七万人）・威海衛（一五万人）以下の一一箇所に過ぎない。ところが蒙地を除く満洲国には、奉天（一一四万人）・哈爾濱（六六万人）・新京（五五万人）をはじめとして人口五万人以上の都市が二九箇所もある（東亜研究所　一九四〇）。

人口規模がほぼ等しく、人口密度が四分の一の地域に、より大きな都市がより多く見られるというこの現象は、近代満洲の社会経済機構のダイナミクスが、山東のそれと大きく異なっていたことを示唆する。

このような事態を惹き起こした最大要因は鉄道にある、と言ってよかろう。終戦時点で比較して、満洲の鉄道密度は中国本土の十倍程度に達していた。単に量的なものばかりではなく、第2章で見たように、それは満洲の人口の空間パターンに決定的な影響を与えた。満洲の大都市の多くは鉄道沿線に存在し、人口分布は鉄道沿線に集中する形を持つが、それは、鉄道が敷かれたことで、大都市が急速に形成されたためである。大都市を結ぶように鉄道が敷かれた中国本土と異なり、満洲では鉄道が大都市を作り出した。

現在の中国東北の大都市といえば、瀋陽、哈爾濱、長春、大連といったところであるが、哈爾濱と大連とはロシアが鉄道を敷設する以前は全くの寒村であり、長春もまた、吉林に比べれば遥かに重要性の低い町であった。しかも、瀋陽にしても鉄道を軸にして発展した部分が旧来の町を急速に凌いでいった。鉄道敷設段階で重要駅として機能しはじめた町が、急激に発展して近代満洲の基軸を形成していくことになる。これに伴って移民が、鉄道沿線から徐々に広がったため、人口分布も鉄道沿線をピークとして周辺に広がっていく形をとった。

鉄道の影響によって大きな変容を被って形成された近代満洲社会は、それに適合する市場構造を形成した。この構造は、中国本土のそれと大きく異なっていた。スキナー（一九六四）に代表される一連の研究により、中国本土では定期市が広く観察され、郷村社会の最も重要な機構のひとつであることが確認されている。人々が徒歩等で比較的容易にアクセスしうるような密度で定期市があり、そこで自己の生産物を販売するとともに、生活物資を購入し、また各種サービスを受ける。定期市は単に経済的な機能のみならず、種々のコミュニケーションの結節点の役割も果たす。いくつかの村を包含するレベルの集市の上に、卸売の機能を持つより大きな集市、さらにその上のレベルの集市、というような階層性が見られるが、個々の集市は上層の単独の集市に従属するのではなく、複数の上位の集市と関係するとされる。このように定期市は、重層的でネットワーク的な特性を持つ。山東省はそのなかでも人口当りの定期市数の多いことで知られている(2)。

ところが第5章で明らかにしたように、満洲ではこのような定期市は稀にしか見られず、本土に見られるような重層的な定期市ネットワークが観察される地域はほとんどない。各県の県志とともに各種日本語資料を用いてその分布を調査した結果、満洲では京奉線沿線と朝鮮国境地帯に多少の分布が見られるに過ぎず、それ以外の地域ではほとんど観測されないことが確認された。

定期市網のかわりに満洲で機能していたものは、県城あるいは鉄道の駅が県全体の流通の独占的結節点となり、各地の農民がその中心地と直接に取引するという形態の機構である。本書では、石田興平（一九六四、二四二〜二五七頁）に従ってこれを「県城経済」と呼称した。県城に雑貨商・糧桟・大地主などが聯号等の形態で相互に連携しつつ存在し、通常は零細な店舗商人と行商人とを経由して農民と接触し、場合によっては秋の収穫を担保とした金融を供与する。収穫期には農民が馬車で農作物を運んで県城に現れ、県城の穀物問屋に生産物を直接販売し、その関連の雑貨商から生活必需品を購入する。県城は奉天・哈爾濱といった大都市と移出入の交易・金融関係を持ち、この大都市は営口・大連などの港湾都市と関係を持つ。この港湾都市を通じて中国本土、特に上海と満洲の関係が結ばれる。石田は、このような中国本土―港湾都市―大都市―県城―農村と連なる樹状の組織の存在を主張したが、これは上述の重層的な網状の定期市機構と対照的である。

第2章で示したように、戦後に撮影された人工衛星写真を用いて山東と北部満洲との空間パターンの違いを見ると、前者では村落・鎮・県城の三層に対応するような構造が見受けられるが、後者では、県城が突出しており、あとは同じ大きさの村が並ぶという単純な二層構造が見える。これは県城経済の空間的表現であると考える。

二　異なった流通機構の成立した理由

このように山東省とは全く異なる市場機構が、満洲において山東出身の人々によって構築されたのはなぜであろうか。鉄道はその必要条件ではあるが、十分条件ではない。なぜなら、県城と村々とを結ぶ交通に鉄道は関与できないからである。たとえば山東半島では鉄道が敷設されると、定期市網がより稠密に形成されたのであり、それとは異なった「近代的」市場機構は成立しなかった（第11章）。

満洲で定期市網ではなく、県城経済が形成されるには、以下に述べるような諸要因が複合的に作用している。

最も重要と考えられるのはモンゴルから供給される馬である。二〇世紀になって漢人が急速に移民を開始する以前、満鉄線より西の地域は概ね「蒙地」であり、第4章で見たように、タルバガンの野に満つる草原であった。この草原でモンゴル人による牛馬の放牧が大規模に行われていた。漢人の入植につれて放牧地は農地に変じ、モンゴル人はタルバガンと共に西へ西へと追われて行った。それでもモンゴル人の飼育する家畜の数は膨大であり、満洲の漢人は生活物資と交換に家畜、特に馬を容易に入手することができた。一九二〇年代前半〜三〇年代後半について見ると、蒙地以外の満洲における馬と牛の比率は二対一となっていて馬が主流であるが、山東では逆に一対六と圧倒的に牛が多い。絶対水準の比較は難しいが、人口千人当りの馬の頭数のデータを直接比較すると、満洲六六頭に対して山東が一二頭となっている（第5章表5-7）。

馬は夏季には農耕に使用されるが、冬季になるとこれに荷車を継いで「大車」と呼ばれる荷馬車となる。この荷馬車の材料、特に車軸と轅をつくるのに相応しい広葉樹木材は、長白山系の鴨緑江流域から供給された。これらの広葉樹の堅木は比重が大きいので水送に向かず、輸送コストが大きい。清朝中期以降、満洲から山東への木材移出が盛んに行われたものの、広葉樹材はほとんど移出されていない。さらに、開拓が隅々にまで及んで森林に乏しい山東省では、このようなまとまった材木を省内で確保することはできない。つまり、満洲では荷馬車用材木を確保することができたが、山東では難しかったのである（第1章）。

こうして満洲では冬になると農民が相当の頻度で荷馬車を利用しうるようになった。冬の満洲ではその厳しい寒気のため、道路であろうと、畑であろうと、河であろうと全てが凍結する。こうして夏の間はぬかるみと著しい凹凸によって通行困難であった道路が、冬には完全な舗装道路に変じた。厳しい寒気は物資の保存にも貢献する。たとえば夏季に魚を捕獲してもごく狭い範囲にしか販売できないが、冬季結氷期に川の氷に穴を空けて釣られた魚は瞬時に凍結し、春まで融ける心配がない。こうして冷凍保存された魚は満洲全土に出回り、ロシアにまで輸出された。

鉄道敷設以前には、長春周辺の農民は数十台の大車のキャラバンを組み、営口まで往復一ヶ月もかかる出荷・買付旅行を行ったという記録がある。満洲の農民の移動距離は、中国本土にくらべて遥かに広かったのである。

ただし、重要なことは、第3章で示したように、このような馬車輸送システムが広範囲で成立するためには鉄道が不可欠であった、という事実である。馬車材広葉樹は比重が水より重く、長白山系から切り出しても、川から流すのが難しかったため、鉄道敷設以前には供給量が限られていた。このため、一九世紀末の段階では馬車生産地は木材供給地の近く、すなわち長白山系、および馬供給地、すなわちモンゴルとの境界地帯、などが重要であった。ところが、鉄道敷設後は、遼陽などの満鉄沿線の都市が有力となった。これは馬についても同様であり、鉄道敷設により、モンゴル地帯から南満・東満へと馬を輸送することが容易となった。各地の県志を見ると、「車店」と呼ばれる馬車による長距離移動の中継施設や、馬車にかかる税金についての記述は、一九世紀末の段階では全く見られないが、鉄道敷設後に急激に出現頻度が高くなる。

鉄道が起爆剤となり、モンゴルの馬、長白山の森林、乾燥した厳冬という要因が結びつけられ、満洲では冬季に農民が県城に直接アクセスすることが可能となった。このような条件の下では県城に流通の末端機構を設置しておけば十分であり、中国本土に見られるような県当り数十箇所もの定期市を設置する必要はない。

一般に定期市網の存在する地域に鉄道が敷設されると、商品流通量の急増によって定期市の急激な繁栄がもたらされることが知られている（第11章、第12章）。これに対し満洲ではそのような定期市の増加は観測されていない。冬季の効率的な荷馬車輸送システムが形成されているところに鉄道が敷設されると、駅や県城への物流の集中がさらに加速されたので、定期市はむしろ衰退したと考えられる。

三　県城経済機構の政治や文化との相互作用

このような物流の県城への集中は有力商人の県城への集中をもたらすので、政治力を県城に集中させる。しかも彼らは各地の鎮の小商店や行商人を通じて農民と接触を維持しており、収穫期には直接農民と取引する。一九二〇年代には農民への直接の金融が馬車担保や大豆の先物買という形で提供される慣習も広く見られた。それゆえ、満洲では山東に比して県城の県全体を統御する能力が高かったと推定される。

この両地域の違いがよく現れているのが、第6章で見た、「私帖」の流通状況である。私帖とは民間の商店によって発行された紙幣のことである。黒田（一九九六）によれば、その流通範囲は中華帝国経済における通貨流通の基底的な単位を反映している。周知のごとく、通貨統合の問題は民国期の最も主要な政治問題のひとつであった。それゆえ私帖発行権限の県城への集中の度合を見れば、その地域における県城の県全体に対する統御力の強さを推定することができる。

山東省では、金融業者に限らず、種々の商店が私帖を発行する状態が長く続いた。銭帖の発行権は完全に商業慣習によっており、官庁に許可を求めたりする必要はなかった。一九二五年には省政府により紙幣整理が試みられたが、すぐに省政府紙幣の信用崩壊が生じてその試みは中断された。法幣改革の影響により一九三六年に私帖の本格的回収が始まったが、これも日中戦争の勃発で頓挫する。一九四〇年前後から「流通券」が頻繁に発行されるようになったが、県ばかりではなく、その下の「区」が流通券を発行する事例が多かった。

一方、満洲でも一九一六年の資料によれば、山東と同じような私帖発行が見られた。しかし辛亥革命前後から、これをより公的な通貨に置換する努力がはじまり、一九一七年一〇月二日の私帖禁止令は相当の実効性を持っていたとされる。一九二九年段階では、通常の私帖発行が報告されている県は満洲全体で十県に満たない。こうして塚瀬（一九九三）が主張したように、満洲事変直前には、南満は現大洋票と朝鮮銀行券、北満は哈爾濱大洋票と官帖の流通が大半を占めるようになっていた。一九三一年の満洲事変勃発による金融梗塞に際し、満洲の県城商人は私帖発行で対処するのではなく、県ごとに有力者の構成する「金融委員会」等を結成し、県公署と協力しつつ「県流通券」などと称する紙幣を発行した。このような紙幣は数十県で発行されたが、県の下の「区」で発行された事例はない。

県流通券の発行主体たる「金融委員会」等は県城有力者の団体であり、満洲国建国の際にその主体とされた「治安維持会」等の組織と密接に関係している。治安維持会は日本側の強制によって設立された可能性を排除できないが、県流通券の発行はそうではない。それはむしろ幣制統一を指向する日本側の意向に逆行していた。事変勃発後各県に乗り込んだ自治指導員・県参事官は「県流通券」の流通を見て一様に驚愕しており、彼らの最初の仕事のひとつはその整理・回収であった。

県城有力者の団体がこのような独自の活動を展開しえたという事実は、県城を中心として県を範囲とした政治的まとまりの存在を示唆している。満洲においては日本側が脅迫にせよ懐柔にせよ何らかの方法で動員しうる政治的実体が県という比較的大きな単位（人口二十万前後）で存在したのである。(3)

張作霖政権は一九一〇年代に短期間で東三省の政治権力を統一し、二〇年代には中原に進出するが、この政治的急成長は上の県城一極集中経済がもたらす政治力の県城への集中と関係していると考えられる。県城に権力が集中してしておれば、そこを押さえるだけで県全体を統御できることになるが、これはコミュニケーションの結節点がより低いレベルの市鎮に分散している場合よりも、遥かに統合しやすい。

このような機構は、第7章で論じたように、廟会のありかたにも関連がある。

山東省では廟会は歳市の機能を担っており、定期市とならぶ重要な流通機構である。つまり、定期市が旬に何度という周期で開かれるのに対し、廟会は年に一回、場合によっては複数回開かれる。個々の廟会をつくりあげる人的ネットワークは、必ずしも村落などの特定のサイズや空間的社会的集団を背景にしているわけではないが、華北の場合それらが重層的、しかも自律的に廟を設立・運営している。それぞれの地域では、廟会が自律的でかつ競合的に並存しており、各々の廟会が参拝者をできるだけ増やそうとして、自ずから相互の日程が重ならないように設定されることになる。

これに対して満洲の廟会は全く異なった機構を持っていた。まず、満洲では「娘娘廟会」が圧倒的に優勢であるという特徴がある。この娘娘廟は女性のための子授けの廟で、中国全土で見られる普遍的な廟ではあるが、それが突出した重要性を持つことはない。しかも満洲では娘娘廟会の期日はほとんどの地域で農暦四月一八日と決まっている。同じ日に広い地域で特定の神の廟会を一斉に開くという事態は、華北では見られない。また、廟会の開催日がどこでも一定しているという事態は、娘娘廟会だけではなく、天斉廟会（三月二八日）、佛誕日（四月八日）、薬王廟会（四月二八日）、関帝廟会（五月一三日）という主要な廟会の会期についてもいえる。

また、華北では村を基盤とした廟会が優勢であるのに対して、満洲では村の廟会は脆弱であった。そのかわり、より広域を対象とした廟会が有力である。特に、大石橋迷鎮山娘娘廟は、南満洲鉄道や「満洲国」政府の後援を得たこともあり、鉄道や馬車でやってくる何十万という人出を誇る廟会を持っていた。また、他地域では見られない、個人所有の小さな廟が各所に乱立するという景観が見られた。

こういった満洲における廟会の特異なありようは、村レベルでのまとまりが希薄であることを示唆している。そのかわり、より広域の政治権力が廟会というような文化的な面でも重要な役割を果たしていることが見てとれる。この特徴は、満洲の県城経済機構のありようと整合している。

四　権力性商人

第10章で明らかにされたように、このような県城経済が二〇世紀初頭に成立したことと並行して、奉天の商人の構成にも大きな変化が見られる。この章では、奉天総商会の人員構成や重要ポストの変遷の調査により、当初は山東系商人を中心とした商人層が優位を占めていたものが、張作霖政権成立後に、より権力と密着したグループへとシフトしていることが明らかにされた。

奉天は清朝期を通じて、東北地域における軍事・政治・経済の中心であった。清朝の陪都に位置づけられ、東北の他の地域に比べて都市化し、奢侈品の消費地であり、同時に奥地向けの綿糸布雑貨の集散地であった。このため奉天の有力な商工業者の業種は、軍駐屯地や関内との為替業務に従事した山西幇を中心とする票号と、雑貨輸入販売業者であった山東幇による絲房とであった。

奉天では一九世紀半ばに公議会と呼ばれる商人の団体が形成されていた。二〇世紀初頭の段階では慈善、治安維持、公衆衛生、商業振興、租税徴収代行といった業務を行っていた。この組織とは別に、商務総局の管理下に、一九〇六年に商務総会が設立され、紆余曲折の末に公議会は商務総会と統合された。この後も商会の主導権は絲房を中心とする山東幇が握っていたと見られる。

鉄道敷設以後は、大豆モノカルチュアが進展し、大豆集荷を行う糧桟の経済的地位が上昇した。糧桟には軍人・官僚が出資し、彼らは大豆輸出による利益を蓄積していった。一九二〇年代になると彼らは近代的な工場制軽工業に出資しはじめ、奉天の工業化が進んだ。この新しいタイプの経済主体に「権力性商人」と命名したのは上田（二〇〇二）である。

張作霖政権は権力性商人を通じて様々の手段で商会に介入をはかり、一九二四年に張政権の経済基盤とされる東三省官銀号系列の奉天儲蓄会の会長が選挙によって商会長に就任した。これ以降、権力性資本を代表する人物が商会長の地位を継承するようになる。また権力性資本の工場の製品は輸入代替を目指すものであり、この時期の商会指導部は積極的に国産品販売運動を展開した。

張学良政権の時期に国民政府は、商工業者の団体間の抗争に決着をつけることを目指し、一九二八年末には商人を商会の名の下に統合再編することが試みられた。商会再編は会員の互選により幹事を選ぶものであったが、奉天では省政府側が張学良周辺と密接に関係する人物を暫代執行正副会長として派遣して改組にあたらせた。

彼らは、国民政府の提案した商会のモデルに従って、各業界に同業公会を組織させ、業種ごとに商工業者を管理し、業界ごとに幹事を選出する方式を導入した。それまでは資本額による制限選挙であったため、資本金の大きい山東系の絲房が幹事を多く出すという構造があった。業種ごとの幹事選出の制度により、絲房の商会内での発言力を弱め、指導部にとって商会運営をより円滑なものとすることに成功したのである。

このような奉天総商会の変遷は、県レベルでの県城経済と県城商人層の形成過程と並行している。県のレベルと奉天での商人層の構成と権力との関係の変化が、相互促進の形で進展していたものと推定されるのである。

五　営口の掌握

営口は天津条約によって開かれた開港場のひとつであるが、その機能は対外窓口というよりも中国本土への窓口であった。この点を捉えて石田（一九六四、五頁）は、「開放後において、……日露のかかる植民地活動を媒介として愈々進展した満洲経済基盤の中国植民地的展開が、営口貿易従って過爐銀の問題に集中的に表現されたと見られる」と表現した。

営口には過炉銀と呼ばれる独自の振替決済制度があり、それは慢性的な対上海赤字のゆえに生じる現銀不足と、満洲各地の営口への連絡という条件の上で、膨大な対中貿易を決済する機構として機能していた。この制度を基盤として中国本土と結びつく商人層が強固な勢力を成しており、張政権も容易に支配の手を伸ばすことはできなかった。

一九一九年の西義順の破綻は、第一次世界大戦下のアメリカの船員法の影響で船舶不足が生じた結果と見られるが、張政権はこの機を捉え、西義順を救済せず、金融勢力の再編を実行した。営口商人間において自治的に運用されてきたシステムから、張政権という公権力により統括された金融システムへの移行が、このパニックを機会として利用することで実現された。営口過炉銀の統制により、張政権は自らの制御下にある通貨の流通の拡大に成功し、金融・流通支配力を拡大した。

このような営口情勢の流れは、前節で見た奉天と同じ方向を向いている。つまり、旧来からの中国本土型の多様で分散的な流通・金融システムから脱却し、より中央集権的で画一的な近代「満洲」的システムへの移行である。

六 タルバガンとペスト

第4章で示されたように、満洲は近代中国におけるペストの「先進地」であった。それはなによりも、鉄道敷設にともなった人口移動と環境破壊により、ペストを媒介する野生動物（主としてタルバガン）と人間との接触が、引金となったがゆえである。

このペスト流行は、満洲という社会機構の特徴と強く関係している。

第一にそれは開拓地としての性格に由来するものであること。すなわち、以前には、伝統的な技芸を持ち、ペストの危険性を熟知した専門のハンターのみがタルバガンと接触していたものが、鉄道敷設と開拓の進展により、素人が雪崩をうってタルバガンを狙うようになり、それがペスト流行の原因となった。

第二にそれが鉄道を中心とした流行経路を持ったこと。ペスト流行のよくあるパターンは、奥地のどこかで素人捕殺者を起源とする流行が始まり、それが鉄道駅に到達し、鉄道経由で広がってゆく、というものであった。ベストは満洲の樹状組織に沿って伝播した可能性が高い。ペストの流行プロセスだけではなく、人間の側が打ちだすその対策もまた、満洲社会の特徴を反映していた。なによりもまずそれは、鉄道をはじめ主要交通路を通じた伝播を止めるという性格のものであった。

より強く満洲の事情を反映するのは、このようなペストの流行をめぐって、日本・ロシア・中国の間で行政上・学術上の主導権を廻る闘争がおこなわれたという点である。たとえば日本は、中国側が有効な防疫を行えないならば、その権限を日本側に委譲すべきだ、という主張を展開すべく、北里柴三郎をはじめとする優秀な医療関係者を投入した。そのなかには、後にアメリカで成功をおさめる野口英世の姿もあった。このような圧力に対して中国側はケンブリッジ大学をはじめとする欧米の主要大学で研究者として成功していた伍連徳ら中国人の研究者を呼びもどし、満洲に本格的な伝染病研究施設をつくりあげた。彼らの目覚しい活動により、中国は一九二〇年代には防疫を廻る帝国主義的圧力を回避することに成功する（Nathan 1967）。

このような成功の背景に、一九一〇年代後半から急成長した張作霖政権の政治的実力と権威があることを見落すことはできないであろう。張作霖政権の基盤には、本書で考察した県城を中心とする樹状の社会機構の持つ運動特性がある。ペストは、その発生だけではなく、それへの対応もまた、満洲社会のあり方と密接に結びついていたのである。

七　生態的多様性の利用と消耗

第1章・第3章の示すように、近代「満洲」社会の成立過程は、生態系の多様性を利用し、かつ消耗させる過程でもあった。清朝の封禁と官牧厰・圍場という制度の下で、この地域には中国大陸には稀な多様な生態系が維持再生されていた。清朝末期という時点をとれば、東部には朝鮮国境地帯の長白山系森林、北部には大小興安嶺の巨大な森林が広がっていた。これら森林を背景として、遼河、太子河、鴨緑江、松花江、黒龍江などの主要河川は豊かな水量を誇っており、重要な交通ルートであった。

西方はモンゴル人による放牧が行われ、膨大な数のタルバガンが生息する広大な草原があった。家畜の放牧は必ずしも生態系を豊かにするものではなく、むしろその単調化を推進する圧力である。しかしそれでも厳しい乾燥を前提とするなら、農耕よりは生態系的安定を実現する。東方・北方の山林と、西方の草原に形成された豊かな生態系を背景として、人参、東珠（淡水真珠）、貂皮、タルバガンの毛皮、鹿茸（鹿の角袋）、木材、煙草、アヘン、山繭などの物産が供給されていた。

鉄道の敷設、馬車輸送システムの形成、満洲大豆の国際商品化、県城経済の成立、張作霖政権の成立、という過程はこの豊かな生態資源を利用しつつ形成され、同時に森林と草原の耕地化を不断に推進し、生態的多様性を破壊していった。鉄道は針葉樹のある森を切り開き、それを枕木にして敷設された。この鉄道を通って華北からの移住民が流入し、周辺森林を耕地化した。モンゴル人が家畜を放牧していた草原は耕地となり、続いてアルカリ化・砂漠化した。長白山系は急速に禿山と化し、河川の水量は不安定化し、水は濁り始めた。遼河は航行不能となり、鉄嶺にあった港は河口付近の牛荘に移動し、つづいて牛荘の港が土砂で埋まったため営口に移った。こういった破壊の上で鞍山の鉄鉱石、撫順の石炭といった地下資源が開発され、重工業化が始まった。

このような観点からすれば、中国大陸の上で展開された文明による生態環境の破壊と単調化の歴史的過程を理解する上で、近代満洲史は貴重な題材である。黄土高原や華北平原で千年単位の時間をかけて生じた過程を、満洲は百年程度に凝縮して再現しているようにも見えるからである。しかも清朝の文書に加え、日露の各種調査報告という、他地域では得られない資料にも恵まれている。環境問題への対処という現代の学問の最大の課題にとり組む上で、この角度からの歴史的研究が重要であり、永井の論文（第1章）はこの先駆をなしている。

八　大　豆

近代満洲社会の成立過程は、周知のごとく満洲大豆の国際商品化過程と密接に関係している。塚瀬（一九九三、六七頁）は、鉄道敷設と満洲農業の関係を詳細に検討し、鉄道の敷設が農産物の輸移出を促進し、それが移民の流入を刺激して耕地拡大を通じた生産力拡大を実現するという循環過程が作動しており、それが満洲の爆発的な成長に結果したことを明らかにした。すなわち、上述の鉄道・馬車・権力構造などの形成する相互作用体系も、大豆の国際商品としての急成長なしには、完結しないのである。

満洲大豆が大量に需要された最初の契機は、漕運にあった。北京に都を置いた元朝、明朝、清朝は、江南から北京への穀物の輸送を行う必要があった。北行するときに大量の穀物を積んだ舟は、南行する際に適当な貨物を積み込まねばならなかった。華北・満洲でとれる大豆は、その格好の対象となった。

満洲大豆は当初、上海周辺の穀物畑に入れる肥料として需要された。アヘン戦争以降のヨーロッパの侵入により、蒸気船が就航するようになると、汕頭を経由した江南の需要が強まり、その地域の砂糖畑に盛んに投入されるようになる。

その後、日清戦争を経て、日本が大豆粕の需要者として出現した。日本は従来、金肥を国内でとれる魚肥などに依存していたが、このときから輸入大豆粕に大幅に依存するようになった。一九二〇年代後半から三〇年代にかけて無機肥料が日本国内で大量に生産されるようになって一時的に依存は弱まるが、日中戦争開始以降は、無機肥料の原料たる硫安などが軍需品となったことで、再度、大豆粕需要が高まった。

さらに、日露戦争後に、主としてウラジオストックと大連とを経由して、満洲大豆がヨーロッパに輸出されるようになった。主たる用途はマーガリンなどを作るための油の原料としてであり、搾油過程で産出される大豆粕は飼料として用いられた。

このように二〇年代に急激な発展を遂げた満洲大豆は、満州事変の勃発によって地域内流通が混乱し、また政治的混乱も原因となって生じた洪水などの被害が発生し、大きな打撃を受けた。その打撃から恢復しないうちに、一九三九年に第二次世界大戦が勃発し、ヨーロッパとの関係がほぼ切断する。さらに「満洲国」の農産物統制は大豆を安価に調達しようとしたもので、農民はこれに反発し、大豆の作付けを減少させていった。こうして、満洲大豆は急速に没落過程に入ったのである。

満洲における大豆栽培は、日本における肥料需要、ヨーロッパにおける油と飼料の需要に応じることで急拡大していった。しかし注意すべきは、大豆の栽培が可能であるというだけならば、華北でも条件は変わらないことである。実際、同時期の山東省では大量の大豆が生産されていた。にもかかわらず、山東の大豆はほとんど外部に流出せず、大半は県外に出ることすらなかった。これらの大豆は概ね、自家消費が中心であり、流通する場合でも地域内流通にとどまっていた。

ところが満洲大豆は大半が商品作物であり、しかもその多くが域外に移出された。この違いは自然条件によるものではない。それは、社会的条件によるものである。つまり、鉄道を中心とし、馬車を補助とする強力な輸送網が形成されており、しかも金融の側面でも農民への直接融資などが可能になるほどに、県城商人の生産者との結びつきが強いという条件があった。この条件があったからこそ、満洲は大豆の商品栽培に成功したのである。

しかも、既に述べたように、このような条件を実現したものは、大豆の国際商品化であった。たとえば、南満洲鉄道は異常なほどの高利潤体質を維持したが、これは、高率の大豆輸送運賃のおかげであった。張政権もまた、大豆流通を、物流と金融の両側面から掌握することにより、大きな利益を獲得した。

張政権は大豆輸出を通じて、莫大な外貨資金を獲得した。この資金で近代兵器を輸入して兵力を飛躍的に増強させたが、この兵力増強は関内の軍閥間抗争での力量拡大のみならず、張政権の東三省内部の政治的基盤を強固にすることにも貢献したであろう。軍事力拡大による域内基盤強化は、県レベルでの同政権の権威を上昇させ、ひいては県城の農村支配力を高める効果も持ったはずである。

また、農民にしても、大豆生産が大幅な搾取を受けるとはいえ、それが他の作物に比べて現金収入という点で有利であったがゆえに、こういった権力機構に順応したのである。そして一旦、商品大豆を生産したならば、農民はこれを県城商人に売却せねばならず、また売却代金によって県城商人から生活物資を購入する必要が生じる。これが県城商人を中心とする県城の支配力を強化することになる。

全ての要因は相互強化する循環関係を形成しており、この循環が急速に作動することで、「満洲」が成立したのである。

おわりに

満洲の冬、大車、鉄道、大豆、経済・政治・人口の県城一極集中、張政権の軍備拡大等々はそれぞれに寄与し合い、相互にその効力を強める関係にあった。こうして形成されたシステムは二〇世紀初頭に作動を開始した。日本やロシアの帝国主義的投資もこのシステムの重要な一部を構成していたであろうが、このシステムの運動の「原因」ではない。満洲において形成されたこのシステムは二〇世紀前半期を通じて発展を継続し、辺境が先進地域となる「奇跡」を実現したのである。

一方、山東省は中国本土でも最も定期市の稠密に分布する地域であり、しかも多様な私帖流通が継続していた。この地域の郷村社会は、県城一極集中型の満洲と対照的に、重層的な網状組織を成していた。県城が全てのコミュニケーションの結節点であれば、その地点を破壊されると県全体の運動に不具合をきたす。ところが重層的な定期市網で構成される流通機構は、県城を占領されてもネットワークの形状を自律的に変形することで活動を維持しうる。山東省に魯南、清河、膠東、魯中、濱海といった有力な抗日根拠地が形成され、東三省に「満洲国」が形成されたという運命の対比は、上のような市場構造の差異とも関連しているのではなかろうか。

本書で論じてきた二〇世紀初頭の満洲社会の変容は、多様な要素が相互促進の関係にはいることで、急速に成長する、というダイナミクスによって実現されたものと考えられる。すなわち、厳しい冬、大豆、長白山の広葉樹、モンゴルの馬、匪賊、華北からの移民圧力といった要素は、それぞれ独立では大きな変化を引き起こすものではなかった。それゆえ満洲には華北からの移民が漸進的に増加してゆき、華北と同様の社会機構が少しずつ形成されていった。ところが、そこに鉄道の敷設という要素が加わったとき、事態は一挙に転換した。長白山の広葉樹とモンゴルの馬が広範囲に接続され、馬車輸送システムが全満で形成された。馬車は冬季の凍結した大地の上を疾走し、鉄道駅と後背地を直接接続し、県城経済を形成した。鉄道によって港に運ばれた大豆は、中国本土、日本、ヨーロッパへと輸出され、莫大な外貨をもたらした。この資金が鉄道を支え、権力を強化し、移民を惹き付け、開拓を推進せしめ、大豆の生産を拡大した。この巨大な渦に呼び込まれるようにして、数え切れぬ数の中国人、ロシア人、日本人がなだれ込み、さらに巨大な渦を作り出していった。バイコフの愛した「樹海」を切り刻み、そこに生きる命を殺戮したのはまさしくこの渦であり、それが近代「満洲」を創り出したのである。

注

(1) 本章は、安冨歩「樹状組織と網状組織の運動特性の違いについて—満洲と山東省の比較を中心に—」(藤原書店編集部編『満洲とは何だったのか』藤原書店、二〇〇四)をもとにしている。
(2) スキナーの理論については、第12章を参照。山東の定期市を中心とする小農民世界については第11章を参照。
(3) 以上の私帖と県流通券については第6章を参照。

文献

〈日本語文献〉

飯島渉　二〇〇〇『ペストと近代中国』研文出版。

石田興平　一九六四『満洲における植民地経済の史的展開』ミネルヴァ書房。

黒田明伸　一九九六「二〇世紀初期太原県にみる地域経済の原基」『東洋史研究』第五四巻第四号、一〇三～一三六頁。

東亜研究所　一九四〇『省別に見たる黄河流域地誌其ノ一（山東省）』資料丙第百十三號D（二委内一・中間報告・第八號）。

塚瀬進　一九九三『中国近代東北経済史研究―鉄道敷設と中国東北経済の変化―』東方書店。

上田貴子　二〇〇二『近代中国東北地域に於ける華人商工業資本の研究』大阪外国語大学大学院博士号請求論文、二〇〇二年十二月提出。

満洲国史編纂刊行会編　一九七一『満洲国史（各論）』満蒙同胞援護会。

南満洲鉄道株式会社調査部　一九三九『支那に於ける聚落（人口）分布の研究―（山東省）―』満鉄調査研究資料　第九編（田中盛枝）。

〈英語文献〉

Skinner, G. W. 1964-5 "Marketing and Social Structure in Rural China, (I)-(III)", *Journal of Asian Studies*, Vol. XXIV, No. 1-3.

Nathan, C. F. 1967 *Plague Prevention and Politics in Manchuria, 1910-1931*, Harvard East Asian monographs, 23, Harvard University East Asian Research Center, Harvard University Press, Cambridge.

あとがき

研究の経緯

本書に到る共同研究の発端は、一九九九年六月四〜八日に、安冨と深尾との間で取り交わした電子メールにある。当時、名古屋大学情報文化学部に勤務していた安冨は、同じ講座に属していた地理学者の影響で中心地理論というものを知り、そこからスキナーの中国定期市論を知ることになった。迂闊にも、そのときまで、スキナーを読んだことが無かったのである。さっそく、日本語訳を取り寄せて読んでみたが、悪訳のせいか意味がよくわからなかった。やむをえず英語版を読み始めたところ、実際に読みにくい難しい英語であったため、苦労しながら読み進めるうち、その面白さに引き込まれるようになった。

同時に、この本に関連するいくつかの論文を読んだところ、この本の内容が、実はあまり正確に理解されていないのではないか、さらに言うならば、スキナー自身がこの理論の正確な内容を理解していないのではないか、という思いを抱いた。本書の第12章は、そのときに考えたことを整理したものである。

深尾は、この書物に学部学生時代に出会っており、強い影響を受けていた。このやりとりのなかで、深尾は、郷村市場機構のあり方を含めた形で、近代満洲の有機物流出過程に関する研究を行う必要性を提起した。これに対して安冨が、生態系・社会・経済・政治の相互関係を視野に入れた「ブローデルのような」総合的研究のプランを提示したのである。ここから本書に向けた歩みが始まった。

安冨は、上記のようにスキナーの本を熟読し、一応理解したところで、ハタと思い当たることがあった。それは、満洲について、こういう話を聞いたことがない、ということであった。そこで、当時まだご存命であった元満洲中央銀行職員の永嶋勝介氏にお目にかかり、満洲の定期市についておうかがいした。一九四〇年代に永嶋氏は、関東軍参謀本部に嘱託として派遣されており、鉄道乗り放題のパスを持っていた上に、出張し放題の権利まで与えられていた関係で、満洲各地を頻繁に旅しておられた。ところが意外にも永嶋氏は、「そのようなものは見たことがないし、話に聞いたこともないね」とおっしゃった。そう思って石田興平の『満洲における植民地経済の史的展開』を見直したところ、「県城経済」という概念が論じられており、スキナー流の原基市場ではなく、県城経済が満洲農村経済の基本単位と看做されていた。安冨は、これが本当かどうか確認する作業にはいり、東京大学の駒場に移籍してから、本書の第5章・第6章の研究を行った。後者は駒場の院生であった福井千衣氏（国立国会図書館）との共同研究である。

二〇〇一年六月に香港バプティスト大学で行われた "Reinterpreting Twentieth Century China: New Perspectives" という国際学会に、安冨・深尾・飯島渉らが参加した。最終日の朝に会議を抜け出し、三人で飲茶を食べに行った席で安冨が、満洲には定期市がなく、それがこの地の歴史的特殊性と関係あるのではないか、これが政治や文化にも大きな影響を与えているのではないか、という話をした。それは面白いので本当かどうか一緒に研究しよう、という運びになり、日中友好会館の歴史研究支援事業に応募することになった。そこで松重充浩、永井リサ、上田貴子、貴志俊彦を誘って、二〇〇二年三月に九州大学で最初の研究会を開催した。

当時、安冨は、満鉄の記録映画『娘娘廟会』がいたく気に入っていた。これは大石橋迷鎮山の娘娘廟会を撮影したものである。いろいろ調べたところ、同廟会が一九九〇年代に復活していることがわかったので、二〇〇二年五月に、安冨・深尾・永井の三名で、現地調査を行った。中国各地を歩き、黄土高原で長期にわたって郷村社会や廟会の調査を行っていた深尾は、この廟会や周辺農村ののっぺりした有様を見て、東北と黄土高原との本質的な違いを感じとった。深尾と永井は、共に中国環境史、特に森林伐採過程に関心を抱いており、永井は既に長白山系の森林についての研究を進めていた。道中の議論で、中国のなかで特異的に一九世紀末まで生態的多様性を維持していたはずの満洲が、わずか一世紀の間にここまで単調になったのはなぜか、という問いを立てた。このようにして安冨が立てた社会機構の相違という問題が、深尾・永井の生態系の問題と関連することになったのである。特に、馬車材が長白山系から切り出されていることから、永井の問題と安冨の問題が接続し、馬車に関する研究が始まった。余談になるが、この娘娘廟は、子授けの神様を祭っているのであるが、娘娘さまの祝福があったのか、この調査の直後に永井は子宝を授かることになった。

同時期に上田貴子は、遼寧留学中に収集した資料などに依拠して、奉天の商人について博士論文を書いていた。大阪外国語大学を安冨が訪れた際に、深尾と三人で議論して、（一）一九世紀には、山東系の商人が、山東と同様のシステムを満洲で構築しており、それはたとえば、山東系の天后娘娘廟の分布などに見られること、（二）彼らの代表たる雑貨商が奉天で有力であったこと、（三）これが張作霖政権期に華北などから来た権力と結びついた商人にとってかわられること、などが明らかとなった。この議論を通じて、市場機構の問題と商人組織の問題が接続した。特に、この段階まで安冨は、県城経済は一九世紀にまで遡る古いシステムではないかと想像していたが、これが誤りであることが示唆されたことは重要である。後に上田は、（三）のタイプの商人に「権力性商人」という名称を与え、新しい概念を提出した。二〇〇三年三月に安冨と上田は、山東省煙台の後背地にあたる農村での田原史起氏の調査に同行し、満洲への移民の送り出し地域の雰囲気をつかむことができた。

二〇〇三年には、安冨が陝西省北部の楡林学院に留学し、深尾が天津にＪＩＣＡのシニア・ボランティアとして赴任した。ここに上田・永井が合流し、九月に長白山系の現地調査を行った。瀋陽から車をチャーターし、鴨緑江・長白山麓を気の向くままに走り回るという形式で、このとき以降、しばしばこのスタイルの調査を行う起点となった。朝鮮人参の栽培農家に詳しく話を聞き、その農家で働いている夫婦が山西省からの出稼ぎであることを知って驚いたり、川向こうの北朝鮮の森林が、中国からのエネルギー、商品の輸入と引き換えに、寸断され、破壊されている様子をまざまざと見せつけられたりした。

同様の調査は以降も続けられた。まず二〇〇四年七月に、深尾・安冨・永井の三人で、瀋陽から前回と同じ運転手を雇って、今度は蒙古草原に向けて爆走し、瀋陽にとって返してさらに朝陽まで往復するという長距離走破の調査を行った。これは、旧牧廠の地域を見て回るものであったが、河という河が枯れており、砂漠化が進展し、一世紀前の面影を感じるのが極めて難しいほど、徹底的に変容した姿であった。前半の走破では、旧満洲国の国境を越えたあたりで、漸く、草原らしい草原に到達しえた。

二〇〇五年九月には、深尾・安冨のほか人民大学の夏明方氏と共に、定県から山西省をかすめて北京に戻るルートを、さらに一〇月には、永井も加えて今度は豊寧県から囲場県に到るルートを走破し、河北省の南北を見て回った。ここでも破壊は徹底的であり、かつての光景を彷彿とさせるものはごくわずかであった。しかし我々は、このような調査の繰り返しのなかで、わずかに残された一本の大木といった、かすかな手がかりから想像力を駆使して、かつての姿を再構成する技法を習得できたように思う。河北を見て回ったことで、満洲との違いをはっきりと認識できた。

また、二〇〇六年二月には、安冨と共に満洲の地理的構造を研究していた兼橋正人が、件の瀋陽の運転手に頼んで、冬季に完全に凍って閉ざされた遼河河口から哈爾濱の北方にある蘭西県城まで走破するという調査を行った。中国語もままならぬ単身の旅であり、これは冒険と呼ぶにふさわしかった。物理学出身の兼橋の研究は、衛星画像やGISを用いた手法で、従来の満洲史研究とは全く色合いを異にする新しい境地を切り開くものであった。

こういった現地調査のほか、二〇〇四年五月には本書の出版に向けた最初の会合を東京で開き、また、二〇〇四年六月には、滋賀大学経済学部図書館に石田興平文庫を見に行くと共に、同学部で部屋をお借りして、研究会を開いた。また、二〇〇五年七月に再度東京で会合を持った。一連の議論のなかで松重が、この研究会の方向性の意義を、中国近代東北地域史という枠組みのなかで位置づけたことで、我々は、自分たちが取り組んでいる研究の位相を把握することができた。この議論は本書の第9章の附論で展開されている。松重は、ここ二、三年、体調を崩し、視力の低下に苦しみながらも研究を継続し、本書の論文を完成した。
また、二〇〇四年一二月には永井が九州大学で開催された近現代東北アジア地域史研究会の大会で、満洲の馬車に関する報告を行い、参加者に強い印象を与えた。この研究における永井の最大の貢献は、馬車輸送システムが、鉄道によって置き換えられたのではなく、鉄道によって全面的に展開した、という意外な事実を明らかにしたことであった。上田の発見とあわせることで、当初、安冨が抱いていた「県城経済は一九世紀に遡るのではないか」という見解は、この発見によって最終的に否定された。近代満洲世界は、まぎれもなく、鉄道と共に出現したのである。

永井は森林に関する一連の研究をもとに、清朝期に皇産として維持された蒙古の広大な牧廠と長白山系の森林とが鉄道によって結び付けられ、それが馬車輸送システムを作り出し、この強大な輸送力により、皇産体制によって養われた貴重な多様性が一気に消尽された、という壮大なビジョンを我々に示した。深尾は山東省の独立自営農民の行動と、大地主や大商人の制御下に置かれ、大豆栽培以外の選択肢を持たない満洲農民の行動とを比較し、満洲の大地がわずか一世紀の間に消尽された理由を考察した。そして近代満洲とは、この爆発的な消尽の過程であり、広大で豊かな大地は急速な開墾によって破壊され、それが解放後に徹底されて現在ののっぺりとした単調な東北が生まれた、という観点を提出し、永井のビジョンとあいまって、生態系と人間社会とが織り成す壮絶な改変過程としてこの地域の近代史を把握することを可能にした。

このように研究は本質的な展開を見せていたものの、執筆者各人にふりかかったさまざまな人生上の試練によって、出版が遅れに遅れるなか、安冨は単独の編者として続投する意欲と自信とを喪失し、深尾が生態系という視点をより強く加味した形で編集に加わった。その中で、疾病と生態系という視点から本来加わる予定となっていた飯島論文の不在を補うべく、国立民族学博物館研究報告に発表されていた原山煌氏の論文を改稿の上、本書に収録させていただくこととなった。同論文は、満洲におけるペストの爆発的流行の背景となったタルバガンの濫獲という視点から、生態系と人間の関わりを論じた実証的論文である。二〇〇八年五月四日に原山氏を招き、深尾・安冨・上田が集まって最終の編集会議を開催した。ここで、原山論文を本書に適合するように手直しし、本書の第4章として収録させていただけないかとお願いし、ご快諾を得た。

最終段階で我々は、二〇〇八年が、満洲の作家ニコライ・A・バイコフ Nikolai Apollonovich Baikov（1872-1958）の没後五〇周年にあたることに気づいた。バイコフの著作は、本書の描こうとしている生態系と人間との関係に、直接かかわる深い内容を持っている。

以上のように、この研究会は、日本各地に散らばるメンバーが、時折出会って調査に出かけたり研究会を開いたりして議論する、というあいまいな形でゆっくりと展開された。そのなかから、各人が永年にわたって積み上げた知識や見識が、時に交錯して新しい知見を生み出すことができた。

中心となるべき編者二人が、共同研究を主導するにふさわしい人徳を欠いていたにもかかわらず、このような知的興奮を楽しむことができたのは、まさしく僥倖というほかない。メンバーの方々の熱意と、おそらくは大石橋迷鎮山の娘娘さまのご加護のおかげであろう。

謝辞

この共同研究は財団法人日中友好会館日中歴史研究センターの日中平和友好交流計画歴史支援事業二〇〇二・二〇〇三年度助成によってなされた「日本の「満洲」支配はなぜ可能であったのか」（代表者　安冨歩）の研究成果である。参加者は、原山・兼橋を除く本書の著者と、飯島渉である。我々の無謀ともいうべき新しい試みを支援してくださった同財団に深く感謝する。

また本書は、同事業の出版助成を受けている。本来であれば、事業完了の翌年度に出版されるべきであったが、編者の不徳の致すところにより大幅に遅れてしまったことを、同会館と、担当してくださった尾形洋一氏とに謝罪したい。

安冨が名古屋大学に勤務していた頃に、名古屋大学出版会の橘宗吾さんから、満洲について本を書いてくれ、とお誘いがあり、二つ返事でお引き受けした。ところが、その後、安冨の研究関心が満洲から一時的に離れてしまい、約束を果たせないでいた。この経緯があったために、本書を名古屋大学出版会から出させていただくことになったのだが、上述のように出版が遅れ、橘さんには多大なご迷惑をおかけしてしまった。編集作業を担当された同出版会の神舘健司氏は、類まれなる眼力で原稿に残っていた多数の誤謬を抉り出して下さった。市岡未来氏には、索引の作成で大変お世話になった。

なお、編者は本書にいたる研究の過程で、以下の資金による助成を受けており、本書はその研究成果の一部を含んでいる。

科学研究費補助金

奨励研究（A）「二〇世紀前半の満洲における市場構造とその変遷」平成一二～一三年度（代表者　安冨歩）

基盤研究（C）「中国東北・華北・黄土高原の農村市場構造の地域差と、その歴史的含意」平成一六～一八年度（代表者　安冨歩）

基盤研究（B）「魂の脱植民地化―日本とその周辺諸国のポストコロニアル状況を解消するための歴史学―」平成一九～二〇年度（代表者　安冨歩）

基盤研究（A）「『共同体』概念に依拠しない秩序形成の理論歴史学―魂の脱植民地化の新しい展開―」平成二一～二三年度（代表者　安冨歩）

三島海雲記念財団「蒙古馬の満洲における流通過程とその社会的影響の解明」平成一四年度（代表者　安冨歩）

三菱財団人文科学研究助成「中国農村社会機構の研究―歴史学とフィールドワークの手法による黄土高原・華

北・満洲の比較―」平成一六～一八年（代表者　安冨歩）
全国銀行学術研究振興財団「マーケットからバーザールへ―多文化経済学の試み―」平成一八年度（代表者　安冨歩）

『「満洲」の成立』というタイトルは、安冨がこの研究に着手したころ、山本有造先生にアイディアをご説明した際に頂いたものである。人文科学研究所の助手であったときに、先生が主催された『「満洲国」研究会』にオブザーバーとして参加させていただいたのが平成元年であったから、驚くべきことに「満洲国」の存続期間をはるかに上廻る二十年以上の歳月が流れてしまった。自分自身が研究会を主催して本を出版するという経験をしたことで、それが人徳を直接問われる事態であることを痛感した。あらためて山本先生の偉大さを認識した次第である。

二〇〇九年六月

編　者

《編者略歴》

安《やす》冨《とみ》　歩《あゆむ》

1963年　大阪府に生まれる
1991年　京都大学大学院経済学研究科修士課程修了
京都大学助手，ロンドン大学政治経済学校（LSE）滞在研究員，
名古屋大学助教授，東京大学助教授を経て
現　在　東京大学東洋文化研究所教授，博士（経済学）
著　書　『「満洲国」の金融』（創文社，1997）
『複雑さを生きる』（岩波書店，2006）
『生きるための経済学』（NHK ブックス，2008）他

深《ふか》尾《お》葉《よう》子《こ》

1963年　大阪府に生まれる
1987年　大阪市立大学大学院前期博士課程東洋史専攻修了
大阪外国語大学助手・講師・准教授，大阪大学准教授を経て
現　在　大阪大学大学院言語文化研究科教授，博士（経営学）
著訳書　ヴァーツラフ・スミル著『蝕まれた大地―中国の環境問題―』
（共編訳，行路社，1996）
『黄土高原の村―音・空間・社会―』（共著，古今書院，2000）
『黄砂の越境マネジメント―黄土・植林・援助を問いなおす―』
（大阪大学出版会，2018）他

「満洲」の成立

2009年11月10日　初版第1刷発行
2019年 8月30日　初版第3刷発行

定価はカバーに
表示しています

編　者　安冨　歩
深尾葉子

発行者　金山弥平

発行所　一般財団法人　名古屋大学出版会
〒464-0814　名古屋市千種区不老町1名古屋大学構内
電話(052)781-5027/FAX(052)781-0697

印刷・製本　亜細亜印刷㈱　ISBN978-4-8158-0623-1

執筆者一覧（執筆順，＊は編者）

＊深尾葉子（大阪大学大学院言語文化研究科教授）

永井リサ（九州大学総合研究博物館専門研究員）

兼橋正人（東京大学大学院学際情報学府博士課程単位取得退学）

＊安冨　歩（東京大学東洋文化研究所教授）

原山　煌（桃山学院大学名誉教授）

松重充浩（日本大学文理学部教授）

上田貴子（近畿大学文藝学部教授）

索　引

「：」は，見出し項目と概念的に関連する用語を示す。

ア 行

カ　行

サ　行

タ　行

ナ　行

ハ　行

マ　行

ヤ　行

ラ・ワ行

図表一覧